MICROSOFT PROJECT 2016

STANDARD, PROFESSIONAL & PRO PARA OFFICE 365

RICARDO VARGAS

allan rocha

MICROSOFT PROJECT 2016

STANDARD, PROFESSIONAL & PRO PARA OFFICE 365

RICARDO VIANA VARGAS, MVP
ALLAN CHRISTIAN ROCHA, MVP

PREFÁCIO DE **SAJAN PARIHAR**, DIRETOR, PRODUTOS PROJECT E GERENCIAMENTO DE PORTFOLIO (PPM), MICROSOFT CORPORATION

BRASPORT

- **Editor:** Sérgio Martins de Oliveira
- **Diretora:** Rosa Maria Oliveira de Queiroz
- **Gerente de Produção Editorial:** Marina dos Anjos Martins de Oliveira
- **Design Gráfico:** Sérgio Alves Lima Jardim
- **Revisão:** Camila Britto da Silva

V297m Vargas, Ricardo Viana
Microsoft Project 2016: Standard, Professional & Pro para Office 365 / Ricardo Viana Vargas; Allan Christian Rocha - Rio de Janeiro: Brasport, 2017.

ISBN: 978-85-7452-801-4

1. Administração de projetos 2. Administração de projetos – Programas de computador 3. Microsoft Project (Programa de computadores) I. Rocha, Allan Christian II. Título

CDD: 658.4040285

Ficha Catalográfica elaborada por bibliotecário – CRB7 6355

BRASPORT Livros e Multimídia Ltda.

Rua Pardal Mallet, 23 – Tijuca 20270-280
Rio de Janeiro-RJ

http://www.brasport.com.br

Tels. Fax: (21) 2568.1415/2568.1507
marketing@brasport.com.br
vendas@brasport.com.br
editorial@brasport.com.br

Filial SP
Av. Paulista, 807 – conj. 915
01311-100 – São Paulo-SP

Dedico este livro aos amigos inesquecíveis que eu fiz durante minha temporada na Dinamarca. Sem a amizade e o convívio com todos eles, a vida certamente ficaria com menos cor e alegria.

Ricardo Vargas

Dedico este livro à toda minha família, especialmente à minha esposa Line Rocha Rasmussen, que sempre me apoiou e esteve ao meu lado durante essa jornada. O suporte e a motivação proporcionados por ela foram muito mais que uma fonte de energia para mim, foram minha inspiração.

Allan Rocha

Agradecimentos

Temos o grande prazer de agradecer por toda cooperação e inspiração que resultaram neste incrível livro:

- à Microsoft Corporation, pelo constante apoio a este projeto e a todas as viagens a Redmond e Phoenix (EUA) para atender ao Microsoft MVP Summit, Microsoft Partner Conference, bem como ao acesso a todos os treinamentos, eventos e informações internas que tive a oportunidade de participar (Ricardo Vargas e Allan Rocha);
- à Microsoft Brasil, especialmente à Fernanda Saraiva, líder da comunidade MVP, que sempre nos apoiou e ajudou quando necessitamos (Allan Rocha);
- à editora Brasport, pela parceria constante desde 1998, quando o Sergio Martins me ligou e aceitou publicar meu primeiro livro... e agora estamos no décimo segundo juntos (Ricardo Vargas);
- aos meus amigos e colegas de trabalho Peter Lunding Smith, Spiros Kormaris, Tiago Paes, Diego Pereira e Mikkel Aude por todo o apoio e compreensão durante essa jornada (Allan Rocha);
- aos meus eternos amigos André Xavier, Gilberto Fialho e Edgard Fiuza, que me ensinaram tudo que sei, além de terem se tornado grandes parceiros (Allan Rocha);
- aos nossos parentes, funcionários, amigos e alunos que propiciaram todo o alicerce para este livro;
- à toda a comunidade de gerenciamento de projetos do Brasil e a todos os apaixonados pelo Microsoft Project, assim como nós.

Sobre o Autor

Ricardo Viana Vargas, MVP, MSc, CSM, PRINCE2® Registered Consultant, MSP/P3O Practitioner, CCP, CIPS3, MRICS, PMI-RMP, PMI-SP, PMP, é especialista em gerenciamento de projetos, portfólio e riscos com diversas certificações. Nos últimos 20 anos, foi responsável por mais de **oitenta projetos de grande porte** em diversos países, nas áreas de petróleo, energia, infraestrutura, telecomunicações, informática e finanças, com um portfólio de investimentos gerenciado superior a 20 bilhões de dólares.

Foi o primeiro voluntário latino-americano a ser eleito para exercer a função de presidente do conselho diretor (*Chairman*) do **Project Management Institute**, maior organização do mundo voltada para a administração de projetos, com cerca de 2,7 milhões de membros e profissionais certificados em 175 países.

Entre 2012 e 2016, Ricardo foi o primeiro diretor mundial do Grupo de Infraestrutura e Projetos do **Escritório de Serviços de Projetos das Nações Unidas** (UNOPS, na sigla em inglês) em Copenhagen, na Dinamarca. Com um portfólio de mais de 900 milhões de dólares em projetos, seu trabalho teve como foco a melhoria da infraestrutura e o gerenciamento de projetos humanitários, de construção da paz e de desenvolvimento de infraestrutura por todo o mundo, incluindo, entre outros, países como Haiti, Afeganistão, Síria, Myanmar (Birmânia), Iraque e Sudão do Sul.

De 1995 a 2006, Ricardo, em conjunto com dois sócios, desenvolveu um dos mais sólidos negócios de tecnologia, gerenciamento de projetos e terceirização do mercado brasileiro, que contava com 4.000 colaboradores e gerava uma receita anual de 50 milhões de dólares. Em 2006, Ricardo Vargas vendeu sua participação para se dedicar integralmente à internacionalização de seus trabalhos em gerenciamento de projetos.

Ricardo Vargas escreveu **15 livros** sobre gerenciamento de projetos, publicados em português, inglês, espanhol, francês, italiano e dinamarquês, com mais de 300 mil exemplares vendidos mundialmente. Recebeu em 2005 o prêmio PMI Distinguished Award e em 2011 o PMI IS CoP Professional Development Award pela sua contribuição para o desenvolvimento do gerenciamento de projetos. Recebeu também o PMI Professional Development Product of the Year pelo *workshop* PMDome®, considerado a melhor solução do mundo para o ensino do gerenciamento de projetos. Em 2013, 2014 e 2015 foi considerado pela Microsoft como Most Valuable Professional (**MVP**) pelo seu trabalho com o Microsoft Project.

Engenheiro químico de formação, mestre em Engenharia de Produção pela UFMG e doutorando em Engenharia Civil pela Universidade Federal Fluminense (UFF), Ricardo possui também o Master Certificate in Project Management pela George Washington University.

Ricardo também é Professional Member of the Royal Institution of Chartered Surveyors (MRICS) e detém as certificações de maior prestígio nas áreas de gerenciamento de projeto, portfólio e riscos. Três certificações pelo Project Management Institute (**PMI**), dez pelo Escritório de Governo e Comércio do Reino Unido (OGC/Axelos/APMG), uma pelo Chartered Institute of Procurement & Supply (**CIPS**) e uma pela Association for Advancement of Cost Engineering (**AACE**). Além de suas certificações, Ricardo participou do programa de negociações para executivos da **Harvard Law School**, do Advanced Project Management Program da Stanford University e tem formação executiva de estratégia e inovação pelo Massachusetts Institute of Technology (**MIT**).

Ricardo divide sua vida alternando entre Portugal, Dinamarca, Estados Unidos e Brasil.

Para contato com o autor, visite seu site ou seu perfil no Twitter e no LinkedIn:

- **Site:** ricardo-vargas.com
- **Twitter:** @rvvargas
- **LinkedIn:** linkedin.com/in/ricardovargas

Sobre o Coautor

Allan Christian Rocha, MVP, MCT, é um profissional que dedicou toda a sua carreira à gestão de projetos. Por aproximadamente 15 anos trabalha com implementações de escritórios de projetos baseados na solução PPM (*Project & Portfolio Management*) da Microsoft.

Ao iniciar seus estudos em Ciências da Computação, teve a oportunidade de trabalhar em uma das maiores empresas de consultoria do Brasil, a qual definiria e modelaria toda a sua carreira. Por dois anos pôde aprender e vivenciar centenas de experiências relacionadas à gestão de quase todos os tipos, tamanhos e complexidades de projetos.

Aos 21 anos fundou sua própria empresa, a **Sotis Consultoria**, especializada em gerenciamento de portfólio de projetos e gestão de conteúdo. Nesse período teve a oportunidade de trabalhar com organizações de todo o Brasil e grandes empresas nos Estados Unidos, em diversos setores como: telefonia, aviação, óleo e gás, automotivo, construção, etc. Poucos anos após sua criação, a Sotis Consultoria e a **BHS (Belo Horizonte Sistemas)** se uniram, tornando-se uma das empresas mais inovadoras e conceituadas no cenário brasileiro relacionado à gestão de portfólio de projetos, gestão de conteúdo e desenvolvimento.

Dedicando sua carreira inteiramente à gestão de projetos, em julho de 2010 foi nomeado **Project MVP (Most Valuable Professional)** pela Microsoft. Esse título, de acordo com a própria Microsoft, é uma forma de agradecer aos líderes independentes de uma determinada comunidade que compartilham sua paixão, experiência técnica e conhecimento prático relacionado a um produto Microsoft com outras pessoas, indivíduos que valorizam a adoção e o avanço da tecnologia.

Fundador e principal colaborador dos blogs **PPM4all** (*ppm4all.com*) e **MundoEPM** (*mundoepm.com.br*), que são referências internacionais para conteúdos relacionados ao Microsoft Project, Power BI e Office 365.

Criador da inovadora metodologia de implementação de escritório de projetos **Gerir com Paixão**, que traz uma inversão benéfica de valores, mostrando que, em vez de focarmos apenas nos resultados da empresa, devemos focar nos usuários ou colaboradores, que são a inteligência por trás desses resultados. Com casos de sucesso no Brasil, nos Estados Unidos, na Dinamarca e na Alemanha, pôde provar a eficácia e aceitação das suas ideias.

Criador das também inovadoras metodologias de implantação da solução PPM: **PPMExpress** e **PPMPro**, que trazem resultados incrivelmente mais rápidos ao invertem as fases e os passos de um processo normal de implantação.

Um dos criadores do **Pangea PM**, novo conceito de integração, aprendizado, colaboração e gestão de pessoas que tornou-se a base para uma série de inovações ainda por vir, desmistificando a gestão de projetos e tornando-a muito mais interativa, divertida e conectada ao nosso dia a dia.

Com a decisão de explorar novos mercados pelo mundo, vendeu sua participação na BHS e hoje vive na Dinamarca, onde trabalha como líder de uma equipe de alta performance na **ProActive A/S**, considerada por mais de vários anos consecutivos o melhor parceiro Microsoft da Dinamarca.

Especializando-se cada vez mais em gerenciamento de portfólio de projetos, gestão de recursos e mudanças, divide seu tempo entre aprimorar seus conhecimentos e sempre tentar trazer algo que possa de alguma forma atrair e cativar o maior número de pessoas para essa incrível área de gestão de projetos.

Para contato com o coautor, visite o seu site em: *allanrocha.com*.

Prefácio

Microsoft Project has been the tool of choice for project managers for over 28 years. With Project 2016, we improved Project's already powerful capabilities to help project managers and their teams stay organized, manage resources, work together easily and, of course, deliver projects successfully. Project Online, Project and Portfolio Management (PPM) solution built on Office 365, frees organizations from the work of managing Project infrastructure and enables everyone to collaborate on projects from virtually anywhere. The result is that the new Project is lightweight and flexible enough for small teams, yet robust enough for the largest enterprises to deliver projects on time and under budget.

Whether you are an experienced Project user or new to the product, you will find valuable, new features to make it quicker to plan and manage projects, request and allocates resources, and to share information with others. Vibrant timelines and task path analysis make it simple to find and emphasize important parts of a project. The scheduling engine is more powerful than ever and offers advanced capabilities like conditional what-if analysis, which lets you respond to the unforeseen by quickly evaluating changes in project plans. And you only have to look as far as the new out-of-the-box reports (including new burn down reports for Agile) in Project Standard, Project Professional and Project Pro for Office 365 to find powerful, functional design.

Project users tell us that they rely on the out-of-the-box integration of Project Pro for Office 365, has all the features of our traditional software (Project Professional) and is delivered as a cloud subscription, with other Microsoft products like Microsoft Office and Microsoft SharePoint. Project 2016 makes broad use of the enterprise productivity in Office 365 and on-premises. For users who have Office, Skype for Business is now integrated seamlessly with Project Pro for Office 365 and Project Professional 2016, offering many ways to save time and share information about resources, schedules, and budgets. Pasting reports and timelines specifically formatted for PowerPoint and Outlook from Project makes reporting progress simple.

We are really excited about our cloud offerings – Project Online and Project Pro for Office 365 – that enable teams of all sizes to get started quickly, manage projects and resources from virtually anywhere and meet their unique needs leveraging Add-ins available in the Office store.

Using Project Online, you can effectively evaluate ideas or measure the strategic contribution of competing requests to determine alignments and streamline project initiation. Furthermore, with the out of the box reports you can make data driven decisions by equipping team members with the information they need to stay informed and make better decisions.

Of course, tools by themselves can only get you and your projects so far. Training is essential, and the knowledge found in this book will have you well on your way to project management excellence with Microsoft Project 2016. Equip yourself with the right tools, arm yourself with knowledge, and seek experiences today that will enable success in managing the important projects of tomorrow.

Sajan Parihar
Director, Project and Portfolio Management (PPM) products
Microsoft Corporation[1]

1 A Microsoft Corporation não é responsável pelo conteúdo e não oferece nenhuma garantia, expressa ou implícita, para a precisão de qualquer representação deste livro.

Nota de Ricardo Vargas

Agora pela sétima vez, é para mim uma alegria poder disponibilizar aos leitores este livro. Desde a versão 98 eu tenho publicado livros sobre o Microsoft Project, na minha visão um dos mais completos e versáteis softwares de gerenciamento de projetos do mundo, ideal para responder à crescente demanda por projetos nos mais variados setores de nossa sociedade.

Assim como no livro Microsoft Project 2013, contei com a parceria de Allan Rocha, um dos maiores conhecedores da plataforma Microsoft para gerenciamento de projetos. Essa parceria permitiu que abordássemos os assuntos seguindo as principais tendências e estratégias desenvolvidas pela Microsoft, tais como: o Project Pro para Office 365 e a extensão do Project para uso de aplicativos.

Como de praxe nas versões anteriores, adotamos a mesma estrutura dos demais livros, propiciando um entendimento mais rápido e direto do programa, da mesma forma como foi feita a edição anterior. Portanto, diversos conceitos já apresentados em livros anteriores foram transcritos na íntegra para este livro. Para os usuários que já adotavam os livros anteriores como uma referência de trabalho, essa manutenção na estrutura permitirá que se utilize este novo livro também como referência, tornando essa transição um processo natural e intuitivo.

Além de abordar os conceitos, comandos e ferramentas que se tornaram clássicos no Project desde sua criação, esta edição busca cobrir os novos recursos disponibilizados no Project 2016. Dentre eles, destaco os seguintes:

- Criando Múltiplas Linhas do Tempo
- Ações Rápidas com o Recurso Diga-me
- Novos temas do Project
- Project Online
- Compromisso de Recursos e Planejamento de Capacidade
- Power BI

Esses novos recursos foram inseridos dentro do contexto do livro, visando dar uma fluência de leitura similar ao desenvolvimento de um projeto.

Espero que gostem do livro.

Sucesso a todos e ótima leitura!

Ricardo Vargas

Área Exclusiva do Leitor

Desde a edição do livro Project 2010 substituímos o CD que sempre acompanhou o livro por um acesso permanente à área exclusiva do leitor no site ricardo-vargas.com.

A área vai permitir que você tenha acesso a vários materiais exclusivos.

Para se cadastrar na Área do Leitor, acesse o link

http://leitor.ricardo-vargas.com

e use o código de acesso contido na embalagem da contracapa do livro

---

Principais vantagens da área exclusiva do leitor:

- **Arquivos de apoio** – O leitor poderá fazer download de exercícios, artigos técnicos, entre outros.
- **Ver as imagens que aparecem no livro em tamanho original** – Na área exclusiva, o leitor terá acesso à versão digital de todas as imagens de tela capturadas no livro, facilitando o estudo.
- **Sorteios e convites** – O leitor cadastrado na área participará de sorteios exclusivos e receberá em primeira mão convites para eventos relacionados aos assuntos do livro.

Caso tenha perdido seu cartão de acesso ou tenha adquirido a versão eletrônica deste livro, envie um e-mail para *info@ricardo-vargas.com* com cópia do seu recibo eletrônico da compra (e-mail, nota fiscal etc.)

Sumário

PARTE I

APRESENTAÇÃO E OPERAÇÕES BÁSICAS DO PROJECT 2016 PROFESSIONAL, STANDARD E PRO PARA OFFICE 365

Capítulo 1

Introdução e Histórico do Produto

O **Microsoft Project** há vários anos é uma das principais ferramentas de gerenciamento de projetos disponível no mercado. Sua similaridade com outros produtos da família Office, desde a interface até os recursos, tornaram-no um líder de vendas em sua categoria.

Cobrindo todas as fases de uma gestão de projetos, permite desde o planejamento e acompanhamento até a execução e o fechamento. Suporta a gestão de recursos, equipes, materiais e custos, na maioria das vezes utilizando a internet como meio de comunicação e colaboração, juntamente com integrações nativas com o SharePoint. Possui poderosos mecanismos de criação de relatórios que podem ser analisados no Microsoft Excel, no Microsoft Visio e, desde a versão 2013, dentro do próprio Project, permitindo ao usuário criar relatórios gráficos sem a necessidade de outro software.

A Microsoft, como sempre, continua investindo em usabilidade e simplicidade. O **Project 2016** traz a mesma interface da versão anterior, que é similar a todos os produtos da família Office 2016. Novas combinações de cores, contrastes e recursos fazem com que o usuário possa compartilhar e reutilizar todo o conhecimento adquirido em outros produtos da família *Office 2016*.

O Microsoft Project é uma ferramenta individual e totalmente preparada para a gestão e visibilidade de projetos aleatórios. A Microsoft, pensando em uma gestão unificada de projetos e portfólio de projetos, criou a solução PPM (*Project & Portfolio Management*), constituída pelos produtos nas modalidades **Solução na Nuvem/*Cloud*** e **Solução Local/*On-premises*** listados a seguir.

SOLUÇÃO NA NUVEM/*CLOUD*

- Project Pro para Office 365
- Project Online
- SharePoint Online
- Power BI

SOLUÇÃO LOCAL/*ON-PREMISES*

- Project Professional 2016
- Project Server
- SharePoint Online

A combinação desses três produtos garante uma gestão completa do ciclo de vida de um projeto ou de um portfólio de projetos, cobrindo desde a criação, priorização, execução, colaboração e análise até o seu encerramento.

O *Project* e a *solução PPM* da Microsoft são altamente adaptáveis às suas necessidades ou da sua empresa. E uma organização com alto grau de maturidade pode ter a total implementação de sua governança, única e simplesmente baseada em fluxos de trabalho. A gestão de recursos deixa de ser local e passa a ser corporativa ou departamental, garantindo aos gestores uma visão global de capacidade, alocação e disponibilidade de toda a corporação. O *SharePoint* não apenas é a base de toda a solução, como garante a gestão de conteúdo dos projetos a partir dos *Sites dos Projetos*.

Figura 1.1 – Gráfico de perfis e níveis de maturidade

O Microsoft Project permite que você determine a melhor solução a partir da sua necessidade de negócios. De acordo com cada necessidade, partindo do Microsoft Project Standard até chegar a soluções completas com todos os produtos da plataforma PPM da Microsoft, o gerente de projetos, o executivo e suas equipes estarão com a solução na dimensão correta da necessidade.

Microsoft Project Standard – Permite gerenciar cronogramas e recursos, gerar relatórios, acompanhar o progresso do projeto e usufruir de todas as características diretas inerentes ao planejamento do projeto. Destinado ao trabalho isolado, sem necessidade de coordenação do mesmo projeto entre diferentes pessoas. Não permite a utilização web e conexão com o Project Online/Server nem a utilização de funcionalidades avançadas para a gestão de recursos alocados ao projeto, tais como o Planejador de Equipe e a análise de cenários.

Microsoft Project Professional – É o produto similar ao Microsoft Project Standard, porém com habilidade de trabalhar com o Planejador de Equipe e de se integrar com a solução PPM quando conectado ao Microsoft Project Server.

Microsoft Project Pro para Office 365 – É exatamente igual ao Project Professional em funcionalidades, mas com uma grande diferença de licenciamento, que é baseado em uma assinatura mensal ou anual e permite ao usuário utilizar o Project de qualquer lugar. Veremos mais sobre essa novidade nos próximos capítulos.

Solução PPM (*Project & Portfolio Management*) da Microsoft – Solução integrada que permite conectar as tecnologias cliente, servidor e web para que a organização gerencie o seu portfólio de projetos estabelecendo padrões e melhores práticas definidos por uma metodologia de escritório de projetos estabelecida. Permite o gerenciamento centralizado de recursos, onde disponibilidade e perfil técnico profissional são considerados, além de comunicação efetiva dentro do time do projeto e através de toda a organização, também permitindo o armazenamento e gerenciamento de documentos. A solução PPM integra-se com a linha de negócios da empresa. A solução PPM é constituída por diversos produtos, sendo três deles específicos do trabalho em gerenciamento de projetos:

- **Microsoft Project Online** – É uma solução online flexível para a gestão de portfólio de projetos (PPM) e trabalho diário. Disponível através do Office 365, o Project Online permite que as organizações possam iniciar seus projetos, priorizar os investimentos de seu portfólio e entregar o valor de negócio esperado de praticamente qualquer lugar em quase qualquer dispositivo.
- **Microsoft Project Server** – É o servidor que suporta a solução PPM, permitindo que a organização centralize e padronize as informações de projetos e recursos. Fruto de um investimento expressivo da Microsoft nos últimos anos, incorpora também todas as funções de gestão e priorização de portfólio. O Microsoft Project Professional e o Project Web App (PWA) são utilizados para conectar e interagir com os dados armazenados no servidor. O Microsoft Project Server se integra com o Microsoft SharePoint Server para os serviços de colaboração e gestão de documentos.

- **Project Web App (PWA)** – É o portal web da solução PPM, provendo os membros do time com o acesso em tempo real às informações armazenadas no Project Server. Permite que a maioria das tarefas básicas de planejamento e acompanhamento de projetos seja realizada diretamente na web, sem a necessidade do Microsoft Project Professional.

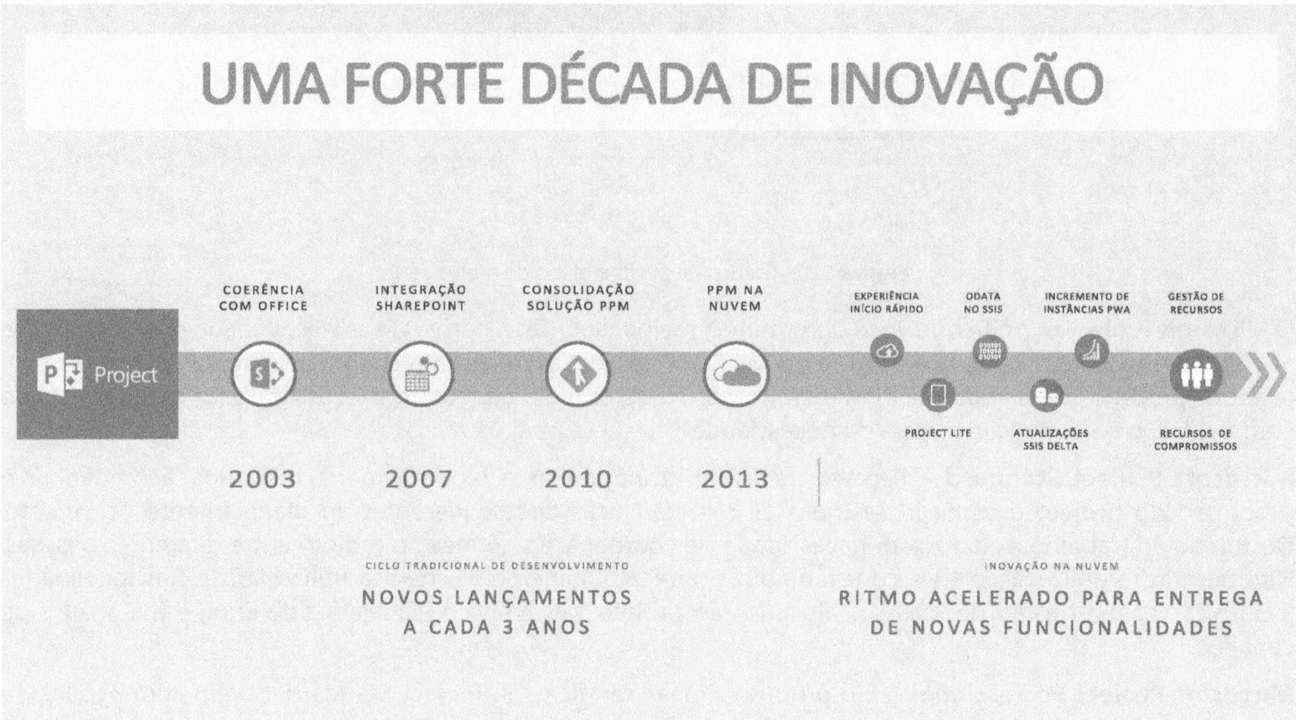

Figura 1.2 – Microsoft Project Roadmap

Desde seu surgimento, o Microsoft Project, assim como toda a área de gerenciamento de projetos, cresceu significativamente no mundo. Estima-se que a área de projetos vem crescendo a uma taxa de 30% a 40% ao ano no mundo, absorvendo os mais diversos mercados e aplicações. No Brasil, fruto de projetos e investimentos, se apresenta como uma das áreas de maior potencial de crescimento nos próximos anos.

Segundo dados da própria Microsoft, cerca de 70% das pessoas que utilizam pela primeira vez o Microsoft Project nunca utilizaram outro software de gerenciamento de projetos ou nunca trabalharam com gerenciamento de projetos.

Uma das principais características do sucesso do Microsoft Project é ser um software de gerenciamento de projetos simples, com preço acessível e de fácil assimilação por parte do usuário iniciante, ao mesmo tempo em que pode atender a projetos complexos, envolvendo milhares de atividades e dólares, antes gerenciáveis somente em softwares extremamente específicos, complexos e caros.

Para se entender melhor onde o uso do software se enquadra dentro das metodologias e padrões de gerenciamento de projetos, é preciso que sejam recordados os conceitos dos grupos de processos em um projeto. Um projeto pode ser dividido em cinco grupos de processos, conforme preconiza o Project Management Institute (PMI) no *PMBOK® Guide*: iniciação, planejamento, execução, monitoramento e controle e encerramento, como evidenciado a seguir.

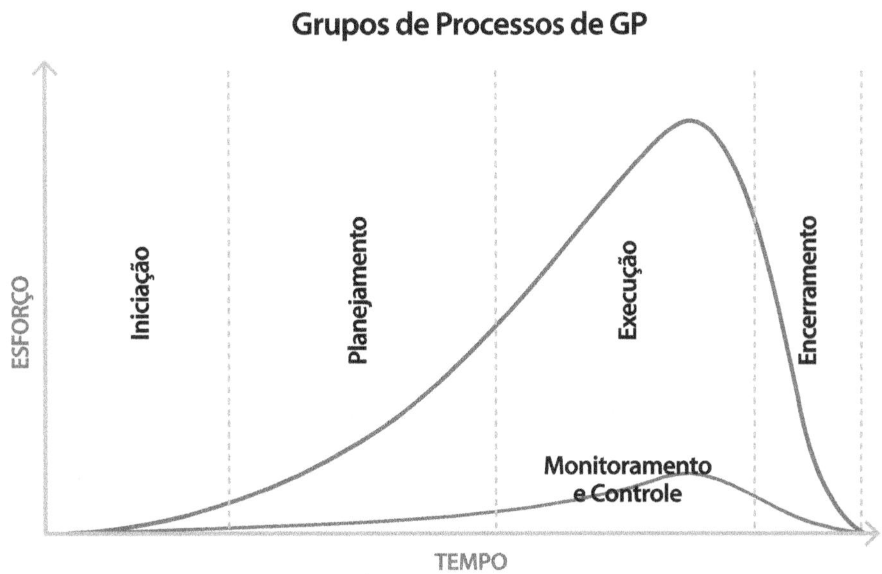

Figura 1.3 – O ciclo de vida do projeto subdividido em grupos de processos característicos (VARGAS, 2016)

Dentro desse ciclo de projeto, o Microsoft Project é adotado basicamente durante as fases de planejamento e controle do projeto.

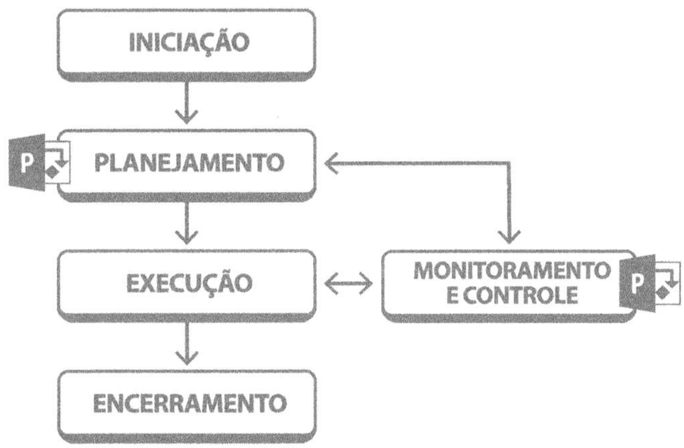

Figura 1.4 – Grupo de processos de planejamento e respectiva utilização do Microsoft Project

Capítulo 2

Especificações do Microsoft Project 2016

As especificações a seguir são suportadas pelo Project 2016, embora a velocidade de desempenho e os limites reais dependam da configuração do computador.

> **Importante** – Podem ocorrer erros de falta de memória antes de os limites listados serem atingidos.

ATRIBUTO	MÁXIMO
Recursos por projeto	700.000
Unidades de recurso por atribuição	60.000.000 unidades ou 6.000.000.000%
Datas de disponibilidade do recurso	100%
Tarefas por projeto	400.000
Dependências entre tarefas por projeto	Sem limite
Predecessoras por tarefa	50.000
Sucessoras por tarefa	50.000
Níveis da estrutura de tópicos por projeto	65.535
Projetos consolidados	998
Arquivos do projeto abertos por projeto consolidado	998
Arquivos participantes do compartilhamento conectados a um único pool de recursos	997 (Ou seja, o número máximo de arquivos do projeto abertos, menos 1 para o próprio pool de recursos).
Janelas abertas	50
Calendários base	Testado até mais de 30.000
Exceções do calendário por calendário	Nos testes, foi possível adicionar mais de 15.000 exceções a um calendário base.
Tabelas de taxas para dar suporte a escalas e taxas de remuneração variáveis	5 por recurso
Taxas variáveis por tabela para dar suporte a aumentos e reduções de taxas	2,5
Valor de custo em um campo de moeda	999.999.999.999,99
Valor de trabalho	1.666.666.666 horas
Valores para atribuições de trabalho	999.999.999 horas
Valores para atribuições de material variável	999.999.999 unidades
Valores para atribuições de material fixo	60.000.000 unidades

ATRIBUTO	MÁXIMO
Formatos de célula personalizados	64.000
Porcentagem de intervalo de ajuste de escala de impressão	10-500%
Texto do cabeçalho de página	5 linhas
Texto do rodapé de página	3 linhas
Texto da legenda da página	3 linhas
Largura da caixa de texto da legenda da página	5 polegadas (12,7 centímetros)
Testes de filtro por filtro	40
Testes de filtro por Filtro Automático	2 por coluna
Data mais antiga permitida para cálculo	01 de janeiro de 1984
Data mais avançada permitida para cálculo	31 de dezembro de 2149
Seleções descontínuas em um modo de exibição de planilha	10
Linhas de base	11
Caracteres em um campo de texto	255
Caracteres em um campo de código de estrutura de tópicos	255
Valores e caracteres em um campo Múltiplo de Valor de Recurso da Empresa	255 valores, cada um com 255 caracteres
Valor em um campo de número	9.999.999.999.999,99

CAPÍTULO 3

Comparação entre Versões do Project 2016

O Project é comercializado em três diferentes versões:

- **Project Standard**: Obtenha o controle e os recursos do Project Professional 2016 em praticamente qualquer lugar com uma assinatura para área de trabalho sempre atualizada pelo Office 365.
- **Project Professional**: Colabore facilmente com outras pessoas para começar a trabalhar rapidamente e produzir projetos avançados. A melhor sincronização com o SharePoint ajuda você a controlar o status com eficiência em praticamente qualquer lugar.
- **Project Pro para Office 365**: Mantenha os projetos organizados, meça e transmita facilmente os avanços com relatórios modernos.

Cada uma delas tem como objetivo atingir um determinado público, que, por sua vez, possui necessidades e requisitos distintos.

<table>
<tr><th></th><th>PROJECT PRO PARA OFFICE 365</th><th>PROJECT PROFESSIONAL</th><th>PROJECT STANDARD</th></tr>
<tr><td>Aplicativo do Project totalmente instalado</td><td>Em até 5 computadores</td><td>Em até 1 computador</td><td>Em até 1 computador</td></tr>
<tr><td>Agendamento e custos de projetos</td><td>✓</td><td>✓</td><td>✓</td></tr>
<tr><td>Gerenciar tarefas</td><td>✓</td><td>✓</td><td>✓</td></tr>
<tr><td>Relatórios e Business Intelligence</td><td>✓</td><td>✓</td><td>✓</td></tr>
<tr><td>Colabore com a presença do Skype for Business</td><td>✓</td><td>✓</td><td>—</td></tr>
<tr><td>Gerenciamento de recursos</td><td>✓</td><td>✓</td><td>—</td></tr>
<tr><td>Sincronização de tarefas do SharePoint</td><td>✓</td><td>✓</td><td>—</td></tr>
<tr><td>Sincronização entre o Project Online e o Project Server</td><td>✓</td><td>✓</td><td>—</td></tr>
<tr><td>Implantação Clique-para-executar</td><td>✓</td><td>—</td><td>—</td></tr>
<tr><td>Atualizações de versão</td><td>✓</td><td>—</td><td>—</td></tr>
<tr><td>Enviar quadros de horários</td><td colspan="2" rowspan="3">✓
Requer: Project Online / Project Server</td><td>—</td></tr>
<tr><td>Gerenciamento de propostas</td><td>—</td></tr>
<tr><td>Otimização e seleção de portfólio</td><td>—</td></tr>
</table>

Capítulo 4

Requisitos para a Instalação do Microsoft Project

Para instalar o Microsoft Project Standard, Professional ou Pro para Office 365, o computador deve atender às seguintes condições:

ITEM	REQUISITO
Computador e processador	Processador de x86 bits ou x64 bits de 1 gigahertz (GHz) ou mais rápido, com conjunto de instruções SSE2
Memória	2 GB de RAM
Disco rígido	3 GB de espaço disponível em disco
Monitor	Resolução de tela de 1.280 x 800
Gráficos	A aceleração de hardware gráfico requer uma placa gráfica DirectX 10.
Sistema operacional	Windows 10, Windows 8.1, Windows 8, Windows 7 Service Pack 1, Windows 10 Server, Windows Server 2012 R2, Windows Server 2012 ou Windows Server 2008 R2. Para obter uma melhor experiência, use a versão mais recente de qualquer sistema operacional.
Navegador	A versão atual ou imediatamente anterior do Internet Explorer. A versão atual do Microsoft Edge, Safari, Chrome ou Firefox.
Versão do .NET	Requer o .NET 3.5. Alguns recursos também podem requerer a instalação do .NET 4.0, 4.5 ou 4.6 CLR.
Outros	É necessário um dispositivo habilitado para toque para usar qualquer funcionalidade multitoque. No entanto, todos os recursos e funcionalidades estão sempre disponíveis usando um teclado, mouse ou outro dispositivo de entrada padrão acessível. Observe que os novos recursos de toque são otimizados para uso com o Windows 8, Windows 8.1 ou Windows 10.

Importante:

Project Professional 2016: alguns recursos requerem conectividade como o Project Server 2016, o Project Server 2013 ou o Project Online.

O *Project Pro para Office 365* é uma oferta online baseada em assinatura do Project Professional por meio do Office 365 e tem os mesmos requisitos de instalação do sistema que o Project Professional.

4.1 Requisitos Adicionais para Componentes Específicos

COMPONENTE	REQUISITO
Relatórios visuais	Para usar o recurso Relatórios Visuais é necessário instalar uma das seguintes versões do Excel no computador: • Excel 2007 • Excel 2010 • Excel 2013 • Excel 2016 E uma das seguintes versões do Microsoft Office Visio: • Visio Professional 2007 • Visio 2010 • Visio 2013 • Visio 2016
Recurso Importar Tarefas do Outlook	Para usar o recurso Importar Tarefas do Outlook, uma das seguintes versões do Outlook precisa estar instalada no computador: • Outlook 2007 • Office Outlook 2010 • Outlook 2013 • Outlook 2016
Integração com OneDrive	Os usuários precisam ter um Windows Live ID.
Project Professional em uma empresa	• Para habilitar os recursos de gerenciamento e Projeto empresarial, portfólio e recursos, é necessário o Project Server 2013, 2016 ou Project Online. • Para importar tarefas para o calendário do Outlook ou para a Lista de Tarefas do Outlook, o Project Web App e o Exchange Server 2013 são necessários. • Para criar um site do projeto a partir do Project Server 2016 ou Project Online, você precisa usar o SharePoint Server 2016 ou SharePoint Online.
Sincronização de Tarefas do SharePoint	• Microsoft SharePoint Server 2013 ou superior • Microsoft SharePoint Online
Notificação de Presença	• Skype for Business

CAPÍTULO 5

Instalação do Microsoft Project 2016 e do Project Pro para Office 365

5.1 Microsoft Project 2016

A instalação do Microsoft Project ficou ainda simples e rápida. Basta executar os seguintes procedimentos:

1. feche todos os programas abertos na memória;
2. baixe e execute o arquivo de instalação do Microsoft Project 2016;
3. um alerta de Controle de Conta de Usuário será exibido:
    a. "Deseja permitir que este aplicativo faça alterações no seu computador?"

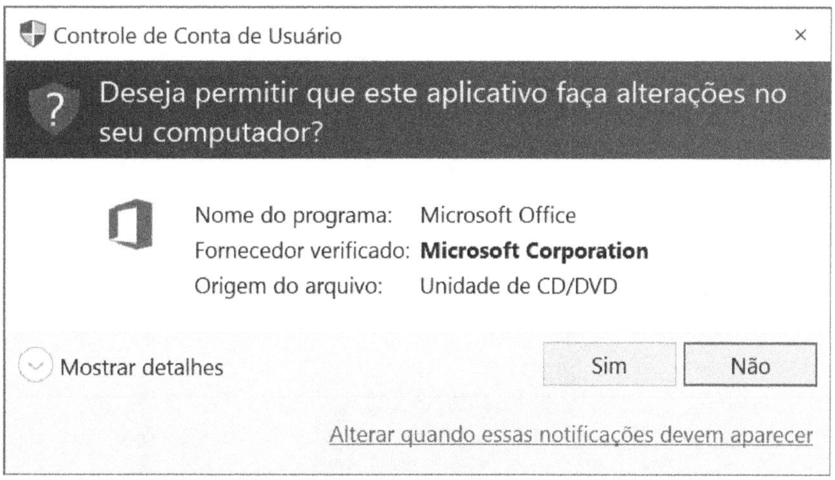

Figura 5.1 – Tela de controle de conta de usuário

4. clique em *Sim* e aguarde o início da instalação;
5. a tela do Office será exibida enquanto o Microsoft Project 2016 é instalado:
    a. é possível acompanhar o progresso de instalação pelas mensagens e pela barra de status;
6. aguarde o processo de instalação;

Figura 5.2 – Tela de progresso de instalação do Microsoft Office

DICA

O Microsoft Project consome no máximo 3 GB de espaço em disco para a instalação típica.

7. na tela de conclusão da instalação você receberá as instruções necessárias para começar a utilizar o Microsoft Project:
    a. Clique em *Iniciar* > ***Todos os Aplicativos***.
8. Clique em ***Fechar***.

Figura 5.3 – Tela de conclusão da instalação

DICA

Ao clicar em *Iniciar*, o Microsoft Project será exibido em *Adicionado recentemente* para fácil localização.

5.2 Project Pro para Office 365

O Project Pro para Office 365 é um dos vários aplicativos oferecidos pela *nuvem da Microsoft*. A partir de uma assinatura mensal ou anual, o usuário tem o direito de utilizar o *Project*, incluindo todos os seus recursos, de praticamente qualquer lugar. Essa assinatura lhe garante acesso à versão mais atualizada do produto, ou seja, com todos os *Service Packs* e *atualizações cumulativas* sempre instaladas.

O Project é executado através de uma tecnologia chamada *Clique-para-executar* (*Click-to-Run*), que permite ao usuário utilizar o programa de qualquer computador sem que seja necessária qualquer instalação ou permissão administrativa. Você poderá usar o Project em *até cinco computadores simultaneamente*, em casos de urgência ou viagens de negócios. O programa é gradualmente baixado e possibilita seu uso instantaneamente, sem que seja completamente baixado, mas, claro, com algumas limitações. Após o carregamento completo, o *Project Pro para Office 365* terá os mesmos recursos presentes no *Project Professional*.

Para instalar o *Project Pro para Office 365*:

1. você precisa ter uma conta válida no Office 365 e que contenha a licença Project Pro para Office 365;
2. abra o Microsoft Edge;
3. faça o login no seu portal do Office 365 digitando seu usuário e senha;

Figura 5.4 – Tela de login no Office 365

4. clique no ícone de ***Configuração*** ⚙ na parte superior direita da tela e selecione ***Configurações do Office 365***;
5. na tela de *Minha Conta* clique em *Configurações* > *Software* > ***Instalar software***;

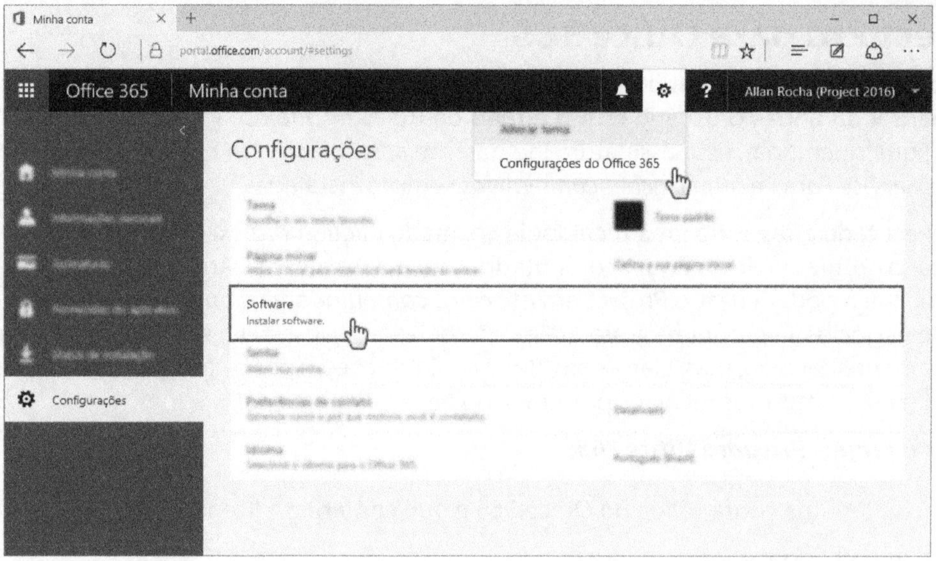

Figura 5.5 – Tela de configurações da Minha conta no Office 365

6. na tela de *Software*, selecione o seu idioma, altere a versão do produto e clique em ***Instalar***;

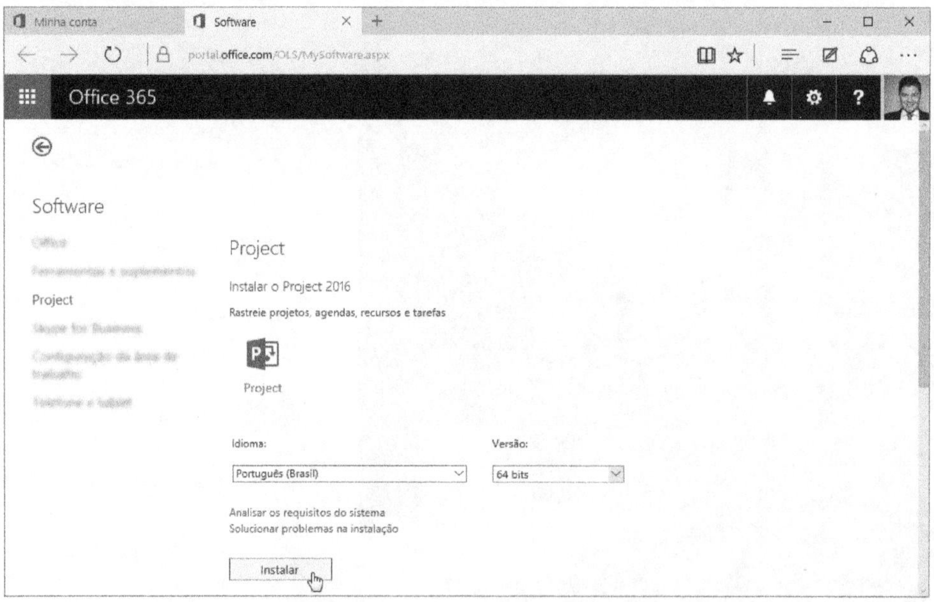

Figura 5.6 – Tela Software do Project para Office 365

DICA

É recomendável a instalação da versão 64 *bits* caso suportada pelo seu computador.

7. um alerta será exibido na parte inferior do navegador perguntando se você deseja *Executar* ou *Exibir downloads*. Clique em ***Executar***;

Figura 5.7 – Janela de alerta para execução de conteúdo online

8. uma janela de *Controle de Conta de Usuário* será exibida perguntando se você *Deseja permitir que este aplicativo faça alterações no seu computador*. Clique em ***Sim***;

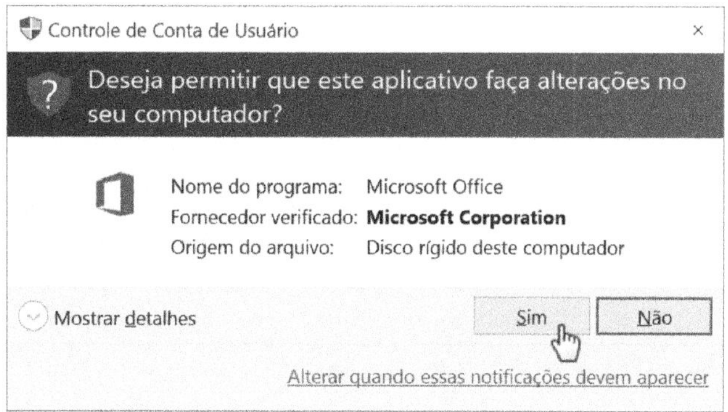

Figura 5.8 – Janela de controle de conta de usuário

9. uma tela do *Office* será exibida informando que o programa está sendo transmitido e o percentual de conclusão dessa transmissão.

Figura 5.9 – Janelas do Office mostrando o percentual de conclusão da instalação

Também será exibida uma pequena janela na sua área de trabalho informando que o Office está sendo instalado.

DICA

A tecnologia *Clique-para-Executar* permite ao usuário executar o programa com o mínimo de instalação requerido. Por esse motivo o Project pode ser executado em menos de trinta segundos.

Importante – O tempo médio de transmissão pode variar de acordo com a sua velocidade de conexão de dados.

10. em alguns segundos, outra tela do *Office* será exibida automaticamente informando que o *Office* está instalado.

Figura 5.10 – Tela de conclusão da instalação

DICA

Ao clicar em *Iniciar* o Microsoft Project será exibido em *Adicionado recentemente* para fácil localização.

CAPÍTULO 6

Ativação e Iniciação do Microsoft Project

Ao ser instalado, o Microsoft Project é inserido na Tela Inicial do Windows, permitindo ser executado através dos seguintes passos:

1. clique em ***Iniciar***;
2. localize os arquivos *Adicionados recentemente*;
3. selecione ***Project 2016***;

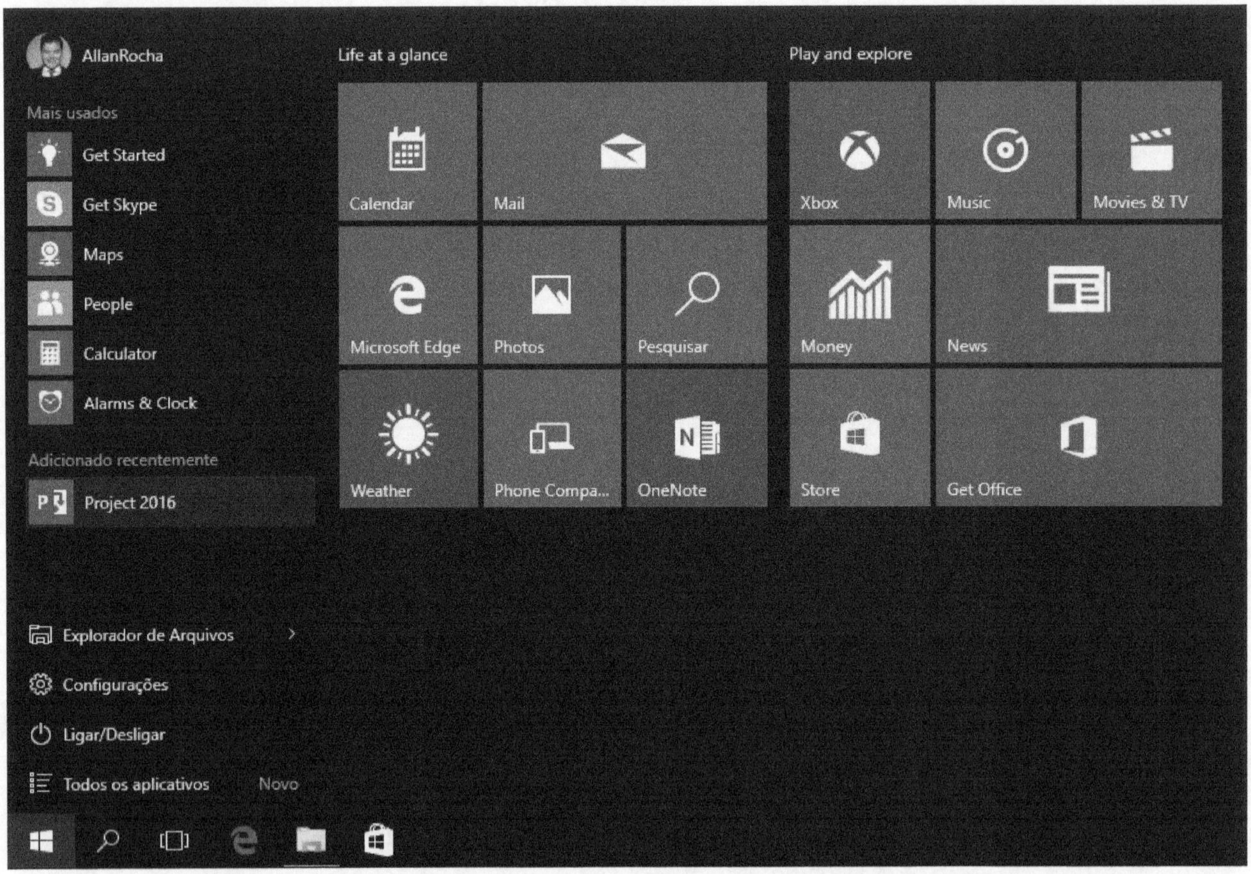

Figura 6.1 – Tela Iniciar do Windows mostrando o Project 2016 que foi adicionado recentemente

4. após o Project ser executado, uma tela de validação do seu *Contrato de Licença* será exibida. Clique em:
   a. *Aceitar* para continuar usando o Project imediatamente;
   b. *Exibir Contrato* para exibir o contrato de licença; ou
   c. *Saiba mais* para acompanhar as atualizações automáticas do Office;

Figura 6.2 – Janela de aceite do contrato de licença do Microsoft Office

5. o Project já pode ser utilizado, mas ainda não está ativado.

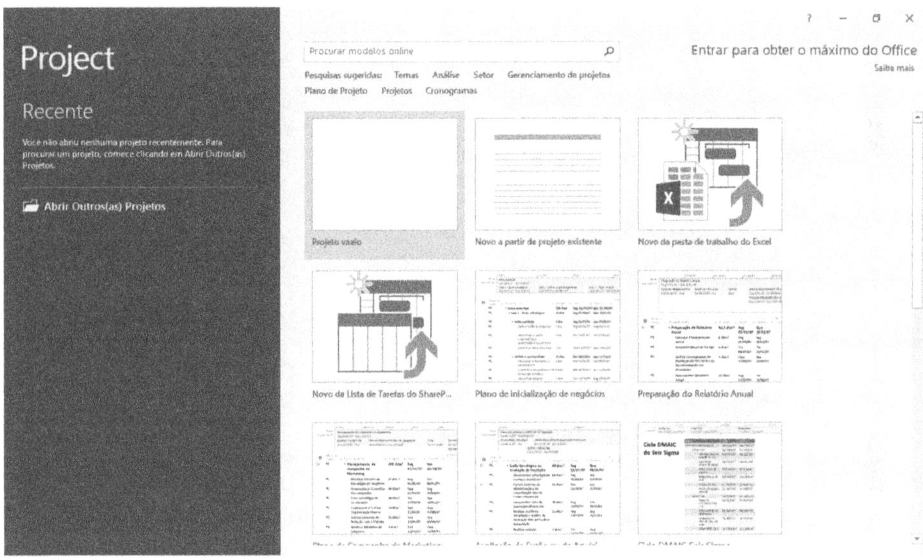

Figura 6.3 – Project aberto na tela inicial

> **Importante –** Todas as imagens capturadas para este livro foram feitas utilizando o Microsoft Windows 10 em português com o Microsoft Project 2016 e o Project Pro para Office 365 em português.

6.1 Ativação

6.1.1 Microsoft Project 2016

Após a instalação do Project 2016, ao executá-lo pela primeira vez, será solicitada a chave de ativação do produto. Você poderá ativar seu produto de duas formas:

1. digitando seu endereço de e-mail associado à uma conta ativa do Office 365; ou
2. inserindo uma chave do produto.
   a. neste exemplo vamos *Inserir uma chave do produto*.

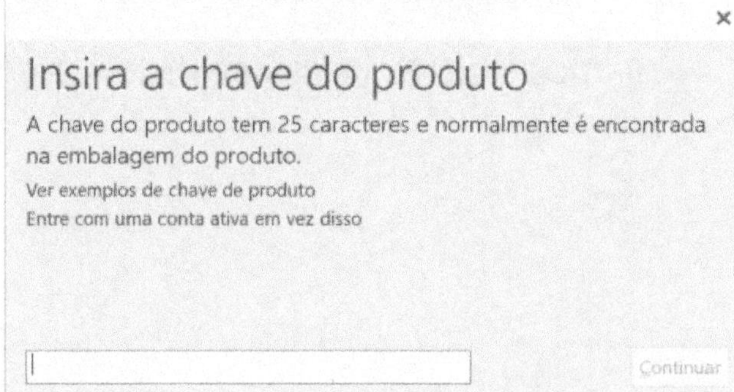

Figura 6.4 - Tela de ativação de produto do Office

Após inserir a chave do produto correta, você visualizará um ícone de validação.

3. clique em ***Instalar*** para ativar seu Project.

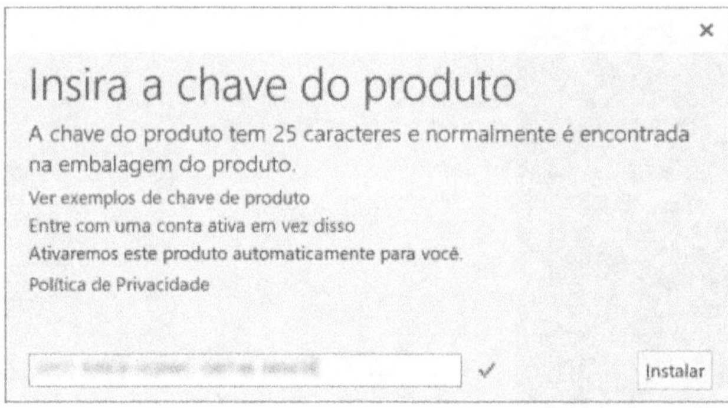

Figura 6.5 - Tela de inserção da chave do produto

O Microsoft Project 2016 está instalado e ativado.

A Ativação do Produto Microsoft é uma tecnologia antipirataria, projetada para verificar se os produtos de software foram legitimamente licenciados. É rápida, simples, não invasiva e ajuda a proteger a privacidade do cliente.

A ativação faz a verificação da chave do produto referente ao programa. Essa chave só deve ser utilizada nos computadores pessoais previstos na licença do software.

Antes de ativar o Project, pode ser conveniente executá-lo gratuitamente por um período limitado, que é de sessenta dias. Durante esses sessenta dias de avaliação do Microsoft Project, o produto terá exatamente todas as mesmas funcionalidades da versão paga ou ativada. Após o término desse período, o Project será executado no Modo de Funcionalidade Reduzido, que, como o próprio nome diz, reduzirá as funcionalidades da ferramenta até que o licenciamento seja regularizado. É possível converter sua cópia de avaliação em uma cópia completa ou ativada através do próprio Project, acessando as Informações do Produto.

Nenhum arquivo existente no Project será danificado durante e após o processo de ativação.

6.1.2 Project Pro para Office 365

Após a instalação do Project Pro para Office 365 via *Clique-para-Executar*, ele estará automaticamente ativado. Por estar usando um método de assinatura do produto, o controle de licença é realizado de acordo com o status da sua conta no Office 365. Se sua conta do Office 365 estiver sem qualquer débito em aberto e seu usuário ativado com as devidas licenças, você poderá utilizar o Project em até cinco computadores simultaneamente. Basta repetir os passos de instalação vistos anteriormente no livro.

6.2 Iniciação

6.2.1 Área de Trabalho do Microsoft Project

Após a ativação do produto, a tela inicial do Microsoft Project é mostrada:

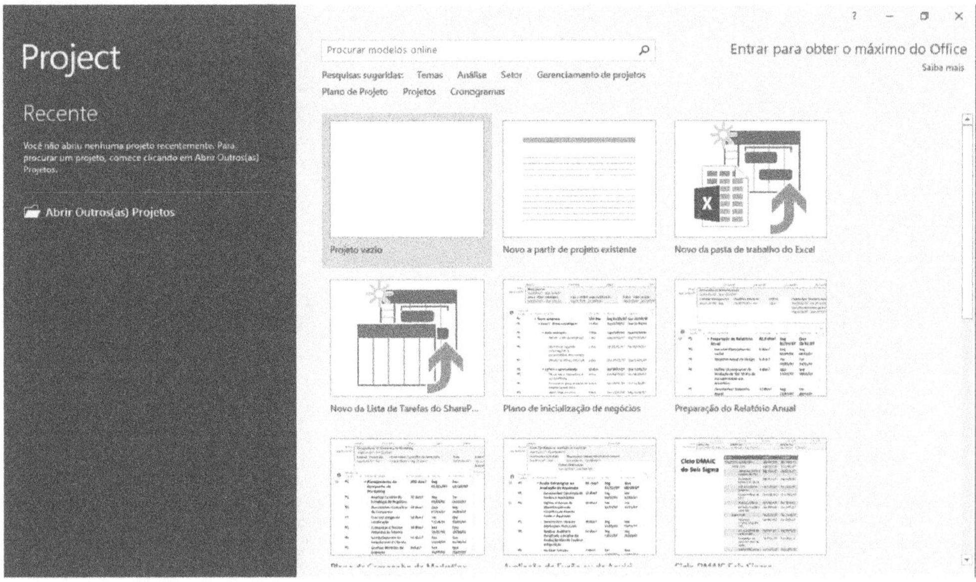

Figura 6.6 – Tela inicial do Microsoft Project

Clicando em qualquer um dos modelos de projeto na página inicial é possível criar um novo projeto baseado em um *template*.

- Procure por ***Lançamento de Novo Produto***;
- clique em ***Criar***.

Figura 6.7 – Tela de criação de um projeto baseado no modelo Lançamento de Novo Produto

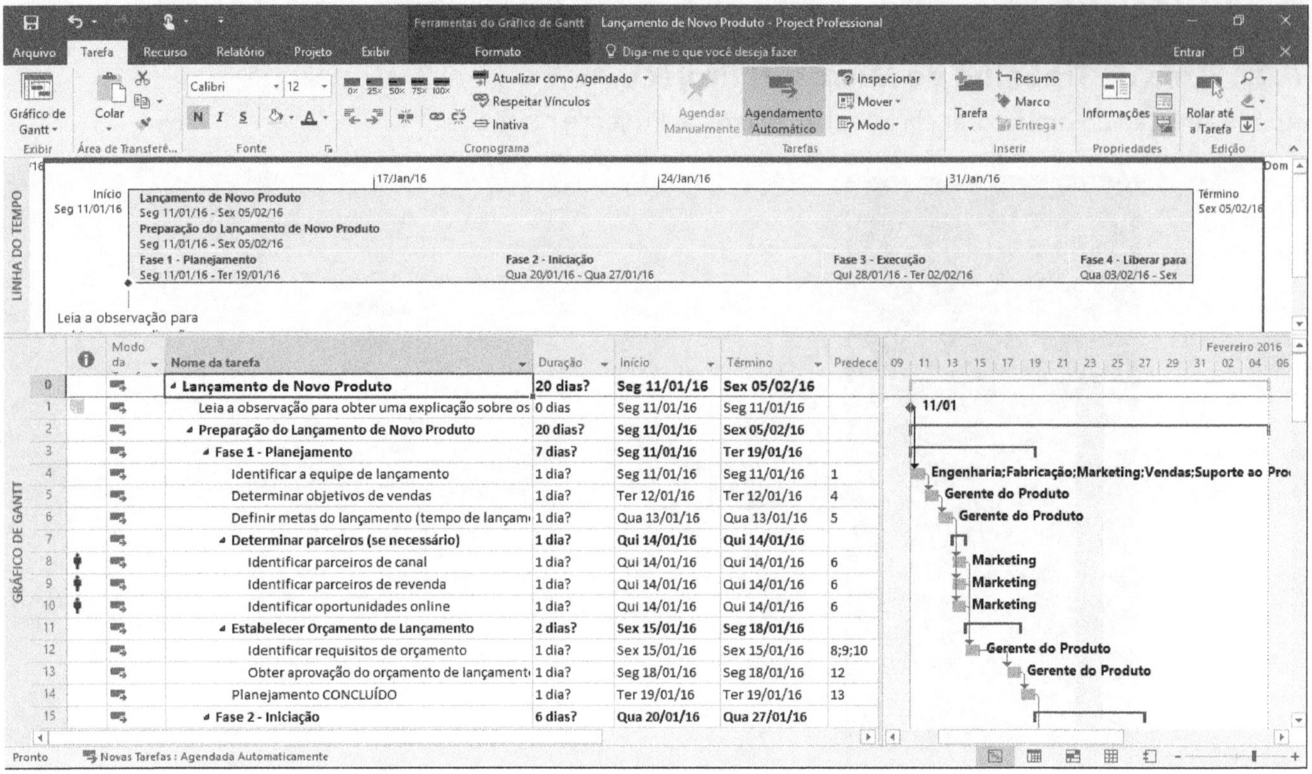

Figura 6.8 – Área de trabalho do Microsoft Project 2016

A área de trabalho do Microsoft Project 2016 não mudou muito se comparada à versão anterior do programa. Assim como na versão anterior, o estilo de fontes e cores da família Office 2016 é seguido.

A *Faixa de Opções*, presente em toda a família Office, agora conta com o novo recurso ***Diga-me o que você deseja fazer***, no qual o usuário insere palavras ou frases relacionadas ao que deseja fazer e em seguida obtém rapidamente os recursos ou ações disponíveis para executar.

Figura 6.9 – Faixa de Opções com destaque para a Guia Tarefa em Modo Mouse

DICA

Para ocultar a *Faixa de Opções*, basta dar um duplo clique em um dos títulos da Faixa de Opções ou pelo atalho `(Ctrl + F11)`. Para *exibir temporariamente* um dos itens da Faixa de Opções, dê um clique no título desejado. Ele será aberto temporariamente para uso. Para *reexibir permanentemente* os itens da Faixa de Opções, dê um clique duplo em qualquer um dos títulos da Faixa de Opções.

O recurso *Diga-me o que você deseja fazer* permite que os usuários obtenham ajuda de forma simples e rápida a partir de qualquer palavra ou frase relacionada à tarefa desejada.

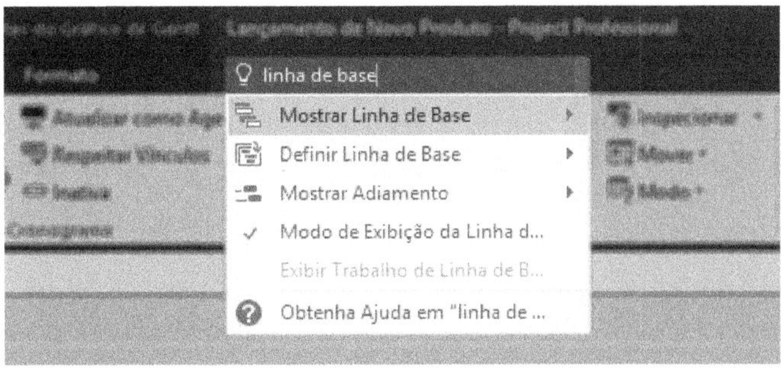

Figura 6.10 – Recurso *Diga-me o que você deseja fazer* exibindo resultados para as palavras linhas de base

Os **Modos Toque/Mouse**, presentes na versão anterior, têm como objetivo otimizar o espaçamento entre os comandos. Em dispositivos sem suporte ao toque, essa opção vem escondida e pode ser ativada pela *Barra de Ferramentas de Acesso Rápido.*

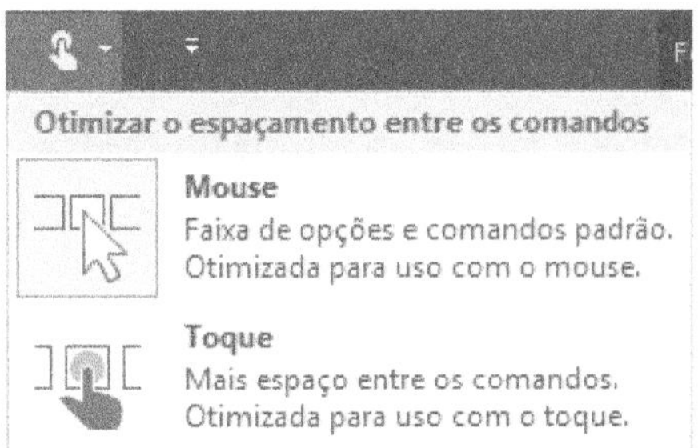

Figura 6.11 – Otimizando o espaçamento entre os comandos pelos modos Toque/Mouse

Para alterar entre os Modos Toque/Mouse basta clicar sobre o ícone: 

Após ativar o modo toque, sua barra será otimizada para aparelhos com suporte ao toque.

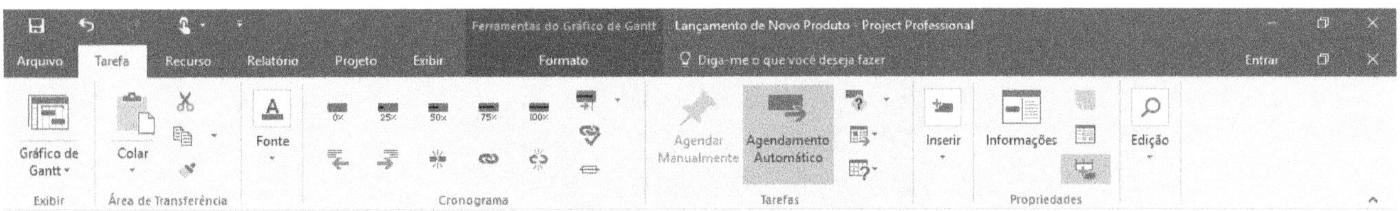

Figura 6.12 – Faixa de Opções com destaque para a Guia Tarefa em Modo Toque

No canto superior esquerdo da *Faixa de Opções* existe a *Barra de Ferramentas de Acesso Rápido.* Essa barra de ferramentas permite o acesso rápido aos principais comandos do ambiente, tais como *novo documento, salvar/abrir arquivos, imprimir* e *modos de exibição.* A **Barra de Ferramentas de Acesso Rápido** pode ser personalizada, como será visto posteriormente.

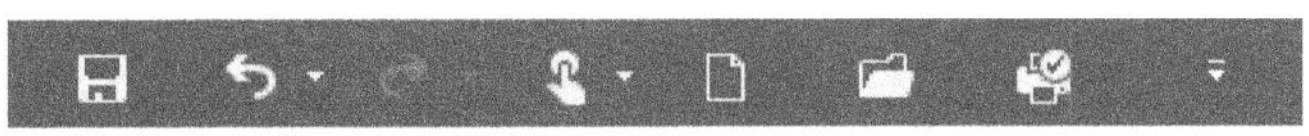

Figura 6.13 – Barra de Ferramentas de Acesso Rápido

Outra funcionalidade que também foi introduzida nas versões anteriores é a *Guia Arquivo* ou *Backstage.* Essa área tem como objetivo agrupar todas as funções relacionadas ao Microsoft Project, ao gerenciamento do arquivo do projeto e à conta do usuário.

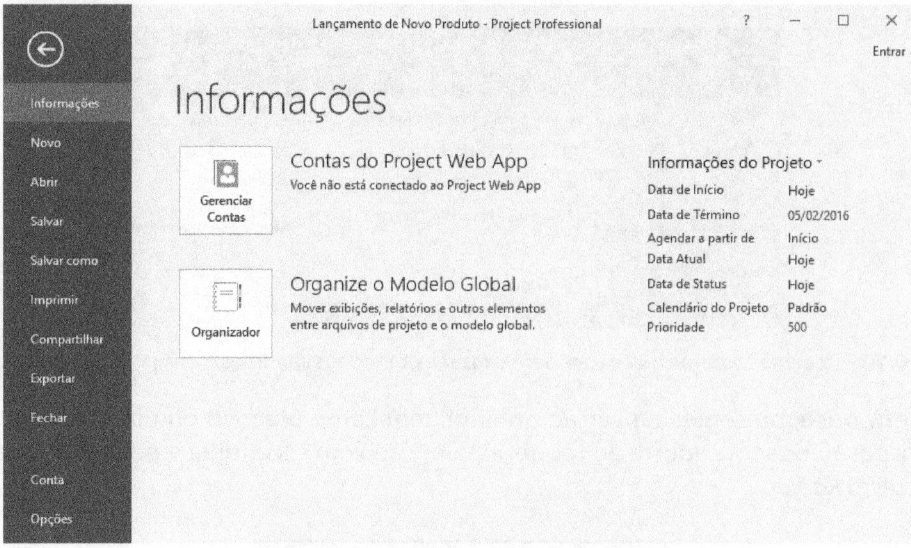

Figura 6.14 – Guia Arquivo ou Backstage

A *Barra de Visões lateral*, antiga Barra de Modos, vem ocultada da área de trabalho padrão do Project 2016.

Você pode exibi-la ou ocultá-la clicando com o botão direito do mouse na lateral esquerda do aplicativo e selecionando *Barra de Visões*.

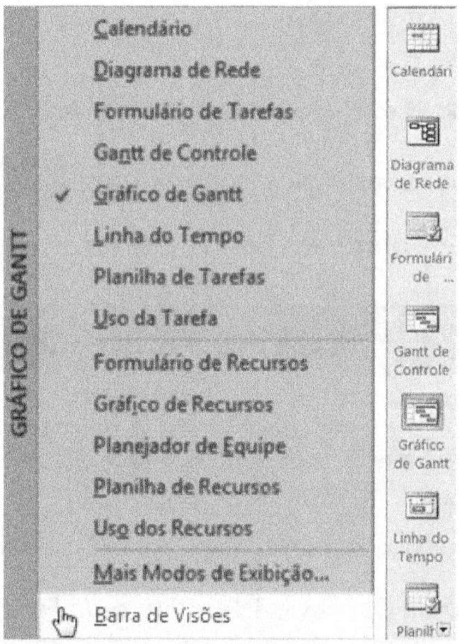

Figura 6.15 – Exibindo a Barra de Visões

A **Barra de Visões**, através dos ícones, fornece uma maneira prática de alterar os modos de exibição dos dados.

DICA

Você também pode acessar as visões do Project pela *Faixa de Opções* > *Guia Tarefa* > ***Grupo Exibir***. Uma outra forma de acessar as visões é adicionar a opção *Modos de exibição à Barra de Ferramentas de Acesso Rápido*.

A ***Barra de Entrada*** é ocultada no Project 2016. Ela fica localizada abaixo da faixa de opções e exibe todos os dados digitados em qualquer célula de tabela do Project.

Ela pode ser exibida da seguinte forma:

1. clique em *Arquivo ou Backstage* > *Opções* > ***Exibir***. Selecione ***Barra de entrada*** em *Mostrar estes elementos*.

Figura 6.16 – Tela Opções, aba Exibir com destaque para opção Exibindo a Barra de entrada

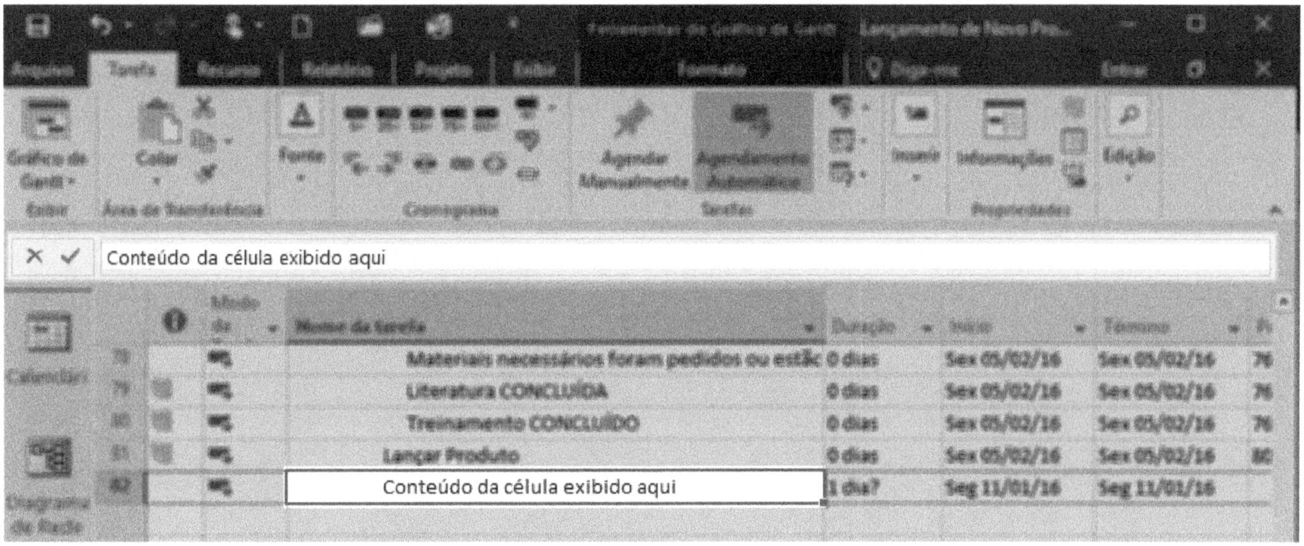

Figura 6.17 – Barra de entrada

Logo abaixo da Faixa de Opções e da Barra de entrada podemos observar outro recurso introduzido nas versões anteriores, a ***Linha do Tempo (Timeline),*** e que foi aprimorado no Project 2016, **permitindo que sejam criadas diversas linhas do tempo**. Ela irá exibir de forma gráfica o cronograma macro do projeto.

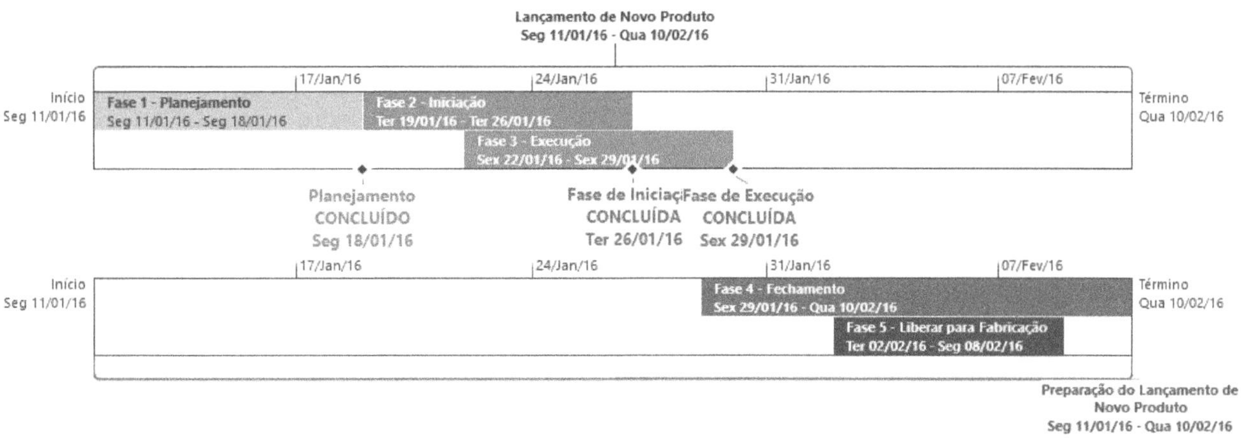

Figura 6.18 – Múltiplas linhas do tempo

As **Linhas do Tempo (Timeline)** podem ser personalizadas de modo a exibir os principais marcos e tarefas do projeto. A personalização das linhas do tempo será vista mais adiante.

Na parte central da tela, tem-se a principal área de trabalho, composta de uma tabela e uma área gráfica. Os seus principais componentes são:

- **Tabelas** – Fornecem informações em linhas e colunas sobre o projeto. Cada linha exibe informações sobre uma tarefa ou recurso diferente e cada coluna apresenta informações diferentes sobre a tarefa ou o recurso. Cada tabela controla um grupo de colunas.
- **Gráfico de *Gantt*** – É a área gráfica situada no lado direito da área de trabalho. Permite exibir graficamente as durações das tarefas e as datas de início e término em uma escala de tempo. A posição relativa das barras de *Gantt* mostra a sequência na qual as atividades do projeto estão agendadas para ocorrer. É a visualização padrão do Microsoft Project, que, no entanto, pode ser alterada e personalizada, conforme será apresentado nos próximos capítulos.
- **Barras de Rolagem** – Em modos de exibição que associam mais de um elemento na tela, tais como o *Gráfico de Gantt* (reúne uma tabela e um gráfico), a barra de rolagem horizontal se divide em duas barras, uma para a tabela e outra para o gráfico, além de conter uma barra vertical para que se possa navegar nas linhas do projeto.

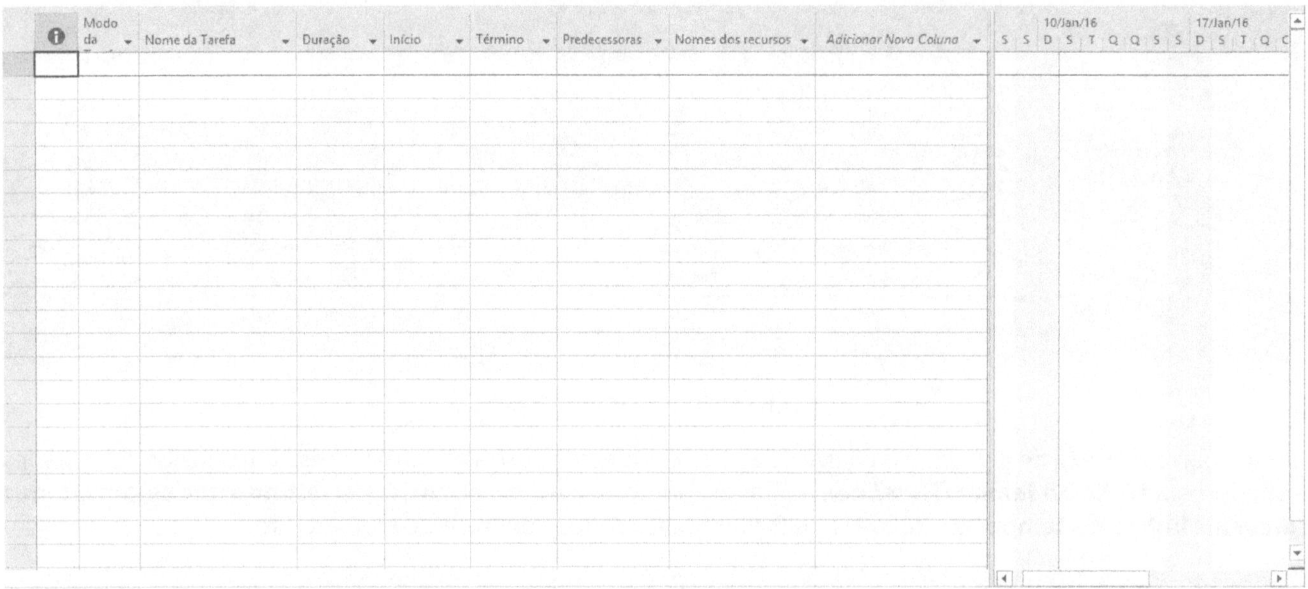

Figura 6.19 – Parte central da Área de Trabalho exibindo a Tabela Entrada, o Gráfico de *Gantt* e as barras de rolagem horizontal e vertical

DICA

Caso deseje alterar de maneira permanente a área de trabalho padrão, acesse o *backstage* clicando na guia *Arquivo* > *Opções* > *Geral* > ***Modo de Exibição Padrão*** e escolha outro modo de exibição.

Na parte inferior da tela, tem-se a ***Barra de Status***, que apresenta informações sobre o modo de agendamento das tarefas, bem como o *zoom* das áreas gráficas e os principais modos de exibição, tais como o Gráfico de Gantt, Uso da Tarefa, Planejador da Equipe, Planilha de Recursos e o novo *Relatório*.

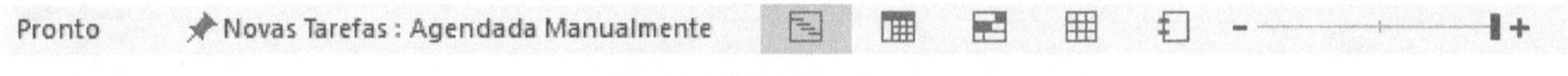

Figura 6.20 – Barra de Status

CAPÍTULO 7

Operações Básicas do Microsoft Project

Todas as operações básicas do Microsoft Project são realizadas exatamente da mesma forma que os outros produtos da família Office 2016 e Office 365.

7.1 Entrando no Office (Configurando sua Conta)

Um ótimo recurso do Project 2016 e de toda a família Office é permitir que você se conecte a uma conta da Microsoft. Dessa forma, você poderá aproveitar todos os novos benefícios, além de personalizar sua cópia do Office. Você acessará seus documentos em qualquer lugar e terá uma experiência cada vez melhor e mais personalizada em todos os diferentes dispositivos que usar e aos quais se conectar.

> **Importante –** Entrar no Office é opcional. Caso você não queira se conectar ou até mesmo trabalhar sempre off-line, é totalmente possível.

Para entrar no Office:

1. acesse a guia *Arquivo (Backstage)* e escolha ***Conta***;
2. clique em ***Entrar***;

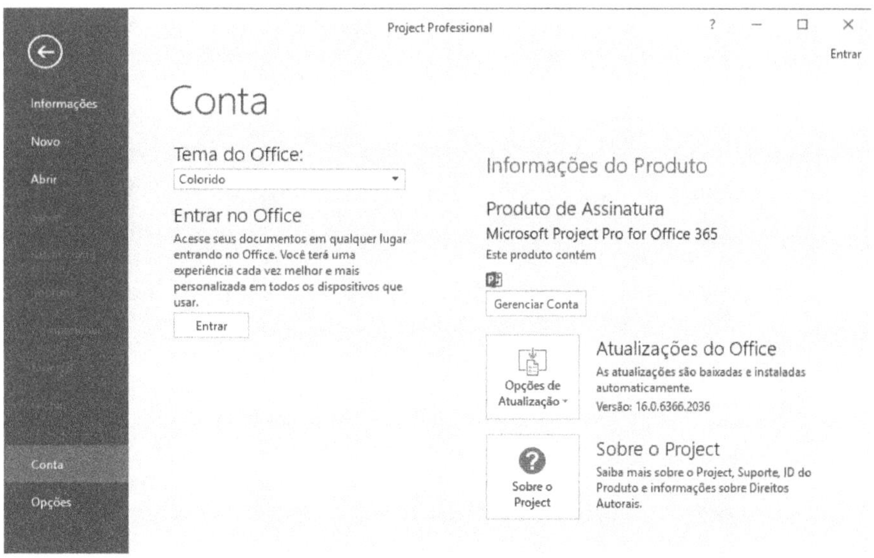

Figura 7.1 – Tela da Conta do usuário

3. digite seu endereço de e-mail da conta com a qual deseja se conectar;
   a. Se estiver usando uma cópia pessoal do Project 2016, use sua conta do Hotmail ou Xbox, o processo é o mesmo;
   b. Se estiver usando uma cópia empresarial ou escolar, use o e-mail da sua empresa ou escola;

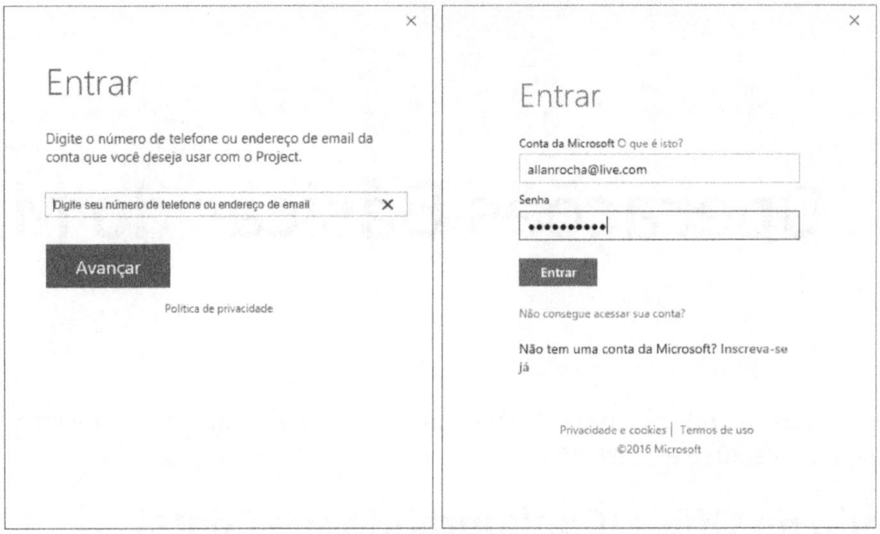

Figura 7.2 – Tela de autenticação para entrar no Office

DICA

Caso você possua ambos os tipos de contas, não há problema algum. É possível alterar o usuário a qualquer momento.

4. você perceberá que todos os dados da sua conta serão importados para o Project juntamente com todas as suas configurações de plano de fundo e tema.

Figura 7.3 – Tela da conta do Office autenticada

DICA

Caso você queira alterar a conta Microsoft utilizada, é muito simples. Ainda na mesma tela de *Conta* na guia *Arquivo (Backstage)*, clique em ***Mudar de Conta*** e digite o e-mail da nova conta. Todas as configurações da nova conta serão carregadas.

7.1.1 Adicionando Novos Serviços

A sua conta do Office permite que você tenha vários serviços conectados, com diferentes funcionalidades. A seguir estão alguns dos serviços disponíveis:

Figura 7.4 – Adicionando um novo serviço de Office 365 SharePoint

Porém, os únicos serviços que possuem funcionalidades no Project 2016 são o *OneDrive* e o *Office 365 para SharePoint*. Esses serviços permitem salvar e compartilhar arquivos na nuvem, podendo acessá-los a qualquer momento de qualquer lugar. Basta que o usuário esteja online.

DICA

Se você estiver utilizando uma conta do Hotmail ou Outlook.com, o OneDrive será automaticamente adicionado aos seus *Serviços Conectados*.

Para adicionar um serviço:

1. acesse a guia *Arquivo (Backstage)* e escolha ***Conta***;
2. clique em Adicionar um Serviço e selecione ***Office 365 SharePoint***;
3. digite seu e-mail e senha do Office 365 e clique em ***Entrar***;
4. você agora está conectado ao serviço do Office 365.

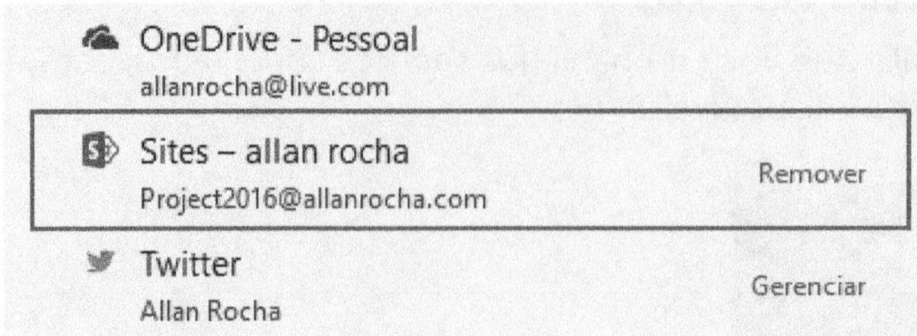

Figura 7.5 – Serviço do Office 365 SharePoint adicionado à sua conta

7.1.2 Abrindo um Projeto Existente

O Project 2016 permite a você abrir um projeto existente de diferentes locais. Uma lista com todos os locais ou serviços previamente configurados será exibida.

Para abrir um projeto:

1. acesse a guia *Arquivo (Backstage)* e escolha ***Abrir***;
2. selecione o local desejado, no caso *Este PC*;
3. navegue pelas pastas do seu computador;
4. clique sobre o arquivo desejado.

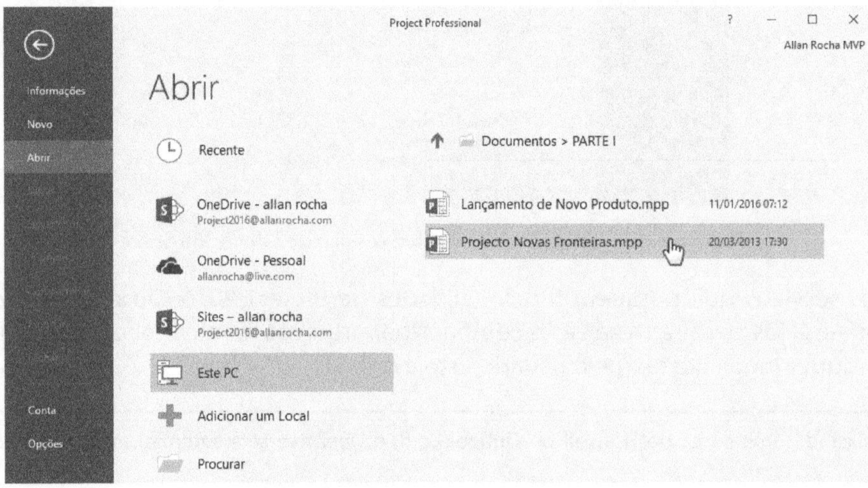

Figura 7.6 – Abrir arquivo

Importante – Caso você queira abrir um projeto existente de um dos serviços conectados, funcionará exatamente da mesma forma, porém a estrutura de pastas e arquivos será referente ao serviço escolhido. Este projeto estará na nuvem e não no seu computador. É obrigatório que o usuário esteja conectado à internet para abrir um projeto existente de um serviço conectado.

DICA

Caso seja necessário abrir um arquivo de outro formato, escolha o tipo do arquivo na caixa acima do botão *Abrir* onde, por padrão, está escrito *Arquivos do Microsoft Project*.

Para salvar um projeto:

1. clique no botão  na ***Barra de Ferramentas de Acesso Rápido*** ou acesse a guia *Arquivo (Backstage)* e escolha ***Salvar***;

   Se o seu projeto for um **projeto existente**, ele já estará salvo a partir do passo anterior. Se o seu projeto for um **novo projeto**, a tela de ***Salvar Como*** será exibida com várias opções entre **Salvar e Sincronizar**. Uma lista com todos os locais ou serviços previamente configurados será exibida. Abordaremos outras formas de salvamento e compartilhamento nos próximos capítulos, como por exemplo **Sincronizar com o SharePoint** e **conexão com o Project Online**.

2. selecione o local ou serviço desejado, no caso *Este PC*;
3. clique em ***Procurar***;
4. digite o nome do projeto (até 256 caracteres);
5. escolha a pasta onde seu projeto será arquivado;
6. pressione ***Salvar***.

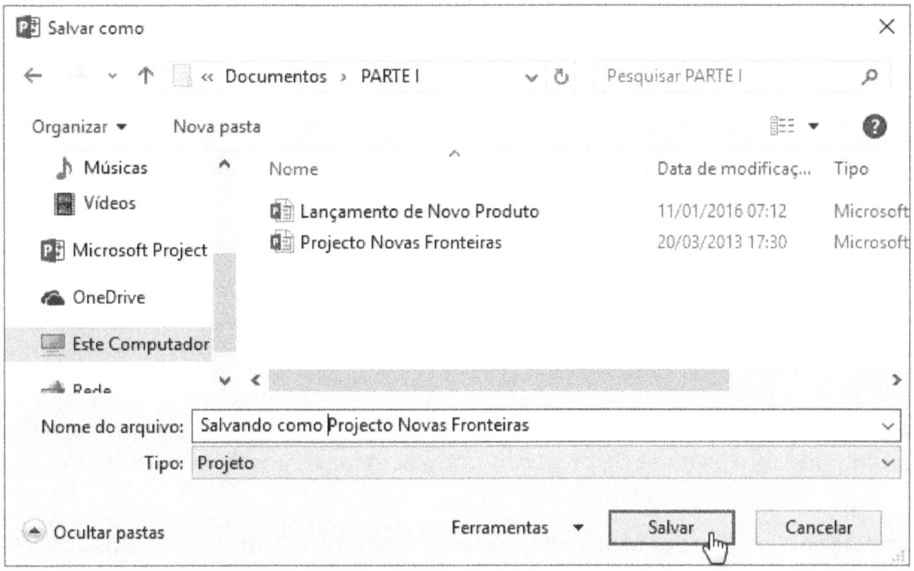

Figura 7.7 – Salvar arquivo

Para salvar um projeto que servirá como modelo para outros projetos, escolha Modelo do Project (*.mpt) no campo ***Tipo***.

Na tela *Salvar como modelo*, escolha se deseja eliminar, ou não, os valores de linha de base existentes, as taxas de recursos, os custos fixos e se as tarefas foram publicadas no Project Web App (no caso de uso do Project Server ou Project Online).

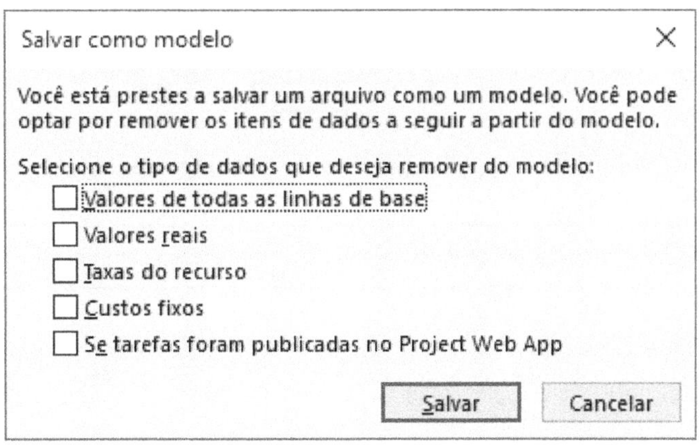

Figura 7.8 – Opções da caixa Salvar como modelo

Para proteger o projeto com senha, clique em *Arquivo (Backstage)* > ***Procurar***.

Na tela de *Salvar como*, clique em *Ferramentas* > ***Opções Gerais...***.

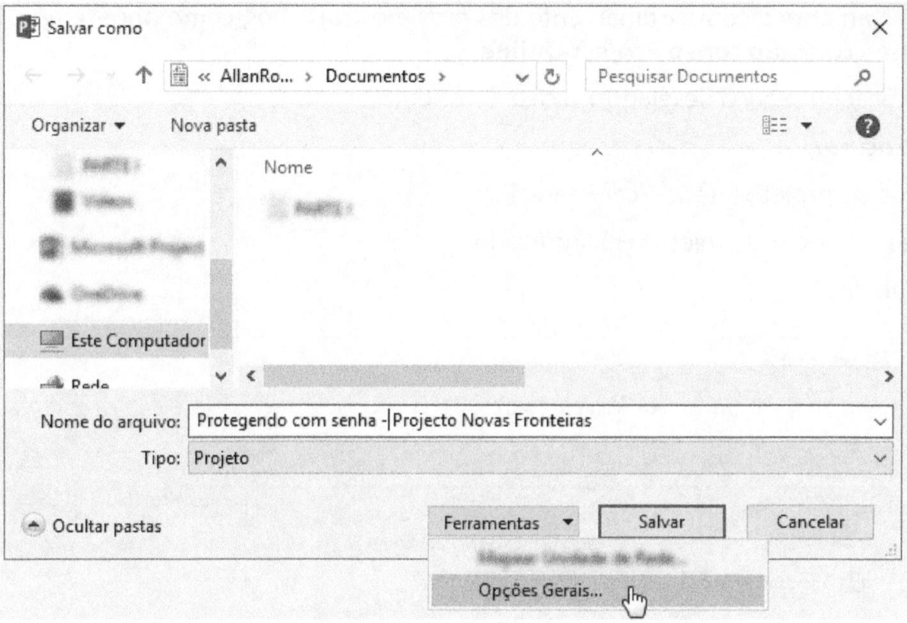

Figura 7.9 – Destaque da tela Salvar como na opção Ferramentas > Opções Gerais

Existem dois tipos de senha:

- **Senha de proteção –** Utilizada para assegurar que somente as pessoas autorizadas tenham acesso ao projeto. O usuário que tem a senha de proteção pode acessar o projeto sem ter como processar alterações nele.
- **Senha de gravação –** Utilizada para evitar que pessoas não autorizadas possam fazer gravações do projeto. O usuário que tem a senha de gravação pode acessar e gravar o projeto.

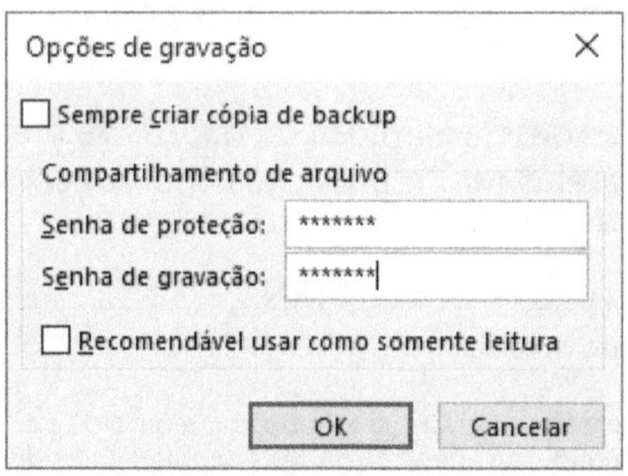

Figura 7.10 – Opções de gravação e proteção de arquivo

DICA

Se a senha de proteção for igual à senha de gravação, ao digitá-la, o usuário terá acesso completo ao projeto.

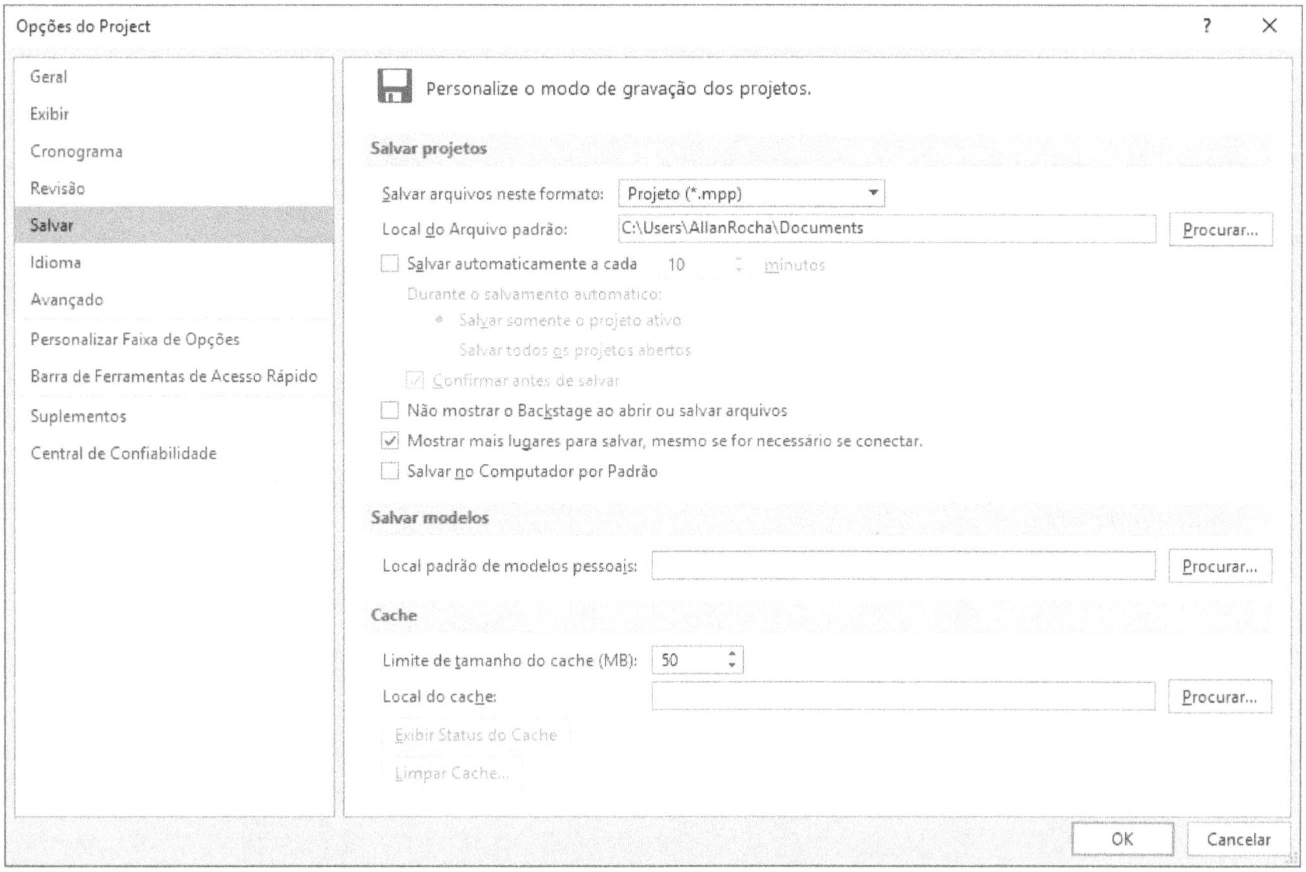

Figura 7.11 – Tela Opções > Salvar

Existe uma série de opções relativas ao processo de gravação dos arquivos do projeto:

1. acesse a guia *Arquivo (Backstage)* e selecione ***Opções***;
2. clique em ***Salvar***;
3. determine o formato padrão no qual os arquivos serão salvos no campo *Salvar arquivos neste formato*;
4. na região *Local do Arquivo padrão*, selecione o tipo de arquivo cujo diretório deseja modificar;
5. determine se o Microsoft Project salvará automaticamente o arquivo na opção *Salvar automaticamente a cada* (veja o tópico 7.2 Autossalvamento);
6. clique em ***OK*** novamente para fechar a caixa *Opções do Project*.

Importante – O Microsoft Project não é totalmente compatível com as versões anteriores. Para poder abrir um projeto da versão 2016 nas versões anteriores à 2010 é necessário que o arquivo seja salvo com um formato Microsoft Project 2007 ou Microsoft Project 2000/2003.

Lembre-se de que os novos recursos e campos não serão visíveis no Project 2013, 2010, 2007 ou 2003, apesar de alguns valores não serem perdidos no caminho de volta para o Project 2016, e outros, pelo contrário, serem excluídos, como os Relatórios Gráficos e múltiplas linhas de base.

DICA

Recomenda-se salvar uma cópia de backup da versão atual antes de salvá-la como uma versão anterior.

7.2 Autossalvamento

O Microsoft Project também permite salvar automaticamente um arquivo de projeto em intervalos predefinidos.

Esta opção pode ser configurada para salvar somente o projeto ativo ou salvar todos os arquivos de projeto abertos, ou se existirá algum tipo de confirmação antes do ***autossalvamento***.

Para configurar as opções de ***autossalvamento***:

1. acesse a guia *Arquivo (Backstage)* e clique em *Opções*;
2. clique em ***Salvar***;
3. na região central da tela, selecione a caixa ***Salvar automaticamente a cada*** e escolha o tempo entre os salvamentos;
4. determine se essa regra de salvamento valerá apenas para o projeto ativo ou para todos os arquivos de projetos abertos;
5. selecione a caixa *Confirmar antes de salvar* caso deseje receber uma confirmação antes de cada autossalvamento;
6. clique em ***OK***.

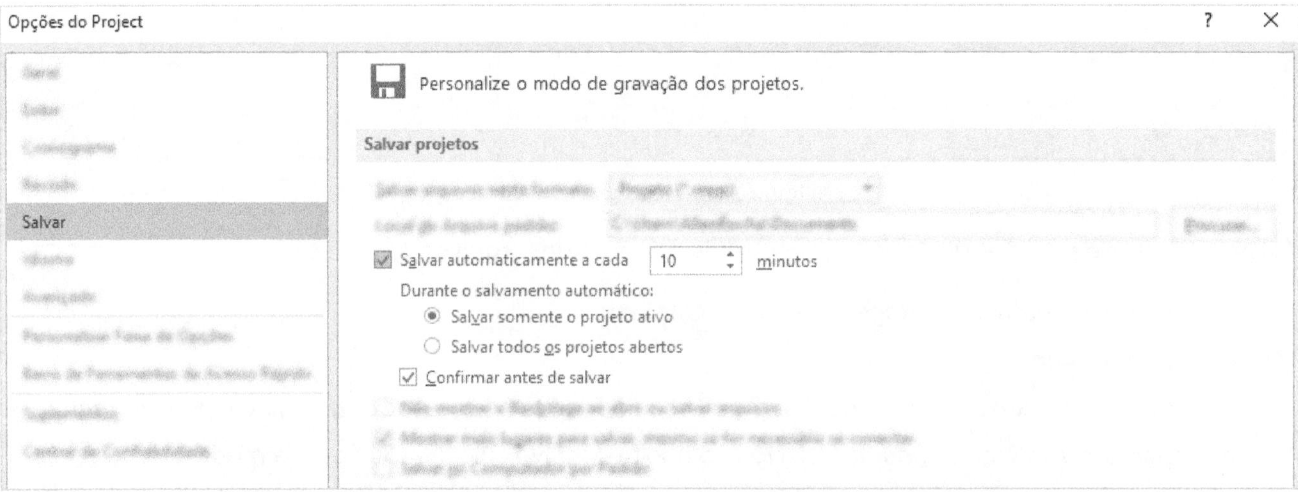

Figura 7.12 – Tela Opções do Project > Salvar com destaque para o autossalvamento

7.3 Excluindo um Projeto

Para excluir um projeto:

1. acesse a guia *Arquivo* e clique em ***Fechar*** para se assegurar de que o arquivo a ser excluído não está na memória do computador;
2. acesse a guia *Arquivo (Backstage)* e clique em ***Abrir***;
3. selecione o local desejado, no caso ***Este PC***;
4. clique em ***Procurar***;
5. clique no nome do arquivo a ser excluído com o *botão direito do mouse* e escolha *Excluir* ou clique no nome do arquivo e aperte a tecla `Delete` no teclado;
6. confirme a exclusão clicando em ***Sim***.

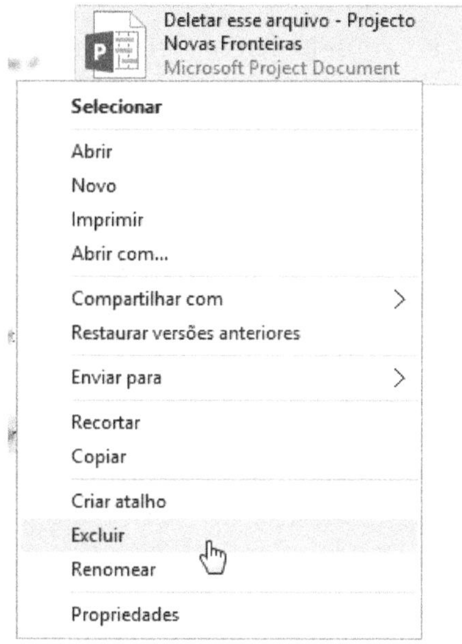

Figura 7.13 – Excluindo um projeto

Ao excluir um arquivo, o Windows o coloca em uma área conhecida como ***Lixeira*** (*Recycle Bin*), representada pelo ícone  na área de trabalho do computador.

DICA

O usuário pode excluir um arquivo sem passar pela lixeira ao manter pressionada a tecla `Shift` enquanto pressiona a tecla `Delete` no **passo 5** anteriormente mencionado.

Para recuperar o arquivo enviado para a ***Lixeira***:

1. abra a ***Lixeira*** clicando sobre o seu ícone;
2. selecione o arquivo a ser recuperado;
3. clique no arquivo com o *botão direito do mouse* e selecione ***Restaurar***.

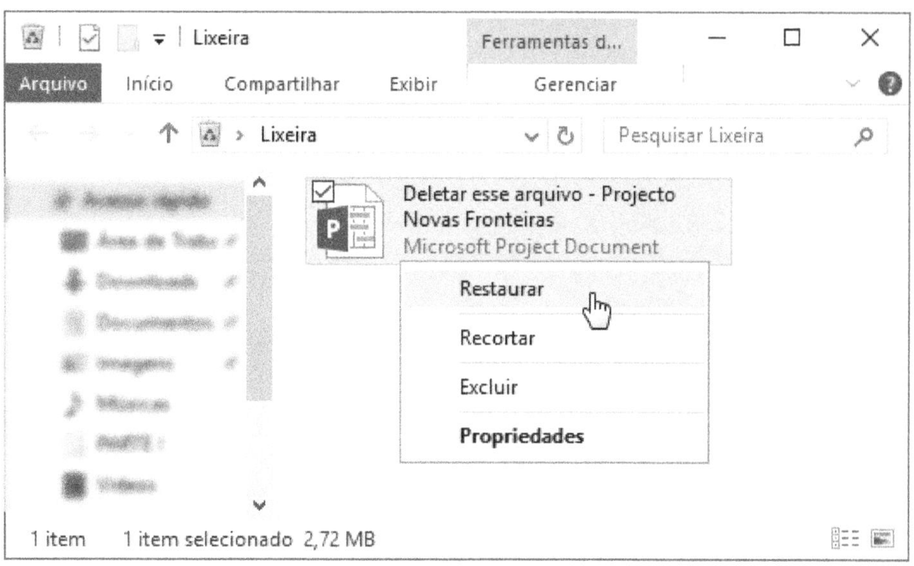

Figura 7.14 – Recuperando o arquivo enviado indevidamente para a Lixeira

7.4 Desfazendo Ações (*Undo*)

Desde a versão 2007 o Microsoft Project permite desfazer e refazer até as últimas 99 ações realizadas.

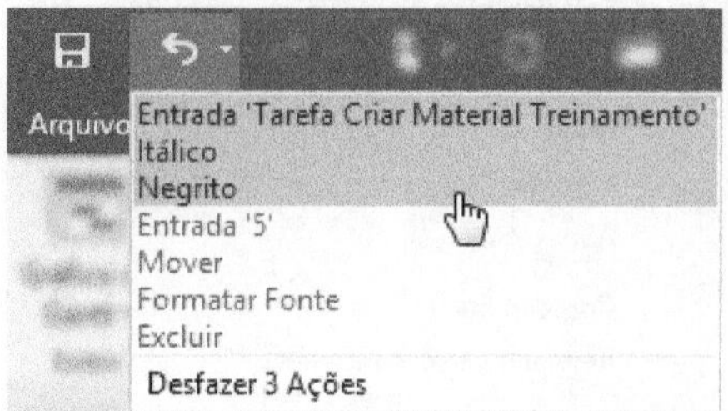

Figura 7.15 – Barra de Ferramentas de Acesso Rápido com destaque para o comando Desfazer

Para desfazer ou refazer o último comando realizado, clique nos botões e na **Barra de Ferramentas de Acesso Rápido**.

Para desfazer e refazer várias ações, clique *repetidamente* nos mesmos botões.

É muito importante ressaltar que algumas operações **não podem ser desfeitas**. São elas:

- Salvar o projeto.
- Publicar o projeto no Project Server (quando utilizando a solução PPM).
- Fechar o único projeto aberto.
- Fazer alterações no Organizador, incluindo renomear, excluir, copiar ou mover elementos do Project.
- Fechar um de muitos projetos abertos quando o projeto que está sendo fechado tiver vínculos com outro projeto aberto.
- Abrir um projeto da empresa.
- Adicionar recursos do Project Online ou Project Server (quando utilizando a solução PPM).
- Inserir outro projeto do Project Online ou Project Server em seu projeto (quando utilizando a solução PPM).

Ao realizar qualquer das ações anteriores, a lista de ações possíveis para o comando desfazer será integralmente apagada.

Para alterar a quantidade de comandos desfazer:

1. acesse a guia *Arquivo (Backstage)* e clique em ***Opções***;
2. clique em ***Avançado***;
3. na área *Geral* insira o número de ações desfazer na caixa *Níveis de desfazer* (o limite é de 99 ações).

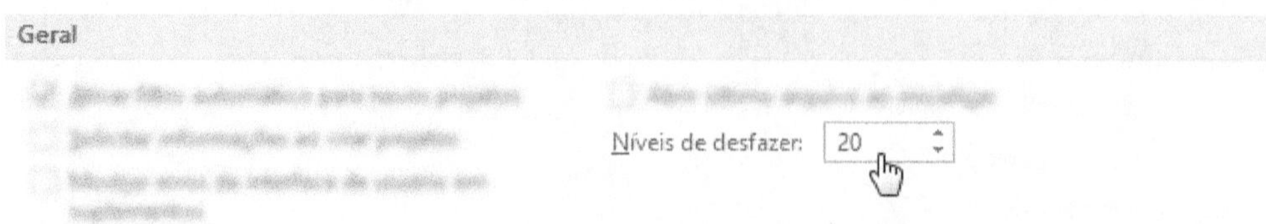

Figura 7.16 – Detalhe da tela Opções do Project com detalhes para o campo Níveis de desfazer

Importante – Aumentar o número de níveis de desfazer aumenta o consumo de memória do computador e, em projetos grandes, pode diminuir o desempenho geral do Project.

CAPÍTULO 8

Modos de Exibição no Microsoft Project 2016

O Microsoft Project é capaz de armazenar uma grande quantidade de informações que, muitas vezes, podem até prejudicar o entendimento do projeto. Para isso, o Microsoft Project utiliza vários modos de exibição ou visão. Um modo de exibição mostra informações diretamente relacionadas em um formato lógico e de fácil leitura, possibilitando que o usuário veja e compreenda rapidamente a posição exata de um aspecto específico do projeto.

Ao trabalhar com o Microsoft Project, sempre se utilizará um modo de exibição ou visão. A maioria dos modos de exibição permite ver, inserir e editar informações.

Os modos de exibição podem ser facilmente personalizáveis (a personalização de modos de exibição será discutida posteriormente neste livro).

Os principais modos de exibição podem ser selecionados através da Barra de Visões, em *Faixa de Opções > Guia Tarefa >* ***Grupo Exibir*** ou pela *Barra de Ferramentas de Acesso Rápido*, apresentada anteriormente.

DICA

A Barra de Visões pode ser exibida e ocultada ao se clicar com o botão direito do mouse na lateral esquerda da tela. A última opção do menu se chama ***Barra de Visões*** e permite a exibição ou não da barra. Por padrão do Project, a barra vem inicialmente desativada.

Importante – A personalização, a criação e a exclusão de modos de exibição serão discutidas posteriormente.

Os principais modos de exibição estão listados a seguir.

8.1 Gráfico de *Gantt*

Principal modo de exibição dividido em uma planilha de entrada e um gráfico de barras ao longo do tempo. É a visualização padrão do Microsoft Project.

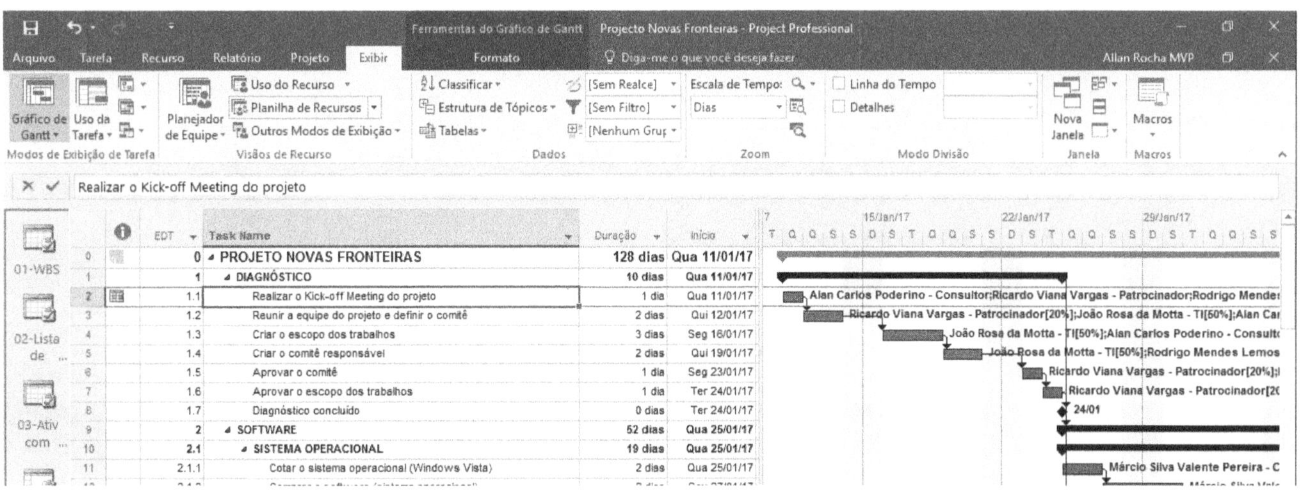

Figura 8.1 – Modo de exibição Gráfico de *Gantt*

8.2 Diagrama de Rede

Representa a rede de inter-relacionamentos do projeto, evidenciando as predecessoras e as sucessoras imediatas de uma atividade. Normalmente não é utilizada para a edição de dados, embora tenha essa capacidade. Identificado como *Gráfico PERT* até a versão 98, esse modo de exibição permite aos usuários personalizar diagramas de rede, com opções de filtro e *layout*, além de mecanismos de agrupamentos, que possibilitem a visualização da rede em grupos de caixas que tenham uma determinada característica em comum.

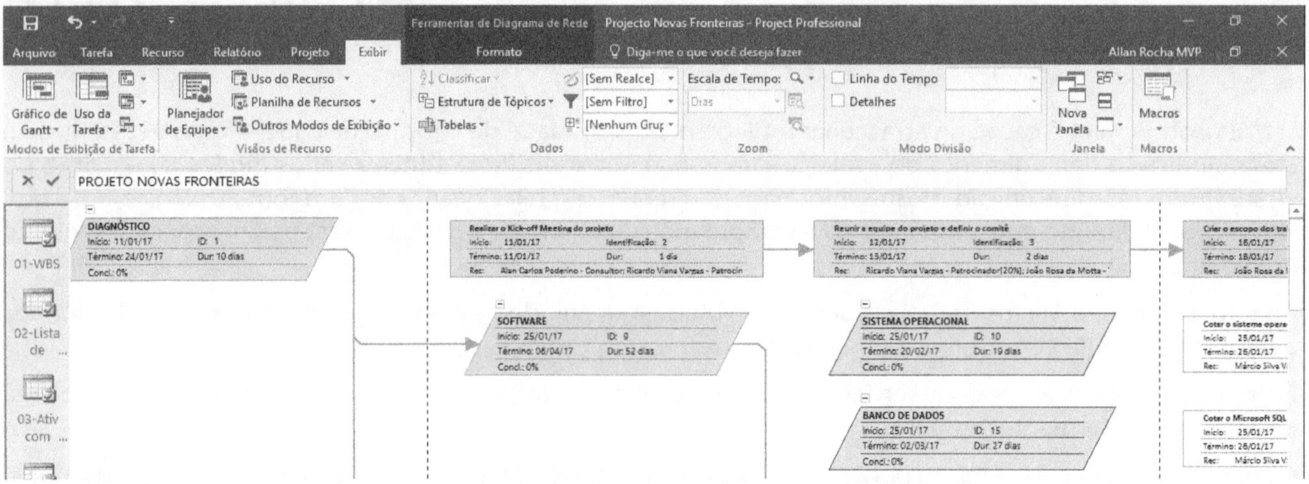

Figura 8.2 – Modo de exibição Diagrama de Rede

8.3 Calendário

Exibe a agenda do projeto no formato de calendário, com as atividades mostradas como barras, abrangendo os dias e as semanas em que cada atividade está agendada.

O calendário foi bastante aprimorado desde a versão 2010. Ele agora permite visualizar os trabalhos semanais e mensais do projeto, bem como personalizar o período a ser exibido.

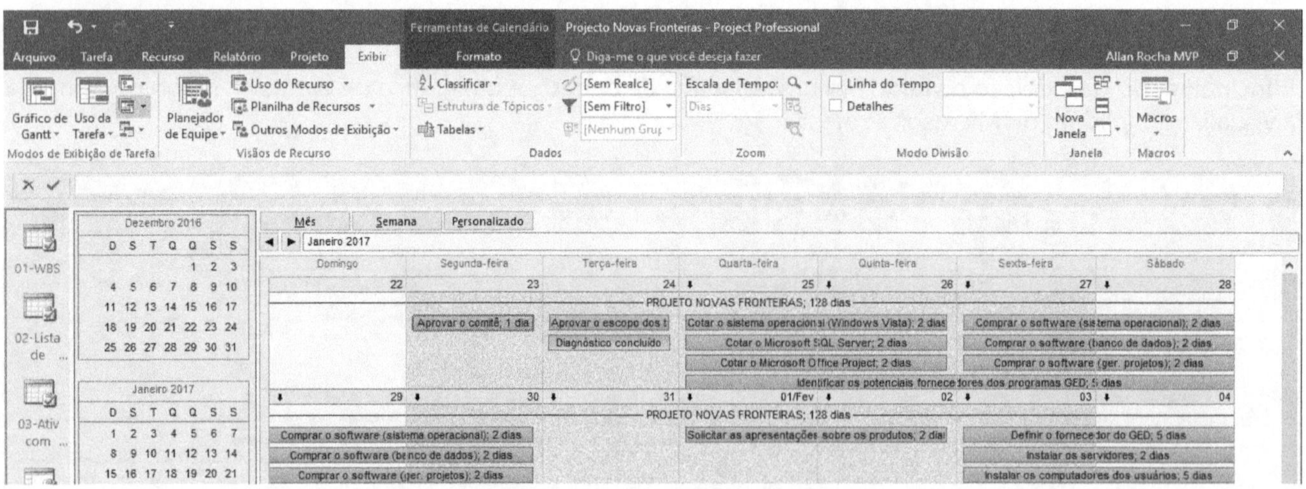

Figura 8.3 – Modo de exibição Calendário

Em projetos com grande número de atividades ocorrendo, somente as primeiras serão exibidas na forma gráfica do calendário. As demais serão exibidas em uma tela específica ou na folha seguinte, quando impresso o calendário. Toda vez que esse limite for suplantado, a indicação ⬇ irá aparecer.

Para visualizar todas as tarefas:

1. selecione o dia desejado no calendário:
2. na Faixa de *Opções* > *Ferramentas de Calendário*, clique em ***Lista de Tarefas***;
3. clique em uma determinada tarefa para abrir suas informações específicas.

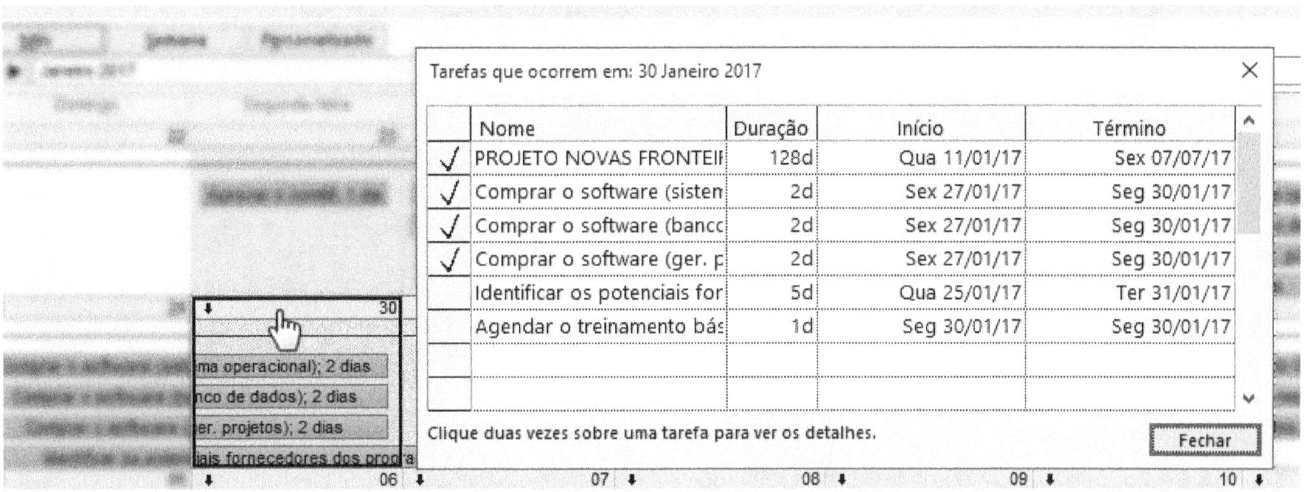

Figura 8.4 – Atividades que excedem o calendário

8.4 Linha do Tempo – *Timeline View*

É o modo de exibição que foi introduzido na versão do Project 2010 e que pode ser visualizado automaticamente acima de outras exibições, mostrando uma visão geral concisa do cronograma inteiro. Neste modo de exibição é possível escolher tarefas que serão adicionadas à linha do tempo. Os dados da Linha do Tempo podem ser impressos no formato de relatório ou enviados para terceiros através de e-mail.

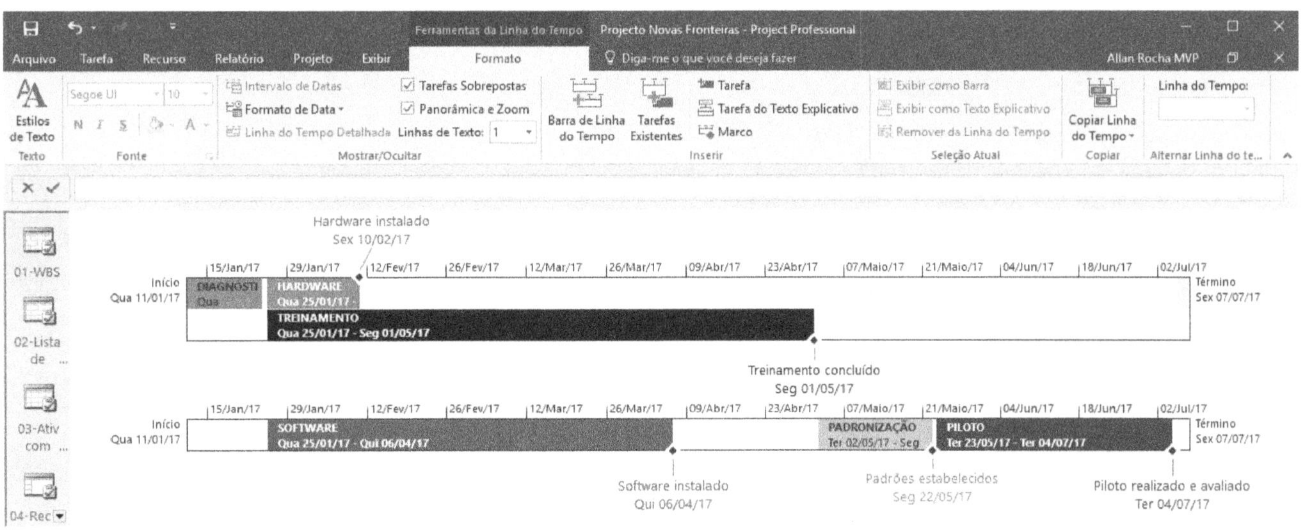

Figura 8.5 – Modo de exibição Linha do Tempo

8.5 *Gantt* de Controle

É o Gráfico de *Gantt* previamente configurado e preparado para apoiar ou acompanhar e controlar a execução das atividades. Apresenta percentuais de conclusão e barras relativas à linha de base (*baseline*). Essa visualização será utilizada no capítulo de acompanhamento de projetos.

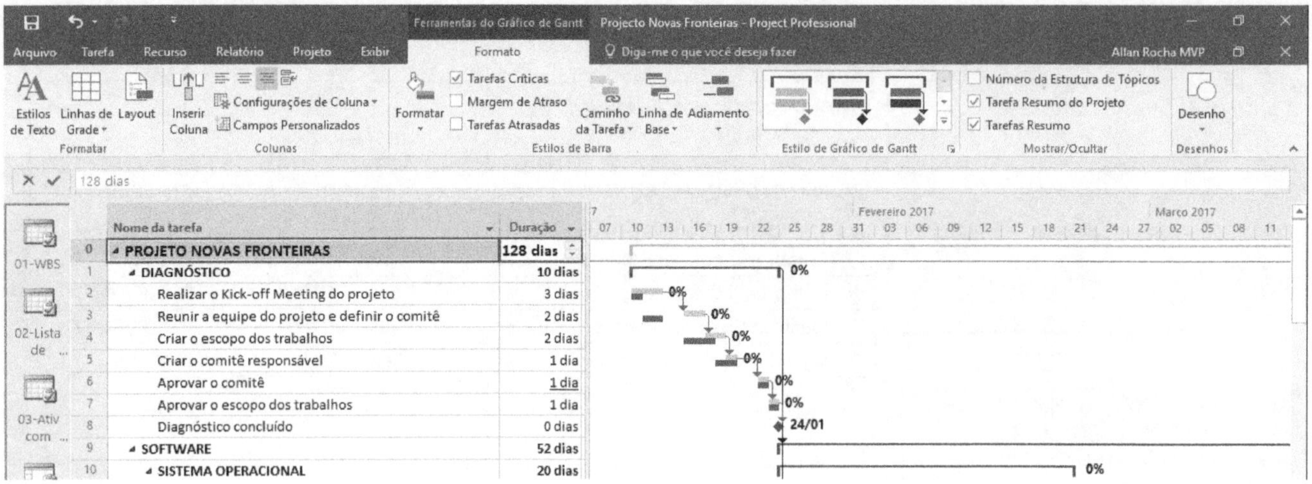

Figura 8.6 – Modo de exibição *Gantt* de Controle exibindo na parte inferior da barra a linha de base e na parte superior o dado real da atividade, evidenciando quando existe uma diferença entre o previsto e o real

8.6 Planilha de Tarefas

Modo de exibição que lista as atividades e suas informações relacionadas. Use este modo de exibição para inserir e agendar tarefas no formato de planilha. É idêntico à parte tabular do modo de exibição Gráfico de *Gantt*.

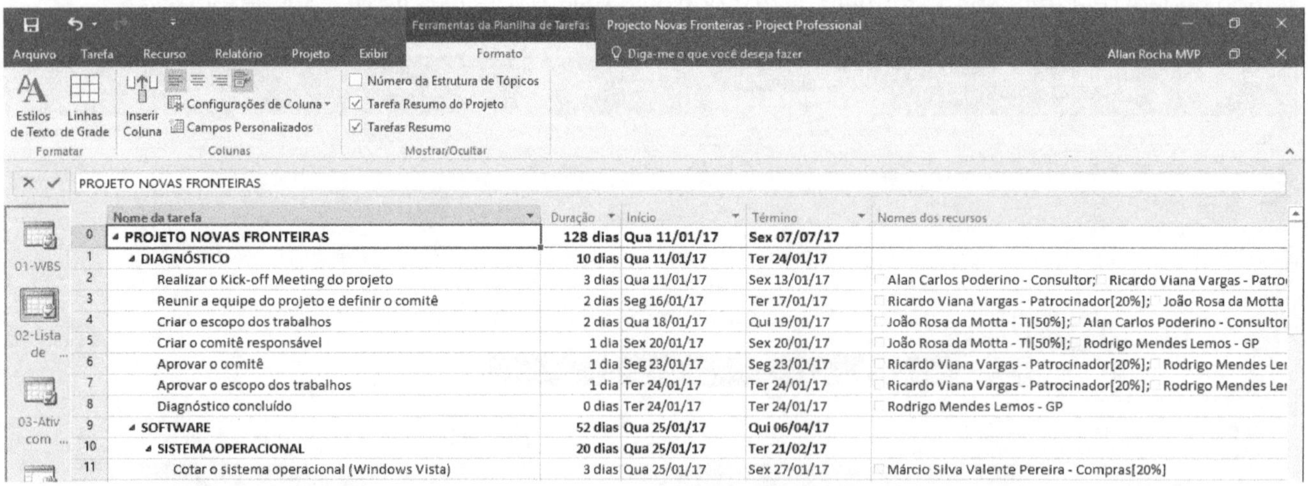

Figura 8.7 – Modo de exibição Planilha de Tarefas

8.7 Planilha de Recursos

Utilizada para analisar, adicionar ou editar dados sobre recursos. Pode exibir diversas informações para cada recurso, tais como dados básicos, custos, trabalho, uso, dentre outros, a partir da escolha da tabela específica.

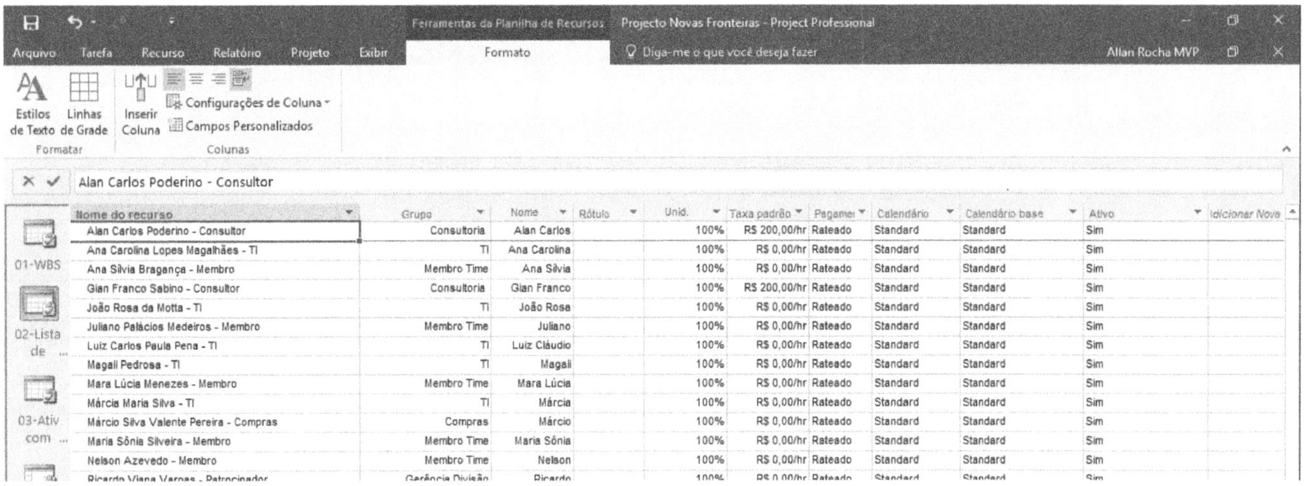

Figura 8.8 – Modo de exibição Planilha de Recursos

8.8 Gráfico de Recursos

Apresenta uma análise gráfica dos recursos que permite avaliar se eles estão alocados acima de sua capacidade disponível, a que capacidade estão trabalhando e quanto custam. Este modo de exibição mostra, em um gráfico de escala de tempo, informações sobre os recursos no projeto com base na categoria que foi selecionada.

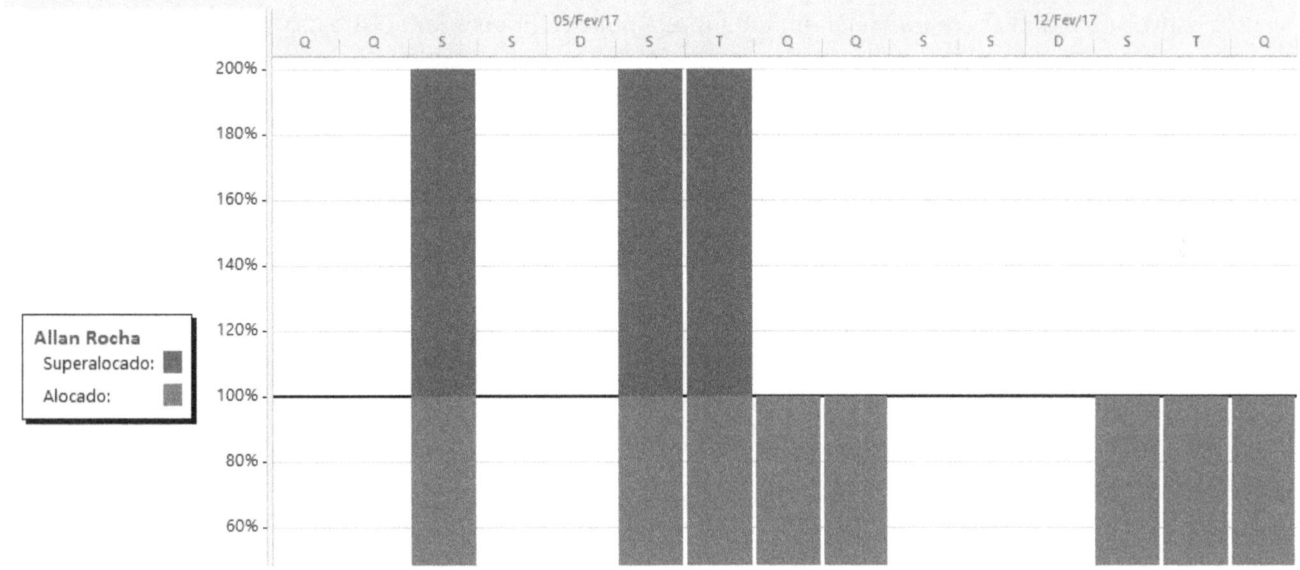

Figura 8.9 – Gráfico de recursos evidenciando a porcentagem de alocação

DICA

Utilize as setas de direção do teclado (↑ ↓ → ←) para visualizar os outros recursos utilizados no projeto.

8.9 Uso da Tarefa

Apresenta informações consolidadas sobre os recursos alocados nas tarefas. Permite visualizar o período em que os recursos estão trabalhando em uma atividade, facilitando a tomada de decisões no que diz respeito à alocação de recursos. Por exemplo, uma atividade agendada para levar uma semana para ser concluída requer 16 horas de trabalho para o recurso. Este modo de exibição mostra como essas 16 horas de trabalho estão distribuídas no tempo.

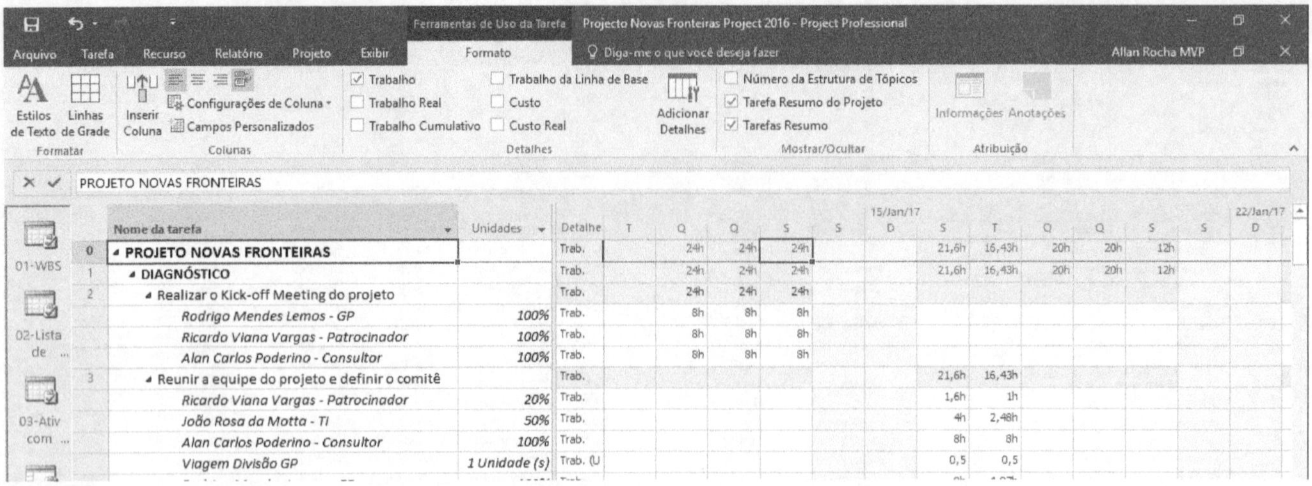

Figura 8.10 – Modo de exibição Uso da Tarefa

8.10 Uso do Recurso

Modo de exibição similar ao **Uso da Tarefa**, porém apresenta as informações sobre cada recurso e em quais tarefas ele está alocado.

Este modo de exibição é muito valioso para o controle da alocação do custo e do trabalho do recurso, visualizando a mudança do custo ao longo do tempo através de planilhas. Por exemplo, se um determinado recurso estiver agendado para trabalhar em uma tarefa por dez horas e, em outra, por vinte, o uso do recurso permite ajustar quando essas trinta horas ocorrerão durante o projeto, de modo a evitar conflitos de agendamento.

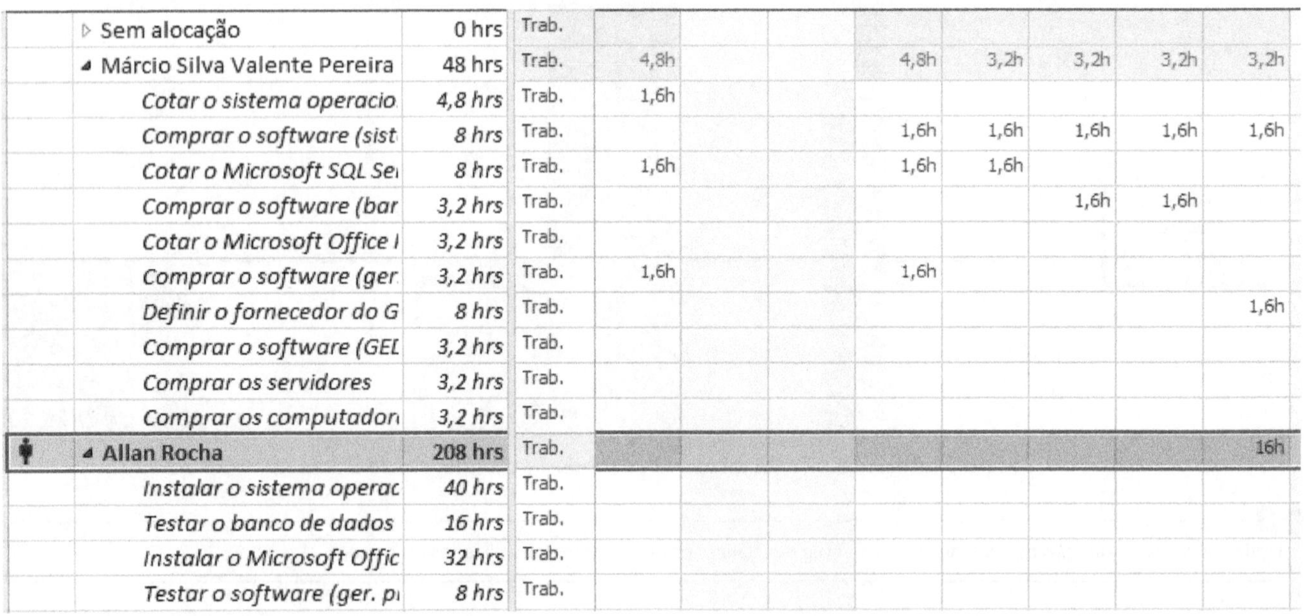

Figura 8.11 – Modo de exibição Uso do Recurso

8.11 Planejador de Equipe

Uma das principais novidades introduzidas na versão 2010 do Microsoft Project Professional foi o Planejador de Equipe, um modo de exibição de agendamento de recursos que permite gerenciar a alocação dos recursos de uma forma mais intuitiva. Tarefas podem ser movidas de um recurso para outro com um simples arrastar do mouse, e as superalocações podem ser evidenciadas de forma simples e direta.

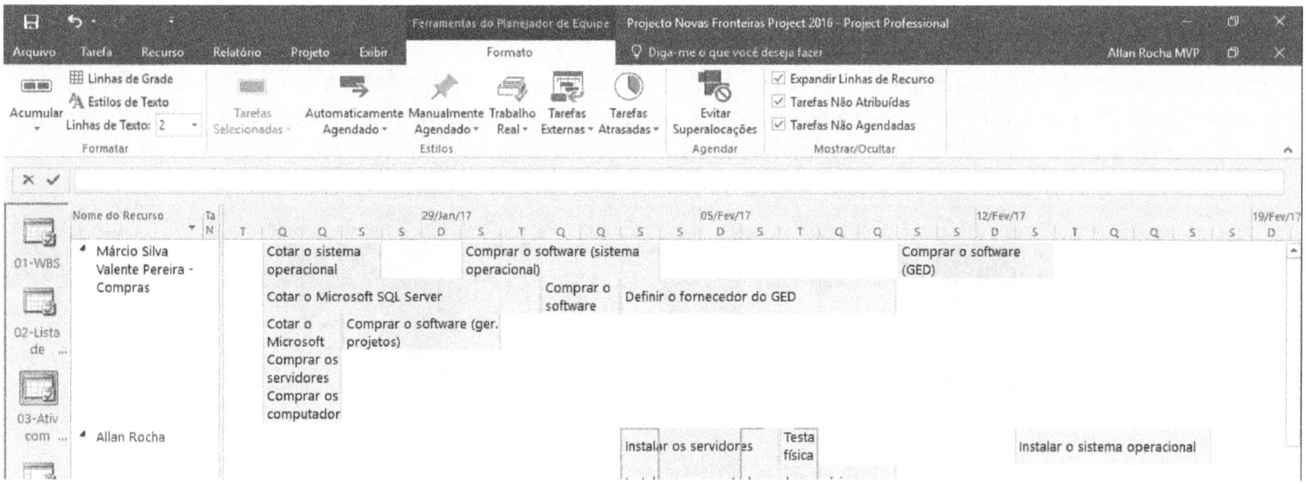

Figura 8.12 – Modo de exibição Planejador de Equipe

8.12 Formulário de Tarefas

Modo de exibição que permite que as informações básicas sobre agendamento e controle de tarefas e recursos sejam inseridas e editadas através de uma tela específica. É particularmente útil para fornecer uma visão isolada das características básicas de determinada tarefa.

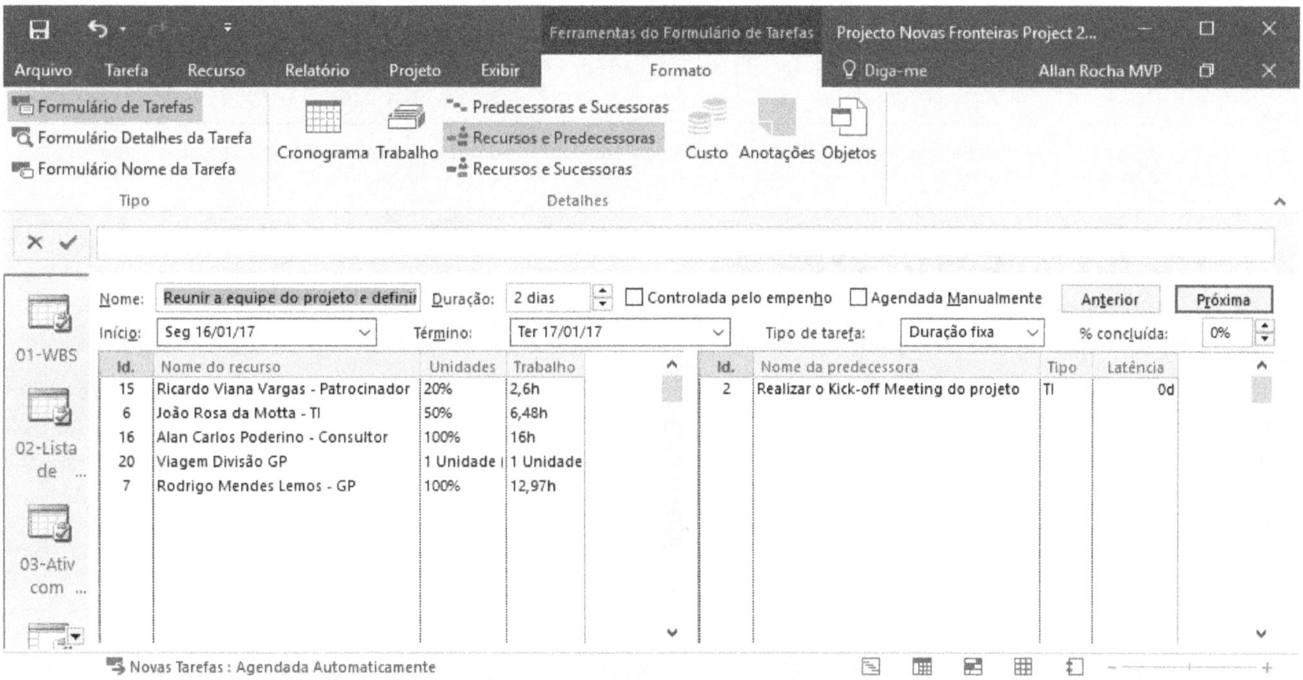

Figura 8.13 – Modo de exibição Formulário de Tarefas

DICA

É possível alterar o detalhe da tela através do grupo *Detalhes* na guia ***Formato*** na Faixa de Opções, incluindo informações de trabalho, cronograma, predecessoras/sucessoras e recursos.

8.13 Formulário de Recursos

O modo de exibição Formulário de Recursos exibe informações detalhadas sobre recursos individuais. É especialmente útil para apresentar uma visão isolada do trabalho de determinado recurso e em quais tarefas o recurso está alocado, além de fornecer informações sobre o nivelamento do recurso.

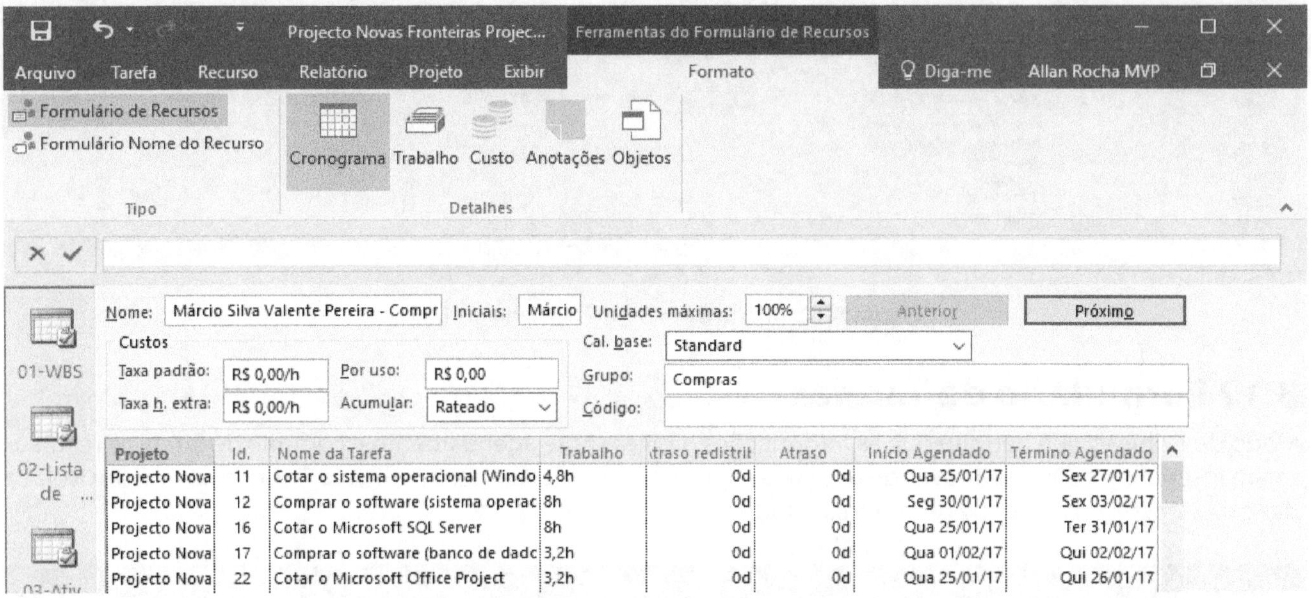

Figura 8.14 – Modo de exibição Formulário de Recursos

DICA

É possível alterar os detalhes da tela através do grupo *Detalhes* na guia *Formato*, incluindo informações de trabalho, cronograma, custos, anotações e objetos.

8.14 Outros Modos de Exibição

O Microsoft Project 2016 tem diversos modos de exibição predefinidos, com os mais utilizados (apresentados anteriormente) destacados na *Barra de Visões*.

Outros modos de exibição podem ser aplicados através do botão **Mais modos de exibição** na *Barra de Visões*. Também podem ser acessados a partir da opção *Outros Modos de Exibição > Mais Modos de Exibição...* na guia **Exibir** da Faixa de Opções.

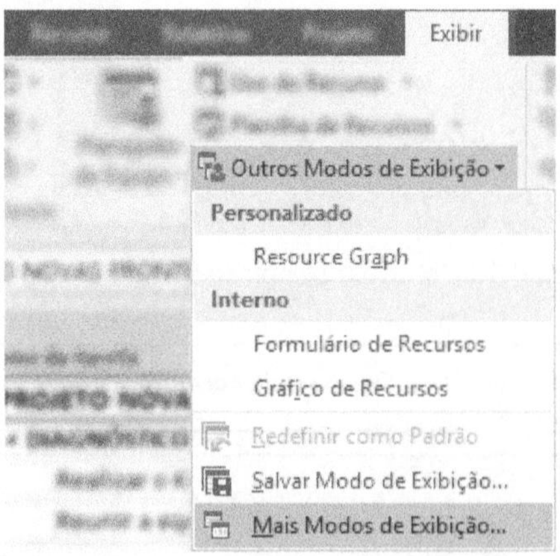

Figura 8.15 – Guia Exibir com destaque para *Outros Modos de Exibição > Mais Modos de Exibição...* na área Modos de Exibição de Tarefas

Os outros modos de exibição ainda não mencionados estão brevemente descritos a seguir.

Acúmulo de Barras de Tarefas – Em projetos grandes, é possível ter várias subtarefas agrupadas sob tarefas de resumo para ajudar o usuário a organizar melhor seu projeto. O modo de exibição Acúmulo de barras de tarefas exibe as subtarefas acumuladas e sobrepostas como barras na parte superior das respectivas tarefas de resumo.

Para utilizar este modo de exibição, é preciso **selecionar as atividades que se deseja agrupar** no resumo e clicar em ***Informações*** na guia *Tarefa*.

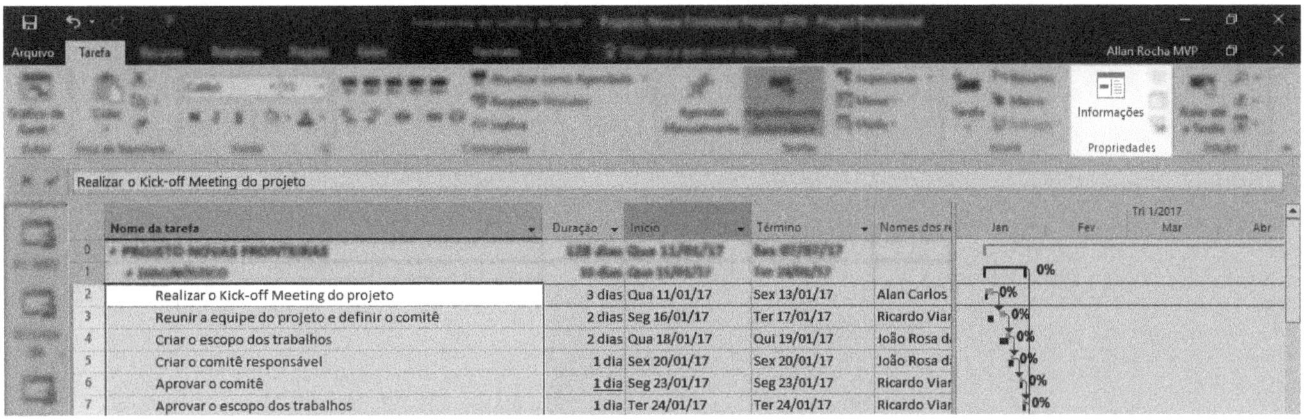

Figura 8.16 – Faixa de Opções com destaque para as informações da tarefa

Na guia *Geral*, escolha ***Representação acumulada***.

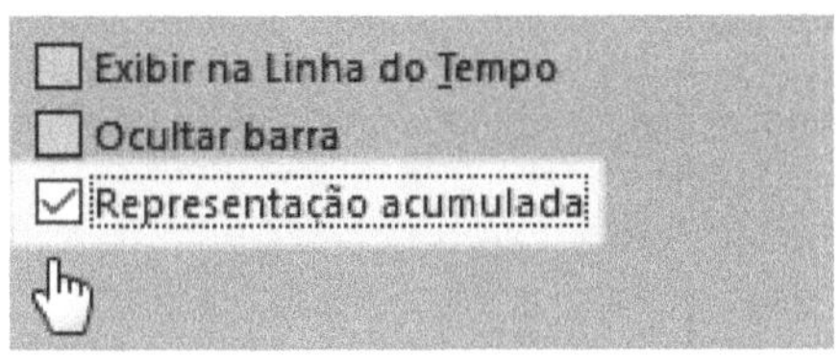

Figura 8.17 – Tela Informações sobre tarefas múltiplas com destaque para a opção *Representação acumulada*

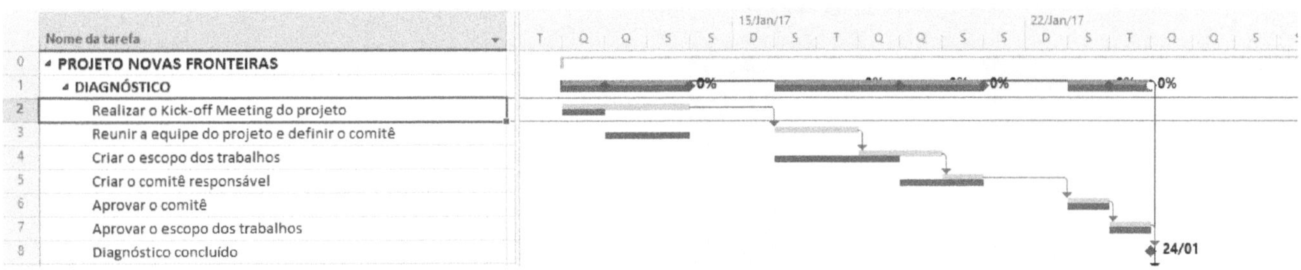

Figura 8.18 – Modo de exibição Acúmulo de Barras de Tarefas

Esta exibição gráfica pode também ser obtida ao se realizarem pequenas alterações no modo de exibição *Gráfico de Gantt*. Para isso basta acessar a guia *Formato* e clicar no botão ***Layout***. Na tela Layout, selecione ***Sempre acumular barras de Gantt*** e ***Ocultar barras de acúmulo quando o resumo expandir*** para ativar o acúmulo de barras de tarefas.

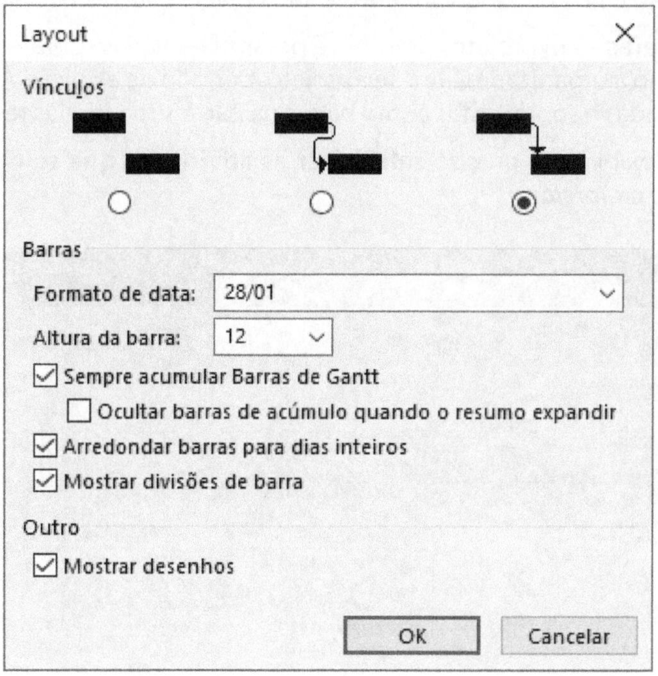

Figura 8.19 – Definindo as opções de acúmulo de barras na tarefa resumo

Acúmulo de Datas de Marcos – Em projetos grandes, é possível ter várias subtarefas agrupadas sob tarefas de resumo para organizar melhor o projeto. O modo de exibição *Acúmulo de datas de marco* exibe as subtarefas acumuladas como etapas marcadas com a data de início de cada atividade junto às respectivas tarefas de resumo. Modo de exibição similar ao *Acúmulo de Barras de Tarefas.*

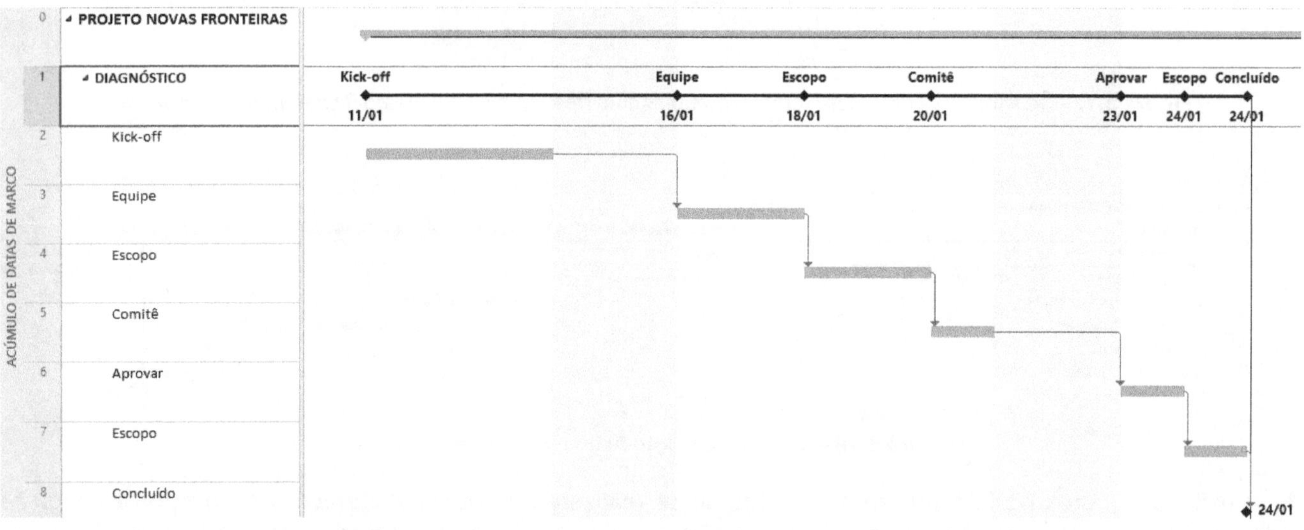

Figura 8.20 – Modo de exibição Acúmulo de Datas de Marcos

Acúmulo de Marcos – Em grandes projetos, é possível ter várias subtarefas agrupadas em tarefas de resumo para organizar melhor o projeto. O modo de exibição *Acúmulo de Marcos* exibe subtarefas acumuladas como etapas que são marcadas com o nome de cada tarefa e sobrepostas na parte superior das respectivas tarefas de resumo.

Uso dos Recursos – Um modo de exibição combinado com o modo de exibição Uso dos recursos no painel superior e o modo de exibição *Gantt de nivelamento* no painel inferior. Modo de exibição utilizado para resolver superalocações de recursos.

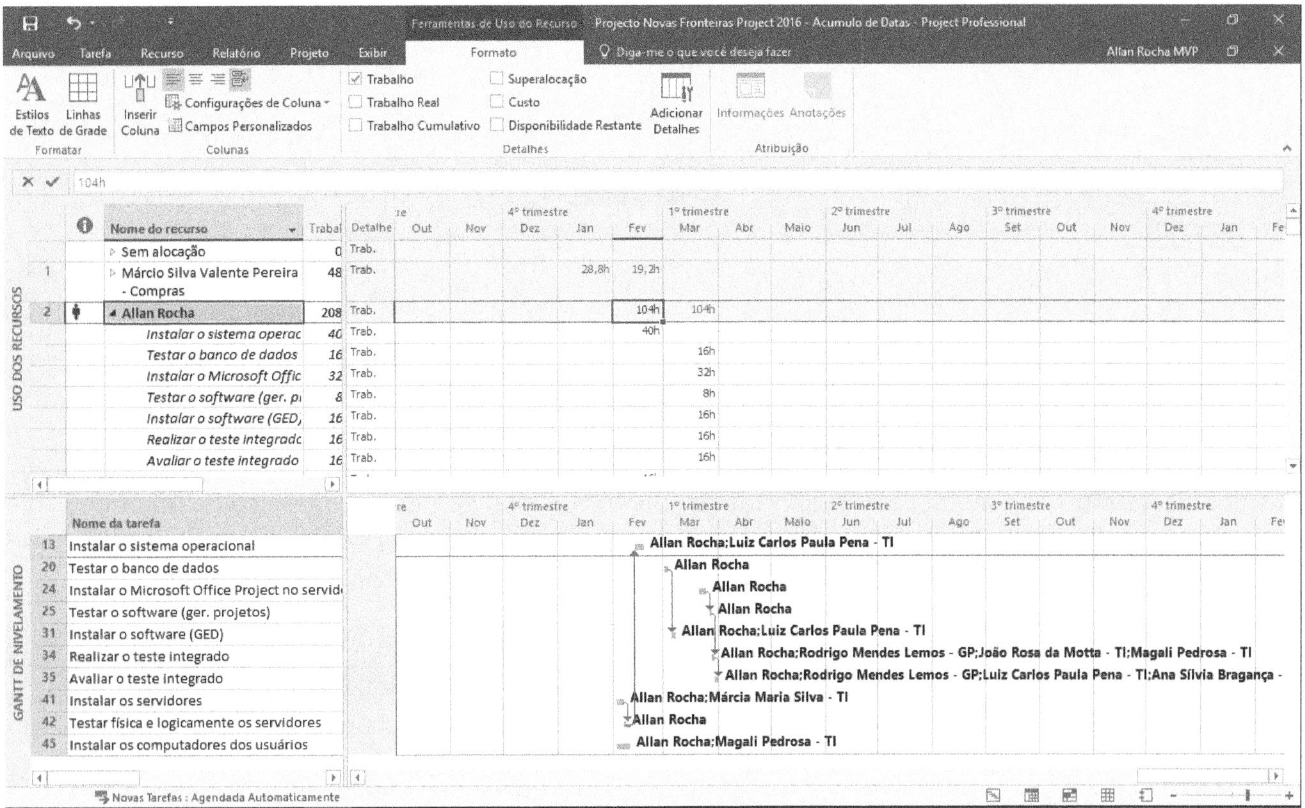

Figura 8.21 – Modo de exibição Uso dos Recurso_ combinado com *Gantt* de nivelamento

DICA

Para desativar qualquer modo de exibição combinado, o usuário deve, primeiramente, desativar a divisão de janelas, acessando a guia *Exibir > Modo Divisão* e desativar a opção ***Detalhes***. Caso esse procedimento não seja realizado, o novo modo de exibição será aplicado apenas na metade da janela selecionada. Outra opção para remover a divisão das janelas: basta dar um clique duplo na linha divisória.

Diagrama de Rede Descritivo – Este modo de exibição mostra tarefas e dependências entre tarefas em um formato de rede ou fluxograma. Este modo de exibição é idêntico ao modo Diagrama de rede, exceto no que diz respeito ao tamanho e aos detalhes das caixas que representam tarefas. As caixas do modo de exibição Diagrama de rede descritivo são mais detalhadas e apresentam mais campos de informação do que a caixa convencional, porém essas caixas maiores ocupam mais espaço e, portanto, menos caixas cabem em uma página impressa.

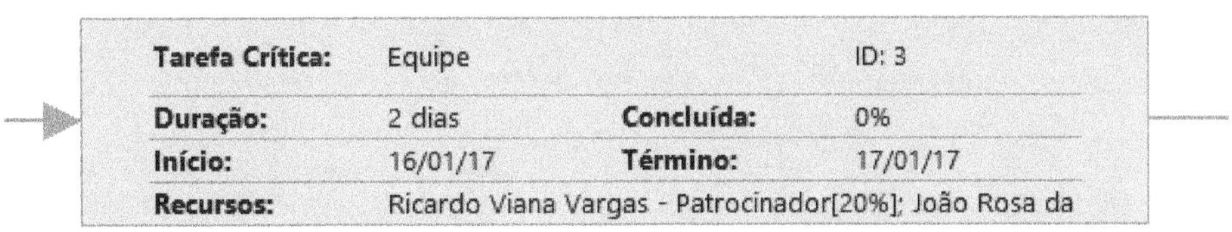

Figura 8.22 – Exemplo de detalhes de uma caixa no Diagrama de Rede Descritivo

Diagrama de Relações – Um diagrama de rede que mostra as predecessoras e sucessoras de uma tarefa. Em um projeto grande, é utilizado para focalizar as dependências de uma determinada tarefa com outras de maneira isolada.

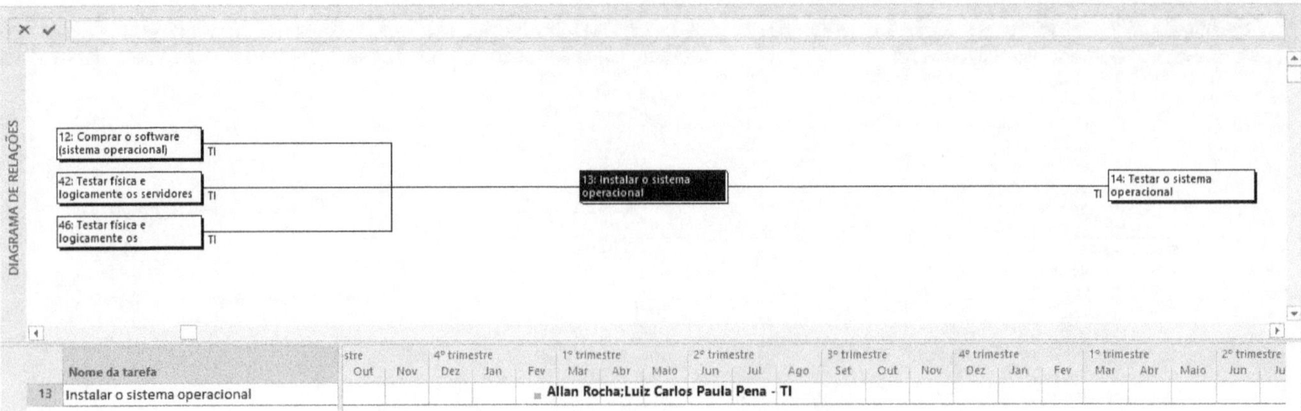

Figura 8.23 – Diagrama de relacionamentos para a tarefa 13

Entrada de Tarefa – Um modo de exibição combinado, com o modo de exibição Gráfico de *Gantt* no painel superior e o modo de exibição Formulário de tarefas no painel inferior. Use este modo de exibição para adicionar, editar e analisar informações detalhadas sobre a tarefa selecionada no Gráfico de *Gantt*.

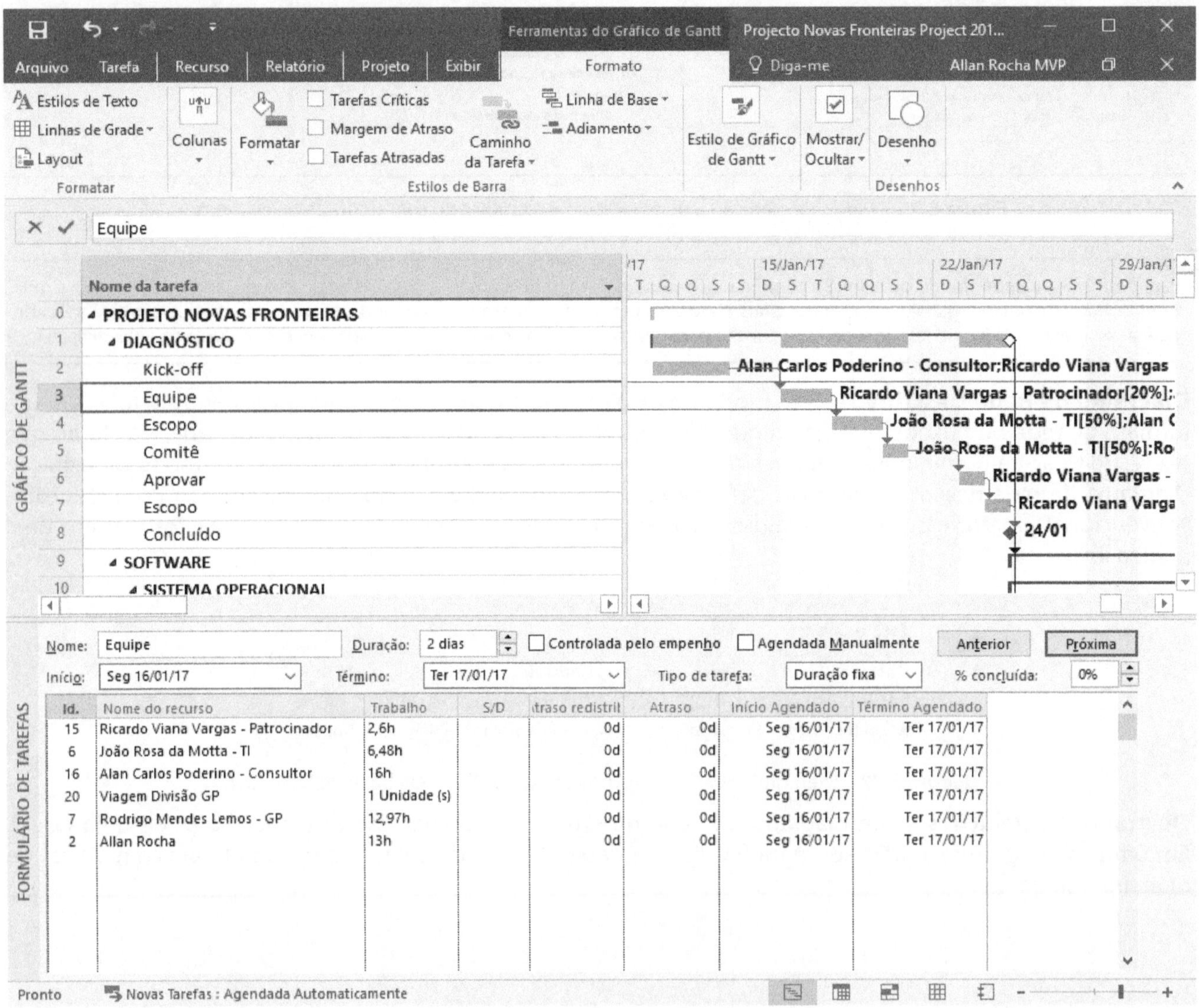

Figura 8.24 – Modo de exibição Entrada de Tarefa

Formulário Nome da Tarefa – Usado para inserir e editar o nome da tarefa e informações sobre os seus respectivos recursos e relacionamentos. Parecido com os dois formulários anteriores, porém sem nenhuma informação complementar sobre a tarefa.

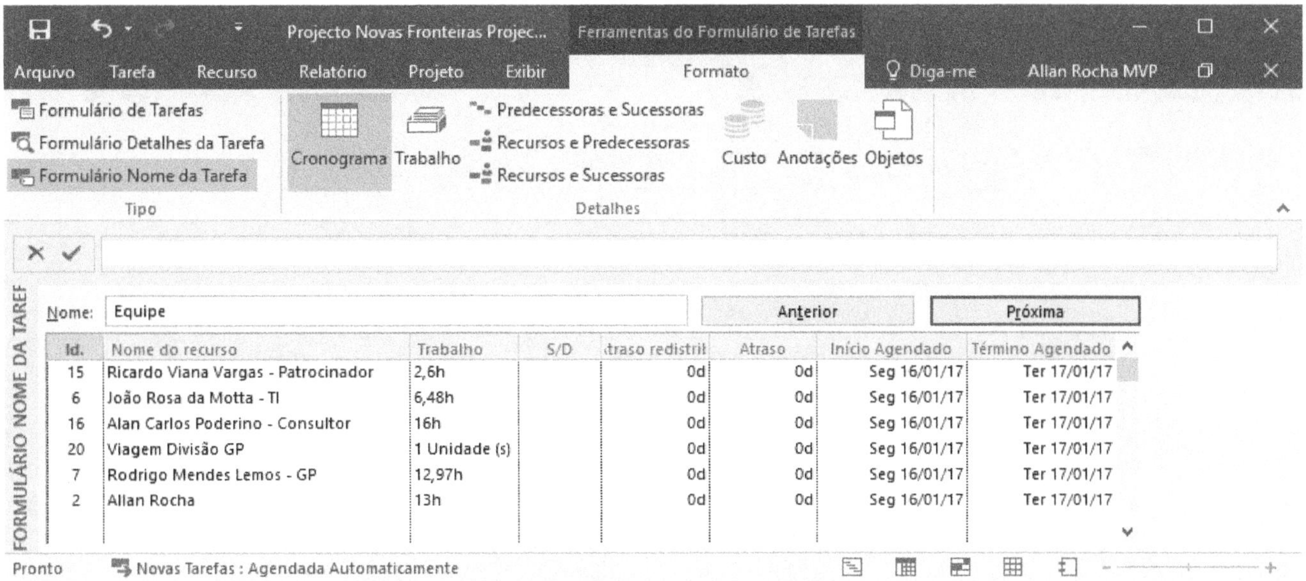

Figura 8.25 – Formulário Nome da Tarefa

Formulário de Nome do Recurso – Esta é uma versão simplificada do modo de exibição Formulário de Recursos, onde o cabeçalho com informações específicas do recurso é suprimido. Constitui uma forma eficaz de inserir e editar informações sobre tarefas atribuídas a recursos.

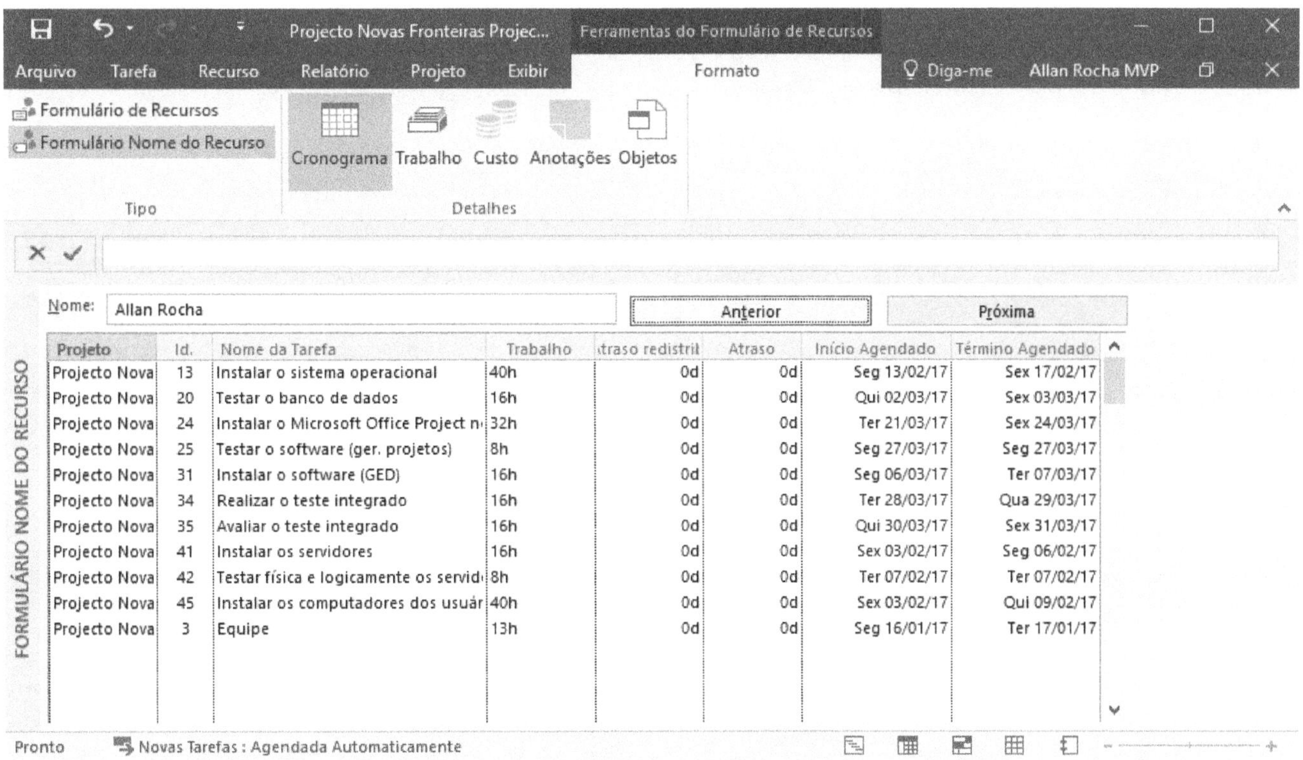

Figura 8.26 – Formulário Nome do Recurso

Formulário Detalhes da Tarefa – Usado para analisar e editar informações detalhadas de controle e agendamento sobre uma tarefa específica. Muito parecido com o anterior, porém com todos os detalhes disponíveis sobre a atividade em sua parte posterior.

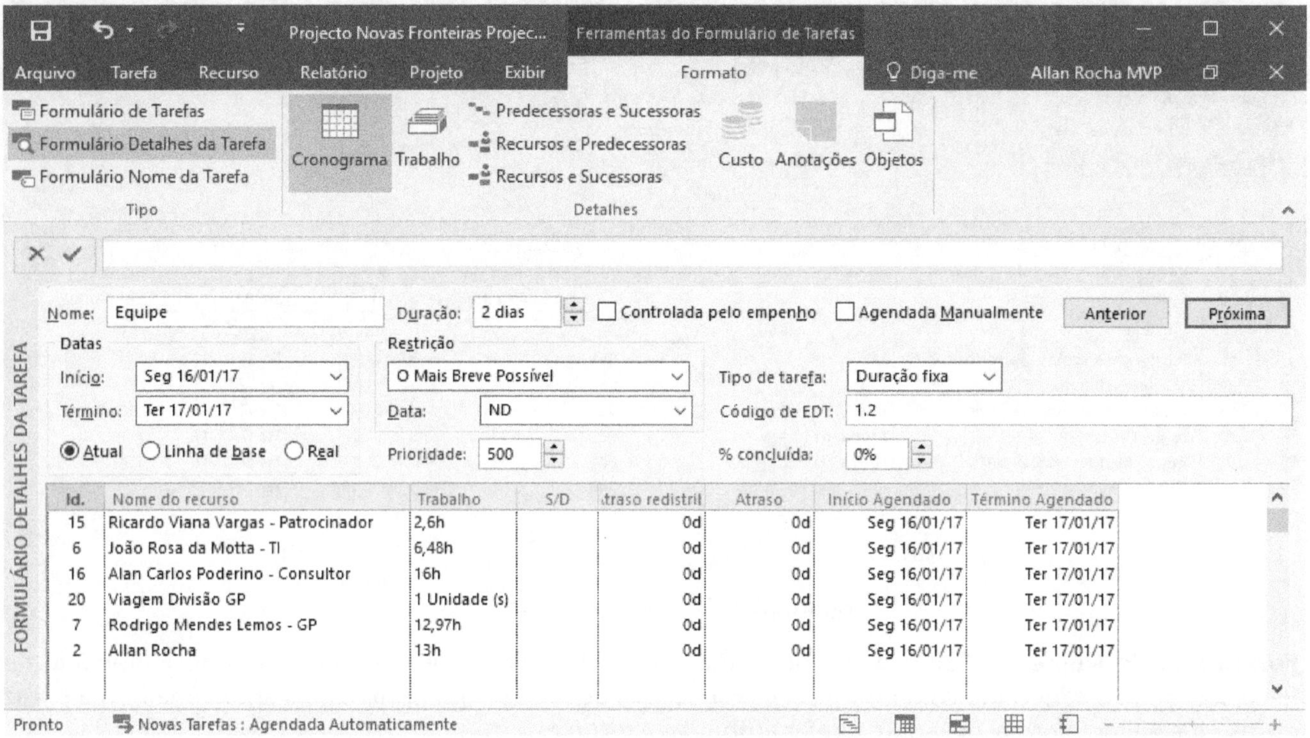

Figura 8.27 – Formulário Detalhes da Tarefa

***Gantt* com Linha do Tempo** – Modo de exibição que apresenta a Linha do Tempo na parte superior da tela e o Gráfico de *Gantt* convencional na parte inferior.

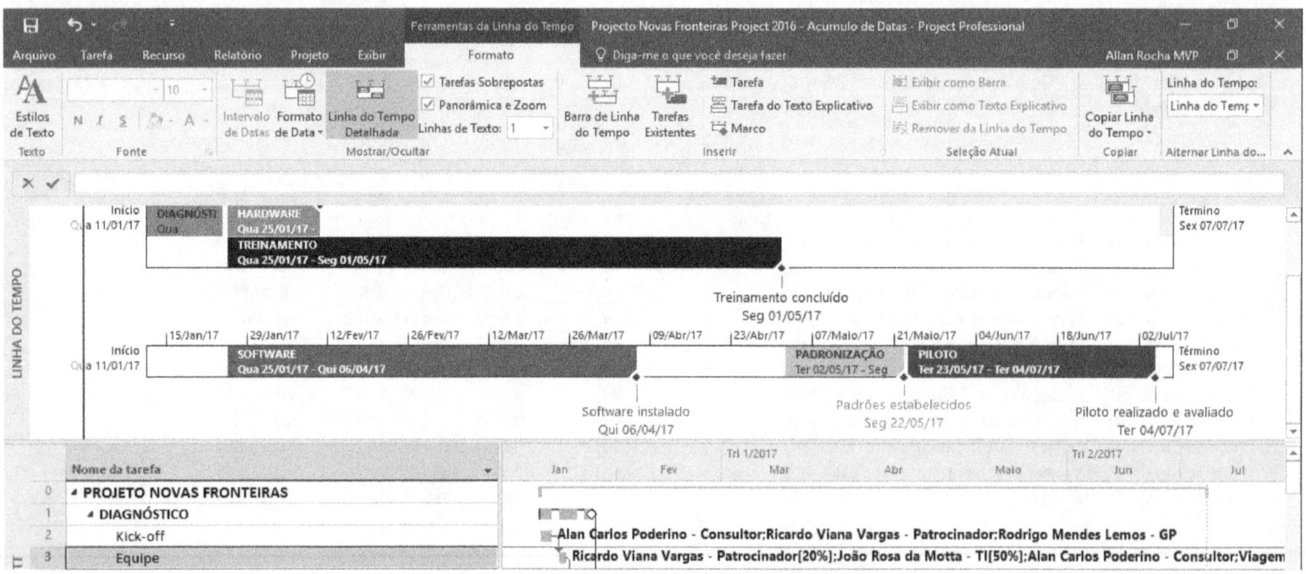

Figura 8.28 – *Gantt* com Linha do Tempo

***Gantt* com várias linhas de base** – Mostra barras de tarefas de diversas cores para as três primeiras linhas de base (Linha de base, Linha de base 1 e Linha de base 2) nas tarefas de resumo e suas tarefas na parte de gráfico deste modo de exibição.

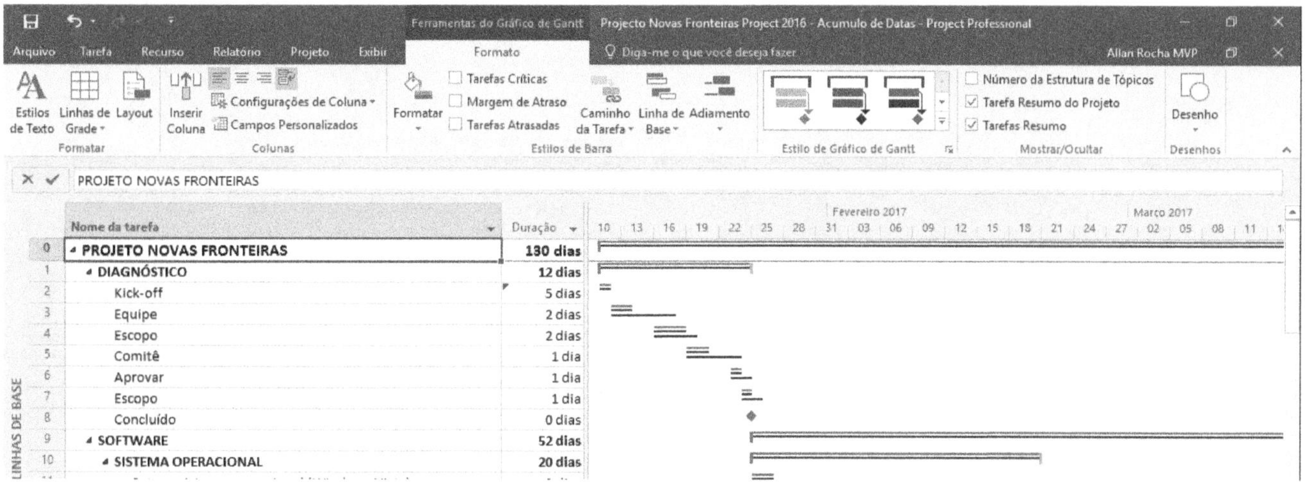

Figura 8.29 – Modo de exibição *Gantt* com várias linhas de base

***Gantt* de Nivelamento** – Lista de atividades, informações sobre atrasos e margem de atraso das atividades e um gráfico de barras mostrando o que acontece antes e depois do nivelamento de recursos. Use este modo de exibição de tarefa para verificar o quanto as tarefas se atrasaram depois do nivelamento.

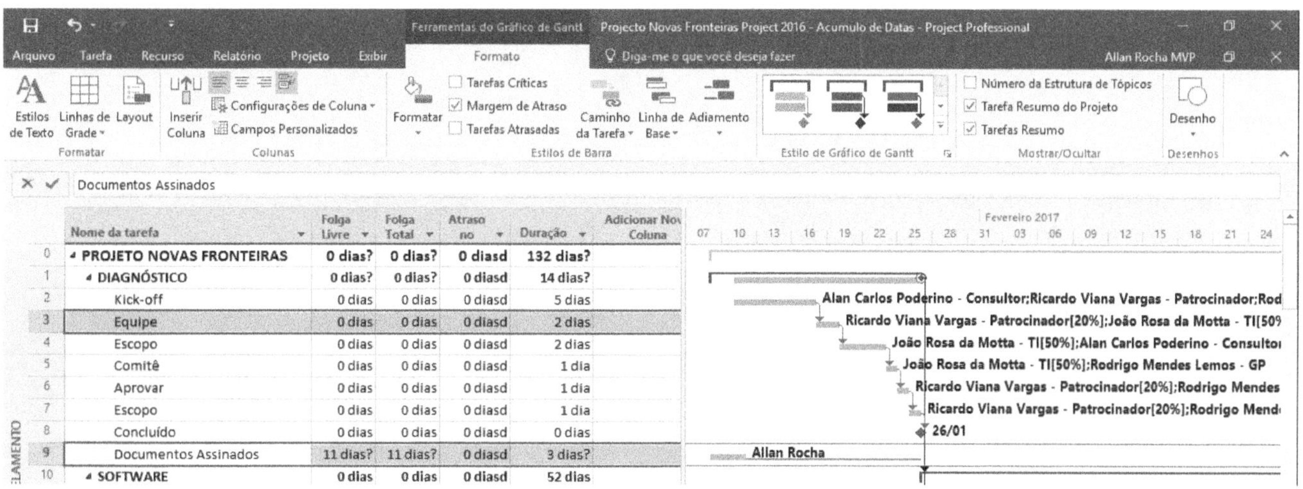

Figura 8.30 – Modo de exibição *Gantt* de Nivelamento

***Gantt* Detalhado** – Lista de atividades com informações relacionadas e um gráfico mostrando a margem de atraso e o adiamento. Use este modo de exibição de tarefa para verificar por quanto tempo uma tarefa pode ser adiada sem afetar outras. Atenção especial deve ser destinada a esse modo de exibição para os iniciantes. Muita informação no Gráfico de *Gantt* na maioria das vezes "polui" a sua clareza, podendo dificultar a análise ou até mesmo conduzir a decisões incorretas.

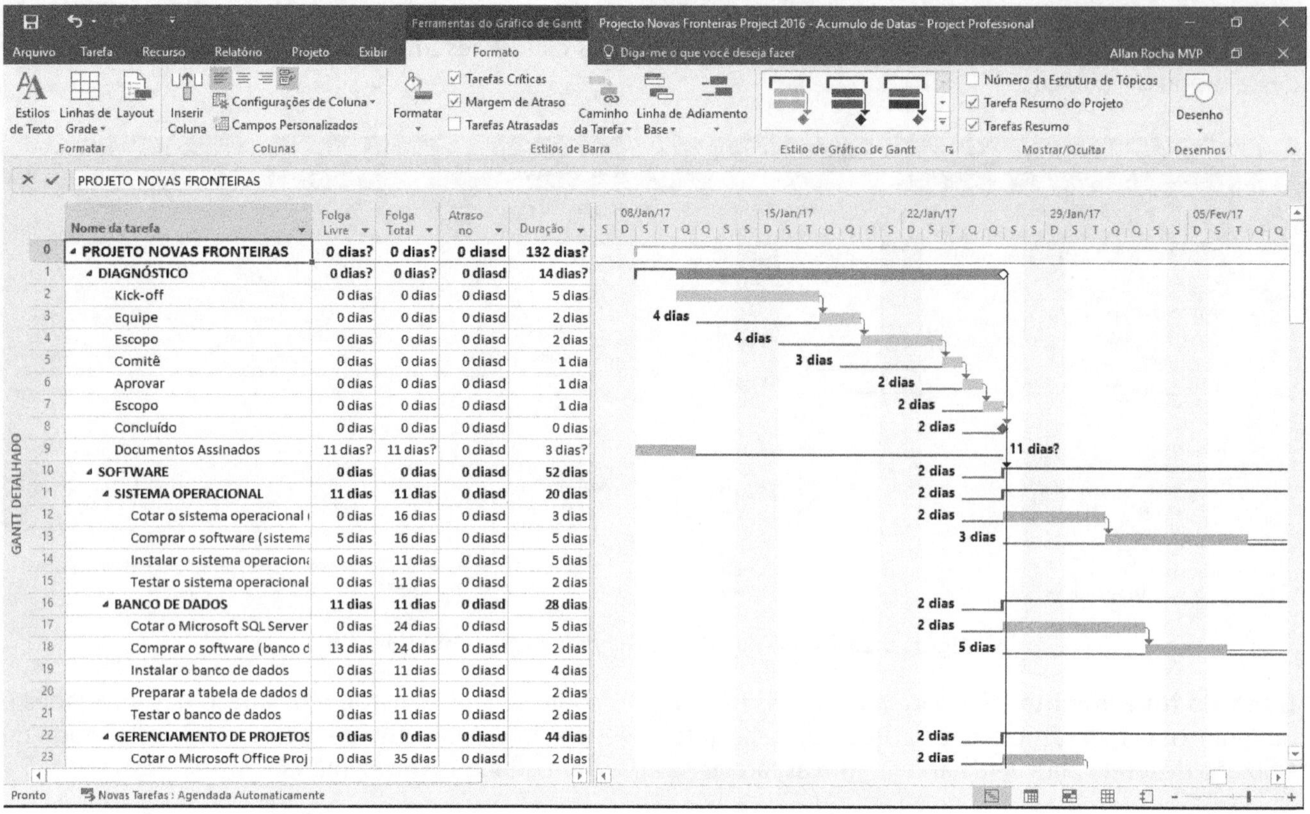

Figura 8.31 – Modo de exibição *Gantt* Detalhado

Capítulo 9

As Tabelas do Microsoft Project 2016

Juntamente com os modos de exibição, o Microsoft Project tem um conjunto de tabelas predefinidas, facilitando e agrupando de modo inteligente os mais de trezentos campos disponíveis do software. Existem dois tipos de tabelas:

- tabelas de tarefas (que podem ser aplicadas aos modos de exibição de tarefas);
- tabelas de recursos (que podem ser aplicadas aos modos de exibição de recursos).

Para escolher uma determinada tabela para um modo de exibição a partir da Faixa de Opções, acesse a guia *Exibir* > *Dados* e clique em ***Tabelas***.

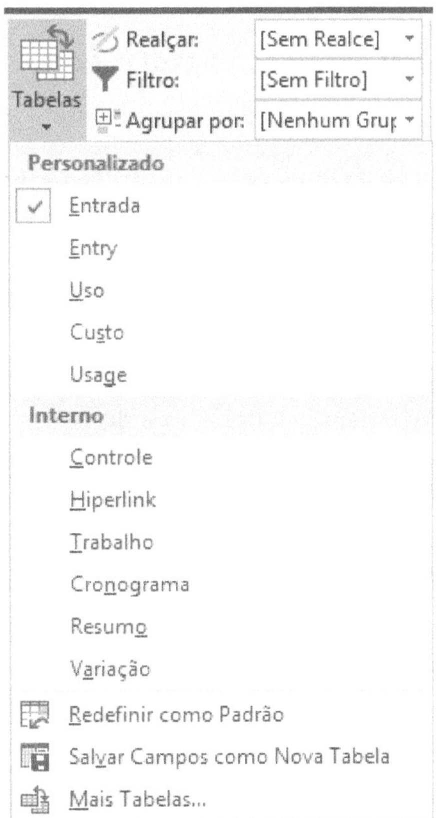

Figura 9.1 – Escolhendo a tabela para um modo de exibição

> **Importante** – As tabelas de tarefas e recursos podem ser facilmente personalizáveis. A personalização, a criação e a exclusão de tabelas serão discutidas posteriormente.

9.1 Tabelas de Tarefas

As tabelas de tarefas são as planilhas que contêm informações a respeito das tarefas. É possível aplicar as tabelas de tarefas aos seguintes modos de exibição de planilha:

- acúmulo de barras de tarefas;
- acúmulo de datas de etapas;
- acúmulo de etapas;
- entrada de tarefa;
- *Gantt* de controle;
- *Gantt* com várias linhas de base;
- *Gantt* de detalhes;
- *Gantt* de nivelamento;
- gráfico de *Gantt*;
- planilha de tarefas;
- uso da tarefa.

As principais tabelas de tarefas estão relacionadas a seguir. São acessadas diretamente na guia *Exibir > Dados > Tabelas* quando em modos de exibição de tarefas.

- **Controle -** Exibe as informações reais, incluindo a data de início real, a data de término real, a porcentagem concluída, a duração real, a duração restante, o custo real e o trabalho real e é utilizada durante o processo de controle do projeto.
- **Entrada -** Exibe o nome e a duração da tarefa, as datas de início e término, as predecessoras e os recursos e é normalmente utilizada em todas as entradas de dados de tarefas do projeto.
- **Hiperlink -** Exibe os vínculos de URL e UNC atribuídos a tarefas, levando a sites da web e a arquivos da rede ou do próprio computador.
- **Trabalho -** Exibe as informações sobre o trabalho, incluindo o trabalho planejado, a variação do trabalho, o trabalho real e o trabalho restante.
- **Uso -** Exibe as tarefas do projeto e mostra seu trabalho, a duração e as datas de início e término.
- **Cronograma -** Exibe informações de agendamento, incluindo as datas de início e término, as datas de início e término atrasadas, a margem de atraso permitida e a margem de atraso total.
- **Custo -** Exibe informações de custos sobre tarefas do projeto, incluindo custo, custo de linha de base, variação, custo real e custo restante.
- **Resumo -** Exibe informações básicas sobre o projeto, incluindo a duração, as datas de início e término, a porcentagem concluída, o custo e o trabalho das atividades.
- **Variação -** Exibe a variação da agenda em um projeto, incluindo as datas de início e término, as datas de linha de base e de término e as variações de início e término.

Outras tabelas de tarefas também estão disponíveis no Microsoft Project, porém sem a mesma importância das anteriores. Podem ser acessadas através na guia *Exibir > Dados > Tabelas > Mais Tabelas.*

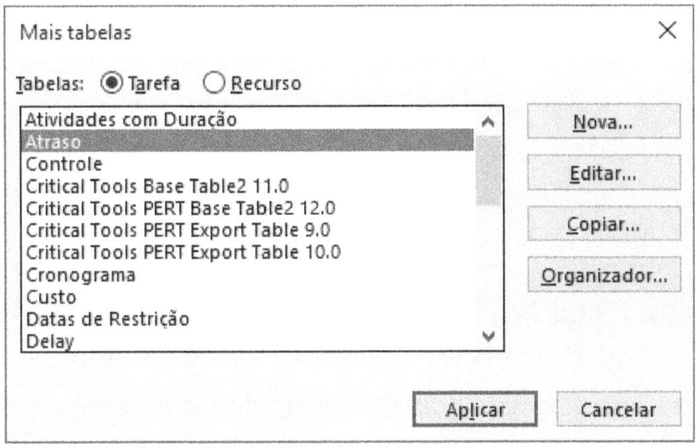

Figura 9.2 – Tela Mais tabelas com a listagem de todas as tabelas disponíveis para a tarefa

As outras tabelas disponíveis são as seguintes:

- **Atraso –** Exibe informações sobre o nivelamento de recursos, incluindo atraso, duração, datas de início e término agendadas, sucessoras e nomes dos recursos.
- **Datas de restrição –** Exibe restrições de tarefas, incluindo o tipo da restrição e sua data.
- **Exportar –** É usada para salvar um arquivo em um formato compatível com o Microsoft Project. É a tabela usualmente empregada em todas as interfaces do Microsoft Project com outros programas.
- **Indicadores de Cronograma do Valor Acumulado –** Apresenta os indicadores relativos ao prazo do projeto utilizando a análise de valor agregado, incluindo o custo orçado do trabalho planejado e do trabalho agendado, a variação na agenda nominal e percentual, bem como o índice de performance de agenda (SPI). É utilizada durante a análise de valor agregado (*Earned Value*).
- **Indicadores de Custo de Valor Acumulado –** Apresenta os indicadores relativos ao custo do projeto utilizando a análise de valor agregado, incluindo o custo orçado do trabalho planejado e do trabalho agendado, a variação no custo nominal e percentual, o orçamento da tarefa, a estimativa de custo final da tarefa e sua variação, bem como o índice de performance de custos (CPI) e o índice futuro de performance de custos (TCPI). É utilizada durante a análise de valor agregado (*Earned Value*).
- **Linha de base –** Exibe datas, trabalho e custos de linha de base.
- **Tabela de acúmulo –** É usada com os modos de exibição Acúmulo de barras de tarefas, Acúmulo de datas de etapas e Acúmulo de etapas para aperfeiçoar a exibição de tarefas acumuladas.
- **Valor acumulado –** Compara as informações sobre custos e trabalho referentes às tarefas, incluindo o custo orçado do trabalho planejado e do trabalho agendado e é utilizado durante a análise de valor agregado (*Earned Value*).

9.2 Tabelas de Recursos

As tabelas de recursos são as planilhas que contêm informações a respeito dos recursos. É possível aplicar as tabelas de recursos aos seguintes modos de exibição de planilha:

- alocação de recursos;
- planilha de recursos;
- uso do recurso.

As principais tabelas de recursos estão relacionadas a seguir. São acessadas diretamente na guia *Exibir* > *Dados* > *Tabelas* quando em modos de exibição de recursos.

- **Entrada** – Exibe informações sobre recursos, incluindo grupo de recursos, unidades de recursos, taxa, taxa de horas extras, custo por uso do recurso, método de acumulação e código dos recursos. É normalmente utilizada em todas as entradas de dados de recursos do projeto.
- **Hiperlink** – Exibe os vínculos de URL e UNC atribuídos às tarefas e aos recursos, levando a sites da web e a arquivos de intranet.
- **Resumo** – Exibe as atribuições de recursos, incluindo o grupo de recursos, as unidades máximas, o uso máximo dos recursos, a taxa padrão, a taxa de horas extras, o custo e o trabalho.
- **Trabalho** – Exibe as informações sobre trabalho, incluindo o trabalho da linha de base, a variação de trabalho, o trabalho real, o trabalho de horas extras e o trabalho restante.
- **Uso** – Lista os recursos e a quantidade de trabalho atribuída a cada recurso.
- **Custo** – Exibe as informações de custos sobre os recursos do projeto, incluindo o custo, o custo da linha de base, a variação, o custo real e o custo restante.

Outras tabelas de tarefas também estão disponíveis no Microsoft Project, porém sem a mesma importância das anteriores. Podem ser acessadas através na guia *Exibir > Dados > Tabelas > Mais Tabelas*. Em seguida selecione a opção Recursos.

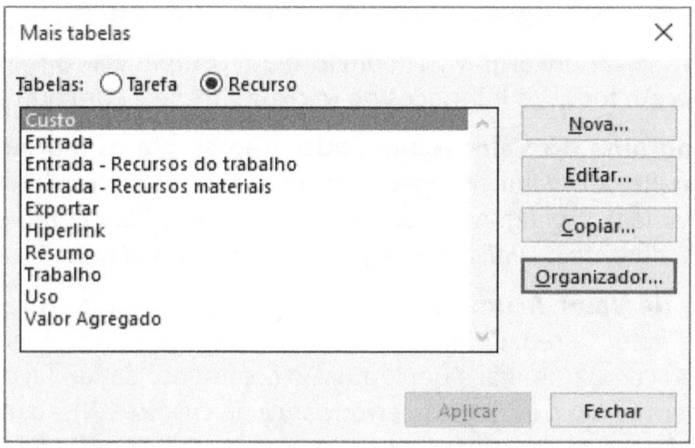

Figura 9.3 – Tela Mais tabelas com a listagem de todas as tabelas disponíveis para o recurso

As outras tabelas disponíveis são as seguintes:

- **Entrada - Recursos do Trabalho** – Exibe informações básicas sobre recursos humanos ou equipamentos, incluindo as iniciais, o grupo, as unidades máximas, a taxa-padrão, a taxa de horas extras, o custo por uso, a acumulação, o calendário-base e o código de cada pessoa.
- **Entrada - Recursos Materiais** – Exibe as informações básicas sobre recursos materiais que serão consumidos pelo projeto, incluindo o rótulo, as iniciais, o grupo, a taxa padrão, o custo por uso, a acumulação e o código dos materiais.
- **Exportar** – É usada para salvar um arquivo em um formato de arquivo compatível com o Microsoft Project. É a tabela usualmente empregada em todas as interfaces do Microsoft Project com outros programas.
- **Valor Agregado** – Utiliza valores para comparar a relação entre trabalho e custos dos recursos. Por exemplo, ao se desejar comparar o custo estimado do trabalho com o custo real do trabalho de um recurso durante a análise de valor agregado (*Earned Value*).

Capítulo 10

Utilizando a Ajuda

Como o *Microsoft Office*, o *Microsoft Project* usa um novo mecanismo de ajuda, baseado em uma ajuda *off-line* básica e uma ajuda *online* através da internet. A Microsoft está constantemente adicionando informações novas e atualizadas sobre toda a família Office, baseada no retorno e nos comentários de clientes. O mecanismo de busca *online* é atualizado periodicamente para apoiar o usuário na busca por informações atuais e precisas.

Para acessar todos os recursos da ajuda online é necessária uma conexão com a internet.

Para obter ajuda, clique no ícone de Ajuda ? no canto superior direito.

Ao clicar em Ajuda do ***Microsoft Project***, abre-se a nova tela de ajuda do Microsoft Project.

A tela se divide em duas partes:

- A caixa de busca que lhe permite procurar em todo conteúdo online.
- Em seguida temos as **principais categorias**.

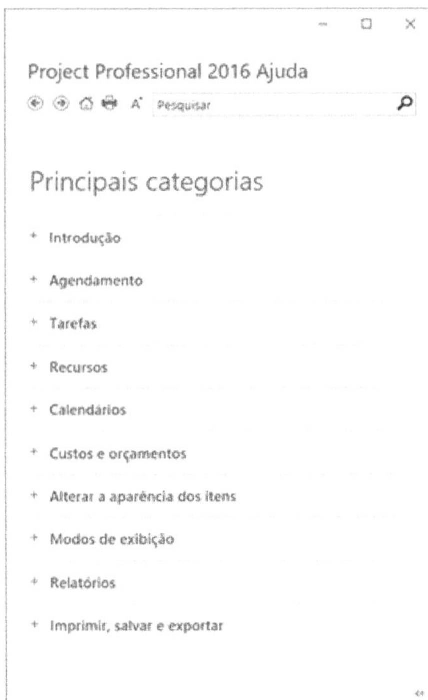

Figura 10.1 – Tela Project Professional 2016 Ajuda

Para utilizar a ajuda, clique no link desejado ou digite a dúvida no campo Pesquisar.

Capítulo 11

Ações Rápidas com o Recurso Diga-me

O novo recurso ***Diga-me o que você deseja fazer*** tem a função de auxiliá-lo a realizar ações rapidamente.

Na caixa de texto, localizada na *Faixa de Opções*, insira palavras ou frases sobre o que deseja fazer e o Microsoft Project irá mostrar uma lista recursos e ações possíveis.

Figura 11.1 – Recurso Diga-me

O recurso ***Diga-me*** é capaz de identificar diversas funcionalidades relacionadas com apenas uma palavra.

Clique sobre a caixa de texto e digite "Recursos".

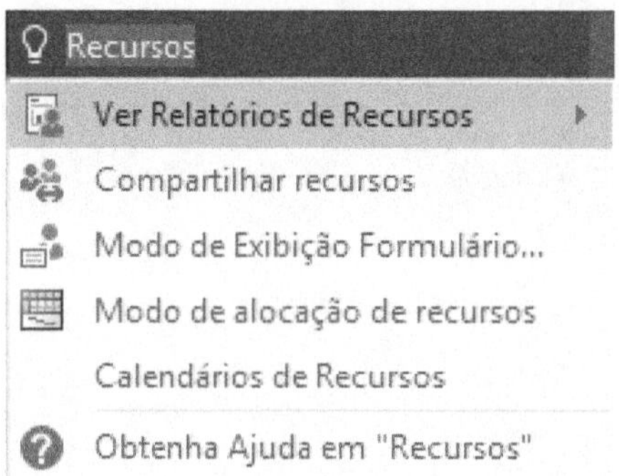

Figura 11.2 – Exemplo do recurso Diga-me buscando informações relacionadas a Recursos

Mesmo se você digitar frases mais complexas, o ***Diga-me*** irá compreender e trazer resultados relevantes à sua pesquisa.

Experimente agora digitar "como salvar linha de base".

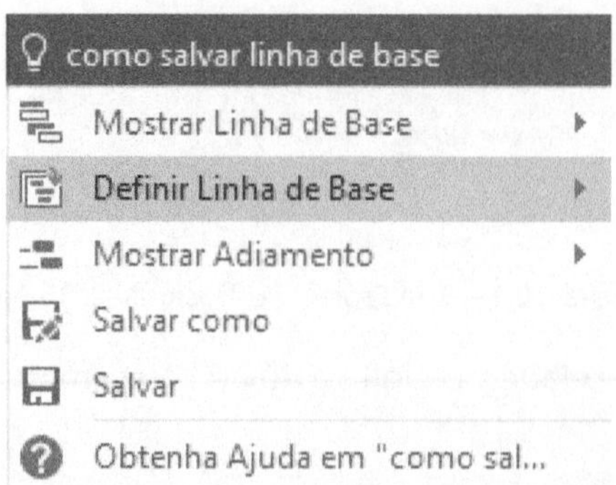

Figura 11.3 – Exemplo do recurso Diga-me buscando informações com base em frases mais complexas

CAPÍTULO 12

Indicadores *Smart Tags*

Smart tags é uma forma de obter uma ajuda instantânea enquanto utiliza o Microsoft Project. Sempre que o sistema reconhece um determinado dado e percebe que essa ação pode não ser exatamente a desejada pelo usuário, ele destaca o local onde a ação foi realizada e apresenta sugestões para ter a certeza do que o usuário pretende exatamente.

Ao reconhecer um determinado dado, o Microsoft Project o marca com um indicador do *Smart Tag*. Para saber exatamente qual ação está vinculada ao *Smart Tag*, mova o mouse sobre o indicador.

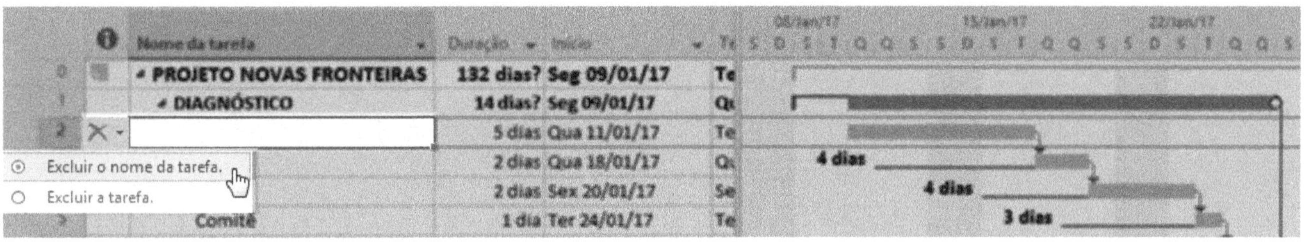

Figura 12.1 – Exemplo de *Smart Tag* para excluir a tarefa ou somente o conteúdo da célula de nome da tarefa

Tradicionalmente, os *Smart Tags* são exibidos nos seguintes casos:

- atribuições de recursos;
- edições em datas de início e término;
- edições em trabalho, unidades ou duração;
- exclusão na coluna Nome da tarefa.

Para desativar a opção de *Smart Tags*:

1. acesse a guia *Arquivo (Backstage)* e clique em ***Opções***;
2. clique em ***Exibir***;
3. no campo *Mostrar indicadores e botões de opção para*, determine o elemento do *Smart Tag* e marque/desmarque a caixa de opção ao lado de sua descrição.

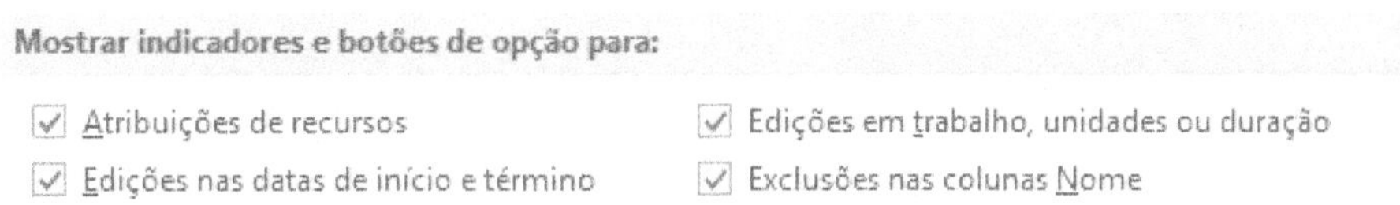

Figura 12.2 – Mostrar indicadores e botões de opção para (Smart tags)

CAPÍTULO 13

Novos Temas do Project 2016

Os novos temas do Office 2016 permitirão que você personalize o seu Project 2016 com três tipos diferentes de cores e vários planos de fundos. Essas configurações são sincronizadas através de toda a família Office. Para alterar os temas do Project:

1. acesse o *Arquivo (Backstage)* e depois *Conta*;
2. selecione ***Plano de Fundo do Office***;
3. selecione ***Tema do Office***.

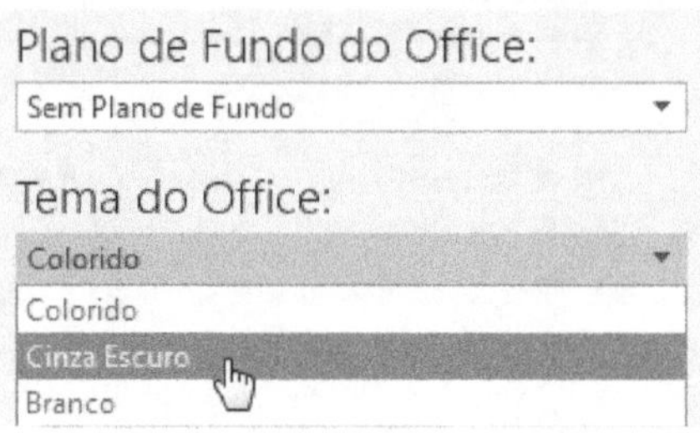

Figura 13.1 – Novos temas do Office

Após alterar o tema e o plano de fundo, o Project irá imediatamente aplicar as novas configurações.

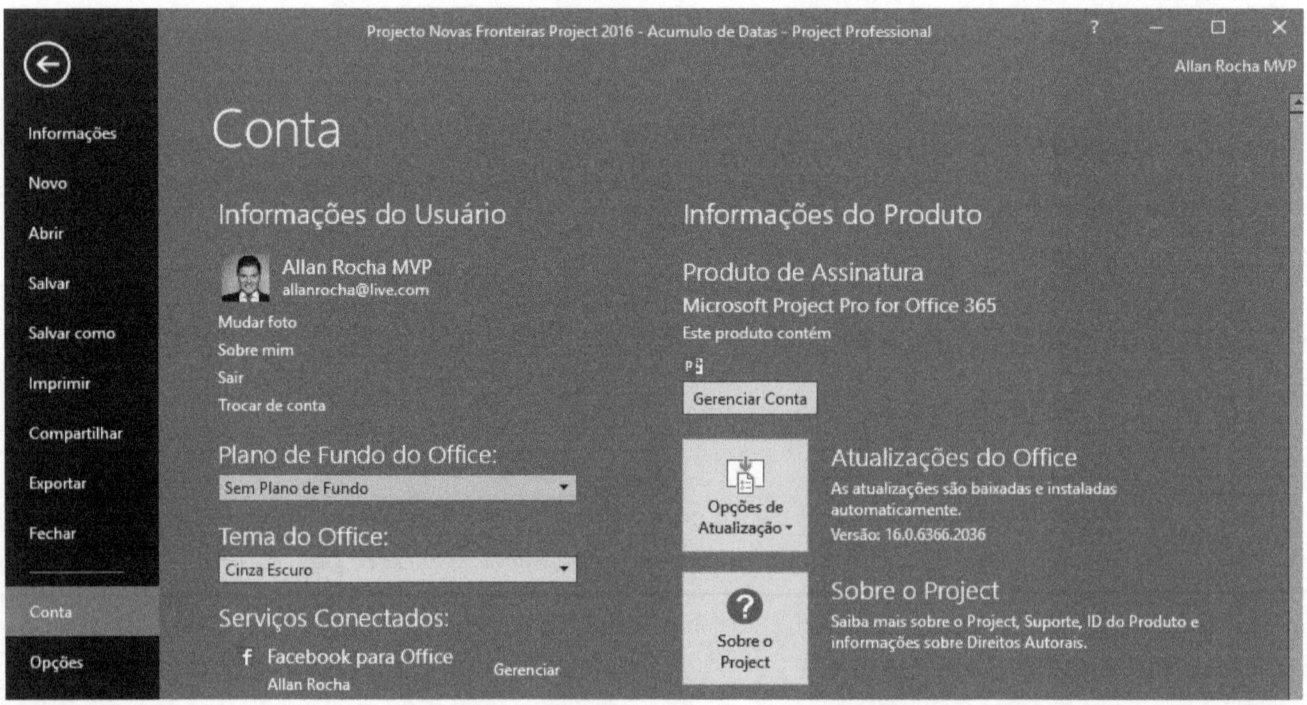

Figura 13.2 – Backstage usando tema Cinza Escuro

É possível alterar configurações de tema e plano de fundo também nas *Opções do Project 2016*:

1. acesse o *Arquivo (Backstage)* e depois *Opções*;
2. em *Geral*, localize *Personalizar a cópia do Microsoft Office*;
3. altere o *Plano de Fundo do Office* e *Tema do Office* e clique em ***OK***.

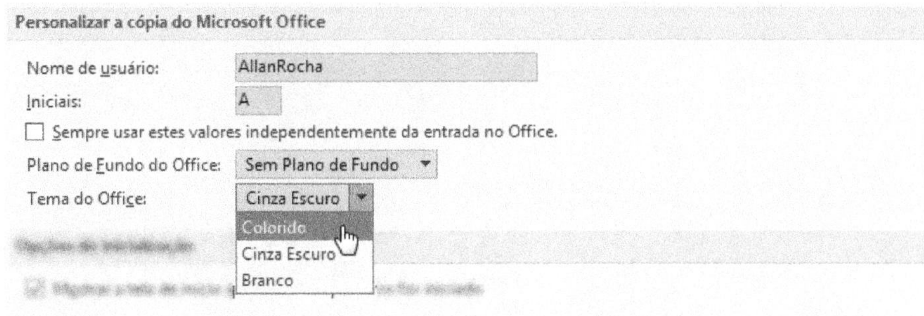

Figura 13.3 – Tela de Opções do Project mostrando como personalizar sua cópia do Office

PARTE II

PLANEJAMENTO DO PROJETO COM O MICROSOFT PROJECT 2016

CAPÍTULO 14

Criando um Novo Projeto

O Project 2016, ao ser iniciado, abre automaticamente uma tela de criação de novos projetos que lhe permite escolher desde um projeto vazio a centenas de *templates* online na Office.com. Você também terá acesso aos seus projetos recentes.

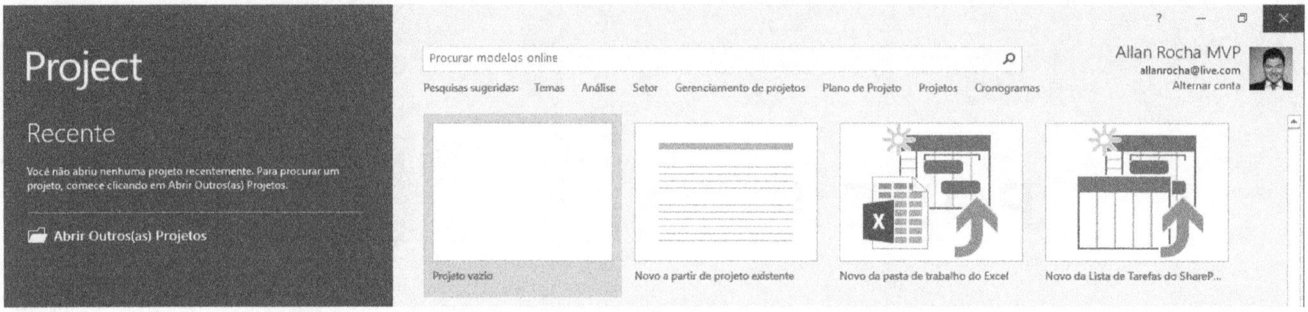

Figura 14.1 – Tela de iniciação do Project 2016

Para criar um novo projeto:

1. clique em ***Projeto vazio*** na tela de iniciação do Project ou acesse a guia *Arquivo (Backstage)* e clique em *Novo* > ***Projeto vazio***;

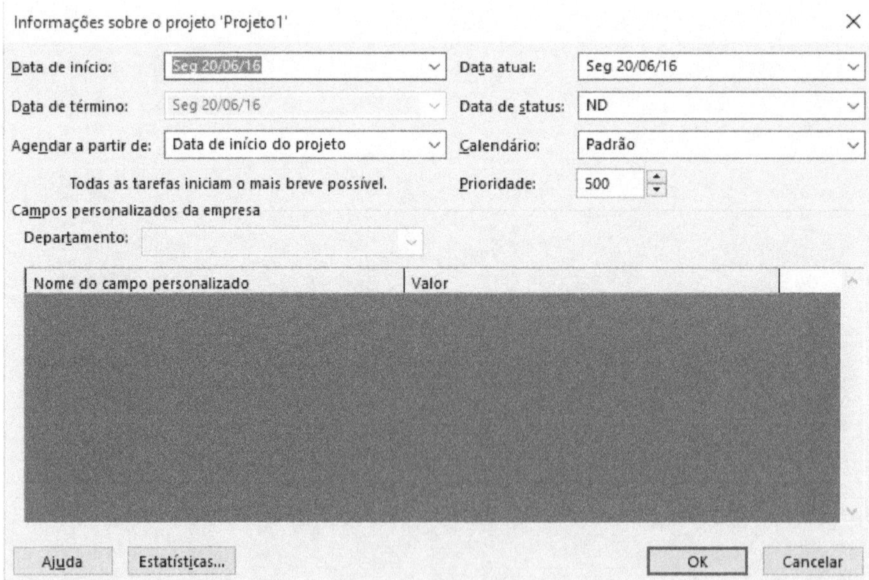

Figura 14.2 – Tela Informações sobre o projeto

DICA

Acesse o *Backstage* através da guia *Arquivos* > *Opções* > *Avançado* e clique em ***Solicitar informações ao criar projetos*** para habilitar e desabilitar a abertura automática da tela de informações sobre o projeto.

2. quando a tela Informações sobre o projeto for exibida, digite a data de **início** do projeto (projetos agendados do início para o fim) ***ou*** a data de **término** do projeto (projetos agendados do fim para o início);

DICA

É impossível determinar as datas de início e término de um projeto ao mesmo tempo. É preciso que se determine uma das datas limite do projeto para que o programa determine a outra.

3. escolha a técnica de agendamento do projeto (*Agendar a partir de*). Existem duas formas de agendamento:
    a. **A partir da data de início do projeto –** As atividades são agendadas do início para o final, isto é, a partir da data de início do projeto. É a forma mais usual de agendamento.
    b. **A partir da data de término do projeto –** As atividades são agendadas do final para o início, isto é, a partir da data de término do projeto. É uma forma pouco comum de agendamento.
4. escolha o **calendário** do projeto. Existem três calendários pré-configurados:
    a. 24 Horas
    b. Padrão
    c. Turno da Noite
5. o campo ***Data atual*** representa a data do sistema, porém pode ser editado no caso de simulações;
6. o campo ***Data de status*** permite que seja determinada a data de referência quando trabalhando na análise de valor agregado (*Earned Value*);
7. escolha a prioridade desse projeto (quanto maior o número, mais alta será a prioridade. Este campo é de vital importância ao se gerenciarem múltiplos projetos com recursos compartilhados. A prioridade aqui definida determinará quem terá prioridade na utilização dos recursos compartilhados);
8. preencha os campos personalizados disponíveis (caso sua empresa tenha a solução PPM implementada e campos personalizados definidos);
9. clique em ***OK***.

14.1 A Partir de um Modelo ou Arquivo Existente

Similar ao Microsoft Office, o Microsoft Project permite que os usuários criem projetos com base em um modelo (*template*) disponível localmente no computador ou através de modelos online. Além disso, é possível criar um projeto a partir de um outro projeto existente. Para criar um projeto baseado em um modelo ou arquivo existente:

1. acesse a guia *Arquivo > Novo (Backstage)*;
2. selecione ***Novo a partir de projeto existente*** e selecione o projeto existente que será base do novo projeto; ou
3. digite o nome do modelo desejado no campo *Procurar modelos online*. O Microsoft Project fará uma busca por modelos no endereço Office.com e retornará uma lista de opções disponíveis.

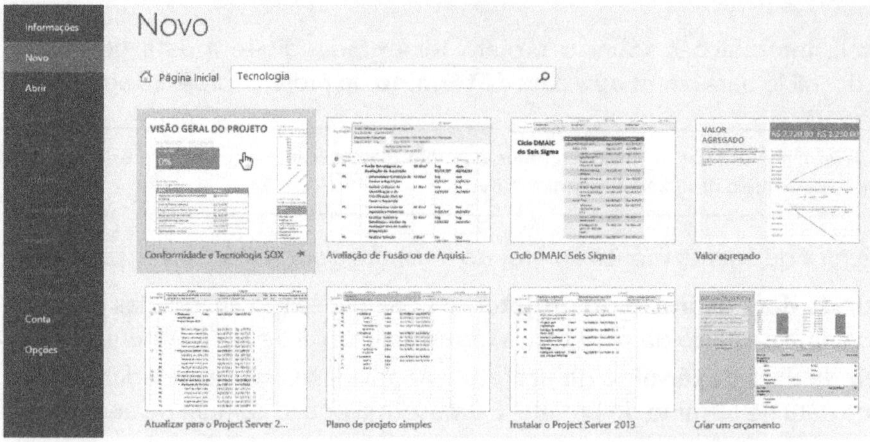

Figura 14.3 – Criando um novo projeto a partir de um modelo online (Office.com)

Importante – É preciso estar conectado à internet para acesso aos modelos online disponíveis no Office.com.

14.2 A Partir de uma Pasta de Trabalho do Excel

Você também pode criar um novo projeto a partir de uma pasta de trabalho do Excel, o que na verdade é muito comum. Veja como:

1. acesse a guia *Arquivo > Novo (Backstage)*;
2. selecione ***Novo da pasta de trabalho do Excel***;
3. navegue até a pasta na qual o arquivo está salvo e verifique se o arquivo é uma planilha Excel;

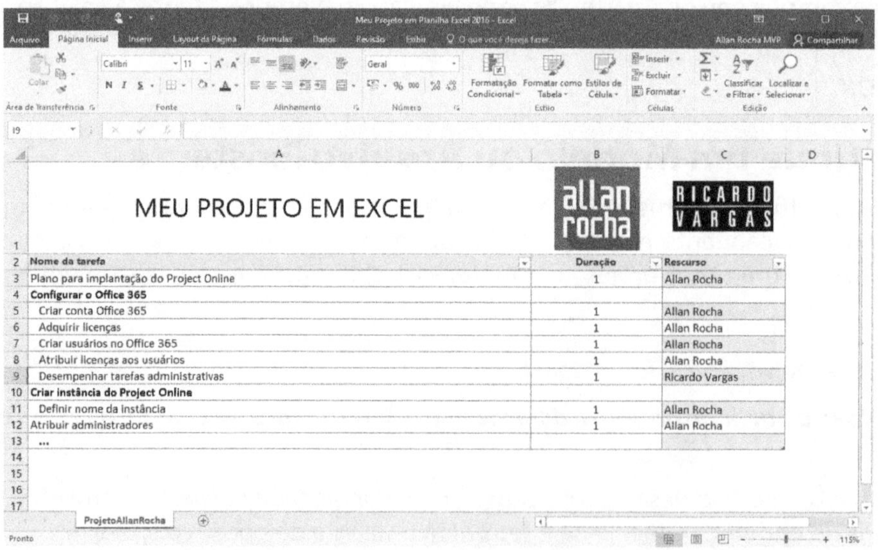

Figura 14.4 – Projeto em formato de arquivo Excel

4. altere o formato para *Pasta de Trabalho do Excel*, caso contrário você não será capaz de visualizar o arquivo;
5. selecione o arquivo e clique em ***Abrir***;

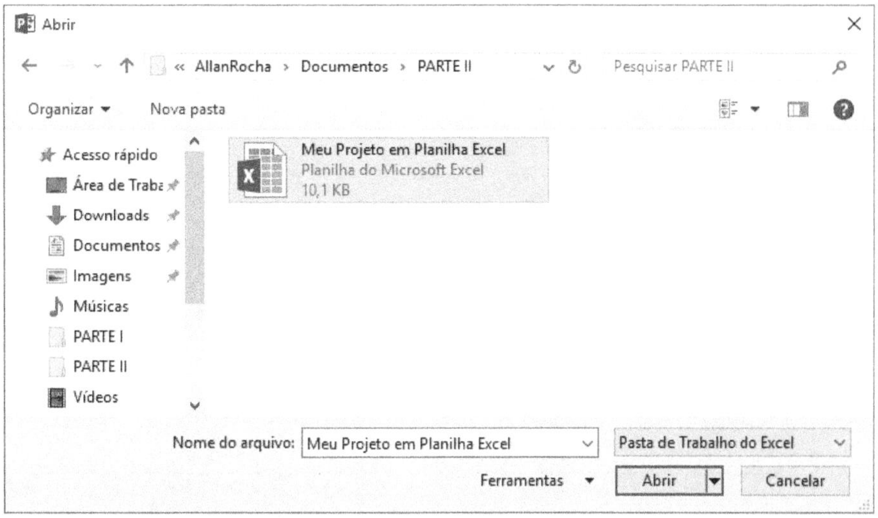

Figura 14.5 – Tela de abertura de pastas de trabalho do Excel através do Microsoft Project

O *Assistente para importação* será aberto e você será conduzido passo a passo na importação do seu projeto.

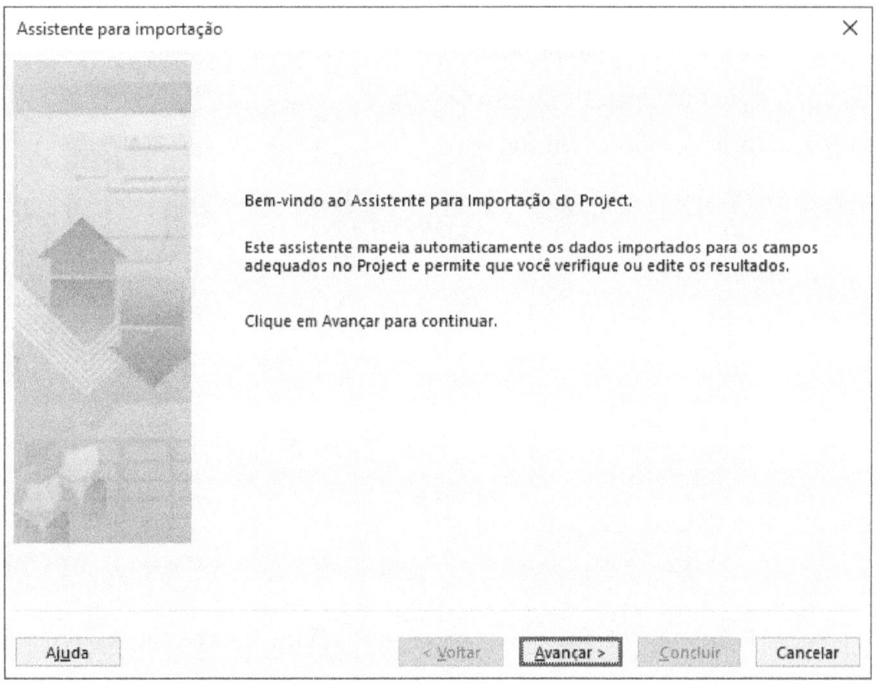

Figura 14.6 – Assistente de importação do Microsoft Project

6. clique em ***Avançar***;
7. selecione *Novo Mapa*, pois você ainda não possui um mapa existente. Caso possua, poderá usar mapas existentes para importar seus arquivos;
8. selecione a forma de importar este arquivo *como um novo projeto*;
9. selecione apenas *Tarefas* como *tipos de dados que deseja importar*. Não esqueça de *incluir os cabeçalhos*, caso eles existam (o Microsoft Project criará as atribuições automaticamente para você);
10. mapeie seus dados de tarefas na tela de *Mapeamento de tarefas*;

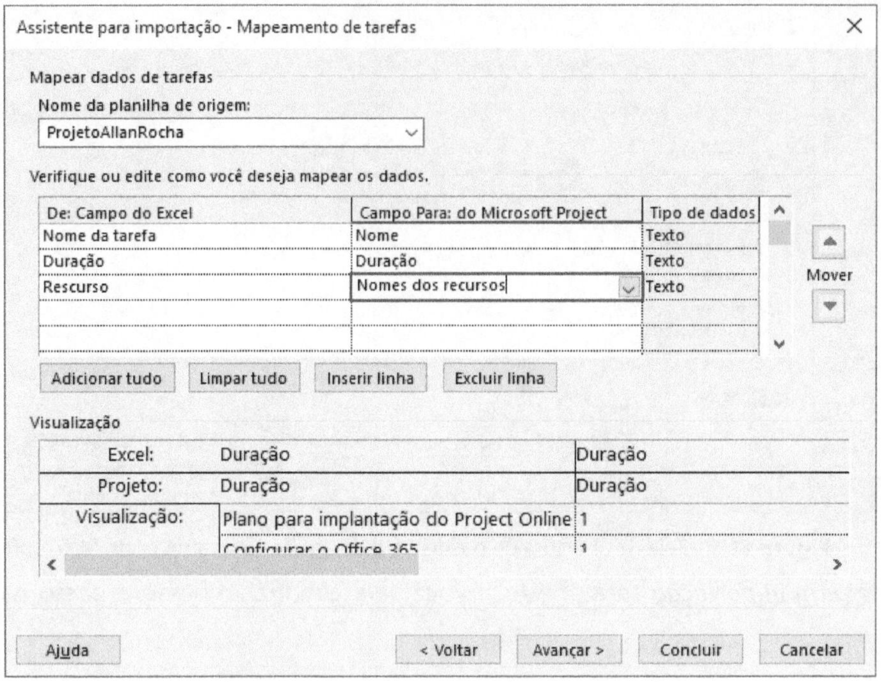

Figura 14.7 – Tela de Mapeamento de tarefas

11. na tela final de definição de mapa, clique em ***Concluir***;
12. pronto! Seu projeto foi importado com sucesso.

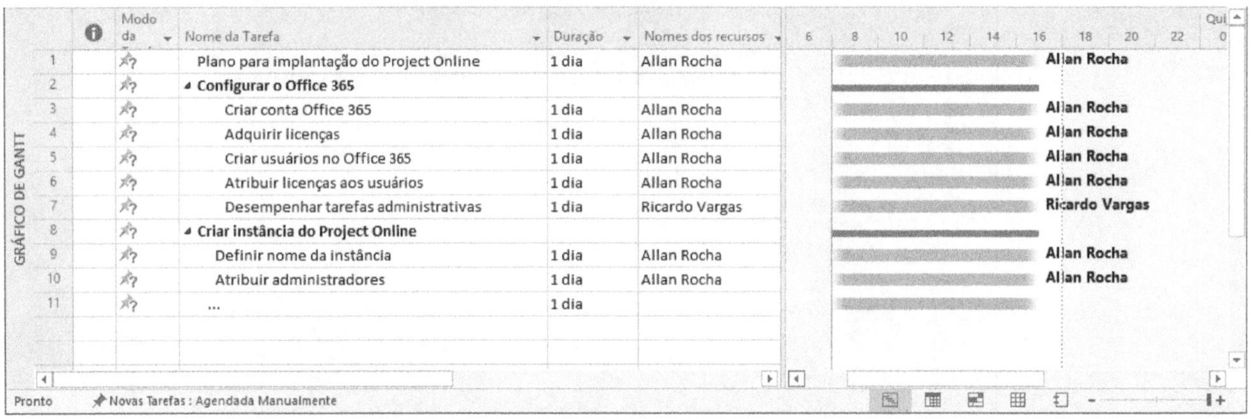

Figura 14.8 – Projeto importado através de uma pasta de trabalho do Excel

14.3 A Partir de uma Lista de Tarefas do SharePoint

Um dos fascinantes recursos do Microsoft Project é permitir ao usuário criar novos projetos a partir de uma lista de tarefas do SharePoint. O SharePoint é um produto da Microsoft que possui inúmeras funcionalidades de gestão de conteúdo, que não abordaremos neste livro, que vão desde a criação de robustas intranets corporativas a simples listas de tarefas.

Para criar um projeto a partir de uma *Lista de Tarefas do SharePoint*:

1. acesse seu *site do SharePoint*;

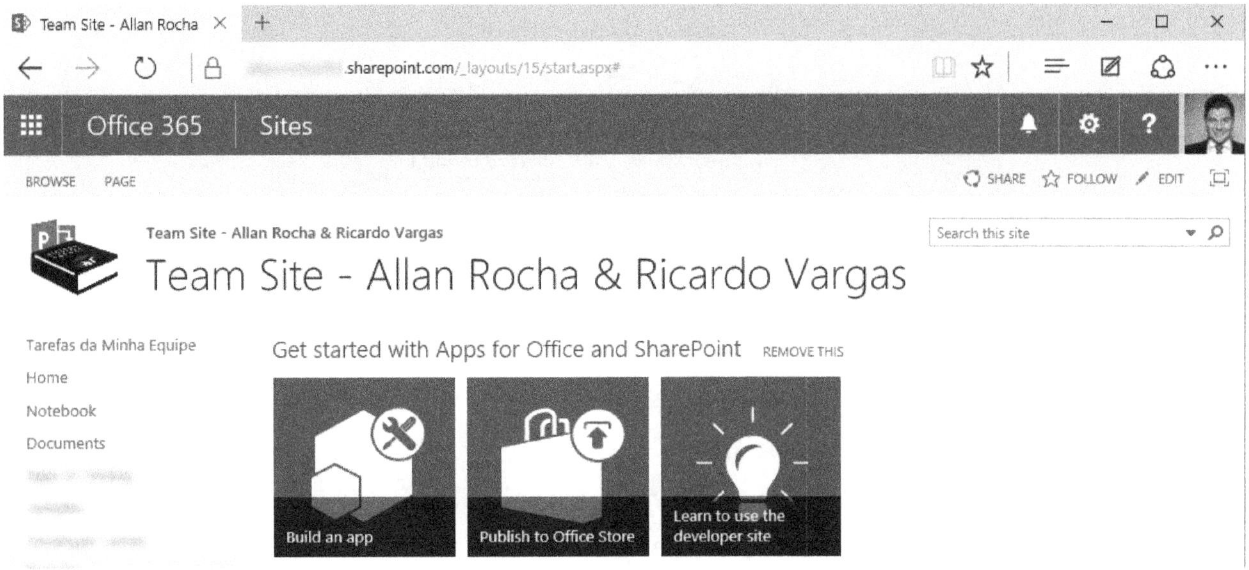

Figura 14.9 – Site do SharePoint

2. acesse *Tarefas da Minha Equipe* e verifique os dados;

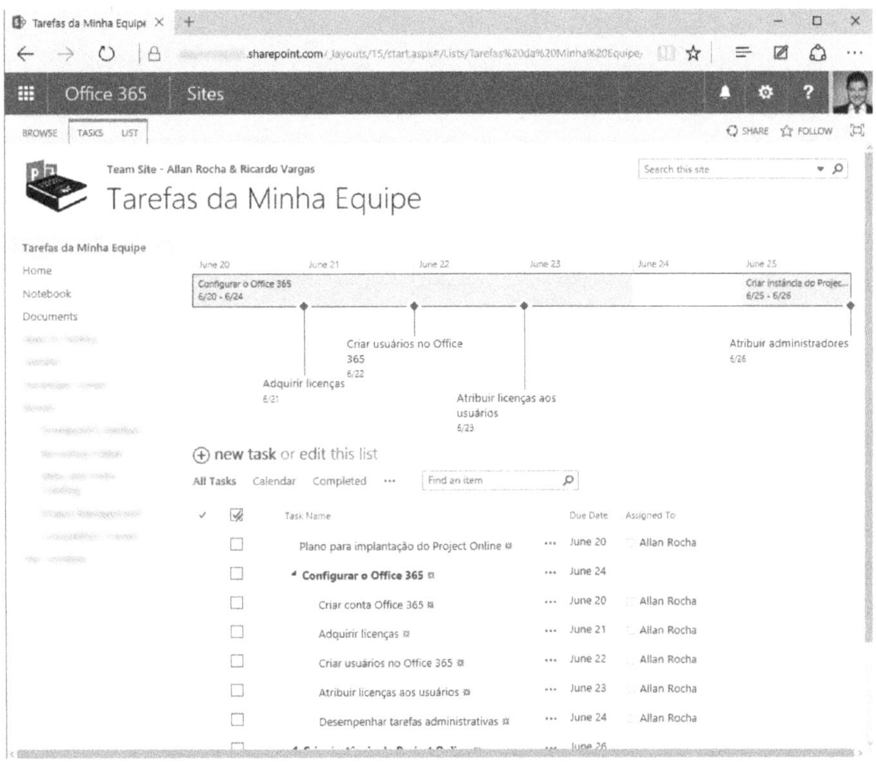

Figura 14.10 – Lista de Tarefas do SharePoint

3. copie a *URL do site* na qual sua lista está inserida;
4. abra o Microsoft Project e acesse a guia *Arquivo (Backstage)* > *Novo* > ***Novo da Lista de Tarefas do SharePoint***;

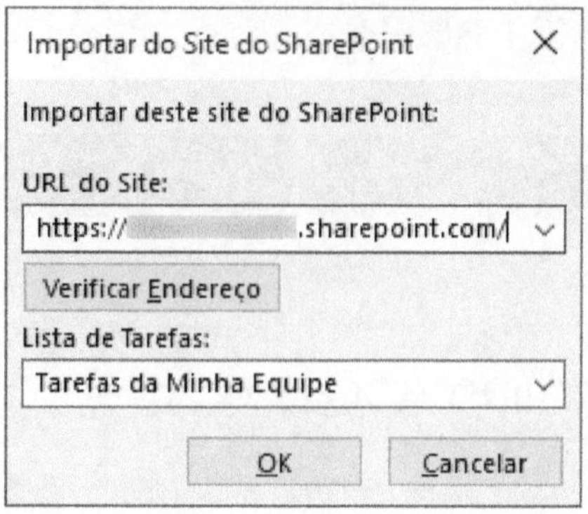

Figura 14.11 – Janela de importação de tarefas de uma lista do SharePoint

5. cole ou digite a *URL do site do SharePoint*;
6. verifique o endereço, selecione a *Lista de Tarefas* desejada e clique em ***OK***;
7. pronto! Seu novo projeto foi criado a partir das informações de uma lista de tarefas do SharePoint.

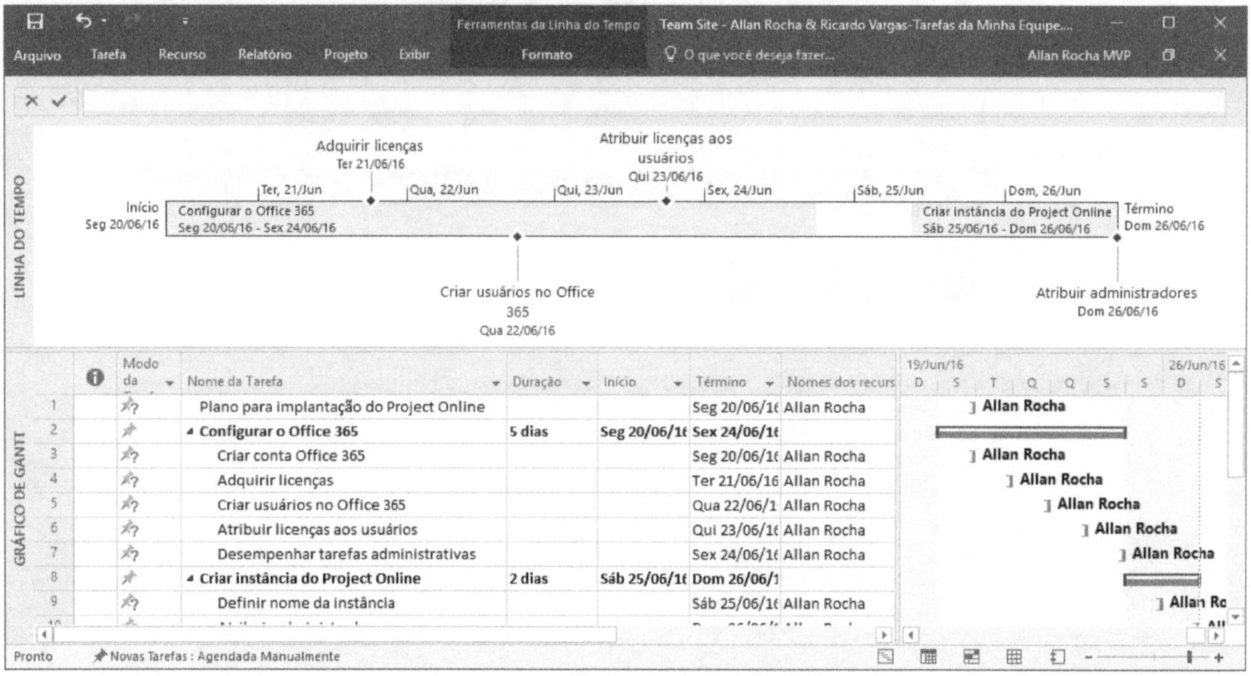

Figura 14.12 – Novo projeto criado a partir de uma lista de tarefas do SharePoint

Caso você altere alguma das informações do seu projeto no Microsoft Project, todas essas informações serão sincronizadas com sua lista de tarefas no SharePoint. Alertas serão exibidos caso a alteração interfira na estrutura de dados do SharePoint.

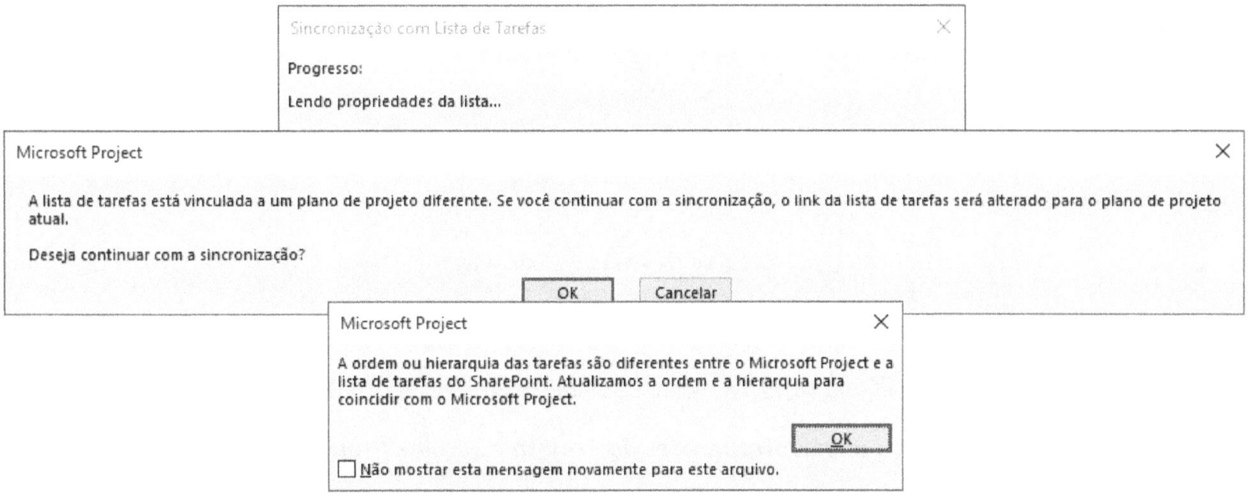

Figura 14.13 – Alertas de atualização da lista de tarefas do SharePoint

Após o salvamento será possível visualizar na lista de tarefas do SharePoint todas as alterações realizadas no Microsoft Project. O valor desse tipo de recurso pode ser um diferencial em pequenas organizações que desejam compartilhar informações dos projetos através de suas intranets.

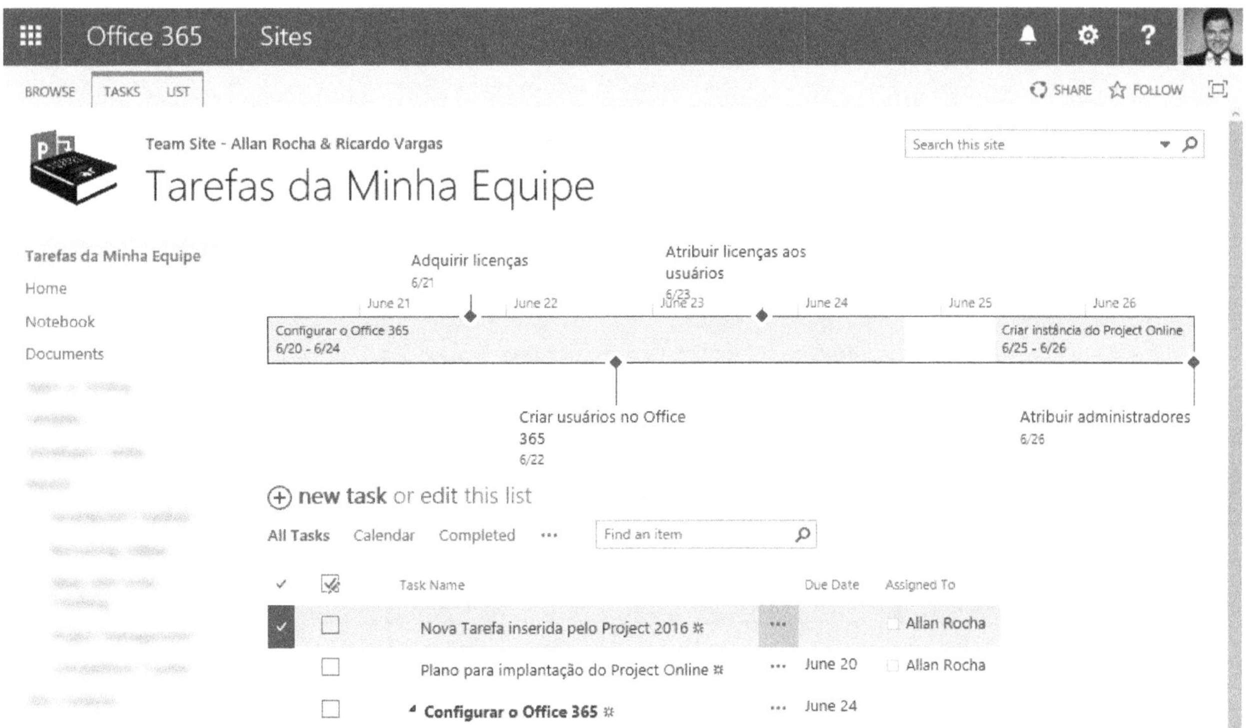

Figura 14.14 – Lista de Tarefas do SharePoint mostrando atualizações realizadas dentro do Microsoft Project

14.4 Inserindo Informações do Projeto

O Microsoft Project arquiva também informações de resumo do projeto criado.

Para inserir essas informações:

1. abra o arquivo em que deseja inserir informações ou crie um novo projeto;
2. acesse a guia *Arquivo (Backstage)* e clique em ***Informações***;

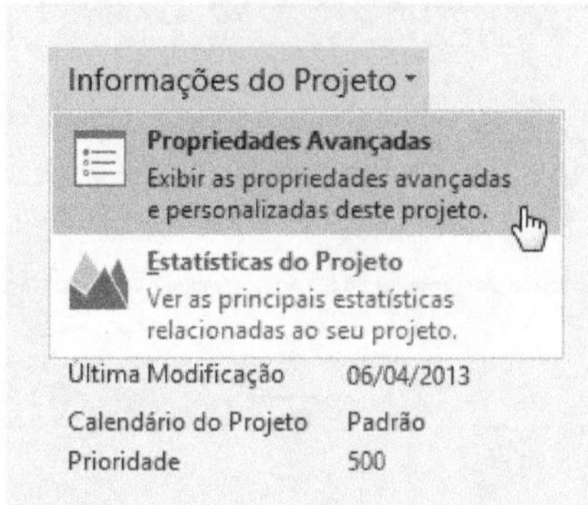

Figura 14.15 – Acessando as Propriedades Avançadas do projeto

3. no lado direito da tela, clique em ***Informações do Projeto*** e escolha ***Propriedades Avançadas***;
4. clique na guia ***Resumo***;
5. preencha os dados como na figura a seguir e clique em ***OK***.

Figura 14.16 – Propriedades do projeto

Importante – A partir do Microsoft Project 2010, a criação de novos projetos a partir da Guia de Projetos se tornou obsoleta e foi descontinuada. Caso deseje utilizar esse recurso, consulte o site Microsoft MSDN (*www.msdn.com*) para ver as formas de programação que reativam a Guia de Projetos.

Capítulo 15

Trabalhando com Calendários

Os calendários determinam como os recursos atribuídos a tarefas são agendados e como as próprias tarefas são agendadas. Os calendários-base são conjuntos de dias e períodos de trabalho e de folga que os outros tipos de calendários utilizam.

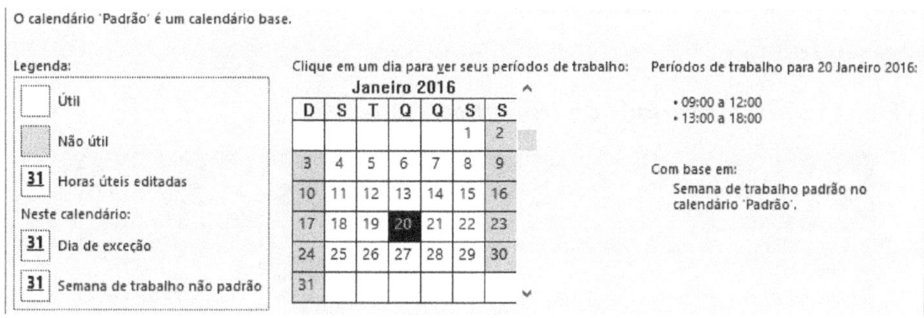

Figura 15.1 – Detalhe da tela Calendário com sua legenda, que pode ser acessada da guia Projeto > Alterar Período de Trabalho

Ao iniciar um projeto, deve ser escolhido um calendário-base para ser o calendário padrão do projeto, podendo também aplicar um calendário-base a tarefas através do calendário de tarefas. São fornecidos três calendários-base no Microsoft Project:

- **Padrão** – É o calendário-base usado por padrão para os calendários de tarefa, de recursos e do projeto. Esse calendário reflete uma agenda de trabalho tradicional: de segunda-feira a sexta-feira, das 9h às 18h, com uma hora de intervalo.
- **24 horas** – Reflete uma agenda sem nenhum período de folga. Pode ser usado quando os recursos e as atividades forem agendados para diferentes turnos do dia ou da noite ou quando os recursos de equipamento trabalharem continuamente nas atividades.
- **Turno da Noite** – Reflete uma agenda de turno noturno de segunda-feira à noite até sábado de manhã, das 23h às 8h, com uma hora de intervalo.

Importante – Os horários apresentados são válidos para a versão em português do programa. Para outros idiomas, as datas e os horários de trabalho padrão podem ser diferentes visando adequar-se às realidades de cada país.

Esses calendários são diferentes do modo de exibição Calendário, que mostra a agenda do projeto em um formato de calendário.

Os calendários podem ser aplicados para o projeto todo, para uma determinada tarefa ou conjunto de tarefas e para um determinado recurso, compondo, assim, os três calendários do Microsoft Project. São eles:

- Calendário do Projeto.
- Calendário de Recursos.
- Calendário de Tarefa.

O **Calendário do Projeto** designa a agenda de trabalho-padrão de todos os recursos atribuídos a um projeto. O calendário indica o período útil, a folga e os feriados da organização. Normalmente, ao iniciar um projeto, um dos calendários-base apresentados anteriormente pode ser escolhido como calendário do projeto.

O **Calendário do Recurso** é o calendário único para o recurso. Quando um recurso é criado no projeto, seu calendário é definido com base no calendário do projeto. As horas de trabalho e de folga, definidas no calendário do projeto, são as horas de trabalho e de folga-padrão para cada recurso. Se o calendário-padrão é o único calendário que será utilizado no projeto para todos os recursos, não é necessário modificá-lo.

DICA

Os calendários se aplicam apenas aos recursos de trabalho, e não aos recursos materiais.

O **Calendário de Tarefas** permite que tarefas a serem concluídas em horários diferentes, especialmente tarefas independentes dos recursos, sejam configuradas em um calendário de tarefas. Esse tipo de calendário é especialmente útil nas situações em que se deseja que uma tarefa seja agendada fora dos períodos de trabalho normais definidos pelo calendário do projeto ou pelos calendários dos recursos atribuídos.

15.1 Criando um Novo Calendário

Para criar um novo calendário:

1. acesse a guia *Projeto* > ***Alterar Período de Trabalho***;

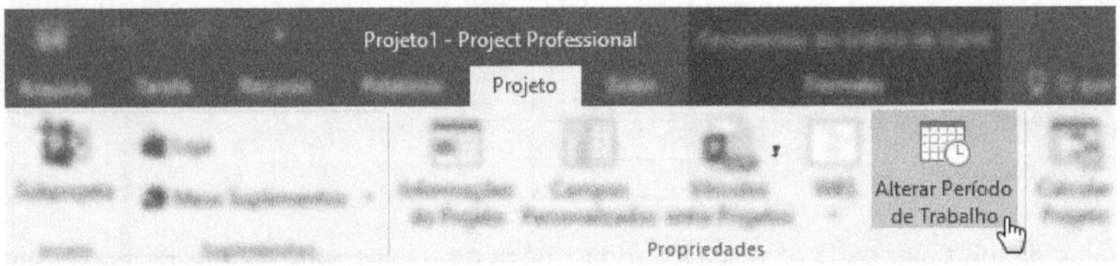

Figura 15.2 – Faixa de Opções com destaque para Alterar Período de Trabalho

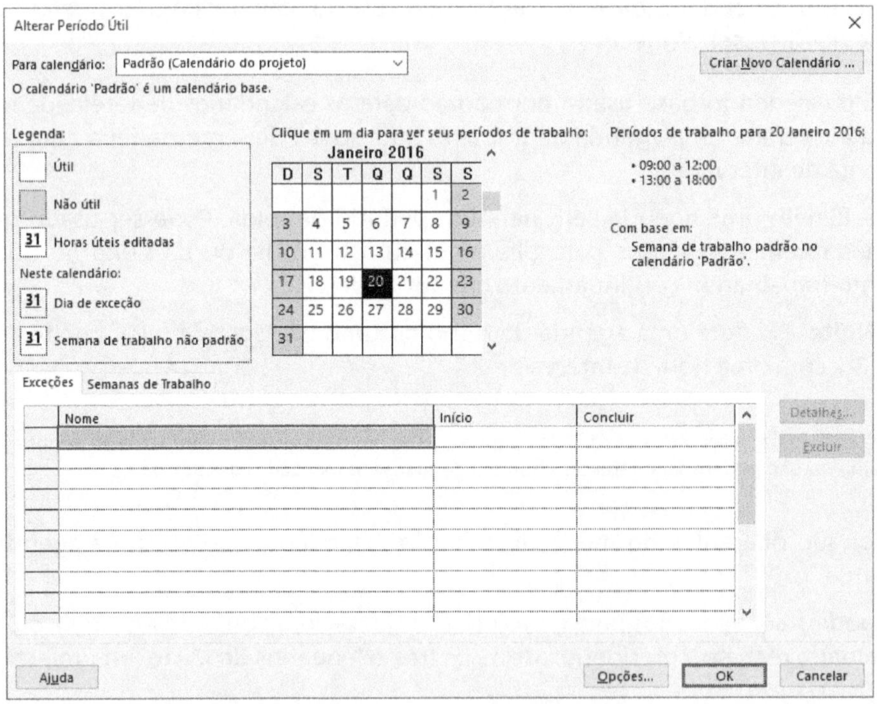

Figura 15.3 – Tela Alterar Período Útil

2. pressione o botão ***Criar Novo Calendário...***;
3. escolha *Criar novo calendário base* se desejar criar um novo calendário-base a partir do zero ou *Criar uma cópia do calendário* se quiser se basear em um calendário que já existe, incluindo feriados e personalizações já realizadas;

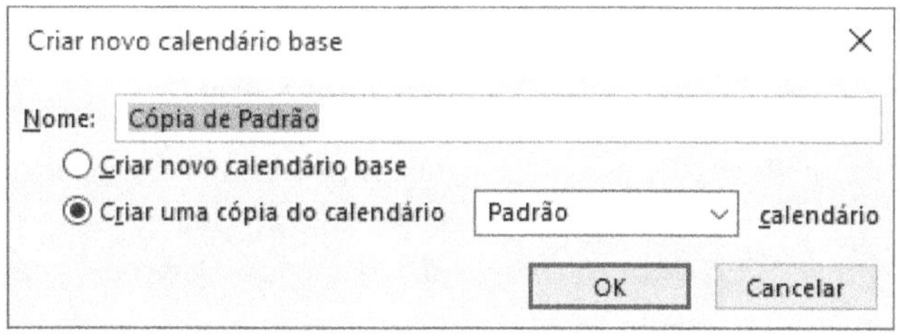

Figura 15.4 – Criar novo calendário base

4. digite o nome do calendário;
5. pressione ***OK*** para confirmar a criação.

15.2 Editando Calendários

A edição dos calendários permite ao usuário configurar calendários de períodos de trabalho de recursos e projetos para refletir corretamente a disponibilidade dos recursos. O Microsoft Project usa essas informações ao agendar tarefas, examinando se os recursos estão superalocados e quando os nivelar. Com calendários, é possível configurar períodos de trabalho (por exemplo, das 8h30min às 17h30min), dias de trabalho (como segunda-feira a sábado) e dias de folga (como feriados na empresa e férias).

Os períodos de trabalho não se aplicam a recursos materiais.

O calendário pode ser editado de várias formas. Podem ser feitas alterações globais no calendário, como, por exemplo, criar uma semana de trabalho onde se trabalhe apenas segunda-feira, quarta-feira e sexta-feira. Também podem ser criados períodos especiais e exceções, como, por exemplo, alterar o mês de dezembro para meio expediente todos os dias, permanecendo os demais períodos inalterados.

Para alterar o padrão de datas e horários do calendário do projeto (para todo o projeto):

1. acesse a guia *Projeto* > ***Alterar Período de Trabalho***;
2. escolha o calendário a ser alterado na caixa *Para calendário*. Se o projeto não tiver recursos, os únicos calendários que irão aparecer serão os calendários-base do projeto;
3. clique na guia ***Semanas de trabalho***;
4. clique na primeira linha com o nome ***Padrão***;
5. clique em ***Detalhes...***;

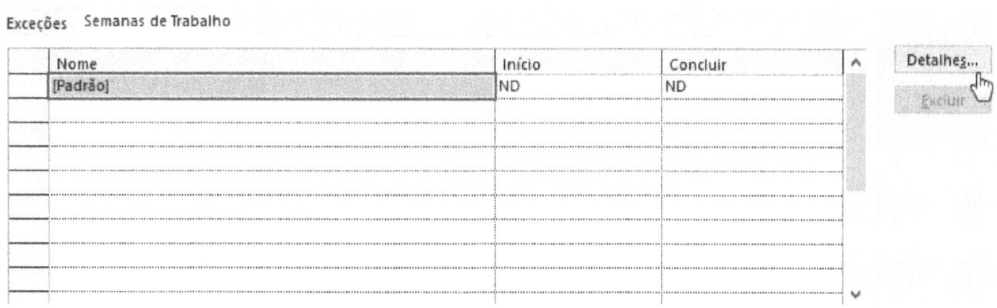

Figura 15.5 – Tela Alterar Período Útil com destaque para a edição de Detalhes da semana de trabalho

6. na tela *Detalhes de '[Padrão]'* selecione o dia da semana a ser alterado no padrão do calendário;

DICA

Utilize a tecla `Ctrl` para selecionar mais de um dia de semana específico.

7. selecione *Definir dias para o período de folga* para transformar os dias de semana selecionados como dias de folga em todo o projeto;

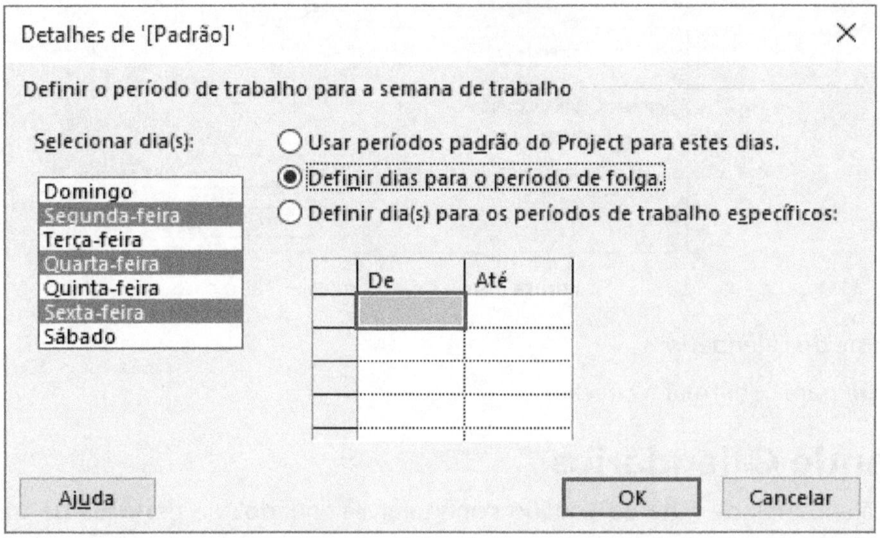

Figura 15.6 – Transformando as segundas, quartas e sextas em dias de folga para todo o projeto

8. selecione *Definir dia(s) para os períodos de trabalho específicos* e digite os períodos de trabalho especiais para os dias da semana selecionados;

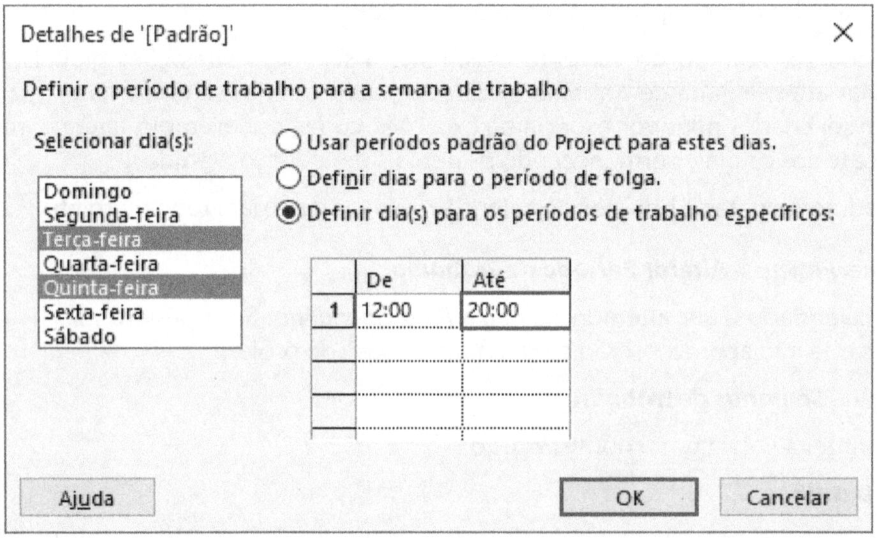

Figura 15.7 – Alterando o período de trabalho paras as terças e quintas em todo o projeto

9. pressione ***OK*** para confirmar as suas modificações.

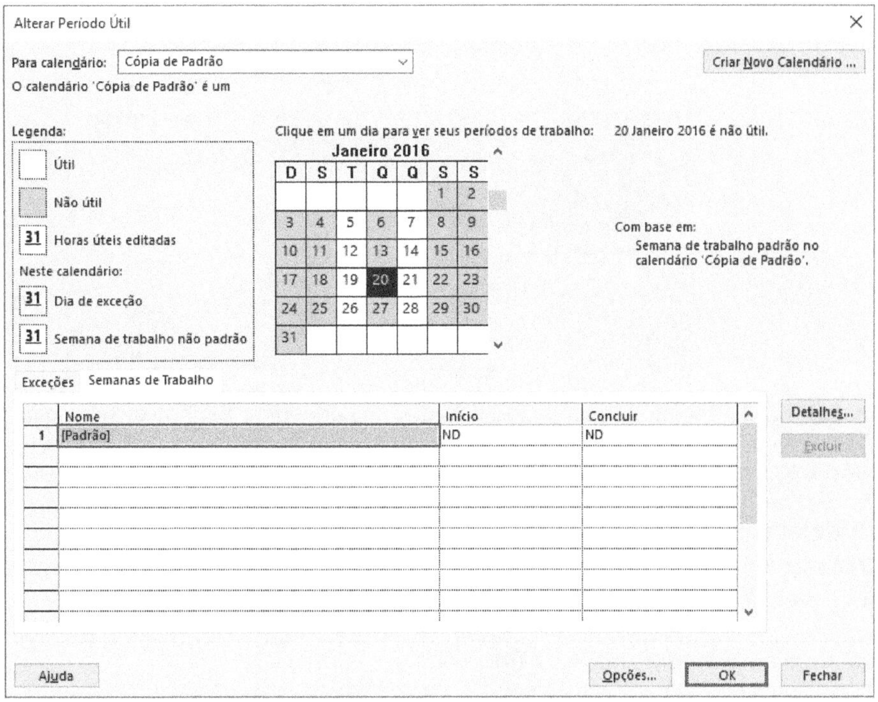

Figura 15.8 – Calendário após alterações

DICA

Diversas alterações podem ser realizadas simultaneamente antes de clicar em OK.

Para criar um período de tempo onde os dias da semana (segunda-feira a domingo) serão tratados de forma diferente do padrão estabelecido anteriormente:

1. siga os passos 1 a 3 do item anterior;
2. na primeira linha vazia disponível, digite o nome da semana de trabalho;
3. determine a data inicial e final para a semana de trabalho criada;

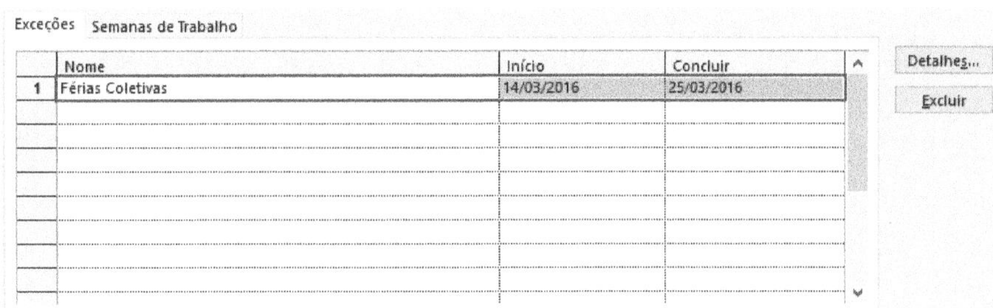

Figura 15.9 – Criando uma exceção ao padrão chamada "Férias Coletivas" que terá vigor entre os dias 14/03 e 25/03/2016

4. clique em ***Detalhes...***;
5. na tela *Detalhes de 'Férias Coletivas'* selecione o dia da semana a ser alterado no padrão do calendário;
6. selecione *Definir dias para o período de folga* para transformar os dias de semana selecionados como dias de folga em todos os projetos;

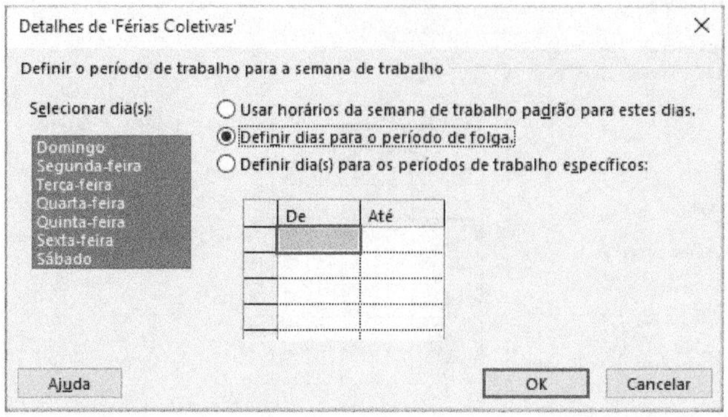

Figura 15.10 – Transformando todos os dias do período em período de folga para o projeto

7. pressione ***OK*** para confirmar as suas modificações.

Outra opção mais detalhada e completa para criar uma exceção no calendário é a utilização da guia *Exceções*. Nela é possível criar exceções recorrentes ou não diretamente relacionadas a um dia específico da semana. Para criar uma exceção específica:

1. acesse a guia *Projeto > Alterar Período de Trabalho*;
2. escolha o calendário a ser alterado na caixa *Para calendário*. Se o projeto não tiver recursos, os únicos calendários que irão aparecer serão os calendários-base do projeto;
3. clique na guia ***Exceções***;
4. na área de planilha, digite no campo *Nome* o nome da exceção;
5. clique em ***Detalhes***;
6. na tela *Detalhes* determine se o período será de folga ou se terá um horário específico de trabalho;
7. na área *Padrão de recorrência*, determine o período de repetição da exceção, caso exista;
8. determine o período de validade ou o número de ocorrências da exceção na área *Intervalo de recorrência*;

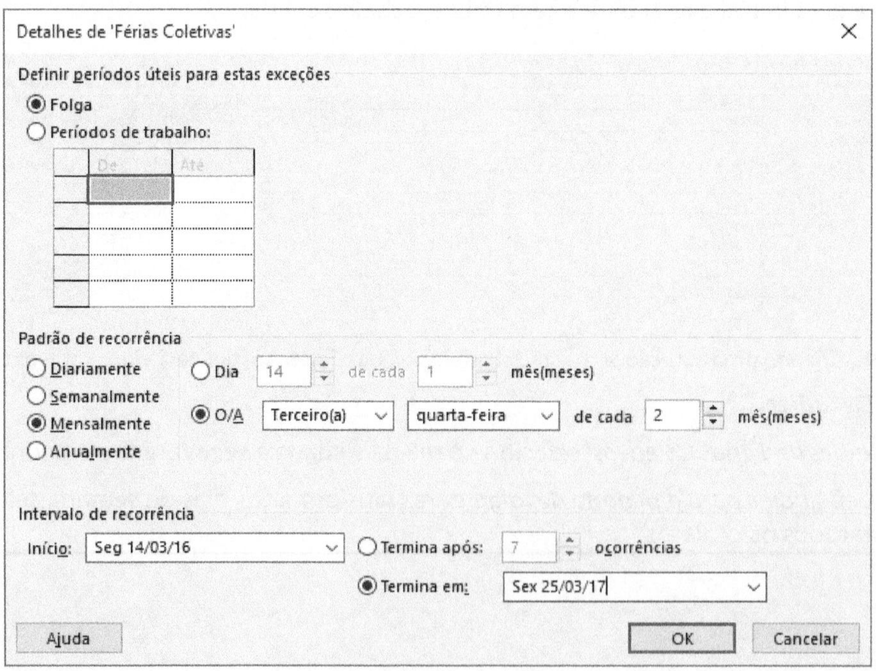

Figura 15.11 – Exemplo de exceção onde o projeto terá toda a terceira quarta-feira de cada dois meses como período de folga até 2017

9. clique em ***OK***.

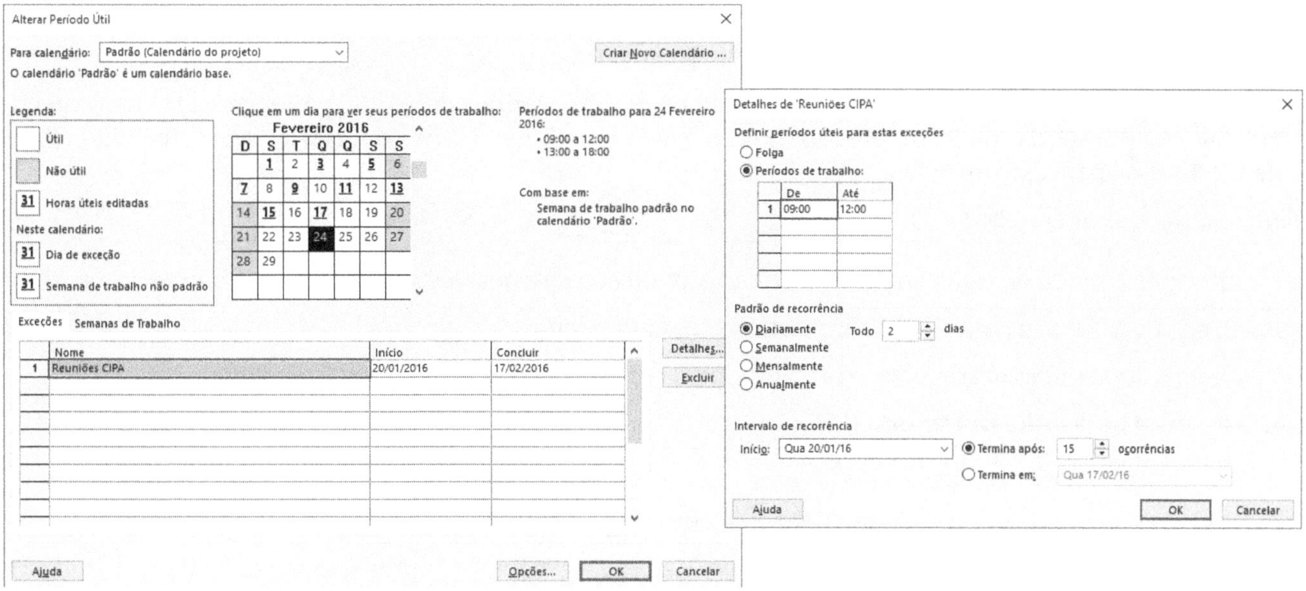

Figura 15.12 – Exemplo de uma exceção denominada Reuniões CIPA (Comissão Interna de Prevenção de Acidentes), onde o trabalho do projeto será realizado em meio período em dias alternados (dia sim, dia não), incluindo sábados e domingos

15.3 Atribuindo um Calendário Existente para um Projeto

Para atribuir um calendário a um projeto criado recentemente:

1. acesse a guia *Projeto* > ***Informações do Projeto***;
2. no campo *Calendário*, escolha o calendário-base desejado;
3. clique em ***OK***.

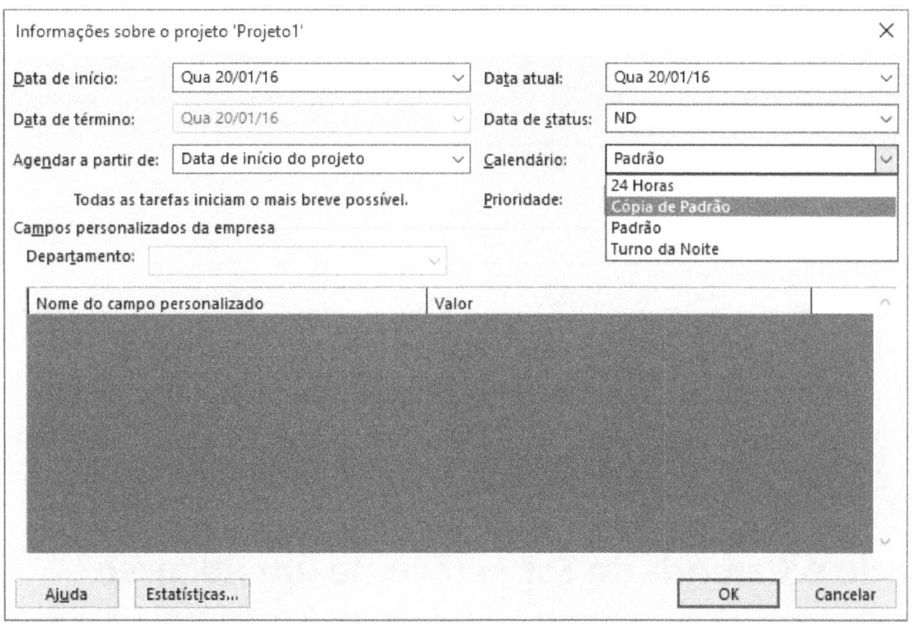

Figura 15.13 – Selecionando um calendário para o projeto na tela Informações sobre o projeto

15.4 Atribuindo um Calendário Específico para um Recurso

Por definição, o calendário do projeto é o calendário de todos os recursos, na medida em que eles são criados. Pode-se atribuir um calendário-base diferente ao recurso, ou até mesmo modificar o calendário do recurso individual, de modo a refletir a exata disponibilidade do recurso.

Se, por exemplo, em um projeto com o calendário de projeto **Padrão** definido, um recurso atribuído precisa trabalhar no turno da noite, é preciso que o calendário-base **Turno da Noite** seja escolhido como calendário-base para esse recurso.

Para realizar essa alteração:

1. selecione o modo de exibição *Planilha de Recursos* ou acesse a guia *Exibir* e clique em ***Planilha de Recursos***;
2. selecione o recurso para o qual deseja atribuir o novo calendário;
3. dê um clique duplo nesse recurso ou selecione o recurso e clique na guia *Recurso > Informações*;
4. clique no botão ***Alterar Período Útil...***;

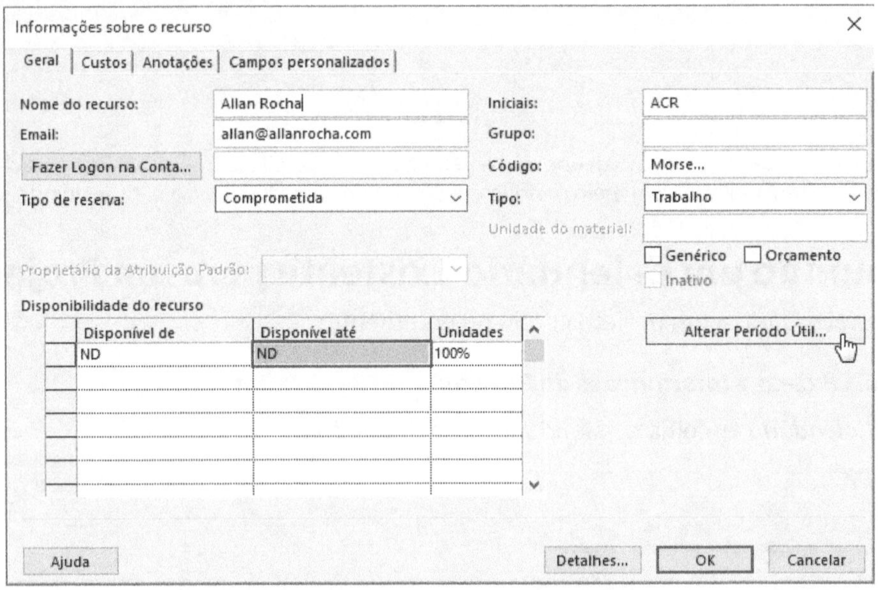

Figura 15.14 - Tela Informações sobre o recurso destacando o botão Alterar Período Útil

5. selecione o calendário para o recurso no campo *Calendário base*;

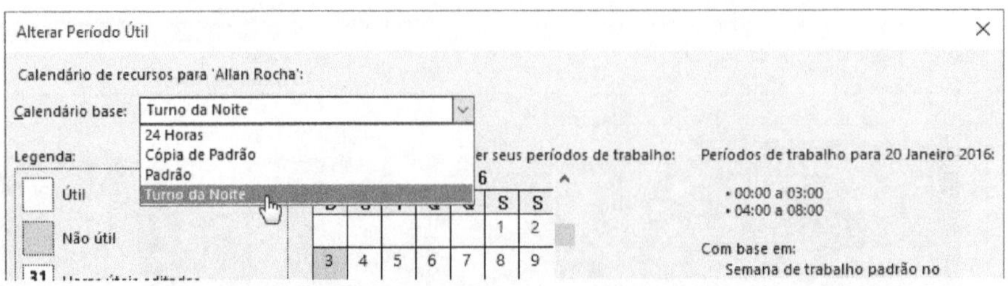

Figura 15.15 - Seleção do calendário para o recurso

6. clique em ***OK***.

15.5 Editando o Calendário Específico de um Recurso

Assim como as tarefas, pode ser que um determinado recurso necessite de um agendamento especial, que não siga necessariamente nenhum calendário específico. Para resolver essa questão, o Microsoft Project cria um calendário para cada recurso, com base no calendário do projeto, toda vez que é criado um novo recurso.

Se, por exemplo, um recurso específico precisa tirar férias em uma semana específica, é necessário que somente o calendário desse recurso seja alterado, uma vez que todos os outros recursos e o projeto continuarão a ser desenvolvidos normalmente.

Para editar um calendário específico de um recurso:

1. selecione o modo de exibição *Planilha de Recursos* ou acesse a guia *Exibir* e clique em ***Planilha de Recursos***;
2. selecione o recurso para o qual deseja alterar o calendário;
3. dê um clique duplo nesse recurso ou selecione o recurso e clique na guia *Recurso > Informações*;
4. clique no botão ***Alterar Período Útil...***;
5. altere o calendário do recurso do mesmo modo como foi visto anteriormente no tópico 15.2 Editando Calendários.

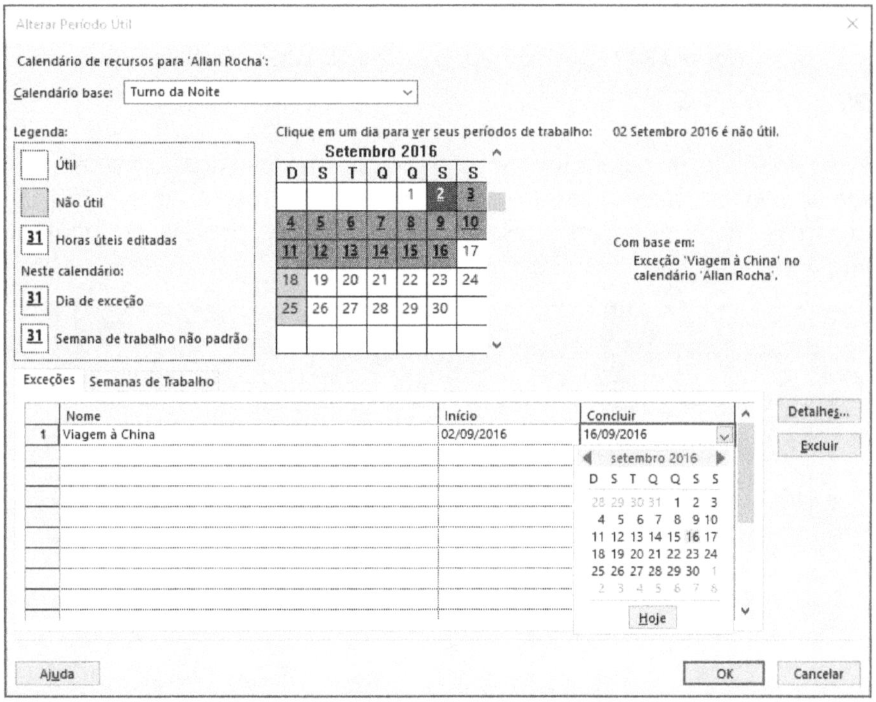

Figura 15.16 – Inserindo a exceção Viagem à China para o recurso Allan Rocha

DICA

Como todo recurso criado gera automaticamente um calendário, é possível alterar um calendário específico de recurso através da guia *Projeto > Alterar Período de Trabalho*, selecionando o calendário de acordo com o nome do recurso (deve ser um recurso do tipo Trabalho).

15.6 Atribuindo um Calendário Específico para uma Tarefa

Por definição, todas as tarefas criadas em um projeto seguem o mesmo calendário definido para o projeto.

Para alterar o calendário de uma determinada tarefa:

1. selecione a tarefa para a qual se deseja atribuir um calendário;
2. dê um clique duplo na tarefa ou acesse a guia *Tarefa* na *Faixa de Opções* e clique em ***Informações***;
3. clique na guia ***Avançado***;
4. na caixa *Calendário*, clique no calendário que deseja usar para a tarefa (a opção *Nenhum* é a padrão, ou seja, indica que a tarefa segue o calendário do projeto);

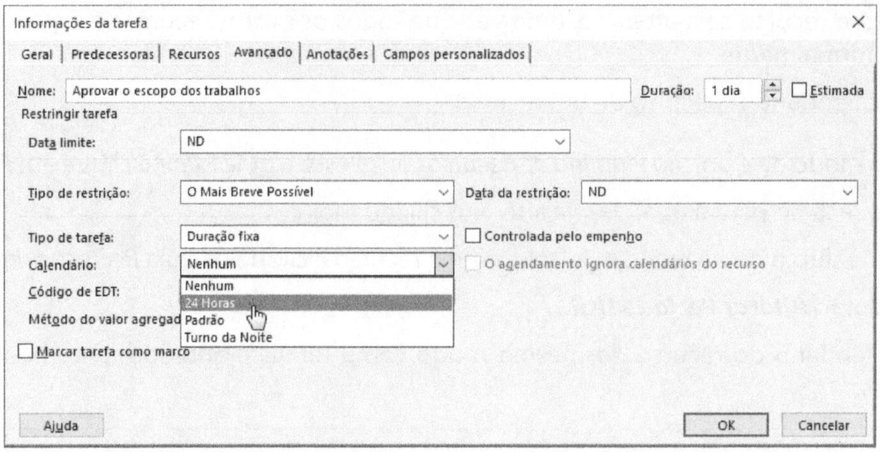

Figura 15.17 - Selecionando o Calendário para uma atividade específica

5. Clique em ***OK***.

Caso deseje que o calendário da tarefa ignore as alterações no calendário de recursos, marque a caixa de seleção *O agendamento ignora calendários do recurso*. Nesse caso, mesmo que exista um período de folga ou trabalho definido no calendário de recursos, esse não terá validade, prevalecendo integralmente o calendário definido para a tarefa.

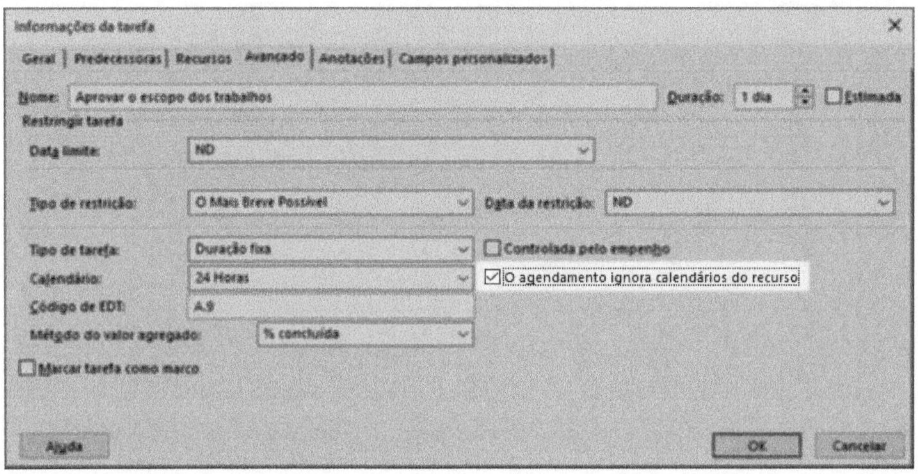

Figura 15.18 - Controlando o agendamento do calendário do recurso na guia Avançado na tela Informações da tarefa

15.7 Opções Avançadas para os Calendários

O Microsoft Project disponibiliza uma série de opções para os calendários do projeto. Para acessá-las:

1. acesse a guia *Projeto > Alterar Período de Trabalho;*
2. clique em ***Opções***;

DICA

Outra forma de acessar as opções de calendário é através da guia *Arquivo (Backstage) > Opções > Cronograma.*

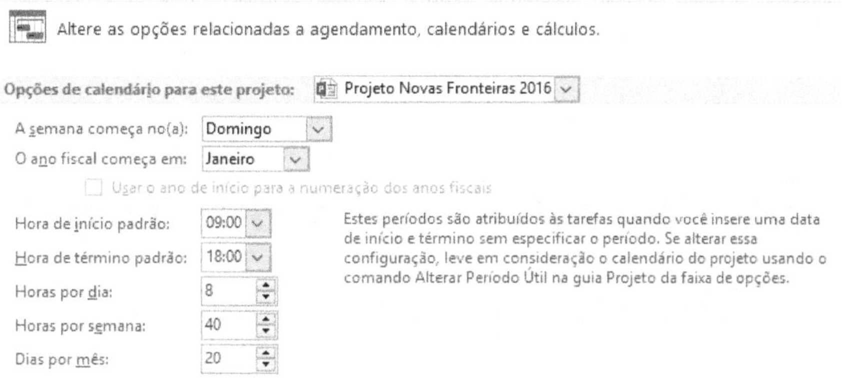

Figura 15.19 – Tela de Opções com destaque para opções de calendários

3. no campo *Opções de calendário para este projeto* determine se as alterações irão valer para o projeto aberto ou para todos os projetos;
4. defina o dia inicial da semana e o mês do início do ano fiscal;
5. defina o *horário de trabalho diário*, as horas de trabalho por dia e por semana. Isso faz com que o Microsoft Project automaticamente calcule o número de horas de uma atribuição quando ela for inserida em dias ou semanas;
6. clique em ***OK*** para efetivar as mudanças.

CAPÍTULO 16

Criando Atividades em um Projeto

Todo projeto tem uma lista definida de atividades que precisam ser inseridas no Microsoft Project.

O programa suporta até 400.000 tarefas por arquivo.

As tarefas são o elemento central do escopo de qualquer projeto, uma vez que elas estruturam todo o trabalho a ser realizado.

		Modo da Tarefa	Nome da tarefa	Duração	Início	Término
0			◢ **Projeto Novas Fronteriras**	**334,75 dias**	**Ter 26/03/13**	**Seg 07/07/14**
1			◢ **DIAGNÓSTICO**	**13 dias**	**Sex 03/01/14**	**Ter 21/01/14**
2			Realizar o Kick-off Meeting do projeto	1 dia	Sex 03/01/14	Sex 03/01/14
3			Reunir a equipe do projeto e definir o comitê	5 dias	Seg 06/01/14	Sex 10/01/14
4			Criar o escopo dos trabalhos	3 dias	Seg 13/01/14	Qua 15/01/14
5			Criar o comitê responsável	2 dias	Qui 16/01/14	Sex 17/01/14
6			Aprovar o comitê	1 dia	Seg 20/01/14	Seg 20/01/14
7			Aprovar o escopo dos trabalhos	1 dia	Ter 21/01/14	Ter 21/01/14
8			Diagnóstico concluído	0 dias	Ter 21/01/14	Ter 21/01/14
9			◢ **SOFTWARE**	**52,75 dias**	**Qua 22/01/14**	**Sex 04/04/14**
10			▷ **SISTEMA OPERACIONAL**	**21 dias**	**Qua 22/01/14**	**Qua 19/02/14**
15			▷ **BANCO DE DADOS**	**29 dias**	**Qua 22/01/14**	**Seg 03/03/14**
21			▷ **GERENCIAMENTO DE PROJETOS**	**42,75 dias**	**Sex 24/01/14**	**Ter 25/03/14**
26			▷ **GERENCIAMENTO ELETRÔNICO DE DOCUMENTOS (GED)**	**34 dias**	**Qua 22/01/14**	**Seg 10/03/14**

GRÁFICO DE GANTT

Figura 16.1 – Tarefas de um projeto sendo exibidas na Tabela de Entrada

16.1 Inserindo Atividades Através da Tabela de Entrada

As atividades podem ser inseridas no programa de diversas formas. A forma mais usual é através da *Tabela de Entrada*, apresentada no capítulo de modos de exibição (*Planilha de Entrada*).

	Modo da Tarefa	Nome da tarefa	Duração	Início	Término	Predecessoras	Nomes dos recursos	Adicionar Nova Coluna

Figura 16.2 – Campos da Tabela de Entrada

A *Tabela de Entrada* é uma das principais tabelas do Microsoft Project e apresenta os seguintes campos:

- **Indicadores** – Pequenos ícones que representam informações de uma tarefa ou recurso. Toda vez que se faz uma alteração na atividade, os indicadores exibem um ícone informando o que foi personalizado. Aponte o mouse para o indicador para ler a mensagem relativa a ele.
- **Modo da Tarefa** – Campo que mostra se a atividade é agendada manual ou automaticamente (recurso introduzido no Project 2010).
- **Nome da tarefa** – Nome pelo qual a atividade é conhecida.
- **Duração** – Duração da atividade.
- **Início** – Data de início da atividade.

- **Término** – Data de término da atividade.
- **Predecessoras** – Atividades que se inter-relacionam com a atividade presente.
- **Nomes dos recursos** – Nomes dos recursos envolvidos na atividade.
- **Adicionar Nova Coluna** – Permite a adição rápida de novas colunas.

Para criar uma atividade,

1. clique com o mouse sobre a coluna *Nome da Tarefa* na célula onde a atividade será criada;
2. digite o nome da atividade e pressione `Enter` ou uma das setas de direção do teclado.

A atividade será inserida de acordo com o modo de agendamento escolhido (manual ou automático). O modo de agendamento será discutido a seguir.

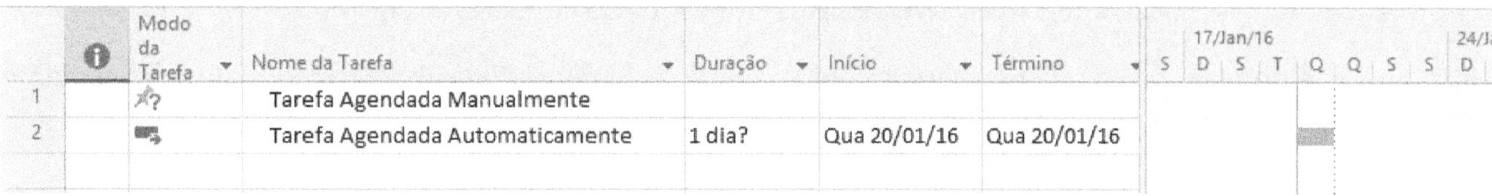

Figura 16.3 – Exemplo de cronograma com uma tarefa agendada manualmente (sem duração, início, término e barra no *Gantt*) e outra agendada automaticamente (modo tradicional)

DICA

Selecione a atividade abaixo de onde se deseja inserir uma atividade e pressione a tecla `Insert` ou `Ins` ou acesse a guia *Tarefa*, clique no botão ***Tarefa*** e escolha a opção *Tarefa*. Isso permite criar uma atividade entre duas outras já existentes.

Observe que no modo automático a atividade é criada na data atual e os campos duração, início e término terão o fundo de suas células destacados devido ao recurso de realce de alterações do Microsoft Project.

Novas tarefas também podem ser inseridas através da guia *Tarefas* da *Faixa de Opções* (botão *Tarefa* > *Tarefa*). Outras opções para inserir novas atividades são os modos de exibição *Formulário de Tarefas*, *Formulário Nome da Tarefa* e *Formulário Detalhes da Tarefa*, citados no capítulo Modos de Exibição.

16.2 Entendendo o Modo de Agendamento das Tarefas Através do Planejamento Controlado pelo Usuário

Uma das principais novidades introduzidas desde a versão do Microsoft Project 2010 foi o planejamento controlado pelo usuário. Até a versão 2007 o agendamento de qualquer tarefa do projeto era automático, ou seja, ao inserir uma atividade, o programa automaticamente inseria a duração estimada de um dia e agendava a atividade para que fosse iniciada na data de início do projeto.

A partir da versão 2010 o usuário pode escolher se deseja o agendamento automático ou se prefere o agendamento manual, onde a tarefa é criada sem duração e data de agendamento.

É possível inserir uma tarefa agendada manualmente em qualquer lugar do cronograma e o Project não a moverá.

O agendamento manual simplifica o trabalho do gerente de projetos quando seu interesse está *exclusivamente* em inserir nomes de tarefas que posteriormente serão agendadas, sem que se deseje alterar ou recalcular todo o projeto.

Nas figuras a seguir é possível observar os diferentes comportamentos no cronograma ao inserir uma tarefa agendada manualmente e uma tarefa agendada automaticamente.

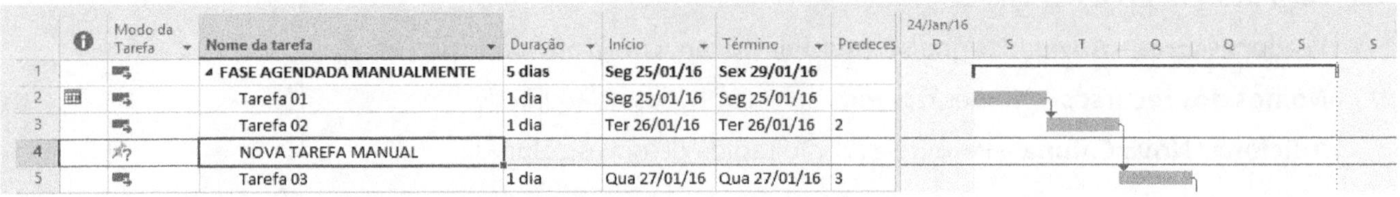

Figura 16.4 – Tarefa nova inserida no modo de agendamento manual

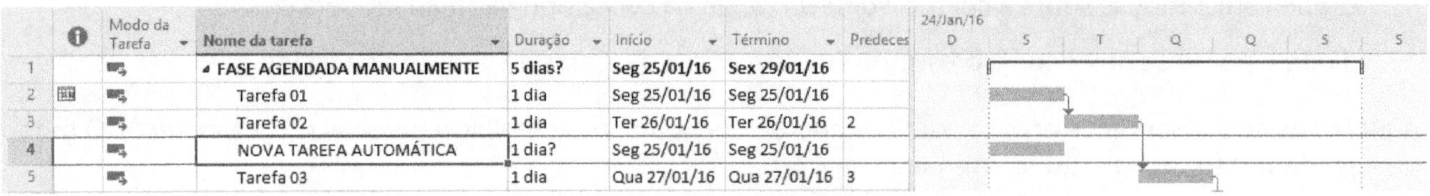

Figura 16.5 – Tarefa nova inserida no modo de agendamento automático

Uma atividade pode ter seu modo de agendamento alterado facilmente. Para alterar o modo de agendamento:

1. selecione a atividade que terá o modo de agendamento alterado;
2. na coluna *Modo da Tarefa*, selecione o modo desejado; ou
3. na guia *Tarefa da Faixa de Opções*, clique na opção desejada na subárea *Tarefas*.

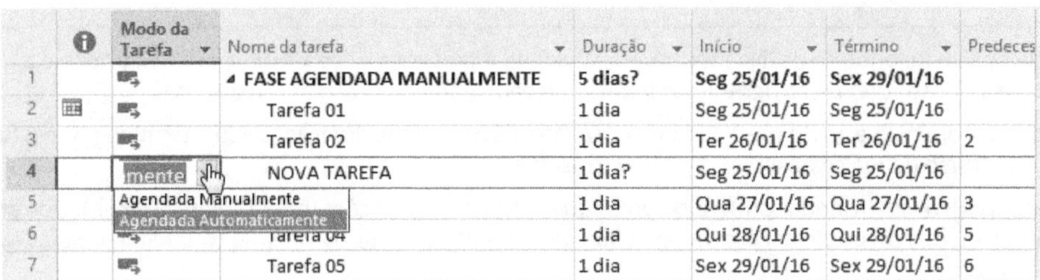

Figura 16.6 – Alterando o agendamento de uma tarefa a partir da coluna Modo da Tarefa

Figura 16.7 – Alterando o agendamento de uma tarefa a partir da guia Tarefa

DICA

A maneira mais simples de se alterar a forma de agendamento de várias tarefas ao mesmo tempo é selecionar as linhas das tarefas desejadas utilizando a tecla `Ctrl` (se as tarefas não são adjacentes) e clicar na forma de agendamento (*Agendar Manualmente ou Agendamento Automático*) na guia *Tarefa*.

Pode-se observar que ao alterar uma tarefa do modo manual para o automático serão inseridos automaticamente os campos duração, início e término para a tarefa. A tarefa irá aparecer normalmente dentro do gráfico de *Gantt*.

No entanto, ao se alterar uma tarefa do *modo automático* para o *modo manual*, a duração, a data de início e a data de término não são removidas. O que acontece é uma alteração na representação visual da barra no gráfico de *Gantt*, onde bordas aparecerão nas laterais da barra, mostrando que as datas e durações daquela tarefa foram inseridas manualmente. Esta é a representação gráfica de uma atividade manualmente inserida no projeto.

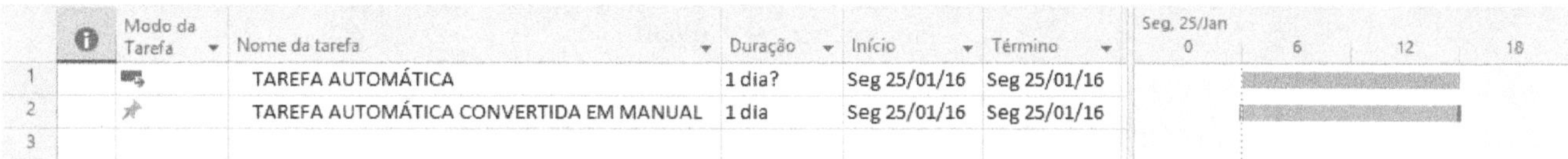

Figura 16.8 – Tarefa automática que foi convertida em tarefa de agendamento manual com destaque para as bordas na lateral das barras do gráfico de *Gantt*

Em muitos casos o usuário pode querer que novas tarefas do projeto aberto sejam inseridas automaticamente no modo de agendamento manual ou automático. Para configurar o projeto para que todas as novas tarefas sejam agendadas automaticamente:

1. no canto inferior direito da *Barra de Status* (parte inferior da tela) selecione o modo de agendamento desejado; ou
2. na guia *Tarefa da Faixa de Opções*, clique em ***Modo*** na subárea *Tarefas* e escolha a opção desejada.

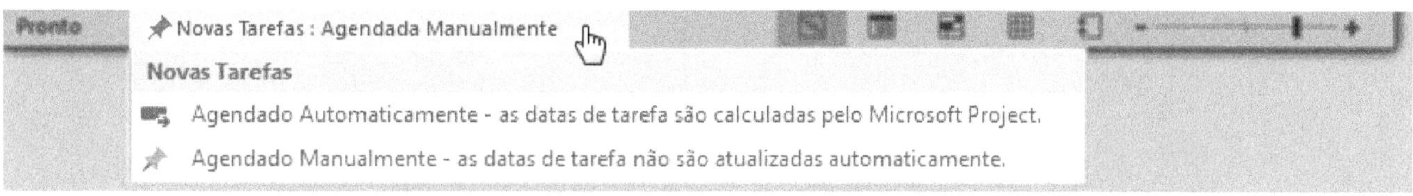

Figura 16.9 – Alterando o modo de agendamento de novas tarefas através da Barra de Status

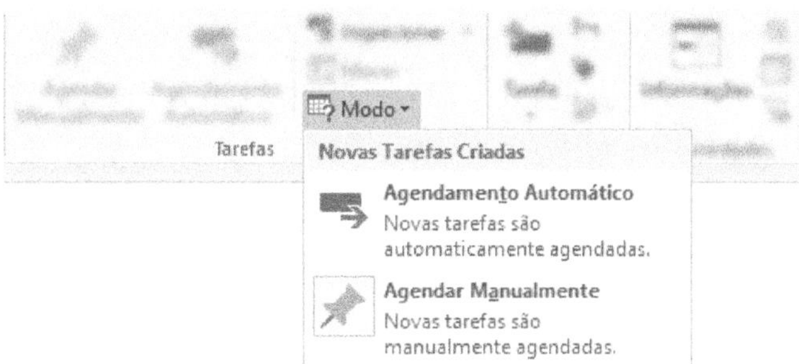

Figura 16.10 – Alterando o modo de agendamento de novas tarefas através da guia Tarefas da Faixa de Opções

Para transformar o modo de agendamento escolhido no modo padrão para todos os projetos futuros e não apenas do projeto aberto:

1. acesse a guia *Arquivo (Backstage)* e clique em ***Opções***;
2. clique em ***Cronograma*** nas opções laterais;
3. na área *Opções de agendamento deste projeto* escolha ***Todos os Novos Projetos***;
4. no campo *Novas tarefas criadas* escolha o modo de agendamento desejado;

5. clique em ***OK***.

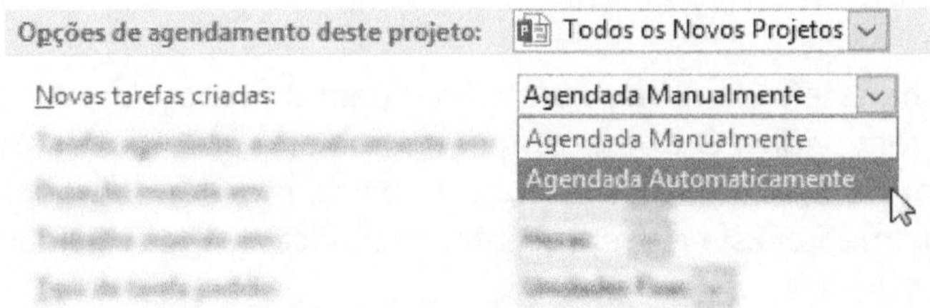

Figura 16.11 - Tela Opções do Project com destaque para as opções de agendamento de tarefas em todos os novos projetos (automático ou manual)

16.3 Inserindo Tarefas Periódicas ou Recorrentes

Pode-se observar que algumas atividades se repetem durante todo o projeto, seja diariamente, semanalmente, mensalmente ou anualmente, ocorrendo sempre em intervalos regulares. São conhecidas como **atividades recorrentes** ou **periódicas**.

Para inserir uma tarefa periódica:

1. no campo *Nome da tarefa*, selecione a linha abaixo da qual a atividade recorrente deverá ser criada;
2. acesse a guia *Tarefa* e clique em ***Tarefa***;
3. escolha a opção ***Tarefa Periódica...***;

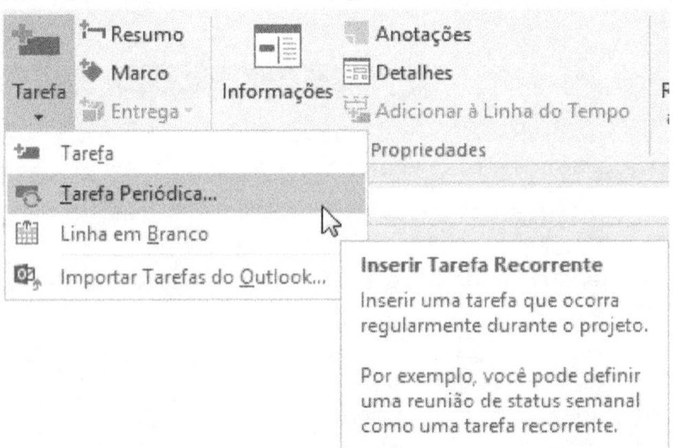

Figura 16.12 - Guia Tarefa com destaque para a opção Tarefa Periódica

4. na tela *Informações sobre tarefas recorrentes*, digite o nome da tarefa na caixa *Nome da tarefa*;
5. na caixa *Duração*, digite o tempo necessário para uma única ocorrência da atividade;
6. em *Padrão de recorrência*, clique em *Diariamente*, *Semanalmente*, *Mensalmente* ou *Anualmente* para informar qual a periodicidade da atividade e especifique sua frequência de repetição;
7. em *Intervalo de recorrência*, digite uma data de início na caixa *Início* e selecione ***Termina após*** ou ***Termina em*** para especificar uma data de conclusão ou o número de repetições desejado;
8. determine qual será o calendário utilizado pela atividade, caso seja diferente do calendário padrão do projeto;
9. clique em ***OK***.

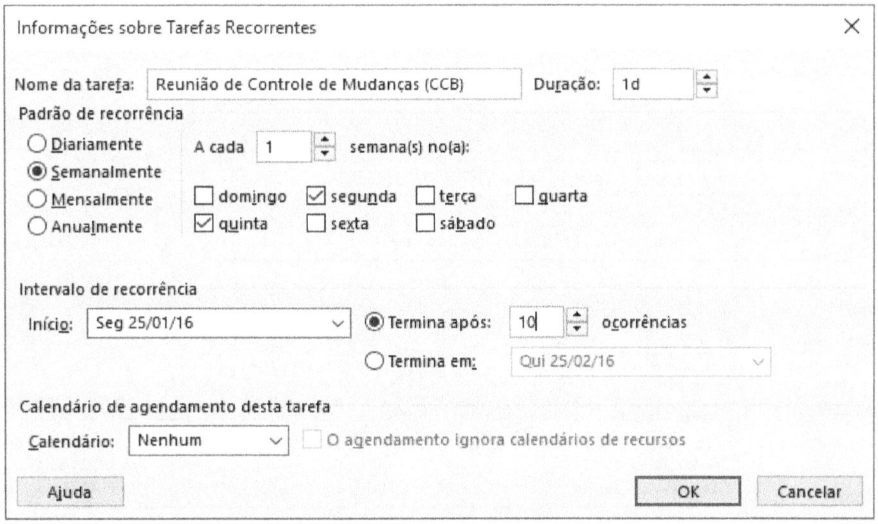

Figura 16.13 – Tela Informações sobre Tarefas Recorrentes evidenciando que a Reunião de Controle de Mudanças com a duração de um dia (1d) será realizada todas as segundas-feiras e quintas-feiras durante dez ocorrências

16.4 Dividindo uma Atividade

Ao ajustar o cronograma de um projeto, talvez seja necessário que uma determinada atividade seja interrompida por um certo período, para ser retomada posteriormente.

Por exemplo, o projeto poderá incluir uma atividade que necessite de materiais já encomendados, mas que só serão recebidos daqui a três semanas. Se a agenda do projeto permitir, é possível dividir a atividade para que parte do trabalho que independa do material ocorra imediatamente e que a outra parte ocorra imediatamente após a chegada dos materiais.

Para interromper uma atividade:

1. visualize o modo de exibição *Gráfico de Gantt*;
2. acesse a guia *Tarefas* e clique no botão ***Dividir Tarefa***;

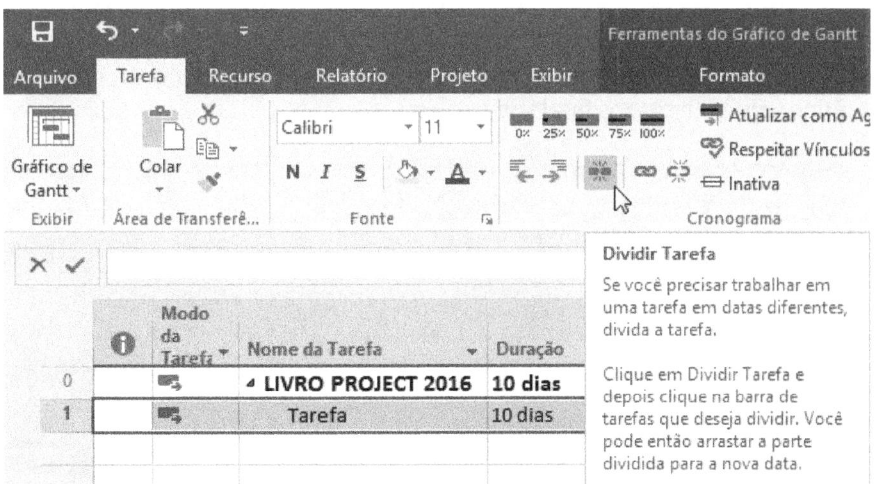

Figura 16.14 – Botão Dividir Tarefa na guia Tarefa da Faixa de Opções

3. clique, na barra de *Gantt* da atividade, na área da barra referente à data em que a divisão deverá ocorrer e arraste a segunda parte da barra para a data na qual o trabalho deverá recomeçar.

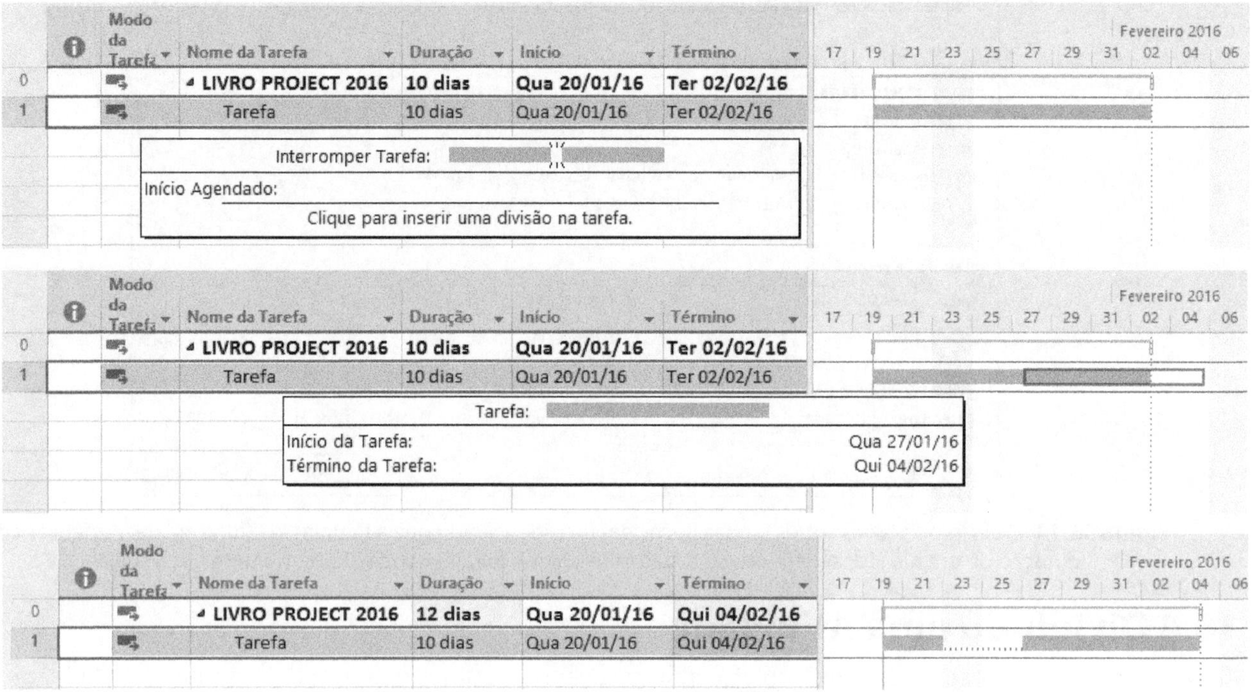

Figura 16.15 - Estágios do uso do comando Dividir Tarefa

DICA

Para remover a divisão de uma tarefa, arraste uma parte da barra de *Gantt* para que ela toque a outra parte.

16.5 Tornando uma Atividade Inativa

Um dos recursos introduzidos desde o Project 2010 foi a capacidade de tornar as tarefas inativas sem a necessidade de ter que excluí-las. Geralmente, as tarefas inativas têm informações críticas (como dados efetivos protegidos e informações de custo) que podem ser importantes para fins de arquivamento.

Uma atividade inativa não participa de nenhum tipo de cálculo do projeto e é representada de modo ~~tachado~~ (risco no meio do texto) na cor cinza claro. Todos os seus dados de alocação, tais como a duração, os custos, as predecessoras e as sucessoras, são mantidos apenas para fins de arquivamento e não participam de nenhum cálculo totalizador dos valores e prazos finais do projeto.

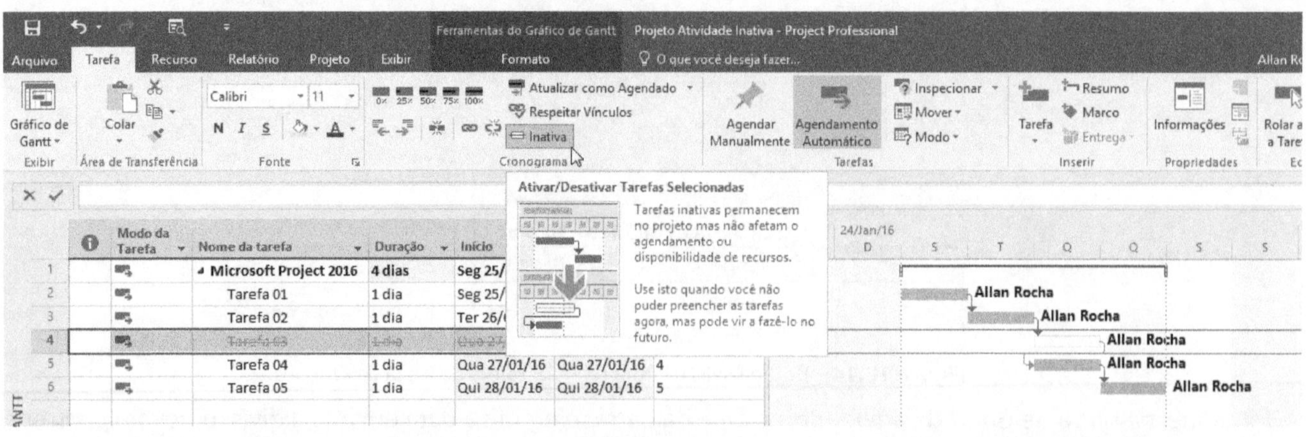

Figura 16.16 - Exemplo de Tarefa 03 desativada (observe que a precedência, os recursos, a duração e os custos são desconsiderados)

Para tornar uma atividade inativa:

1. selecione a atividade que será transformada em inativa;
2. dê um clique duplo na atividade ou acesse a guia *Tarefa* e clique no botão ***Informações***;
3. na tela *Informações da tarefa*, acesse a guia *Geral* e marque a opção ***Inativo***.

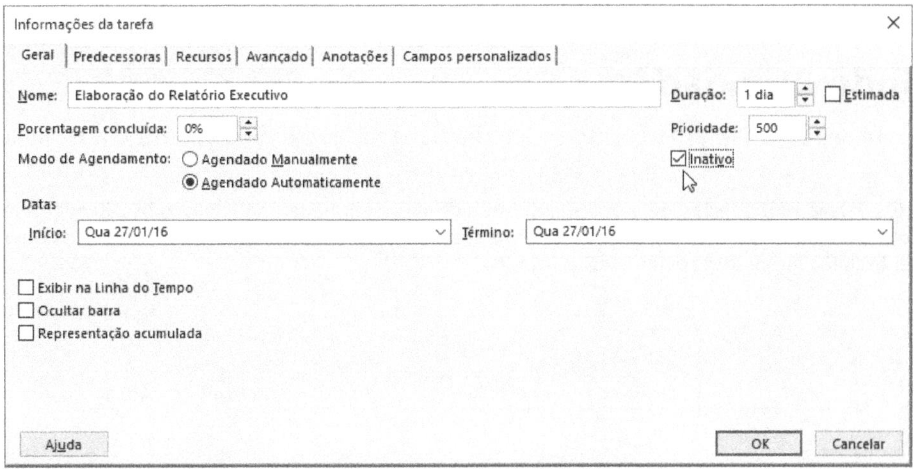

Figura 16.17 – Tela Informações da tarefa com a opção Inativo selecionada

DICA

Uma atividade inativa pode ser reativada seguindo o mesmo processo anteriormente descrito, desmarcando a opção *Inativo*. Ao ser reativada, a tarefa volta a participar normalmente de todo o processo de cálculo do Microsoft Project.

Outra forma de tornar uma atividade inativa é através da guia *Tarefa* na *Faixa de Opções*, clicando no botão *Inativa* (dentro da área *Cronograma*).

16.6 Editando Dados e Atividades

As informações de uma atividade podem ser editadas através da tela *Informações da tarefa*. Essa tela contém as mais importantes informações sobre a atividade, podendo ser utilizada durante a criação de uma atividade, a alocação de recursos, os inter-relacionamentos e o acompanhamento do projeto, como será visto posteriormente.

Para editar dados de atividades:

1. dê um clique duplo na atividade a ser editada para exibir a tela *Informações da tarefa* ou selecione a atividade e acesse a guia *Tarefa* e clique no botão *Informações*;

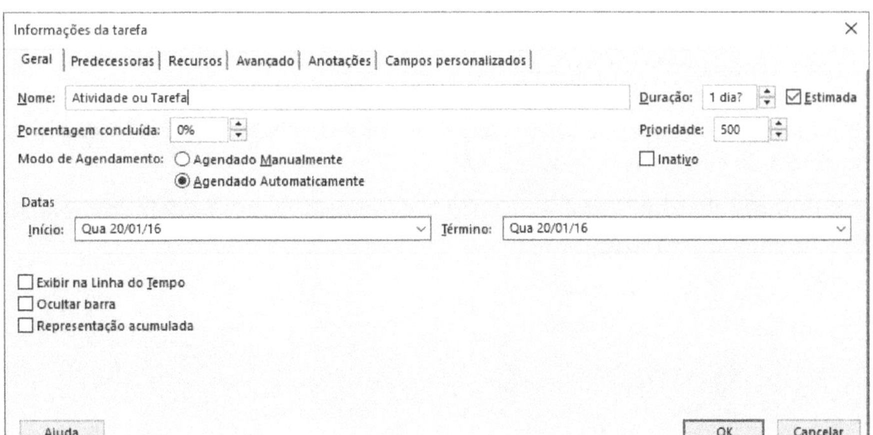

Figura 16.18 – Tela Informações da tarefa

2. altere os campos desejados;
3. pressione ***OK***.

DICA

Como uma planilha do Microsoft Excel, os dados do Microsoft Project também podem ser editados na própria célula, assim como na barra de edição.

A largura das colunas e a altura das linhas das tabelas são ajustáveis. Clique na divisão entre as linhas ou colunas e arraste até a nova largura ou altura. Um clique duplo nas divisões faz com que a linha/coluna seja automaticamente ajustada.

16.7 Excluindo Atividades

As atividades podem ser excluídas, marcando-se a linha da atividade e pressionando a tecla `Delete`.

> **Importante** – Desde a versão 2007 a tecla `Delete` exclui somente a célula selecionada e não mais toda a atividade. No caso de se utilizar a tecla `Delete` na coluna *Nome da Tarefa* (em tarefas agendadas automaticamente), um *Smart Tag* irá aparecer questionando se toda a atividade deverá ser excluída ou somente o nome da atividade.

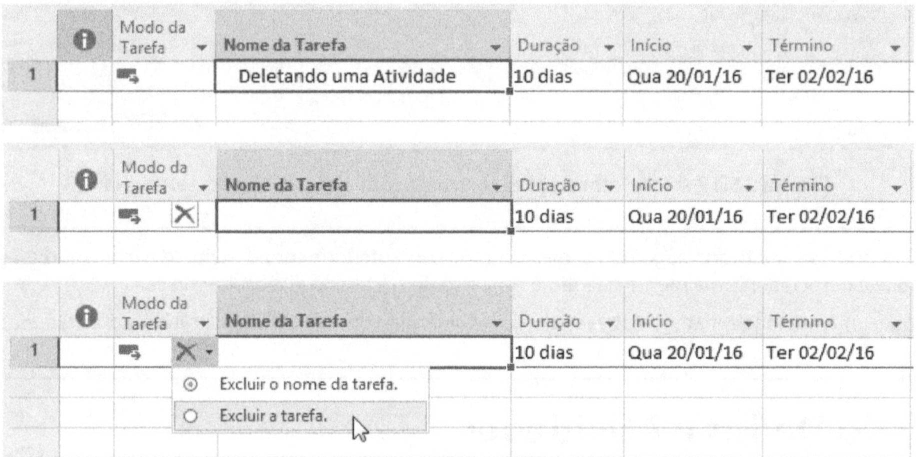

Figura 16.19 – Exemplo de *Smart Tag* para excluir uma atividade ou somente o conteúdo da célula de trabalho da atividade (válido apenas para atividades com modo de agendamento automático)

DICA

Em uma atividade agendada automaticamente, pressionar a tecla `Delete` no campo *Duração* transforma a duração da atividade em um dia. Atividades agendadas automaticamente não permitem a exclusão da data de início e término.

Em uma atividade agendada manualmente, pressionar a tecla `Delete` no campo *Duração* exclui a duração e a barra de *Gantt* da atividade. Atividades agendadas manualmente permitem a exclusão das datas de início e término.

16.8 Movendo Atividades

Para mover uma atividade de um local para outro no projeto:

1. selecione a atividade ou o grupo de atividades a ser movido clicando no número identificador da atividade – *ID* (lado esquerdo do campo *Nome da tarefa*);
2. clique sobre o número de identificação (*ID*) de qualquer uma das atividades selecionadas e arraste até o local desejado, liberando o mouse.

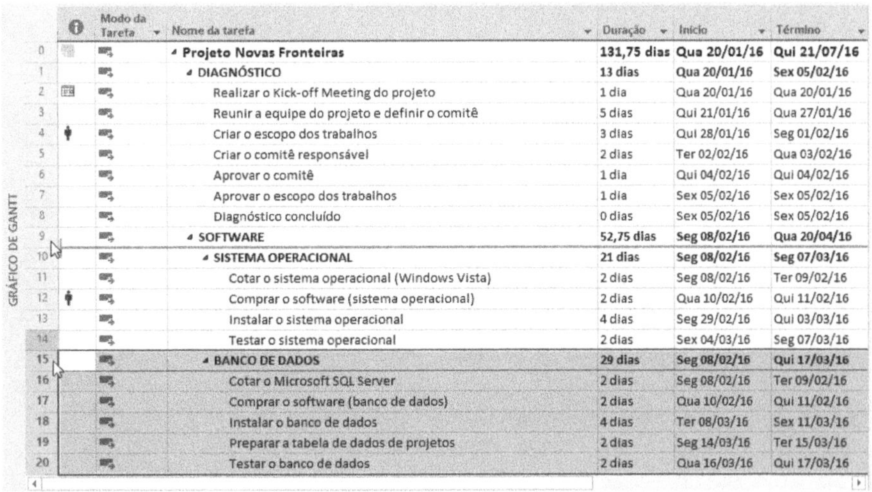

	Modo da Tarefa	Nome da tarefa	Duração	Início	Término
0		Projeto Novas Fronteiras	131,75 dias	Qua 20/01/16	Qui 21/07/16
1		DIAGNÓSTICO	13 dias	Qua 20/01/16	Sex 05/02/16
2		Realizar o Kick-off Meeting do projeto	1 dia	Qua 20/01/16	Qua 20/01/16
3		Reunir a equipe do projeto e definir o comitê	5 dias	Qui 21/01/16	Qua 27/01/16
4		Criar o escopo dos trabalhos	3 dias	Qui 28/01/16	Seg 01/02/16
5		Criar o comitê responsável	2 dias	Ter 02/02/16	Qua 03/02/16
6		Aprovar o comitê	1 dia	Qui 04/02/16	Qui 04/02/16
7		Aprovar o escopo dos trabalhos	1 dia	Sex 05/02/16	Sex 05/02/16
8		Diagnóstico concluído	0 dias	Sex 05/02/16	Sex 05/02/16
9		SOFTWARE	52,75 dias	Seg 08/02/16	Qua 20/04/16
10		SISTEMA OPERACIONAL	21 dias	Seg 08/02/16	Seg 07/03/16
11		Cotar o sistema operacional (Windows Vista)	2 dias	Seg 08/02/16	Ter 09/02/16
12		Comprar o software (sistema operacional)	2 dias	Qua 10/02/16	Qui 11/02/16
13		Instalar o sistema operacional	4 dias	Seg 29/02/16	Qui 03/03/16
14		Testar o sistema operacional	2 dias	Sex 04/03/16	Seg 07/03/16
15		BANCO DE DADOS	29 dias	Seg 08/02/16	Qui 17/03/16
16		Cotar o Microsoft SQL Server	2 dias	Seg 08/02/16	Ter 09/02/16
17		Comprar o software (banco de dados)	2 dias	Qua 10/02/16	Qui 11/02/16
18		Instalar o banco de dados	4 dias	Ter 08/03/16	Sex 11/03/16
19		Preparar a tabela de dados de projetos	2 dias	Seg 14/03/16	Ter 15/03/16
20		Testar o banco de dados	2 dias	Qua 16/03/16	Qui 17/03/16

Figura 16.20 – Movendo o grupo Banco de Dados para antes de Software através do mouse

Caso deseje desabilitar essa opção de arrastar e soltar células:

1. acesse a guia *Arquivo (Backstage)* e escolha *Opções* > ***Avançado***;
2. na área *Editar*, desmarque a opção ***Permitir arrastar e soltar células***.

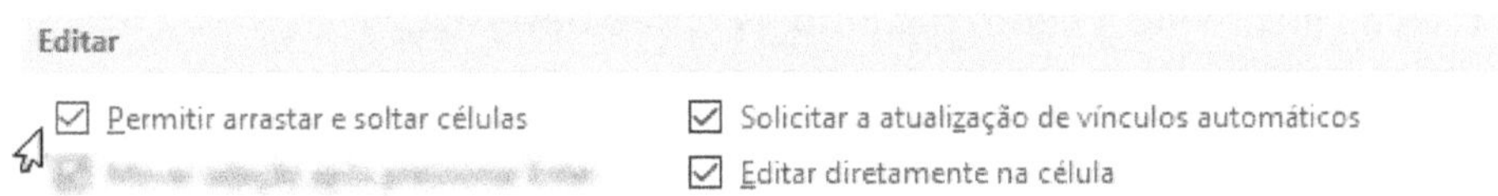

Figura 16.21 – Tela Opções do Project com destaque para a opção Permitir arrastar e soltar células

16.9 Preenchendo Células Adjacentes de uma Tabela com o *Fill Handle*

Quando for necessário preencher um número de células adjacentes com os mesmos dados, *Fill Handle* facilita essas operações de preenchimento.

Para realizar um preenchimento rápido com o *Fill Handle*:

1. clique na célula de origem dos dados;
2. clique na porção inferior direita da moldura da seleção;
3. arraste essa seleção até a célula final do preenchimento;
4. solte o botão do mouse.

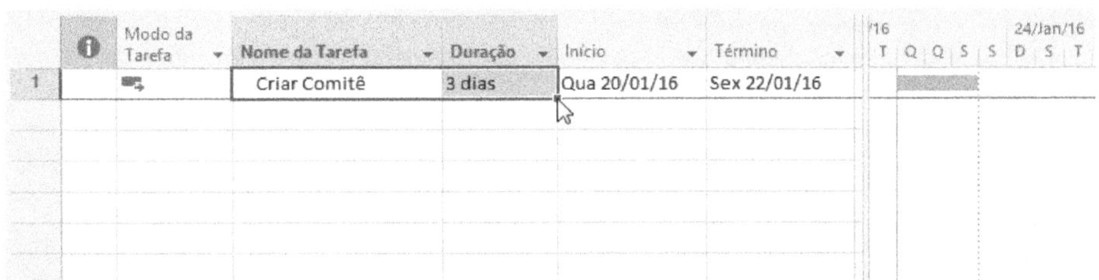

Figura 16.22 – Primeiro dos três estágios de um preenchimento com o *Fill Handle* (continua...)

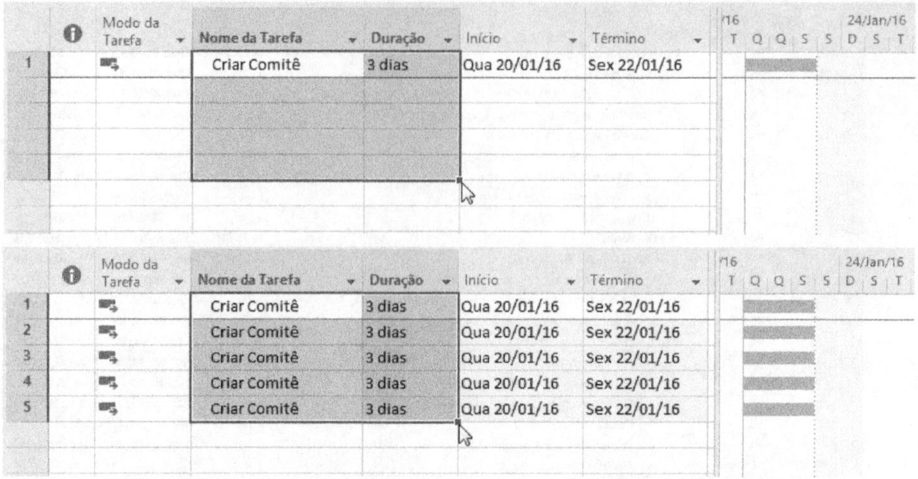

Figura 16.23 - Segundo e terceiro estágios de um preenchimento com o *Fill Handle*

Outra forma de se fazer o comando *Fill Handle* é através da guia ***Tarefa***:

1. selecione a área onde se deseja fazer o *Fill Handle*, onde a primeira ou a última linha contém os dados que serão copiados;
2. acesse a guia *Tarefa* e clique no botão ***Preencher***;
3. determine a direção do preenchimento clicando na opção desejada.

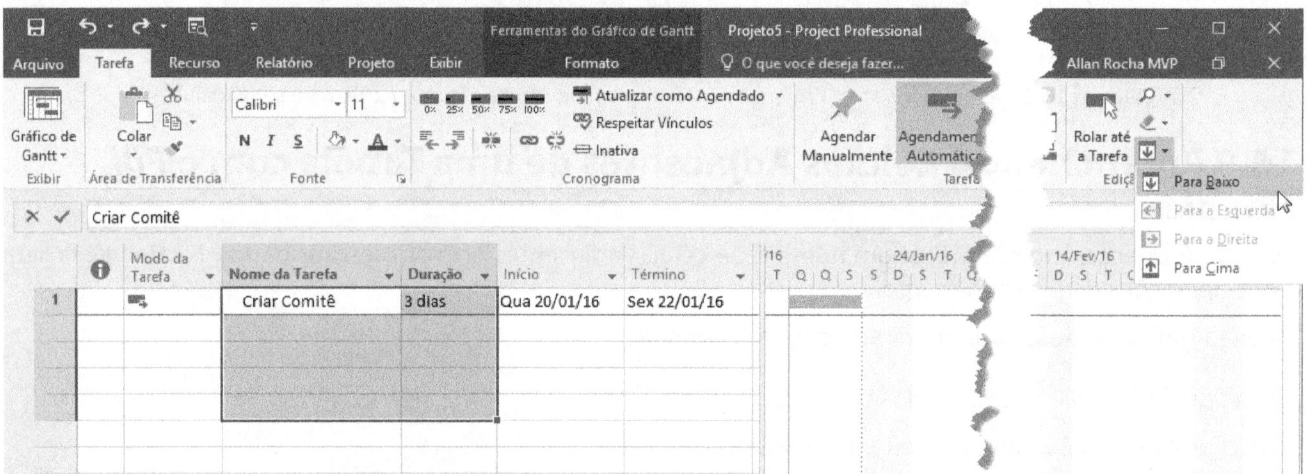

Figura 16.24 - Opção Preencher (*Fill Handle*) a partir da guia Tarefas

CAPÍTULO 17

Criando a Estrutura Analítica do Projeto

Após listar as atividades do projeto, é preciso que elas sejam agrupadas de modo a tornar mais estruturada e racional a sua compreensão, organizando o projeto e adicionando estrutura a ele através do recuo de atividades que compartilham características ou que serão concluídas no mesmo intervalo de tempo em uma atividade abrangente.

As atividades podem ser recuadas em quantos níveis precisar para refletir a organização do seu projeto.

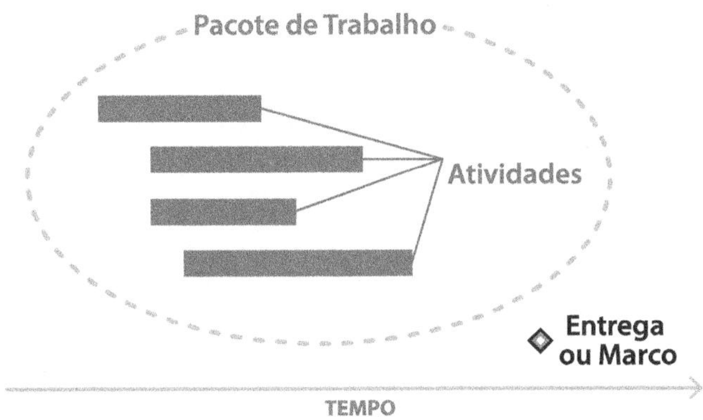

Figura 17.1 - Decomposição do Pacote de Trabalho (tarefa de resumo) em atividades e entregas ou marcos (etapas). Figura extraída do livro "Gerenciamento de Projetos: Estabelecendo Diferenciais Competitivos", de Ricardo Viana Vargas

17.1 Recuando Atividades

As atividades podem ser divididas em Executivas, Resumo e Marcos ou Etapas. As atividades executivas são diferenciadas das atividades de resumo pelo recuo. Para criar níveis em um conjunto de atividades:

1. digite todas as atividades na *Tabela de Entrada*;
2. selecione as atividades que serão recuadas, isto é, aquelas que estarão diretamente vinculadas à atividade da linha superior à primeira linha da seleção;
3. pressione o botão ***Recuar Tarefa*** para tornar as atividades selecionadas elementos da tarefa de resumo.

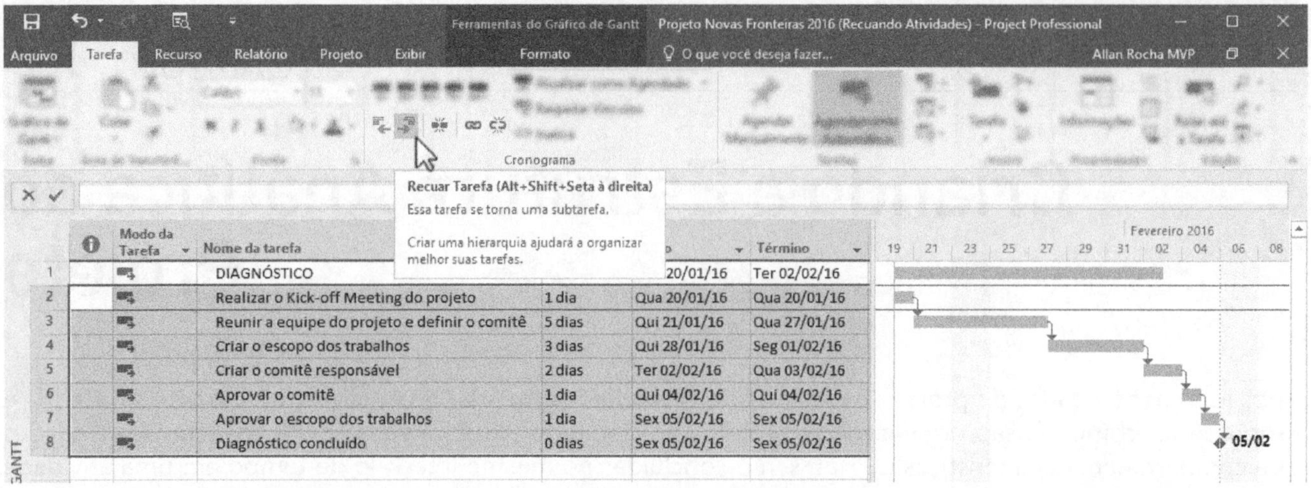

Figura 17.2 – Selecionando atividades a serem recuadas e destacando o botão Recuar Tarefa

Figura 17.3 – Atividades selecionadas agora são integrantes da atividade resumo Diagnóstico

DICA

Para promover uma atividade, isto é, para remover a estrutura de tópicos criada, basta pressionar o botão ***Recuo para a Esquerda*** .

Cuidado deve ser tomado para não selecionar a atividade resumo respectiva durante o processo, uma vez que, como a atividade resumo também será deslocada para a esquerda, a estrutura criada poderá ser prejudicada.

Outra forma simplificada de fazer o processo de recuo é selecionar as atividades a serem recuadas, acessar a guia *Tarefa* e clicar em *Resumo*. Uma tarefa de resumo que reúne todas as atividades selecionadas é criada logo acima da primeira atividade selecionada.

17.2 Tarefas Resumidas Decrescentes

Desde a versão do Microsoft Project 2010 foi eliminada a obrigatoriedade de se criarem tarefas e, em seguida, agregá-las a tarefas resumidas, como foi visto anteriormente.

É possível criar tarefas resumidas, e essas tarefas podem ter datas que não correspondam exatamente às datas de agregação das suas respectivas tarefas.

Essa funcionalidade é complementar ao modo de agendamento manual e visa apoiar o gerente de projetos na criação da estrutura analítica do projeto de modo preliminar, onde apenas informações de alto nível sobre os principais resultados finais e os principais marcos dos projetos estão disponíveis.

Com isso, é possível dividir projetos em fases de alto nível com base na Linha do Tempo geral e no orçamento. Isso significa que as datas de itens de trabalho individuais não precisam necessariamente estar alinhadas com as datas das fases de alto nível.

Para criar uma tarefa resumida antes de criar as suas tarefas constituintes:

1. clique na linha onde a tarefa resumida será inserida;
2. na guia *Tarefa*, clique em ***Resumo*** para criar uma tarefa resumida com uma subtarefa genérica;

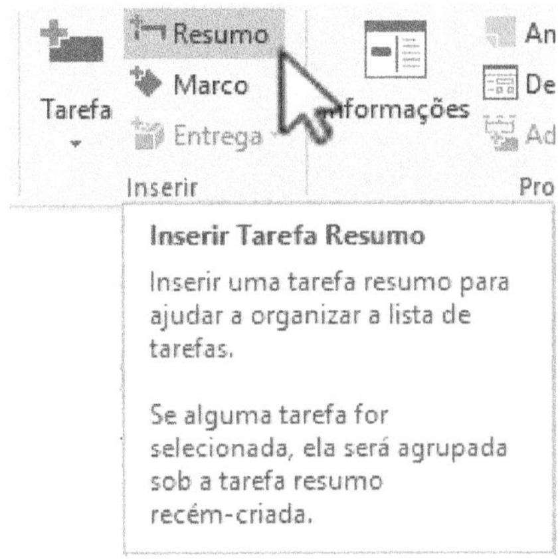

Figura 17.4 – Guia Tarefa com destaque para o botão Resumo

3. digite o nome da tarefa resumida e de sua subtarefa;
4. digite as novas subtarefas nas linhas abaixo da primeira subtarefa.

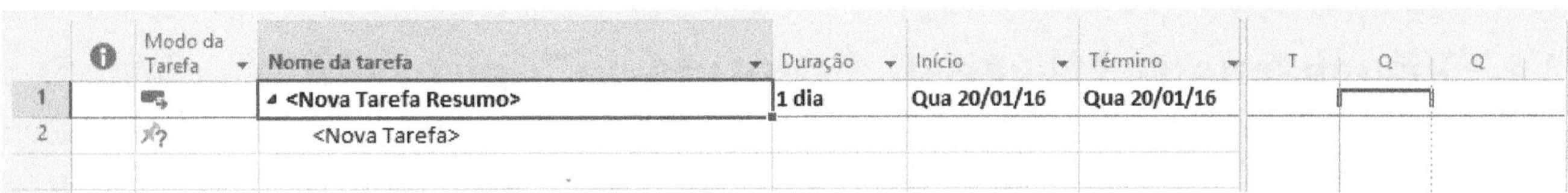

Figura 17.5 – Tarefa de Resumo inserida a partir da guia Tarefa

As tarefas de resumo podem também ter **agendamento manual**. Para fazer isso basta alterar o *Modo da tarefa* para *Agendada manualmente*, como já foi visto anteriormente.

A partir do momento em que a tarefa de resumo tiver agendamento manual, é possível editar as datas de início e término de modo independente de suas atividades constituintes. O Project também sinalizará com um sublinhado vermelho na tabela de entrada e um preenchimento, também vermelho, no gráfico de *Gantt*, que há um possível problema no agendamento, como apresentado na figura a seguir.

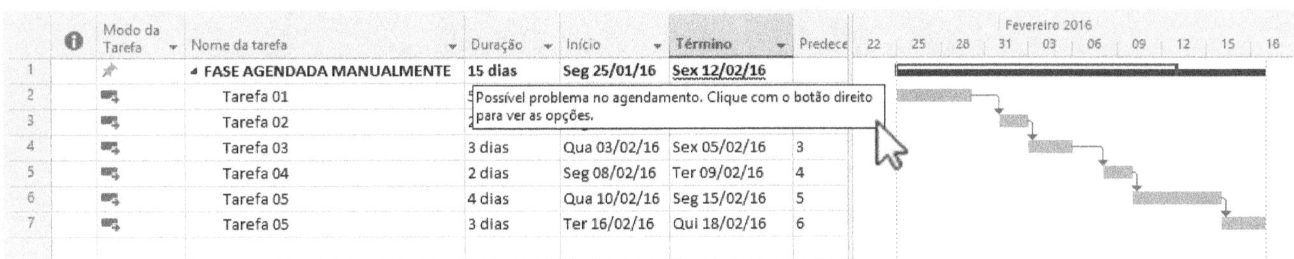

Figura 17.6 – Tarefa de resumo com modo de agendamento manual tendo sua data de término editada (observe que a rede de atividades constituintes dessa tarefa de resumo tem duração maior do que a inserida manualmente para a tarefa de resumo)

O *Inspetor de Tarefas* foi aprimorado e agora não apenas mostra informações sobre as tarefas, mas também ajuda o gerente de projetos a solucionar possíveis incoerências. O *Inspetor de Tarefas* será discutido nos próximos capítulos. A seguir, as opções mostradas pelo Project para correção do problema de agendamento, após clicar com o botão direito do mouse sobre a marcação:

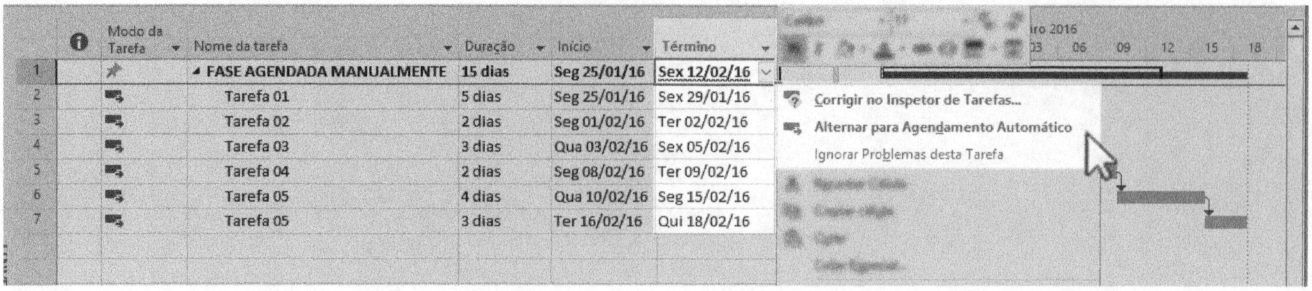

Figura 17.7 - Opções de correção em problemas de agendamento dadas pelo Project

Importante - A funcionalidade de criação de tarefas resumidas decrescentes é um recurso que visa facilitar o trabalho do gerente de projetos no Project. No entanto, é muito importante ressaltar que essa prática **NÃO** é a mais adequada do ponto de vista metodológico, uma vez que "quebra" a estrutura básica do escopo do projeto, onde uma tarefa resumo pode não ter relação direta com suas constituintes.

DICA

O gerente de projetos também pode escolher *Ignorar Problemas desta Tarefa* e continuar trabalhando sem mais visualizar os sinalizadores em vermelho.

17.3 Visualizando os Níveis da Estrutura de Tópicos (EAP)

Ao realizar todos os recuos nas atividades, uma estrutura de níveis é constituída, compondo a Estrutura Analítica do Projeto (EAP) ou *Work Breakdown Structure* (WBS).

A estrutura de nível criada pode ser exibida ou ocultada através do botão *Estrutura de Tópicos* na guia *Exibir* da *Faixa de Opções*.

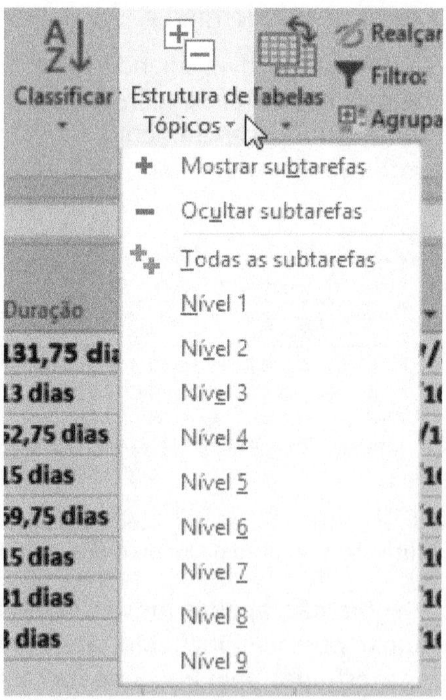

Figura 17.8 - Botão Estrutura de Tópicos na guia Exibir

As figuras a seguir mostram como o detalhamento de um projeto se altera ao se exibirem níveis diferentes da estrutura de tópicos.

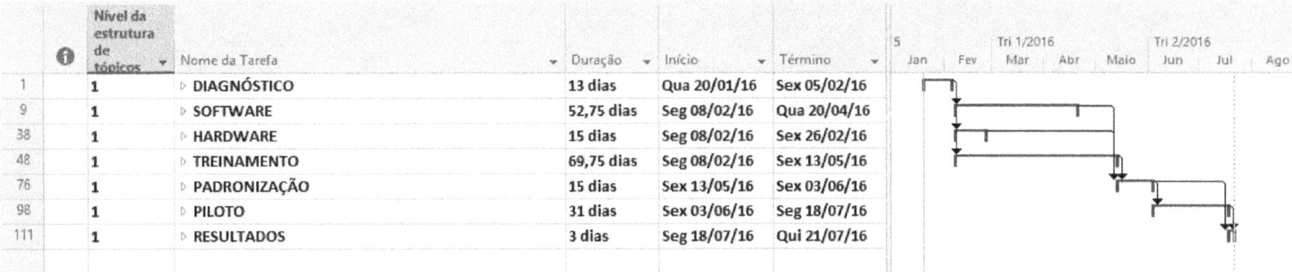

		Nível da estrutura de tópicos	Nome da Tarefa	Duração	Início	Término
1		1	DIAGNÓSTICO	13 dias	Qua 20/01/16	Sex 05/02/16
9		1	SOFTWARE	52,75 dias	Seg 08/02/16	Qua 20/04/16
38		1	HARDWARE	15 dias	Seg 08/02/16	Sex 26/02/16
48		1	TREINAMENTO	69,75 dias	Seg 08/02/16	Sex 13/05/16
76		1	PADRONIZAÇÃO	15 dias	Sex 13/05/16	Sex 03/06/16
98		1	PILOTO	31 dias	Sex 03/06/16	Seg 18/07/16
111		1	RESULTADOS	3 dias	Seg 18/07/16	Qui 21/07/16

Figura 17.9 – Estrutura de tópicos com a opção Mostrar Nível da Estrutura de Tópicos ativada

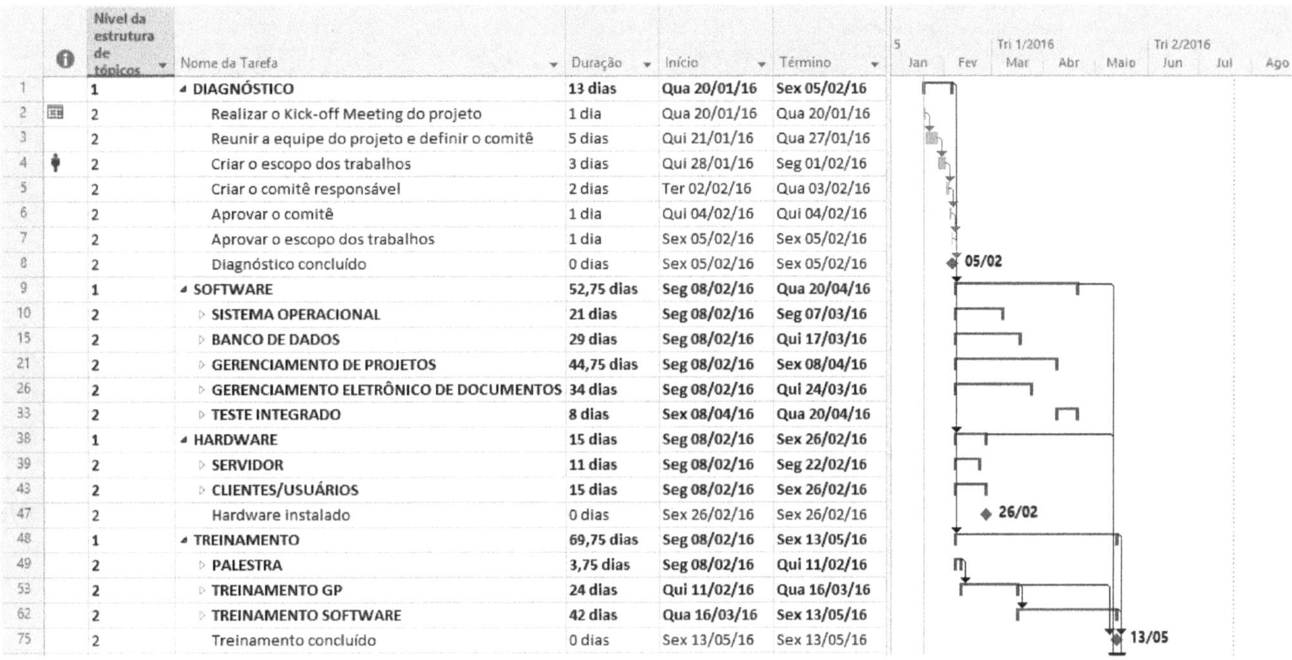

		Nível da estrutura de tópicos	Nome da Tarefa	Duração	Início	Término
1		1	DIAGNÓSTICO	13 dias	Qua 20/01/16	Sex 05/02/16
2		2	Realizar o Kick-off Meeting do projeto	1 dia	Qua 20/01/16	Qua 20/01/16
3		2	Reunir a equipe do projeto e definir o comitê	5 dias	Qui 21/01/16	Qua 27/01/16
4		2	Criar o escopo dos trabalhos	3 dias	Qui 28/01/16	Seg 01/02/16
5		2	Criar o comitê responsável	2 dias	Ter 02/02/16	Qua 03/02/16
6		2	Aprovar o comitê	1 dia	Qui 04/02/16	Qui 04/02/16
7		2	Aprovar o escopo dos trabalhos	1 dia	Sex 05/02/16	Sex 05/02/16
8		2	Diagnóstico concluído	0 dias	Sex 05/02/16	Sex 05/02/16
9		1	SOFTWARE	52,75 dias	Seg 08/02/16	Qua 20/04/16
10		2	SISTEMA OPERACIONAL	21 dias	Seg 08/02/16	Seg 07/03/16
15		2	BANCO DE DADOS	29 dias	Seg 08/02/16	Qui 17/03/16
21		2	GERENCIAMENTO DE PROJETOS	44,75 dias	Seg 08/02/16	Sex 08/04/16
26		2	GERENCIAMENTO ELETRÔNICO DE DOCUMENTOS	34 dias	Seg 08/02/16	Qui 24/03/16
33		2	TESTE INTEGRADO	8 dias	Sex 08/04/16	Qua 20/04/16
38		1	HARDWARE	15 dias	Seg 08/02/16	Sex 26/02/16
39		2	SERVIDOR	11 dias	Seg 08/02/16	Seg 22/02/16
43		2	CLIENTES/USUÁRIOS	15 dias	Seg 08/02/16	Sex 26/02/16
47		2	Hardware instalado	0 dias	Sex 26/02/16	Sex 26/02/16
48		1	TREINAMENTO	69,75 dias	Seg 08/02/16	Sex 13/05/16
49		2	PALESTRA	3,75 dias	Seg 08/02/16	Qui 11/02/16
53		2	TREINAMENTO GP	24 dias	Qui 11/02/16	Qua 16/03/16
62		2	TREINAMENTO SOFTWARE	42 dias	Qua 16/03/16	Sex 13/05/16
75		2	Treinamento concluído	0 dias	Sex 13/05/16	Sex 13/05/16

Figura 17.10 – Estrutura de tópicos com a opção Mostrar Nível da Estrutura de Tópicos ativada

Outra forma de exibir, de modo refinado, a estrutura de divisão de trabalho criada é através da personalização do Gráfico de *Gantt*. Para essa ação:

1. no modo de exibição *Gráfico de Gantt*, acesse a guia ***Formato***;
2. na lateral direita da guia *Formato* selecione todas as opções para que o projeto seja exibido com todos os detalhes possíveis para as estruturas de tópicos, incluindo número da estrutura de tópicos e tarefa resumo do projeto.

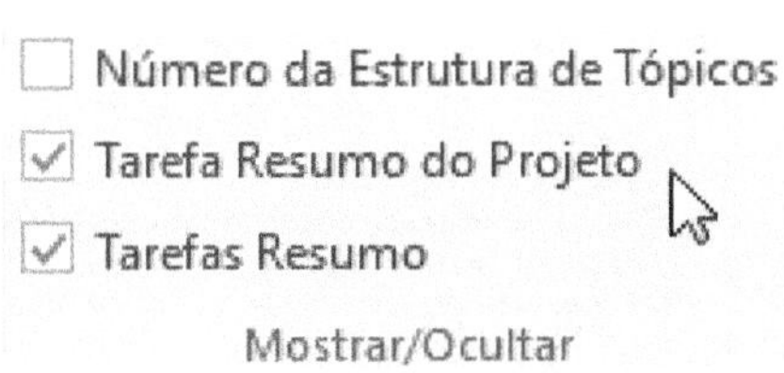

Figura 17.11 – Guia Formato com destaque para os elementos da estrutura de tópicos a serem mostrados e ocultados

Após a seleção de todos os itens, o projeto será exibido como na figura a seguir.

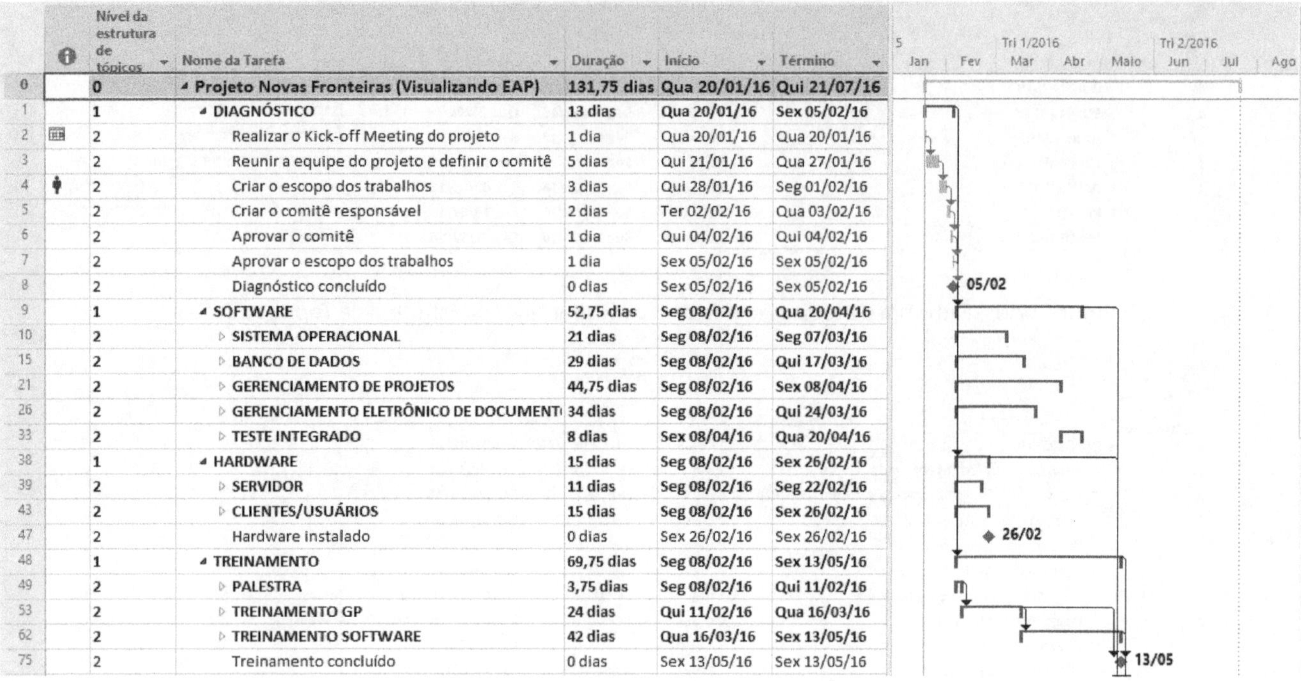

		Nível da estrutura de tópicos	Nome da Tarefa	Duração	Início	Término
0		0	◢ Projeto Novas Fronteiras (Visualizando EAP)	131,75 dias	Qua 20/01/16	Qui 21/07/16
1		1	◢ DIAGNÓSTICO	13 dias	Qua 20/01/16	Sex 05/02/16
2		2	Realizar o Kick-off Meeting do projeto	1 dia	Qua 20/01/16	Qua 20/01/16
3		2	Reunir a equipe do projeto e definir o comitê	5 dias	Qui 21/01/16	Qua 27/01/16
4		2	Criar o escopo dos trabalhos	3 dias	Qui 28/01/16	Seg 01/02/16
5		2	Criar o comitê responsável	2 dias	Ter 02/02/16	Qua 03/02/16
6		2	Aprovar o comitê	1 dia	Qui 04/02/16	Qui 04/02/16
7		2	Aprovar o escopo dos trabalhos	1 dia	Sex 05/02/16	Sex 05/02/16
8		2	Diagnóstico concluído	0 dias	Sex 05/02/16	Sex 05/02/16
9		1	◢ SOFTWARE	52,75 dias	Seg 08/02/16	Qua 20/04/16
10		2	▷ SISTEMA OPERACIONAL	21 dias	Seg 08/02/16	Seg 07/03/16
15		2	▷ BANCO DE DADOS	29 dias	Seg 08/02/16	Qui 17/03/16
21		2	▷ GERENCIAMENTO DE PROJETOS	44,75 dias	Seg 08/02/16	Sex 08/04/16
26		2	▷ GERENCIAMENTO ELETRÔNICO DE DOCUMENT	34 dias	Seg 08/02/16	Qui 24/03/16
33		2	▷ TESTE INTEGRADO	8 dias	Sex 08/04/16	Qua 20/04/16
38		1	◢ HARDWARE	15 dias	Seg 08/02/16	Sex 26/02/16
39		2	▷ SERVIDOR	11 dias	Seg 08/02/16	Seg 22/02/16
43		2	▷ CLIENTES/USUÁRIOS	15 dias	Seg 08/02/16	Sex 26/02/16
47		2	Hardware instalado	0 dias	Sex 26/02/16	Sex 26/02/16
48		1	◢ TREINAMENTO	69,75 dias	Seg 08/02/16	Sex 13/05/16
49		2	▷ PALESTRA	3,75 dias	Seg 08/02/16	Qui 11/02/16
53		2	▷ TREINAMENTO GP	24 dias	Qui 11/02/16	Qua 16/03/16
62		2	▷ TREINAMENTO SOFTWARE	42 dias	Qua 16/03/16	Sex 13/05/16
75		2	Treinamento concluído	0 dias	Sex 13/05/16	Sex 13/05/16

Figura 17.12 - Visualização completa da estrutura de níveis incluindo os números dos níveis da estrutura e a tarefa de resumo do projeto

17.4 Acúmulo de Barras de *Gantt* em Atividades de Resumo

No Microsoft Project, os usuários podem configurar a exibição das barras de *Gantt* de subatividades na barra de *Gantt* da atividade resumo relacionada toda vez que as subatividades da atividade resumo forem ocultadas, pressionando o ícone ◢ na lateral de cada atividade de resumo.

Para configurar o acúmulo de barras de *Gantt*:

1. no modo de exibição *Gráfico de Gantt*, acesse a guia *Formato*;
2. clique no botão ***Layout***;
3. na tela *Layout*, clique em *Sempre acumular Barras de Gantt* para que as subatividades sejam mostradas no resumo ao serem ocultadas;

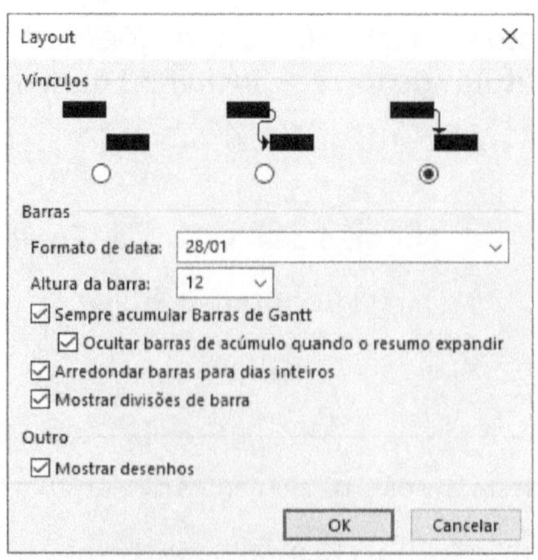

Figura 17.13 - Tela Layout

4. clique também em *Ocultar barras de acúmulo quando o resumo expandir* para esconder a barra da atividade resumo;

5. clique em ***OK***.

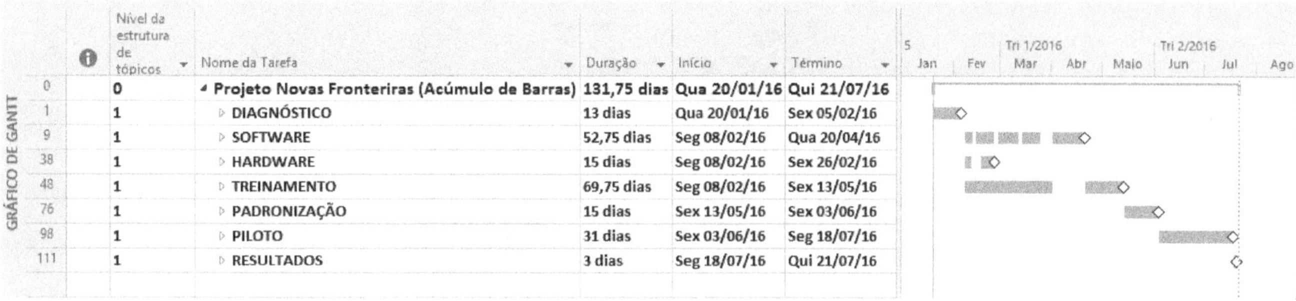

		Nível da estrutura de tópicos	Nome da Tarefa	Duração	Início	Término
0		0	Projeto Novas Fronteriras (Acúmulo de Barras)	131,75 dias	Qua 20/01/16	Qui 21/07/16
1		1	DIAGNÓSTICO	13 dias	Qua 20/01/16	Sex 05/02/16
9		1	SOFTWARE	52,75 dias	Seg 08/02/16	Qua 20/04/16
38		1	HARDWARE	15 dias	Seg 08/02/16	Sex 26/02/16
48		1	TREINAMENTO	69,75 dias	Seg 08/02/16	Sex 13/05/16
76		1	PADRONIZAÇÃO	15 dias	Sex 13/05/16	Sex 03/06/16
98		1	PILOTO	31 dias	Sex 03/06/16	Seg 18/07/16
111		1	RESULTADOS	3 dias	Seg 18/07/16	Qui 21/07/16

Figura 17.14 – Barras de *Gantt* na representação padrão com a atividade de resumo expandida

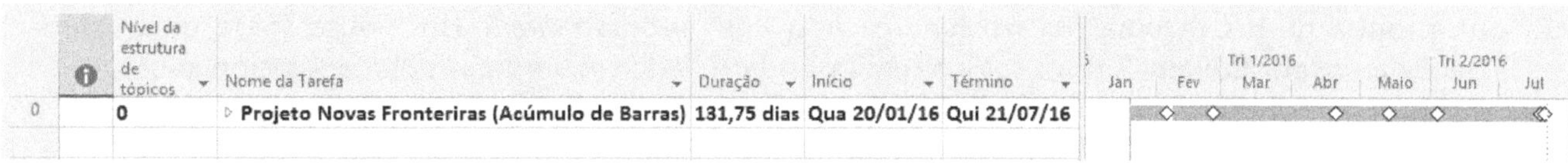

		Nível da estrutura de tópicos	Nome da Tarefa	Duração	Início	Término
0		0	Projeto Novas Fronteriras (Acúmulo de Barras)	131,75 dias	Qua 20/01/16	Qui 21/07/16

Figura 17.15 – Barras de *Gantt* na representação acumulada com a atividade de resumo comprimida

DICA

Se desejar fazer a alteração somente para uma subatividade de uma atividade resumo, utilize a opção *Representação acumulada*, disponível na tela *Informações sobre a tarefa*.

17.5 Códigos de Estrutura de Divisão de Trabalho

Os códigos de **Estrutura de Divisão de Trabalho (EDT)** são códigos alfanuméricos que identificam a posição exclusiva de cada tarefa na estrutura analítica do projeto. Os códigos de EDT podem ser usados para reportar agendas e controlar custos.

DICA

Apesar do nome usual para representar esta estrutura de trabalho do projeto ser Estrutura Analítica do Projeto (EAP), a Microsoft utiliza o nome *Estrutura de Divisão do Trabalho (EDT)*. Portanto, EDT e EAP podem ser considerados sinônimos para fins didáticos.

17.5.1 Exibindo os Códigos da EDT

Os números da estrutura de tópicos são o tipo mais simples de código de EDT; o Microsoft Project calcula os números da estrutura de tópicos para cada tarefa com base na estrutura de tópicos da lista de tarefas. Os números da estrutura de tópicos são compostos somente de números e não é possível editá-los. No entanto, eles são alterados automaticamente quando se move uma tarefa para cima ou para baixo na lista de tarefas ou se recuam tarefas para a direita ou para a esquerda.

Para exibir números da estrutura de tópicos:

1. selecione um modo de exibição de tabela de tarefas, como, por exemplo, o gráfico de *Gantt*;
2. clique no campo à direita do qual se deseja inserir uma coluna para o código de EDT, como, por exemplo, o campo *Nome da tarefa*, para inserir códigos de estrutura de tópicos imediatamente à esquerda dos nomes de tarefa;
3. acesse a guia *Formato* na *Faixa de Opções;*
4. clique no botão ***Inserir Coluna***;

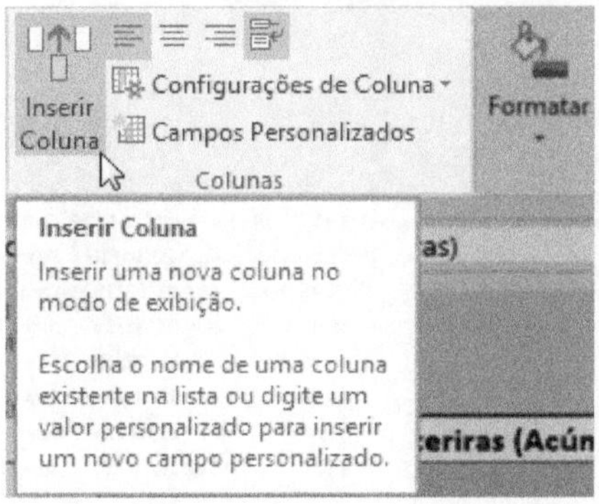

Figura 17.16 – Botão Inserir Coluna com campo Nome da Tarefa selecionado para inserir o campo EDT entre os campos Modo da Tarefa e Nome da Tarefa

5. outra forma de inserir uma nova coluna é clicar com o *botão direito* do mouse sobre uma coluna e selecionar ***Inserir Coluna***. A nova coluna será inserida ao lado esquerdo da coluna selecionada:

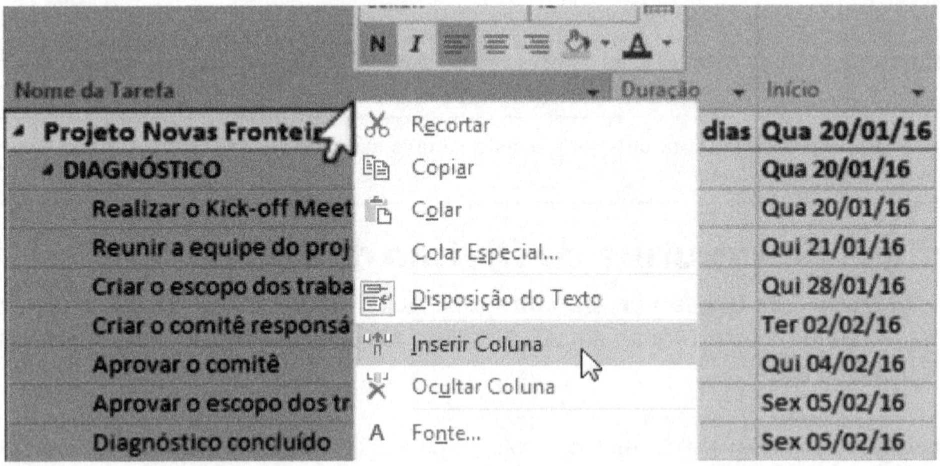

Figura 17.17 – Inserindo nova coluna após clicar com o botão direito do mouse sobre a coluna do campo Nome da Tarefa para inserir o campo EDT entre os campos Modo da Tarefa e Nome da Tarefa

6. digite *EDT* no campo *[Digitar Nome da Coluna]* e clique em ***OK***.

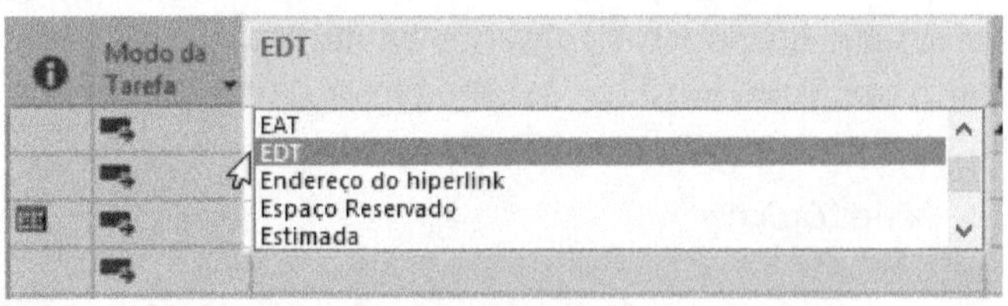

Figura 17.18 – Inserindo a nova coluna EDT

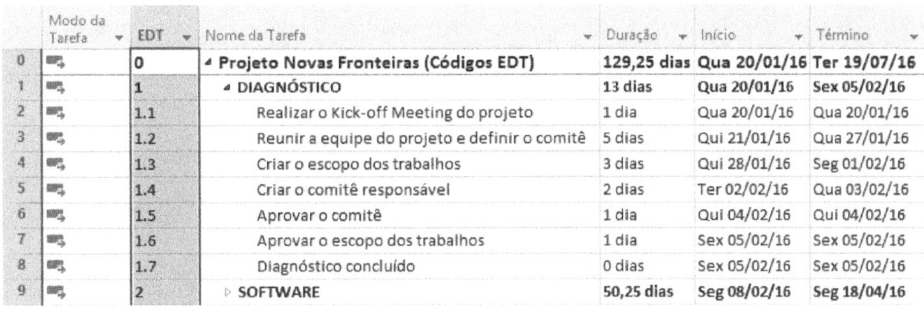

	Modo da Tarefa	EDT	Nome da Tarefa	Duração	Início	Término
0		0	**Projeto Novas Fronteiras (Códigos EDT)**	**129,25 dias**	**Qua 20/01/16**	**Ter 19/07/16**
1		1	**DIAGNÓSTICO**	**13 dias**	**Qua 20/01/16**	**Sex 05/02/16**
2		1.1	Realizar o Kick-off Meeting do projeto	1 dia	Qua 20/01/16	Qua 20/01/16
3		1.2	Reunir a equipe do projeto e definir o comitê	5 dias	Qui 21/01/16	Qua 27/01/16
4		1.3	Criar o escopo dos trabalhos	3 dias	Qui 28/01/16	Seg 01/02/16
5		1.4	Criar o comitê responsável	2 dias	Ter 02/02/16	Qua 03/02/16
6		1.5	Aprovar o comitê	1 dia	Qui 04/02/16	Qui 04/02/16
7		1.6	Aprovar o escopo dos trabalhos	1 dia	Sex 05/02/16	Sex 05/02/16
8		1.7	Diagnóstico concluído	0 dias	Sex 05/02/16	Sex 05/02/16
9		2	**SOFTWARE**	**50,25 dias**	**Seg 08/02/16**	**Seg 18/04/16**

Figura 17.19 – Tabela com o campo EDT

Caso deseje alinhar ou formatar a coluna, utilize os botões de alinhamento e formatação disponibilizados na área *Colunas* na guia *Formato*.

Figura 17.20 – Área Colunas na guia Formato com opções de formatação para a coluna selecionada

Observe que, ao digitar novas atividades, números ordenados automaticamente serão colocados nas atividades e, ao se criarem níveis de tópicos, esses números vão se alterando de modo a criar uma estrutura de tópicos numérica.

17.5.2 Personalizando os Códigos EDT

Se a organização, ou o cliente, necessitar de um formato específico de código de estrutura de divisão de trabalho (EDT), o usuário poderá criar um campo personalizado com a máscara desejada para atribuir códigos de estrutura de tópicos correspondentes a tarefas, dependendo da sua posição na hierarquia da estrutura de tópicos do projeto.

Para definir um código EDT novo para o projeto:

1. acesse a guia *Projeto*, clique no botão ***WBS*** e escolha ***Definir Código...***;

Figura 17.21 – Guia Projeto com destaque para a opção WBS > Definir Código

2. na tela *Definição de código de EDT*, digite uma sequência de letras e números na caixa *Prefixo do código do projeto* para especificar o prefixo do código do projeto que diferencia as atividades desse projeto das atividades de outros projetos;

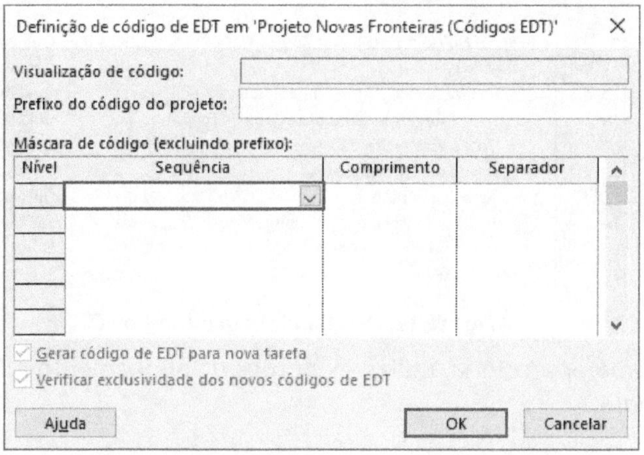

Figura 17.22 – Tela Definição de código de EDT

3. clique na primeira linha na coluna *Sequência* e, em seguida, abra a caixa com as opções de sequência para especificar a sequência de códigos das tarefas de primeiro nível, dentre elas:
   a. **Números (ordenados)** – Mostra um código de EDT numérico para esse nível em ordem crescente para cada atividade. Por exemplo, 1, 2 e 3 para as primeiras três tarefas de resumo no projeto (padrão do programa).
   b. **Letras maiúsculas (ordenadas)** – Mostra códigos de EDT em ordem alfabética e em maiúsculas. Por exemplo, A, B e C para as primeiras três tarefas de resumo no projeto.
   c. **Letras minúsculas (ordenadas)** – Mostra códigos de EDT em ordem alfabética e em minúsculas. Por exemplo, a, b e c para as primeiras três tarefas de resumo no projeto.
   d. **Caracteres (não ordenados)** – Mostra qualquer combinação de números e letras maiúsculas e minúsculas, como, por exemplo, MKT1, TRA1 e COM1 para as primeiras três tarefas de resumo do projeto. Ao escolher *Caracteres (não ordenados)*, o usuário terá o máximo de flexibilidade para inserir códigos de EDT personalizados. O Microsoft Project exibirá um asterisco (*) no campo EDT até que seja digitada ou inserida uma sequência de caracteres para esse nível do código de EDT;

4. na coluna *Comprimento*, clique na primeira linha e digite ou selecione o número máximo de posições na sequência definida na primeira coluna (por exemplo, em uma sequência definida *Números ordenados*, se escolher um comprimento de um caractere, ao chegar à nona atividade, o Microsoft Project irá alertar que não é possível continuar aquela EDT dentro dos parâmetros definidos, uma vez que, a partir da atividade 10, seriam necessários dois caracteres no comprimento);

DICA

Na maioria das vezes o campo *Comprimento* é configurado para *Qualquer*, de modo a permitir qualquer extensão na sequência do EDT.

5. na coluna *Separador*, clique na primeira linha e digite ou selecione um caractere para separar a sequência de códigos de um nível da sequência de códigos do nível subsequente;
6. repita as etapas 3, 4 e 5 para cada nível da estrutura de tópicos que deseja especificar;

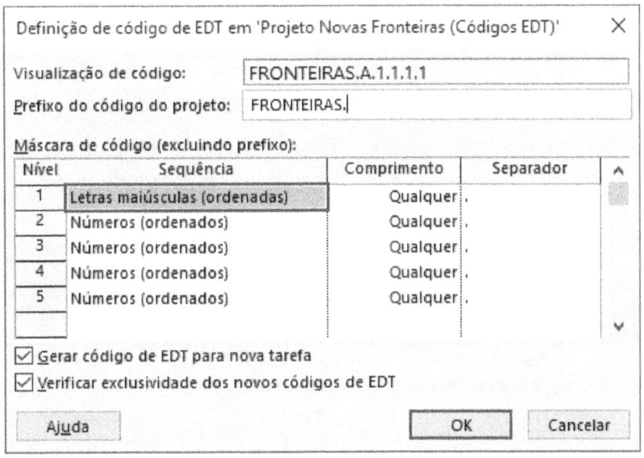

Figura 17.23 – Dados preenchidos para cinco níveis da estrutura de códigos

DICA

Se desejar que o Microsoft Project atribua automaticamente um código de EDT cada vez que se inserir uma nova tarefa, marque a caixa de seleção *Gerar código de EDT para nova tarefa.*

Os códigos EDT são exclusivos para cada atividade, ou seja, não existem duas atividades com o mesmo EDT. Para desabilitar essa exclusividade, desmarque a caixa *Verificar exclusividade dos novos códigos de EDT.*

7. clique em ***OK***.

Caso o campo EDT ainda não tenha sido exibido na tabela, repita os passos do item *Exibindo os Códigos da EDT*, descritos anteriormente neste capítulo.

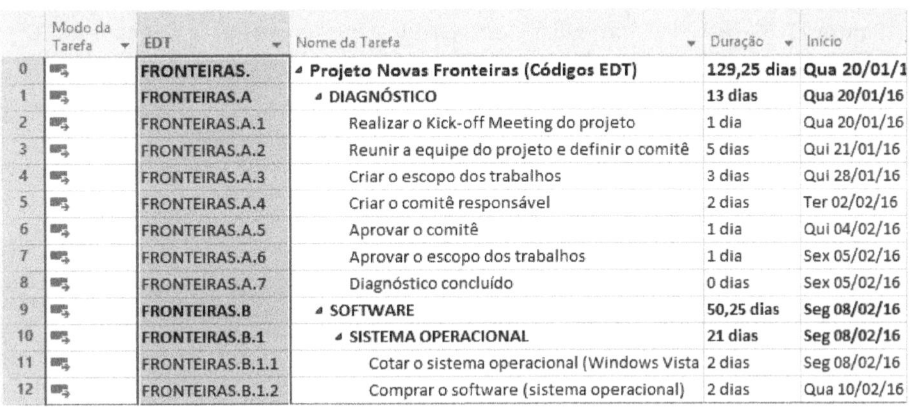

	Modo da Tarefa	EDT	Nome da Tarefa	Duração	Início
0		FRONTEIRAS.	Projeto Novas Fronteiras (Códigos EDT)	129,25 dias	Qua 20/01/1
1		FRONTEIRAS.A	DIAGNÓSTICO	13 dias	Qua 20/01/16
2		FRONTEIRAS.A.1	Realizar o Kick-off Meeting do projeto	1 dia	Qua 20/01/16
3		FRONTEIRAS.A.2	Reunir a equipe do projeto e definir o comitê	5 dias	Qui 21/01/16
4		FRONTEIRAS.A.3	Criar o escopo dos trabalhos	3 dias	Qui 28/01/16
5		FRONTEIRAS.A.4	Criar o comitê responsável	2 dias	Ter 02/02/16
6		FRONTEIRAS.A.5	Aprovar o comitê	1 dia	Qui 04/02/16
7		FRONTEIRAS.A.6	Aprovar o escopo dos trabalhos	1 dia	Sex 05/02/16
8		FRONTEIRAS.A.7	Diagnóstico concluído	0 dias	Sex 05/02/16
9		FRONTEIRAS.B	SOFTWARE	50,25 dias	Seg 08/02/16
10		FRONTEIRAS.B.1	SISTEMA OPERACIONAL	21 dias	Seg 08/02/16
11		FRONTEIRAS.B.1.1	Cotar o sistema operacional (Windows Vista	2 dias	Seg 08/02/16
12		FRONTEIRAS.B.1.2	Comprar o software (sistema operacional)	2 dias	Qua 10/02/16

Figura 17.24 – Visualização dos códigos EDT personalizados em uma tabela de tarefas

Os códigos de estrutura de tópicos personalizados não são alterados automaticamente quando se adicionam, movem ou excluem atividades. Como os códigos de estrutura de tópicos são usados para refletir uma estrutura alternativa para o projeto, eles não são afetados pelas alterações na estrutura de tópicos.

Caso deseje renumerar e reorganizar a estrutura de códigos EDT recém-personalizada:

1. acesse a guia *Projeto*, clique no botão ***WBS*** e escolha *Renumerar*;
2. escolha se os códigos EDT serão renumerados para todo o projeto ou se apenas para as atividades selecionadas;

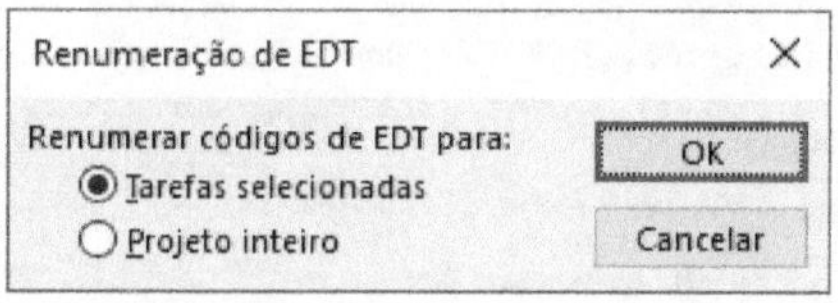

Figura 17.25 - Tela Renumeração de EDT

3. clique em ***OK***.

	Modo da Tarefa	EDT	Nome da Tarefa	Duração
0		**FRONTEIRAS.**	**Projeto Novas Fronteiras (Códigos EDT)**	**129,25 dias**
1		**FRONTEIRAS.A**	**DIAGNÓSTICO**	**13 dias?**
2		FRONTEIRAS.A.1	Realizar o Kick-off Meeting do projeto	1 dia
3		FRONTEIRAS.A.2	Reunir a equipe do projeto e definir o comitê	5 dias
4		FRONTEIRAS.A.3	Criar o escopo dos trabalhos	3 dias
5		FRONTEIRAS.A.4	Criar o comitê responsável	2 dias
6		FRONTEIRAS.A.8	NOVA TAREFA 001	1 dia?
7		FRONTEIRAS.A.9	NOVA TAREFA 002	1 dia?
8		FRONTEIRAS.A.10	NOVA TAREFA 003	1 dia?
9		FRONTEIRAS.A.5	Aprovar o comitê	1 dia
10		FRONTEIRAS.A.6	Aprovar o escopo dos trabalhos	1 dia
11		FRONTEIRAS.A.7	Diagnóstico concluído	0 dias
12		**FRONTEIRAS.B**	**SOFTWARE**	**50,25 dias**
13		**FRONTEIRAS.B.1**	**SISTEMA OPERACIONAL**	**21 dias**
14		FRONTEIRAS.B.1.1	Cotar o sistema operacional (Windows Vista	2 dias
15		FRONTEIRAS.B.1.2	Comprar o software (sistema operacional)	2 dias
16		FRONTEIRAS.B.1.3	Instalar o sistema operacional	4 dias
17		FRONTEIRAS.B.1.4	Testar o sistema operacional	2 dias

Figura 17.26 - Atividades inseridas evidenciando a não renumeração dos códigos EDT

	Modo da Tarefa	EDT	Nome da Tarefa	Duração
0		**FRONTEIRAS.**	**Projeto Novas Fronteiras (Códigos EDT)**	**129,25 dias**
1		**FRONTEIRAS.A**	**DIAGNÓSTICO**	**13 dias?**
2		FRONTEIRAS.A.1	Realizar o Kick-off Meeting do projeto	1 dia
3		FRONTEIRAS.A.2	Reunir a equipe do projeto e definir o comitê	5 dias
4		FRONTEIRAS.A.3	Criar o escopo dos trabalhos	3 dias
5		FRONTEIRAS.A.4	Criar o comitê responsável	2 dias
6		FRONTEIRAS.A.5	NOVA TAREFA 001	1 dia?
7		FRONTEIRAS.A.6	NOVA TAREFA 002	1 dia?
8		FRONTEIRAS.A.7	NOVA TAREFA 003	1 dia?
9		FRONTEIRAS.A.8	Aprovar o comitê	1 dia
10		FRONTEIRAS.A.9	Aprovar o escopo dos trabalhos	1 dia
11		FRONTEIRAS.A.10	Diagnóstico concluído	0 dias
12		**FRONTEIRAS.B**	**SOFTWARE**	**50,25 dias**
13		**FRONTEIRAS.B.1**	**SISTEMA OPERACIONAL**	**21 dias**
14		FRONTEIRAS.B.1.1	Cotar o sistema operacional (Windows Vista)	2 dias
15		FRONTEIRAS.B.1.2	Comprar o software (sistema operacional)	2 dias
16		FRONTEIRAS.B.1.3	Instalar o sistema operacional	4 dias
17		FRONTEIRAS.B.1.4	Testar o sistema operacional	2 dias

Figura 17.27 - Código EDT personalizado após o processo de renumeração

Capítulo 18

Realce de Alterações

O Microsoft Project possui um recurso de **Realce de Alterações** que fornece visibilidade rápida das alterações nos dados do projeto contidos na planilha de dados. À medida que se planeja o projeto e se modificam as informações sobre a tarefa, as alterações resultantes são realçadas através de uma cor de fundo diferente para que se possa ver rapidamente qual o impacto em prazos e campos numéricos decorrentes das alterações.

Por exemplo, se uma atividade que contém sucessoras tiver sua duração alterada, as datas de início e término da sucessora serão alteradas e realçadas para que se possa visualizar o impacto da alteração.

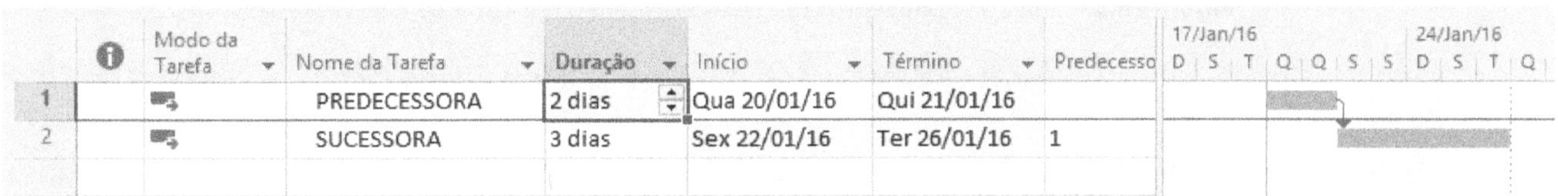

Figura 18.1 – Alteração na duração da predecessora automaticamente gera um realce na duração, no início e no término da sucessora, evidenciando o impacto da alteração

O recurso **Realce de Alterações** realça apenas as alterações de agendamento que resultam da última modificação feita. As alterações nos campos de texto ou em outros campos recorrentes não são realçadas.

Para alterar a cor utilizada para realçar dados alterados:

1. acesse um modo de exibição que apresente uma área de planilha, como, por exemplo, o *Gráfico de Gantt*, planilha de recursos etc.;
2. acesse a guia *Formato* na Faixa de Opções e clique no botão ***Estilos de Texto***;

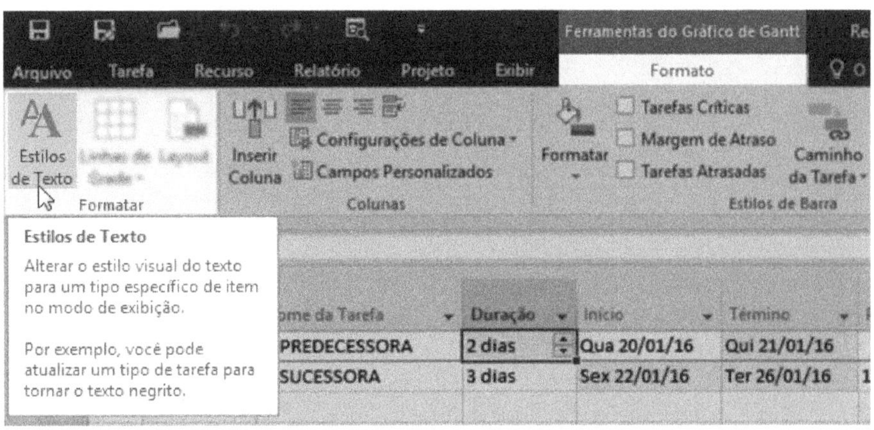

Figura 18.2 – Botão Estilos de Texto na lateral esquerda da guia Formato

3. no campo *Alterar item*, escolha ***Células Alteradas***;

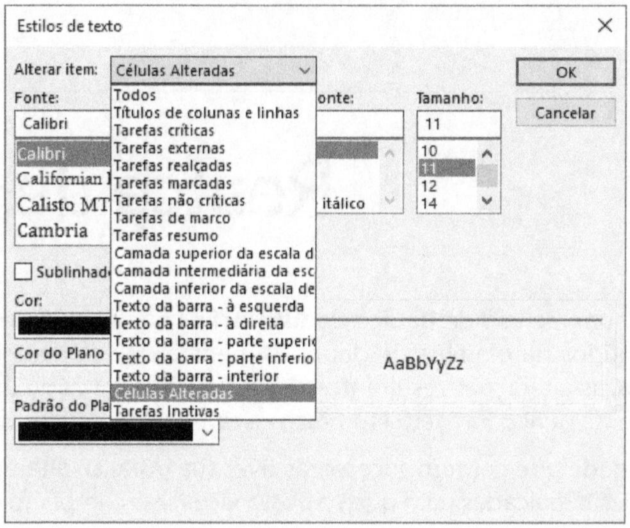

Figura 18.3 – Tela Estilos de texto com destaque para o realce de células alteradas

4. modifique as opções de formatação conforme apropriado, incluindo *Cor do Plano de Fundo* e *Padrão do Plano de Fundo*;
5. clique em ***OK*** para fechar a caixa de diálogo.

Importante – A alteração somente é válida para a tabela (planilha) selecionada. As demais planilhas e tabelas permanecem com a cor de fundo original até que sejam alteradas.

CAPÍTULO 19

Inserindo Durações para as Atividades do Projeto

19.1 Entrando com Durações

As durações no Microsoft Project podem ser dadas em:

- meses – (me, mês ou meses);
- semanas – (s, sem ou semana);
- dias – (d, di ou dia);
- horas – (h, hr ou hora);
- minutos – (m, min ou minuto).

O Microsoft Project tem como padrão:

- 1 dia de trabalho = 8 horas;
- 1 semana = 40 horas;
- 1 mês = 20 dias de trabalho (160 horas).

DICA

Para modificar os valores-padrão do Microsoft Project, acesse a guia *Arquivo (Backstage)*, selecione *Opções* e clique em ***Cronograma***.

A duração da atividade pode ser inserida na *Tabela de Entrada* através da coluna *Duração*, digitando-se a duração, seguida de sua unidade de medida. Caso não se digite a unidade de medida, o Microsoft Project assumirá por padrão a duração digitada em dias.

Todas as novas tarefas criadas com agendamento automático terão durações estimadas como padrão para sinalizar que uma duração ainda não foi inserida. Isso é evidenciado por um "?" após a duração. Usuários podem inserir uma duração diferente seguida por um "?" para denotar que esse valor de duração ainda não é o definitivo.

DICA

Para permitir estimativas no projeto, acesse a guia *Arquivo (Backstage)*, selecione *Opções* e clique em ***Cronograma***. Marque a opção *Mostrar que as tarefas têm durações estimadas* na área de opções de agendamento do projeto.

Isso permite que uma duração estimada seja facilmente reconhecida como tal, permitindo que os usuários voltem mais tarde e a confirmem ou alterem quando chegarem a um valor mais preciso. Tarefas com durações estimadas são encontradas através de uma rápida busca visual por pontos de interrogação na coluna de duração.

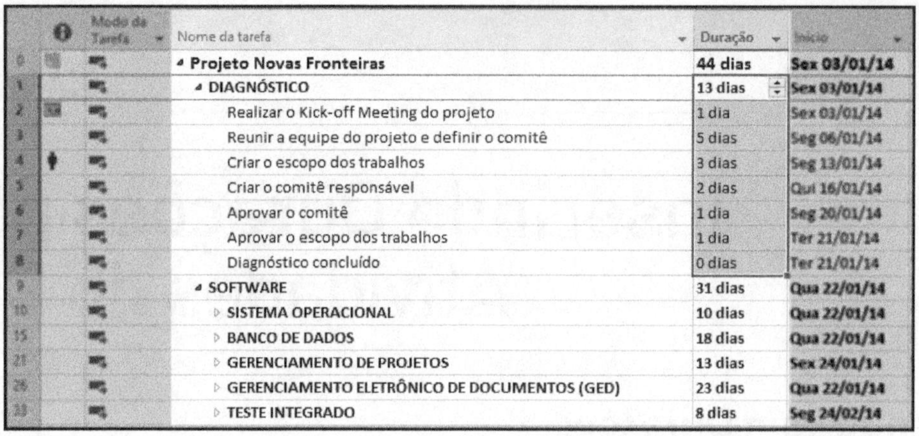

	Nome da tarefa	Duração	Início
0	Projeto Novas Fronteiras	44 dias	Sex 03/01/14
1	DIAGNÓSTICO	13 dias	Sex 03/01/14
2	Realizar o Kick-off Meeting do projeto	1 dia	Sex 03/01/14
3	Reunir a equipe do projeto e definir o comitê	5 dias	Seg 06/01/14
4	Criar o escopo dos trabalhos	3 dias	Seg 13/01/14
5	Criar o comitê responsável	2 dias	Qui 16/01/14
6	Aprovar o comitê	1 dia	Seg 20/01/14
7	Aprovar o escopo dos trabalhos	1 dia	Ter 21/01/14
8	Diagnóstico concluído	0 dias	Ter 21/01/14
9	SOFTWARE	31 dias	Qua 22/01/14
10	SISTEMA OPERACIONAL	10 dias	Qua 22/01/14
15	BANCO DE DADOS	18 dias	Qua 22/01/14
21	GERENCIAMENTO DE PROJETOS	13 dias	Sex 24/01/14
28	GERENCIAMENTO ELETRÔNICO DE DOCUMENTOS (GED)	23 dias	Qua 22/01/14
33	TESTE INTEGRADO	8 dias	Seg 24/02/14

Figura 19.1 - Coluna Duração destacada na Tabela de entrada

Outra forma de se inserirem durações é através dos *Formulários de Entrada* e da tela *Informações sobre a tarefa*, vistos anteriormente na inserção de atividades.

DICA

Diversas atividades são executadas em períodos contínuos de tempo, ou seja, estão sendo realizadas durante os dias de folga e o período da noite, como, por exemplo, as atividades de secagem. Para utilizar períodos de tempo corrido, coloque o sufixo *d* após a unidade de duração da atividade.

Exemplo: 3 dias corridos = 3dd, 24 horas corridas = 24hd.

A partir da versão 2010, as atividades-resumo passaram a permitir a entrada de valores de duração. Ao inserir a duração na atividade resumo ela imediatamente altera seu modo de agendamento para manual. Ao retornar o modo de agendamento para automático, a duração da tarefa anteriormente digitada é substituída pela duração das atividades constituintes.

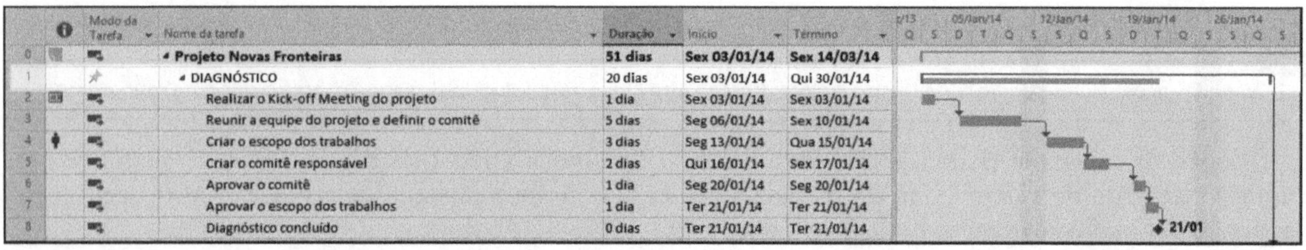

	Nome da tarefa	Duração	Início	Término
0	Projeto Novas Fronteiras	51 dias	Sex 03/01/14	Sex 14/03/14
1	DIAGNÓSTICO	20 dias	Sex 03/01/14	Qui 30/01/14
2	Realizar o Kick-off Meeting do projeto	1 dia	Sex 03/01/14	Sex 03/01/14
3	Reunir a equipe do projeto e definir o comitê	5 dias	Seg 06/01/14	Sex 10/01/14
4	Criar o escopo dos trabalhos	3 dias	Seg 13/01/14	Qua 15/01/14
5	Criar o comitê responsável	2 dias	Qui 16/01/14	Sex 17/01/14
6	Aprovar o comitê	1 dia	Seg 20/01/14	Seg 20/01/14
7	Aprovar o escopo dos trabalhos	1 dia	Ter 21/01/14	Ter 21/01/14
8	Diagnóstico concluído	0 dias	Ter 21/01/14	Ter 21/01/14

Figura 19.2 - Duração da tarefa-resumo Diagnóstico alterada de 13 para 20 dias na linha 1 e sua consequência no gráfico de *Gantt* e no Modo da Tarefa (tornou-se Manual)

19.2 Trabalhando com Prazos Finais

Outra opção importante é a colocação de **datas limites** para as atividades (deadlines), permitindo que um indicador (na coluna *Indicadores*) seja mostrado se uma tarefa for finalizada após a data-limite.

Isso é útil quando um gerente quer configurar uma restrição e uma data-limite para uma tarefa. Uma data-limite tem pouco impacto no agendamento; atividades com restrições configuradas para *O mais tarde possível* não serão agendadas além de suas datas-limite.

Para configurar uma data-limite para uma atividade:

1. selecione a atividade que terá uma data-limite estabelecida;
2. dê um clique duplo na atividade ou acesse a guia *Tarefa* e clique no botão *Informações;*
3. na tela *Informações da tarefa*, acesse a guia *Avançado;*
4. no campo *Data limite*, digite a data-limite para a atividade;

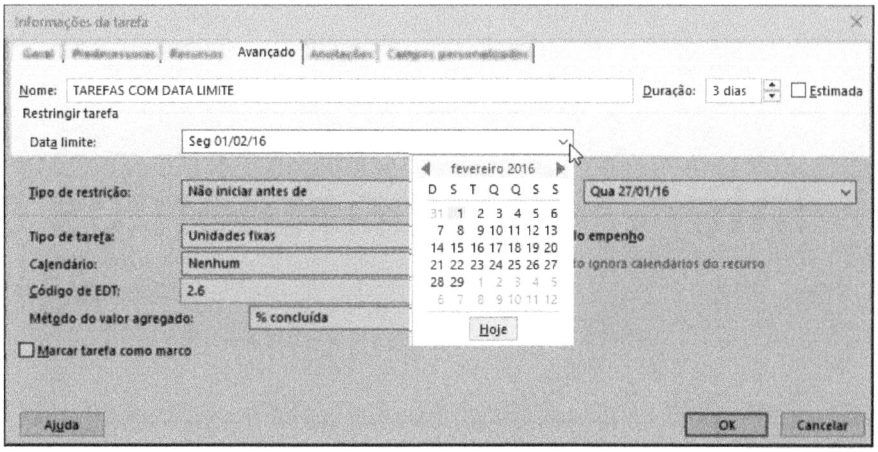

Figura 19.3 – Ajustando datas-limite para atividades utilizando a tela Informações da tarefa

5. clique em ***OK***;
6. você verá esse ícone no gráfico de *Gantt* no dia da sua data-limite.

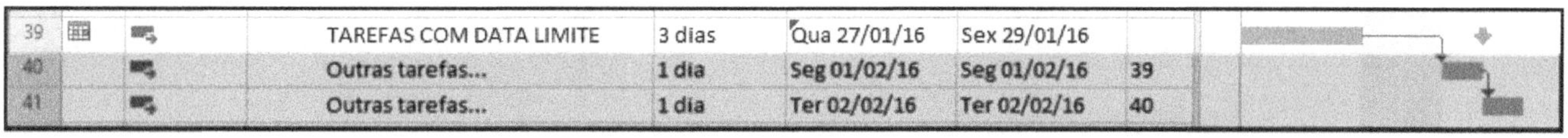

Figura 19.4 – Detalhe da visualização da seta com o prazo final de uma atividade

Capítulo 20

Inter-relacionamentos entre as Atividades

O Microsoft Project permite quatro tipos básicos de inter-relacionamento, a saber:

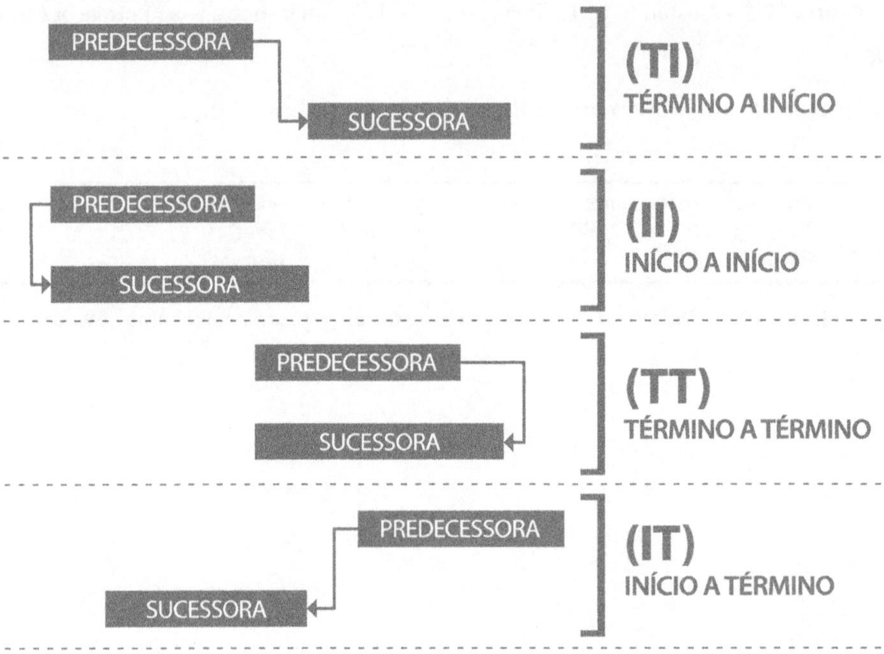

Figura 20.1 – Notação exibida para os inter-relacionamentos no Gráfico de *Gantt*

20.1 Estabelecendo Relações de Dependência entre as Atividades

20.1.1 Através do *Gráfico de Gantt*

A forma mais fácil de vincular atividades que estão visualmente próximas no Microsoft Project é através do *Gráfico de Gantt*. Para isso:

1. clique e mantenha o mouse pressionado na barra da atividade predecessora;
2. arraste até a barra da atividade sucessora;
3. uma relação **término para início (TI)** é automaticamente criada.

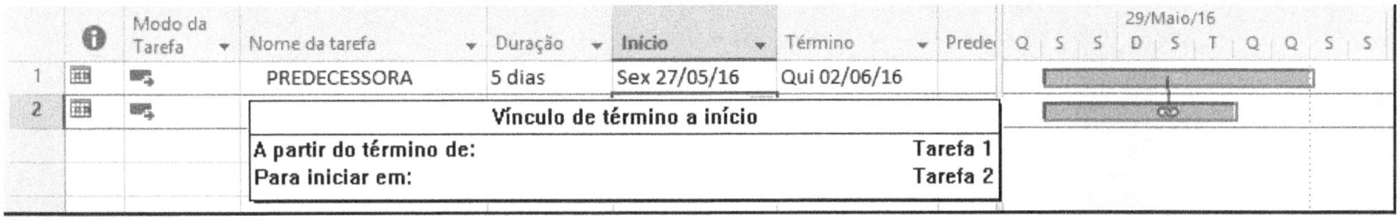

Figura 20.2 – Relacionando atividades no Gráfico de *Gantt*

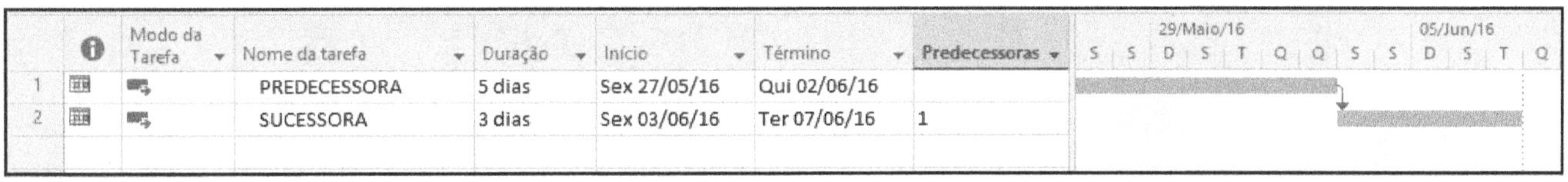

Figura 20.3 – Atividades relacionadas no Gráfico de *Gantt* (veja que as datas de início e término da sucessora foram alteradas)

20.1.2 Através da Tabela de Entrada

Outra forma de vincular as atividades é a utilização do campo *Predecessoras* na *Tabela de entrada*. Para isso:

1. digite o número da *Predecessora* na linha da atividade sucessora;
2. pressione ***Enter***.

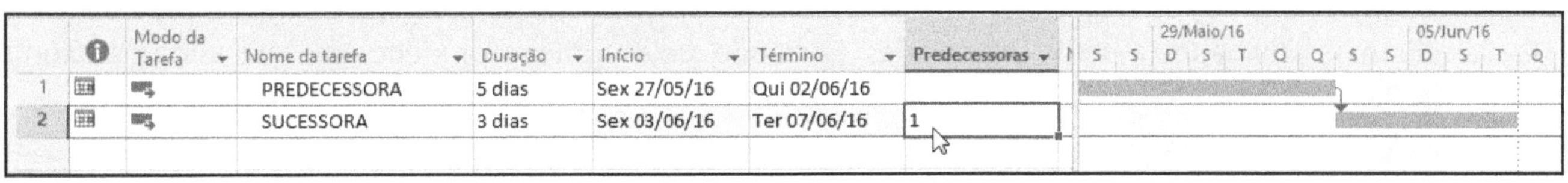

Figura 20.4 – Inserindo informações sobre as predecessoras através da Tabela de entrada

DICA

Utilize ponto-e-vírgula para separar as predecessoras de uma mesma atividade. Caso o ponto-e-vírgula não funcione, acesse o *Painel de Controle do Windows* e escolha *Configurações Regionais*. Na guia *Números*, troque o separador de listas para ponto-e-vírgula.

20.1.3 Através da tela Informações da Tarefa

A tela *Informações da tarefa* é utilizada para a criação de vários vínculos simultâneos em uma mesma atividade. Para essa ação:

1. selecione a atividade que será vinculada às suas predecessoras (atividade sucessora);
2. dê um clique duplo na atividade ou acesse a guia *Tarefa* e clique no botão *Informações*;
3. na tela *Informações da tarefa*, acesse a guia *Predecessoras*;
4. clique no campo *Nome* e, através da caixa de listagem, escolha o nome da atividade predecessora;
5. repita o item 4 se existirem outras predecessoras para a atividade selecionada;
6. pressione ***OK*** para efetivar o vínculo entre as atividades.

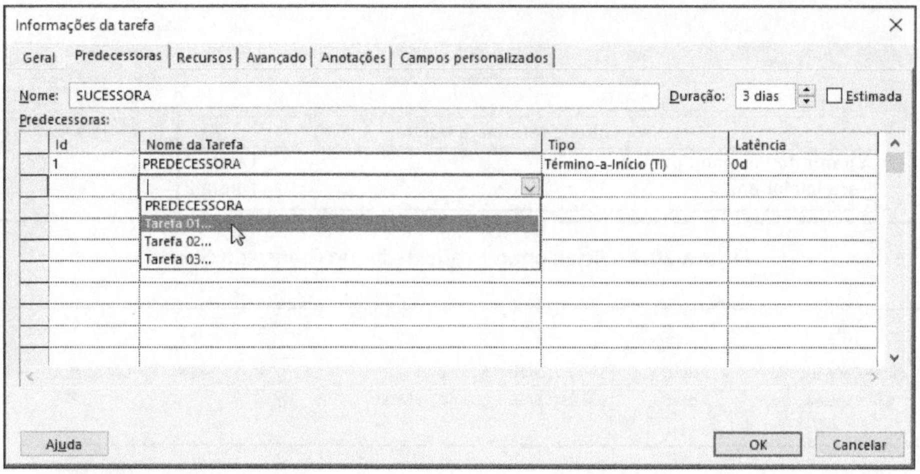

Figura 20.5 – Determinando predecessoras através da tela Informações da tarefa

20.1.4 Através do Botão Vincular Tarefas

Os botões *Vincular as Tarefas Selecionadas* e *Desvincular Tarefas* são empregados para vincular atividades que estejam distantes ou para criar uma sequência de várias atividades (escadinha) de maneira rápida e direta.

Para relacionar atividades com o botão *Vincular Tarefas*:

1. selecione as atividades a serem vinculadas, iniciando pela primeira predecessora até atingir a última sucessora;
2. acesse a guia *Tarefas na Faixa de Opções* e clique no botão *Vincular as Tarefas Selecionadas*.

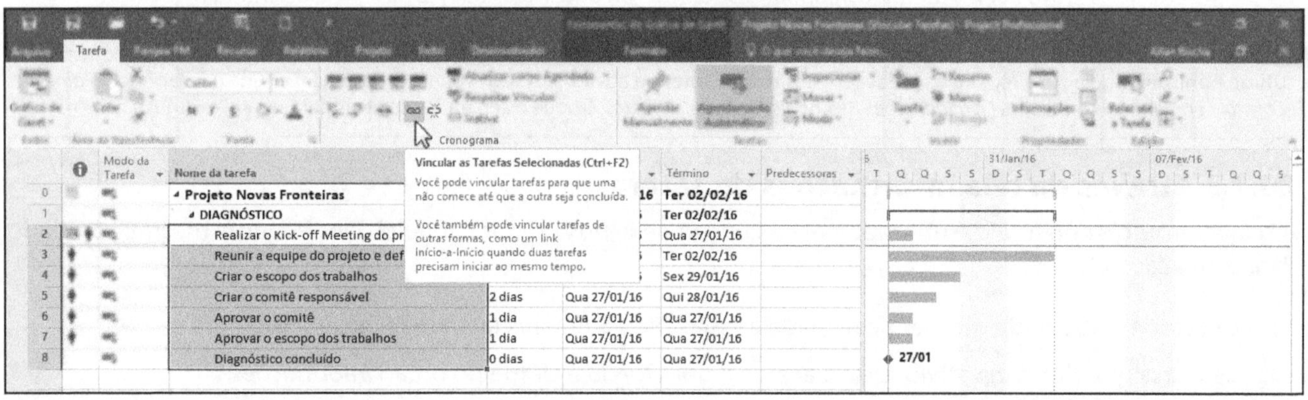

Figura 20.6 – Atividades selecionadas antes de aplicar o botão Vincular as Tarefas Selecionadas

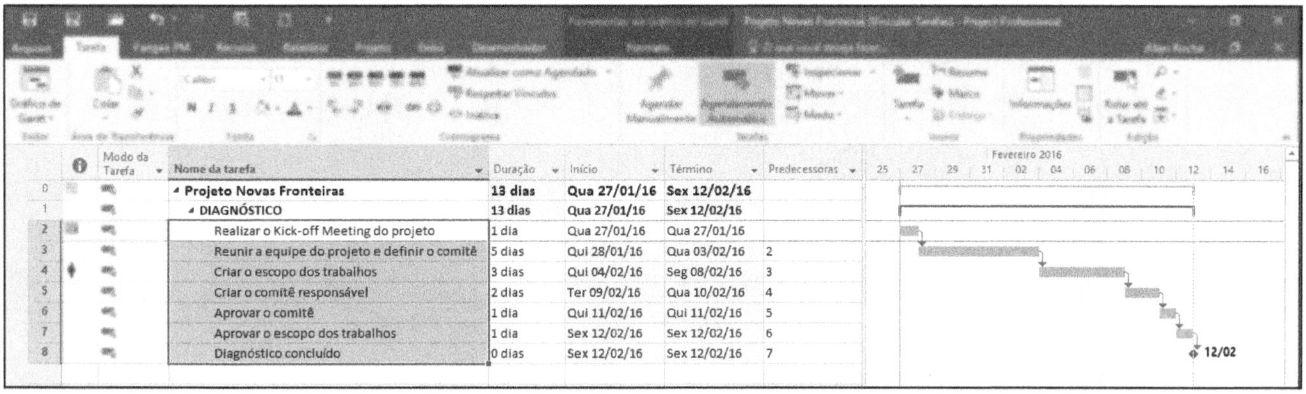

Figura 20.7 – Atividades com o vínculo estabelecido depois de aplicar o botão Vincular Tarefas

Para vincular atividades que não sejam adjacentes:

1. selecione a atividade predecessora;
2. pressionando a tecla `Ctrl`, selecione a atividade sucessora;
3. solte a tecla `Ctrl` e clique no botão ***Vincular as Tarefas Selecionadas***.

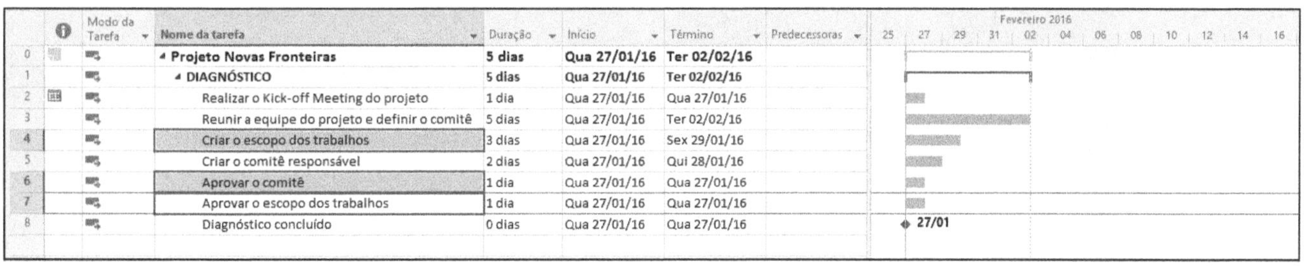

Figura 20.8 – Atividades não adjacentes selecionadas para serem vinculadas

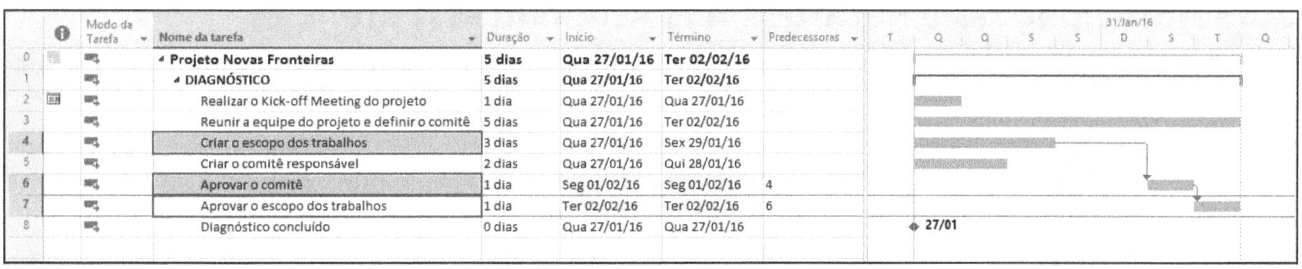

Figura 20.9 – Atividades não adjacentes vinculadas

20.2 Alterando e Editando o Relacionamento entre as Atividades

O tipo de relacionamento entre as atividades pode ser facilmente editado e modificado através do *Gráfico de Gantt* ou da *Tabela de entrada*.

Para modificar as relações de dependência através do *Gráfico de Gantt*:

1. dê um clique duplo na seta de representação da dependência no *Gráfico de Gantt*;
2. escolha, na caixa de diálogo *Dependência entre tarefas*, campo *Tipo*, a forma de relacionamento entre as atividades (*Término-a-Início*, *Início-a-Início*, *Término-a-Término* e *Início-a-Término*).

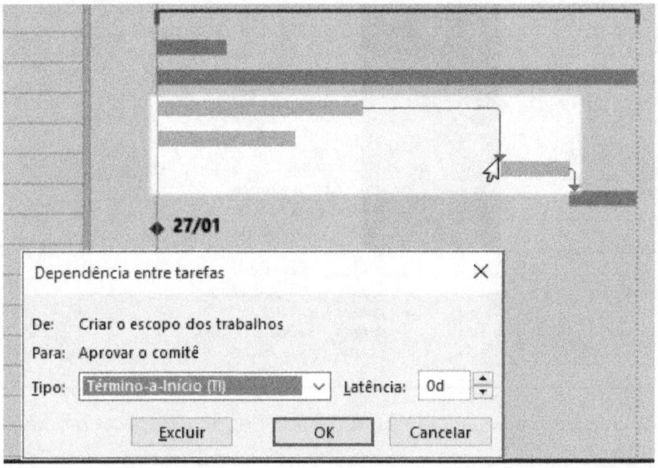

Figura 20.10 - Alterando o tipo de dependência entre as atividades

Outra forma de editar o tipo de dependência entre as atividades é a utilização da *Tabela de entrada*, inserindo os códigos TI, II, TT ou IT após a digitação do número da atividade predecessora.

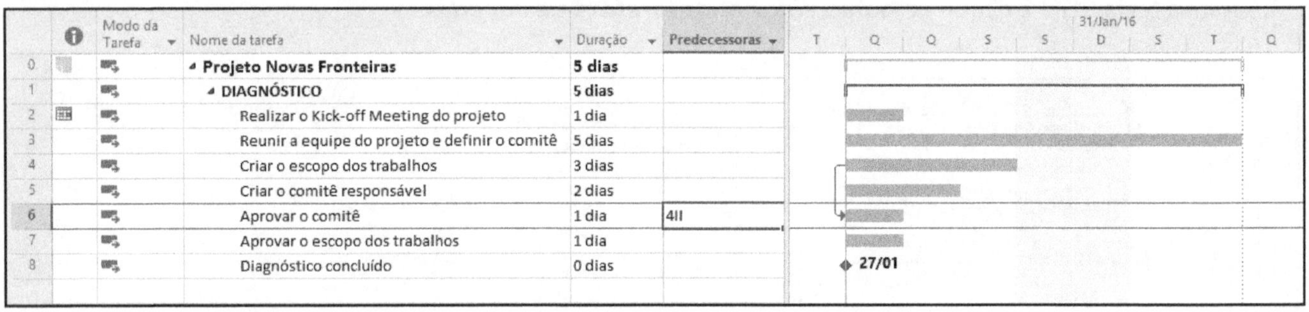

Figura 20.11 - Editando predecessoras para Início-a-Início através da Tabela de entrada

20.3 Antecipações e Retardos nas Atividades (Latência)

Antecipações e retardos entre as atividades possibilitam um aumento significativo nas possibilidades de inter-relacionamentos das atividades.

Os retardos representam períodos de defasagem entre as atividades predecessoras e sucessoras, como atividades de secagem. Já as antecipações reduzem a duração do cronograma através da sobreposição de atividades. As antecipações são conhecidas em projetos como paralelismo ou *fast tracking*.

Para inserir folgas e antecipações:

1. dê um clique duplo na seta de representação da dependência no *Gráfico de Gantt*;
2. digite, no campo *Latência*, a quantidade de folga ou adiantamento desejada. Os valores de retardo devem ser números positivos, e os valores de adiantamento, negativos. As unidades do campo *Latência* são as mesmas definidas para o campo duração (*m, h, d, s* ou *me*) ou duração decorrida (*hd, dd* ou *sd*) ou podem ser dadas como valores percentuais da duração da predecessora, negativos ou positivos.

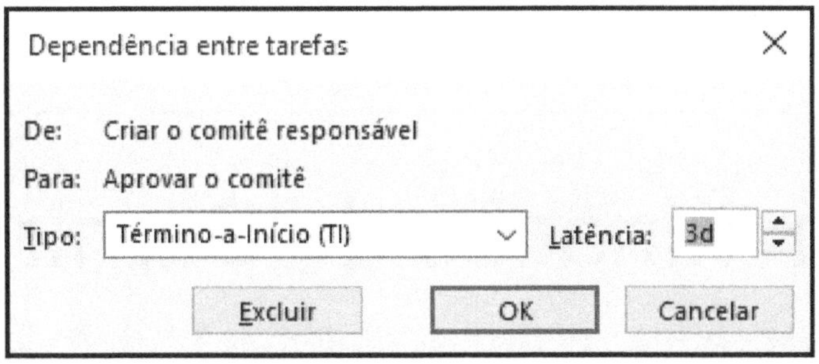

Figura 20.12 – Exemplo de um retardo de três dias na ligação entre duas atividades do tipo Término-a-Início

As antecipações, ou retardos, também podem ser editadas através da *Tabela de entrada*, inserindo sinais de soma ou subtração e a unidade de medida ou percentual desejado ao campo *Predecessoras*. Por exemplo: 50% de folga entre duas atividades com relação do tipo Início-a-Início = II+50%.

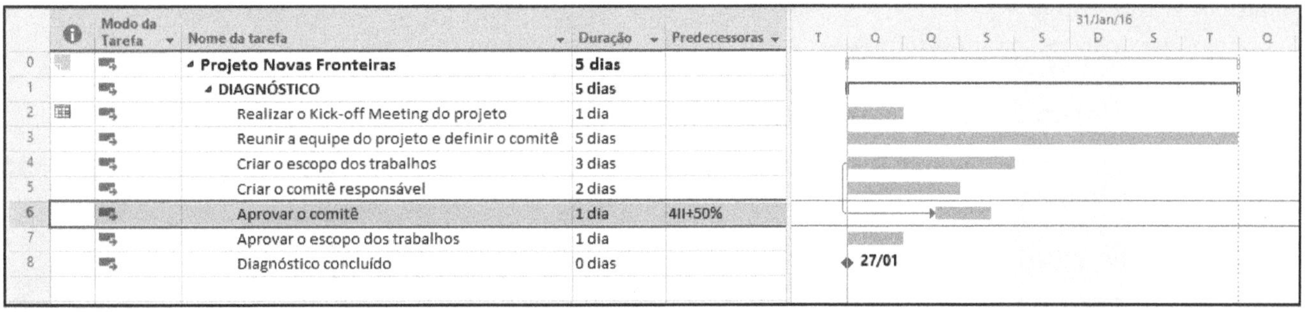

Figura 20.13 – Exemplo de um retardo de 50% na ligação entre duas atividades do tipo Início-a-Início pela Tabela de entrada

20.4 Excluindo as Dependências

Para desvincular as atividades utilizando a tela Dependências entre tarefas:

1. dê um clique **duplo** no vínculo que se deseja excluir;
2. na tela *Dependências entre tarefas*, clique em ***Excluir***.

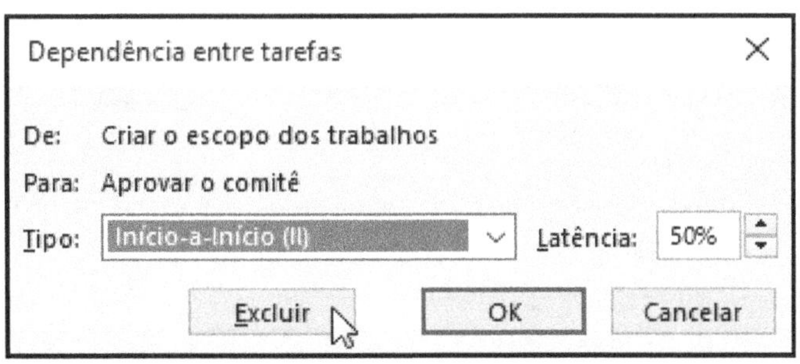

Figura 20.14 – Botão Excluir na tela Dependência entre tarefas

Para desvincular as atividades utilizando o botão ***Desvincular Tarefas*** :

1. selecione as atividades que serão desligadas;
2. acesse a guia *Tarefas* na *Faixa de Opções* e clique no botão ***Desvincular Tarefas***.

DICA

A exclusão do vínculo não exclui as atividades predecessoras e sucessoras.

CAPÍTULO 21

Determinação do Caminho Crítico

O caminho crítico é a série de atividades que precisam ser concluídas de acordo com o previsto no cronograma para que o projeto seja concluído dentro do prazo determinado. São críticas todas as atividades que se encontram no caminho crítico.

O Microsoft Project permite que sejam evidenciados dois tipos de caminhos críticos:

- caminho crítico simples e único do projeto;
- caminhos críticos independentes.

21.1 Caminho Crítico Simples

É o caminho crítico único do projeto. No Microsoft Project é muito simples exibir o caminho crítico do projeto. Para exibi-lo visualmente:

1. no modo de exibição *Gráfico de Gantt*, acesse a guia ***Formato***;
2. clique em ***Tarefas Críticas*** no grupo *Estilos de Barra*;
3. o caminho crítico será apresentado graficamente na cor vermelha, enquanto as tarefas não críticas continuarão na cor azul.

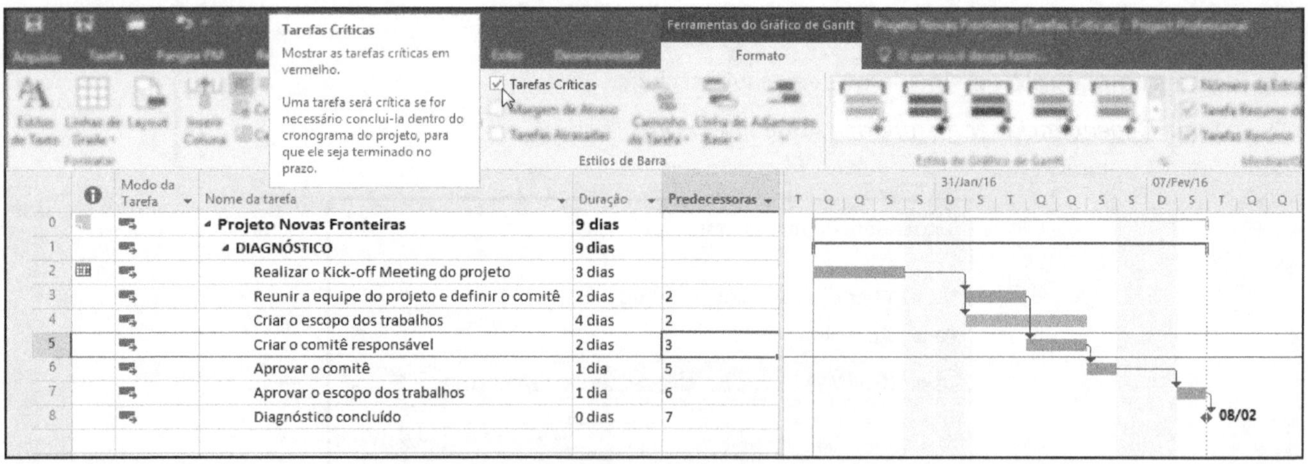

Figura 21.1 – Opção Tarefas Críticas na guia Formato

21.2 Caminhos Críticos Independentes

O Microsoft Project pode exibir caminhos críticos para cada rede independente de atividades. Com esse comportamento, qualquer atividade sem uma sucessora terá margem de atraso igual a zero e, assim, se transformará em crítica.

Para exibir múltiplos caminhos:

1. acesse a guia *Arquivos (Backstage)* e clique em ***Opções***;

2. clique em ***Avançado*** na lateral esquerda da tela *Opções*;
3. na sessão *Opções de cálculo deste projeto* (última seção), selecione a opção ***Calcular vários caminhos críticos***;

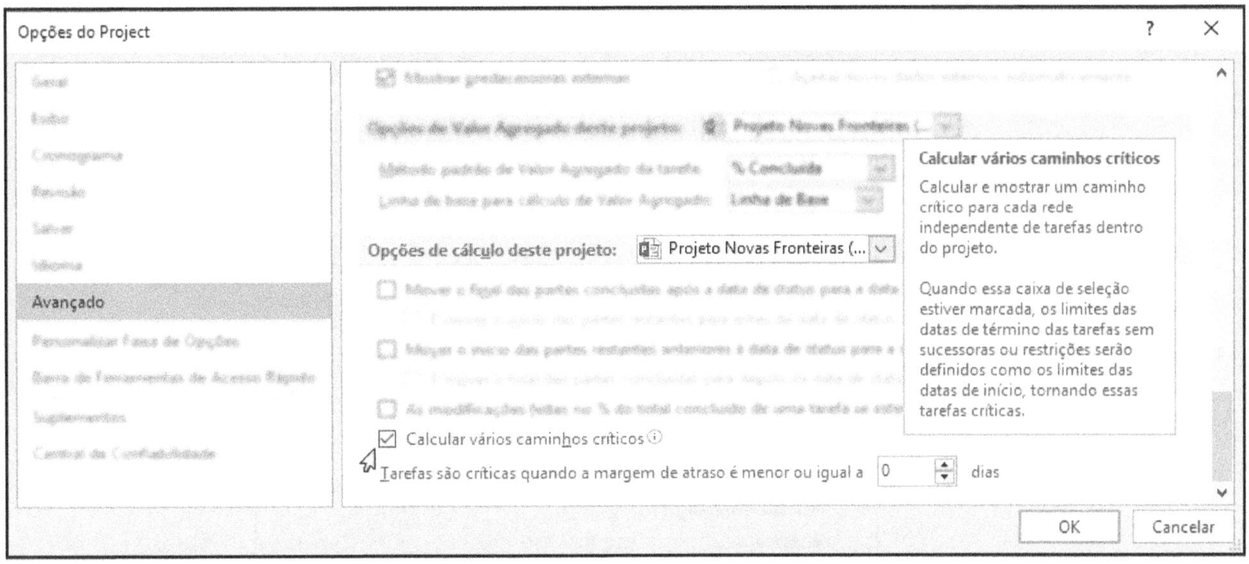

Figura 21.2 – Tela Opções do Project > Avançado com destaque para Calcular vários caminhos críticos

4. clique em ***OK***.

Outra opção também disponível na tela *Opções > Cálculo* é definir uma margem de atraso diferente de zero para determinar o caminho crítico. Se, por exemplo, a margem de atraso for igual a três dias, isso significa que todas as atividades que têm folga igual ou menor que três dias serão consideradas críticas.

21.3 Assistente de Gráficos de *Gantt*

Um recurso bastante popular na versão 2007 que continua disponível no Microsoft Project 2016 é o *Assistente de Gráficos de Gantt*.

Apesar de não estar disponibilizado em nenhuma parte da *Faixa de Opções*, é possível exibir o botão na *Barra de Ferramentas de Acesso Rápido*.

A inserção do *Assistente de Gráficos de Gantt* na *Barra de Ferramentas de Acesso Rápido* será discutida e apresentada posteriormente, no capítulo sobre personalização (Tópicos Avançados). Este capítulo já pressupõe que o botão está inserido na barra.

Para usar o *Assistente de Gráfico de Gantt*:

1. clique no botão *Assistente de Gráfico de Gantt* na *Barra de Ferramentas de Acesso Rápido* (lembre-se de que o procedimento para inserir o botão será discutido posteriormente no livro);

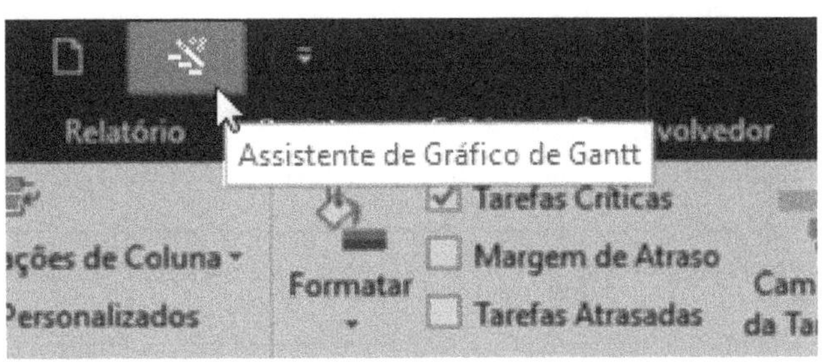

Figura 21.3 – Botão Assistente de Gráfico de *Gantt* na Barra de Ferramentas de Acesso Rápido

2. na tela *Assistente de Formatação do Gantt*, pressione ***Avançar***;

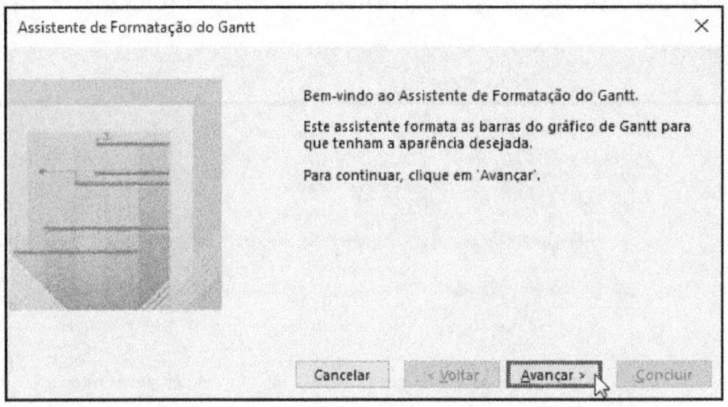

Figura 21.4 - Assistente de Formatação do *Gantt* - Tela 1

3. selecione a caixa *Caminho crítico* no campo sobre o tipo de informações;

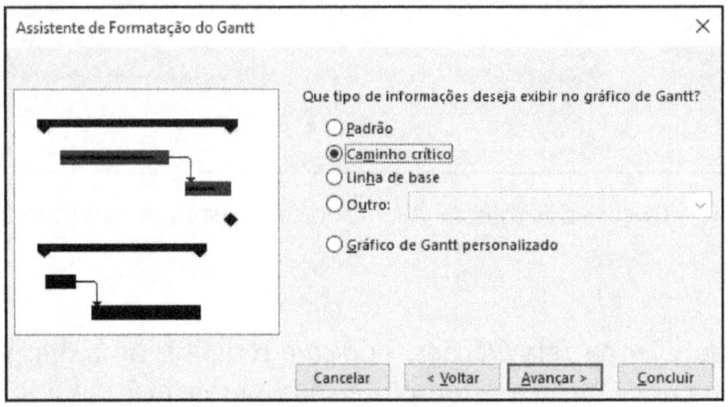

Figura 21.5 - Assistente de Formatação do *Gantt* - Tela 2

4. pressione ***Concluir***;
5. pressione ***Formatar***;

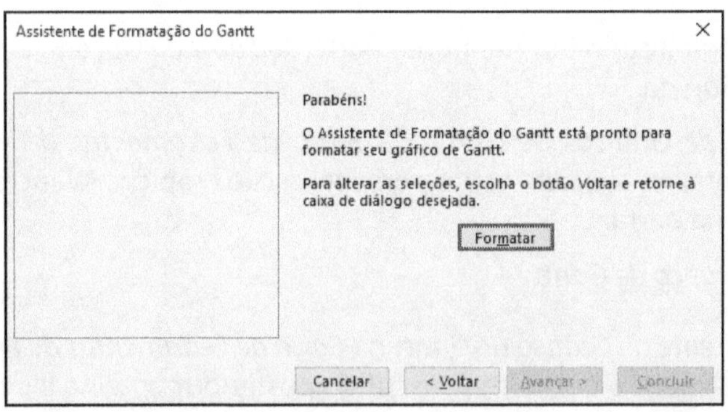

Figura 21.6 - Assistente de Formatação do *Gantt* - Tela final

6. pressione ***Sair do assistente***.

Por padrão, o caminho crítico do projeto será destacado pelo Project usando a cor vermelha.

DICA

O *Assistente de Gráficos de Gantt* é também utilizado para personalizar o *Gráfico de Gantt*, como será visto posteriormente no capítulo de formatação.

Capítulo 22

Inspetor de Tarefas

Um recurso criado na versão 2007 foi o painel de *drivers* de tarefa. Desde o Microsoft Project 2010 o painel de *drivers* virou o ***Inspetor de Tarefas***. No Microsoft Project 2016 ele não mudou de nome, mas teve seu *layout* melhorado.

O *Inspetor de Tarefas* aparece à esquerda da parte de tabela do modo de exibição. Ele mostra tarefas essenciais e restrições de recursos que orientam os dados iniciais da tarefa selecionada.

É uma ferramenta muito útil para que o gerente de projetos possa avaliar quais são os recursos e as predecessoras críticas para a atividade selecionada, favorecendo a tomada de decisão no projeto.

Para exibir um *driver* de tarefa:

1. acesse a guia *Tarefa* na Faixa de Opções;
2. escolha *Inspecionar* > ***Tarefa de Inspeção***.

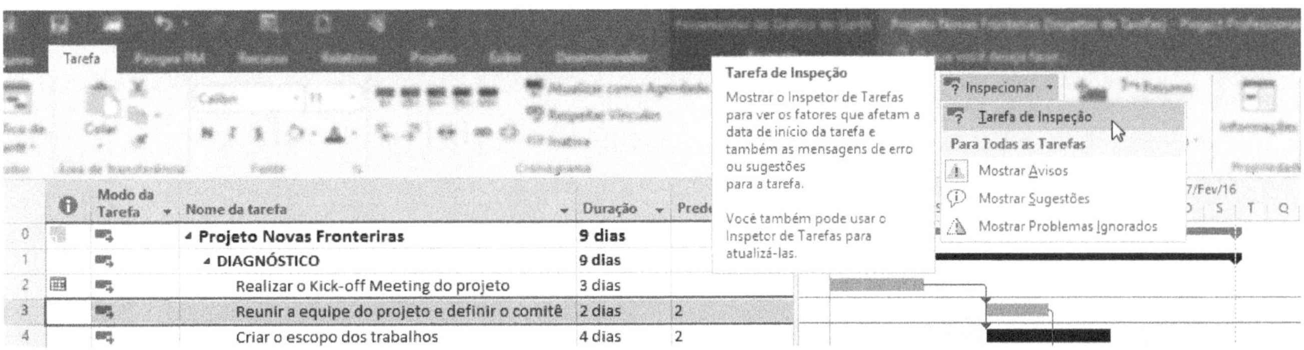

Figura 22.1 – Guia Tarefa com destaque para a Tarefa de Inspeção

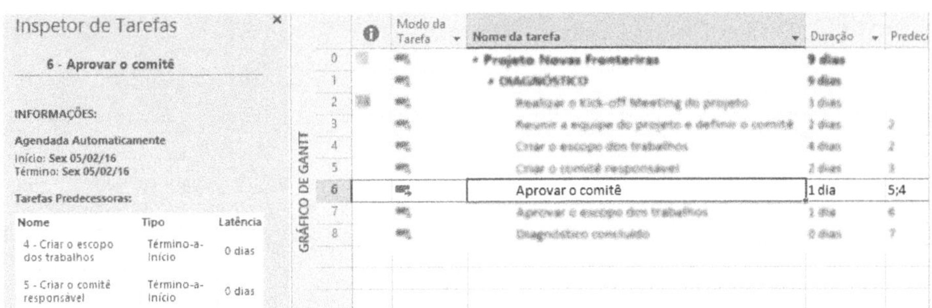

Figura 22.2 – Inspetor de Tarefas exibindo informações de uma tarefa selecionada

Outra magnífica utilidade do *Inspetor de Tarefas* é auxiliar o gerente de projetos na resolução de problemas no cronograma, como os problemas de agendamento no caso a seguir:

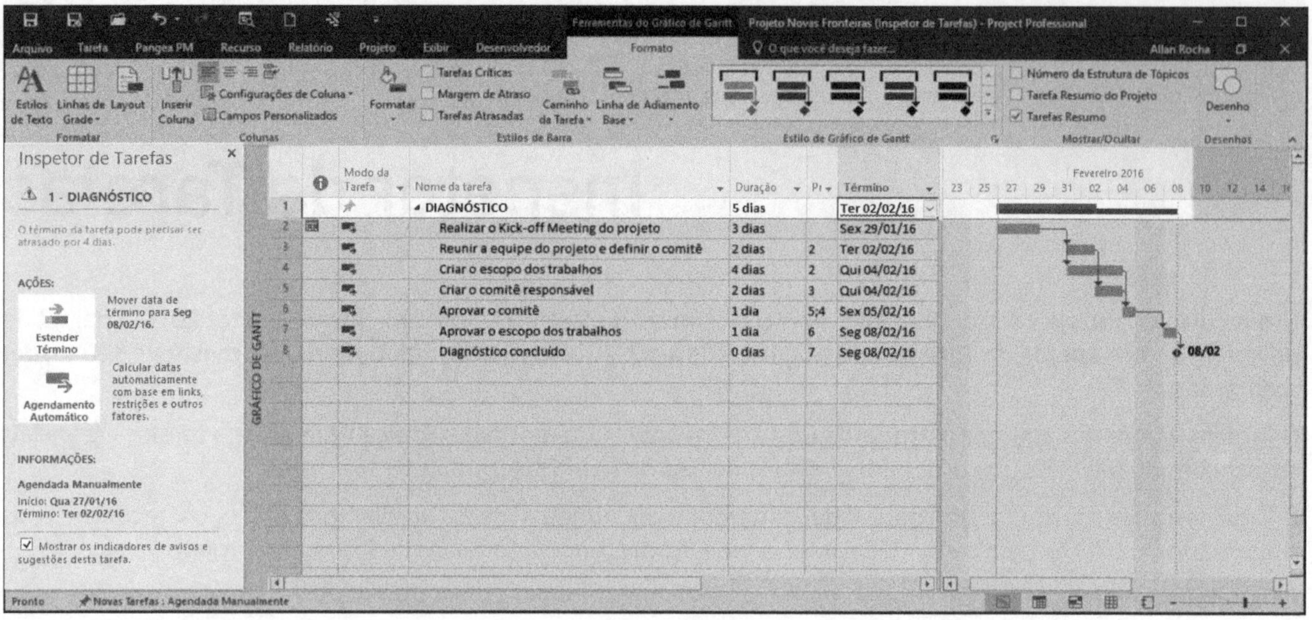

Figura 22.3 – Inspetor de Tarefas exibindo informações de uma tarefa selecionada

CAPÍTULO 23

Realçar Caminhos das Tarefas

O recurso de *Realçar Caminhos da Tarefa* traz como principal benefício a organização de gráficos de *Gantt* complexos e extensos. Com o aumento da complexidade de seu projeto, seu gráfico de *Gantt* acaba perdendo a utilidade devido ao grande número de barras e linhas de link.

Utilizando o *Realçar Caminhos da Tarefa* você pode realçar uma determinada cadeia de links ou caminho de tarefas. A utilização desse recurso, após ativado na guia *Formato* para *Ferramentas do Gráfico de Gantt*, é dada basicamente por clicar em uma tarefa e logo em seguida é possível ver todas as suas tarefas predecessoras aparecerem em uma única cor, e todas as suas tarefas sucessoras aparecerem em outra cor.

Para ativar o *Realçar Caminho da Tarefa*:

1. acesse a guia *Formato na Faixa de Opções*;
2. clique sobre *Caminhos da Tarefa* no grupo *Estilos da Barra*;
3. escolha, em *Realce*, ***Predecessoras*** e ***Sucessoras***;

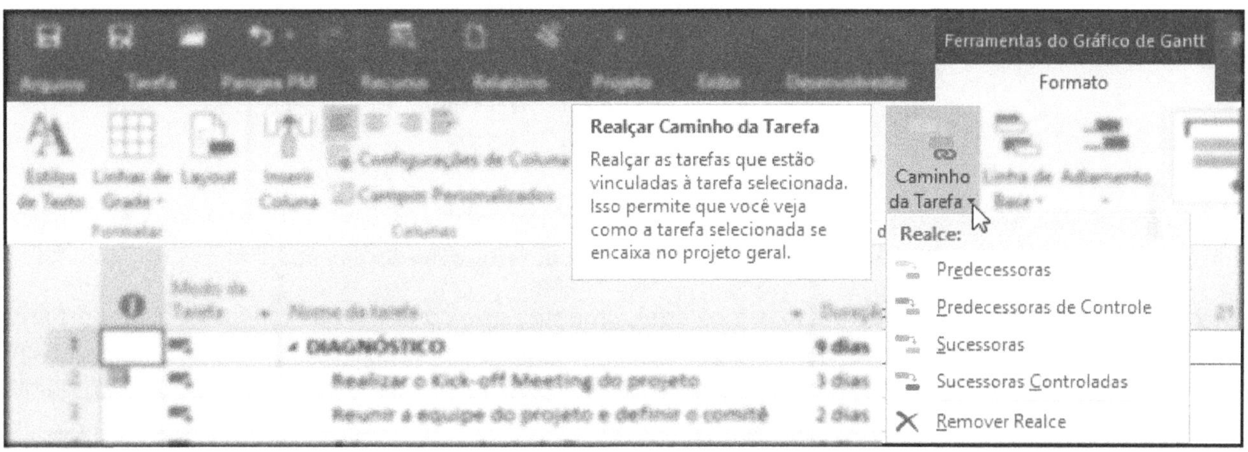

Figura 23.1 – Ativando Realçar Caminho da Tarefa para tarefas predecessoras e sucessoras

4. selecione uma tarefa na *Tabela de entrada*;
5. o resultado no gráfico de *Gantt* serão barras e linhas de tarefas predecessoras de uma cor e tarefas sucessoras de outra cor.

Figura 23.2 – Realçar Caminhos da Tarefa para tarefas predecessoras e sucessoras

CAPÍTULO 24

Criando e Gerenciando Recursos

Os recursos são todas as pessoas, materiais de consumo e equipamentos necessários para a realização da atividade. Os recursos são responsáveis pela conclusão efetiva das tarefas do projeto.

24.1 Criando e Excluindo Recursos

Para o Microsoft Project, existem três categorias básicas de recursos:

- recursos de trabalho;
- recursos materiais;
- recursos do tipo custo.

Figura 24.1 – Os diferentes tipos de recursos de um projeto

Os **recursos de trabalho** são as pessoas e os equipamentos que concluem as tarefas dedicando tempo (ou trabalho) a elas. Quanto mais tempo a tarefa utiliza esse tipo de recurso, maior será seu custo. Dentre os exemplos de recursos de trabalho estão basicamente os recursos humanos e os equipamentos locados por tempo (trator e máquinas).

Os **recursos materiais** são suprimentos, estoques ou outros itens que são consumidos durante as atividades do projeto. São custeados por uso, ou seja, por unidade de recurso, independentemente do prazo. Dentre os exemplos de recursos materiais estão cimento, papel, água, areia etc.

Os **recursos do tipo custo** permitem que se crie um recurso somente para fazer alocação financeira. Esses recursos não têm nem agendamento nem um custo específico. O custo desses recursos é arbitrariamente atribuído durante a alocação. Esse tipo de recurso permite monitorar de modo mais preciso as finanças do projeto e sincronizá-lo com os dados dos sistemas de contabilidade. Dentre os exemplos de recursos do tipo custo está uma passagem aérea ou um hotel, custos estes que são variáveis a cada viagem.

Os recursos **materiais** diferem dos recursos de trabalho de várias formas:

- os campos de taxa de horas extras e de grupo de trabalho (e-mail e web) encontram-se indisponíveis porque materiais não trabalham em hora extra e não participam de grupos de trabalho (matérias não produzem trabalho e sim são consumidas pelo trabalho);
- não é possível especificar a disponibilidade para um material;
- os recursos materiais não são passíveis de nivelamento de recursos;

- os recursos materiais não utilizam calendários de recursos;
- o custo por uso funciona de forma diferente se comparado aos recursos de trabalho, mostrando o custo que se acumula uma única vez, independentemente do número de unidades de material atribuídas.

Os recursos de **custo** diferem dos recursos de trabalho e materiais de várias formas:

- não existe quantidade para o recurso custo;
- o custo é atribuído durante a alocação, não existindo uma taxa padrão;
- não existem unidades máximas desse tipo de recurso;
- os recursos de custo não são passíveis de nivelamento de recursos.

Outros dois tipos de recursos também disponíveis no Microsoft Project 2016 são o recurso genérico e o de orçamento.

Os **recursos genéricos** constituem um tipo de recurso que permite que uma alocação inicial seja realizada com base em uma necessidade genérica e, através do uso do Pool de Recursos da Empresa, ele pode ser substituído por um outro recurso, real e existente.

Os **recursos de orçamento** são utilizados para controlar o trabalho, o material ou os custos de um recurso orçado em comparação a um recurso de trabalho, material ou custo planejado (linha de base) e atual. Por padrão, o campo Orçamento vem desmarcado.

DICA

O processo de substituição dos recursos genéricos é feito através de um assistente de substituição que é ativado e disponibilizado somente quando o Microsoft Project Server está instalado e as opções de empresa estão configuradas para o projeto. Recursos genéricos não podem ter contas no Microsoft Project Server e são caracterizados pelo campo *Genérico* selecionado.

Os recursos podem ser criados no Microsoft Project através da *Planilha de recursos*. Essa planilha serve para todos os tipos de recursos.

Para criar recursos na Planilha de recursos:

1. escolha *Planilha de recursos* na *Barra de Visões*; ou
2. acesse a guia *Exibir* > *Planilha de Recursos*; ou
3. acesse a guia *Recurso* e escolha *Planilha de Recursos* no botão *Exibir*; ou
4. clique sobre o ícone ▦ , referente à *Planilha de Recursos*, na *Barra de Status*;

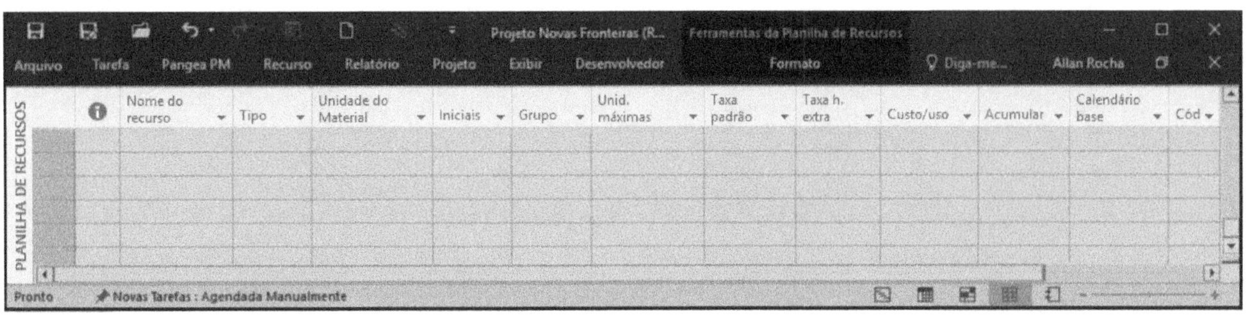

Figura 24.2 – Visão Planilha de Recursos

5. preencha os dados para cada recurso, onde:
   a. **Nome do recurso –** Nome completo do recurso ou material a ser utilizado no projeto.
   b. **Tipo –** Escolha se o recurso será classificado como material, trabalho ou custo.
   c. **Unidade do Material –** Contém a unidade de medida inserida para um recurso material, por exemplo, toneladas, caixas ou metros cúbicos (somente disponível para recursos do tipo material).

d. **Iniciais** – Iniciais do nome do recurso.

e. **Grupo** – O grupo a que o recurso pertence (departamento, setor, centro de custo, localização na empresa ou no almoxarifado).

f. **Unid. máximas** – Quantidade máxima de recursos disponíveis simultaneamente a ser utilizada nos cálculos de nivelamento de recursos (somente disponível para recursos do tipo trabalho).

g. **Taxa padrão** – Custo do recurso por hora de trabalho normal para recursos de trabalho ou custo por unidade para recursos materiais (indisponível para recursos do tipo custo).

h. **Taxa h. extra** – Custo do recurso por hora extra de trabalho (somente disponível para recursos do tipo trabalho).

i. **Custo/uso** – Custo por utilização de uma unidade de recurso, no caso de trabalho, ou o custo individual para se utilizar um material, independentemente de qual seja sua quantidade (por exemplo, se o custo por uso para o cimento é de $1,00 e 10 sacos de cimento vão ser alocados em uma atividade, o custo dessa atividade será aumentado em $1,00 em vez de $10,00).

j. **Acumular** – Forma de pagamento do recurso (rateado, início e fim) que altera o fluxo de caixa do projeto.

k. **Calendário base** – Calendário de atividades do recurso (férias, folgas etc.) somente disponível para recursos do tipo trabalho.

l. **Cód** – Campo de texto para armazenar informações sobre o recurso, tais como registro do funcionário, código de estoque do material, centro de custo do recurso de custo etc.

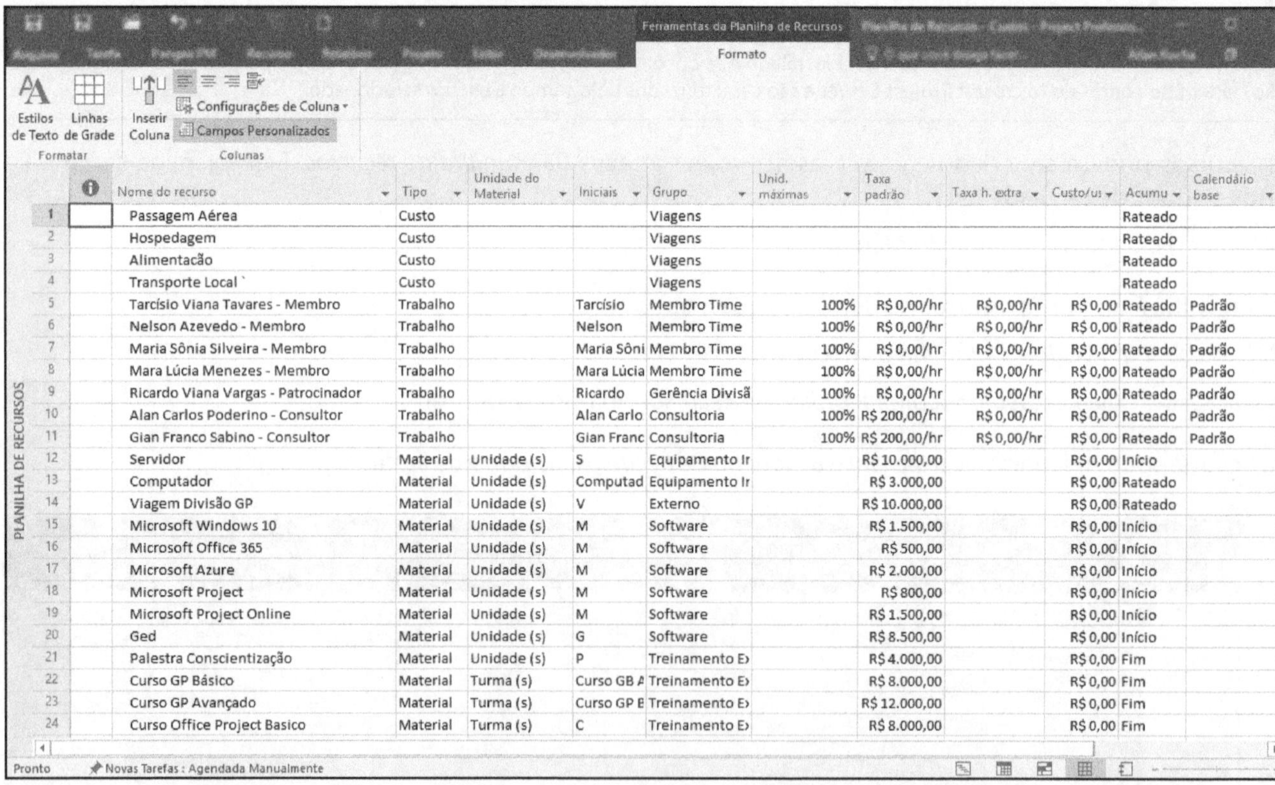

	Nome do recurso	Tipo	Unidade do Material	Iniciais	Grupo	Unid. máximas	Taxa padrão	Taxa h. extra	Custo/us	Acumu	Calendário base
1	Passagem Aérea	Custo			Viagens					Rateado	
2	Hospedagem	Custo			Viagens					Rateado	
3	Alimentacão	Custo			Viagens					Rateado	
4	Transporte Local `	Custo			Viagens					Rateado	
5	Tarcísio Viana Tavares - Membro	Trabalho		Tarcísio	Membro Time	100%	R$ 0,00/hr	R$ 0,00/hr	R$ 0,00	Rateado	Padrão
6	Nelson Azevedo - Membro	Trabalho		Nelson	Membro Time	100%	R$ 0,00/hr	R$ 0,00/hr	R$ 0,00	Rateado	Padrão
7	Maria Sônia Silveira - Membro	Trabalho		Maria Sôni	Membro Time	100%	R$ 0,00/hr	R$ 0,00/hr	R$ 0,00	Rateado	Padrão
8	Mara Lúcia Menezes - Membro	Trabalho		Mara Lúcia	Membro Time	100%	R$ 0,00/hr	R$ 0,00/hr	R$ 0,00	Rateado	Padrão
9	Ricardo Viana Vargas - Patrocinador	Trabalho		Ricardo	Gerência Divisã	100%	R$ 0,00/hr	R$ 0,00/hr	R$ 0,00	Rateado	Padrão
10	Alan Carlos Poderino - Consultor	Trabalho		Alan Carlo	Consultoria	100%	R$ 200,00/hr	R$ 0,00/hr	R$ 0,00	Rateado	Padrão
11	Gian Franco Sabino - Consultor	Trabalho		Gian Franc	Consultoria	100%	R$ 200,00/hr	R$ 0,00/hr	R$ 0,00	Rateado	Padrão
12	Servidor	Material	Unidade (s)	S	Equipamento Ir		R$ 10.000,00		R$ 0,00	Início	
13	Computador	Material	Unidade (s)	Computad	Equipamento Ir		R$ 3.000,00		R$ 0,00	Rateado	
14	Viagem Divisão GP	Material	Unidade (s)	V	Externo		R$ 10.000,00		R$ 0,00	Rateado	
15	Microsoft Windows 10	Material	Unidade (s)	M	Software		R$ 1.500,00		R$ 0,00	Início	
16	Microsoft Office 365	Material	Unidade (s)	M	Software		R$ 500,00		R$ 0,00	Início	
17	Microsoft Azure	Material	Unidade (s)	M	Software		R$ 2.000,00		R$ 0,00	Início	
18	Microsoft Project	Material	Unidade (s)	M	Software		R$ 800,00		R$ 0,00	Início	
19	Microsoft Project Online	Material	Unidade (s)	M	Software		R$ 1.500,00		R$ 0,00	Início	
20	Ged	Material	Unidade (s)	G	Software		R$ 8.500,00		R$ 0,00	Início	
21	Palestra Conscientização	Material	Unidade (s)	P	Treinamento E›		R$ 4.000,00		R$ 0,00	Fim	
22	Curso GP Básico	Material	Turma (s)	Curso GB A	Treinamento E›		R$ 8.000,00		R$ 0,00	Fim	
23	Curso GP Avançado	Material	Turma (s)	Curso GP E	Treinamento E›		R$ 12.000,00		R$ 0,00	Fim	
24	Curso Office Project Basico	Material	Turma (s)	C	Treinamento E›		R$ 8.000,00		R$ 0,00	Fim	

Figura 24.3 – Dados de recursos de trabalho, materiais e custo registrados na Planilha de recursos

DICA

Para excluir um recurso, selecione toda a linha do recurso e pressione `Delete`. Todas as atribuições dadas àquele recurso nas atividades serão desfeitas. No Microsoft Project, pressionar a tecla `Delete` dentro de uma célula da planilha exclui apenas o campo selecionado.

Outra forma de se registrarem os recursos é utilizar as **tabelas de entrada de recursos de trabalho** e de **entrada de materiais** (não existe tabela para recursos de custo). Essas tabelas evitam que campos desabilitados para determinado tipo de recurso sejam exibidos desnecessariamente.

Para exibir as tabelas de *Entrada – Recursos do trabalho* ou *Entrada – Recursos materiais*:

1. escolha *Planilha de recursos* na *Barra de Visões* ou nas guias *Exibir* e *Recurso*;
2. acesse a guia *Exibir* e clique no botão ***Tabelas***;
3. selecione a tabela desejada.

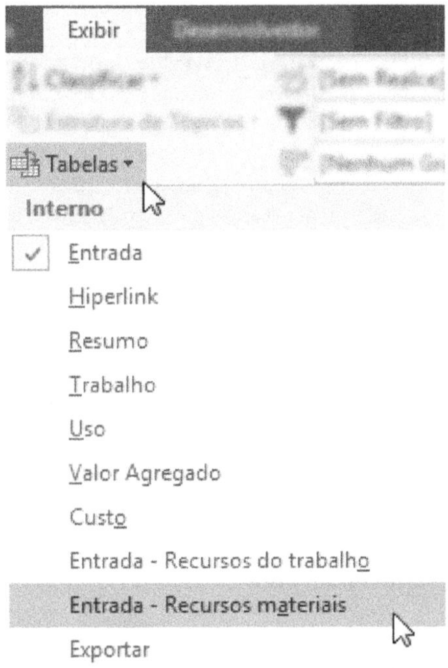

Figura 24.4 – Botão Tabelas com as opções de entrada destacadas

A escolha dessas tabelas de entrada não filtra os dados, ou seja, as *Tabelas de Entrada – Recursos materiais* podem mostrar recursos de trabalho e vice-versa. Para exibir corretamente os dados é necessário filtrar os recursos desejados. Para isso, acesse a guia *Exibir* e, no campo *Filtro*, escolha *Recursos – Material*, *Recursos – Trabalho* ou até mesmo *Recursos – Custo*.

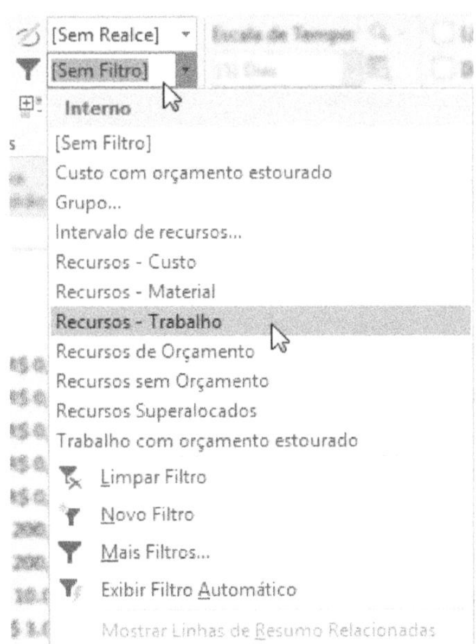

Figura 24.5 – Filtro de recursos com destaque para Recursos – Custo, Recursos – Material e Recursos – Trabalho

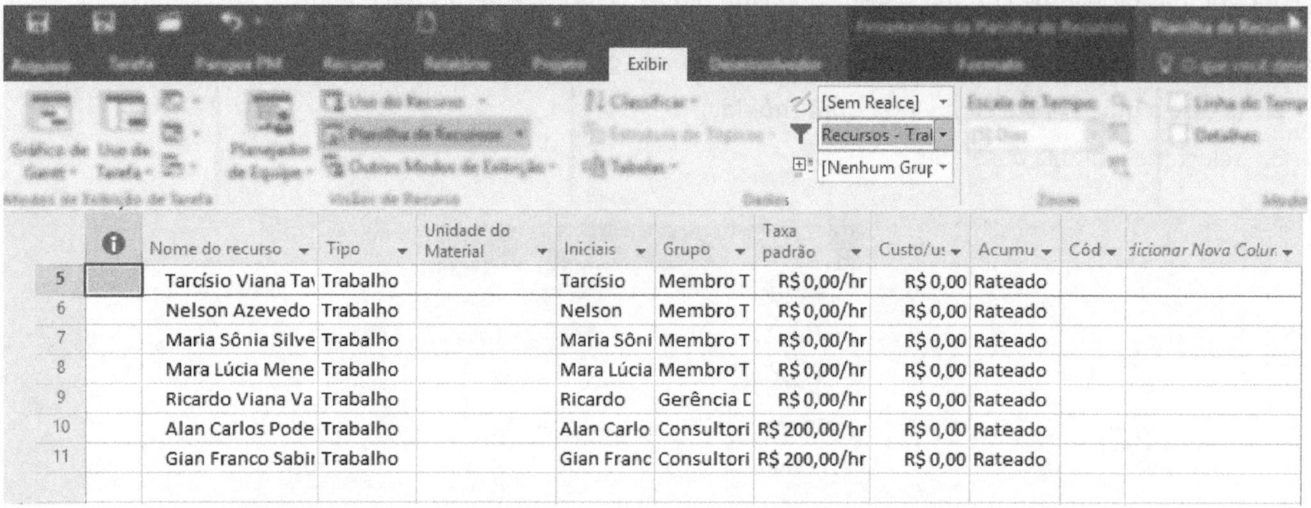

Figura 24.6 – Tabela Entrada – Recursos de Trabalho com o filtro Recurso – Trabalho ativado

Outra forma simples e rápida para inserir um novo recurso é através do botão *Adicionar Recursos*. Para inserir novos recursos através do botão *Adicionar Recursos*:

1. escolha *Planilha de recursos* na *Barra de Visões* ou qualquer outro modo de exibição de recursos;
2. acesse a guia *Recurso* e clique no botão ***Adicionar Recursos***;
3. escolha o tipo de recurso a ser inserido para criar o novo recurso.

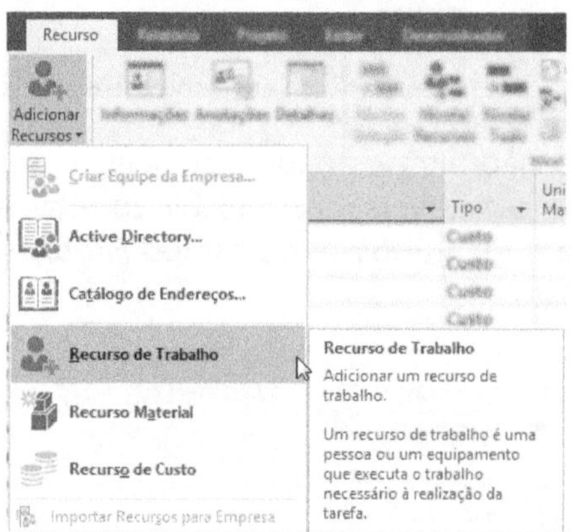

Figura 24.7 – Guia Recurso com destaque para o botão Adicionar Recursos

> **Importante –** As opções *Criar Equipe da Empresa* e *Importar Recursos para Empresa* somente são disponibilizadas se a solução Microsoft PPM estiver instalada.

24.2 Editando um Recurso

Para editar um recurso:

1. na *Planilha de recursos*, dê um clique duplo no recurso, seja ele material, trabalho ou custo, ou selecione o recurso e acesse a guia *Recurso* e clique em ***Informações***;

   > **Importante –** De acordo com o tipo de recurso, diversas opções de edição estarão desativadas.

2. escolha a guia *Geral* para alterar as informações mais genéricas do recurso, inclusive contas de e-mail,

grupos de trabalho, tipo de reserva, identificação de recurso genérico, status no Microsoft Project Server (ativo ou inativo), dados de período de disponibilidade para recursos de trabalho, bem como o botão *Alterar Período Útil...*, para acessar o calendário do recurso (visto anteriormente);

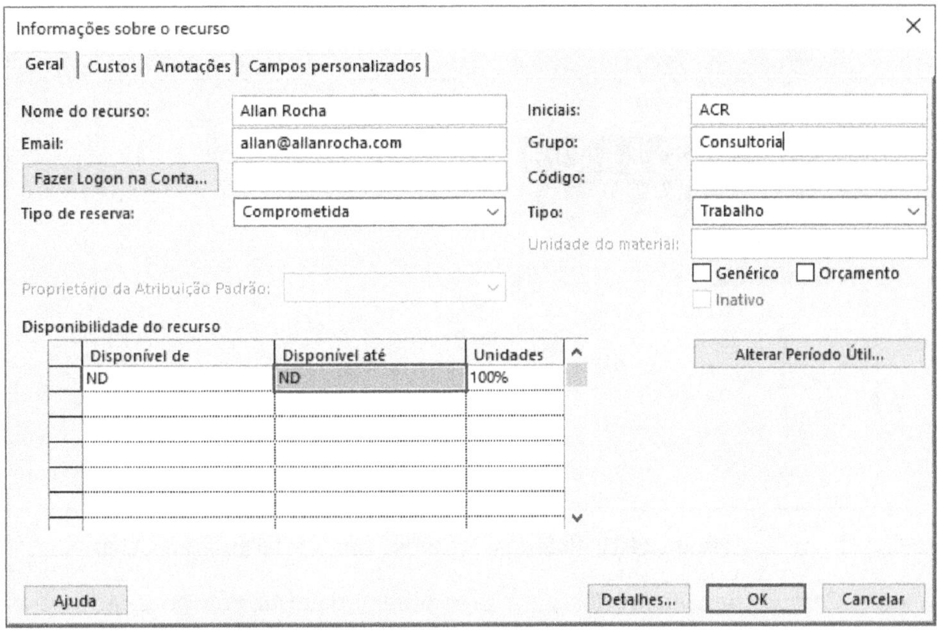

Figura 24.8 – Informações sobre o recurso na guia Geral

3. escolha a guia *Custos* para inserir dados personalizados de custos, como será visto na próxima seção;

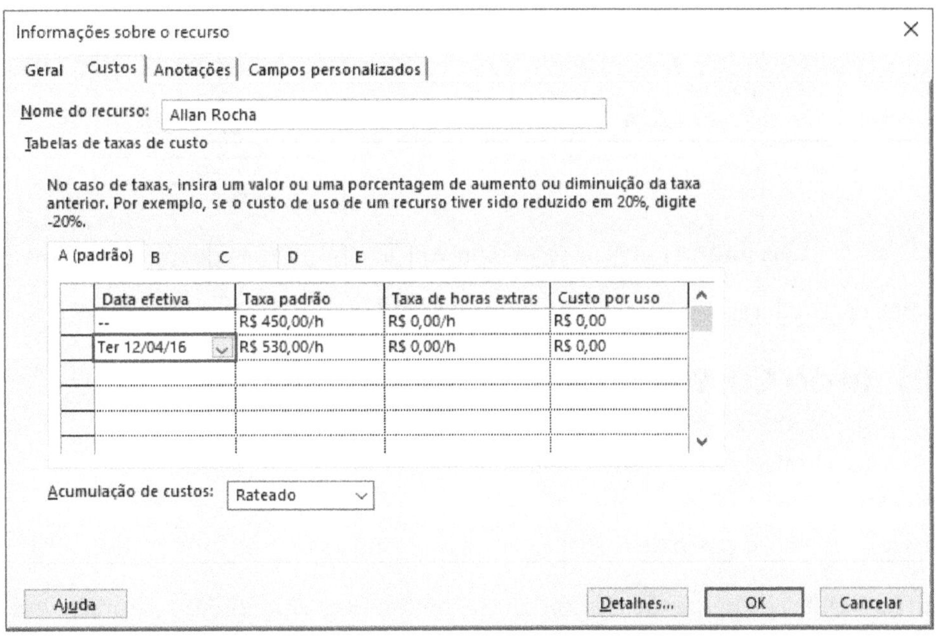

Figura 24.9 – Informações sobre o recurso na guia Custos

4. escolha a guia *Anotações* para inserir qualquer texto ou imagem sobre o recurso;

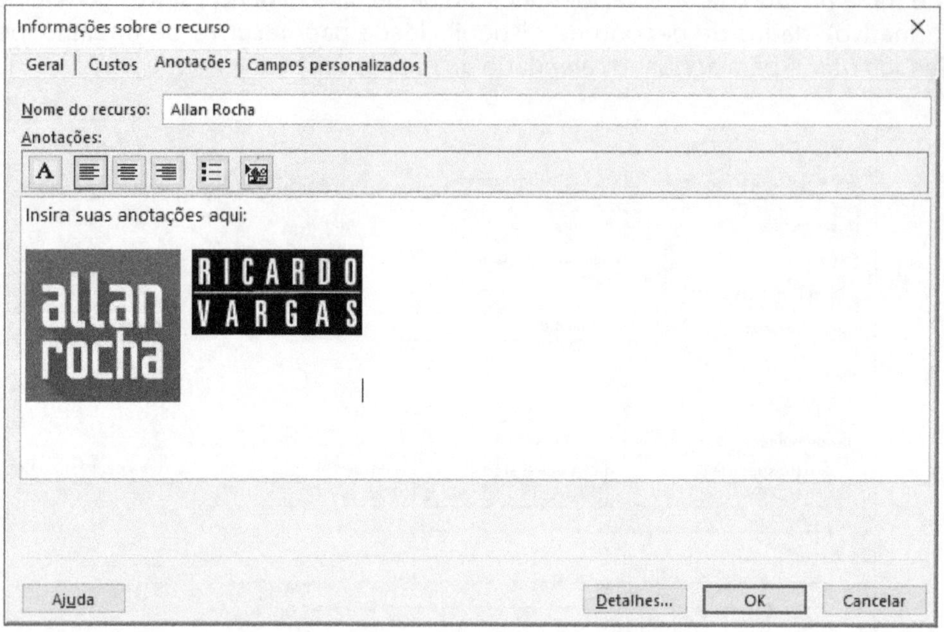

Figura 24.10 – Informações sobre o recurso na guia Anotações

5. escolha a guia *Campos personalizados* para preencher qualquer campo criado através das opções de empresa para os recursos através do Microsoft Project Server;

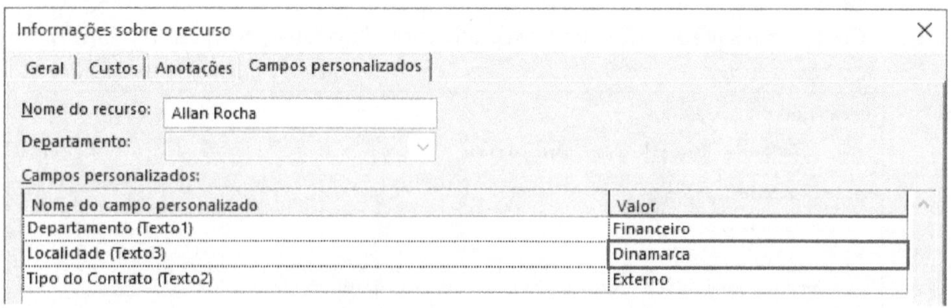

Figura 24.11 – Informações sobre o recurso na guia Campos personalizados

6. quando finalizar as alterações necessárias, pressione ***OK***.

24.3 Atribuindo Custos aos Recursos

O custo de um projeto é a soma dos custos de seus recursos (incluindo recursos tipo custo) com os custos indiretos do projeto. O Microsoft Project irá sempre utilizar os custos digitados na *Planilha de recursos* como base de cálculo.

Para os *recursos de trabalho*, o custo do trabalho pode ser inserido de três formas diferentes:

- **Taxa-Padrão** – Utilizada para mão de obra ou equipamentos alugados ou depreciáveis. Calcula-se o custo do recurso na atividade como a taxa por hora do recurso x volume de trabalho da atividade.
- **Taxa por hora extra** – Utilizada para mão de obra trabalhando em regime de horas extras.
- **Custo por uso** – Utilizado quando o recurso cobra uma taxa fixa para trabalhar na atividade, independentemente de sua duração, como, por exemplo, custos de arquitetos em projetos de arquitetura (preço fechado em contratos de preço fixo).

DICA

O Microsoft Project permite que o custo de um determinado recurso seja dado em qualquer unidade de tempo, como, por exemplo, $20/semana ou $250/dia.

Para os *recursos – materiais*, o custo do material pode ser inserido de duas formas diferentes:

- **Taxa-Padrão** – Utilizada como o preço unitário de cada material. Calcula-se o custo do material na atividade como a taxa padrão do recurso x o número de unidades atribuídas à atividade.
- **Custo por uso** – Utilizado quando se deseja cobrar uma taxa de utilização do material, independentemente da quantidade utilizada do recurso na atribuição. Toda vez que se aloca um recurso do tipo material em uma tarefa, o valor estipulado no campo Custo por uso é adicionado à atividade uma única vez.

Importante – Os recursos do tipo custo não têm custos específicos associados. Esses custos são definidos na atribuição do recurso à atividade.

Outro campo importante é a *Acumulação de Custos*, que determina como esse custo será analisado do ponto de vista de pagamento. Existem três opções de acumulação:

- **Início** indica que o pagamento do recurso será feito integralmente no início da atividade.
- **Rateado** indica que o pagamento será feito proporcionalmente no tempo durante a execução da atividade.
- **Fim** indica que o pagamento será feito somente após o término da atividade. A *Acumulação de Custos* está intimamente ligada ao *Fluxo de Caixa* do projeto.

DICA

Os valores de custos de recursos devem ser inseridos na *Planilha de recursos* para que eles possam originar os custos das atividades ao serem atribuídos nelas.

24.4 Alterando o Tipo de Moeda em um Projeto

O Microsoft Project permite que o símbolo de moeda seja alterado na medida da necessidade do projeto (R$, US$, £, ¥ etc.). O formato de moeda será apresentado em todos os campos de custo do projeto.

Para alterar o formato da moeda:

1. acesse a guia *Arquivo (Backstage)* e escolha ***Opções***;
2. na tela *Opções do Project*, clique em ***Exibir***;
3. na área *Opções de moeda para esse projeto*, digite o símbolo, o posicionamento, o número de casas decimais ou o nome da moeda caso não saiba diretamente o símbolo e o posicionamento;

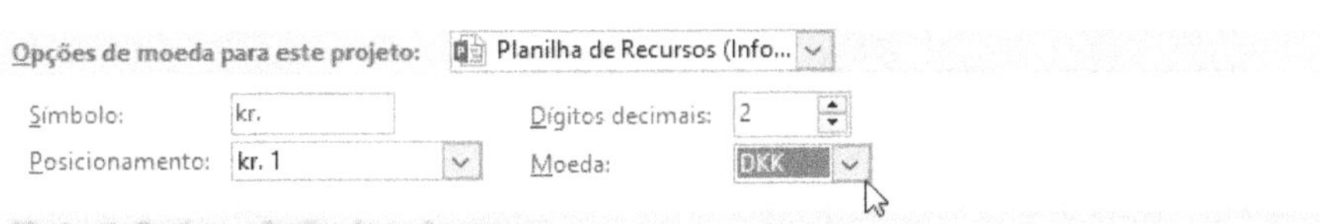

Figura 24.12 – Tela Opções do Project > Exibir com destaque para as opções de moeda

4. clique em ***OK*** para efetivar as mudanças.

Importante – Novos projetos sempre utilizarão como padrão o formato de moeda do Windows (Configurações Regionais). O Microsoft Project somente permite uma moeda por projeto.

24.5 Inserindo Custos Diferenciados Através da Tabela de Taxas de Custos

O Microsoft Project oferece diversos recursos para o gerenciamento avançado de custos de recursos, tais como atribuições de custos personalizados através da tabela de Taxas de custo.

As diferentes tabelas de taxas de custo disponíveis podem ser usadas para dar a um recurso até cinco conjuntos de taxas de custo de modo a suportar diferentes cenários de custos. Cada um desses cinco cenários permite até 25 taxas diferentes em cada uma das cinco tabelas de taxas de custo, suportando aumentos e diminuições para diferentes taxas iniciais de recursos.

DICA

Nos campos de taxas das tabelas de taxas de custo, podem ser inseridos aumentos ou diminuições de taxas em valores digitando uma nova taxa ou, em porcentagens, digitando +10% ou -10%, por exemplo. Quando inserir porcentagens, o Microsoft Project calculará a nova taxa com base no percentual determinado.

Para criar uma tabela de *Taxas de custo*:

1. na *Planilha de recursos*, dê um clique duplo no recurso desejado ou selecione o recurso e acesse a guia *Recurso* e clique em ***Informações***;
2. acesse a guia *Custos*;

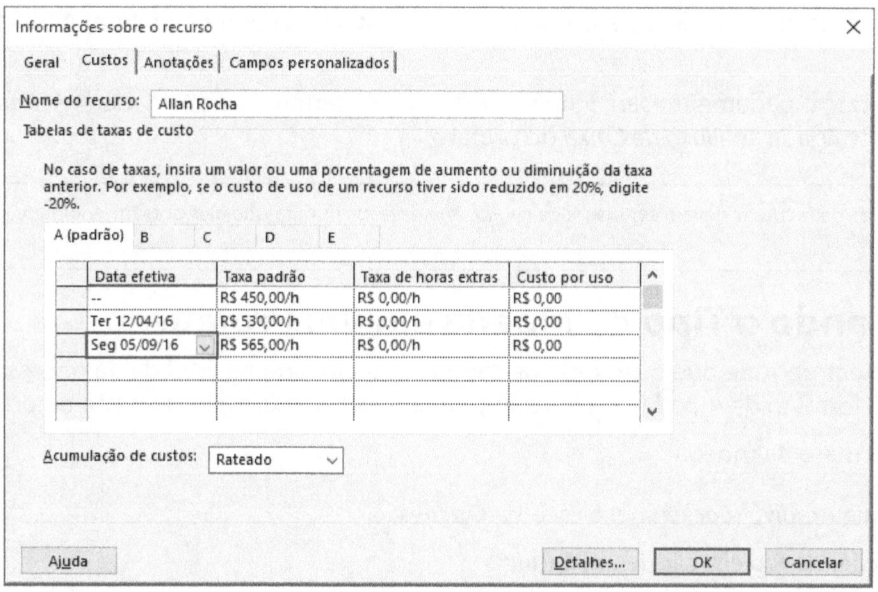

Figura 24.13 - Guia Custos de um recurso específico

3. digite a data efetiva (data a partir da qual o custo irá assumir o novo valor);
4. digite as taxas que entrarão em vigor na data efetiva;
5. repita os passos 3 e 4 para as outras datas de alteração de taxas para a **Tabela de custo A**;
6. repita os procedimentos 3, 4 e 5 para as tabelas de custos B, C, D e E, se necessário;
7. clique em ***OK***.

Capítulo 25

Atribuindo um Recurso a uma Atividade

Recursos são atribuídos a atividades para deixar claro quem é o responsável por sua condução. Atribuir recursos também ajuda a determinar quanto tempo se gastará para que a atividade seja concluída e, se o projeto também controlar custos, determinará o custo de cada atividade e, consequentemente, do projeto.

No caso dos novos recursos do tipo custo, eles são alocados para permitir que um custo específico seja alocado a uma atividade.

Uma atividade na maioria das vezes recebe mais de um recurso. Portanto, na maioria das vezes, será preciso atribuir recursos de trabalho e materiais a uma atividade de maneira quase simultânea.

Neste capítulo as atribuições serão ensinadas através da tela *Atribuir recursos*. O gerenciamento de recursos também pode ser realizado em outras áreas do Microsoft Project, tais como o campo *Nome do recurso* na *Planilha de tarefa* e a tela *Informações sobre a tarefa*.

25.1 Atribuindo Recursos de Trabalho

Quando se atribui um recurso de trabalho a uma atividade, especifica-se a parcela do tempo do recurso disponível para ela. O Microsoft Project denomina essa parcela de tempo de unidades de atribuição. O recurso pode ser atribuído em período integral (1 ou 100%) ou em qualquer outra parcela de tempo (0,2 ou 20%, por exemplo, com o tempo restante disponível para outras atribuições) ou vários (por exemplo, 2 ou 200% para dois recursos atribuídos a uma tarefa).

Para atribuir um recurso de trabalho a uma atividade:

1. clique em *Gráfico de Gantt* na *Barra de Visões*;
2. no campo *Nome da tarefa*, selecione a tarefa à qual deseja atribuir um recurso;
3. acesse a guia *Recurso* na *Faixa de Opções* e clique em ***Atribuir Recursos***;
4. no campo *Nome do recurso*, selecione o recurso que deseja atribuir à tarefa;
5. *(opcional e usado somente com a solução PPM configurada)* determine se o recurso é solicitado ou demandado no campo *S/D* (um recurso solicitado não pode ser substituído enquanto um recurso demandado pode ser substituído por outro com as mesmas qualificações quando existe um *pool* de recursos da empresa no Microsoft Project Online/Server);
6. determine a quantidade de recursos a ser alocada;
7. clique em ***Atribuir***;

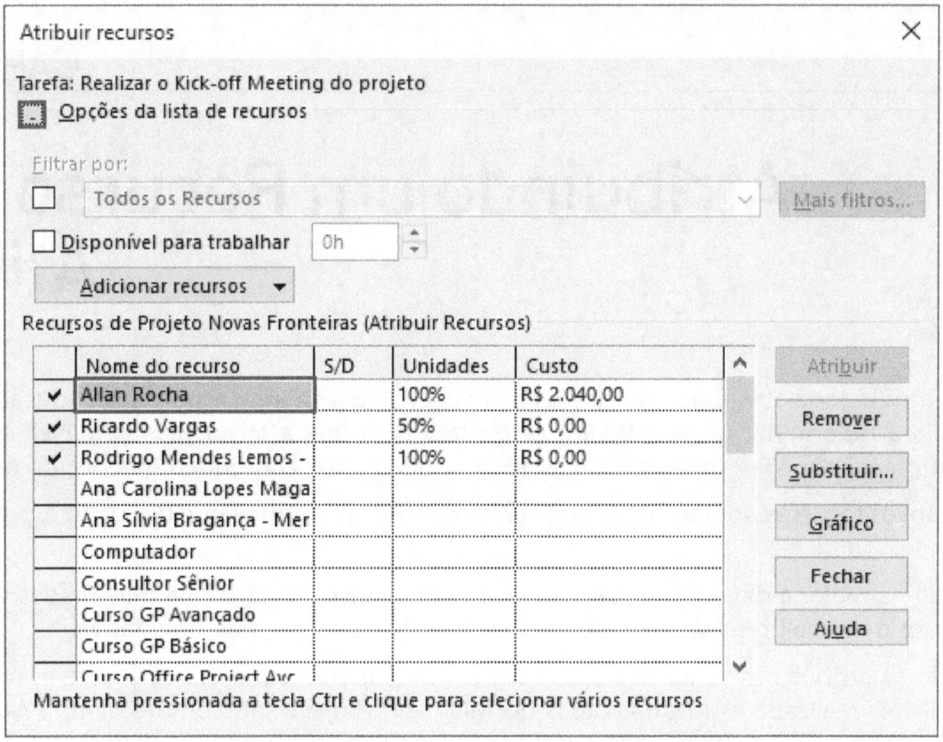

Figura 25.1 – Atribuição de recursos às atividades

8. repita os passos 4, 5, 6 e 7 para os outros recursos a serem inseridos.

Observa-se que o recurso alocado se desloca para o início da lista e que uma marca de seleção ✓ à esquerda do campo *Nome do recurso* indica que o recurso está atribuído à atividade selecionada.

DICA

A caixa de atribuição de recursos permanece aberta na tela até que o usuário finalize todas as atribuições no projeto e feche a tela.

A quantidade de recursos de trabalho pode ser dada em valores unitários ou porcentagem. Acesse a guia *Arquivo (Backstage)* e clique em *Opções*. Selecione a guia *Cronograma*. Clique em ***decimal*** ou ***porcentagem*** no campo *Mostrar unidades de atribuição como*.

25.2 Atribuindo um Recurso Material a uma Atividade

Quando se atribui um recurso material a uma tarefa, pode-se estabelecer se o uso do material se baseia no tempo (consumo de material variável) ou não (consumo de material fixo). No consumo de material fixo, a quantidade especificada de material independe da duração da atividade, como, por exemplo, dez sacos de cimento para um determinado trabalho, independentemente do tempo que ele leve para ser concluído. No consumo de material variável, a quantidade de material é especificada por unidade de tempo, como, por exemplo, dez sacos de cimento por dia de trabalho.

Observa-se que a atribuição no gráfico de *Gantt* também mostra o rótulo do material, ao lado da quantidade, facilitando a compreensão do projeto.

Para atribuir um recurso material a uma atividade:

1. clique em ***Gráfico de Gantt*** na *Barra de Visões;*
2. no campo *Nome da tarefa*, selecione a tarefa à qual deseja atribuir um material;
3. acesse a guia *Recurso* na *Faixa de Opções* e clique em ***Atribuir Recurso***;
4. no campo *Nome do recurso*, selecione o recurso que deseja atribuir à tarefa;
5. *(opcional e usado somente com a solução PPM configurada)* determine se o recurso é solicitado ou

demandado no campo *S/D* (um recurso solicitado não pode ser substituído enquanto um recurso demandado pode ser substituído por outro com as mesmas qualificações quando existe um *pool* de recursos da empresa no Microsoft Project Online/Server);

6. no caso de recursos alocados de modo fixo, digite a quantidade do recurso para toda a tarefa;
7. no caso de materiais que são consumidos no tempo, digite a quantidade por unidade de tempo, como, por exemplo, 3/dia, 2/h, etc.;
8. no caso de materiais que são consumidos baseados em uma medida, digite a quantidade por unidade de medida, por exemplo, $6m^2$;
9. clique em ***Atribuir***;

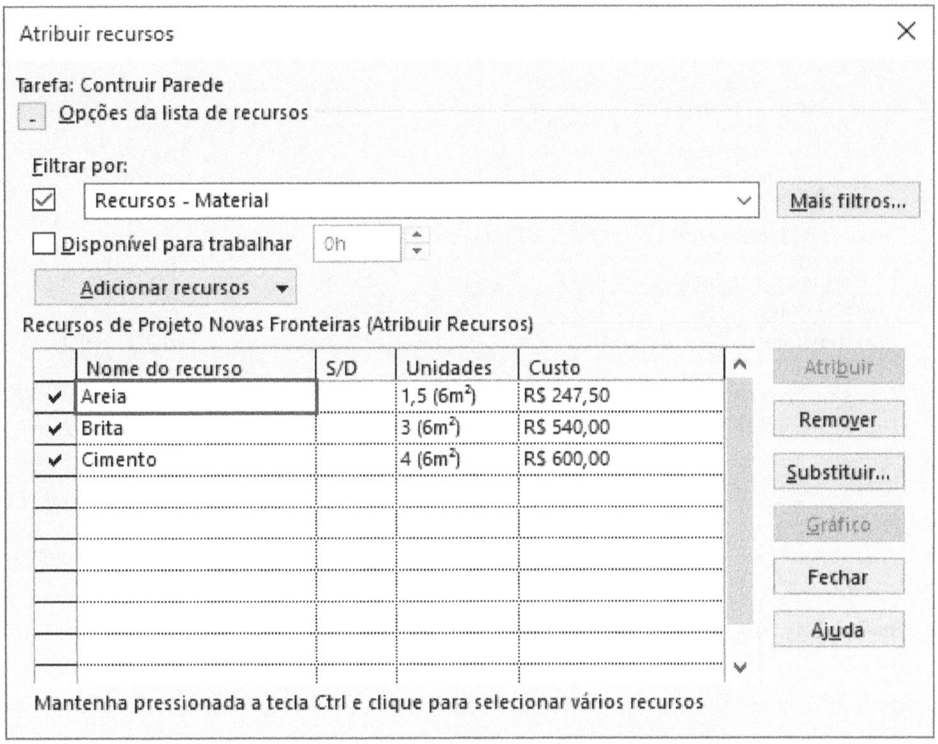

Figura 25.2 – Exemplo de atribuição dos materiais Areia, Brita e Cimento em uma taxa de $6m^2$ por unidade

10. repita os passos 4, 5, 6, 7, 8 e 9 para os outros materiais a serem inseridos.

Observa-se que o recurso alocado se desloca para o início da lista e que uma marca de seleção ✓ à esquerda do campo Nome indica que o recurso está atribuído à atividade selecionada.

25.3 Atribuindo um Recurso de Custo a uma Atividade

Os recursos do tipo custo têm um comportamento diferente dos demais recursos. Sua alocação tem como objetivo único o de alocar determinados custos ao projeto de forma organizada e estruturada. Eles também irão permitir a geração de relatórios informando custos globais de um projeto em um determinado grupo, como, por exemplo, os gastos com passagens aéreas no projeto.

Para atribuir um recurso de custo a uma atividade:

1. clique em ***Gráfico de Gantt*** na *Barra de Visões*;
2. no campo *Nome da tarefa*, selecione a tarefa à qual deseja atribuir um recurso de custo;
3. acesse a guia *Recurso* na *Faixa de Opções* e clique em ***Atribuir Recurso***;
4. no campo *Nome do recurso*, selecione o recurso de custo que deseja atribuir à tarefa;

5. digite o valor do uso daquele recurso naquela tarefa;
6. clique em ***Atribuir***;
7. repita os passos 4, 5 e 6 para os outros recursos a serem inseridos.

> **Importante** – Cada alocação de um recurso de custo permite que sejam inseridos valores distintos para cada atividade, ou seja, pode existir uma passagem aérea alocada por R$ 100 em uma tarefa e outra passagem aérea alocada por R$ 180 em outra tarefa.

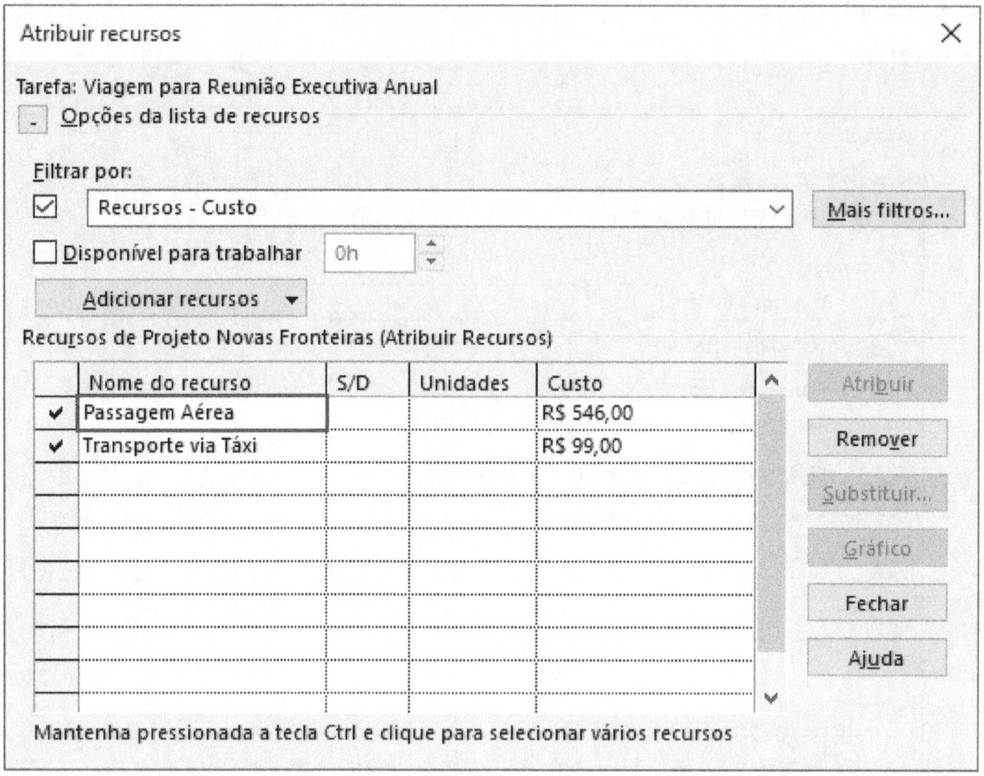

Figura 25.3 – Exemplo de atribuição dos recursos de custo Passagem Aérea e Transporte via Táxi

25.4 Excluindo uma Atribuição de Recursos

Caso seja necessário, a atribuição do recurso pode ser removida.

Para remover uma atribuição de recurso:

1. clique em ***Gráfico de Gantt*** na *Barra de Visões*;
2. no campo *Nome da tarefa*, selecione a tarefa à qual deseja remover a atribuição;
3. acesse a guia *Recurso* na *Faixa de Opções* e clique em ***Atribuir Recurso***;
4. no campo *Nome do recurso*, selecione o recurso que deseja remover da tarefa (todos os recursos atribuídos têm marca de seleção ✓);
5. clique em ***Remover***;
6. repita os passos 4 e 5 para os outros recursos a serem removidos da atividade selecionada.

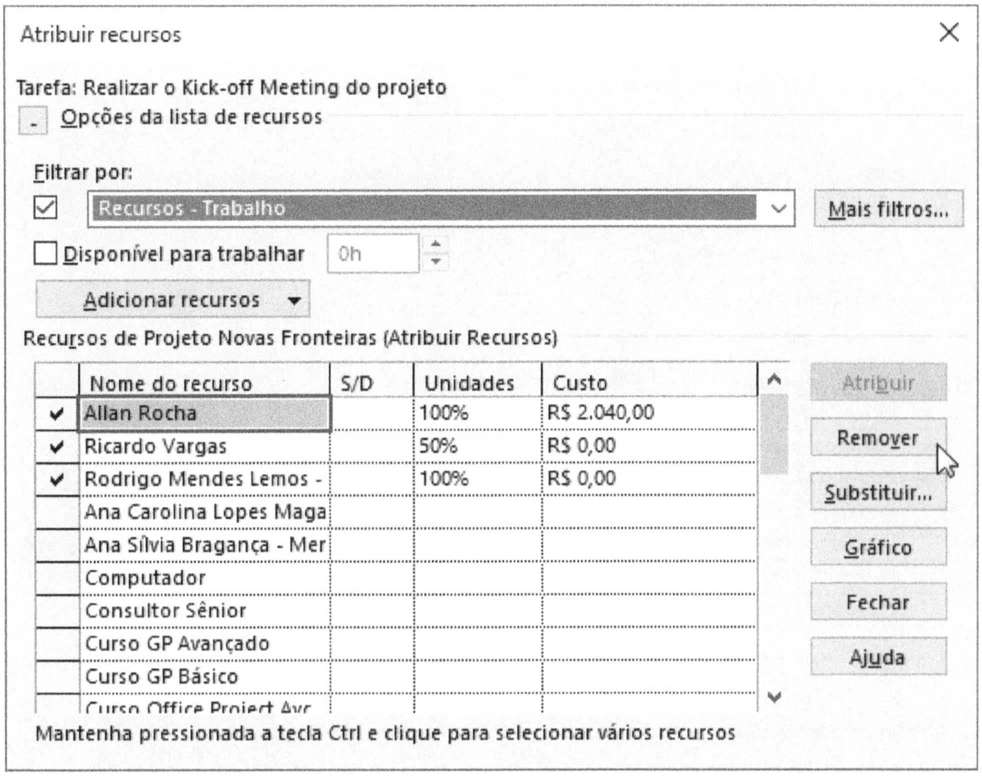

Figura 25.4 – Tela Atribuir recursos com destaque para o botão Remover

> **Importante –** Remover a atribuição do recurso não exclui o recurso do projeto.

25.5 Utilização das Opções da Lista de Recursos para Filtrar os Recursos

Outro recurso do Microsoft Project são as Opções da Lista de Recursos. Essas opções permitem que filtros e disponibilidade dos recursos sejam utilizados para encontrar os recursos adequados.

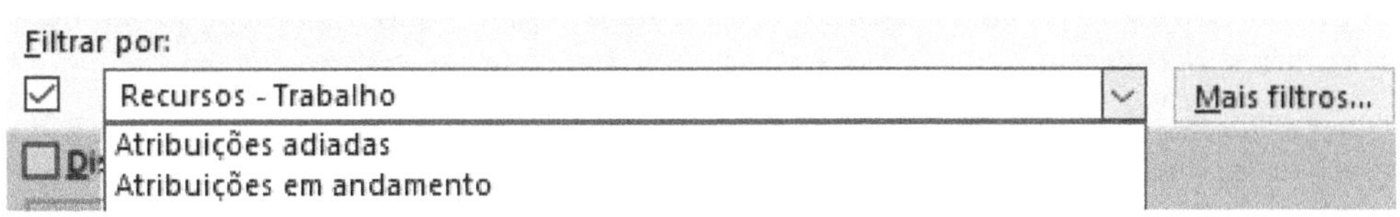

Figura 25.5 – Tela Atribuir recursos evidenciando as Opções da lista de recursos em Filtrar por

Já existe uma série de filtros predefinidos no Microsoft Project, porém diversos outros filtros específicos podem ser criados, como será visto posteriormente.

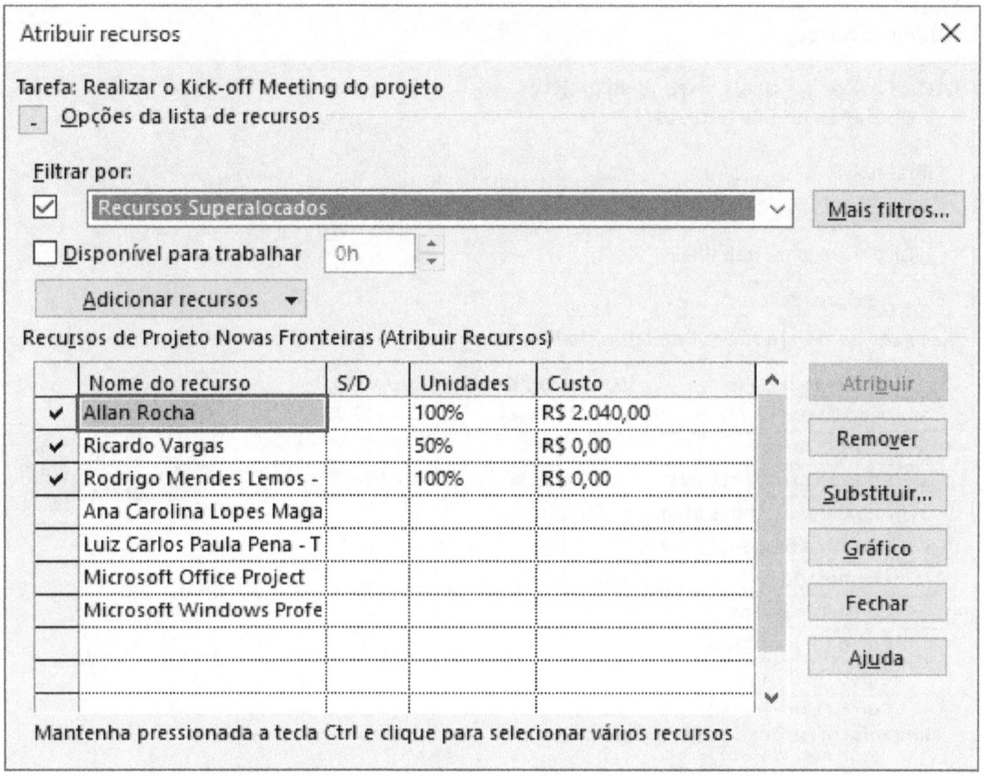

Figura 25.6 – Exemplo do filtro Recursos Superalocados

DICA

Ao clicar no botão *Gráfico*, o modo de exibição será alternado para o modo combinado de alocação, onde as tarefas são apresentadas na parte superior e o gráfico de alocação de recursos é apresentado na parte inferior. É uma excelente opção para avaliar as alocações desejadas.

25.6 Como o Microsoft Project Calcula a Duração de uma Atividade com Base nos Recursos Envolvidos

Uma das coisas mais importantes que qualquer usuário precisa entender ao trabalhar com recursos alocados no Microsoft Project é o mecanismo de cálculo que o programa usa para validar a alocação de recursos em função da duração do projeto e vice-versa.

O Microsoft Project calcula a duração de projetos tendo por base, ou não, a alteração da quantidade de recursos da atividade. Os tipos de controle de agendamento disponíveis são:

- unidades fixas;
- trabalho fixo;
- duração fixa.

Ao calcular o agendamento do projeto, o Microsoft Project calcula a seguinte expressão:

$$\text{Duração} = \frac{\text{Trabalho}}{\text{Unidades}}$$

Essa relação é gravada na primeira vez em que os recursos foram inseridos na atividade. Quando se altera a quantidade de recursos, a duração e a quantidade de horas de trabalho se ajustarão para manter o equilíbrio entre os fatores, de acordo com o que está definido no tipo de tarefa.

Importante – O mecanismo de cálculo automático é apenas disponibilizado para tarefas com modo de agendamento automático. Tarefas agendadas manualmente não necessariamente respeitam a relação duração/trabalho/recurso, uma vez que podem ser alteradas livremente.

Para alterar o tipo de tarefa de uma tarefa isolada:

1. dê um clique duplo na tarefa desejada ou selecione a tarefa e acesse a guia *Tarefa* e escolha ***Informações*** para abrir a tela *Informações da tarefa*;
2. selecione a guia *Avançado*;
3. na caixa *Tipo de tarefa*, escolha o tipo de atividade desejado.
   a. Se o tipo de tarefa atribuído for *Unidades fixas*, ao dobrar a atribuição, a quantidade de trabalho que um recurso precisa realizar (através do modo de exibição *Uso da Tarefa* ou *Uso do Recurso*), o Microsoft Project dobrará a duração da atividade para comportar a nova necessidade de trabalho, mantendo fixa a quantidade de recursos.
   b. Se o tipo de tarefa atribuído for *Duração fixa*, ao dobrar a quantidade de recursos de trabalho atribuída, o Microsoft Project manterá a duração da atividade constante, mas dobrará a quantidade de trabalho a ser realizado.
   c. Se o tipo de tarefa atribuído for *Trabalho fixo*, ao dobrar a quantidade de recursos de trabalho atribuída, o Microsoft Project reduzirá a duração da atividade pela metade para comportar a quantidade de trabalho preestabelecida.

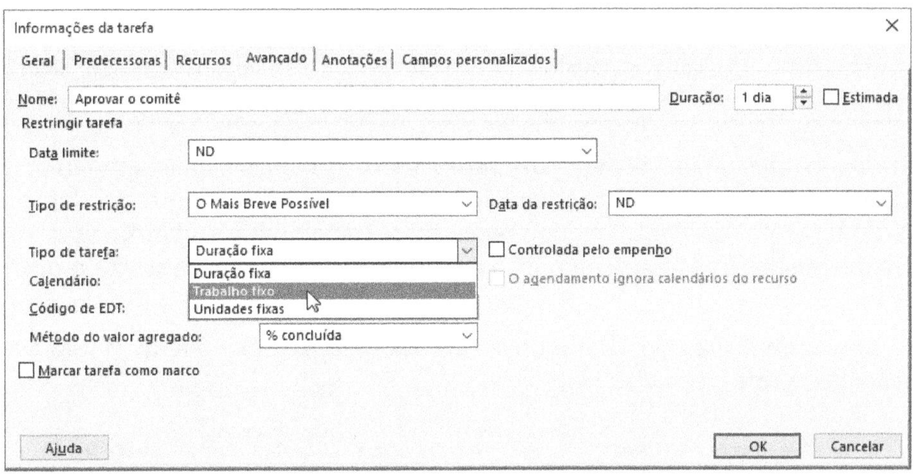

Figura 25.7 – Selecionando o tipo de tarefa na tela Informações da tarefa > Avançado

Ao usar essas opções de agendamento padrão do Microsoft Project, o usuário normalmente insere atividades, define durações e dependências, bem como faz a atribuição de recursos. Fica a cargo do mecanismo de cálculo do programa calcular as datas de início e término das atividades a partir da quantidade de trabalho calculada.

Por padrão, a alteração das durações das tarefas muda a quantidade de trabalho dos recursos atribuídos.

No entanto, algumas vezes a equipe do projeto precisará exercer um controle direto sobre a quantidade de trabalho atribuída aos recursos nas atividades e irá preferir que o Microsoft Project determine a duração do trabalho e as datas de início e término inseridas. Isso será útil se, em vez de gerenciar tarefas, o seu foco for o gerenciamento de recursos, especialmente quando estiver envolvida a cobrança por hora.

É possível fazer isso transformando todas as tarefas em tarefas de trabalho fixo e inserindo seus próprios valores de trabalho.

Se desejar programar de modo definitivo um dos três tipos de agendamento:

1. acesse a guia *Arquivo (Backstage)* e clique em ***Opções***;

2. clique na guia ***Cronograma***;
3. na caixa *Tipo de tarefa padrão*, escolha duração, unidades ou trabalho fixo;
4. caso deseje alterar o tipo de tarefa padrão para **TODOS** os futuros projetos, escolha *Todos os Novos Projetos* no item *Opções de agendamento deste projeto*;
5. clique em ***OK***.

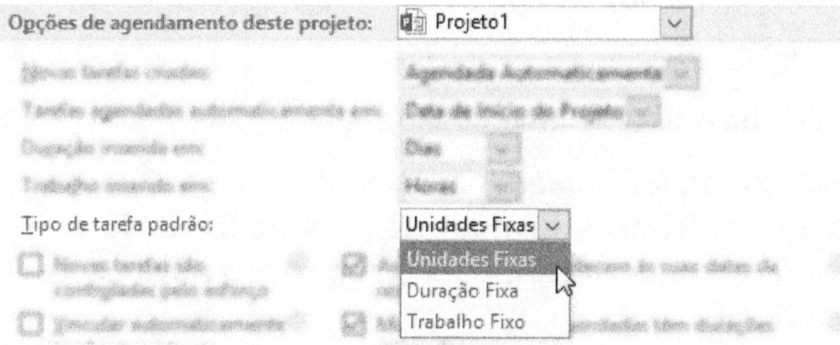

Figura 25.8 – Tela Opções do Project com destaque para o Tipo de tarefa padrão na guia Cronograma

O Microsoft Project também disponibiliza o conceito de *Smart tags* aplicado ao agendamento do trabalho. Ao alterar a quantidade de recursos ou a duração de uma atividade, seja para cima ou para baixo, existe uma relação entre a duração, o trabalho e a quantidade de recursos.

O indicador do *Smart Tag* aparecerá automaticamente com as opções de agendamento necessárias.

DICA

É possível desativar a exibição de *Smart Tags*. Para desativar sua exibição acesse a guia *Arquivo (Backstage)*, clique em *Opções* e escolha *Exibir*. Na área *Mostrar indicadores e botões de opção para*, desmarque a opção ***Edições em trabalho, unidades ou duração***.

Quando uma atividade é designada do tipo ***Unidades fixas***, o controle pelo empenho torna-se possível. **Controle por empenho** também conhecido como efeito mutirão, significa manter o valor total para o trabalho da tarefa, independentemente de quantos e quais recursos de trabalho estejam atribuídos a ela. Quando novos recursos são atribuídos, sejam eles iguais, ou não, aos anteriores, o trabalho restante é distribuído entre eles, reduzindo a duração.

Por exemplo, uma **atividade A** dura dez dias e utiliza um **recurso R**. Com o efeito mutirão, ao acrescentar um **recurso S**, a duração passa para cinco dias.

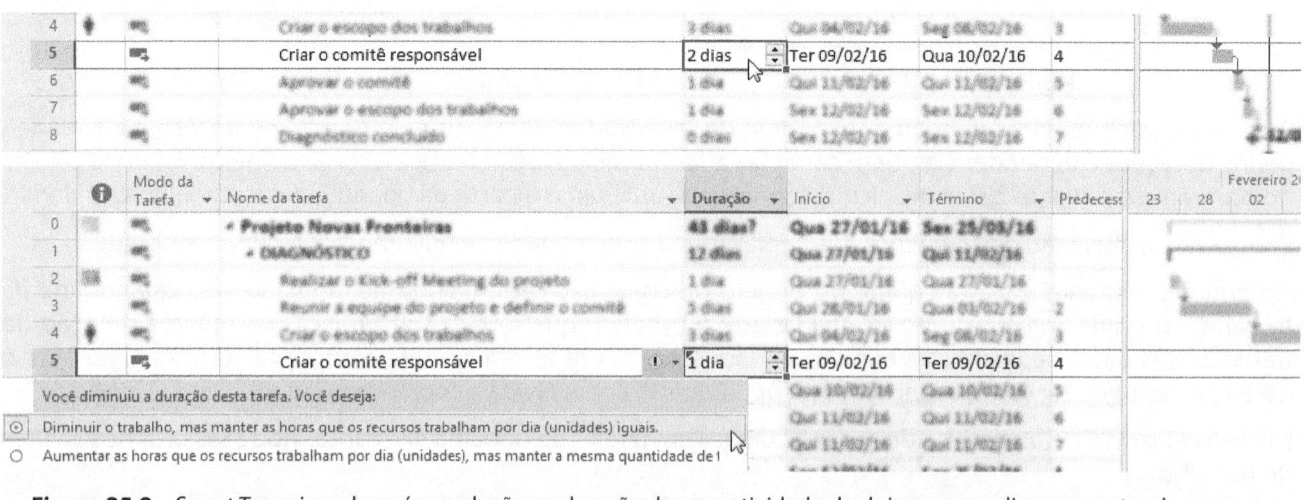

Figura 25.9 – *Smart Tag* acionado após a redução na duração de uma atividade de dois para um dia, apresentando as novas opções de agendamento, uma vez que a duração foi alterada

Se o controle pelo empenho estiver desativado, a atividade só tem sua duração alterada com o acréscimo ou o decréscimo de recursos já existentes. Por exemplo, uma **atividade A** dura dez dias e utiliza um **recurso R**.

Com o efeito mutirão desabilitado, ao acrescentar um **recurso S**, a duração permanece em dez dias, dobrando o trabalho total da tarefa, de modo a acomodar a necessidade de alocação de dois recursos.

O **agendamento controlado pelo empenho** se aplica apenas aos recursos que estão sendo adicionados ou removidos de uma atividade.

Regras básicas do agendamento controlado pelo empenho:

- Os cálculos só serão aplicados depois que o primeiro recurso for atribuído à tarefa. Quando um segundo recurso for aplicado, ou a quantidade do recurso anteriormente inserido for alterada, o valor total do trabalho não será alterado, mas, sim, a quantidade de trabalho de cada um dos recursos, podendo aumentar ou diminuir a duração das atividades.
- Os cálculos são refeitos quando se atribuírem vários recursos ao mesmo tempo em uma atividade, desde que sejam as primeiras atribuições da atividade. No entanto, após essa atribuição inicial de vários recursos, qualquer alteração na quantidade de recursos não alterará o valor total do trabalho, mas alterará o trabalho de cada recurso e a duração da atividade.

DICA

As atividades de resumo não permitem o ***agendamento controlado pelo empenho***.

Para ativar e desativar o **controle pelo empenho**:

1. selecione a atividade que deseja configurar;
2. dê um clique duplo na atividade ou acesse a guia *Tarefa* e clique no botão ***Informações***;
3. na tela *Informações da tarefa*, acesse a guia *Avançado*;
4. na caixa *Tipo de tarefa*, escolha *Unidades fixas*, caso ainda não o tenha feito;
5. clique em ***Controlada pelo empenho***;
6. clique em ***OK***.

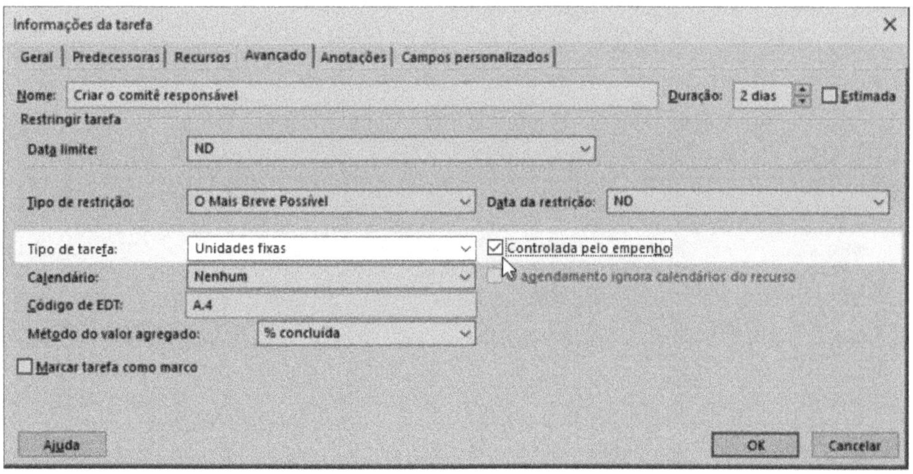

Figura 25.10 – Informações da tarefa destacando o controle pelo empenho em atividades de unidades fixas

25.7 Perfis de Alocação de Recursos nas Atividades (Delimitação do Trabalho)

Os Perfis de Alocação de Recursos fornecem opções sobre a forma de distribuição do trabalho em uma atribuição. A delimitação do trabalho determina a forma de distribuição do trabalho de uma atribuição durante a sua duração. Os perfis de alocação de recursos permitem que os recursos sejam alocados de maneira diferente da uniforme (se uma atividade dura dez dias e requer oitenta horas de trabalho, o Microsoft Project calculará oito horas/dia de trabalho uniformemente distribuídas).

		Contorno do Trabalho	Nome da tarefa	Trabalho	Trabalho de horas extras	Detalhe	Q	S	S
0			**◢ Projeto Novas Fronteiras**	**1.145,6 hrs**	**10 hrs**	Trab.	8h	8h	
1			**◢ DIAGNÓSTICO**	**163,2 hrs**	**10 hrs**	Trab.	8h	8h	
2			▷ Realizar o Kick-off Meeting do projeto	20 hrs	2 hrs	Trab.			
3			◢ Reunir a equipe do projeto e definir o comitê	40 hrs	0 hrs	Trab.	8h	8h	
		Uniforme	*Allan Rocha*	*40 hrs*	*0 hrs*	Trab.	8h	8h	
4			▷ Criar o escopo dos trabalhos	60 hrs	8 hrs	Trab.			
5			▷ Criar o comitê responsável	24 hrs	0 hrs	Trab.			

Figura 25.11 – Perfil de alocação uniforme no modo de exibição Uso da tarefa

O Microsoft Project tem sete perfis de alocação para os recursos nas atividades, além do uniforme e do personalizado. São eles:

- **Crescente** – O trabalho é agendado na atividade de forma gradativa até que, no último dia, esteja plenamente utilizado.
- **Decrescente** – O trabalho é agendado na atividade de forma decrescente até que, no último dia, não esteja mais sendo utilizado.
- **Pico duplo** – O trabalho é agendado com dois picos de trabalho.
- **Pico inicial** – O trabalho é agendado com um pico nos primeiros momentos do trabalho, ocorrendo uma queda nos valores de trabalho logo após esse pico. A velocidade de queda é mais lenta do que a velocidade de crescimento.
- **Pico final** – O trabalho é realizado em um crescente até que o valor máximo do trabalho é atingido, ocorrendo uma queda após esse máximo. A velocidade de queda é mais rápida do que a velocidade de crescimento.
- **Sino** – O trabalho é realizado em um crescente, atinge um máximo e cai logo em seguida, mantendo a velocidade de crescimento e queda na mesma proporção.
- **Tartaruga** – O trabalho é realizado em um crescente, atinge um máximo, permanece nesse máximo de trabalho por algum período e cai, mantendo a queda na mesma proporção do crescimento.

	Contorno do Trabalho	Nome da tarefa	Trabalho	Duração	Detalhe	Q	Q	S	S	31/Jan/16 D	S	T	Q	Q	S	S
1		◢ Tarefa Uniforme	40 hrs	40 hrs	Trab.		8h	8h			8h	8h	8h			
	Uniforme	*Recurso A*	*40 hrs*		Trab.		8h	8h			8h	8h	8h			
2		◢ Tarefa Crescente	40 hrs	66,67 hrs	Trab.		0,87h	1,47h			3h	4h	5,67h	6,33h	8h	
	Crescente	*Recurso B*	*40 hrs*		Trab.		0,87h	1,47h			3h	4h	5,67h	6,33h	8h	
3		◢ Tarefa Decrescente	40 hrs	66,67 hrs	Trab.		8h	8h			7h	6h	4,33h	3,67h	1,73h	
	Decrescente	*Recurso C*	*40 hrs*		Trab.		8h	8h			7h	6h	4,33h	3,67h	1,73h	
4		◢ Tarefa Pico Duplo	40 hrs	80 hrs	Trab.		2h	4h			8h	4h	2h	2h	4h	
	Pico duplo	*Recurso D*	*40 hrs*		Trab.		2h	4h			8h	4h	2h	2h	4h	
5		◢ Tarefa Pico Inicial	40 hrs	80 hrs	Trab.		2h	4h			8h	8h	6h	4h	4h	
	Pico inicial	*Recurso E*	*40 hrs*		Trab.		2h	4h			8h	8h	6h	4h	4h	
6		◢ Tarefa Pico Final	40 hrs	80 hrs	Trab.		0,8h	1,2h			2h	4h	4h	6h	8h	
	Pico final	*Recurso F*	*40 hrs*		Trab.		0,8h	1,2h			2h	4h	4h	6h	8h	
7		◢ Tarefa Sino	40 hrs	80 hrs	Trab.		0,8h	1,6h			3,2h	6,4h	8h	8h	6,4h	
	Sino	*Recurso G*	*40 hrs*		Trab.		0,8h	1,6h			3,2h	6,4h	8h	8h	6,4h	
8		◢ Tarefa Tartaruga	40 hrs	57,14 hrs	Trab.		2,57h	5,15h			7,72h	8h	8h	5,43h	2,85h	
	Tartaruga	*Recurso H*	*40 hrs*		Trab.		2,57h	5,15h			7,72h	8h	8h	5,43h	2,85h	
					Trab.											

Figura 25.12 – Modo de exibição Uso da tarefa com exemplos de cada tipo de alocação para uma atividade com quarenta horas e um recurso integral alocado (observe que as durações são alteradas de acordo com o tipo de delimitação do trabalho)

Para calcular esses **contornos de trabalho**, o Microsoft Project divide a duração da atribuição em dez segmentos, e as delimitações resultantes do trabalho são determinadas conforme exibido na tabela a seguir.

Os números representam a porcentagem do trabalho do recurso atribuído na tarefa em um dia, assumindo uma unidade de atribuição de 100% na tarefa. A delimitação pode ser aumentada ou condensada de acordo com a duração da atribuição.

	1	2	3	4	5	6	7	8	9	10
UNIFORME	100	100	100	100	100	100	100	100	100	100
CRESCENTE	10	15	25	50	50	75	75	100	100	100
DECRESCENTE	100	100	100	75	75	50	50	25	15	10
PICO DUPLO	25	50	100	50	25	25	50	100	50	25
PICO INICIAL	25	50	100	100	75	50	50	25	15	10
PICO FINAL	10	15	25	50	50	75	100	100	50	25
SINO	10	20	40	80	100	100	80	40	20	10
TARTARUGA	25	50	75	100	100	100	100	75	50	25

Para escolher um determinado perfil de alocação de trabalho no recurso:

1. altere o modo de exibição para *Uso da tarefa* ou *Uso do recurso*;
2. dê um clique duplo sobre o ***recurso*** (se utilizado o Uso da tarefa) ou sobre a ***atividade*** (se utilizado o Uso do recurso) na qual se deseja alterar o contorno do trabalho;
3. no campo *Contorno do trabalho*, escolha o tipo de agendamento de trabalho desejado;

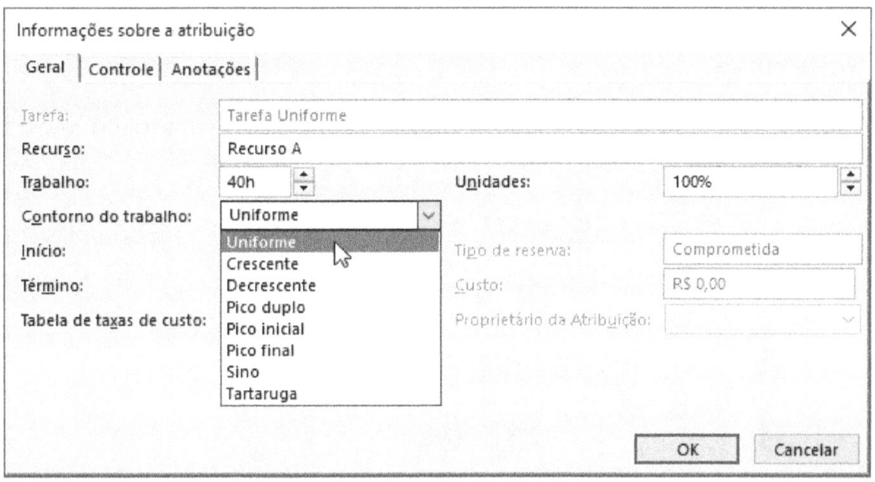

Figura 25.13 – Alterando a delimitação do trabalho através da tela Informações sobre a atribuição

4. Clique em ***OK***.

DICA

Para facilitar a escolha dos contornos do trabalho, insira uma nova coluna denominada *Contorno do Trabalho* no modo de exibição *Uso da tarefa* ou *Uso do recurso*.

Para inserir uma coluna, selecione a coluna à direita do local que deseja inserir, acesse a guia *Formato*, clique em ***Inserir Coluna*** e escolha o campo ***Contorno do trabalho***.

CAPÍTULO 26

Solucionando Problemas de Alocação de Recursos

Problemas de alocação de recursos ocorrem quando um recurso está sendo utilizado em uma quantidade superior ao máximo disponível naquele momento. O método a ser escolhido deverá reduzir as superalocações, sem deixar de analisar as limitações impostas pelo projeto como um todo – orçamento, disponibilidade de recursos e flexibilidade das atividades que compõem o cronograma, dentre outras.

Existem diversas formas de solução de conflitos. Alguns exemplos são os seguintes:

- substituição de recursos;
- troca da escala de trabalho;
- trabalho em hora extra;
- nivelamento de recursos.

Não existe uma solução ideal. Cada solução é o resultado do tipo de estratégia que está sendo adotado pelo projeto.

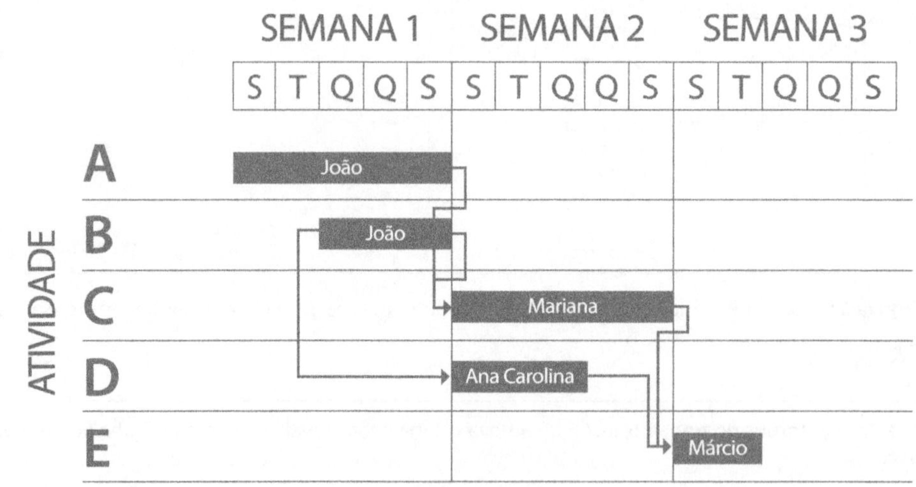

Figura 26.1 – Exemplo de conflito, onde o recurso João está superalocado nas atividades A e B (supondo alocação integral de João nas atividades A e B)

26.1 Substituição de Recursos

Quando for necessária a substituição de um recurso por outro, não é preciso remover o recurso a ser substituído para depois inserir o novo.

Para substituir recursos:

1. selecione *Gráfico de Gantt* na *Barra de Visões*;
2. no campo *Nome da tarefa*, selecione a tarefa que terá recursos substituídos;

3. acesse a guia *Recurso* na *Faixa de Opções* e clique em ***Atribuir Recurso***;
4. selecione o recurso atribuído que deseja substituir;

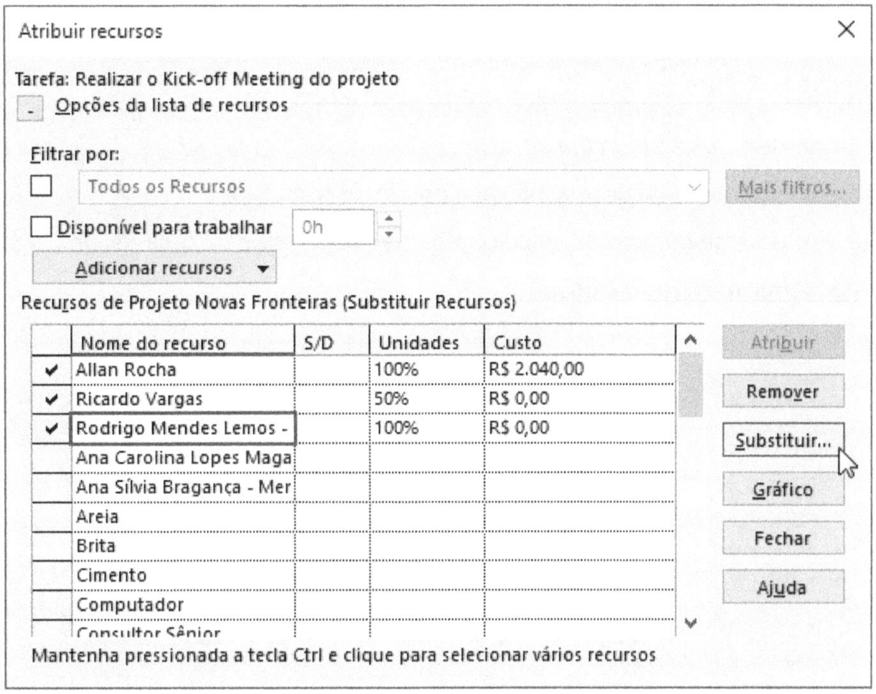

Figura 26.2 – Tela Atribuir recursos com destaque para o botão Substituir...

5. clique em ***Substituir...***;

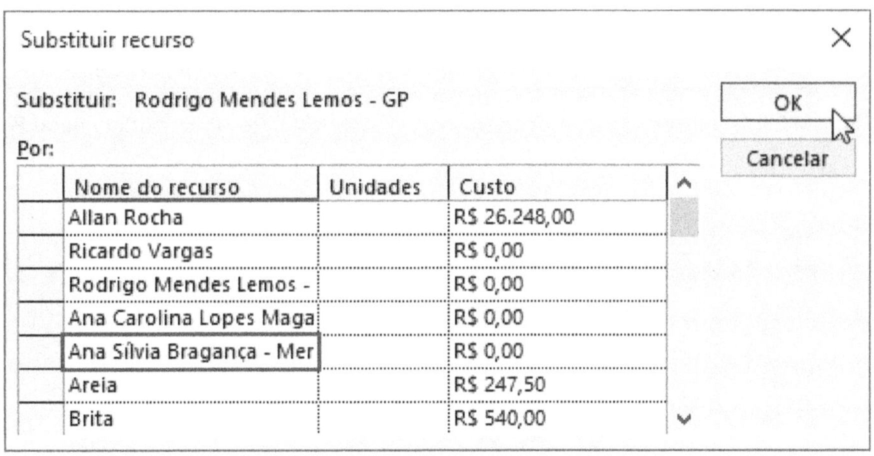

Figura 26.3 – Tela Substituir recurso

Informação – O Microsoft Project apresenta na coluna Custo a opção de substituição de um recurso de qualquer natureza por um recurso do tipo custo.

6. selecione um ou mais recursos para atribuir como substitutos e suas quantidades (não é necessária uma relação um para um);
7. clique em ***OK***.

Importante – Todos os custos referentes aos recursos substituintes serão agora considerados para o projeto, e os custos do recurso substituído serão desconsiderados.

26.2 Troca da Escala de Trabalho

Outra forma de solução de problemas com recursos é a troca da escala de trabalho do recurso, isto é, o recurso trabalha em horas especiais em uma parte do calendário e, em outro momento, tem sua compensação na escala de trabalho.

Para trocar a escala de trabalho:

1. selecione o modo de exibição *Planilha de Recursos* ou acesse a guia *Exibir* e clique em ***Planilha de Recursos***;
2. selecione o recurso para o qual deseja alterar a escala de trabalho;
3. dê um clique duplo nesse recurso ou selecione o recurso e clique na guia *Recurso > Informações*;
4. clique no botão ***Alterar Período Útil...***;

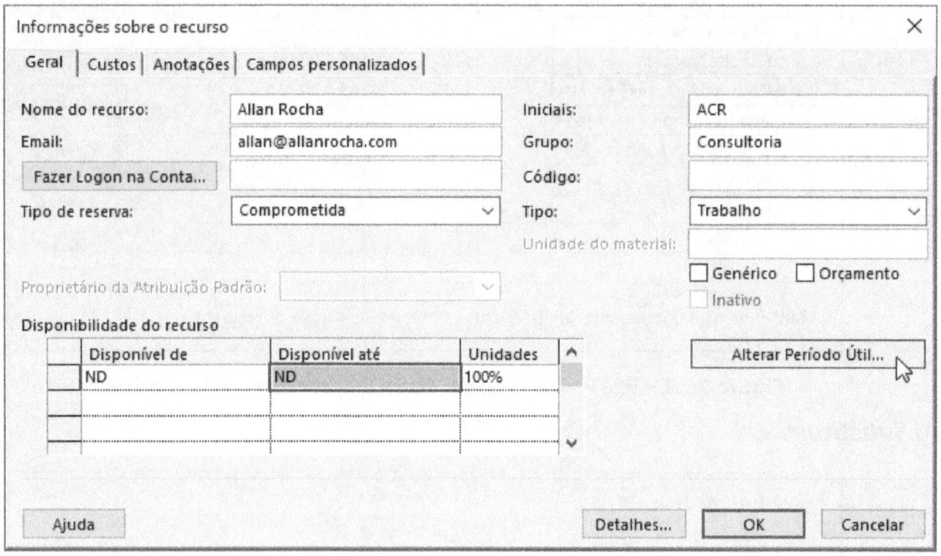

Figura 26.4 – Tela Informações sobre o recurso com destaque para o botão Alterar Período Útil...

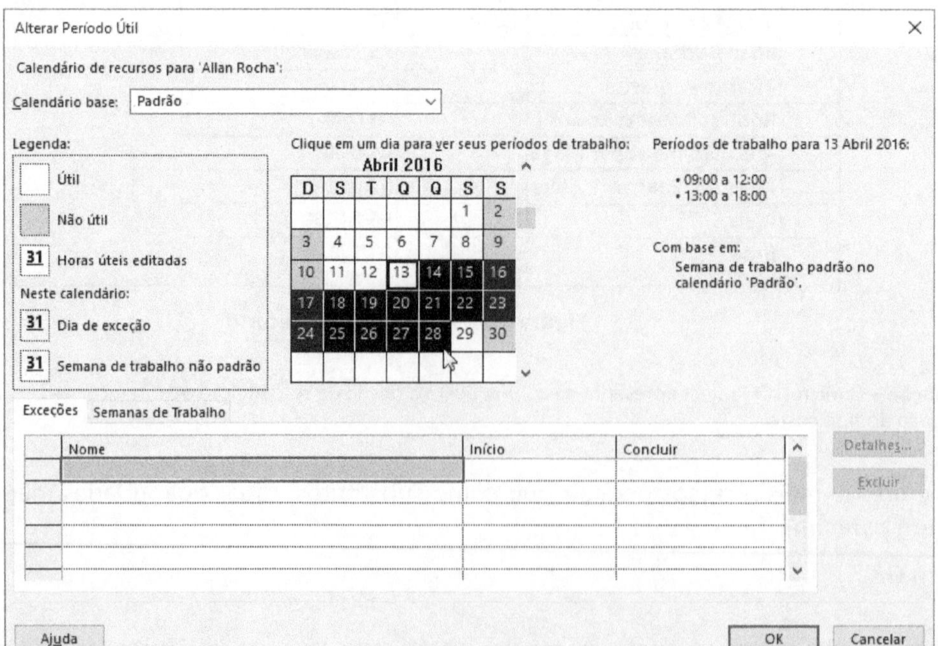

Figura 26.5 – Tela Alterar Período Útil para um determinado recurso

5. altere o calendário do recurso para que ocorram as devidas compensações na escala de trabalho do mesmo modo como foi visto anteriormente no tópico 15.2 Editando Calendários;
6. clique em ***OK***.

DICA

Se existirem outros recursos atribuídos à mesma tarefa, é importante que todos os calendários dos recursos sejam alterados para que se reflitam na atividade.

Outra opção é alterar o calendário da atividade, dando um clique duplo sobre a atividade, escolhendo a guia *Avançado*, determinando qual será o calendário novo para a tarefa, além de selecionar a opção *O agendamento ignora os calendários dos recursos* para que a atividade despreze os calendários dos recursos. Esses itens foram explicados em detalhes no capítulo de calendários.

26.3 Trabalho em Hora Extra

O volume de trabalho em um recurso atribuído a uma atividade agendada além das horas de trabalho normais disponíveis será cobrado como horas extras do recurso. O trabalho de horas extras não constitui trabalho adicional na atividade, não tendo período definido para realização.

Por exemplo, se um recurso estiver em 24 horas de trabalho com oito horas extras, o total de trabalho na atividade continuará a ser 24 horas: dezesseis horas regulares e oito horas extras.

A hora extra é inserida somente em recursos de trabalho a fim de diminuir o tempo que o recurso leva para concluir a atividade. Normalmente, as horas extras são utilizadas para diminuir a duração da atividade. Quando as horas extras são inseridas para um recurso em uma atividade, o programa recalcula o período da atribuição, subtraindo as horas extras do total de horas trabalhadas.

No que diz respeito aos custos, o programa utiliza para essas horas um custo diferenciado, proveniente do campo *Custo hora extra*.

Para inserir horas extras:

1. alterne o modo de exibição para *Uso do recurso* ou *Uso da tarefa*;
2. insira o campo *Trabalho de horas extras* em uma nova coluna na tabela do *Uso do recurso* ou do *Uso da tarefa*, através do botão Adicionar Nova Coluna;
3. na área onde o trabalho é lançado, clique com o botão direito do mouse e escolha ***Estilos de Detalhe...***;

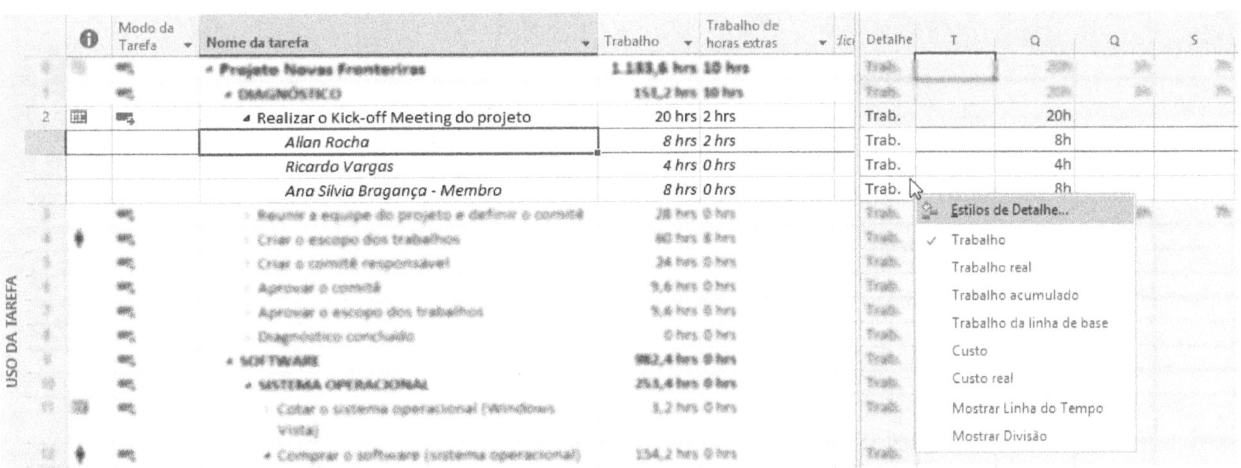

Figura 26.6 – Coluna Trabalho de horas extras exibida e menu aberto na área de entrada de trabalho ao pressionar o botão direito do mouse, com destaque para a opção Estilos de Detalhe...

4. na tela *Estilos de detalhe*, escolha *Trabalho de horas extras* e clique em ***Mostrar»***;

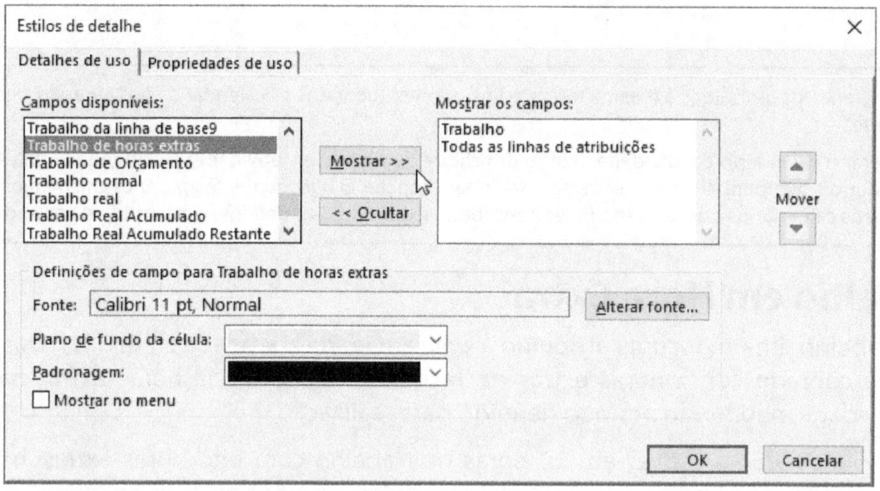

Figura 26.7 – Tela Estilos de detalhe com destaque para o campo Trabalho de horas extras

5. clique em ***OK*** para fechar a tela ***Estilos de detalhe***;
6. digite o valor do trabalho em horas extras na coluna criada. Todo o cronograma e os custos do projeto são recalculados, considerando-se os valores de horas extras criados.

Figura 26.8 – Modo de exibição Uso da tarefa com os campos de horas extras antes e depois da inserção de oito horas extras para o recurso na atividade prevista para um total de 24 horas (economia de um dia com oito horas normais usando apenas quatro horas extras por dia)

A quantidade de *trabalho de horas extras* especificada não é adicionada à quantidade de trabalho da tarefa porque o trabalho sempre representa a quantidade total de trabalho.

O *trabalho de horas extras* representa simplesmente a parte da quantidade total de trabalho que deve ser considerada e classificada como trabalho de horas extras. Quando se inserir o trabalho de horas extras, a duração da tarefa será reduzida.

Por exemplo, se o campo **Trabalho** indica *93 horas* e o trabalho em horas extras é de *dez horas*, isso significa que o **trabalho regular** de *83 horas* é somado com *dez horas* **extras**, totalizando as *93 horas* (total do trabalho).

> **Importante** - O detalhe de hora extra na região do trabalho não permite edição. As horas extras são sempre distribuídas uniformemente entre os dias regulares de trabalho.

DICA

No acompanhamento em controle de horas extras, o usuário deve utilizar os campos *Trabalho real de horas extras* e *Trabalho de horas extras restantes*, onde as horas realizadas podem ser inseridas e as restantes são calculadas a partir da diferença entre as horas extras agendadas e as realizadas.

26.4 Nivelamento de Recursos

O nivelamento de recursos tem como objetivo reagendar a atividade para um momento em que o recurso esteja disponível.

Nivelamento de recursos é o método mais usual de resolução de conflitos de recursos, porém diversas vantagens e desvantagens devem ser avaliadas.

VANTAGENS

- Não altera o custo direto do projeto, alterando apenas o fluxo de pagamentos.
- Processo menos traumático para os recursos.

DESVANTAGENS

- Na maioria dos casos, gera atrasos no cronograma do projeto.
- Algoritmo complexo de cálculo, sendo viável apenas se calculado por programas de computador.

Use o nivelamento de recursos quando a sequência das atividades não for vital e existir um certo nível de tolerância em caso de potenciais atrasos decorrentes dos ajustes do nivelamento. Por exemplo, se houver várias tarefas atribuídas a determinado recurso, mas não houver dependência entre as atividades, o Microsoft Project poderá ajustá-las conforme necessário, pois o recurso pode trabalhar nessas atividades em qualquer ordem.

Para facilitar o trabalho com os recursos, o Microsoft Project tem uma área da guia Recurso chamada Nível. Nela todos os comandos relacionados ao nivelamento de recursos são apresentados.

Figura 26.9 - Guia Recursos com destaque para os botões relacionados ao nivelamento (Nível)

> **Importante** - O termo **Redistribuir**, utilizado até a versão do Microsoft Project 2010, foi completamente substituído por **Nivelar**.

26.4.1 Definindo Restrições e Prioridades no Nivelamento

As restrições limitam os ajustes que o Microsoft Project pode fazer ao determinar quais atividades devem ser niveladas. A definição de prioridades ocorre quando uma atividade não puder ser atrasada de forma alguma ou quando houver atividades que podem ser atrasadas se um nivelamento for necessário.

As restrições e as prioridades devem ser alteradas somente em casos de real necessidade.

DICA

Não use o nivelamento de recursos quando o projeto estiver agendado do término para o início. Quando um projeto é agendado a partir de uma data de término, não existe margem de atraso para nivelar as atividades.

Os principais tipos de restrições são os seguintes:

- **O mais breve possível** – A atividade deve iniciar o mais breve possível (padrão do Microsoft Project).
- **O mais tarde possível** – A atividade deve iniciar o mais tarde possível, não permitindo folgas entre as atividades.
- **Deve iniciar em** – A atividade deve iniciar em uma data especificada no campo *Data da restrição*.
- **Deve terminar em** – A atividade deve terminar em uma data especificada no campo *Data da restrição*.
- **Não iniciar antes de** – A atividade somente se inicia após uma determinada data, especificada no campo *Data da restrição*.
- **Não iniciar depois de** – A atividade tem uma data limite para se iniciar, especificado no campo *Data da restrição*.
- **Não terminar antes de** – A atividade somente é concluída após uma determinada data, especificada no campo *Data da restrição*.
- **Não terminar depois de** – A atividade tem uma data limite para ser concluída, especificada no campo *Data da restrição*.

Para atribuir a uma atividade uma das restrições anteriores:

1. dê um clique duplo na tarefa que terá as restrições alteradas ou selecione essa tarefa, acesse a guia *Tarefa* e escolha *Informações* para abrir a tela *Informações da tarefa*;
2. selecione a guia *Avançado*;
3. na caixa *Tipo de restrição*, escolha o tipo de restrição desejado;
4. se for o caso de escolha de um tipo de restrição que necessite de uma data especificada, digite-a no campo *Data da restrição*;

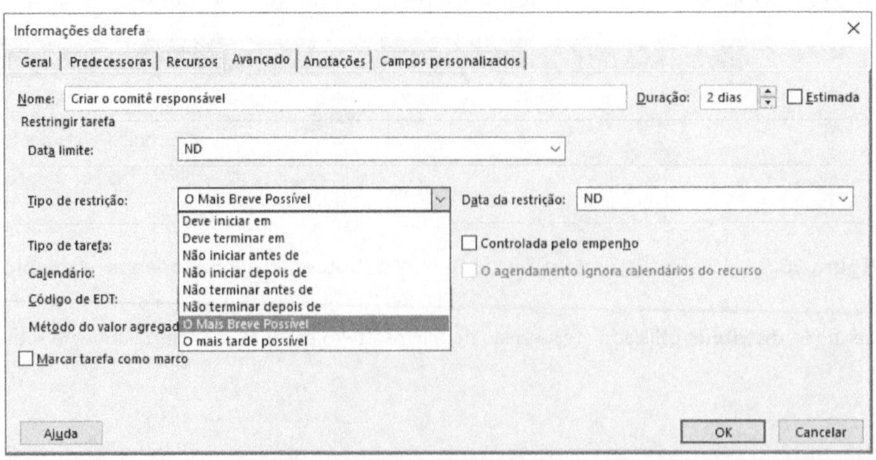

Figura 26.10 – Tela Informações da tarefa com destaque para a opção Tipo de restrição

5. clique em ***OK***.

Além das restrições, um outro fator fundamental no *nivelamento de recursos* diz respeito às prioridades da atividade. A prioridade indica a importância de uma atividade e a disponibilidade para nivelamento. As tarefas com prioridade mais baixa são atrasadas ou divididas prioritariamente.

No Microsoft Project, as prioridades da atividade são numéricas, variando de 0 a 1000. Quanto mais alto for o número da prioridade de uma atividade, menos possibilidade ela tem de ser atrasada com o nivelamento.

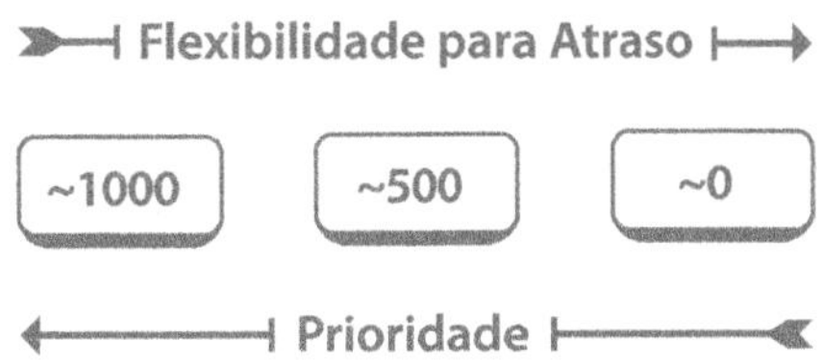

Figura 26.11 – Flexibilidade para atraso em função da prioridade

Para atribuir uma prioridade:

1. dê um clique duplo na tarefa que terá a prioridade alterada ou selecione essa tarefa e acesse a guia *Tarefa* e escolha *Informações* para abrir a tela *Informações da tarefa*;
2. selecione a guia *Geral*;
3. no campo *Prioridade*, atribua o valor desejado (o padrão é 500);

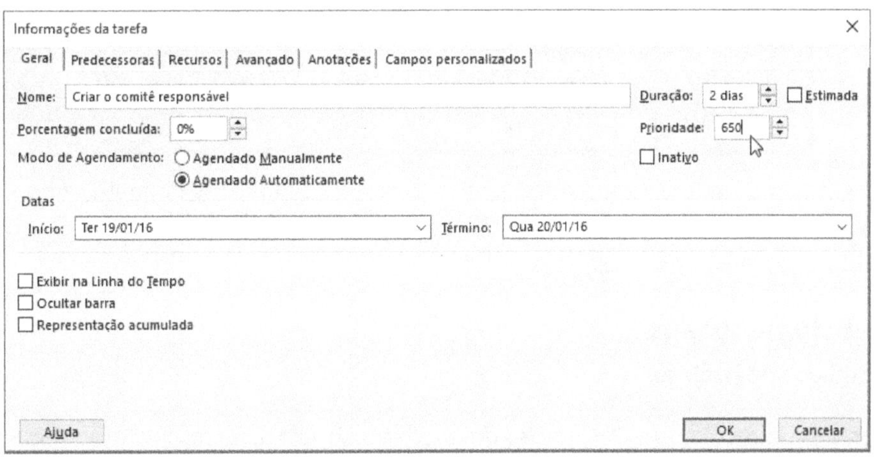

Figura 26.12 – Definindo prioridades das atividades na tela Informações da tarefa

4. clique em ***OK***.

DICA

Não se deve esquecer que, no Microsoft Project, os projetos também têm prioridades. Essas prioridades são utilizadas ao nivelar atividades em diferentes projetos. Para alterar a prioridade do projeto, acesse a guia *Projeto* e clique no botão ***Informações sobre o projeto***.

26.4.2 Disponibilidade Variável de Recursos

O Microsoft Project inclui a habilidade de contornar a disponibilidade de recursos, ou seja, os recursos podem ter o campo *Unidades máximas* variável com o tempo. Por exemplo, pode-se definir que, neste mês, o projeto contará com quatro unidades do recurso pedreiro e que, no mês seguinte, essa quantidade poderá ser aumentada para seis pedreiros. Essa funcionalidade é útil na definição das unidades disponíveis no tempo para um recurso individual ou grupo de recursos, tornando o nivelamento muito mais real e aplicável.

Para criar disponibilidade variável para um recurso:

1. selecione o modo de exibição *Planilha de Recursos* ou acesse a guia *Exibir* e clique em ***Planilha de Recursos***;
2. selecione o recurso cuja disponibilidade se deseja alterar;
3. dê um clique duplo nesse recurso ou selecione o recurso e clique na guia ***Recurso > Informações***;
4. na guia *Geral*, insira as datas *Disponível de* e *Disponível até*, bem como a quantidade disponível para esse período;
5. repita o procedimento anterior para criar todas as variações de disponibilidade desejadas;

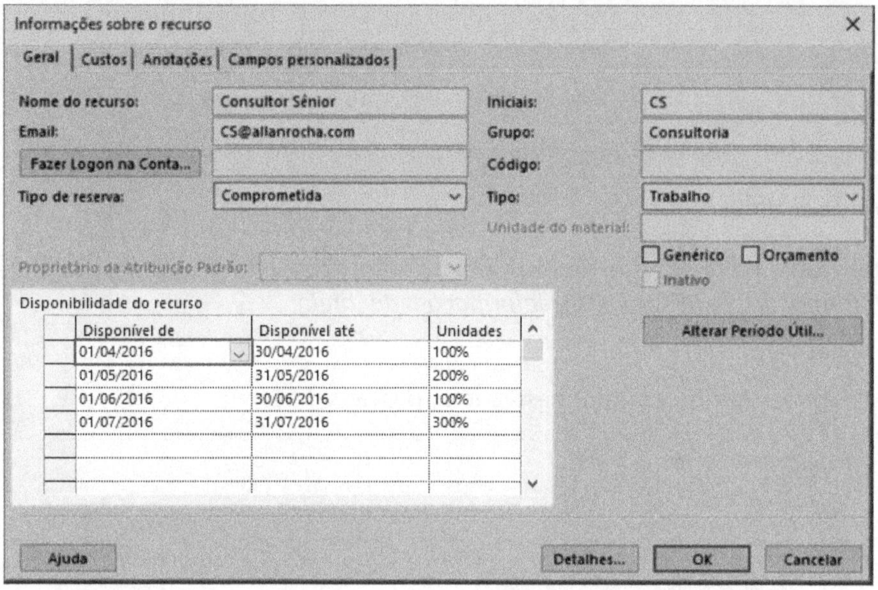

Figura 26.13 – Recurso Consultor Sênior com disponibilidade variável: 1 recurso disponível em abril de 2016, 2 recursos em maio, 1 novamente em junho e, finalmente, 3 recursos em julho

6. clique em ***OK*** para efetivar as mudanças.

26.4.3 Nivelando Recursos

Para nivelar os recursos do projeto:

1. verifique, através do modo de exibição *Uso da tarefa* ou *Uso do recurso*, se algum recurso está superalocado. Se o recurso estiver superalocado, ele será apresentado na cor vermelha (destaque);

DICA

O Microsoft Project tem um campo chamado Pico, que calcula a quantidade máxima do recurso que está sendo utilizado no projeto. Para exibir o campo *Pico*, acesse a guia *Formato* e escolha ***Inserir Coluna***.

2. acesse a guia *Exibir* e clique no botão ***Gráfico de Gantt***;
3. escolha *Mais modos de exibição*, selecione *Gantt de Nivelamento* e clique em ***Aplicar***;

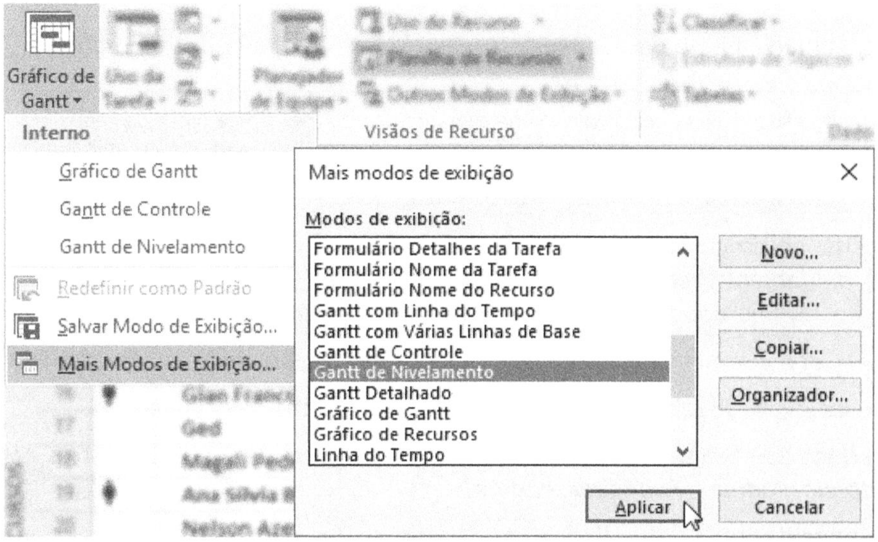

Figura 26.14 – Tela Mais modos de exibição com destaque para o modo de exibição *Gantt* de Nivelamento

4. essa visualização permite o acompanhamento do projeto antes e depois do nivelamento, bem como a defasagem de cada atividade através do campo ***Atraso do nivelamento***;

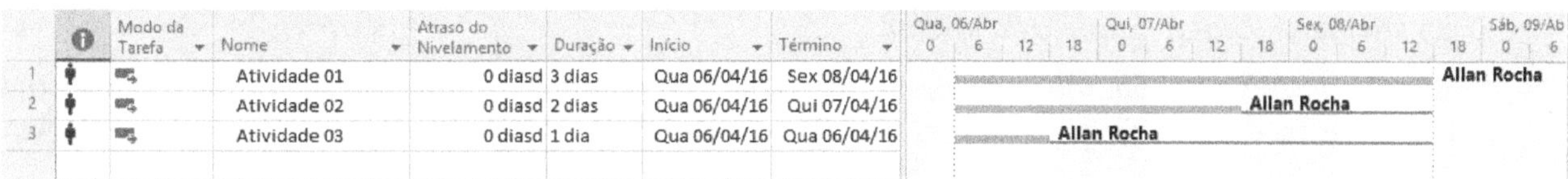

Figura 26.15 – *Gantt* de Nivelamento antes do nivelamento com as margens de atraso de cada atividade

5. acesse a guia *Recurso* e clique em ***Opções de Nivelamento*** para que os parâmetros do nivelamento sejam determinados;

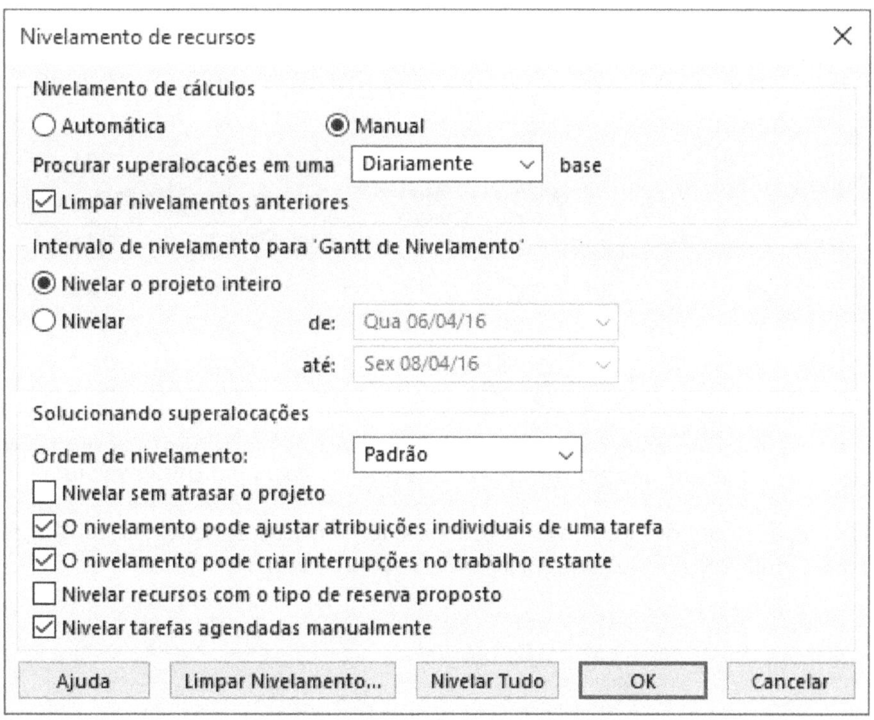

Figura 26.16 – Tela Nivelamento de recursos

6. determine se o nivelamento do recurso será feito de forma automática ou manual;

DICA

Nivelamentos automáticos são pouco usuais e consomem um tempo elevado de processamento, uma vez que cada entrada ou edição de um dado implica um novo nivelamento. Os nivelamentos manuais são os mais utilizados porque o usuário consegue controlar e determinar quando o nivelamento será efetuado.

7. escolha a forma de procura por superalocações (precisão). A procura poderá ser realizada a cada *minuto*, a cada *hora*, *diariamente*, *semanalmente* ou *mensalmente*. Essa precisão irá permitir, ou não, a tolerância à superalocação, ou seja, até que se detalhe, o trabalho será considerado superalocado;
8. clique em *Limpar nivelamentos anteriores* se desejar anular os nivelamentos anteriormente efetuados;
9. determine o intervalo de tempo onde ocorrerá o nivelamento do projeto;
10. escolha a ordem do nivelamento no campo *Ordem de nivelamento*. Existem três ordens de nivelamento: *Número da tarefa*, *Padrão* e *Prioridade, padrão*.

    A ordem *Número da tarefa* determina, como critério de desempate entre duas atividades superalocadas, o número de identificação (ID), ou seja, quanto menor for seu ID, menor a possibilidade de ser deslocada em consequência do nivelamento;

    A ordem *Padrão* analisa, inicialmente, a folga de cada atividade. Quanto maior a folga, maior a possibilidade de deslocamento durante o nivelamento. Se ocorrer empate na folga, o critério passa a ser o ID da atividade (ordem *Número da tarefa*);

    A ordem *Prioridade, padrão* utiliza, inicialmente, o critério de prioridade da atividade, definido anteriormente como primeiro critério de desempate. Caso as atividades envolvidas no nivelamento tenham a mesma prioridade, a ordem de controle do nivelamento passa a ser a padrão;
11. defina os outros parâmetros para o nivelamento, dentre eles, se o nivelamento pode atrasar o projeto, se o nivelamento pode alterar os perfis de alocação de recursos (visto no capítulo de recursos), se o trabalho pode ser interrompido e retomado posteriormente (interrupções) e se os recursos atribuídos como propostos devem, ou não, ser incluídos nos cálculos de nivelamento;
12. clique em ***Nivelar Tudo***;
13. compare as situações antes e depois do nivelamento através do modo de exibição ***Gantt de nivelamento***.

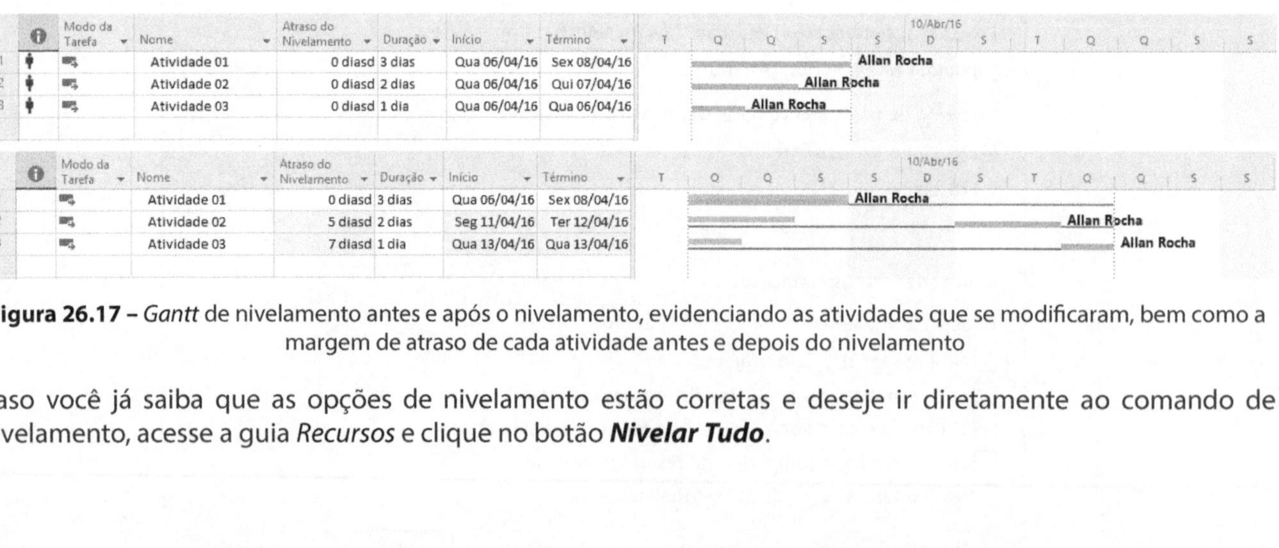

Figura 26.17 - *Gantt* de nivelamento antes e após o nivelamento, evidenciando as atividades que se modificaram, bem como a margem de atraso de cada atividade antes e depois do nivelamento

Caso você já saiba que as opções de nivelamento estão corretas e deseje ir diretamente ao comando de nivelamento, acesse a guia *Recursos* e clique no botão ***Nivelar Tudo***.

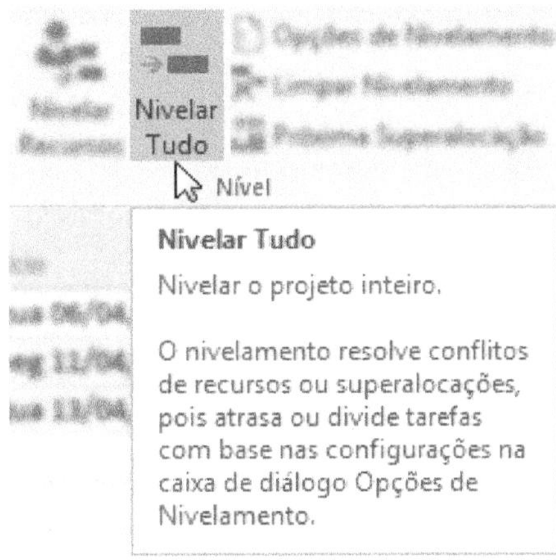

Figura 26.18 – Guia Recurso com destaque para o botão Nivelar Tudo

Caso deseje apenas nivelar um recurso específico, acesse a guia *Recursos* e clique no botão *Nivelar Recursos*. Escolha o recurso a ser redistribuído (caso seja mais de um recurso, basta clicar em `Ctrl` e selecionar os recursos) e clique em ***Nivelar Agora***.

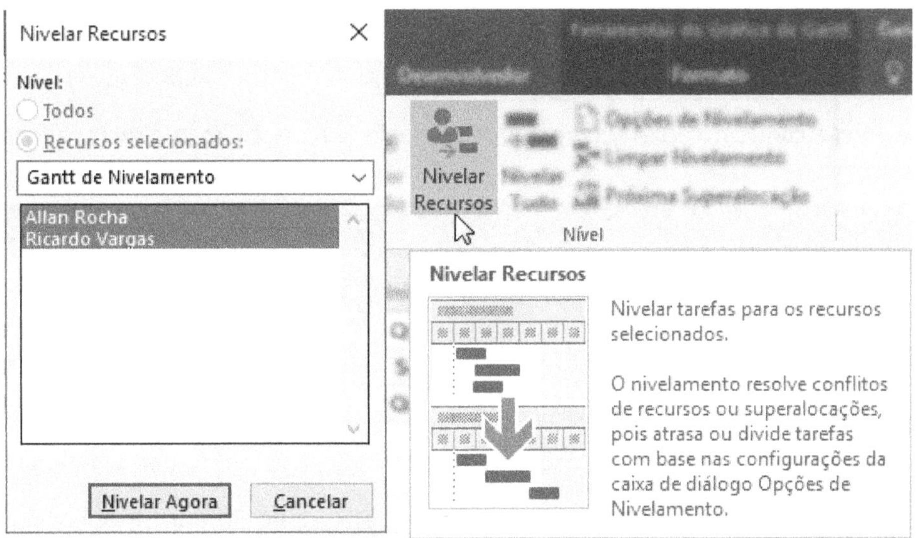

Figura 26.19 – Tela Nivelar Recursos

26.5 Limpando o Nivelamento Realizado

Para limpar o nivelamento realizado:

1. acesse a guia *Recursos*;
2. clique no botão ***Limpar nivelamento***;
3. determine se o nivelamento será apagado para o projeto inteiro ou somente para as atividades selecionadas;
4. clique em ***OK***.

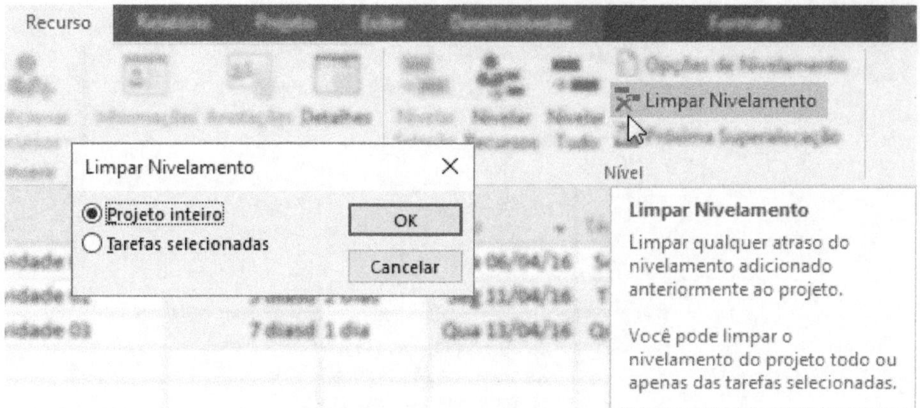

Figura 26.20 – Botão Limpar Nivelamento com a tela Limpar Nivelamento em destaque

26.6 Exibindo Problemas de Alocação com o Inspetor de Tarefas

Uma das formas mais efetivas de visualizar problemas de alocação de recursos é através do inspetor de tarefas, que permite entender quais recursos estão alocados acima da capacidade disponível no período, facilitando o entendimento da alocação.

Como já foi visto anteriormente, para acessar o inspetor de tarefas:

1. selecione a atividade a ser inspecionada;
2. acesse a guia *Tarefa*, clique no botão ***Inspecionar*** e selecione a opção ***Tarefa de Inspeção***.

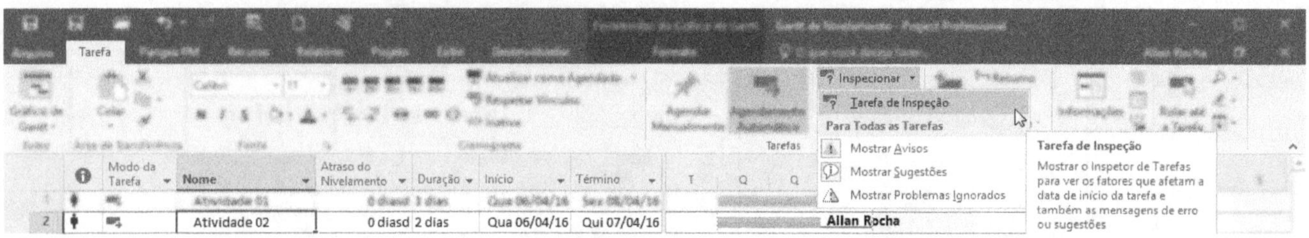

Figura 26.21 – Guia Tarefa com a opção Tarefa de Inspeção destacada no botão Inspecionar

Na área lateral da tabela, inspecione as informações sobre a tarefa, especialmente as opções disponíveis na área ***Ações***.

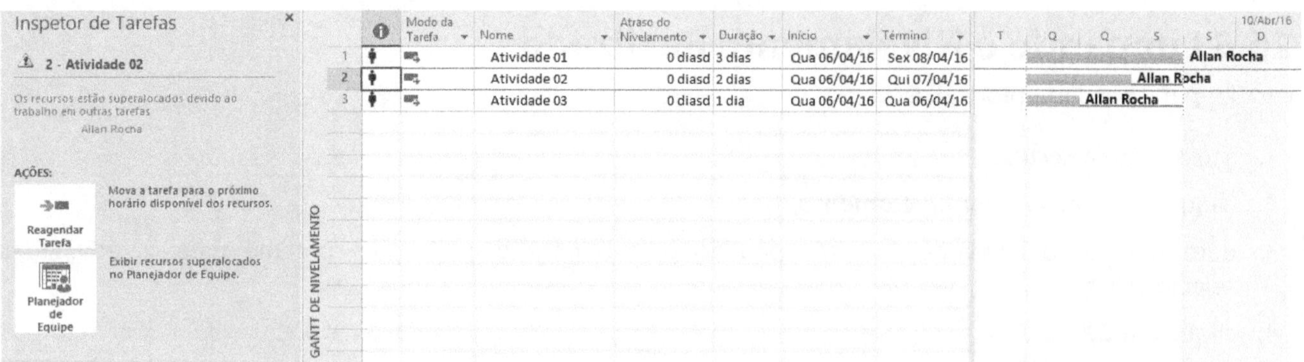

Figura 26.22 – Tela Inspetor de Tarefas

Capítulo 27

Planejador de Equipe

Uma das principais novidades introduzidas desde a versão 2010 do Microsoft Project foi o **Planejador de Equipe**, um modo de exibição de agendamento de recursos que permite interagir com seu cronograma de uma maneira que não era possível em versões anteriores do Project.

O potencial visual do **Planejador de Equipe** permite ver rapidamente as tarefas em que os membros da equipe estão trabalhando e movê-las de um recurso para outro com um simples arrastar do mouse.

Permite também a exibição do trabalho não atribuído, das superalocações, dos nomes das tarefas e dos recursos. Por exemplo, se um recurso estiver superalocado, basta arrastar uma tarefa de um recurso para outro para que a superalocação desapareça.

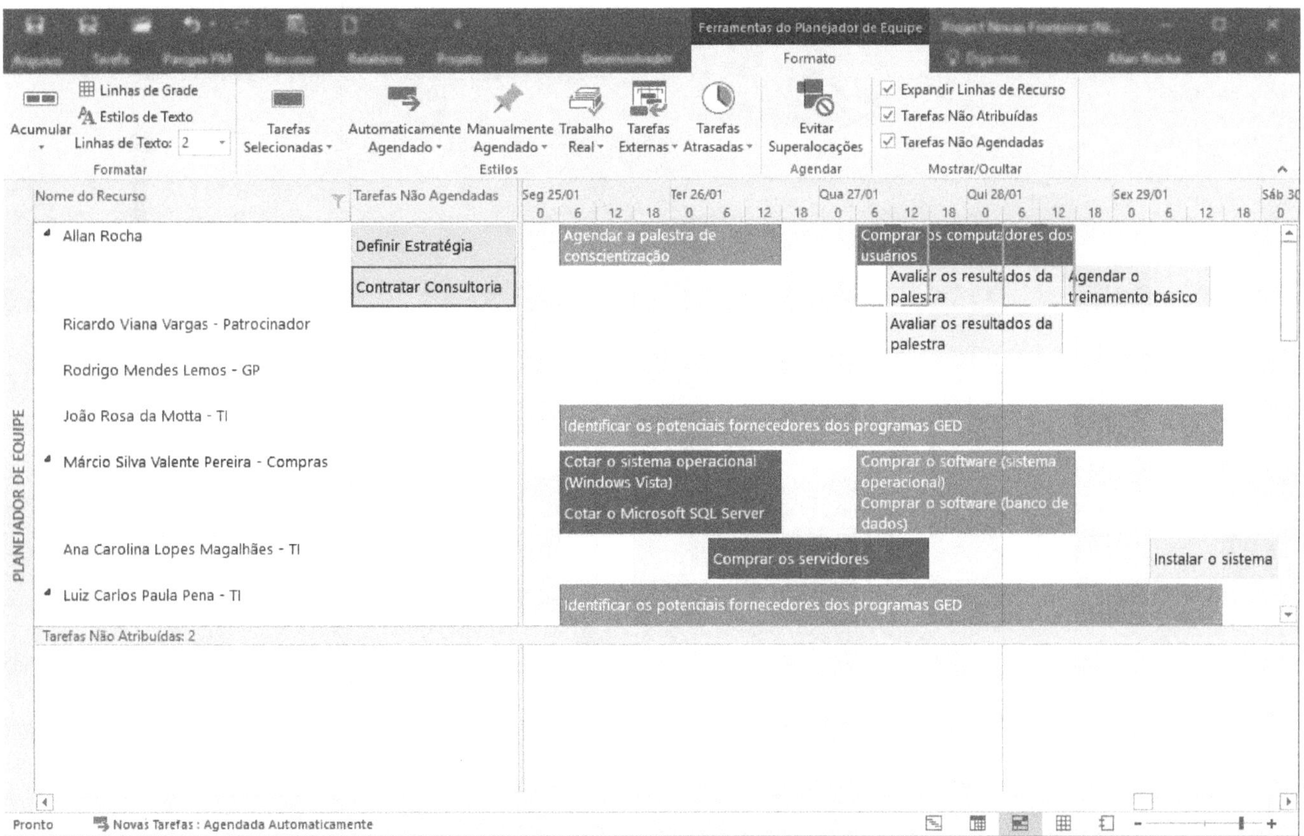

Figura 27.1 – Planejador da Equipe

A tela do Planejador da Equipe se subdivide em quatro partes distintas:

- **Listagem dos Recursos** – Parte superior esquerda da tela que lista os recursos de trabalho disponíveis no projeto.
- **Tarefas Não Agendadas** – Coluna localizada ao lado do Nome do Recurso que exibe todas as tarefas com agendamento manual atribuídas para um determinado recurso.

- **Mapa de Alocação** – Área gráfica do modo de exibição que exibe as tarefas de cada recurso em uma linha do tempo. Nesse mapa cada atribuição é apresentada como uma barra ao longo do tempo e os problemas de alocação são evidenciados em vermelho. A linha vertical contendo a data atual separa as tarefas atrasadas e as tarefas futuras. O andamento do trabalho pode ser visualizado em cada barra de atribuição.
- **Tarefas Não Atribuídas** – Parte inferior da tela que mostra todas as tarefas que não têm recursos alocados.

O **Planejador da Equipe** pode ser exibido através do seu ícone na *Barra de Visões* ou através das guias *Exibir* ou *Recurso*.

Sugere-se que o Planejador de Equipe seja usado para editar e administrar os recursos de trabalho já inseridos. Esse recurso ainda tem algumas limitações para fazer a alocação inicial de recursos nas tarefas, dentre elas a capacidade de divisão de tarefas e a alocação inicial de mais de um recurso em uma tarefa.

Uma vez realizada a alocação inicial, edições podem ser feitas utilizando diretamente o *Planejador de Tarefas*.

Para atribuir uma atividade a um recurso específico basta clicar na atividade e arrastar sua barra até o recurso desejado na data desejada e soltar.

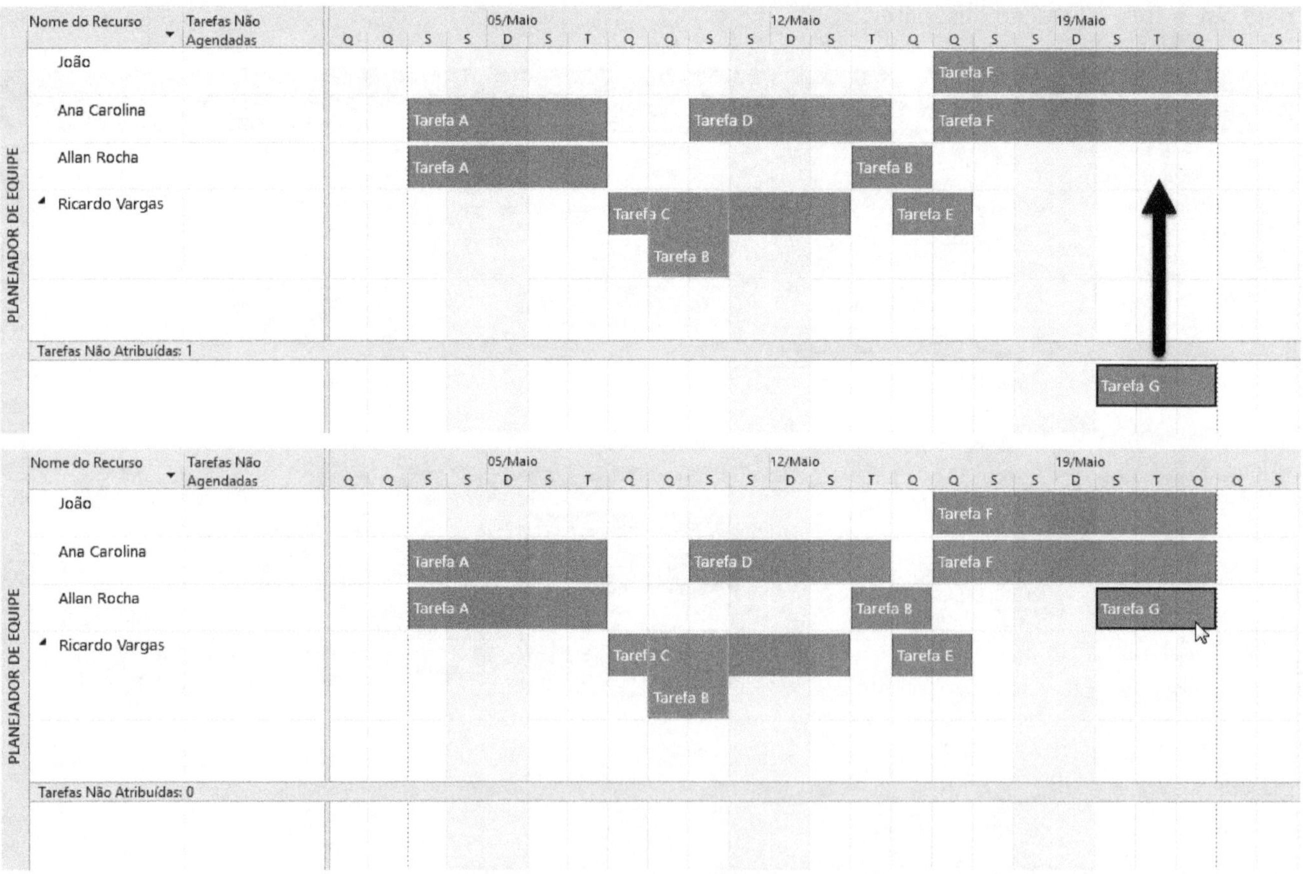

Figura 27.2 – Atribuindo a Tarefa G para o recurso Allan Rocha através do Planejador de Equipe – telas mostrando o antes (acima) e o depois (abaixo) de se arrastar a Tarefa G

O Planejador de Equipe também permite que as alocações sejam movidas lateralmente dentro de um recurso ou até mesmo de um recurso para outro respeitando o mesmo processo de arrastar e soltar descrito anteriormente, conforme apresentado na figura a seguir.

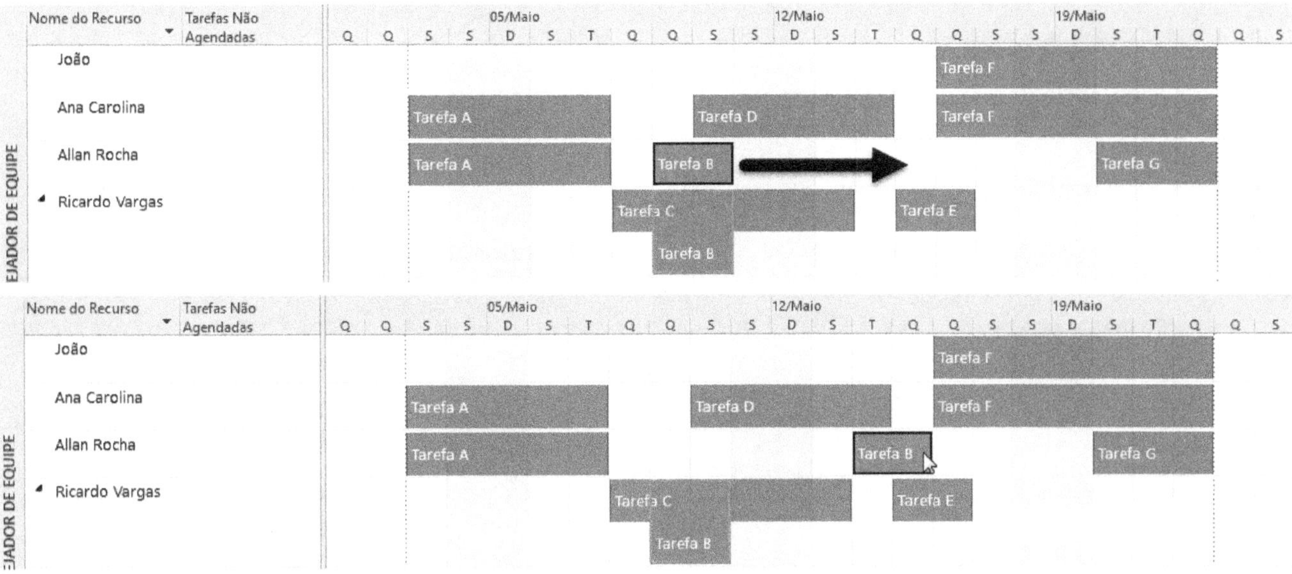

Figura 27.3 – Alterando o agendamento do trabalho da Tarefa B atribuído ao recurso Allan Rocha

Outro uso extremamente importante do Planejador de Equipe é a visualização de problemas de alocação de recursos. Toda vez que um recurso estiver alocado em uma quantidade superior ao estabelecido, o Planejador de Equipe irá marcar com uma linha vermelha as atribuições em conflito.

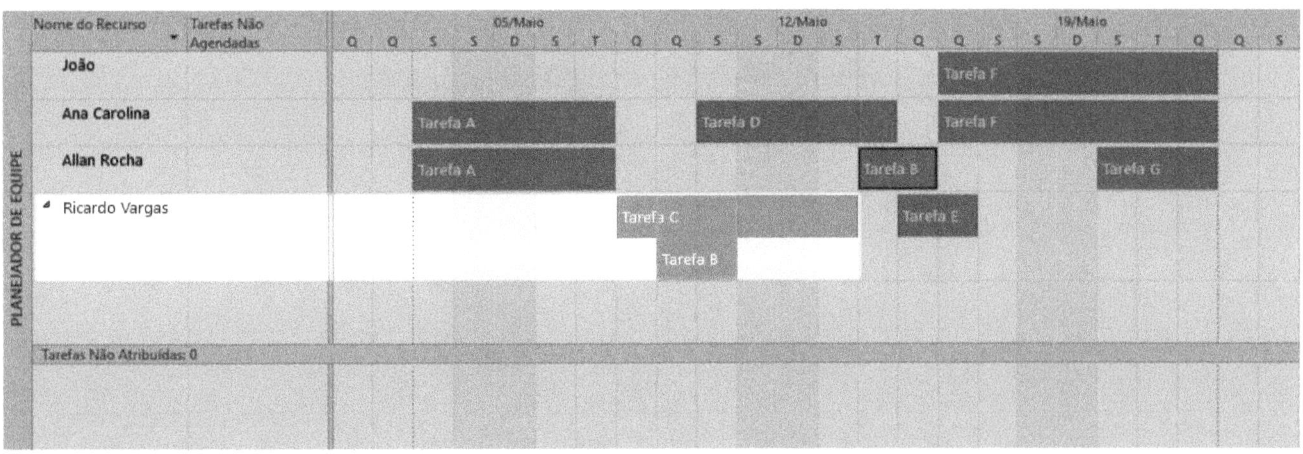

Figura 27.4 – Recurso Ricardo Vargas com problemas de alocação evidenciados pelo Planejador de Equipe (tarefa B sobrepondo tarefa C)

Para resolver o conflito basta seguir os procedimentos anteriormente apresentados e mover a atribuição para um outro período de tempo onde não exista conflito. Observe pela figura a seguir que, quando o conflito é resolvido, a linha vermelha desaparece e as demais atividades são acomodadas e recalculadas de acordo com a rede de precedência.

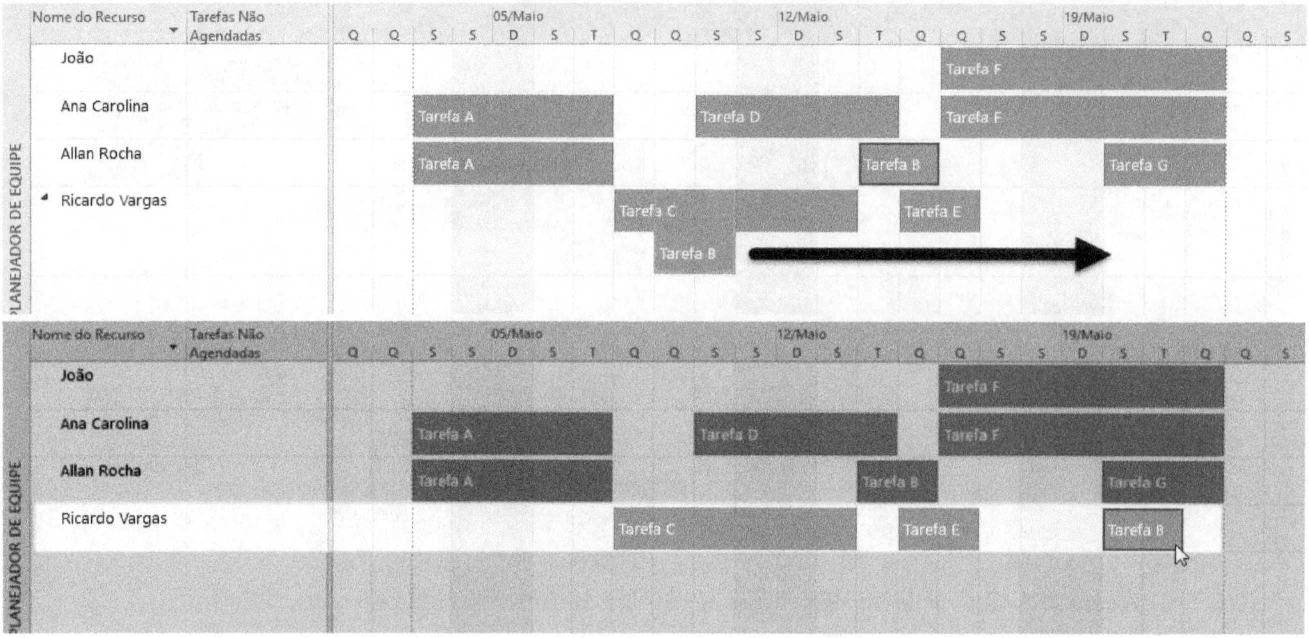

Figura 27.5 – Recurso Ricardo Vargas arrastado para a nova posição, resolvendo o conflito

Caso deseje que o Microsoft Project evite automaticamente qualquer tipo de superalocação, acesse a guia *Formato* e clique no botão ***Evitar Superalocações*** (modo de exibição *Planejador de Equipe*).

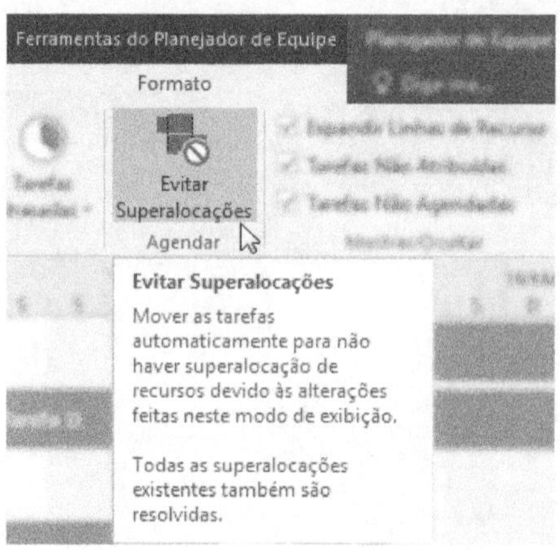

Figura 27.6 – Modo de exibição Planejador de Equipe na guia Formato com destaque para o botão Evitar Superalocações

DICA

Cuidado deve ser tomado com essa função, uma vez que o cálculo automático pode ocultar e inibir outras formas de resolução de conflito, e o problema nem será percebido pelo gerente do projeto.

O Planejador de Equipe também permite uma série de formatações, que serão discutidas posteriormente no livro.

Capítulo 28

Custos

Para muitos gerentes de projetos, o custo é um aspecto importante do controle do projeto. Por exemplo, considerações sobre o custo podem determinar com que rapidez as tarefas são realizadas e como os recursos (tais como equipamento e trabalhadores) são usados. Em alguns casos, o sucesso de um projeto pode ser medido por quão próximos os custos finais do projeto estão dos seus custos previstos na linha de base (*baseline*).

O Microsoft Project permite monitorar, continuamente, os custos de recursos e atividades.

Entre as principais funções de custos, estão as seguintes:

- estabelecer um orçamento para identificar o destino do dinheiro;
- controlar o agendamento dos pagamentos;
- examinar o custo total de atividades individuais, ou do projeto inteiro, para que se façam os ajustes necessários a fim de manter o projeto dentro do orçamento.

As informações de custos podem ser obtidas instantaneamente, permitindo:

- verificar os custos dos recursos de todas as atividades, exibindo o custo por tarefa;
- verificar o custo total do projeto, exibindo o custo por projeto;
- verificar o custo total de uma fase do projeto, exibindo os totais do custo das atividades de resumo;
- prever e agendar os custos envolvidos na conclusão de uma atividade, visualizando os custos restantes.

Existem diversas formas de atribuir custos a um projeto, dependendo do objetivo do projeto e das informações recebidas.

- Se o objetivo do projeto é basear os custos das atividades em salários ou taxas de pagamento dos seus recursos, o gerente do projeto poderá atribuir taxas regulares e de horas extras a eles antes de atribuí-los a uma atividade. Ao fazer isso, o Microsoft Project calcula o custo da atividade, multiplicando a taxa pela duração definida para essa mesma atividade.
- Os recursos do tipo custo podem ser alocados para detalhar melhor determinados tipos de gasto do projeto, conforme visto no capítulo sobre recursos.
- O Microsoft Project pode incorporar custos fixos, juntamente com todos os custos baseados em taxas, quando calcular o custo total de uma atividade.
- Os custos de materiais são calculados de duas formas diferentes nos campos *Taxa Padrão* e *Custo/Uso*. Taxa Padrão refere-se ao custo unitário de cada recurso material, e o Custo/Uso é o custo atribuído uma única vez na atividade para que se utilize o material, independentemente de sua quantidade.

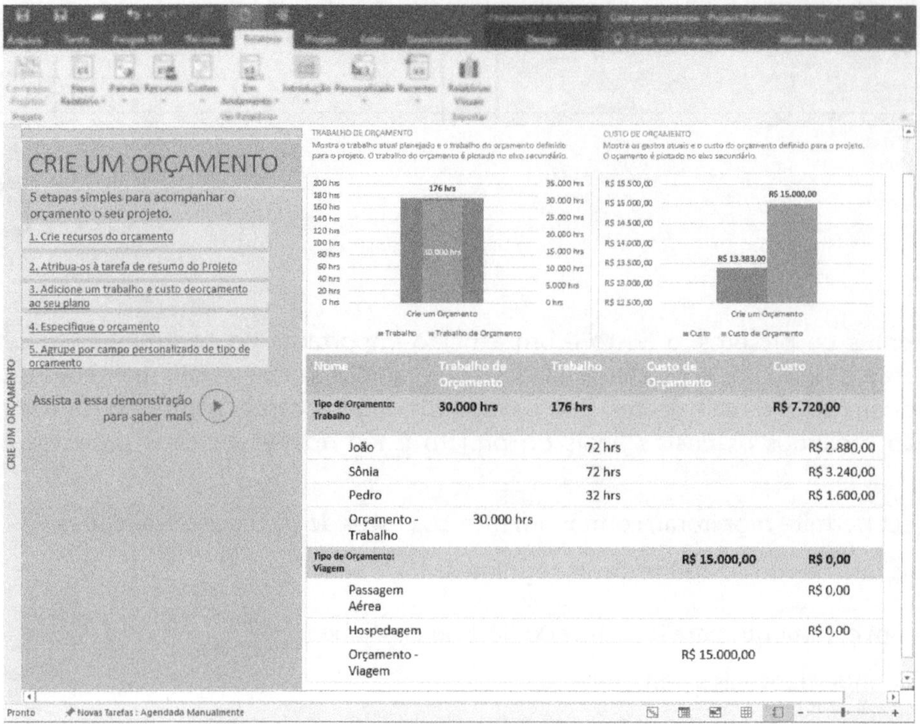

Figura 28.1 – Relatório Crie um Orçamento criado a partir de um modelo online do Office

O procedimento padrão para a atribuição de custos fixos e identificação dos custos dos recursos e materiais já atribuídos é realizado através da tabela básica de atribuição de custos.

Para exibir a tabela de custos:

1. acesse a guia *Exibir* e clique no botão ***Tabelas***;
2. escolha a tabela ***Custo***;

	Nome da tarefa	Custo fixo	Acumulação de custo fixo	Custo total	Linha de base	Variação	Real	Restante
0	**Crie um Orçamento**	**R$ 0,00**	**Rateado**	**R$ 13.383,00**	**R$ 7.720,00**	**R$ 5.663,00**	**R$ 0,00**	**R$ 13.383,00**
1	**Fase #1**	**R$ 0,00**	**Rateado**	**R$ 8.190,00**	**R$ 2.840,00**	**R$ 5.350,00**	**R$ 0,00**	**R$ 8.190,00**
2	Tarefa 1	R$ 3.540,00	Rateado	R$ 4.500,00	R$ 960,00	R$ 3.540,00	R$ 0,00	R$ 4.500,00
3	Tarefa 2	R$ 1.720,00	Rateado	R$ 2.800,00	R$ 1.080,00	R$ 1.720,00	R$ 0,00	R$ 2.800,00
4	Conclusão Fase 1	R$ 0,00	Rateado	R$ 0,00	R$ 0,00	R$ 0,00	R$ 0,00	R$ 0,00
5	Planejamento Fase 2	R$ 90,00	Rateado	R$ 890,00	R$ 800,00	R$ 90,00	R$ 0,00	R$ 890,00
6	**Fase #2**	**R$ 0,00**	**Rateado**	**R$ 3.153,00**	**R$ 2.840,00**	**R$ 313,00**	**R$ 0,00**	**R$ 3.153,00**
7	Tarefa 3	R$ 0,00	Rateado	R$ 960,00	R$ 960,00	R$ 0,00	R$ 0,00	R$ 960,00
8	Tarefa 4	R$ 223,00	Rateado	R$ 1.303,00	R$ 1.080,00	R$ 223,00	R$ 0,00	R$ 1.303,00
9	Conclusão Fase 2	R$ 0,00	Rateado	R$ 0,00	R$ 0,00	R$ 0,00	R$ 0,00	R$ 0,00
10	Planejamento Fase 3	R$ 90,00	Rateado	R$ 890,00	R$ 800,00	R$ 90,00	R$ 0,00	R$ 890,00
11	**Fase #3**	**R$ 0,00**	**Rateado**	**R$ 2.040,00**	**R$ 2.040,00**	**R$ 0,00**	**R$ 0,00**	**R$ 2.040,00**
12	Tarefa 5	R$ 0,00	Rateado	R$ 960,00	R$ 960,00	R$ 0,00	R$ 0,00	R$ 960,00
13	Tarefa 6	R$ 0,00	Rateado	R$ 1.080,00	R$ 1.080,00	R$ 0,00	R$ 0,00	R$ 1.080,00
14	Conclusão Fase 3	R$ 0,00	Rateado	R$ 0,00	R$ 0,00	R$ 0,00	R$ 0,00	R$ 0,00

Figura 28.2 – Tabela de custos do projeto

3. insira os custos fixos diretamente na tabela, no campo ***Custo fixo***;

> **Importante** – O custo fixo é somado apenas no cálculo do custo total, ou seja, o custo fixo de uma atividade de resumo não é a soma dos custos fixos de suas constituintes. Se o projeto não dispuser de custos fixos detalhados para cada atividade, insira o custo fixo de todas as atividades na atividade de resumo respectiva.

4. o **custo total das atividades** é calculado como a soma dos custos de recursos atribuídos com os custos fixos de cada atividade;
5. os **custos de linha de base**, **real** e **restante** serão determinados durante o acompanhamento do projeto.

DICA

O fluxo de caixa do projeto e outros relatórios de custos estão disponíveis na guia *Projeto > Relatórios* e serão apresentados posteriormente.

Os **custos totais do projeto** podem ser exibidos através da estatística do projeto, atualizada sempre que o Microsoft Project recalcula o projeto, isto é:

1. na guia *Arquivo (Backstage)*, clique em ***Informações***;
2. clique em ***Informações do Projeto*** e, em seguida, clique em ***Estatísticas do Projeto***;

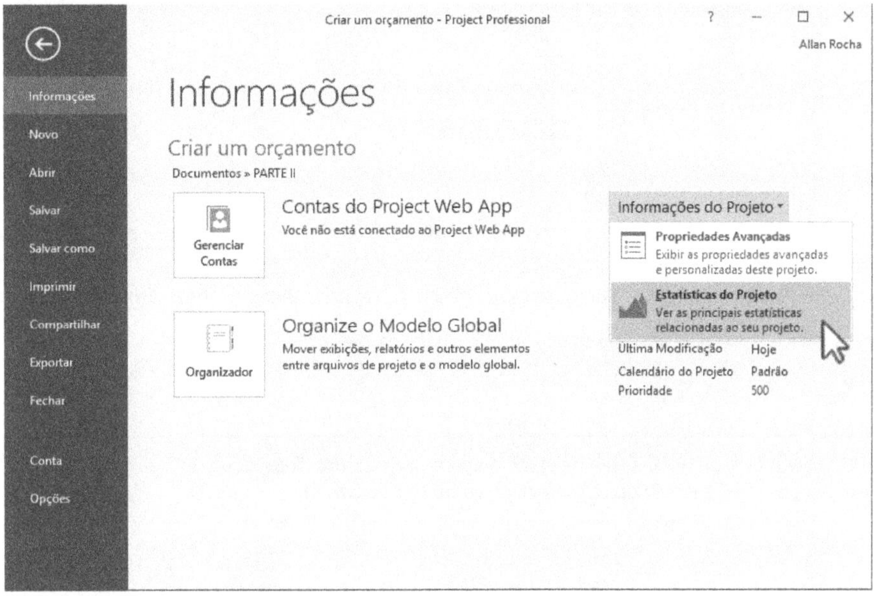

Figura 28.3 – Botão Estatísticas do Projeto dentro da área Informações do Projeto

3. no campo *Custo* na linha *Atual*, o custo total planejado para o projeto é exibido.

Estatísticas do projeto 'Criar um orçamento'

	Início	Término
Atual	Qui 28/01/16	Sex 26/02/16
LinhaBase	Ter 14/08/16	Qua 12/09/16
Real	ND	ND
Variação	902d	902d

	Duração	Trabalho	Custo
Atual	22d	176h	R$ 13.383,00
LinhaBase	22d	176h	R$ 7.720,00
Real	0d	0h	R$ 0,00
Restante	22d	176h	R$ 13.383,00

Porcentagem concluída:

Duração: 0% Trabalho: 0%

Fechar

Figura 28.4 – Tela Estatísticas do projeto

Para entender como os recursos integralizam seus custos no projeto é importante ressaltar que, ao atribuir um recurso a uma atividade, o Microsoft Project utiliza, por padrão, a **Tabela de custo A**.

Para modificar a **tabela padrão** de uma atribuição:

1. altere o modo de exibição para *Uso da tarefa* ou *Uso do recurso* clicando na *Barra de Visões* ou selecionando o modo desejado na guia *Exibir*;

2. selecione o recurso que terá sua *Tabela de taxas de custo* alterada;
3. dê um clique duplo no recurso ou selecione-o e clique na guia *Recurso* > *Informações*;

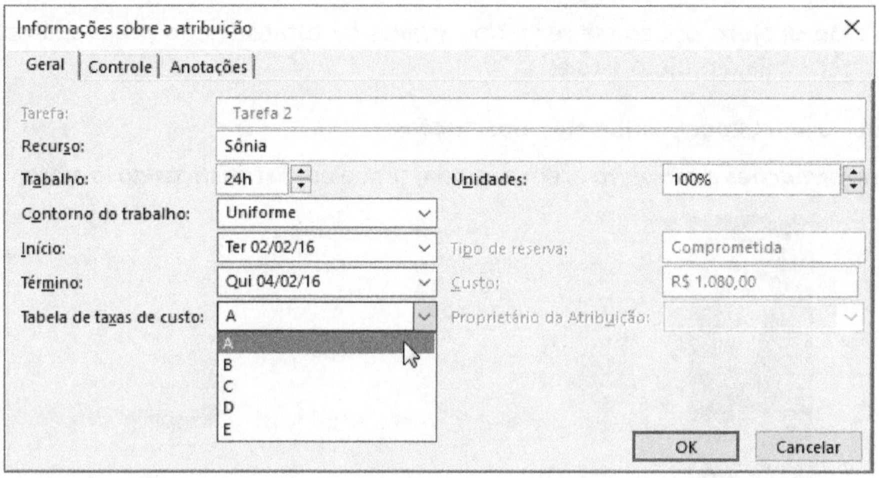

Figura 28.5 – Alteração da tabela de taxas de custo da atribuição na tela Informações sobre a atribuição

4. escolha a tabela de custos desejada no campo *Tabela de taxas de custo*;
5. clique em ***OK***.

DICA

Outra forma prática de alterar as tabelas de taxas de custo é adicionar a coluna *Tabelas de taxa de custo* através da guia *Formato*, clicando em ***Inserir Coluna*** dentro do modo de exibição *Uso do Recurso* ou *Uso da Tarefa*.

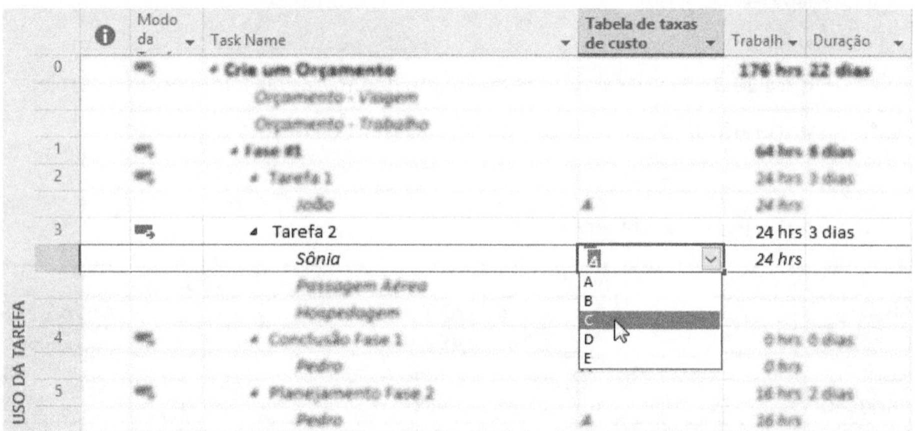

Figura 28.6 – Alteração da tabela de taxas de custo através do modo de exibição Uso da tarefa

PARTE III

EXECUTANDO O CONTROLE COM O MICROSOFT PROJECT 2016

Capítulo 29

Configurando o Mecanismo de Cálculo e Acompanhamento do Microsoft Project 2016

Conforme visto anteriormente no livro, o acompanhamento do projeto acontece paralelamente ao seu planejamento e execução. Ele tem como objetivo acompanhar e controlar aquilo que está sendo realizado pelo projeto, de modo a propor ações corretivas e preventivas no menor espaço de tempo possível após a detecção da anormalidade, comparando o status atual do projeto com o status previsto pelo planejamento e tomando ações corretivas em caso de desvio.

O mecanismo básico de acompanhamento e controle do Microsoft Project consiste na entrada de informações reais de início, término, duração real e restante.

No caso dos custos e da alocação do trabalho nos recursos, é possível que o usuário escolha se deseja inserir os dados manualmente ou se o Microsoft Project fará os cálculos, retornando o valor e o trabalho proporcionais aos dados de prazo inseridos, a partir da suposição de um comportamento linear.

Antes de iniciar qualquer acompanhamento, é preciso que o ambiente de cálculos seja personalizado.

Para personalizar os cálculos do projeto:

1. acesse a guia *Arquivos (Backstage)* e clique em ***Opções***;
2. escolha a guia *Cronograma*;
3. determine se o cálculo será efetuado de modo manual ou automático na área *Cálculo*;
4. clique em ***OK***.

DICA

O cálculo automático somente deve ser desativado em projetos com grande número de atividades, relacionamentos e recursos, para que a performance não seja comprometida. Em todos os outros casos, a opção de cálculo automático deve ser mantida.

Figura 29.1 – Tela Opções do Project com destaque para a opção Calcular projeto depois de cada edição

Para determinar as opções de cálculos do projeto com relação à data de status:

1. acesse a guia *Arquivos (Backstage)* e clique em ***Opções***;
2. escolha a guia *Cronograma* e localize a área *Opções de cálculo deste projeto*;

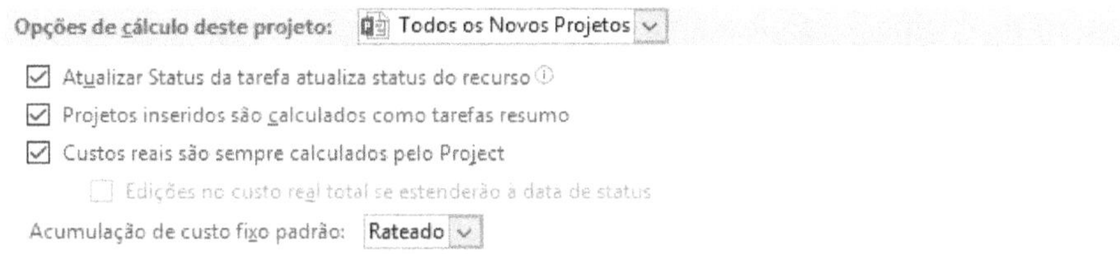

Figura 29.2 – Destaque das Opções de cálculo deste projeto na guia Cronograma da tela Opções do Project

3. escolha a opção *Atualizar Status da tarefa atualiza status do recurso* se desejar que o programa calcule automaticamente a quantidade de recursos já consumidos na atividade (se a atividade estiver com 50%, isso implicará que 50% dos recursos já foram consumidos);
4. determine na opção *Projetos inseridos são calculados como tarefas resumo* que os projetos serão tratados como tarefas de resumo do projeto onde são inseridos, em vez de projetos separados para fins de cálculos de prazos (se o projeto inserido tiver tarefas críticas para a sua própria data de término, mas não estiver no caminho crítico do projeto-mestre, essas tarefas não serão críticas para o projeto-mestre);
5. escolha a opção *Custos reais são sempre calculados pelo Project* se desejar que o Project calcule automaticamente o custo real de cada atividade com base no consumo linear dos recursos da tarefa;
6. determine, na opção *Acumulação do custo fixo padrão*, qual será a forma de pagamento dos custos fixos inseridos nas tarefas ou nos recursos (rateado, início e término);
7. clique em ***OK*** para efetivar as configurações.

Para determinar as opções avançadas de cálculos do projeto com relação à data de status:

1. acesse a guia *Arquivos (Backstage)* e clique em ***Opções***;
2. escolha a guia *Avançado* e localize a área *Opções de cálculo deste projeto*;

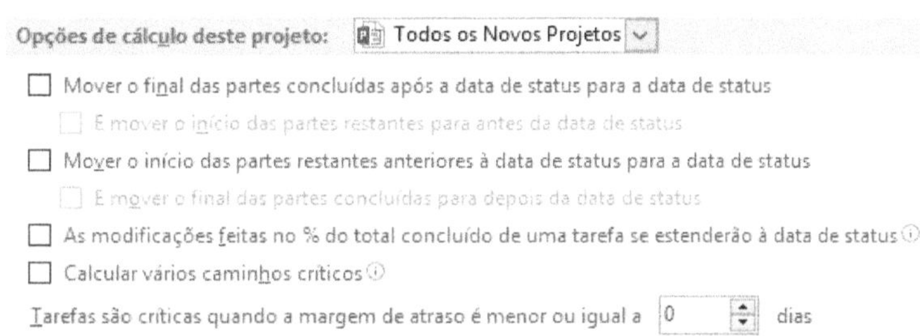

Figura 29.3 – Destaque das Opções de cálculo deste projeto na guia Avançado da tela Opções do Project

3. selecione *Mover o final das partes concluídas após a data de status para a data de status* para mover as partes concluídas das tarefas que foram agendadas para iniciarem após a data de status (definida na guia *Projeto > Informações sobre o projeto*) para antes da data de status;

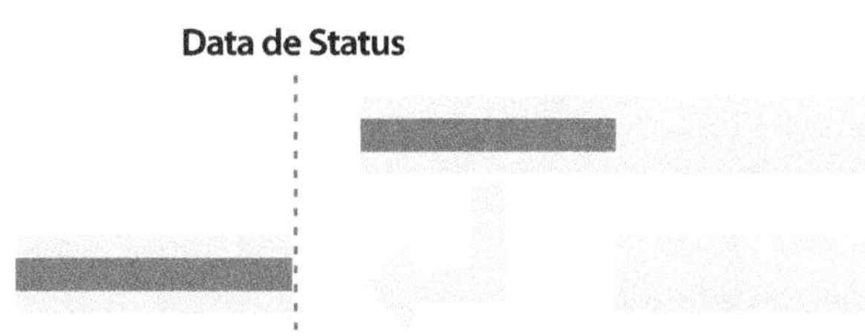

Figura 29.4 – "Mover o final das partes concluídas após a data de status para a data de status" selecionado

4. ao selecionar *Mover o final das partes concluídas após a data de status para a data de status*, pode-se definir que as partes que ainda serão executadas sejam movidas também para antes da data de status selecionando *E mover o início das partes restantes para antes da data de status.* Caso contrário, será criada

uma interrupção na atividade, onde as partes concluídas ficam até a data de status e as partes restantes, após a data de status;

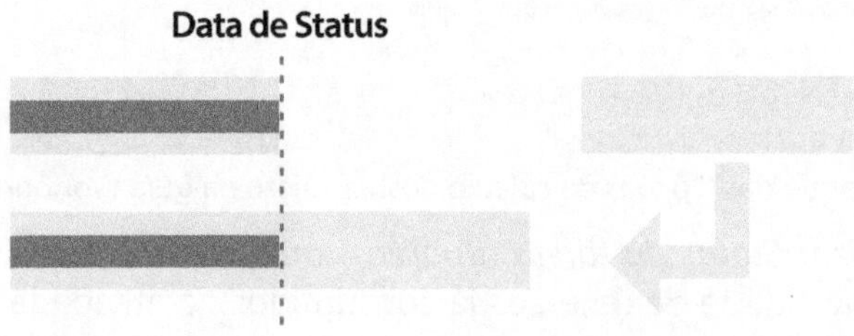

Figura 29.5 - "E mover o início das partes restantes para antes da data de status" selecionado juntamente com "Mover o final das partes concluídas após a data de status para a data de status"

5. caso contrário, ou seja, quando uma atividade que deveria ter sido executada antes da data de status não tiver sido, a opção *Mover o início das partes restantes anteriores à data de status para a data de status* permite que a parte restante da tarefa avance para se iniciar na data de status;

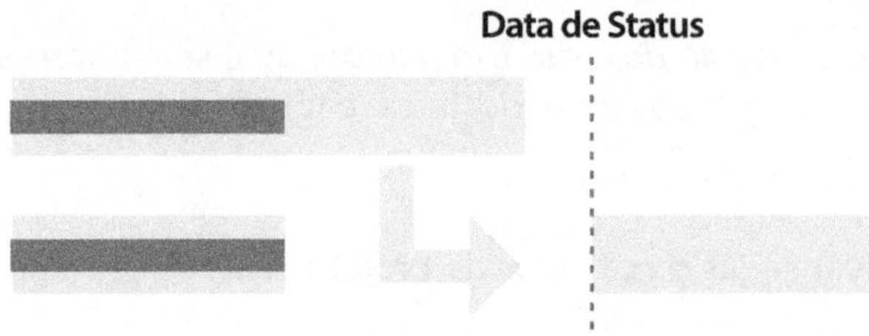

Figura 29.6 - "Mover o início das partes restantes anteriores à data de status para a data de status" selecionado

6. ao selecionar *Mover o início das partes restantes anteriores à data de status para a data de status*, pode-se definir que as partes já executadas sejam movidas também para a data de status selecionando *E mover o final das partes concluídas para depois da data de status*. Caso contrário, será criada uma interrupção na atividade, onde as partes concluídas ficam até a data de status, e as restantes, após a data de status;

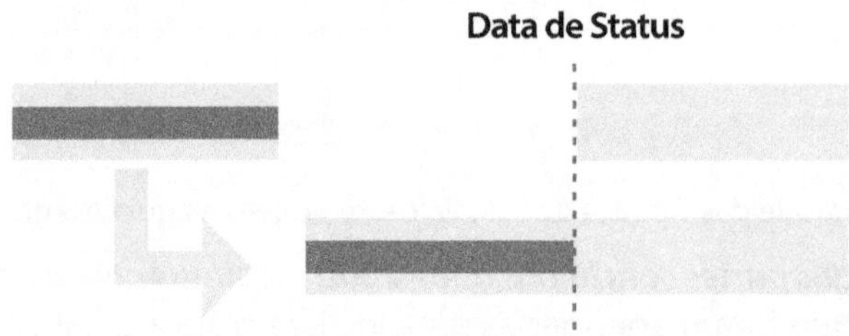

Figura 29.7 - "E mover o final das partes concluídas para depois da data de status" selecionado juntamente com "Mover o início das partes restantes anteriores à data de status para a data de status"

7. determine na opção *As modificações feitas no % do total concluído de uma tarefa se estenderão à data de status* se deseja distribuir as alterações na porcentagem de conclusão total uniformemente pela agenda até a data de status do projeto, ou até a data atual se você não tiver especificado uma data de status do projeto;
8. clique em ***OK*** para efetivar as configurações avançadas.

CAPÍTULO 30

Definindo, Copiando e Limpando a Linha de Base do Projeto

Para se obter o melhor resultado possível durante a execução do projeto, deve-se criar um plano de linha de base (*baseline*) representando o que foi planejado para o projeto.

Uma linha de base é um conjunto de estimativas-chave originais sobre o projeto. Esse conjunto consiste nas estimativas originais sobre tarefas, recursos, atribuições e custos inseridas no plano do projeto. Assim, ao acompanhar o progresso real no Microsoft Project, pode-se utilizar a linha de base para comparar o plano original do projeto com o verdadeiro andamento desse mesmo projeto.

Com o acompanhamento, podem ser determinadas as atividades iniciadas antes ou depois do planejamento, as que ultrapassaram o orçamento original, as que demoraram mais tempo do que o previsto e assim por diante.

A linha de base salva as seguintes informações sobre um projeto:

- datas de início e de término;
- durações;
- trabalho dos recursos, tarefas e atribuições;
- custos dos recursos, tarefas e atribuições;
- orçamentos dos recursos, tarefas e atribuições;
- tarefas divididas;
- tarefas restantes;
- trabalho dividido em fases;
- trabalhos acumulados divididos em fases;
- custos divididos em fases;
- orçamentos divididos em fases.

30.1 Definindo a Linha de Base

Para salvar a linha de base:

1. alterne a exibição do projeto para o modo de exibição *Gantt de Controle*, para que a linha de base do projeto possa ser automaticamente exibida;
2. acesse a guia *Projeto* e clique no botão ***Definir Linha de Base***;
3. clique na opção ***Definir Linha de Base...***;

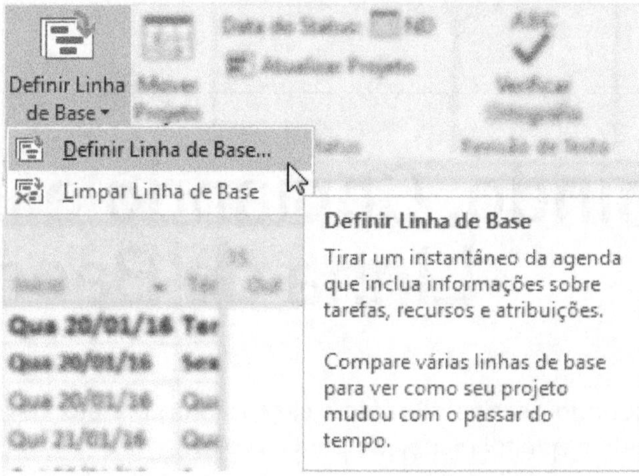

Figura 30.1 – Guia Projeto com destaque para a opção Definir Linha de Base

4. determine qual linha de base será gravada;

DICA

O Microsoft Project permite definir até 11 linhas de base no plano de um projeto e acumular dados de linha de base atualizados para as tarefas de resumo.

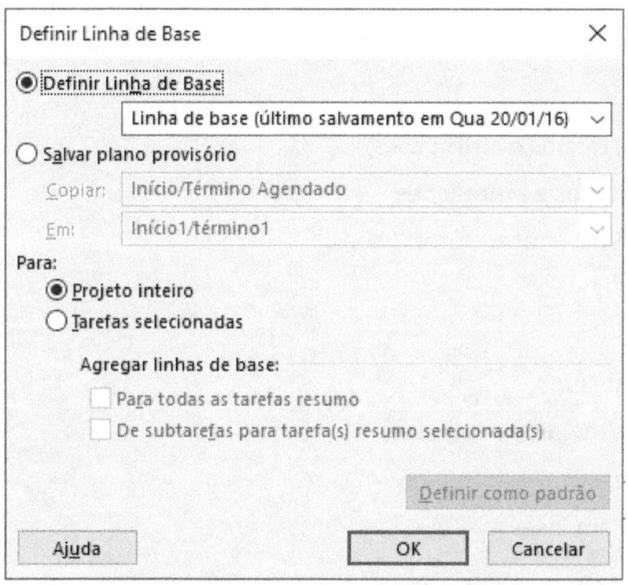

Figura 30.2 – Tela Definir Linha de Base

5. defina se a gravação da linha de base será para o *Projeto inteiro* ou somente para as *Tarefas selecionadas*;
6. caso seja selecionada a opção *Tarefas selecionadas*, determine a forma como os valores da linha de base serão somados e acumulados nas tarefas de resumo do projeto;
7. clique em ***OK***.

DICA

O Microsoft Project exibe ao lado do nome da linha de base na tela *Definir Linha de Base* a data e a hora da última gravação da linha de base para fins de referência.

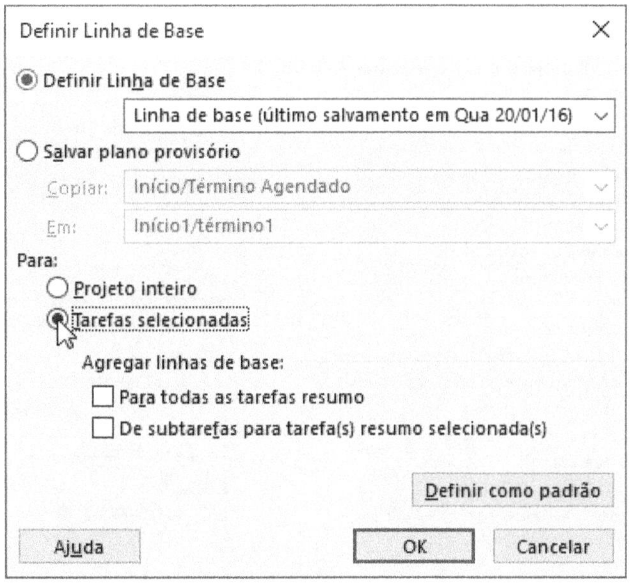

Figura 30.3 – Tela Definir Linha de Base com destaque para as opções de agregação da linha de base

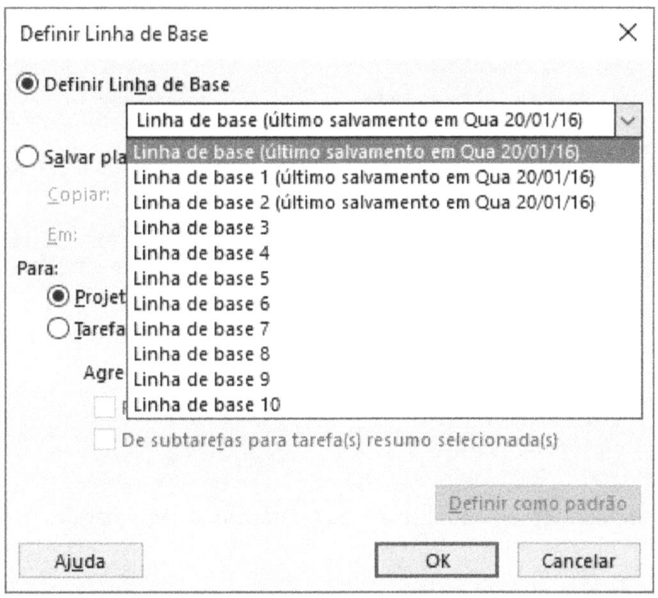

Figura 30.4 – Tela Definir Linha de Base com destaque para a data e a hora da última gravação

Observa-se uma barra estática sob cada atividade no modo de exibição *Gantt de Controle*. Essa barra é a linha de base (*baseline*).

Quando uma linha de base é salva, o Microsoft Project salva os dados dessa linha de base como parte do arquivo do projeto. A linha de base não é um arquivo separado.

DICA

Como foi apresentado no **capítulo 8**, sobre modos de exibição, existe um modo de exibição denominado *Gantt* com várias linhas de base, que mostra barras de tarefas de diversas cores para as três primeiras linhas de base (Linha de base, Linha de base 1 e Linha de base 2) nas tarefas de resumo e suas tarefas na parte de gráfico desse modo de exibição.

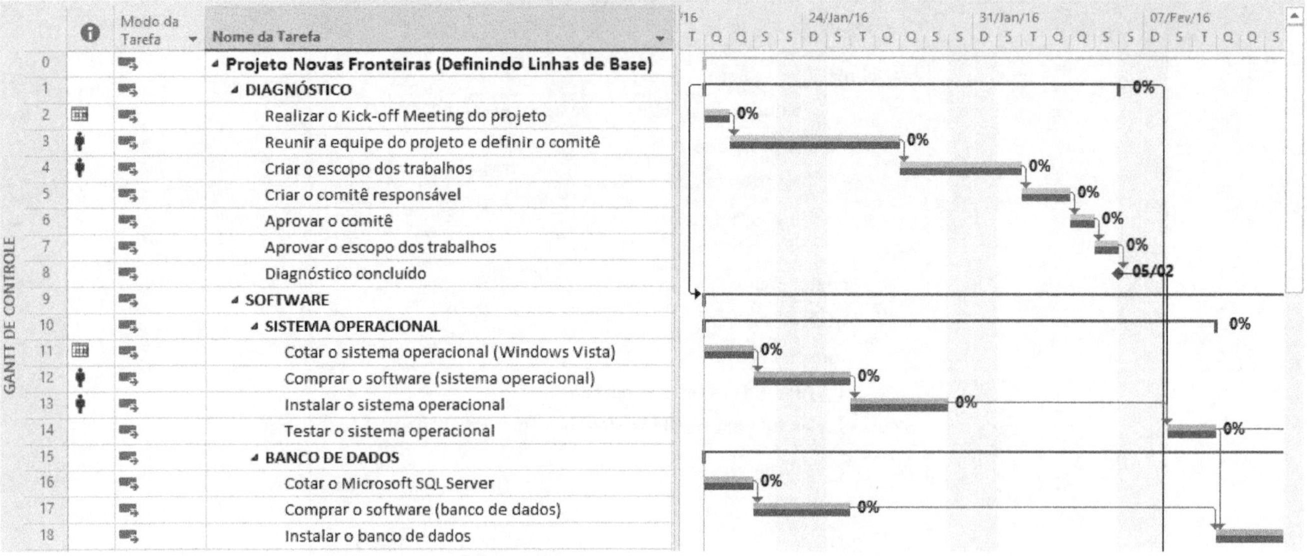

Figura 30.5 – Linha de base exibida através do modo de exibição *Gantt* de Controle

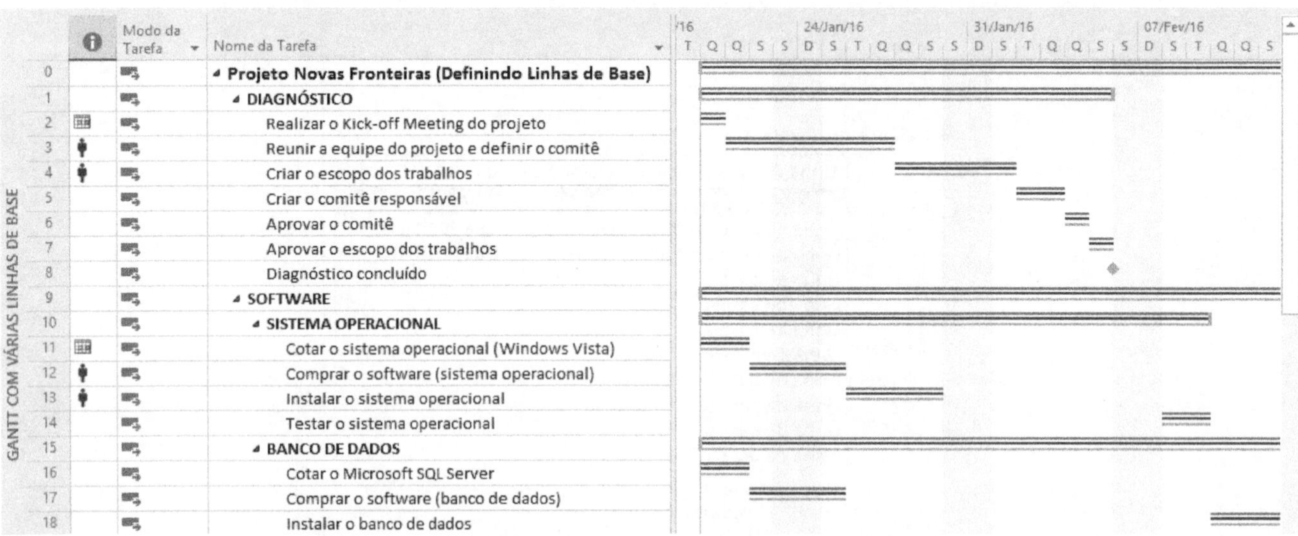

Figura 30.6 – Modo de exibição *Gantt* com várias linhas de base

30.2 Copiando Linhas de Base

É possível copiar todos os dados de uma linha de base para outra. Para copiar os dados:

1. acesse a guia *Projeto* e clique no botão ***Definir Linha de Base*** e novamente em ***Definir Linha de Base...***;
2. clique na opção ***Salvar plano provisório***;
3. na opção *Copiar*, clique no nome da linha de base cujos valores deseja copiar;
4. na caixa *Em*, clique no nome da linha de base para a qual deseja transferir os valores;
5. clique em *Projeto inteiro* ou *Tarefas selecionadas* para copiar a parte desejada dos valores de linha de base.

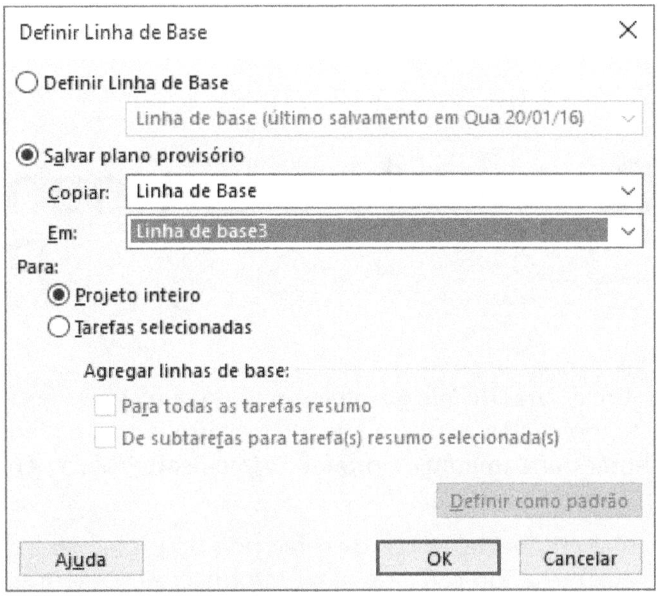

Figura 30.7 – Copiando o conteúdo de uma linha de base para outra (nesse exemplo, da Linha de Base para a Linha de base3)

30.3 Limpando a Linha de Base

Caso seja necessário, a linha de base também pode ser apagada. Para apagar uma linha de base,

1. acesse a guia *Projeto*, clique no botão ***Definir Linha de Base*** e depois em ***Limpar Linha de Base***;

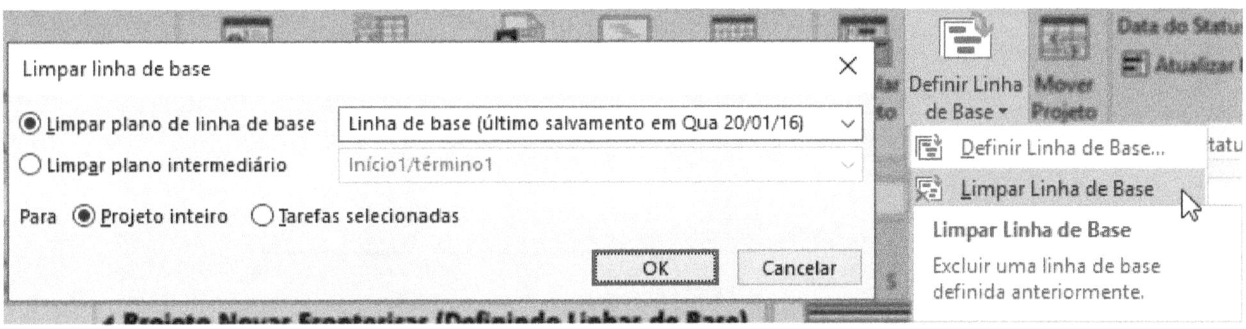

Figura 30.8 – Tela Limpar linha de base

2. na tela *Limpar linha de base*, selecione a opção ***Limpar plano de linha de base***;
3. escolha a linha de base que será apagada;
4. escolha se a limpeza será para *Projeto inteiro* ou para *Tarefas selecionadas*;
5. clique em ***OK***.

CAPÍTULO 31

Gravando e Limpando Planos Provisórios

Plano provisório é um conjunto de datas de início e de término de tarefas que pode ser salvo em determinados estágios do projeto, possibilitando que se compare o plano provisório com o plano de linha de base ou com o plano atual, de modo a monitorar o andamento do projeto. O Microsoft Project permite salvar até dez conjuntos de datas de início/término (planos provisórios).

Por outro lado, a linha de base é o principal ponto de referência do projeto, base na qual se avaliam todas as alterações efetuadas no projeto, incluindo cerca de vinte informações diferentes do projeto. A linha de base sempre contém um conjunto de dados muito mais amplo que os planos provisórios.

Para gravar um plano provisório:

1. siga os passos para a criação da linha de base, mencionados anteriormente;
2. ao abrir a tela *Definir Linha de Base*, escolha ***Salvar plano provisório***;
3. no campo *Copiar*, determine qual o par início-término que será gravado como plano provisório;
4. no campo *Em*, determine o par início-término que armazenará os dados do campo *Copiar*;

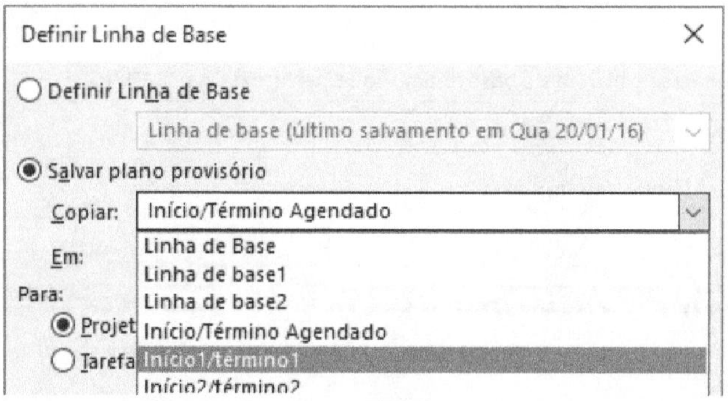

Figura 31.1 – Salvando um plano provisório (neste exemplo, do início/término agendado para o início1/término1)

5. defina se a gravação da linha de base será para o projeto inteiro ou somente para as atividades selecionadas;
6. caso seja selecionada a opção *Tarefas selecionadas*, determine a forma com que os valores da linha de base serão somados e acumulados nas tarefas de resumo do projeto;
7. clique em ***OK***.

Caso seja necessário, os planos provisórios também podem ser apagados. Para apagar um plano provisório, siga os mesmos passos utilizados para limpar a linha de base.

CAPÍTULO 32

Acompanhando o Progresso das Atividades

É importante verificar se as atividades estão se iniciando e terminando pontualmente, bem como se elas estão dentro da quantidade de trabalho prevista na linha de base.

As atividades que se iniciam ou terminam com atraso podem desviar um projeto inteiro do cronograma, atrasando as datas de início e término de atividades relacionadas. Por outro lado, as atividades que se iniciam ou terminam antecipadamente podem liberar recursos para apoiar o trabalho em outras atividades que estão atrasadas.

Com relação ao trabalho, atividades que necessitam de mais trabalho que o previsto, na maioria das vezes, estouram os orçamentos, comprometendo a saúde financeira do projeto. Já atividades concluídas com menos trabalho liberam recursos financeiros para serem aplicados em outras atividades, de modo a manter inalterado o custo final do projeto. No entanto, é importante verificar a disponibilidade dos recursos atribuídos às atividades que podem se iniciar antecipadamente, pois os recursos podem estar atribuídos a outras atividades nesse período.

32.1 Acompanhamento Atividade por Atividade Através do Percentual de Conclusão

Uma das formas mais simples e diretas de atualizar uma determinada atividade é através do percentual completo. É a forma mais rápida e menos precisa de acompanhamento.

Para inserir um percentual concluído em uma atividade:

1. ative o modo de exibição *Gantt de Controle* através da *Barra de Visões*;
2. se necessário, defina a linha de base, como apresentado anteriormente;
3. selecione a atividade ou o conjunto de atividades que serão atualizadas através do percentual de conclusão;
4. acesse a guia *Tarefa* e escolha 0%, 25%, 50%, 75% ou 100% para o status de conclusão da tarefa.

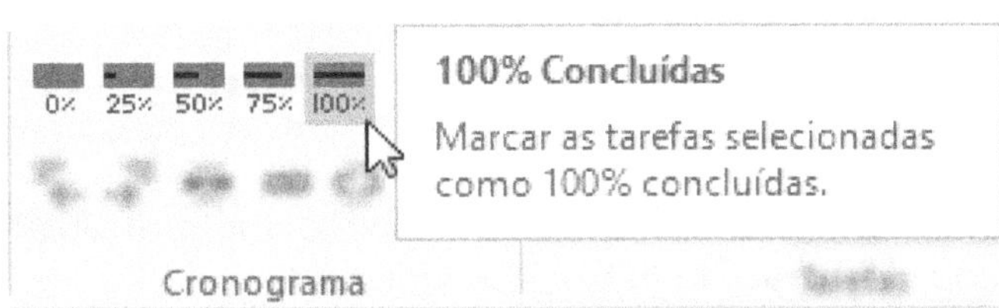

Figura 32.1 – Guia Tarefa com destaque para o percentual completo da atividade

Importante – Por padrão, todos os custos e trabalhos realizados são atribuídos para a atividade na proporção do percentual concluído definido. Caso deseje entrar com valores de custos e trabalho reais, acesse a guia *Arquivo (Backstage)* e clique em ***Opções***. Escolha a guia *Cronograma* e desabilite a opção ***Atualizar Status da tarefa atualiza o status do recurso*** para inserir manualmente o trabalho real e desabilite a opção ***Custos reais são sempre calculados pelo Project*** para inserir os custos reais das atividades do projeto.

32.2 Acompanhamento Atividade por Atividade Através da Tela Atualizar Tarefas

A tela *Atualizar Tarefas* contém todas as informações relativas ao controle de uma atividade.

Para acompanhar o projeto utilizando a tela *Atualizar Tarefas*, atividade por atividade:

1. exiba o modo de exibição *Gantt de Controle* através da *Barra de Visões*;
2. se necessário, defina a linha de base, como visto;
3. selecione a atividade que será atualizada;
4. acesse a guia *Tarefa* e clique no botão ***Atualizar como Agendado***;
5. selecione ***Atualizar Tarefas***;

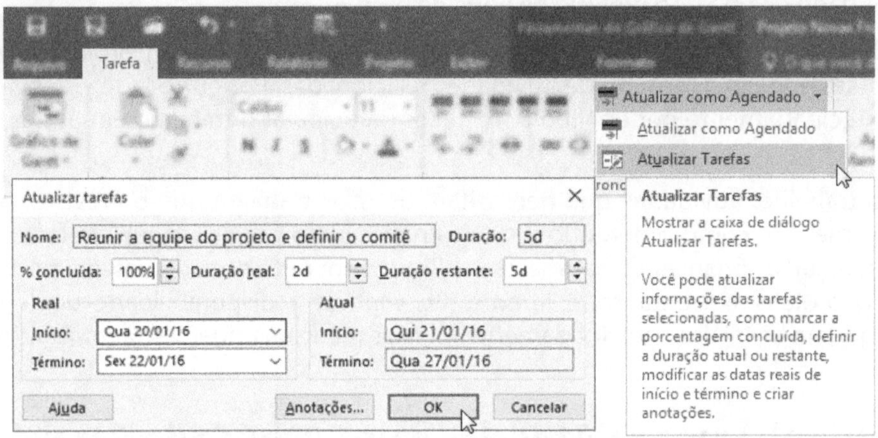

Figura 32.2 - Tela Atualizar tarefas

6. na área *Real*, digite as datas reais nas caixas *Início* e *Término* do projeto;

DICA

Observe que, na tela *Atualizar tarefas*, o usuário também pode inserir o percentual completo, a duração já realizada (real) e a duração a realizar (restante).

7. clique em ***OK***.

DICA

Quando o Microsoft Project exibe no campo *Término* a sigla *ND*, isso significa que o término real da atividade ainda não está disponível.

Importante - A inserção de uma data real de início ou término para uma tarefa altera a data agendada correspondente a essa atividade. As datas da linha de base, entretanto, não são afetadas pelas alterações feitas nas datas reais ou agendadas.

32.3 Acompanhamento Atividade por Atividade Através da Tabela de Controle

A tabela de controle é a forma mais usual de acompanhar um conjunto de atividades, uma vez que permite atualizar de modo mais rápido e direto um conjunto de atividades.

Para acompanhar o projeto utilizando a tabela de controle:

1. exiba o modo de exibição *Gantt de Controle* através da *Barra de Visões* ou através da guia *Exibir*;
2. se necessário, defina a linha de base, como apresentado anteriormente;
3. acesse a guia *Exibir*, clique em ***Tabelas*** e escolha a tabela ***Controle***;
4. preencha os campos da tabela conforme os dados reais do projeto para cada linha de atividade.

	Nome da Tarefa	Iníc. real	Térm. real	% concl.	% física concluída	Dur. real	Dur. rest.	Custo real	Trab. real
0	**Projeto Novas Fronteiras (Definindo Linhas de Base)**	**Qua 20/01/16**	**ND**	**7%**	**0%**	**8,84 dias**	**120,41 dias**	**R$ 0,00**	**241,9 hrs**
1	**DIAGNÓSTICO**	**Qua 20/01/16**	**Sex 05/02/16**	**100%**	**0%**	**13 dias**	**0 dias**	**R$ 0,00**	**163,2 hrs**
2	Realizar o Kick-off Meeting do projeto	Qua 20/01/16	Qua 20/01/16	100%	0%	1 dia	0 dias	R$ 0,00	20 hrs
3	Reunir a equipe do projeto e definir o comitê	Qui 21/01/16	Qua 27/01/16	100%	0%	5 dias	0 dias	R$ 0,00	40 hrs
4	Criar o escopo dos trabalhos	Qui 28/01/16	Seg 01/02/16	100%	0%	3 dias	0 dias	R$ 0,00	60 hrs
5	Criar o comitê responsável	Ter 02/02/16	Qua 03/02/16	100%	0%	2 dias	0 dias	R$ 0,00	24 hrs
6	Aprovar o comitê	Qui 04/02/16	Qui 04/02/16	100%	0%	1 dia	0 dias	R$ 0,00	9,6 hrs
7	Aprovar o escopo dos trabalhos	Sex 05/02/16	Sex 05/02/16	100%	0%	1 dia	0 dias	R$ 0,00	9,6 hrs
8	Diagnóstico concluído	Sex 05/02/16	Sex 05/02/16	100%	0%	0 dias	0 dias	R$ 0,00	0 hrs
9	**SOFTWARE**	**Qua 20/01/16**	**ND**	**4%**	**0%**	**2,26 dias**	**60,99 dias**	**R$ 0,00**	**78,7 hrs**
10	**SISTEMA OPERACIONAL**	**Qua 20/01/16**	**ND**	**20%**	**0%**	**3 dias**	**12 dias**	**R$ 0,00**	**78,7 hrs**
11	Cotar o sistema operacional (Windows Vista)	Qua 20/01/16	ND	50%	0%	1 dia	1 dia	R$ 0,00	1,6 hrs
12	Comprar o software (sistema operacional)	Sex 22/01/16	ND	50%	0%	1 dia	1 dia	R$ 0,00	77,1 hrs
13	Instalar o sistema operacional	ND	ND	0%	0%	0 dias	4 dias	R$ 0,00	0 hrs
14	Testar o sistema operacional	ND	ND	0%	0%	0 dias	2 dias	R$ 0,00	0 hrs
15	**BANCO DE DADOS**	**ND**	**ND**	**0%**	**0%**	**0 dias**	**23 dias**	**R$ 0,00**	**0 hrs**
16	Cotar o Microsoft SQL Server	ND	ND	0%	0%	0 dias	2 dias	R$ 0,00	0 hrs
17	Comprar o software (banco de dados)	ND	ND	0%	0%	0 dias	2 dias	R$ 0,00	0 hrs
18	Instalar o banco de dados	ND	ND	0%	0%	0 dias	4 dias	R$ 0,00	0 hrs
19	Preparar a tabela de dados de projetos	ND	ND	0%	0%	0 dias	2 dias	R$ 0,00	0 hrs
20	Testar o banco de dados	ND	ND	0%	0%	0 dias	2 dias	R$ 0,00	0 hrs

GANTT DE CONTROLE

Figura 32.3 – Tabela de controle com os campos relativos a prazos e custos reais exibidos

DICA

O Microsoft Project disponibiliza o campo *Status*, que exibe o status do andamento da tarefa (*Concluída*, *No Prazo*, *Atrasada* ou *Tarefa Futura*) e é automaticamente calculado no andamento da tarefa. Para inserir o campo *Status*, selecione a coluna imediatamente à direita do local onde se deseja inserir o campo, acesse a guia *Formato*, clique em ***Inserir Coluna*** e digite **Status** no nome do campo.

Importante – O campo *custo real* fica sempre bloqueado quando a opção ***Custos reais são sempre calculados pelo Project*** está ativada. Essa opção pode ser alterada no *Backstage (Arquivos > Opções)* na guia *Cronograma*.

O trabalho real estará intimamente ligado ao percentual concluído se a opção ***Atualizar status da tarefa atualiza status do recurso***, disponível na guia *Arquivo > Opções > Cronograma*, estiver ativada, ou seja, ao colocar uma atividade como 50% concluída, o Microsoft Project colocará imediatamente a metade de todo o trabalho necessário como já realizado e vice-versa. Se essa opção for desativada, os valores de percentual concluído e a trabalhar ficam completamente independentes.

32.4 Acompanhamento Simultâneo de um Conjunto de Atividades

Se várias atividades foram iniciadas e concluídas pontualmente ou se atividades precisam ser reagendadas em conjunto, é possível definir as informações reais de início e término de todas essas atividades ao mesmo tempo. Essa é uma opção bastante útil no acompanhamento de projetos com um elevado número de atividades.

Para atualizar um conjunto de atividades como concluído:

1. selecione as atividades que foram iniciadas e concluídas pontualmente e serão atualizadas em conjunto;
2. acesse a guia *Projeto* e clique no botão ***Atualizar Projeto***;

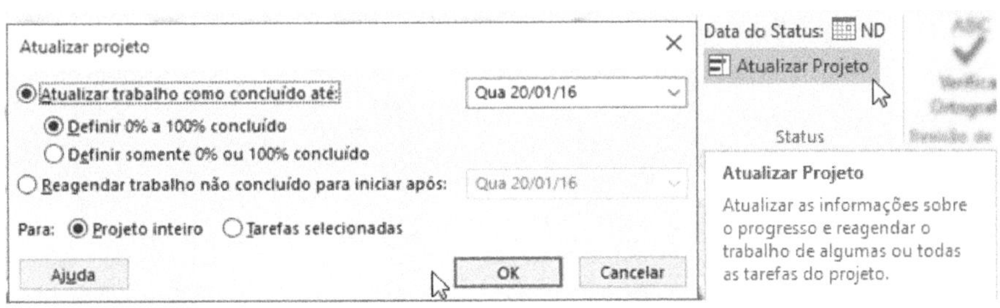

Figura 32.4 – Tela Atualizar Projeto com destaque para a atualização do trabalho

3. digite a data de atualização dos trabalhos;
4. escolha se a atualização somente será permitida integralmente ou se percentuais intermediários serão permitidos (entre 0% e 100%);
5. determine, no campo *Para*, se todo o projeto será atualizado ou se apenas as atividades selecionadas serão atualizadas;
6. pressione ***OK***.

DICA

A opção *Atualizar como Agendado* na guia *Tarefa* permite atualizar rapidamente as atividades selecionadas até a data atual como executadas dentro do previsto.

Para reagendar atividades que não foram realizadas no período previsto e precisam ser reprogramadas:

1. selecione as atividades que estão atrasadas com relação à data atual do projeto;
2. acesse a guia *Projeto* e clique no botão ***Atualizar Projeto***;

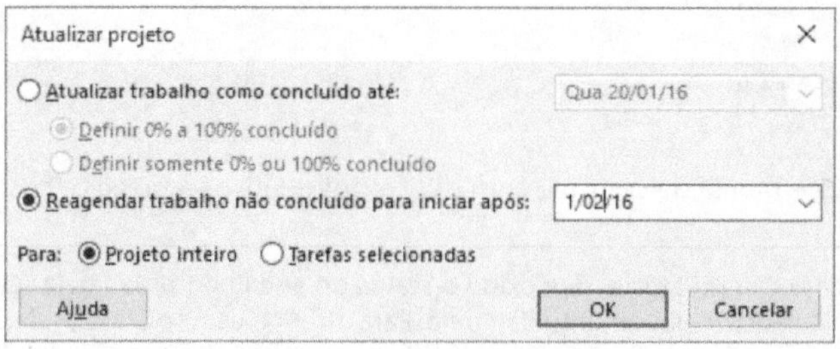

Figura 32.5 – Tela Atualizar projeto com destaque para o reagendamento de trabalhos

3. selecione *Reagendar trabalho não concluído para iniciar após* e determine a nova data de início para as atividades atrasadas;
4. determine, no campo *Para*, se todo o projeto será reagendado ou se apenas as atividades selecionadas serão reagendadas;
5. pressione ***OK***.

Capítulo 33

Linhas de Andamento

O Microsoft Project permite exibir linhas de andamento no *Gráfico de Gantt*. Para uma determinada data de avaliação, o programa desenha uma linha conectando tarefas em andamento, criando, assim, no *Gráfico de Gantt*, pontas direcionadas para a esquerda toda vez que o trabalho estiver atrasado. A distância da ponta até a linha vertical indica o quanto a tarefa está diferente da data agendada.

É possível exibir várias linhas de andamento para datas diferentes no seu projeto.

Para exibir uma linha de andamento na data atual ou de status no *Gráfico de Gantt*:

1. clique em ***Gráfico de Gantt*** na *Barra de Visões* ou na guia *Exibir*;
2. acesse a guia *Formato* e clique em ***Linhas de Grade***;
3. escolha a opção ***Linhas de Andamento***;

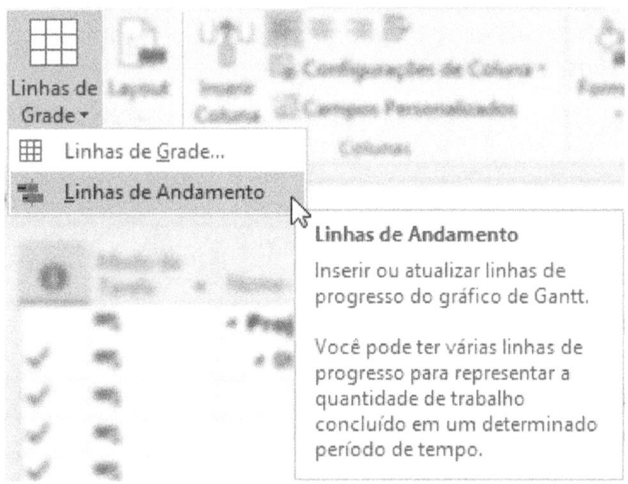

Figura 33.1 – Guia Formato com destaque para as Linhas de Andamento

4. na *Linha de andamento atual*, clique em *Exibir*;
5. para exibir o andamento em relação à data de status do projeto, clique em ***Na data de status do projeto***;

Figura 33.2 – Tela Linhas de andamento com destaque para a exibição da linha de andamento atual

6. para exibir o andamento em relação à data atual, clique em ***Na data atual***;
7. clique em ***OK***.

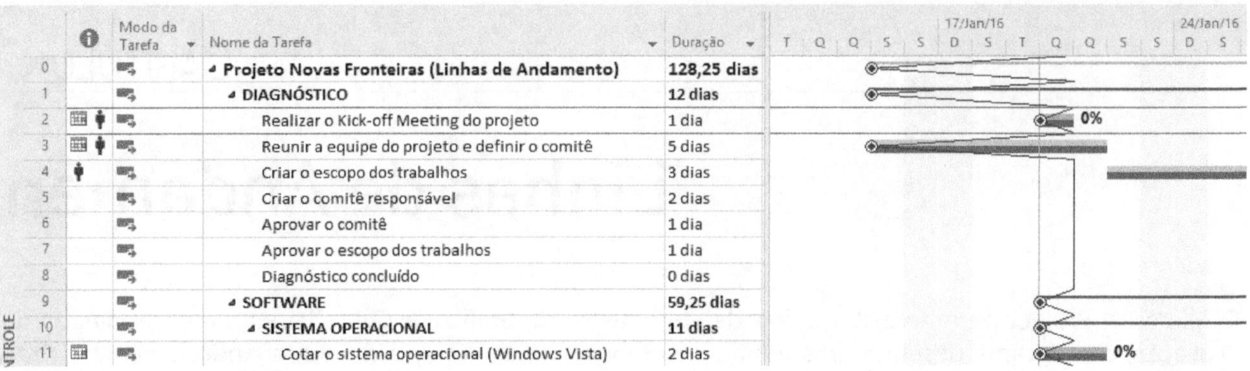

Figura 33.3 - Linha de andamento exibida no Gráfico de *Gantt*, mostrando atividades que estão atrasadas e atividades já concluídas

DICA

Para determinar a data atual e a data de status do projeto, acesse a guia *Projeto*, clique no botão ***Informações sobre o projeto*** e digite a data de status e a data atual (por padrão, é baseada na data do sistema operacional). A data de status também pode ser acessada através do botão *Data de Status* na guia *Projeto > Status*.

Importante - Se, ao exibir o andamento em relação à data de status do projeto, ela ainda não tiver sido definida, o Microsoft Project abrirá uma tela informando que a data de status não foi definida.

O Microsoft Project também pode mostrar o andamento em relação ao plano da linha de base. Para isso basta selecionar *Plano da linha de base* na tela *Linhas de andamento*.

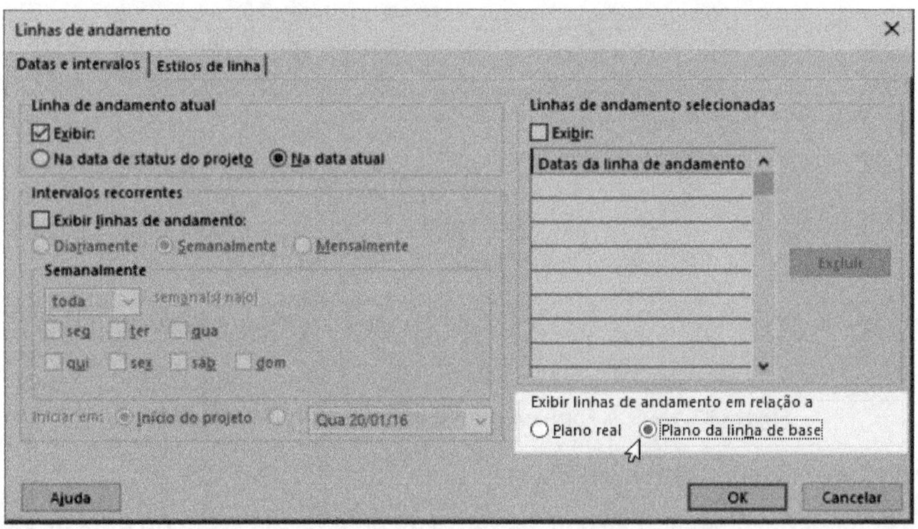

Figura 33.4 - Opções de exibição das linhas de andamento

Importante - O plano da linha de base a ser exibido será sempre o primeiro plano da linha de base (sem numeração). Para exibir uma linha de andamento em relação à linha de base 3, por exemplo, copie primeiramente a linha de base 3 na linha de base principal acessando a guia *Projeto* e clicando no botão *Definir Linha de Base*.

Para configurar o estilo da linha de andamento:

1. selecione a guia *Estilos de linha* na tela *Linhas de andamento*;
2. formate o tipo de linha, a cor, a forma e a cor do ponto de andamento, bem como se datas serão exibidas para as linhas de andamento;
3. clique em ***OK***.

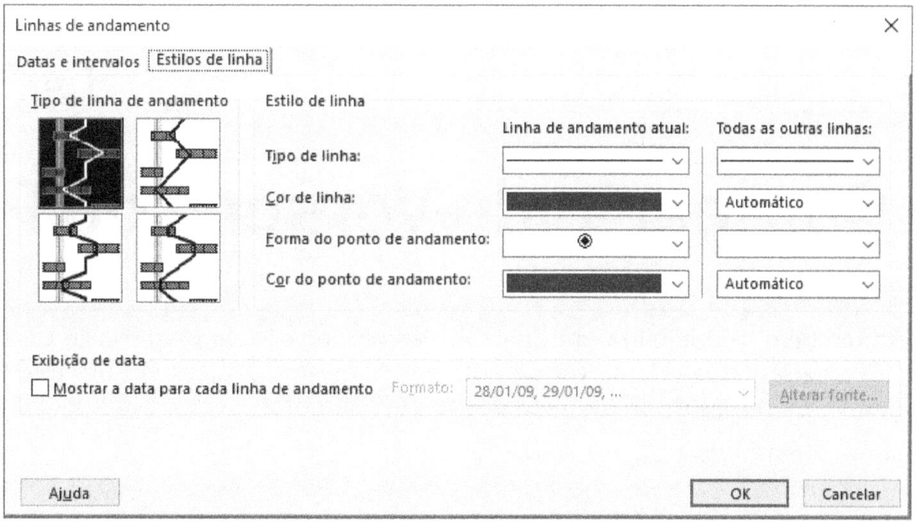

Figura 33.5 – Formatando os estilos de linhas de andamento

Para exibir linhas de andamento em intervalos regulares (periódicos):

1. clique em ***Gráfico de Gantt*** na *Barra de Visões* ou na guia *Exibir*;
2. acesse a guia *Formato > Linhas de Grade* e clique em *Linhas de Andamento*;
3. clique na guia *Datas e intervalos*;
4. marque a caixa de seleção ***Exibir linhas de andamento*** em *Intervalos recorrentes*;
5. clique em *Diariamente*, *Semanalmente* ou *Mensalmente* para especificar o intervalo de tempo para exibir as linhas de andamento. A opção escolhida exibirá suas opções de configuração;
6. escolha as opções de agendamento para as linhas de andamento de acordo com o intervalo recorrente escolhido;
7. clique em ***OK***.

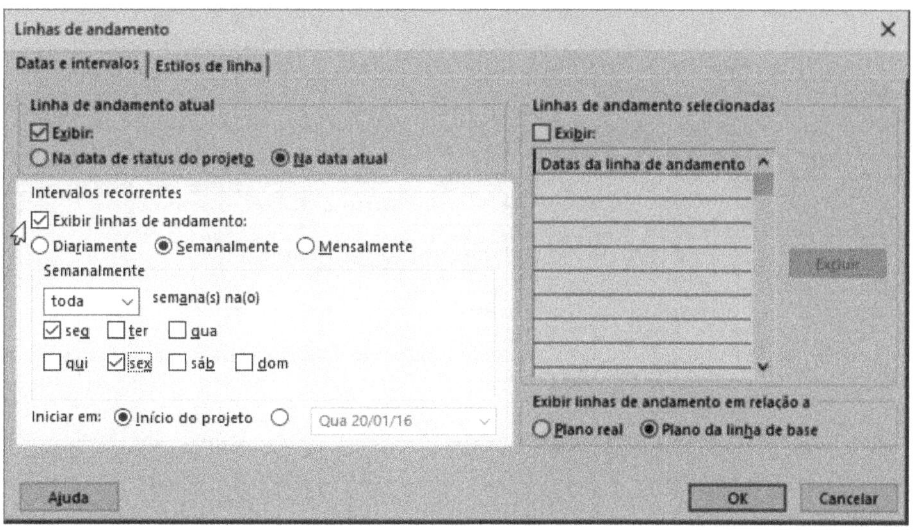

Figura 33.6 – Inserindo linhas de andamento recorrentes semanais, às segundas-feiras e às sextas-feiras

Importante – Ao exibir um grande número de linhas de andamento, o Microsoft Project poderá precisar de um longo tempo para calculá-las e desenhá-las. Para acelerar a exibição das linhas de andamento, opte por um período de tempo recorrente mais longo.

CAPÍTULO 34

Comparando Versões do Projeto

O Microsoft Project também disponibiliza um utilitário de comparação de versões. Ele permite a verificação das diferenças entre a versão atual e uma versão anterior do mesmo projeto em um relatório detalhado. A comparação é realizada sempre com dois arquivos de projeto diferentes.

Para comparar duas versões do projeto:

1. abra os dois projetos a serem comparados;
2. acesse a guia *Relatório*, que será explorada nos próximos capítulos, e clique no botão ***Comparar Projetos***;

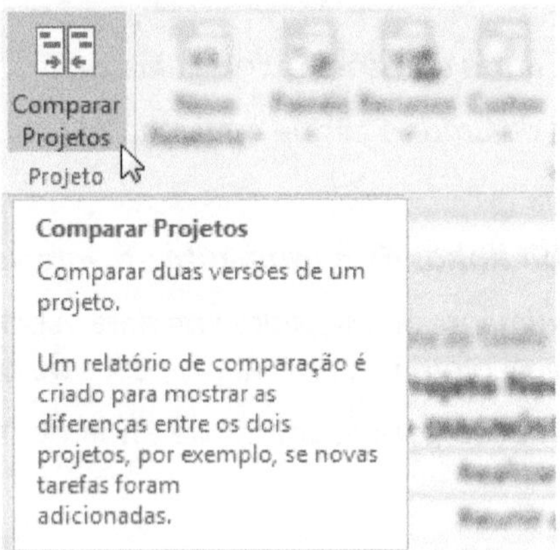

Figura 34.1 – Guia Relatório com destaque para o botão Comparar Projetos

3. na tela *Comparar Versões do Projeto* escolha o projeto que será comparado com o projeto atual (exibido na tela no momento do acesso ao botão);

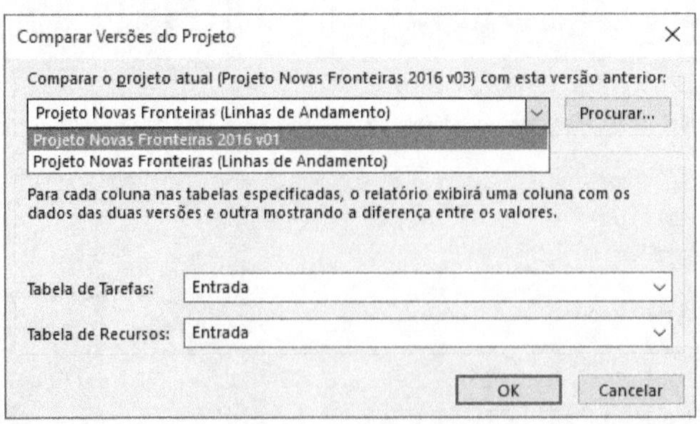

Figura 34.2 – Tela Comparar Versões do Projeto mostrando os projetos abertos no sistema para escolha do projeto que será comparado

4. escolha quais dados serão comparados na *Tabela de Tarefas* e na *Tabela de Tecursos*;
5. clique em ***OK*** para gerar o relatório de comparação.

Ao concluir a análise, o Microsoft Project cria um novo arquivo de projeto que contém o relatório com as comparações solicitadas.

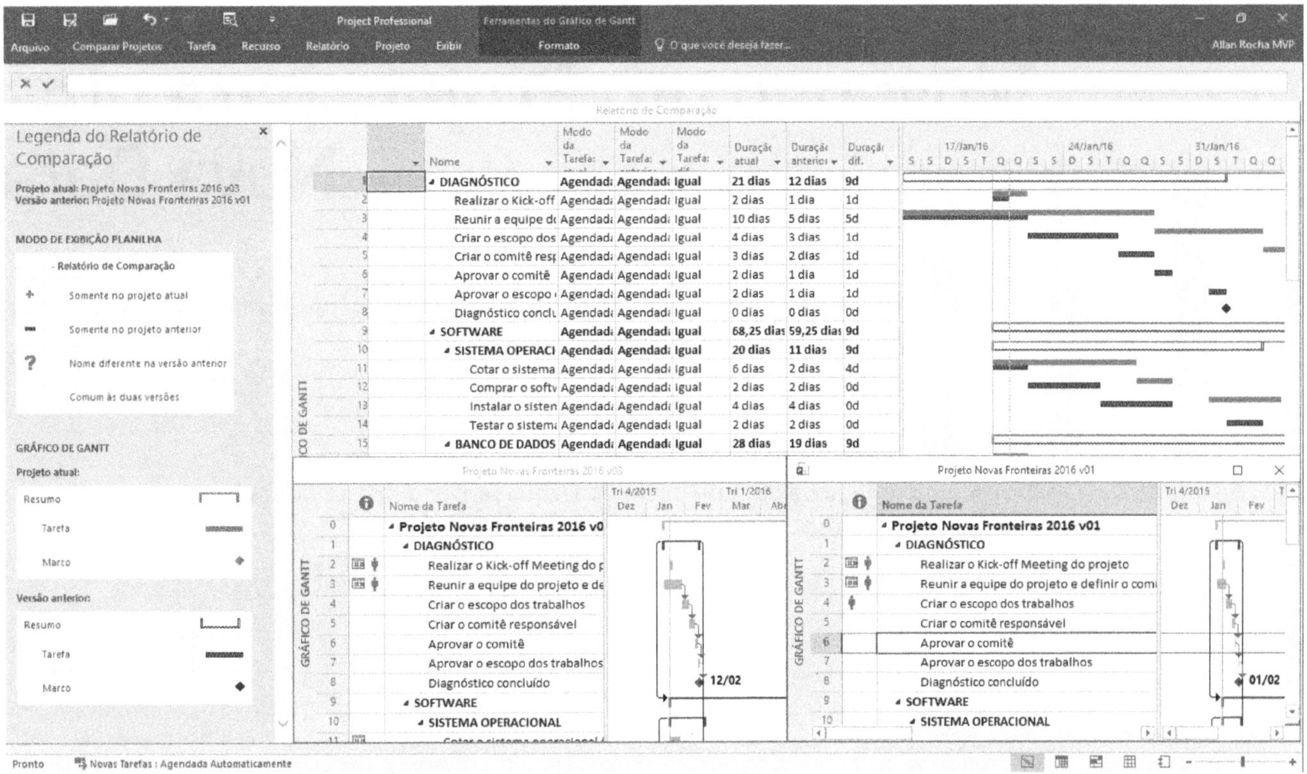

Figura 34.3 – Relatório de comparação de versões com todas as alterações, evidenciando atividades inseridas, excluídas e alterações no prazo, uma vez que a tabela de comparação foi a tabela de entrada

Ao exibir o relatório de comparação, o Microsoft Project mostra as colunas de dados das duas versões, bem como as diferenças.

CAPÍTULO 35

Movendo um Projeto para uma Nova Data

O Microsoft Project também permite mover um projeto como um todo para uma nova data, arrastando todas as atividades, relacionamentos e recursos para uma nova data.

Para mover o projeto para uma nova data:

1. acesse a guia *Projeto* e clique no botão ***Mover Projeto***;
2. na tela *Mover Projeto* escolha uma nova data de início e marque *Mover datas limite* se desejar que os prazos finais sejam também deslocados proporcionalmente para novas datas.

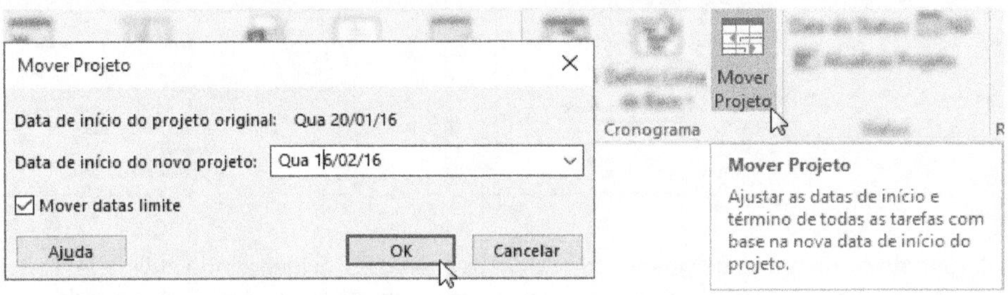

Figura 35.1 – Tela Mover Projeto

> **Importante** – O botão *Mover Projeto* na guia *Projeto* é diferente do botão *Mover* na guia *Tarefa*. O primeiro move o projeto como um todo, enquanto o segundo move apenas as tarefas selecionadas.

CAPÍTULO 36

Análise de Valor Agregado com o Microsoft Project

A análise de valor agregado (***Earned Value Analysis***)[1] é a responsável pelo acompanhamento do desempenho geral do projeto através de uma perspectiva financeira. Ela tem como objetivo detalhar os custos do projeto de forma a acompanhar com precisão as evoluções do seu custo.

Valor agregado é um conceito prático e simples que tem foco na relação entre os custos reais consumidos e o trabalho realizado no projeto. O objetivo está no desempenho realmente obtido em relação ao que foi gasto, ou seja, o que foi obtido pelo projeto em relação ao gasto financeiro para atingir aquele resultado.

Fleming e Green propõem que o valor agregado funciona como um tipo de "alarme", permitindo ao gerente de projetos avaliar se está consumindo mais dinheiro para realizar uma determinada tarefa, ou se está apenas gastando mais naquele momento porque o desenrolar do projeto está sendo acelerado. Isso permitirá que sejam tomadas ações corretivas e preventivas com a devida antecedência, possibilitando o controle do projeto.

O Microsoft Project, em sua versão em português, utiliza, na análise de valor agregado, os termos já traduzidos para o português, apesar de serem pouco usuais no Brasil.

Dentro da análise de valor agregado, é importante que se conheçam alguns termos comuns.

36.1 Terminologia para Orçamento, Custos Reais e Valor Agregado

Os três elementos básicos da análise são os seguintes:

VP, **COTA** ou ***BCWS*** (Valor Planejado ou custo orçado do trabalho agendado) – Valor que indica a parcela do orçamento que deveria ser gasta, considerando-se o custo de linha de base da atividade, da atribuição ou do recurso. O VP ou COTA é calculado com os custos de linha de base divididos em fases e acumulados até a data de status ou data atual. É o custo proveniente do orçamento.

VA, **COTR** ou ***BCWP*** (Valor Agregado ou custo orçado do trabalho realizado) – Valor que indica a parcela do orçamento que deveria ser gasta, considerando-se o trabalho realizado até o momento e o custo de linha de base para a atividade, a atribuição ou o recurso. O VA ou COTR é calculado a partir do percentual da atividade realizada, multiplicado pelo seu orçamento. O VA ou COTR também é denominado "valor acumulado ou valor agregado".

CR, **CRTR** ou ***ACWP*** (Custo Real ou custo real do trabalho realizado) – Mostra os custos reais incidentes para o trabalho já realizado por um recurso ou atividade, até a data de status ou data atual do projeto. Uma vez determinados esses três parâmetros, a análise dos resultados é obtida com base na correlação entre os valores encontrados para cada um deles.

1 Baseado em VARGAS, Ricardo V. Análise de Valor Agregado em Projetos. 6ª ed. Rio de Janeiro: Brasport, 2013.

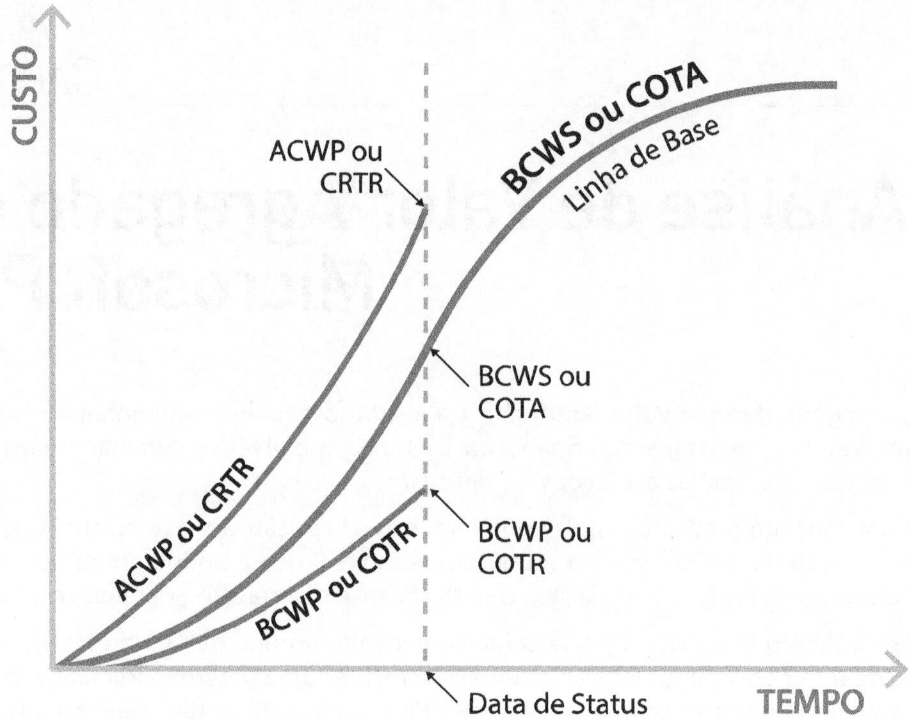

Figura 36.1 - Exemplo gráfico do COTA (VP), do COTR (VA) e do CRTR (CR) ao longo do tempo para um determinado projeto

36.2 Terminologia para Variação de Custos e Prazos

CV ou **VC** (variação de custo) – É a diferença entre o custo previsto para atingir o nível atual de conclusão (COTR) e o custo real (CRTR), até a data de status ou a data atual. Se a VC for positiva, o custo do trabalho agregado estará aquém do valor realmente gasto (custo real); se for negativa, a atividade está agregando um valor inferior ao que se gastou no trabalho e, continuada essa tendência, significará que o projeto tem uma grande tendência de ser concluído com um gasto superior ao orçado.

$$VC = COTR - CRTR$$
$$CV = BCWP - ACWP$$

%CV ou **%VC** (variação percentual de custo) – É a razão entre a variação de custos (VC) e o valor agregado (COTR). Indica o percentual de variação nos custos com relação ao agregado até o período.

$$\%VC = VC \div COTR$$
$$\%CV = VC \div BCWS$$

SV ou **VA** (variação do prazo) – É a diferença, em termos de custo, entre o valor agregado (COTR) e a agenda de linha de base (COTA). Se a VA for positiva, o projeto estará antecipado em termos de custo; se for negativa, o projeto estará atrasado em termos de custo.

$$VA = COTR - COTA$$
$$SV = BCWP - BCWS$$

%SV ou **%VA** (variação percentual de prazo) – É a razão entre a variação do prazo (VA) e o valor agregado (COTR). Indica o percentual de variação nos prazos com relação ao agregado até o período.

$$\%VA = VA \div COTR$$
$$\%SV = SV \div BCWS$$

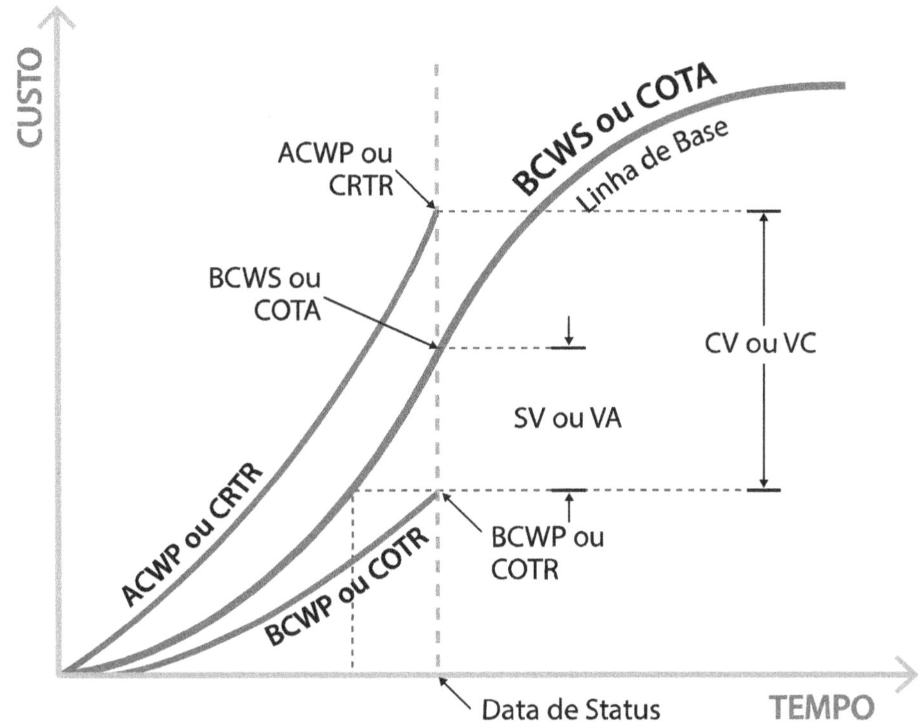

Figura 36.2 – Análise de valor agregado com as determinações de VC e VA

36.3 Terminologia para os Índices de Desempenho

Ao se tratar da razão entre o valor agregado e os parâmetros de custo orçado e custo real, têm-se os seguintes índices:

SPI ou **IDA** (índice de desempenho de prazos) – É a divisão entre o valor agregado (COTR ou BCWP) e o valor planejado na linha de base (COTA ou BCWS). O IDA mostra a taxa de conversão do valor previsto em valor agregado.

$$IDA = COTR \div COTA$$

$$SPI = BCWP \div BCWS$$

Por exemplo, um IDA = 0,87 indica que 87% do tempo previsto no orçamento foi convertido em trabalho e que houve uma perda de 13% no tempo disponível.

CPI ou **IDC** (índice de desempenho de custos) – É a divisão entre o valor agregado (COTR ou BCWP) e o custo real (CRTR ou ACWP). O IDC mostra qual a conversão entre os valores reais consumidos pelo projeto e os valores agregados no mesmo período.

$$IDC = COTR \div CRTR$$

$$CPI = BCWP \div ACWP$$

Por exemplo, um IDC = 0,87 indica que para cada \$1 de capital realmente consumido, apenas \$0,87 está sendo convertido fisicamente em produto e existe uma perda de \$0,13 por \$1 gasto.

TCPI ou **IDAC** (índice de desempenho a concluir) – É a razão entre o trabalho restante (orçamento – valor agregado) a ser concluído e os fundos restantes (orçamento – custo real) a serem gastos, na data de status.

$$IDAC = (ORÇAMENTO - COTR) \div (ORÇAMENTO - CRTR)$$

$$TCPI = (ORÇAMENTO - BCWP) \div (ORÇAMENTO - ACWP)$$

Por exemplo, um IDAC = 1,15 indica que o projeto precisa produzir 15% a mais do que o previsto para recuperar um índice de desempenho de custos desfavorável no passado.

36.4 Terminologia para os Orçamentos e as Projeções

Ao se tratar do orçamento final e das estimativas e projeções de custo final do projeto, têm-se os seguintes índices:

BC ou **OAT** (orçamento ao término) - É o orçamento do projeto ou custo da linha de base (custo total previsto das atividades e do projeto).

EAC ou **EAT** (estimativa ao término) - É a previsão de custos no final da atividade e do projeto. O Microsoft Project utiliza a estimativa denominada mais provável, assumindo que o índice de desempenho de custos é uma tendência para o projeto, ou seja, todo o trabalho futuro será desenvolvido com base na performance obtida até o momento. Para esse caso, a previsão de custos finais do projeto (EAC) é dada pela fórmula a seguir.

EAT = [(ORÇAMENTO - COTR) ÷ IPC] - CRTR

EAC = [(ORÇAMENTO - BCWP) ÷ CPI] + ACWP

VAC ou **VAT** (variação ao término) - É a variação entre o orçamento e a estimativa ao término.

VAT = ORÇAMENTO - EAT

VAC = ORÇAMENTO - EAC

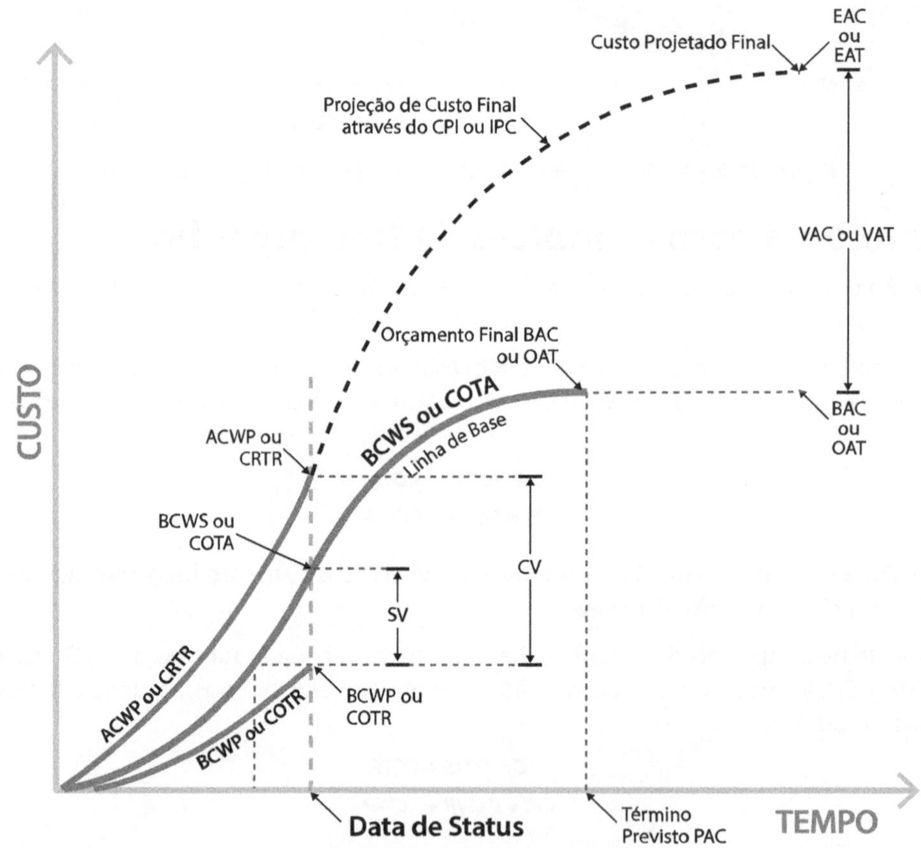

Figura 36.3 - Análise de valor agregado

36.5 Preparando o Projeto para Utilizar a Análise de Valor Agregado

Para que seja possível aproveitar todos os recursos que o Microsoft Project possibilita, é preciso que algumas configurações estejam ativas no programa.

Para configurar o Microsoft Project para realizar a análise de valor agregado:

1. salve a linha de base do projeto (guia *Projeto > Definir Linha de Base > Definir Linha de Base...*) para assegurar que os dados do projeto estejam previstos (dados do COTA ou BCWS);

2. acesse a guia *Arquivo (Backstage)* e clique em ***Opções***;
3. na lateral da tela, escolha *Cronograma*;
4. na área *Opções de cálculo deste projeto*, certifique-se de que a opção *Custos reais são sempre calculados pelo Project* esteja desabilitada para que os dados reais possam ser inseridos manualmente (dados do **CRTR** ou **ACWP**);

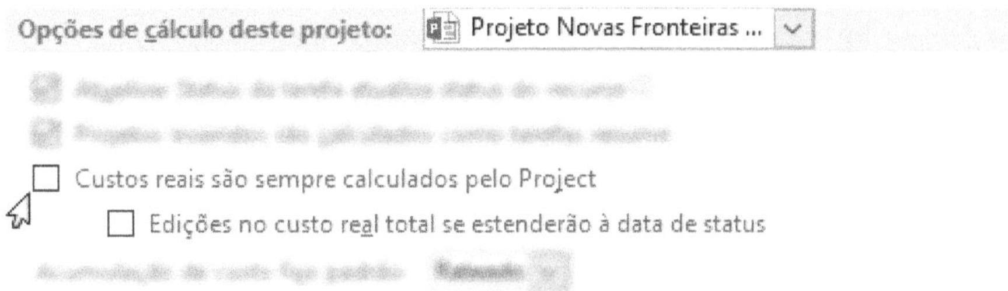

Figura 36.4 – Tela Opções do Project com destaque para a opção Custos reais são sempre calculados pelo Project

5. permaneça com a tela *Opções do Project* aberta e clique na guia ***Avançado***, na lateral esquerda da tela;
6. na área *Opções de Valor Agregado deste projeto* determine se os dados de valor agregado (**COTR** ou **BCWP**) vão ser calculados com base no *% Concluída* ou no campo *% Física Concluída*;
7. determine qual será a linha de base de referência para o cálculo de valor agregado (uma das linhas de base existentes);

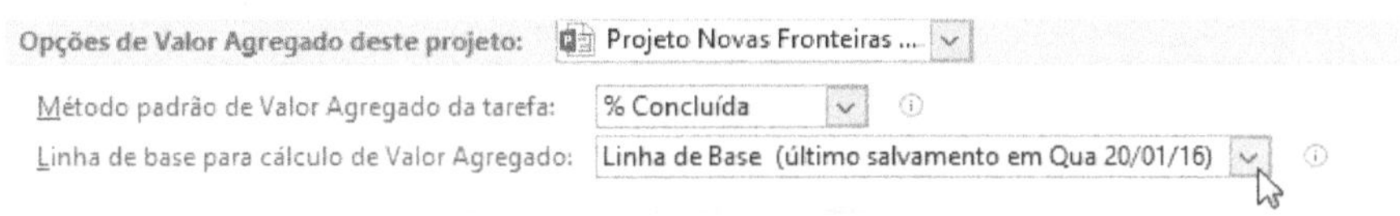

Figura 36.5 – Tela Opções do Project com destaque para as opções de valor agregado

DICA

Diferenciar *% Concluída* de *% Física Concluída* permite que se tenha um avanço na atividade sob o ponto de vista de custos e trabalho diferente do % agregado por aquele trabalho.

Por exemplo: uma atividade pode ter consumido 50% dos recursos e do tempo para agregar somente 35% de produto.

8. acesse a guia *Projeto* e determine a data de status no botão *Data do Status* ou clique no botão *Informações do projeto* e preencha o campo *Data de Status* com a data que será utilizada como referência para a análise de valor agregado.

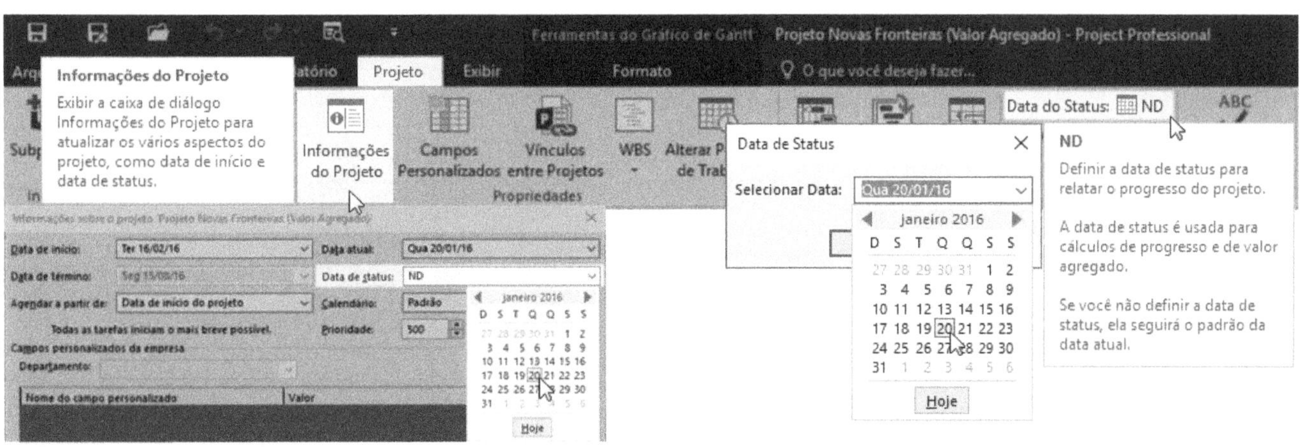

Figura 36.6 – Campo Data do Status acessado através da guia Projeto > Informações do Projeto e através da guia Projeto > Data do Status

36.6 Atualizando o Projeto Através do Valor Agregado

Para atualizar os dados relativos à execução das atividades do projeto para possibilitar a análise de valor agregado:

1. acesse o modo de exibição *Gantt de Controle* através da *Barra de Visões* ou da guia *Exibir*;
2. acesse a guia *Exibir*, clique no botão ***Tabelas*** e escolha ***Mais Tabelas...***;

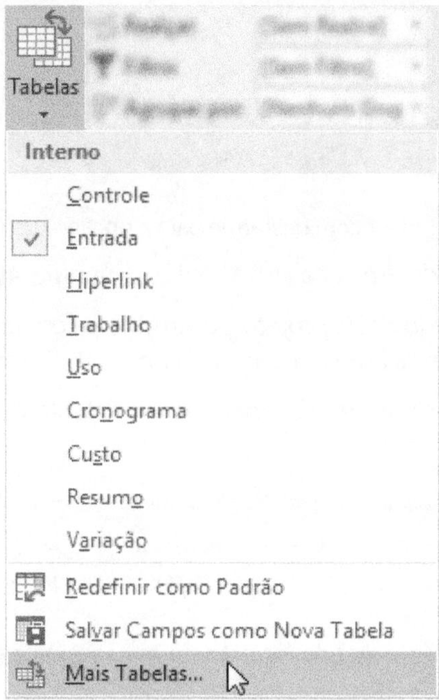

Figura 36.7 - Guia Exibir com destaque para o botão Tabelas

3. escolha a tabela *Valor Agregado*;
4. selecione a coluna *CR (CRTR)*, acesse a guia *Formato* e clique no botão ***Inserir Coluna***;

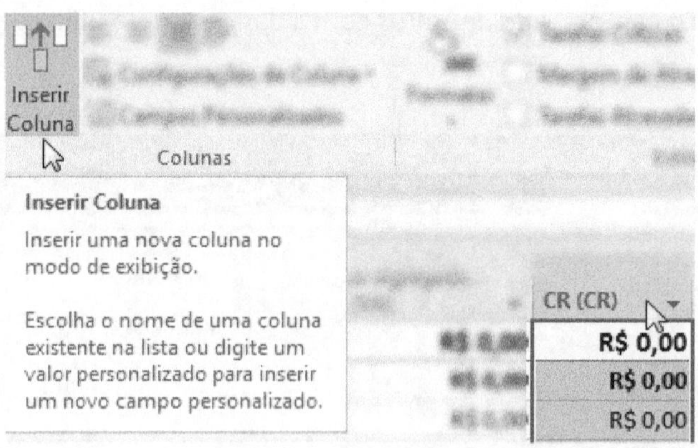

Figura 36.8 - Coluna CR (CR) selecionada e guia Formato com destaque para o botão Inserir Coluna

5. digite "Custo Real" na coluna inserida para que os dados de custo real possam ser inseridos no projeto;

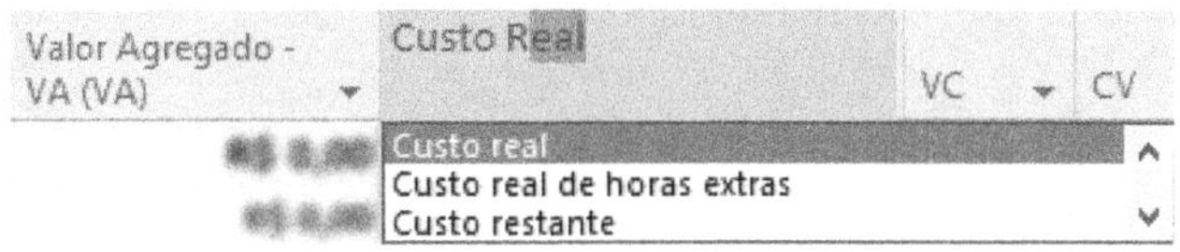

Figura 36.9 – Campo Custo Real sendo inserido à esquerda do campo VC

6. insira o campo *% Concluída* ou *% Física concluída* (dependendo da opção de apropriação do percentual completo definida anteriormente), repetindo os passos 4 e 5;
7. exiba a linha de andamento na data de status do projeto acessando a guia *Formato* > *Linhas de Grade* > ***Linhas de Andamento***;

	Nome da tarefa	Valor Planejado - VP (COTA)	Valor Acumulado - VA (COTR)	% concluída	Custo real
0	EVMS	R$ 960,00	R$ 0,00	0%	R$ 1.130,00
1	1 A	R$ 160,00	R$ 0,00	0%	R$ 200,00
2	2 B	R$ 240,00	R$ 0,00	0%	R$ 250,00
3	3 C	R$ 320,00	R$ 0,00	0%	R$ 400,00
4	4 D	R$ 160,00	R$ 0,00	0%	R$ 120,00
5	5 E	R$ 80,00	R$ 0,00	0%	R$ 150,00
6	6 F	R$ 0,00	R$ 0,00	0%	R$ 10,00
7	7 G	R$ 0,00	R$ 0,00	0%	R$ 0,00

Figura 36.10 – Modo de exibição *Gantt* de Controle exibindo a tabela Valor Acumulado (incluindo os campos %Concluída e Custo real) e a Linha de Andamento na data de status atribuídos

8. observe que o valor planejado (VP, COTA ou BCWS) já foi calculado automaticamente ao se inserir a data de status do projeto (o VP é calculado como todo o custo previsto do trabalho que deveria ter sido feito até a data de status);
9. insira o valor do *% Concluída* da atividade (valor entre 0% e 100%) até a data de status;
10. observe que o valor agregado (VA, COTR ou BCWP) é calculado automaticamente ao se inserir o percentual concluído (o VA é calculado multiplicando-se o orçamento da atividade pelo percentual concluído);
11. insira o valor do *Custo real* até a data de status (é um dado de entrada da análise);

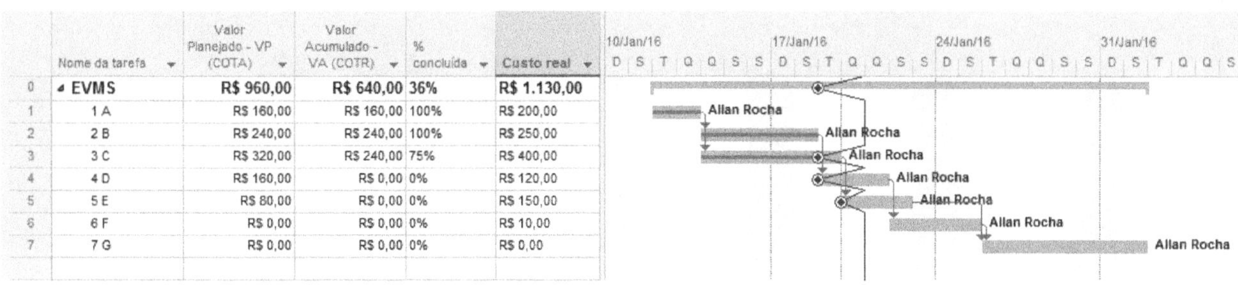

	Nome da tarefa	Valor Planejado - VP (COTA)	Valor Acumulado - VA (COTR)	% concluída	Custo real
0	EVMS	R$ 960,00	R$ 640,00	36%	R$ 1.130,00
1	1 A	R$ 160,00	R$ 160,00	100%	R$ 200,00
2	2 B	R$ 240,00	R$ 240,00	100%	R$ 250,00
3	3 C	R$ 320,00	R$ 240,00	75%	R$ 400,00
4	4 D	R$ 160,00	R$ 0,00	0%	R$ 120,00
5	5 E	R$ 80,00	R$ 0,00	0%	R$ 150,00
6	6 F	R$ 0,00	R$ 0,00	0%	R$ 10,00
7	7 G	R$ 0,00	R$ 0,00	0%	R$ 0,00

Figura 36.11 – Modo de exibição Gráfico de *Gantt* exibindo dados reais inseridos para a análise de valor agregado

12. observe que o campo *CR (CRTR)* ou *ACWP* é calculado automaticamente ao se inserir o custo real (o campo CR ou CRTR é igual ao campo custo real, porém não permite entrada de dados);
13. ao serem inseridos esses dados, o sistema automaticamente calcula os demais (VA, VC, EAT, OAT e VAT).

DICA

Existe um relatório específico para os dados de análise de valor agregado. Esse relatório pode ser exibido na nova guia *Relatório*, selecionando o botão *Custos* e escolhendo o ***Relatório de Valor Agregado***, sucessivamente.

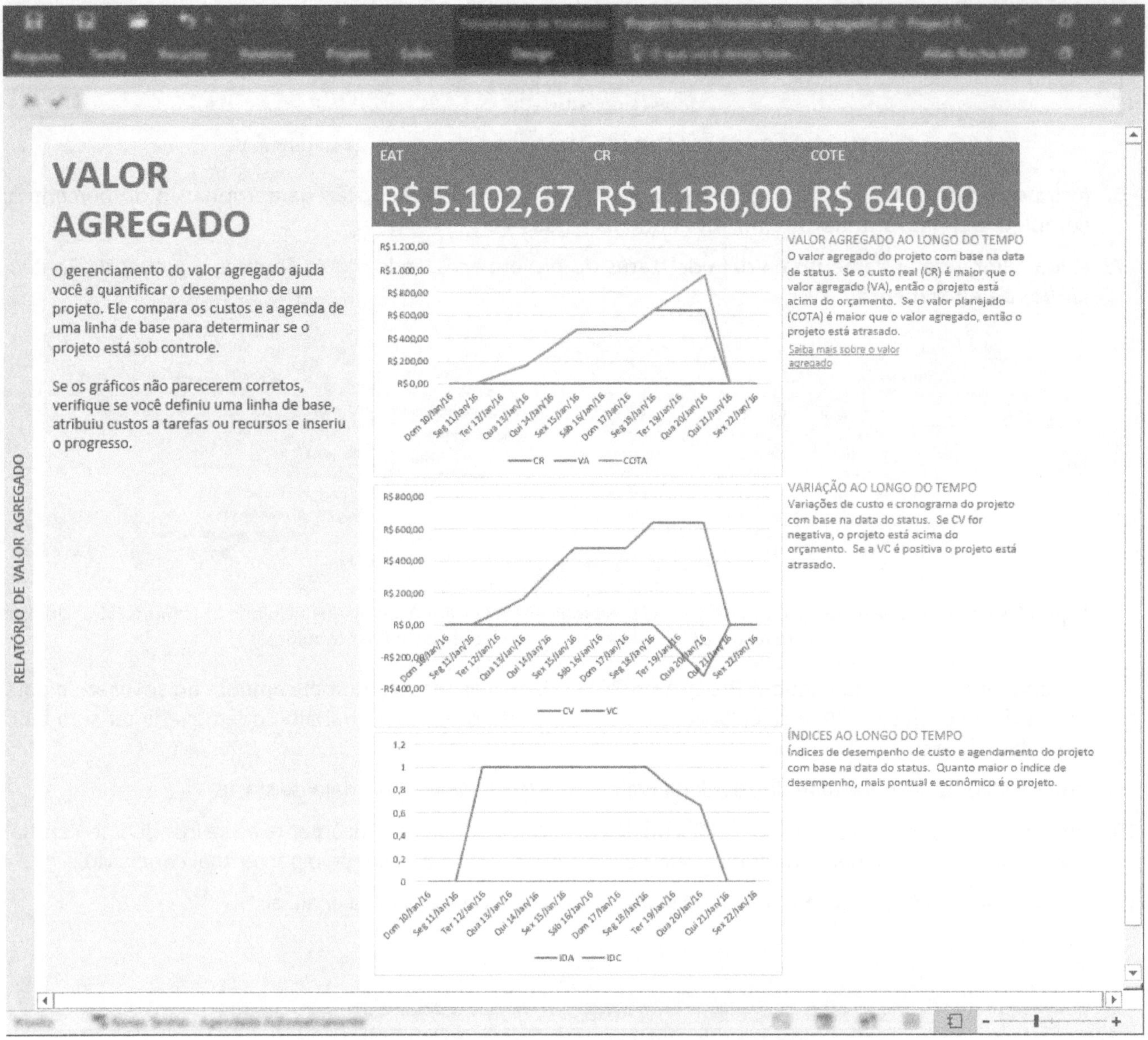

Figura 36.12 – Relatório de Valor Agregado do Project

CAPÍTULO 37

Análise *Burndown* (Taxa de Queima)

A *Análise Burndown* (Taxa de Queima) é considerada pelas metodologias ágeis uma das mais eficazes formas de monitoramento do progresso de um projeto ou de uma equipe. A essência da *Análise Burndown* é simplesmente mostrar em um gráfico:

1. o quanto foi planejado;
2. o quanto foi concluído;
3. o restante a ser concluído;
4. uma linha do tempo.

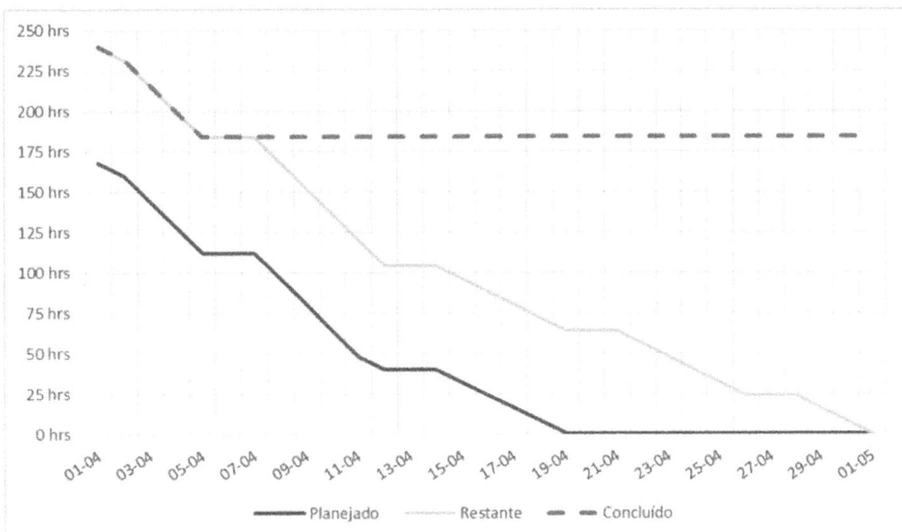

Figura 37.1 – Gráfico *Burndown* de trabalho por dia

A *Análise Burndown* não necessariamente precisa ser baseada em trabalho. A forma de análise de variância de produtividade do seu projeto ou equipe pode ser determinada de acordo com a sua necessidade. É possível usar o conceito da *Análise Burndown* de várias maneiras – uma delas é monitorar os entregáveis ou tarefas de um projeto em um determinado período.

A funcionalidade de **Relatórios Gráficos** introduzida na versão anterior permite não só a visualização dos relatórios, como a criação de elementos gráficos dentro do próprio Project. Uma série de relatórios pré-instalados fornecem ao gerente de projetos outra fonte de análise dos dados do projeto, como, por exemplo, o *Relatório Burndown*. Falaremos mais sobre esta funcionalidade nos capítulos seguintes.

Para acessar o *Relatório Burndown*:

1. acesse a guia *Relatório*;
2. no grupo *Ver Relatórios*, selecione *Painéis* e depois escolha ***Burndown***.

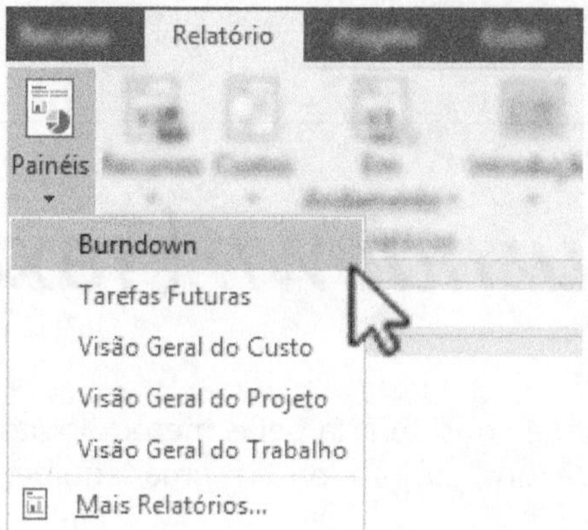

Figura 37.2 - Painel pré-instalado do Project para Análise *Burndown*

Seu plano do projeto vai sendo atualizado no Project conforme, por exemplo, você:

- atualiza percentuais de conclusão;
- altera a quantidade de trabalho;
- altera a duração;
- altera início e término.

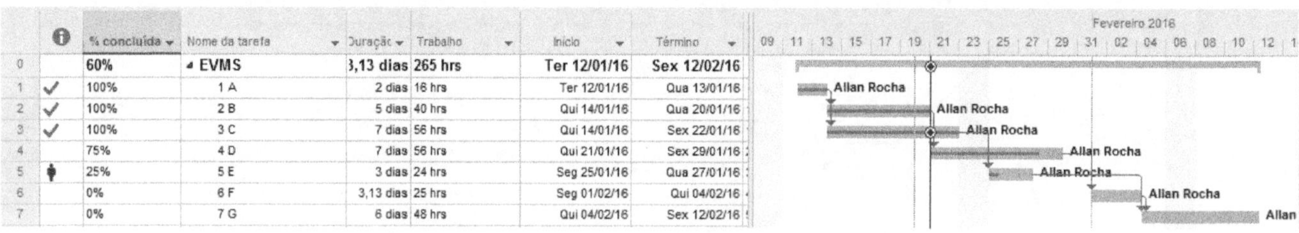

		% concluída	Nome da tarefa	Duração	Trabalho	Início	Término
0		60%	◢ EVMS	3,13 dias	265 hrs	Ter 12/01/16	Sex 12/02/16
1	✓	100%	1 A	2 dias	16 hrs	Ter 12/01/16	Qua 13/01/16
2	✓	100%	2 B	5 dias	40 hrs	Qui 14/01/16	Qua 20/01/16
3	✓	100%	3 C	7 dias	56 hrs	Qui 14/01/16	Sex 22/01/16
4		75%	4 D	7 dias	56 hrs	Qui 21/01/16	Sex 29/01/16
5		25%	5 E	3 dias	24 hrs	Seg 25/01/16	Qua 27/01/16
6		0%	6 F	3,13 dias	25 hrs	Seg 01/02/16	Qui 04/02/16
7		0%	7 G	6 dias	48 hrs	Qui 04/02/16	Sex 12/02/16

Figura 37.3 - Plano do projeto sendo atualizado

Após a atualização do plano do projeto o gerente de projetos será capaz de acompanhar em tempo real todas essas alterações diretamente do Project acessando o painel *Burndown*.

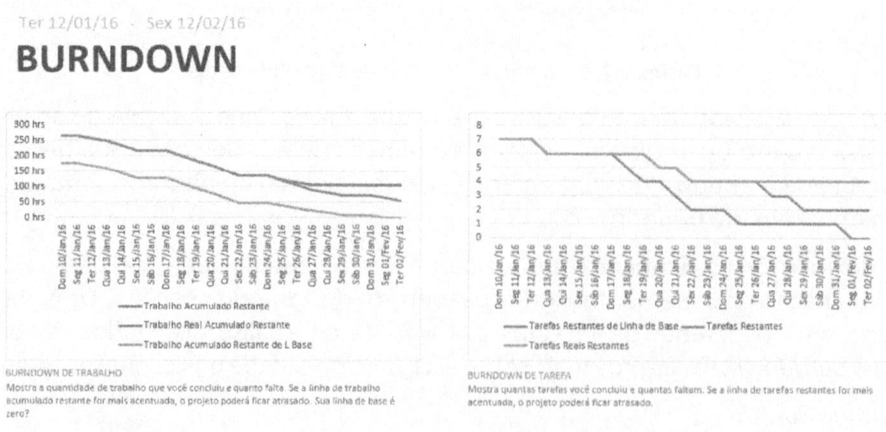

Figura 37.4 - Painel *Burndown* exibindo informações em tempo real após atualização do plano do projeto

PARTE IV

MELHORANDO E ORGANIZANDO A APRESENTAÇÃO DO PROJETO

Capítulo 38

Formatação Básica

A formatação básica das células, colunas, escala de tempo e linhas de grade do Microsoft Project é similar à de todos os outros produtos da família Office, tais como o Microsoft Word e o Excel.

38.1 Formatação de Fontes e Cor de Fundo da Célula

Para formatar o estilo de um texto em uma tabela:

1. selecione a região para formatação;
2. acesse a guia *Tarefa* (independentemente da tabela ser uma tabela de recursos ou uma tabela de tarefas);
3. na região central da guia, escolha o tipo, o tamanho e os estilos complementares da fonte (negrito, itálico e sublinhado);

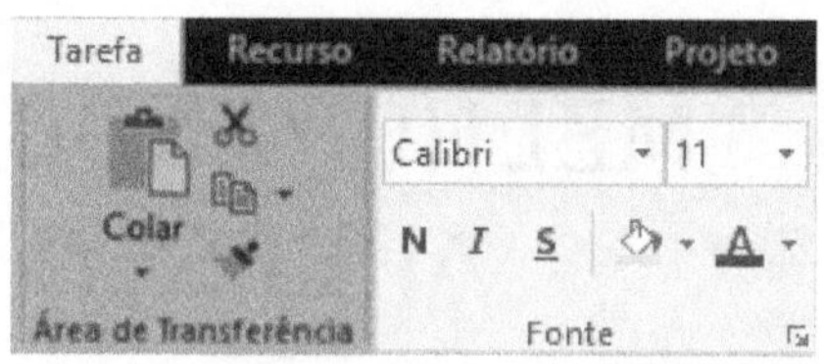

Figura 38.1 – Guia Tarefa com destaque para os botões de formatação de fontes

4. escolha a cor de preenchimento do fundo da célula clicando em ***Cor de Plano de Fundo***;
5. caso deseje, clique no ícone no canto inferior direito da área *Fonte* para abrir a tela Fonte.

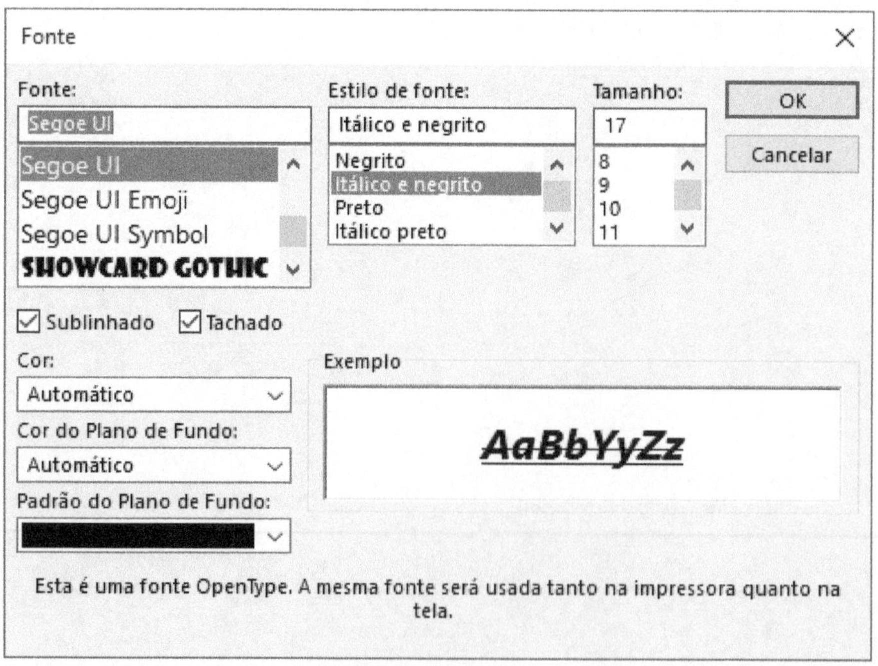

Figura 38.2 – Tela Fonte

DICA

Outro mecanismo fácil de formatação é a utilização do botão Pincel . Selecione a área que servirá de base para a formatação, selecione o botão *Pincel* na guia *Tarefa* e clique na área a ser formatada.

38.2 Formatação de Estilos de Texto

Muitas vezes no projeto se deseja não apenas formatar uma fonte ou texto específico, mas formatar todo um grupo de dados que respeite a uma determinada condição predefinida.

Para criar um determinado estilo de texto:

1. acesse um modo de exibição que contenha dados em tabela através da *Barra de Visões* ou da guia *Exibir*;
2. acesse a guia *Formato* e clique no botão ***Estilos de Texto***;
3. no campo *Alterar item* determine o conjunto de dados que será alterado pelo estilo de texto;

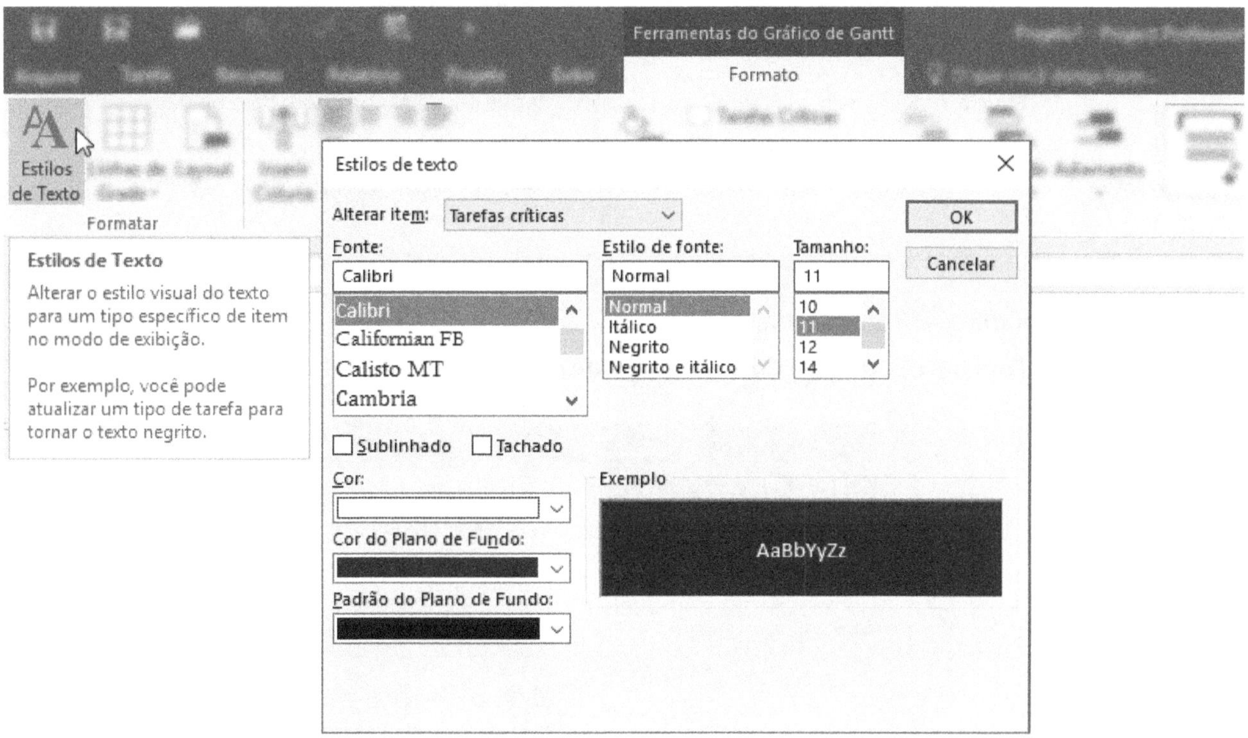

Figura 38.3 – Tela Estilos de texto com destaque para a opção "Tarefas críticas"

4. determine fonte, tamanho, estilo, cor da fonte e cor e padrão do plano de fundo;
5. clique em ***OK*** para efetivar as mudanças.

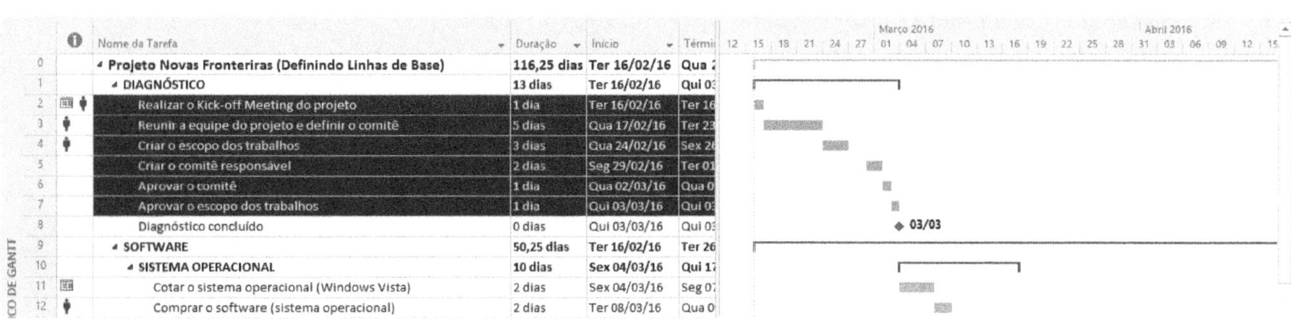

Figura 38.4 – Formatação de estilo de fonte que escureceu o plano de fundo de todas as tarefas críticas do projeto

38.3 Formatação e Configuração das Colunas

Para formatar o alinhamento de uma coluna de dados:

1. selecione as colunas a serem formatadas;
2. acesse a guia *Formato* (independentemente da tabela ser uma tabela de recursos ou uma tabela de tarefas);
3. na região *Colunas* da guia *Formato*, escolha o alinhamento desejado.

Figura 38.5 - Detalhe da guia Formato com destaque para o alinhamento das colunas

Importante - O alinhamento escolhido será aplicado em toda a coluna. Não é possível alinhar apenas uma célula.

Para acessar as configurações específicas de uma coluna:

1. selecione a coluna a ser configurada;
2. acesse a guia *Formato* e clique em ***Configurações de Coluna***;

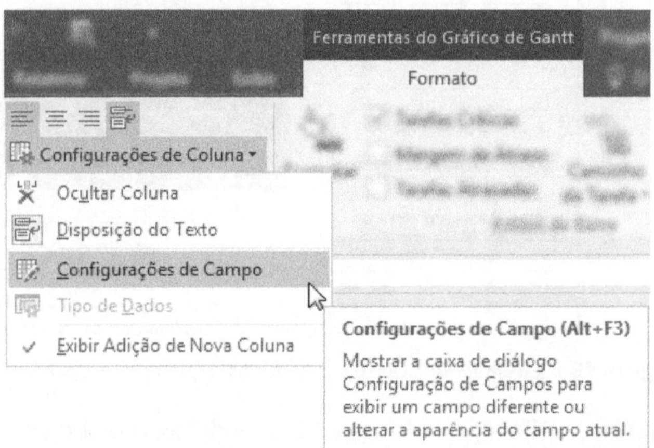

Figura 38.6 - Detalhe da guia Formato com destaque para o botão "Configurações de Coluna"

3. escolha *Ocultar Coluna* para deixar de exibir a coluna selecionada;
4. escolha *Disposição do Texto* para que textos grandes sejam exibidos em múltiplas linhas, caso a largura da coluna não consiga exibir todo o seu conteúdo;
5. escolha *Configurações de Campo* para abrir a tela *Configurações de Campo* e alterar detalhes do campo selecionado.

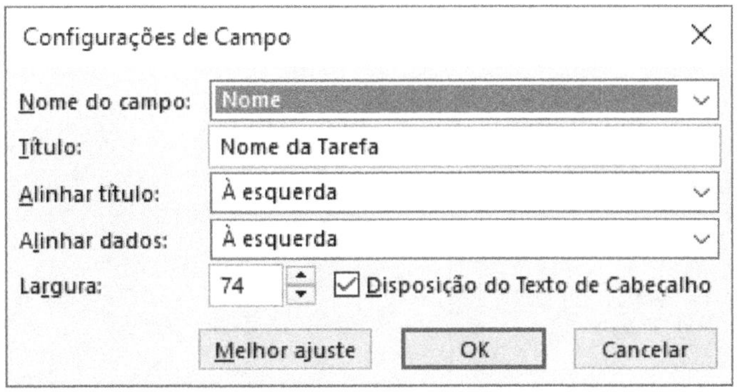

Figura 38.7 – Tela Configurações de Campo

Um recurso introduzido desde o Project 2010 é a exibição automática de uma coluna fictícia chamada *Adicionar Nova Coluna* após todas as colunas da tabela. Para inserir um campo na coluna basta digitar o nome do campo no título da nova coluna. Caso não deseje exibir essa coluna fictícia, basta desativar a opção ***Exibir Adição de Nova Coluna*** no botão *Configurações de Coluna* exibido anteriormente.

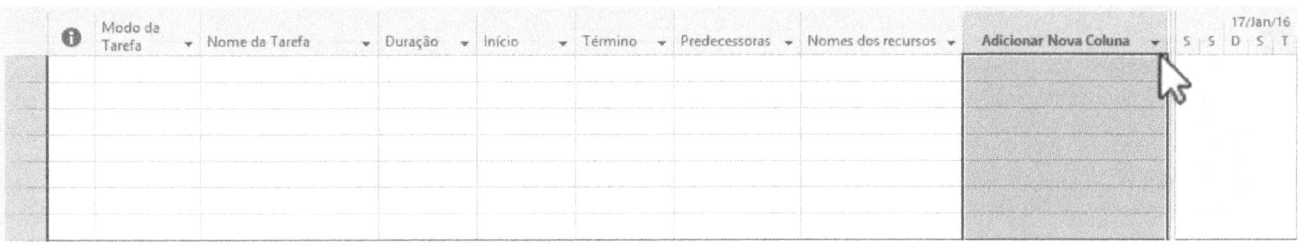

Figura 38.8 – Tabela de entrada exibindo a coluna fictícia "Adicionar Nova Coluna"

38.4 Formatação de Linhas de Grade

As linhas de grade do Microsoft Project são exibidas tanto na área de tabela como também em várias partes gráficas, tais como o modo de exibição *Gráfico de Gantt* e o *Planejador de Equipe*.

Para formatar as linhas de grade:

1. acesse o modo de exibição em que se deseja formatar as linhas de grade através da *Barra de Visões* ou da guia *Exibir*;
2. acesse a guia *Formato* e clique no botão ***Linhas de Grade***;

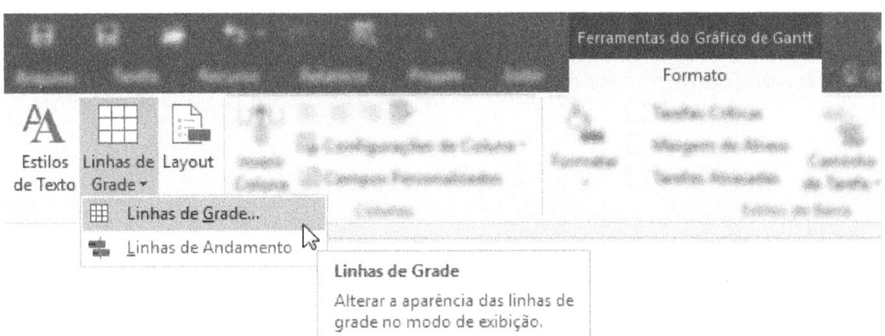

Figura 38.9 – Guia Formato com destaque para o botão Linhas de Grade

3. na tela *Linhas de grade*, escolha o dado que receberá linhas de grade;

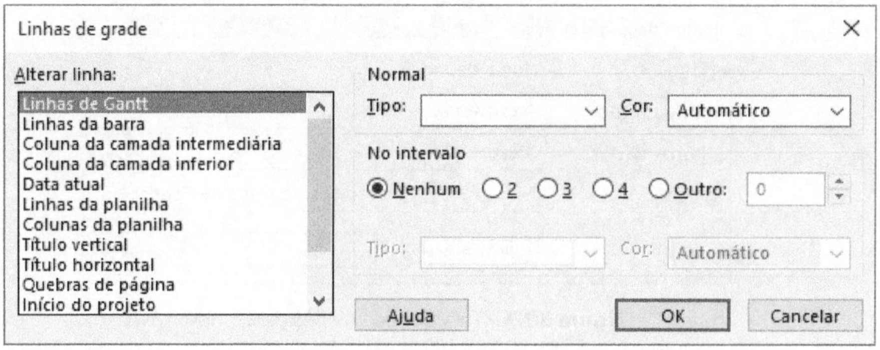

Figura 38.10 - Tela Linhas de grade

4. determine se as linhas serão contínuas ou em intervalos;
5. defina o tipo e a cor da linha;
6. clique em ***OK***.

DICA

A linha vertical que exibe a data atual no modo de exibição *Gráfico de Gantt* e *Planejador de Equipe* também pode ser configurada como uma linha de grade. Basta escolher ***Data atual*** no campo *Alterar linha da tela Linhas de grade*.

Importante - A formatação das linhas de grade somente é válida para o modo de exibição selecionado. Cada modo de exibição pode ter uma formatação de linhas de grade completamente diferente dos demais.

38.5 Formatação de Escala de Tempo

Para alterar a escala de tempo no *Gráfico de Gantt* ou em qualquer outra representação gráfica de tempo:

1. dê um clique duplo na escala de tempo do gráfico;

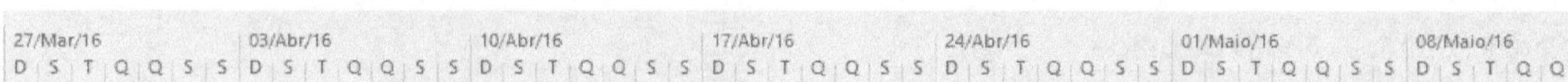

Figura 38.11 - Destaque da área gráfica da escala de tempo do projeto

DICA

O Microsoft Project tem três escalas de tempo: camada superior, camada intermediária e camada inferior, permitindo que a escala de tempo do *Gráfico de Gantt* seja exibida e analisada em um, dois ou três diferentes intervalos de tempo na legenda.

2. na tela *Escala de tempo*, determine a quantidade de escalas a serem exibidas através da opção ***Mostrar***;

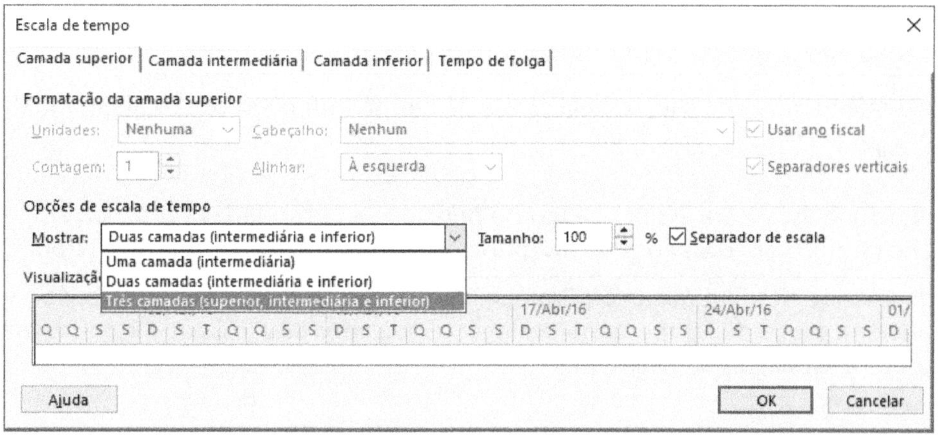

Figura 38.12 – Definindo o número de escalas de tempo a serem exibidas no Gráfico de *Gantt* ou em qualquer outra representação gráfica de tempo

3. determine as escalas de tempo nas camadas **principal**, **intermediária** e **inferior**, o rótulo e o alinhamento, a ampliação ou a redução da escala de tempo, e determine se a escala de tempo utilizará o ano fiscal estabelecido;

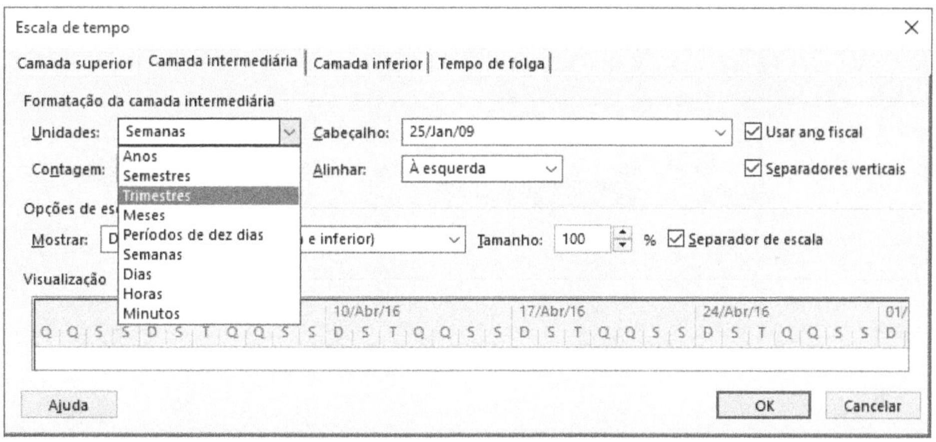

Figura 38.13 – Tela Escala de tempo com destaque para as configurações da Formatação da camada intermediária

4. sem fechar a tela, clique na guia ***Tempo de folga***;

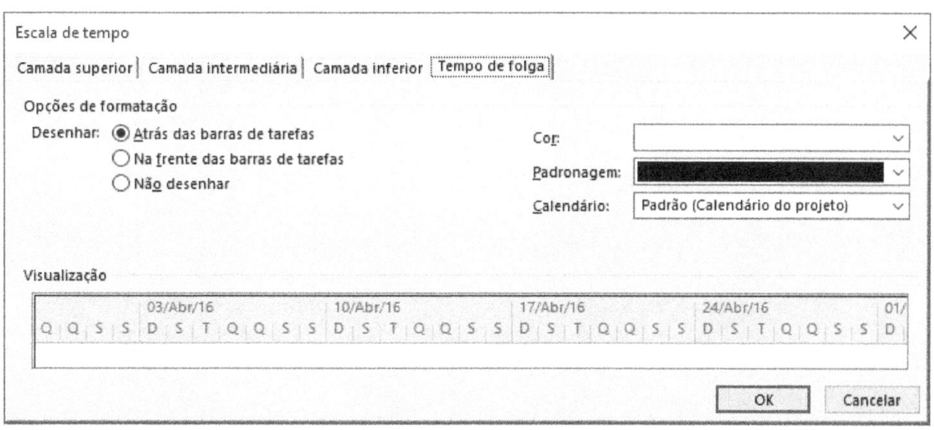

Figura 38.14 – Tela Escala de tempo com destaque para a guia Tempo de folga

5. altere os padrões de cores e de dias de folga do projeto, bem como a disposição das barras em relação às barras de atividades e ao calendário a ser exibido;
6. selecione o calendário a ser exibido pela escala de tempo (por padrão, é o calendário do projeto);
7. clique em ***OK***.

A configuração do ano fiscal para escalas de tempo principais e secundárias é útil para empresas que não usam o ano-calendário padrão para seus anos fiscais (principalmente em empresas multinacionais).

Um recurso introduzido desde o Microsoft Project 2010 é a escala de tempo, localizada na *Barra de Status* do projeto. Para alterar a escala de tempo basta deslocar o indicador da escala ou clicar nos indicativos + e – para aumentar e reduzir a escala, respectivamente.

Figura 38.15 – Barra de Status com escala de tempo na parte direita da barra

Para desvincular o ano fiscal do ano-calendário:

1. acesse a guia *Arquivo (Backstage)* e clique em ***Opções***;
2. escolha a guia *Cronograma*;
3. no campo *O ano fiscal começa em*, escolha o mês do início do ano fiscal;

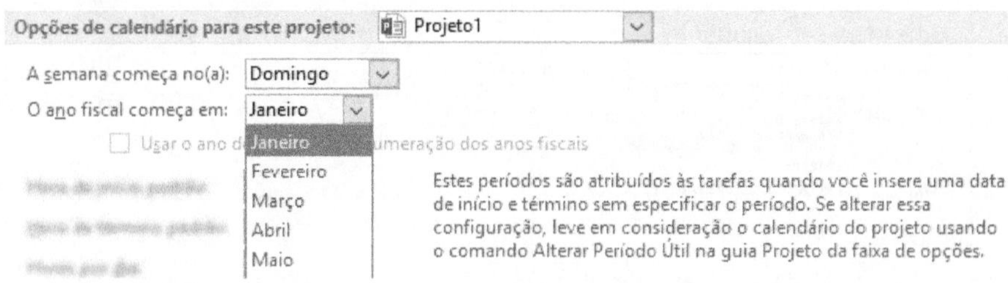

Figura 38.16 – Tela Opções do Project com destaque para a opção "O ano fiscal começa em"

4. clique em ***OK***.

Importante – Os períodos de folga, feriados etc. são somente definidos através do calendário disponível para o projeto, como foi visto no capítulo sobre calendários.

CAPÍTULO 39

Formatação do Gráfico de *Gantt*

Uma novidade introduzida desde o Microsoft Project 2010 foi a *Faixa de Opções*, especialmente na guia *Formato*. Esta guia contém todas as opções de formatação e seu conteúdo é alterado de acordo com o objeto a ser formatado, tornando-se uma espécie de central de formatação de cada exibição do projeto.

Figura 39.1 – Guia Formato para o Gráfico de *Gantt*

Figura 39.2 – Guia Formato para o Diagrama de Rede

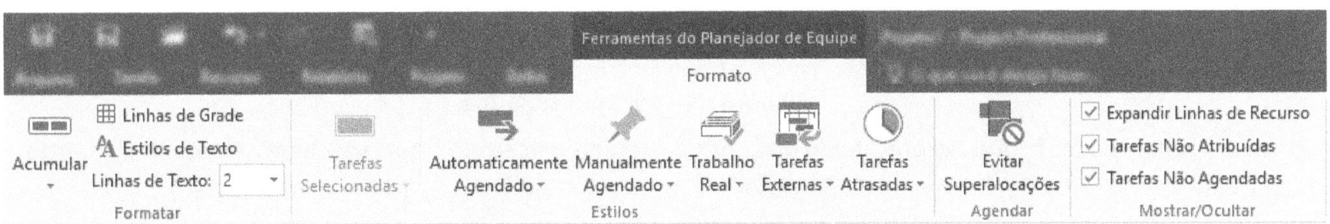

Figura 39.3 – Guia Formato para o Planejador de Equipe

39.1 Formatação de Barras Individuais do Gráfico de *Gantt*

Para formatar uma barra isolada:

1. selecione a atividade que terá sua barra formatada;
2. na região do *Gráfico de Gantt*, dê um clique duplo na barra escolhida ou acesse a guia *Formato*, clique no botão ***Formatar*** e escolha ***Barra***;

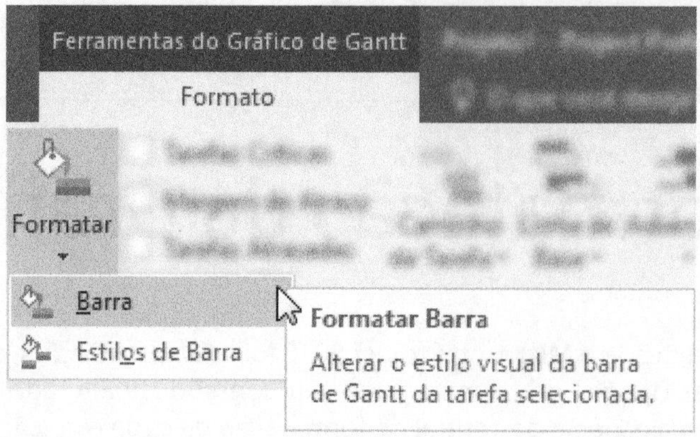

Figura 39.4 – Guia Formato com destaque para o botão Formatar > Barra

3. na tela *Formatar barra*, determine a forma, o tipo e a cor inicial e final da barra, bem como a forma, o padrão e a cor da barra central;

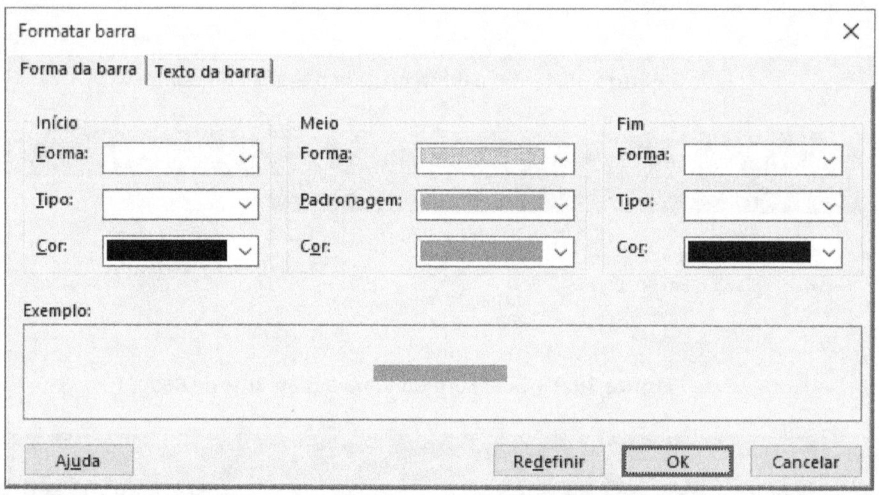

Figura 39.5 – Tela Formatar barra

4. sem fechar a tela, clique na guia *Texto da barra* e escolha os campos que serão mostrados à esquerda, à direita, no topo, na base ou no interior da barra;

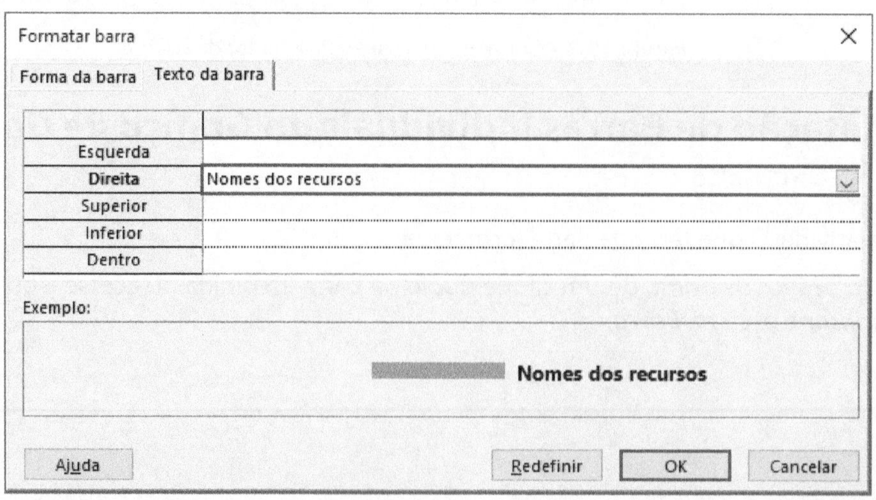

Figura 39.6 – Tela Formatar barra com destaque para a inserção de textos na lateral direita da barra

5. clique em ***OK*** para efetivar a mudança.

39.2 Formatação do Estilo das Barras do Gráfico de *Gantt*

A formatação dos estilos das barras permite que todas as barras do *Gantt* que tenham as mesmas características tenham também o mesmo formato.

Para formatar os estilos das barras:

1. dê um clique duplo em um local vazio do *Gráfico de Gantt* ou acesse a guia *Formato*, clique no botão ***Formatar*** e escolha ***Estilos de Barra***;

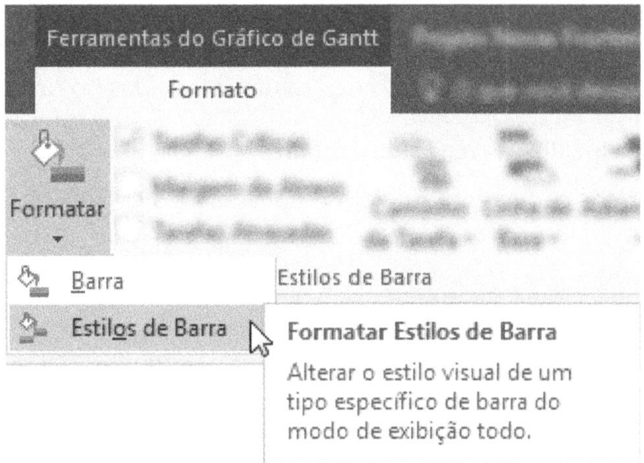

Figura 39.7 – Guia Formato com destaque para o botão Formatar > Estilos de Barra

2. na tela *Estilos de barra*, altere o nome que aparecerá na legenda, a aparência, as atividades que estarão incluídas na categoria, a quantidade de linhas e o período de tempo em que serão exibidas (por exemplo, do início previsto até a data atual);

Figura 39.8 – Tela Estilos de barra

1. exclua as linhas desnecessárias ou adicione novas linhas através dos comandos *Recortar linha* e *Inserir linha*, respectivamente;
2. todas as barras do *Gráfico de Gantt* que se enquadrarem nos parâmetros definidos no passo 2 serão automaticamente formatadas;
3. clique em ***OK***.

DICA

A formatação do estilo da barra não altera barras isoladas que já foram formatadas. Para redefinir a barra segundo o estilo definido, siga os procedimentos de formatação de barras individuais e clique em ***Redefinir*** na tela *Formatar barra*.

Para exibir as tarefas críticas, a margem de atraso e as tarefas atrasadas no *Gráfico de Gantt*:

1. acesse a guia *Formato* e localize a área *Estilos de barra*;
2. clique em ***Tarefas Críticas*** para colorir de vermelho as tarefas críticas (já visto no capítulo sobre caminho crítico);
3. clique em ***Margem de Atraso*** para exibir linhas ao lado de cada barra de atividade que possuir algum tipo de folga;
4. clique em ***Tarefas Atrasadas*** para colorir de preto as tarefas que estiverem atrasadas, tendo como base a data atual;

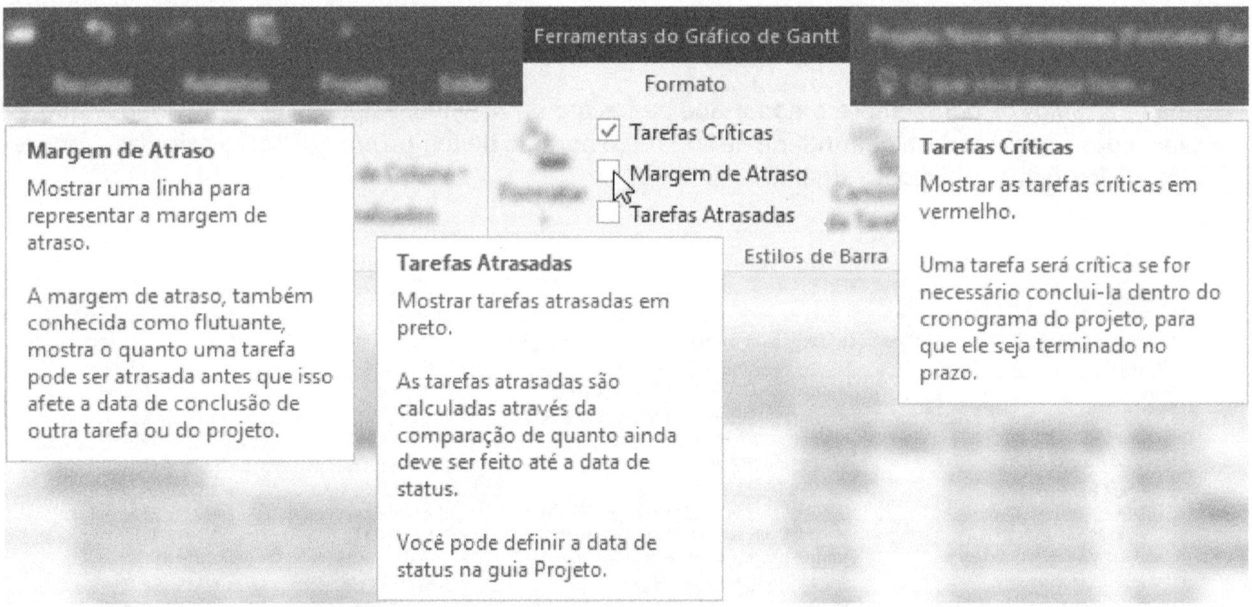

Figura 39.9 - Guia Formato com destaque para a área Estilos de Barra

5. clique no botão ***Linha de Base*** e escolha a linha de base a ser exibida em conjunto com as demais informações no modo de exibição ***Gráfico de Gantt***;
6. clique no botão ***Adiamento*** e escolha a linha de base desejada para que pequenas linhas pretas apareçam mostrando o atraso de cada tarefa em comparação com a linha de base escolhida.

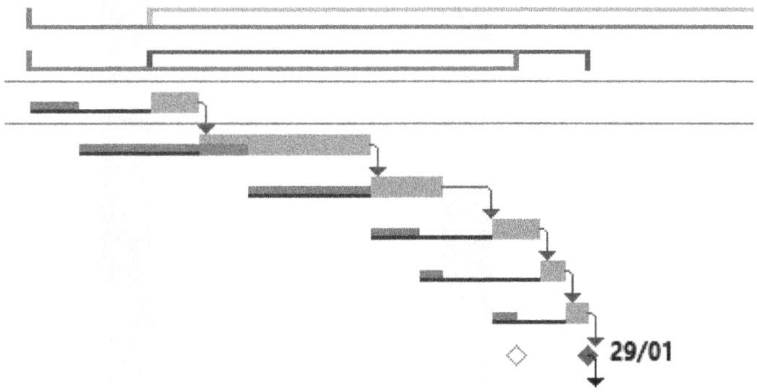

Figura 39.10 - Detalhe do Gráfico de *Gantt* exibindo a linha de base e a linha de adiamento (observe que a linha de adiamento fica contida dentro da linha de base escolhida)

DICA

Tenha cuidado ao aplicar formatações específicas no *Gráfico de Gantt*. Na maioria das vezes exibir todas as opções que o Microsoft Project disponibiliza acaba atrapalhando o entendimento do gráfico, pelo excesso de informações apresentadas.

39.3 Estilos Predefinidos de Gráfico de *Gantt*

Uma das novidades introduzidas desde o Project 2010 foram os estilos predefinidos de *Gráfico de Gantt*. Eles permitem uma formatação visual direta e rápida, usando modelos previamente desenvolvidos pela Microsoft.

Para aplicar um estilo de Gráfico de *Gantt* predefinido:

1. acesse a guia *Formato* e localize a área *Estilos de Gráfico de Gantt*;

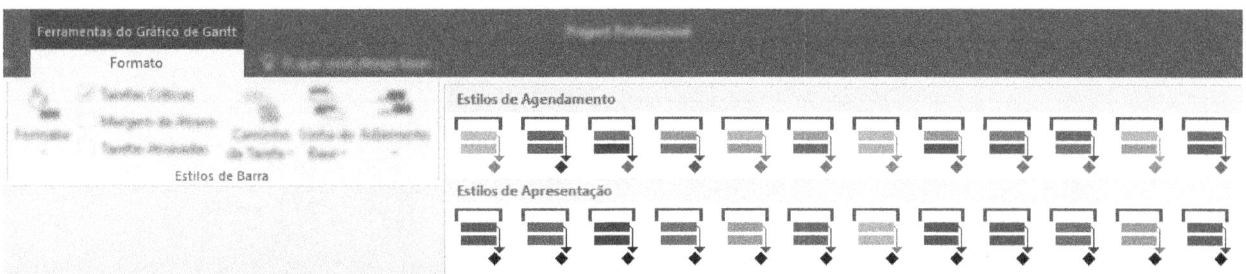

Figura 39.11 - Guia Formato com destaque para a área Estilo de Gráfico de *Gantt*

2. clique no estilo desejado para aplicá-lo no *Gráfico de Gantt*.

DICA

É possível acessar a formatação do estilo de barra clicando no ícone no canto inferior direito da área *Estilo de Gráfico de Gantt*.

39.4 Formatação do *Layout* do Gráfico de *Gantt*

Para alterar o *layout* do Gráfico de *Gantt*:

1. acesse a guia *Formato* e clique no botão ***Layout***;
2. defina a representação das setas de vínculos das atividades;
3. defina o formato da data e a altura das barras que possam vir a ser exibidas no gráfico;
4. determine se as barras de *Gantt* serão *sempre acumuladas em tarefas de resumo* (assunto visto no capítulo sobre estruturas de divisão do trabalho – EAP);
5. determine se as barras serão *arredondadas para dias inteiros* ou se as barras que terminam em frações de dias serão exibidas em seu exato local;

6. no campo *Mostrar divisões de barra*, determine se, ao dividir uma tarefa, a barra será suspensa ou permanecerá contínua, mesmo não existindo trabalho no período (divisão de tarefas foi visto no Capítulo 16 – Criando Atividades em um Projeto;
7. defina se o *Gantt* exibirá, ou não, desenhos anexados às barras do gráfico;
8. clique em ***OK***.

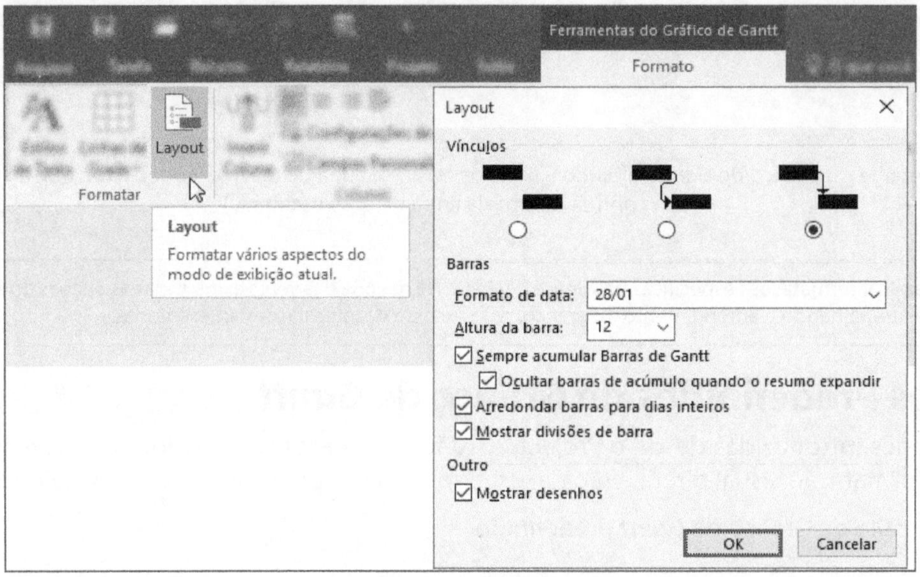

Figura 39.12 – Tela Layout

DICA

Utilize também o *Assistente de Gráficos de Gantt* para formatar um *Gráfico de Gantt* de modo rápido e fácil, como já foi visto no capítulo de determinação do caminho crítico.

Capítulo 40

Formatação do Diagrama de Rede

O *Diagrama de Rede* [1] exibe as tarefas e as dependências entre tarefas em um gráfico de fluxo ou de rede. Uma caixa (às vezes chamada de nó) representa cada tarefa, e uma linha conectando duas caixas representa a dependência entre as duas tarefas.

Todos os nós que representam tarefas-resumo têm símbolos de estrutura de tópicos que podem ser usados para expandir ou quebrar todas as subatividades.

Da mesma maneira disponível no modo de exibição do *Gráfico de Gantt*, opções visuais modernas também estão disponíveis, além da habilitação do uso de filtros e agrupamentos dentro do gráfico, como será visto.

40.1 Formatação de Caixas Individuais do Diagrama de Rede

Para formatar uma caixa individual do *Diagrama de Rede*:

1. acesse o modo de exibição *Diagrama de Rede* através da *Barra de Visões* ou da guia *Exibir*;
2. selecione a caixa da atividade que será formatada;
3. acesse a guia *Formato* e clique no botão ***Caixa*** na área *Formatar*;

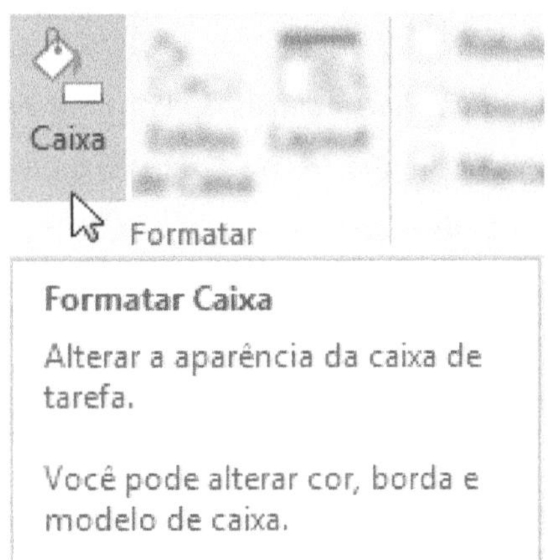

Figura 40.1 – Guia Formato com destaque para o botão Formatar > Caixa

4. escolha o modelo de dados a ser utilizado na caixa no campo *Modelo de dados*;
5. defina a cor, largura e forma da borda da caixa;
6. defina a cor e o padrão de fundo da caixa;
7. clique em ***OK***.

1 O diagrama de rede utilizado pelo Microsoft Project se baseia no conceito PDM (*Precedence Diagramming Method*) ou diagrama de precedências, e não no ADM (*Arrow Diagramming Method*), ou diagrama de setas, muito comum na determinação manual do caminho crítico.

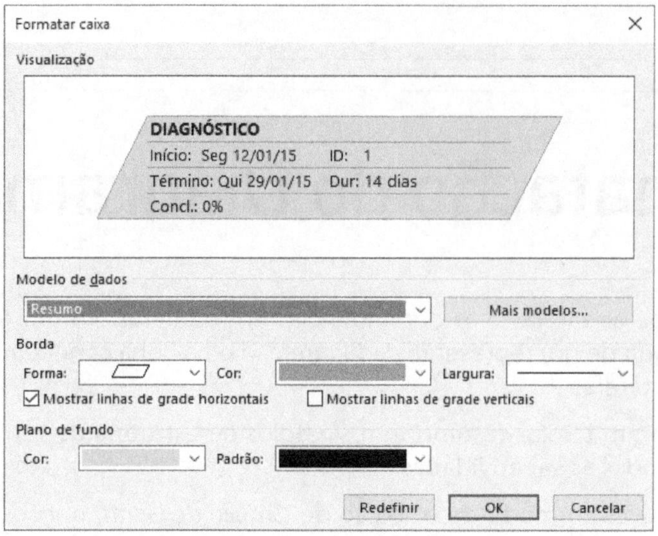

Figura 40.2 – Tela Formatar caixa

40.2 Formatação dos Estilos das Caixas no Diagrama de Rede

A formatação das caixas no diagrama de rede pode facilitar a análise e a leitura do projeto. Também é possível usar a formatação para realçar informações importantes no diagrama.

O Microsoft Project apresenta diversos modelos pré-configurados de caixas. Esses modelos podem ser personalizados na medida da necessidade de cada projeto. Outros modelos de caixas também podem ser criados.

Para criar e editar modelos de caixas:

1. abra o modo de exibição *Diagrama de Rede* através da *Barra de Visões* ou da guia *Exibir*;
2. acesse a guia *Formato* e clique no botão ***Estilos de Caixa*** na área *Formatar*;
3. na tela *Estilos de caixa*, clique em ***Mais modelos...***;

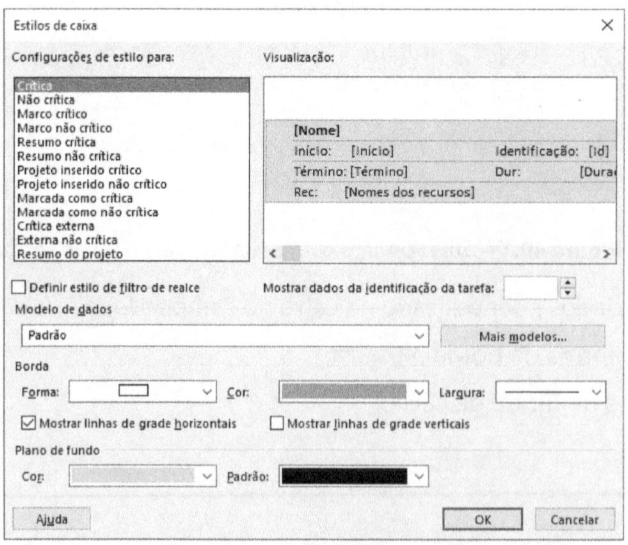

Figura 40.3 – Tela Estilos de caixa

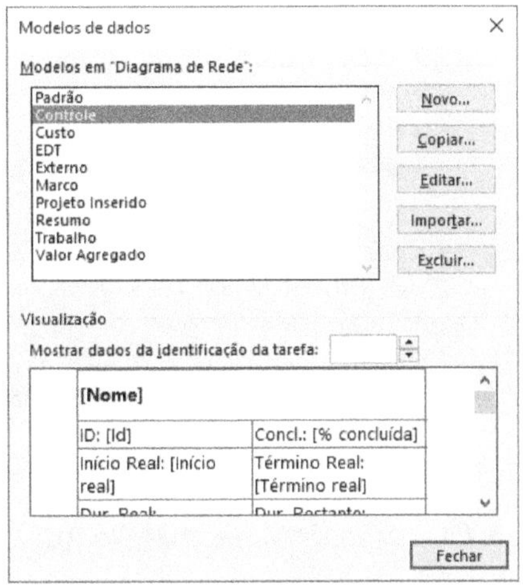

Figura 40.4 – Tela Modelo de dados

4. clique em ***Editar...*** para editar um modelo existente (exceto modelo *Padrão*), ***Copiar...*** para basear o novo modelo em um modelo existente ou ***Novo...*** para criar um modelo a partir do zero;

Figura 40.5 – Tela Definição de Modelo de Dados

DICA

É possível importar um modelo de caixa de outro projeto. Clique em ***Importar*** e, em seguida, na caixa *Projeto*, clique no projeto a partir do qual se deseja importar um modelo. Na caixa *Modo de exibição*, clique em ***Diagrama de rede*** e na caixa *Modelo*, clique no modelo desejado.

5. após abrir a tela *Definição de Modelo de Dados*, digite um nome apropriado para o modelo novo ou revisado na caixa *Nome do modelo*;
6. na caixa *Mostrar dados da identificação da tarefa*, digite ou selecione o número de identificação da tarefa (*ID*) que deseja exibir como exemplo na tela de visualização;
7. clique em ***Layout da célula*** para selecionar o número de linhas e colunas da célula, sua largura e opções de exibição de células vazias;

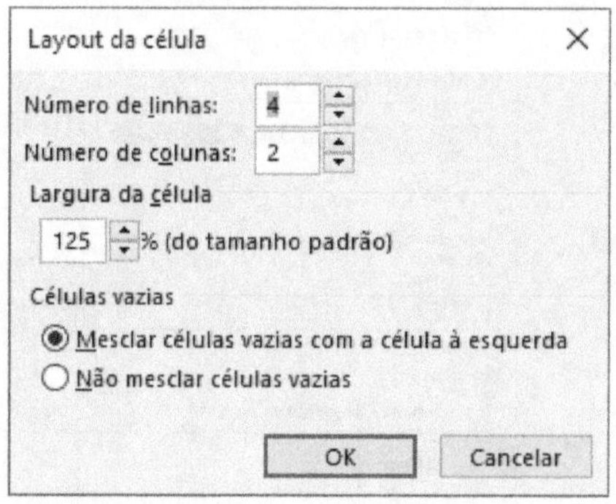

Figura 40.6 – Tela Layout da célula

8. clique em ***OK*** para retornar à tela *Definição de Modelo de Dados;*
9. na caixa ***Escolher célula(s)***, insira ou altere os campos que deseja exibir;

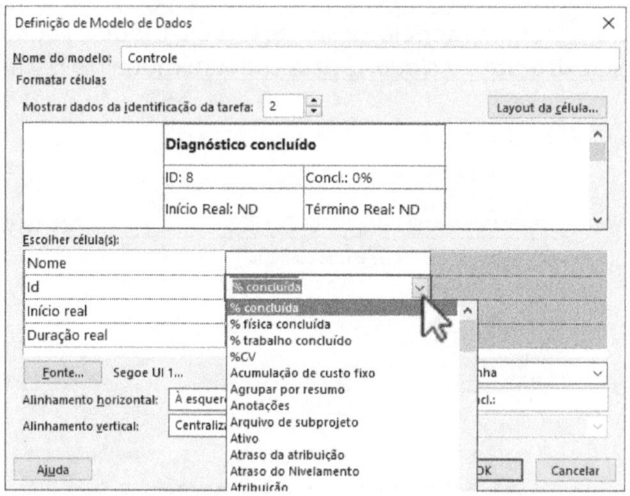

Figura 40.7 – Escolhendo um campo para ser atribuído a uma caixa do modelo Controle

DICA

É possível inserir no diagrama de rede campos personalizados com indicadores gráficos dentro do projeto. Leia mais sobre indicadores gráficos no capítulo sobre personalização.

10. clique em ***Fonte*** para alterar a fonte da célula selecionada, caso seja necessário;
11. clique no alinhamento de texto desejado nas caixas *Alinhamento horizontal* e *Alinhamento vertical;*
12. clique no limite de linha desejado na caixa *Limitar texto da célula a* para que, no caso de campos com dados extensos, esses dados sejam limitados a certo número de linhas;
13. marque a caixa de seleção *Mostrar rótulo na célula* para colocar um rótulo de identificação com as informações sobre tarefas exibidas em uma célula;
14. para os campos de data, escolha o formato desejado para a data no campo *Formato de data;*
15. clique em ***OK*** e, em seguida, clique em ***Fechar*** para retornar à tela *Estilos de caixa.*

Para aplicar um determinado modelo de dados a um padrão específico de caixa:

1. clique no tipo de caixa a ser alterado na lista *Configurações de estilo para* e observe se o conteúdo e a aparência da caixa são exibidos na caixa *Visualização;*
2. clique no nome do modelo desejado no campo *Modelo de dados;*

3. altere as opções de borda e de plano de fundo;
4. se desejar, repita os passos 1, 2 e 3 para outros tipos de atividades;
5. clique em ***OK***.

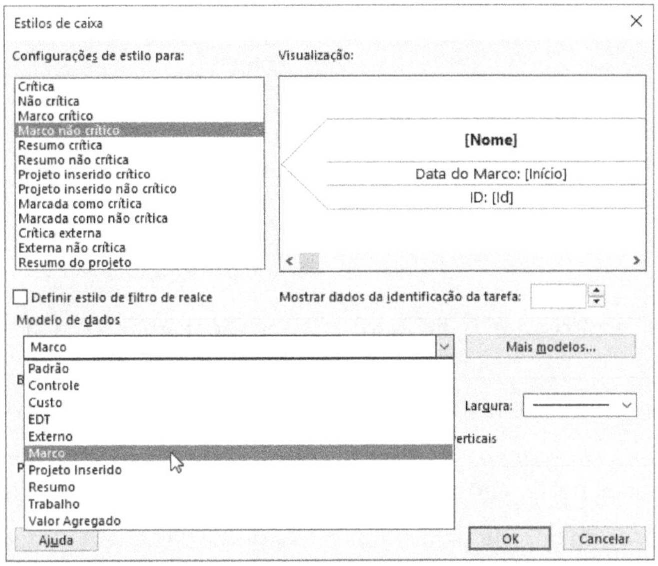

Figura 40.8 – Escolhendo o modelo de dados Marco para todas as caixas do tipo Marco não crítico

40.3 Formatação do *Layout* do Diagrama de Rede

Dependendo da estrutura do projeto, do número de atividades de resumo e subatividades e do número dos tipos de relacionamentos entre as atividades, as caixas do diagrama de rede podem, ou não, estar organizadas da maneira esperada.

É possível modificar o *layout* aplicando diferentes organizações de caixas, ajustando vários parâmetros e aplicando um entre dois estilos de vínculo diferentes.

Para alterar o *layout* de um diagrama de rede:

1. abra o modo de exibição *Diagrama de Rede* através da *Barra de Visões* ou da guia *Exibir*;
2. acesse a guia *Formato* e clique no botão ***Layout*** na área *Formatar*;

Figura 40.9 – Tela Layout com opções de configuração dos diagramas de rede

3. selecione *Posicionar automaticamente todas as caixas* se desejar que todas as caixas do projeto sejam posicionadas automaticamente ou clique em *Permitir posicionamento manual de caixa* se desejar mover manualmente cada caixa do projeto;
4. se a opção escolhida foi *Posicionar automaticamente todas as caixas*, selecione, na caixa *Organização*, a forma desejada de organização das caixas na página;

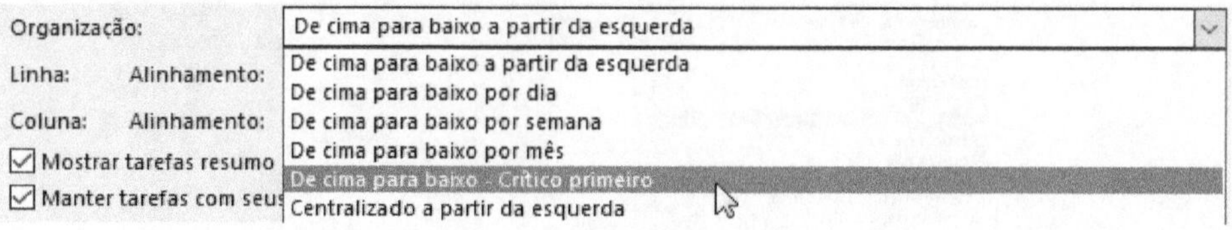

Figura 40.10 - Determinando a organização das caixas quando a opção do modo de *layout* foi Posicionar automaticamente todas as caixas

5. para linhas e colunas, especifique o alinhamento, o espaçamento, a altura e a largura nas caixas correspondentes;
6. defina se deseja exibir as tarefas de resumo clicando, ou não, na opção *Mostrar tarefas resumo*;
7. se a opção desejada for *Mostrar tarefas resumo*, marque a caixa de seleção *Manter tarefas com seus resumos* se desejar que as atividades pertencentes ao resumo fiquem próximas a ele na rede;
8. clique em ***Ajustar quebras de página*** para evitar que alguma caixa seja cortada ao meio ao ser impressa;
9. em *Estilo do vínculo*, clique em ***Retilíneo*** ou ***Reto*** para definir o ângulo das setas entre as atividades (retas simples ou perpendiculares, respectivamente);
10. clique em ***Mostrar setas*** para exibir setas ligando as caixas;
11. clique em ***Mostrar unidades dos vínculos*** para que o diagrama apresente as abreviações dos tipos de ligações entre as atividades (TI, II, TT e IT, conforme visto no capítulo sobre interdependência entre atividades);
12. determine a Cor do vínculo, a Cor do plano de fundo e o Padrão do plano de fundo;
13. clique em ***Mostrar quebras de página*** para exibir exatamente os limites da página a ser impressa;
14. clique em ***Marcar em andamento e concluídas*** para marcar com linhas diagonais as atividades que estão em andamento e com um x as atividades concluídas;
15. clique em ***OK***.

DICA

Para reduzir o tamanho do diagrama de rede, é possível escolher a opção *Ocultar todos os campos exceto identificação* para que o diagrama seja confeccionado somente com o campo ID de cada atividade, reduzindo drasticamente o seu tamanho.

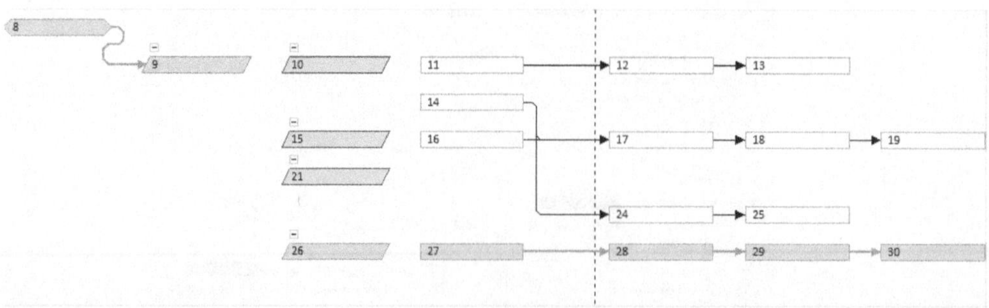

Figura 40.11 - Diagrama de rede reduzido em consequência da opção Ocultar todos os campos exceto identificação selecionada

CAPÍTULO 41

Formatação do Planejador de Equipe

O recurso Planejador de Equipe introduzido desde o Microsoft Project 2010 permite uma série de personalizações, sendo a maioria delas relacionadas ao estilo das barras das atribuições.

Para alterar a cor da borda e a cor do preenchimento das barras de atribuições do planejador de equipe:

1. ative o modo de exibição *Planejador de Equipe* através da *Barra de Visões* ou da guia *Exibir* ou *Recurso*;
2. acesse a guia *Formato* e identifique a área *Estilos*;

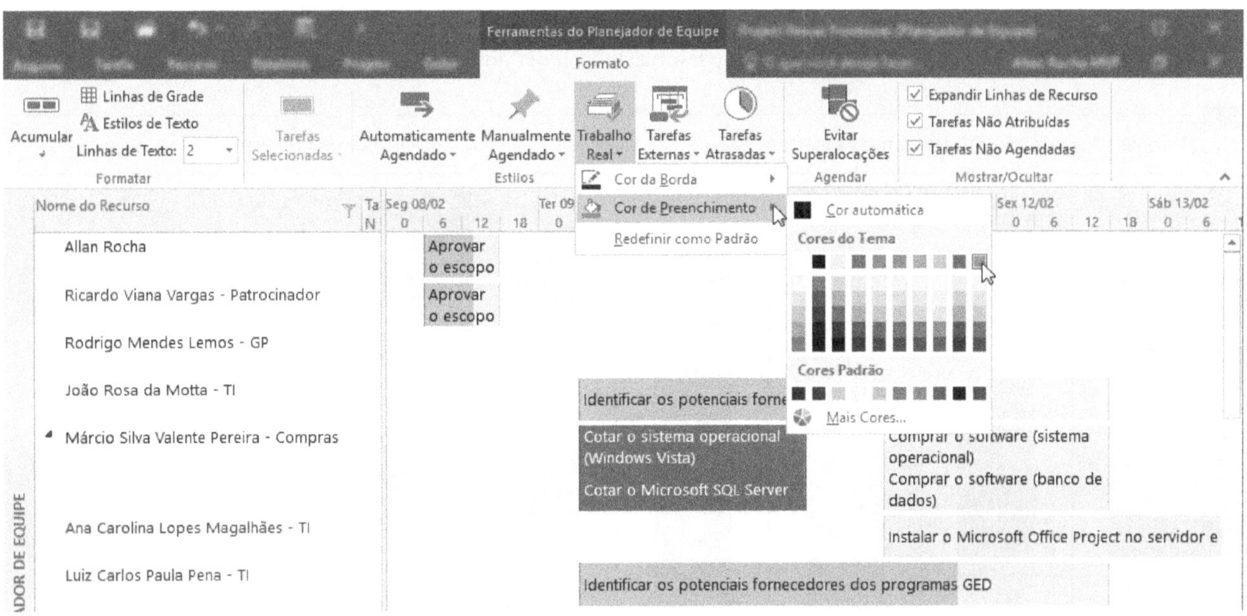

Figura 41.1 – Guia Formato com destaque para as configurações das barras de atribuição para o Trabalho Real

3. caso alguma atividade tenha sido selecionada para uma formatação específica, clique no botão ***Tarefas Selecionadas*** e escolha a cor da borda e a cor do preenchimento dessas tarefas;
4. clique no botão ***Automaticamente Agendado*** e escolha a cor da borda e a cor do preenchimento das atribuições de atividades que têm modo de agendamento automático;
5. clique no botão ***Manualmente Agendado*** e escolha a cor da borda e a cor do preenchimento das atribuições de atividades que têm modo de agendamento manual;
6. clique no botão ***Trabalho Real*** e escolha a cor da borda e a cor do preenchimento das atribuições de atividades que já têm dados reais inseridos (percentual de execução é maior que 0%);
7. clique no botão ***Tarefas Externas*** e escolha a cor da borda e a cor do preenchimento das atribuições de atividades pertencentes a outros arquivos de projeto (atividades externas serão abordadas posteriormente no capítulo de múltiplos projetos);

8. clique no botão ***Tarefas Atrasadas*** e escolha a cor da borda e a cor do preenchimento das atribuições de atividades que estão atrasadas.

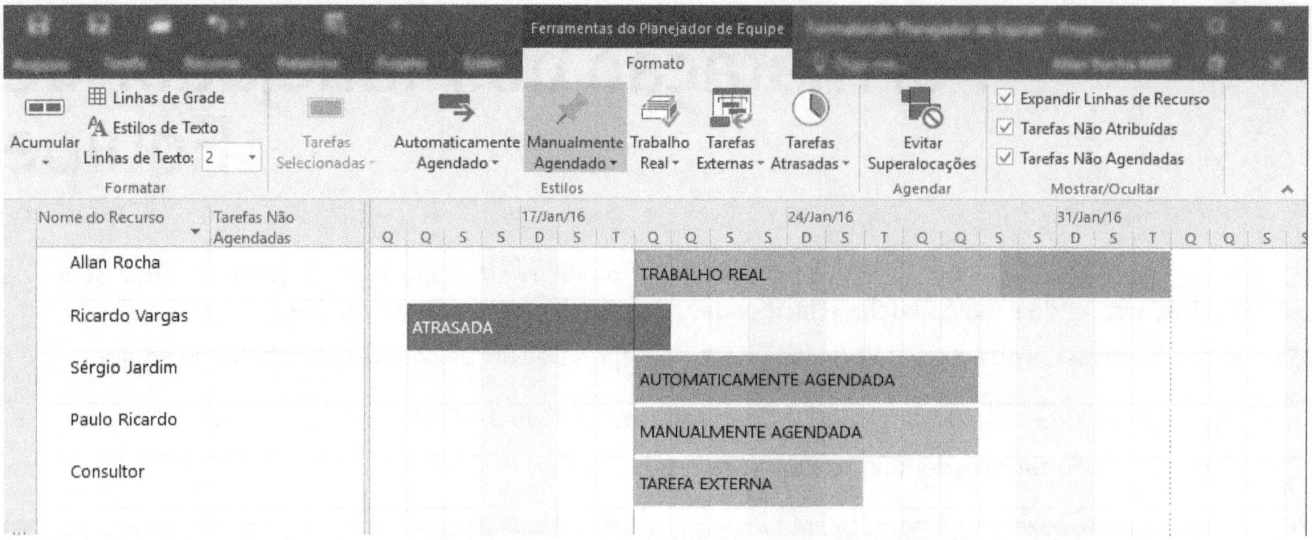

Figura 41.2 – Exemplo de Planejador de Equipe personalizado, mostrando os cinco tipos de estilo das barras de atribuição

DICA

Áreas do *Planejador de Equipe* podem ser mostradas/ocultadas através da área *Mostrar/Ocultar* da guia *Formato*.

CAPÍTULO 42

Exibição e Formatação da Linha do Tempo (*Timeline*)

Como já apresentado, a Linha do Tempo é um modo de exibição introduzido desde o Project 2010 que pode ser visualizado automaticamente acima de outras exibições, mostrando uma visão geral concisa do cronograma inteiro. A Linha do Tempo pode exibir qualquer tarefa ou marco do projeto de modo fácil e direto.

Uma das novidades do Project 2016 são as **Linhas de Tempo Múltiplas**. É possível, na mesma visão, exibir diversas barras de Linhas do Tempo, mostrando tarefas, intervalos de tempo e estilos distintos.

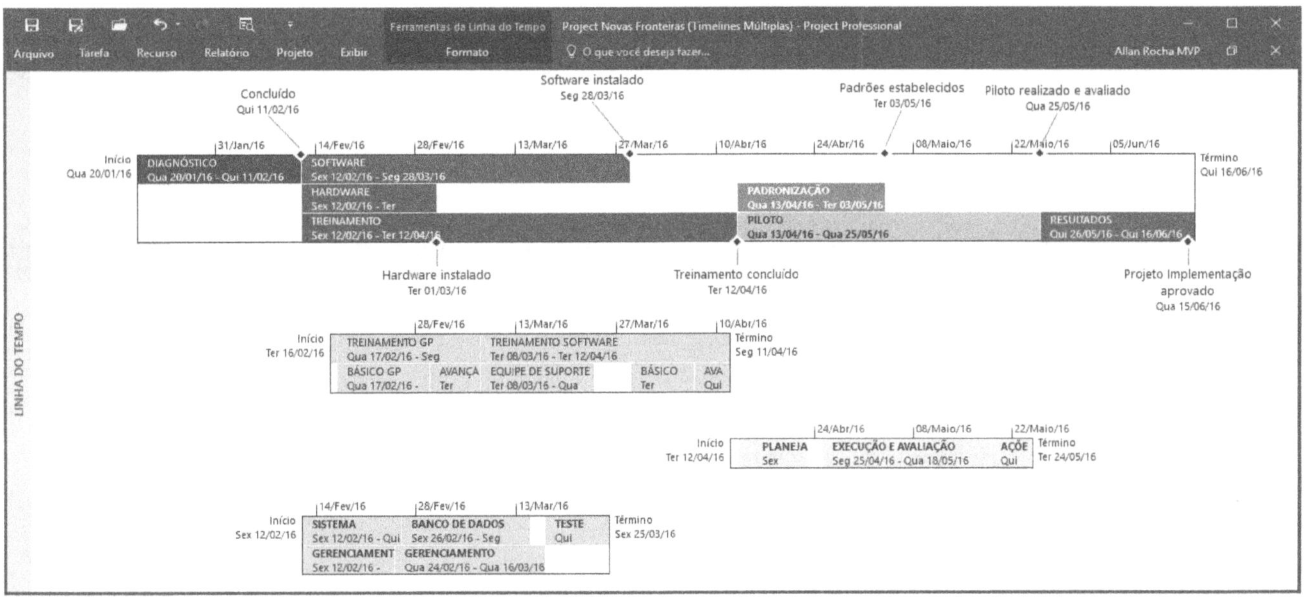

Figura 42.1 – Modo de exibição Linha do Tempo exibindo múltiplas barras

Por padrão, a Linha do Tempo inicial de qualquer projeto não apresenta nenhuma tarefa. Todas as tarefas precisam ser adicionadas manualmente.

Na Linha do Tempo as tarefas são apresentadas como uma barra que tem comprimento diretamente relacionado à duração, enquanto os marcos são apresentados por um losango que marca a data de conclusão do marco.

Para inserir uma tarefa na Linha do Tempo:

1. ative o modo de exibição *Gráfico de Gantt* através da *Barra de Visões* ou da guia *Exibir*;
2. acesse a guia *Exibir* e certifique-se de que a *Linha do Tempo* está sendo exibida na opção ***Linha do Tempo***;

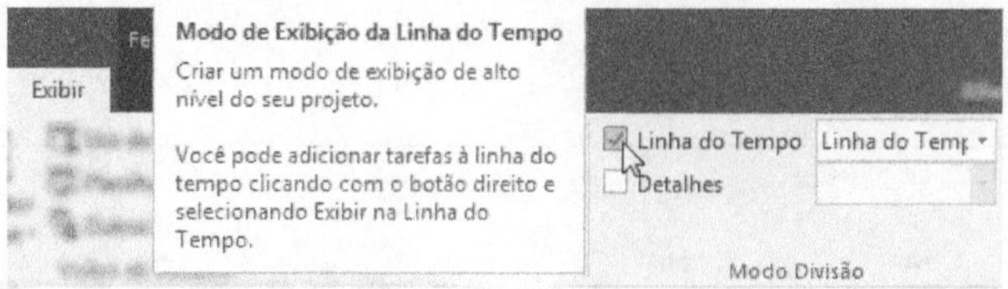

Figura 42.2 – Guia Exibir com destaque para a opção Linha do Tempo

3. selecione as atividades, marcos ou atividades-resumo que serão adicionadas à Linha do Tempo;
4. acesse a guia *Tarefa* e selecione a opção ***Adicionar à Linha do Tempo***; ou
5. clique com o botão direito do mouse e selecione a opção ***Adicionar à Linha do Tempo***.

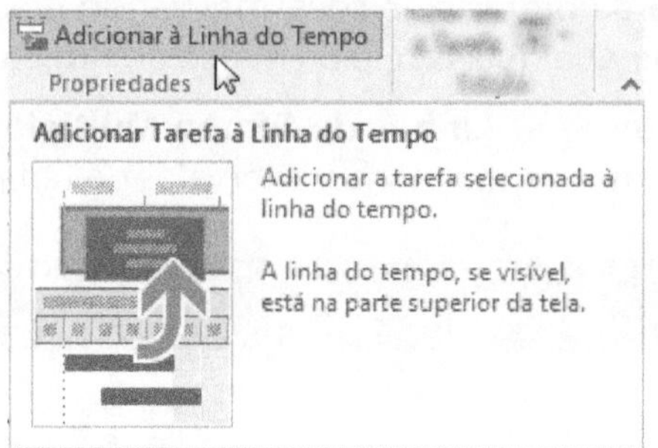

Figura 42.3 – Guia Tarefa com destaque para a opção Adicionar à Linha do Tempo

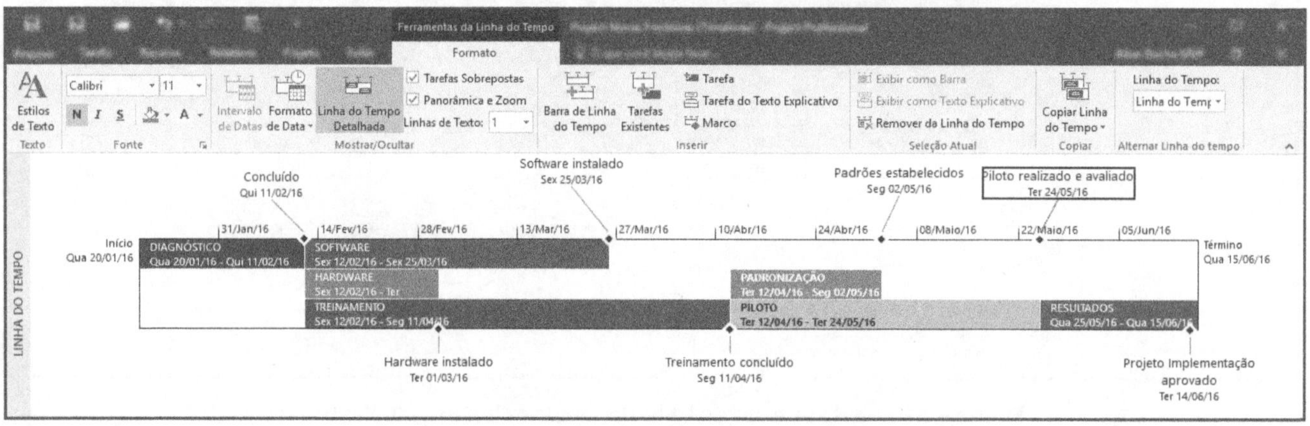

Figura 42.4 – Modo de exibição Linha do Tempo

DICA

Para garantir a eficiência visual da linha de tempo é importante que o número de tarefas adicionadas seja compatível com a escala de tempo do projeto. Caso um número excessivo de tarefas seja adicionado à Linha do Tempo, a visualização das barras no tempo fica prejudicada.

Após adicionar as tarefas à Linha do Tempo é preciso formatar o modo de exibição para assegurar que o relatório gerado tenha a melhor configuração visual possível.

Os títulos das tarefas e marcos podem ser arrastados livremente para melhorar sua exibição na Linha do Tempo.

Para formatar a Linha do Tempo anteriormente criada:

1. exiba o modo de exibição *Linha do Tempo* através da *Barra de Visões* ou da guia *Exibir;*
2. exiba a guia *Formato* para visualizar as opções de formatação da *Linha do Tempo;*

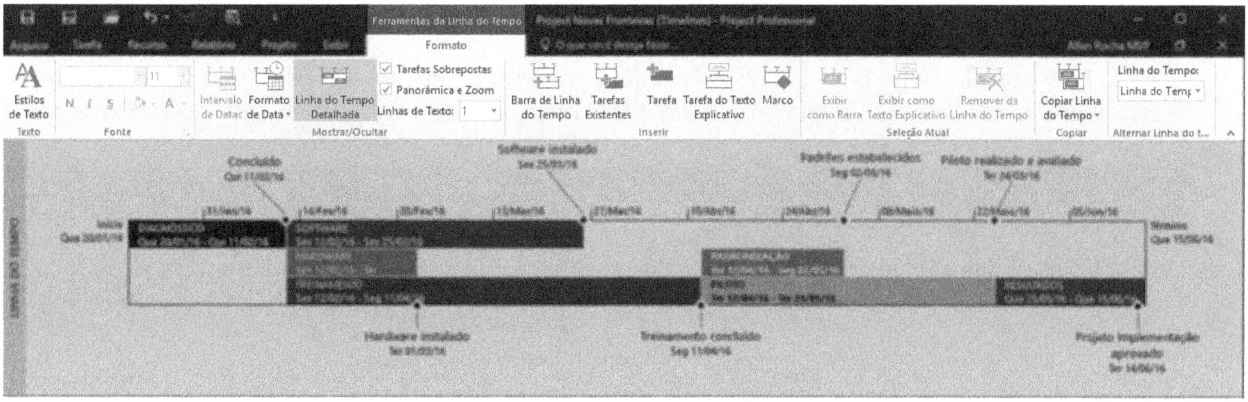

Figura 42.5 – Guia Formato exibindo as opções de formatação da Linha do Tempo

3. clique no botão ***Formato de Data*** para alterar a forma com que as datas serão exibidas;
4. marque/desmarque a opção ***Tarefas Sobrepostas*** para exibir ou não tarefas que ocorram paralelamente em linhas diferentes ou não, respectivamente;

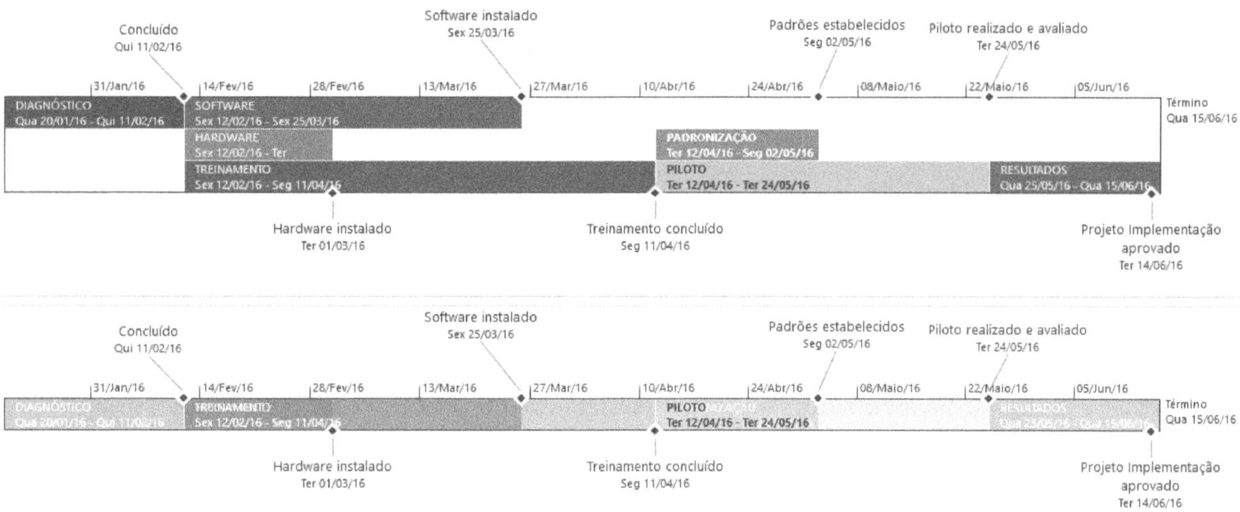

Figura 42.6 – Linha do tempo com a opção Tarefas Sobrepostas marcada e desmarcada, respectivamente

5. na área *Inserir* da guia *Formato* clique em ***Tarefas Existentes***;
6. na tela *Adicionar Tarefas à Linha do Tempo*, selecione as tarefas a serem adicionadas e clique em ***OK***;

Figura 42.7 – Tela Adicionar Tarefas à Linha do Tempo

7. na guia *Formato*, clique nos botões ***Tarefa*** ou ***Marco*** (área *Inserir*) para criar uma tarefa ou marco tanto no projeto quanto na Linha do Tempo, respectivamente;
8. na guia *Formato*, clique no botão ***Tarefa do Texto Explicativo*** (área *Inserir*) para criar uma tarefa no projeto e essa tarefa ser exibida não como uma barra, mas como um texto explicativo externo na Linha do Tempo;

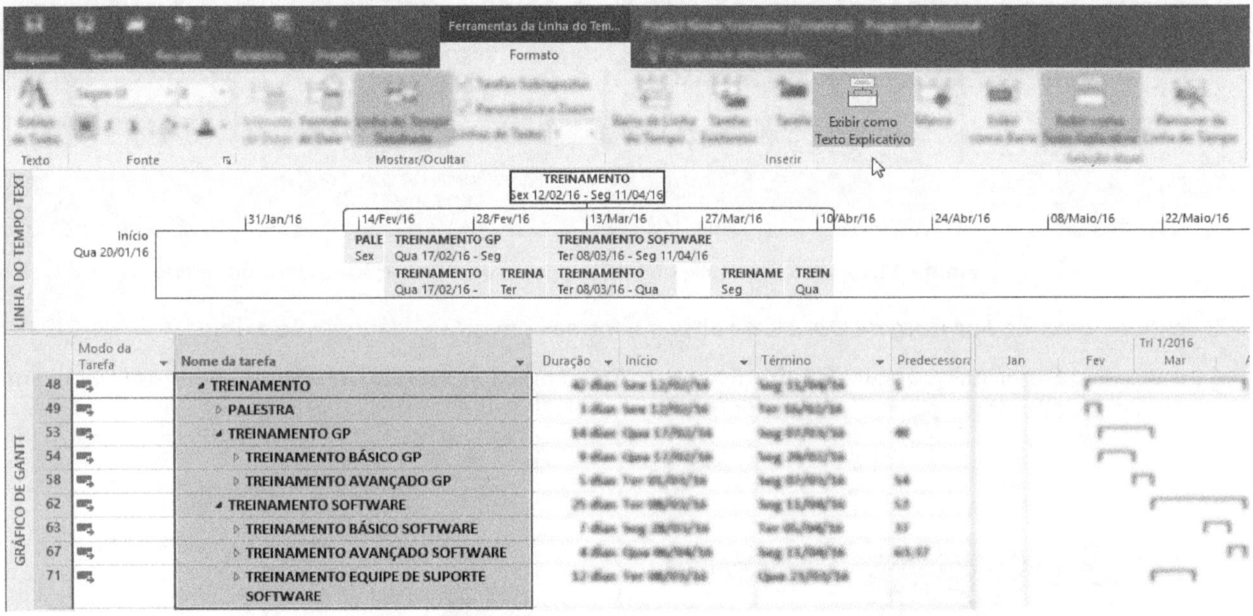

Figura 42.8 – Detalhe da tarefa resumo Treinamento exibida como texto explicativo na Linha do Tempo

9. para alterar o modo como uma determinada tarefa é exibida na *Linha do Tempo*, selecione a tarefa desejada e clique no botão ***Exibir como Barra*** para que a tarefa seja exibida como uma barra; ou
10. clique no botão ***Exibir como Texto Explicativo*** para que a tarefa seja exibida como um texto explicativo; ou
11. clique no botão ***Remover da linha do tempo*** para remover a tarefa da *Linha do Tempo*.

DICA

A formatação dos estilos de texto e fonte já foram abordados anteriormente no capítulo de formatação básica.

Para copiar a linha do tempo para outros aplicativos:

1. acesse a guia *Formato*;
2. clique no botão ***Copiar Linha do Tempo***;

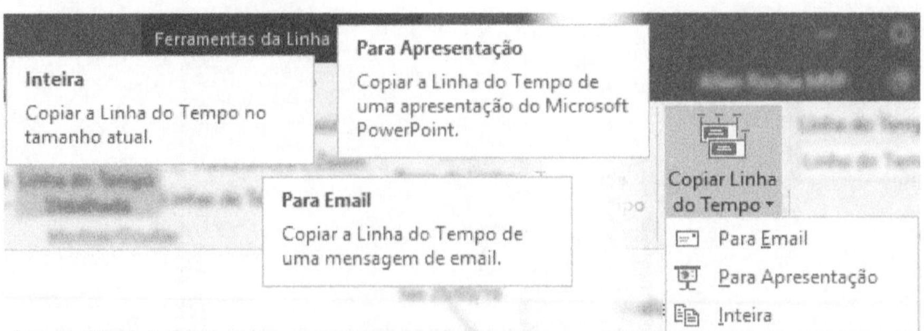

Figura 42.9 – Guia Formato com destaque para o botão Copiar Linha do Tempo

3. escolha ***Para Email*** para copiar a Linha do Tempo para a área de transferência do Windows como uma imagem pequena para que seja enviada por e-mail; ou

4. escolha ***Para Apresentação*** para copiar a Linha do Tempo para a área de transferência do Windows para ser utilizada em outros programas como o Microsoft PowerPoint; ou
5. escolha ***Inteira*** para copiar a Linha do Tempo para a área de transferência do Windows como uma imagem no tamanho atual.

42.1 Criando Múltiplas Barras de Linhas do Tempo

Para criar múltiplas barras de linhas do tempo:

1. acesse o modo de exibição *Linha do Tempo* através da *Barra de Visões* ou da guia *Exibir*;
2. na guia *Formato*, clique em ***Barra de Linha do Tempo*** (área *Inserir*);
3. adicione a quantidade de barras que desejar.

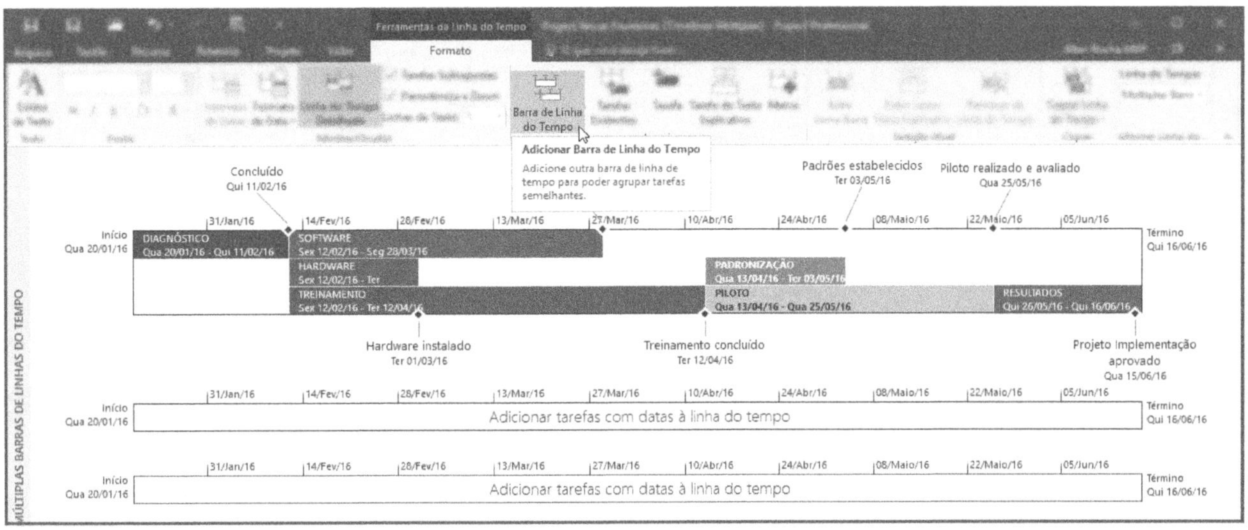

Figura 42.10 – Visão mostrando múltiplas barras de Linhas do Tempo

4. selecione a barra de linha do tempo em que deseja adicionar novas tarefas;
5. após a barra ser selecionada, basta adicionar tarefas normalmente à Linha do Tempo;

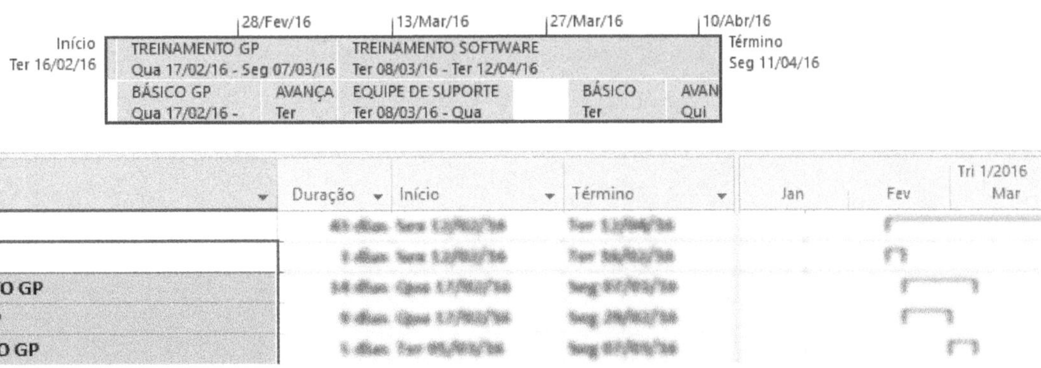

Figura 42.11 – Visão mostrando tarefas de Treinamento em uma segunda barra de Linha do Tempo

6. repita os passos anteriores quantas vezes desejar para adicionar tarefas às barras de linhas do tempo.

É possível definir *intervalos de datas diferentes* para barras de linhas do tempo na mesma visão.

Para definir intervalos de datas:

1. selecione a barra de linha do tempo em que deseja definir os intervalos de datas;
2. na guia *Formato*, clique em ***Intervalo de Datas*** (área *Mostrar/Ocultar*);
3. selecione ***Definir datas personalizadas*** e digite as datas nos campos *Iniciar* e *Concluir*;
4. clique em ***OK***.

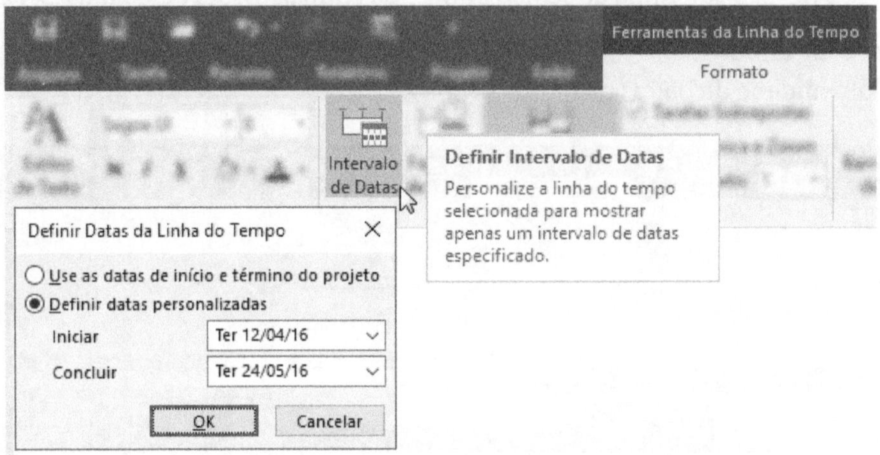

Figura 42.12 – Tela Definir Datas da Linha do Tempo

5. repita os passos anteriores selecionando outras barras de linhas do tempo para obter intervalos distintos entre as barras.

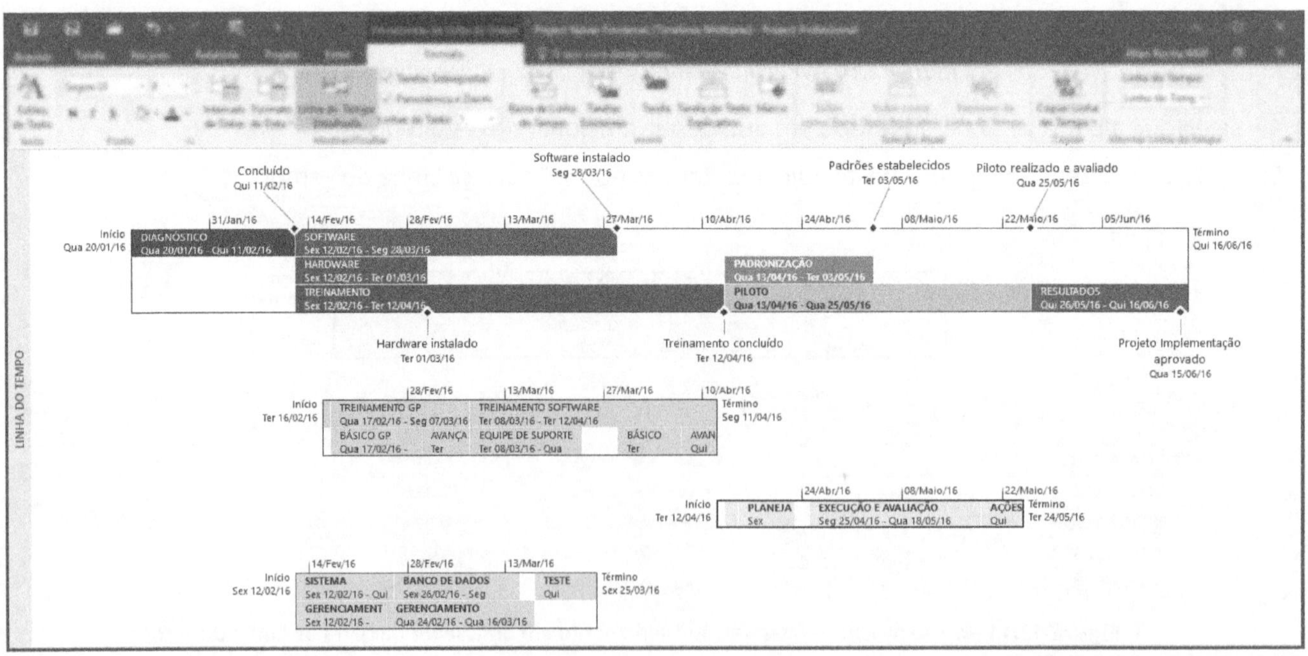

Figura 42.13 – Visão de Linha do Tempo mostrando barras com intervalos de datas distintos

PARTE V

CLASSIFICAÇÃO, FILTROS E GRUPOS

Capítulo 43

Classificação

A classificação tem como objetivo controlar a ordem em que são exibidas informações sobre as atividades e os recursos.

O Microsoft Project classifica as atividades ou os recursos de acordo com diversos critérios, tais como nome da atividade, nome do recurso, custo e duração.

A classificação poderá ser útil quando o gerente de projeto desejar ver as atividades em uma determinada sequência, por exemplo, atividades em ordem decrescente de custos.

A classificação é mantida no projeto até que se alterne entre modos de exibição ou se escolha outro filtro. A classificação corrente é gravada ao fechar o projeto.

> **Importante -** Não existe uma forma de salvar com um nome específico uma determinada classificação personalizada.

Para utilizar uma determinada classificação:

1. acesse o modo de exibição desejado através da *Barra de Visões* ou da guia *Exibir*;
2. acesse a guia *Exibir*, clique no botão ***Classificar*** e, em seguida, escolha a classificação desejada.

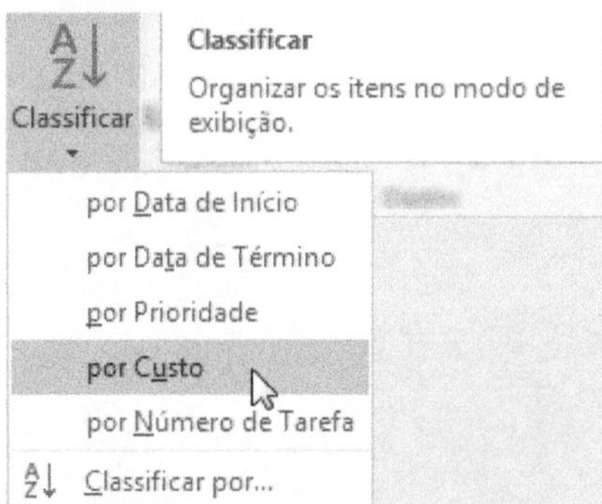

Figura 43.1 - Guia Exibir com destaque para o botão Classificar

Para realizar uma classificação personalizada:

1. acesse a guia *Exibir*, clique no botão ***Classificar*** e, em seguida, ***Classificar por...***;

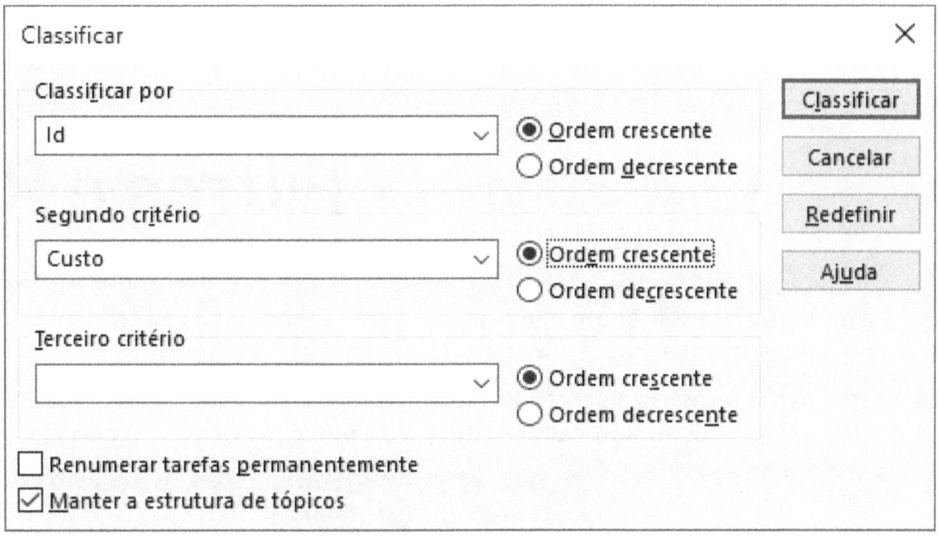

Figura 43.2 – Tela Classificar

2. selecione o campo pelo qual os seus dados serão classificados e, em seguida, determine a ordem de classificação (crescente ou decrescente);
3. nos campos *Segundo critério* e *Terceiro critério*, determine os critérios de desempate, caso os critérios anteriores não sejam suficientes para classificar a tabela;
4. para renumerar as atividades de forma permanente, marque a caixa de seleção ***Renumerar tarefas permanentemente***;
5. para classificar as atividades dentro da sua estrutura de tópicos para que as subtarefas permaneçam com suas atividades de resumo, marque a caixa de seleção ***Manter a estrutura de tópicos***;
6. clique em ***Classificar***.

DICA

Para retornar a ordem de classificação para a ordem padrão, clique em ***Redefinir***.

Importante – Se a tabela foi reordenada de forma permanente usando a caixa *Renumerar tarefas permanentemente*, é impossível reiniciar a ordem de classificação ao clicar em ***Redefinir***.

CAPÍTULO 44

Filtros e Realces

Quando for necessário, é possível aplicar um filtro ou realce em um modo de exibição do Microsoft Project para exibir ou destacar apenas as informações que atendam a determinados critérios.

Os filtros especificam quais informações sobre atividades ou recursos devem ser exibidas ou realçadas em um determinado modo de exibição. Esses filtros podem ser predefinidos ou personalizados.

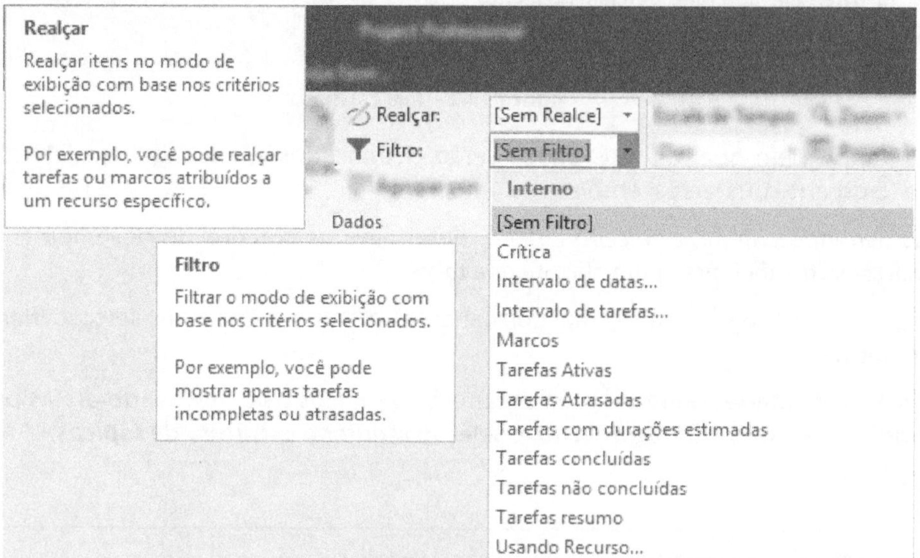

Figura 44.1 – Guia Exibir com destaque para os filtros disponíveis (observe que a opção de realce fica imediatamente acima da opção de filtros)

44.1 Filtros Predefinidos

44.1.1 Filtros de Tarefas

O Microsoft Project disponibiliza diversos filtros de tarefas. Esses filtros estão disponíveis apenas quando o modo de exibição atual for um modo de exibição de atividades. Os filtros predefinidos estão relacionados a seguir.

Filtros mais comuns

- **Crítica** – Exibe todas as atividades do caminho crítico.
- **Marcos** – Exibe somente as atividades que são fases ou etapas do projeto.
- **Intervalo de datas** – Exibe todas as atividades que se iniciam ou terminam após a primeira data e antes da última data do intervalo solicitado.
- **Intervalo de tarefas** – Exibe todas as atividades com números de identificação dentro do intervalo especificado.
- **Tarefas ativas** – Tarefas que são tratadas como parte do plano do projeto, ocultando todas as tarefas que estão inativas no projeto.

- **Tarefas atrasadas** – Tarefas que têm status atrasado no projeto.
- **Tarefas com durações estimadas** – Exibe todas as atividades que possuam o campo de duração estimada ativado, normalmente exibido por uma interrogação (?) após o valor e a unidade de medida da duração.
- **Tarefas concluídas** – Exibe todas as atividades que já foram concluídas.
- **Tarefas de resumo** – Exibe todas as atividades que têm subatividades agrupadas abaixo delas.
- **Tarefas não concluídas** – Exibe todas as atividades que ainda não foram concluídas, podendo, ou não, ter sido iniciadas.
- **Usando recurso** – Exibe todas as atividades que usam o recurso especificado.

Outros filtros

- **Campos vinculados** – Exibe as atividades com objetos de outros programas vinculados.
- **Criadas após** – Exibe todas as atividades criadas após a data especificada.
- **Custo acima do orçado** – Exibe todas as atividades cujo custo é superior ao da linha de base.
- **Custo maior que** – Exibe as atividades que custarão mais do que o valor digitado.
- **Deve iniciar em** – Exibe todas as atividades que deveriam ter sido iniciadas em uma determinada data e não foram.
- **Deve iniciar/terminar em** – Exibe as atividades que não foram iniciadas e terminadas no intervalo de datas especificado.
- **Grupo de recursos** – Exibe as atividades atribuídas aos recursos que pertencem ao grupo definido no campo *grupo*.
- **Progresso das tarefas adiadas** – Exibe as atividades que tenham sido adiadas em relação às datas de término agendadas da linha de base, ou cujo andamento não está de acordo com o cronograma.
- **Tarefas adiadas** – Exibe todas as atividades onde o término (previsto ou real) é posterior ao término da linha de base.
- **Tarefas agendadas manualmente** – Exibe todas as tarefas em que o modo de agendamento é manual.
- **Tarefas atrasadas ou com orçamento estourado atribuídas a** – Exibe as atividades atribuídas a um recurso que estejam excedendo o orçamento previsto, ou atividades que ainda não foram concluídas e terminarão após a data de término da linha de base.
- **Tarefas com anexos** – Exibe as atividades que têm objetos anexados ou uma anotação na caixa *Anotações*.
- **Tarefas com datas fixas** – Exibe todas as atividades que não têm a restrição *O Mais Breve Possível* ou que têm uma data de início real já determinada.
- **Tarefas com datas limites** – Exibe todas as atividades que possuem uma data de término pré-fixada (tela *Informações da tarefa > Avançado > Prazo Final*).
- **Tarefas com um calendário de tarefa atribuído** – Mostra todas as tarefas que têm objetos e um calendário atribuído.
- **Tarefas do primeiro nível** – Exibe as atividades de resumo de nível mais alto. Todas as atividades de nível superior são atividades de resumo, mas nem toda atividade de resumo é de nível superior.
- **Tarefas em andamento** – Exibe todas as atividades que foram iniciadas e não foram concluídas.
- **Tarefas não iniciadas** – Exibe as atividades que ainda não se iniciaram.
- **Tarefas sem datas** – Lista as tarefas com modo de agendamento manual que não têm datas de início e/ou término.
- **Tarefas/atribuições com horas extras** – Exibe as atividades ou atribuições com horas extras de trabalho.

- **Trabalho acima do orçado** – Exibe todas as atividades cujo trabalho agendado é maior do que o da linha de base.
- **Utilização de recurso dentro do período** – Exibe as atividades atribuídas a um recurso especificado e que também se iniciam ou terminam após uma data especificada e antes de outra data especificada.

44.1.2 Filtros de Recursos

O Microsoft Project disponibiliza também diversos filtros de recursos. Esses filtros estão disponíveis apenas quando o modo de exibição atual for um modo de exibição de recursos. Os filtros predefinidos estão relacionados a seguir.

Filtros mais comuns

- **Custo com orçamento estourado** – Exibe todos os recursos cujo custo agendado é superior ao da linha de base.
- **Grupo** – Exibe todos os recursos pertencentes ao grupo especificado.
- **Intervalo de recursos** – Exibe todos os recursos cujos números de identificação estão dentro do intervalo especificado.
- **Recursos - Custo** – Mostra os recursos do tipo custo.
- **Recursos - Material** – Mostra os recursos materiais, como madeira, pregos ou cimento.
- **Recursos - Trabalho** – Mostra os recursos de trabalho, como pessoas ou equipamentos.
- **Recursos de orçamento** – Recursos que têm o campo orçamento igual a "sim" e terão seu orçamento acompanhado pelo projeto.
- **Recursos sem orçamento** – Recursos que têm o campo orçamento igual a "não" e não terão seu orçamento acompanhado pelo projeto.
- **Recursos superalocados** – Exibe todos os recursos que estão agendados para realizar mais trabalho do que podem executar no tempo especificado.
- **Trabalho com orçamento estourado** – Exibe todos os recursos cujo trabalho agendado é inferior ao da linha de base.

Outros filtros

- **Atribuições adiadas** – Exibe os recursos cujas atividades foram atrasadas em relação ao seu plano da linha de base original e que ainda não foram concluídas.
- **Atribuições em andamento** – Exibe todas as atividades que foram iniciadas, mas que não foram concluídas.
- **Atribuições não iniciadas** – Exibe as atribuições que foram confirmadas, mas que não foram iniciadas.
- **Campos vinculados** – Exibe os recursos aos quais foram vinculados objetos de outros programas.
- **Criada após** – Exibe todos os recursos criados após a data especificada.
- **Custo maior que** – Exibe os recursos que custarão mais do que o valor especificado.
- **Deve iniciar em** – Exibe todas as tarefas e os recursos com atribuições que deveriam ter sido iniciadas em uma data especificada e não foram.
- **Deve iniciar/terminar em** – Filtro interativo que, através de duas datas solicitadas, exibe quando uma atividade ou atribuição deveria ter sido iniciada e quando ela deveria ter terminado.
- **Intervalo de datas** – Exibe todas as atividades e os recursos com atribuições que se iniciam ou terminam dentro do intervalo de datas especificado.

- **Progresso das tarefas adiadas –** Exibe os recursos com atividades que tenham sido adiadas em relação às datas de término agendadas da linha de base, ou cujo andamento não está de acordo com o cronograma.
- **Recursos com anexos –** Exibe os recursos que têm objetos anexados ou uma anotação na caixa *Anotações*.
- **Recursos/atribuições com horas extras –** Exibe os recursos ou as atribuições que têm horas extras de trabalho.
- **Todos os recursos –** Exibe todos os recursos do projeto.
- **Trabalho concluído –** Exibe os recursos que concluíram todos os seus trabalhos.
- **Trabalho não concluído –** Exibe todos os recursos cujo trabalho agendado é superior ao da linha de base.

44.2 Aplicando um Filtro

Para aplicar um filtro em uma *tabela* ou no *Diagrama de Rede*:

1. acesse a guia *Exibir* e clique no botão ***Filtro***;
2. escolha o filtro desejado.

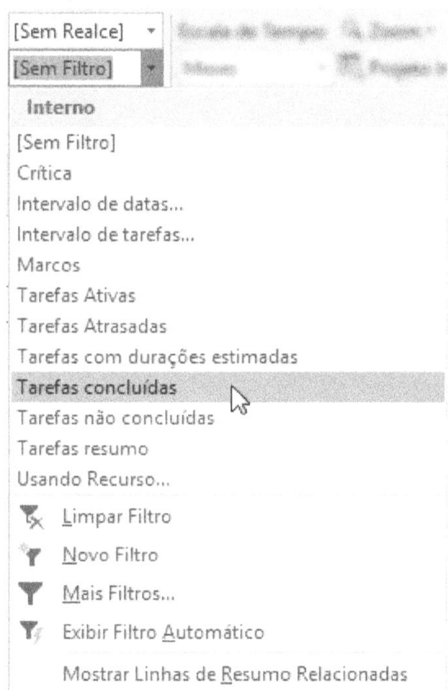

Figura 44.2 – Guia Exibir com destaque para os filtros disponíveis no botão Filtro

Para exibir um filtro que não está disponível na listagem:

1. acesse a guia *Exibir* e clique no botão ***Filtro***;
2. selecione ***Mais Filtros...***;
3. escolha *Tarefa* se desejar um filtro aplicável a atividades ou escolha *Recurso* se desejar um filtro aplicável a recursos;
4. clique no filtro desejado;

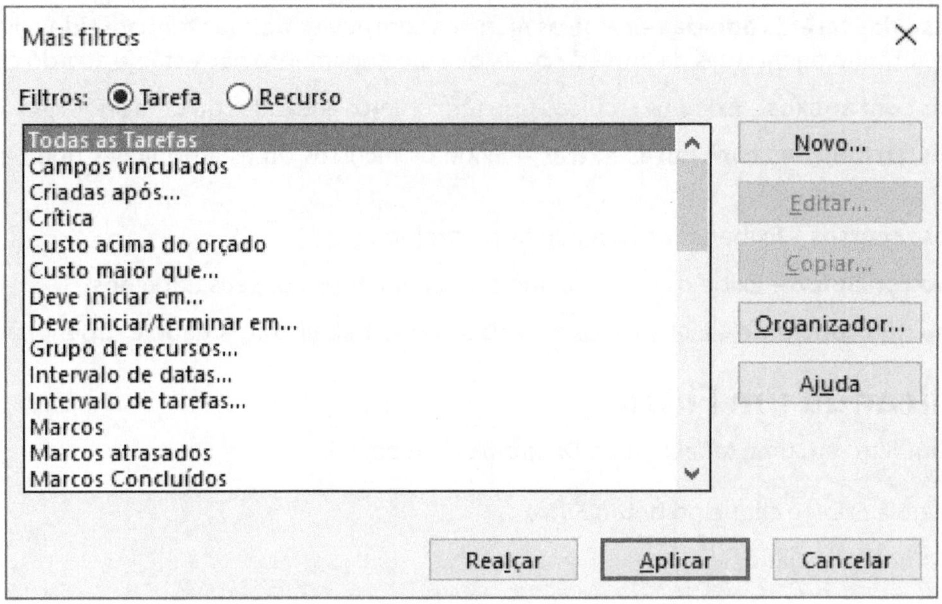

Figura 44.3 – Tela Mais filtros com os filtros de tarefa exibidos

5. clique em ***Aplicar***.

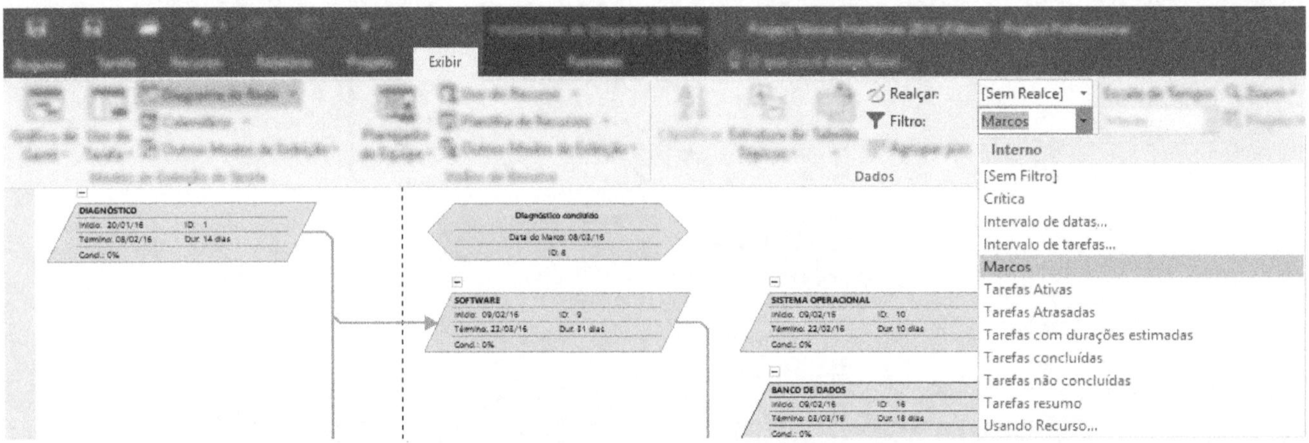

Figura 44.4 – Filtro aplicado no modo de exibição Diagrama de Rede

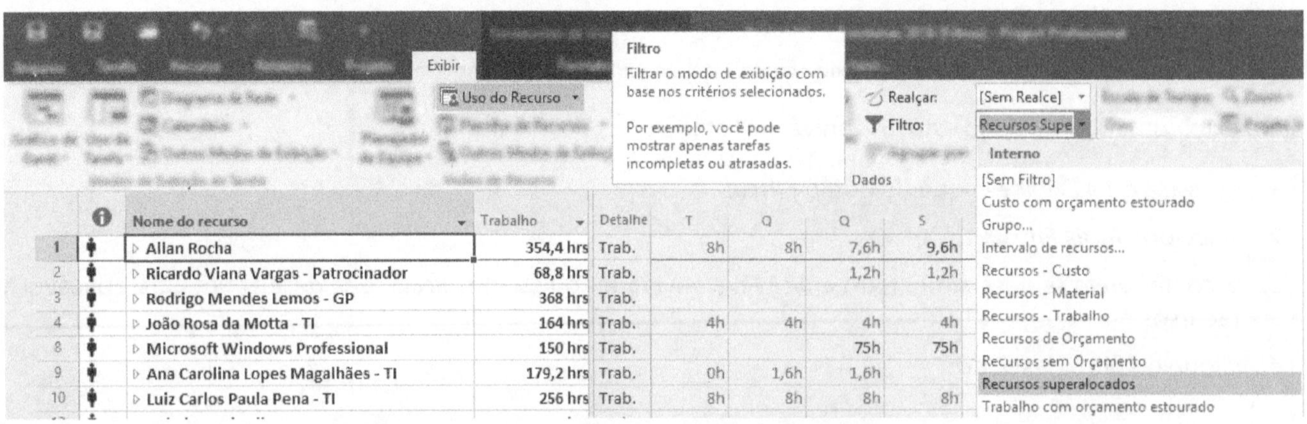

Figura 44.5 – Filtro aplicado no modo Uso do Recurso

Para desativar o filtro, basta selecionar a opção ***Sem Filtro*** no botão *Filtro*.

44.3 Aplicando um Realce

O realce exibe os dados filtrados de uma forma diferenciada dos demais dados do projeto, destacando-se os dados que atendem ao filtro, sem que, no entanto, os demais dados sejam ocultados.

Para aplicar um realce siga os mesmos procedimentos apresentados para aplicar um filtro, apenas altere o botão a ser clicado na guia *Exibir* de *Filtro* para *Realçar*.

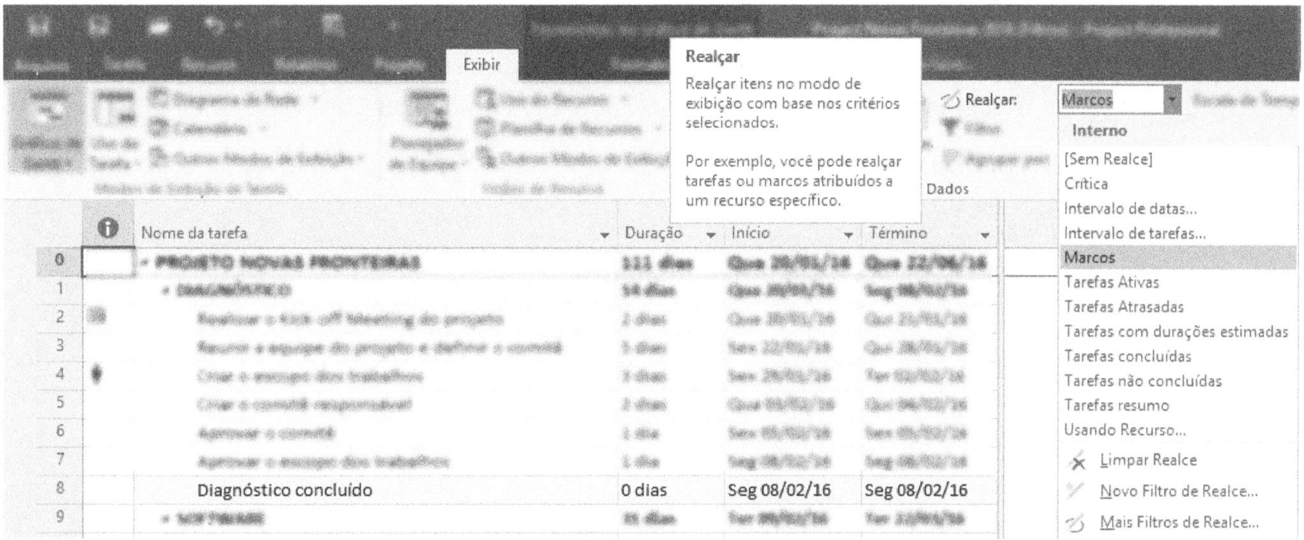

Figura 44.6 - Realce aplicado no modo de exibição Gráfico de *Gantt* para exibir de modo diferenciado as Etapas (observe que o fundo das etapas fica amarelo)

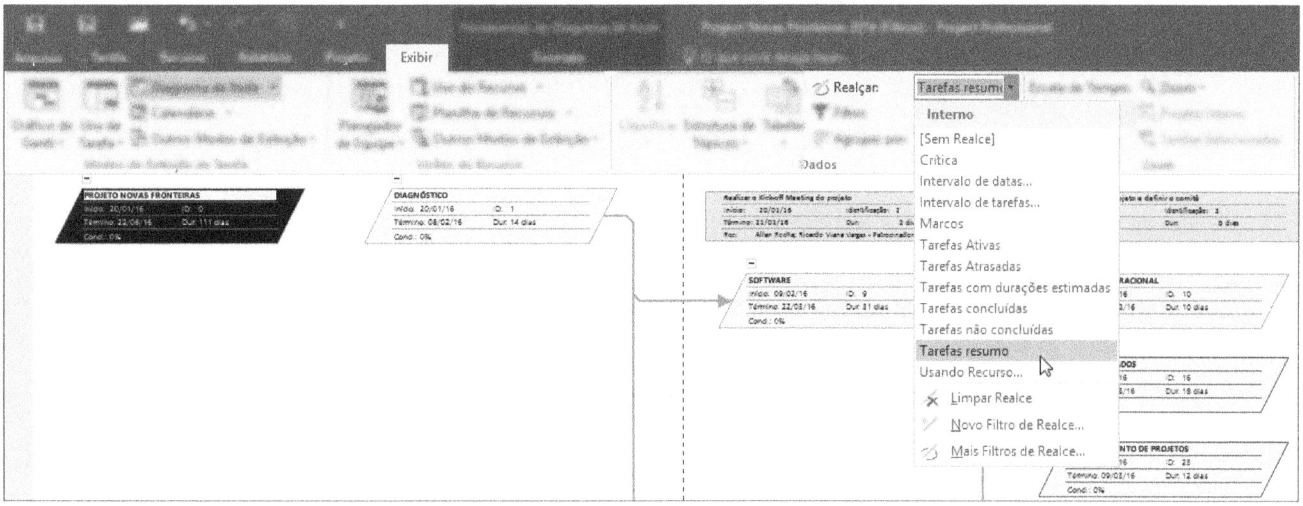

Figura 44.7 - Realce aplicado no modo de exibição Diagrama de Rede para exibir de modo diferenciado as Tarefas resumo (observe que o fundo das caixas das tarefas de resumo fica amarelo)

Importante - O realce avalia as tarefas/recursos somente no momento em que se aplicar o realce. Se, por exemplo, for aplicado um realce para *Etapas* (tarefas com duração igual a zero) e, posteriormente, outra etapa for criada, essa etapa não fica realçada. Para que ela seja realçada, é necessário aplicar novamente o realce.

44.4 Filtro Automático

Outro tipo de filtro que o Microsoft Project apresenta é o chamado *Filtro Automático*. Ele proporciona uma forma rápida de filtrar um conjunto de dados em um projeto. Pode-se aplicar um Filtro Automático a qualquer modo de exibição do Microsoft Project, exceto ao *Diagrama de Rede* e aos modos de exibição de formulários. Ao ser ativado, o Filtro Automático é exibido através de setas à direita dos títulos das colunas.

Figura 44.8 – Tabela de entrada de dados com o Filtro Automático ativado

Para ativar e desativar o *Filtro Automático*:

1. acesse a guia *Exibir*;
2. clique no botão ***Filtro*** e escolha ***Exibir Filtro Automático***.

Figura 44.9 – Guia Exibir com destaque para a opção Exibir Filtro Automático no botão Filtro

Para aplicar o *Filtro Automático*:

1. Assegure-se de que o *Filtro Automático* está sendo exibido (passo anterior);
2. escolha a coluna que contém os critérios e as informações que deseja exibir;
3. clique na ***seta*** dessa coluna para exibir o Filtro Automático para o campo;
4. clique em ***Classificar do Menor para Maior*** ou em ***Classificar do Maior para Menor*** para ordenar os dados segundo o campo selecionado; ou
5. clique em ***Agrupar por*** para agrupar os dados segundo o campo selecionado (a ser visto posteriormente); ou
6. clique em ***Filtros*** e escolha a opção desejada de filtro (as opções se alteram de acordo com o tipo de campo selecionado); ou
7. selecione um valor base na listagem de valores para filtrar a tabela;

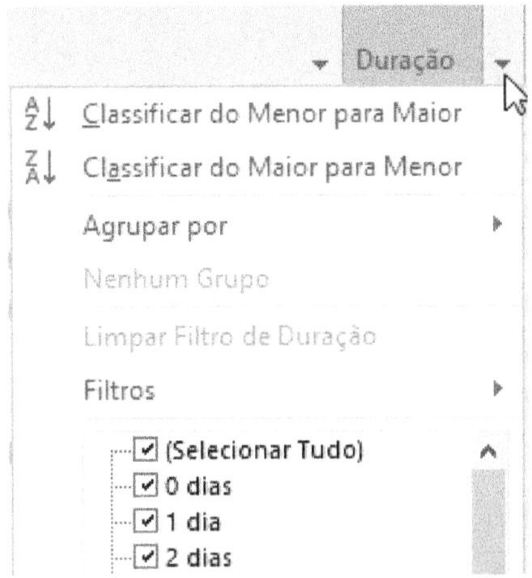

Figura 44.10 – Filtro Automático sendo exibido para o campo Duração

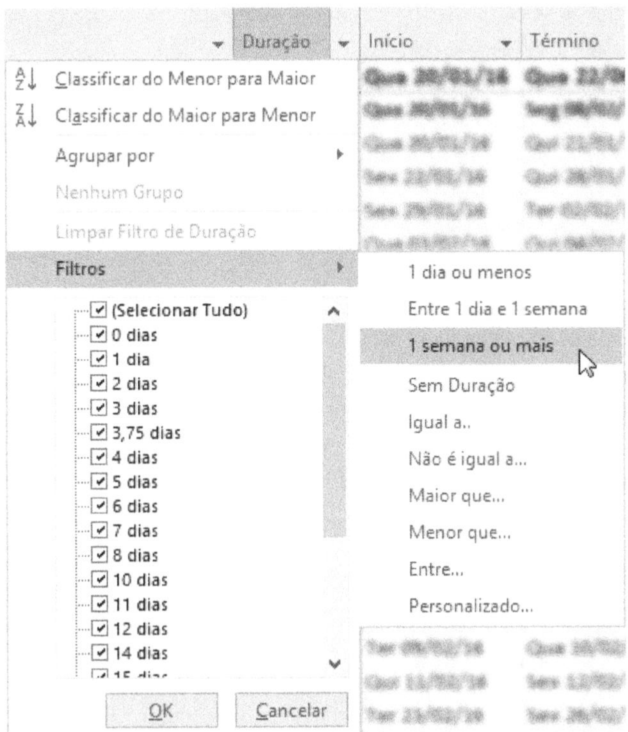

Figura 44.11 – Opção Filtros exibindo diferentes opções de filtro para o campo Duração

8. um funil será exibido na lateral direita na coluna filtrada, informando que aquele *Filtro Automático* está ativado;
9. repita os passos anteriores para aplicar condições adicionais a outras colunas.

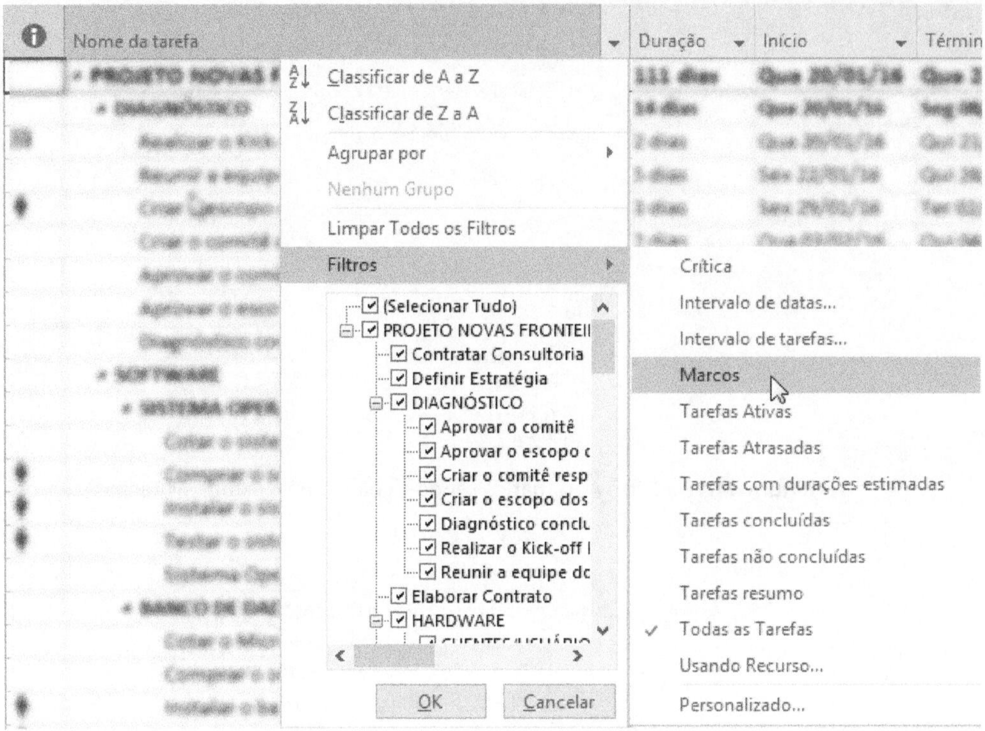

Figura 44.12 – Opção Filtros exibindo diferentes opções de filtro para o campo Nome da tarefa

Importante – O Filtro Automático é uma opção eficaz para projetos de pequeno porte. Em projetos com um grande número de atividades, a caixa com as opções de seleção pode ser demasiadamente lenta, ao ponto de inviabilizar seu uso.

Para utilizar um critério personalizado no Filtro Automático:

1. clique na ***seta*** da coluna que terá o critério e, em seguida, clique em ***Personalizado...***;
2. elabore os critérios a serem utilizados pelo filtro;
3. clique em ***OK***.

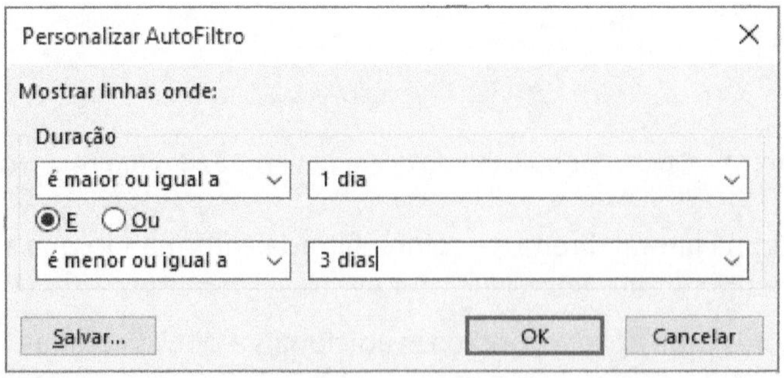

Figura 44.13 – Tela Personalizar AutoFiltro, exemplificando um filtro para atividades que duram entre 1 e 3 dias, inclusive

DICA

Para salvar um Filtro Automático como um filtro normal, clique na seta do título da coluna, clique em ***Personalizado...*** e, em seguida, clique em ***Salvar***.

Para cancelar o Filtro Automático aplicado, clique em ***Limpar Todos os Filtros*** no Filtro Automático dessa coluna.

DICA
O Filtro Automático pode atuar em conjunto com os demais filtros predefinidos, aplicando-o no resultado do filtrado.

44.5 Criando e Personalizando Filtros

Se nenhum dos filtros do Microsoft Project atender às necessidades do projeto, é possível criar um novo filtro ou modificar um filtro existente para se adequar a essa necessidade. Quando se salva o projeto, o filtro novo ou modificado será salvo juntamente com o arquivo do projeto.

Para criar ou modificar um filtro:

1. escolha o modo de exibição cujas informações serão filtradas ou realçadas através da *Barra de Visões*;
2. acesse a guia *Exibir*, clique em ***Filtro*** e escolha ***Mais Filtros***;
3. clique em ***Tarefa*** se desejar criar ou modificar um filtro de atividades;
4. clique em ***Recurso*** se desejar criar ou modificar um filtro de recursos;

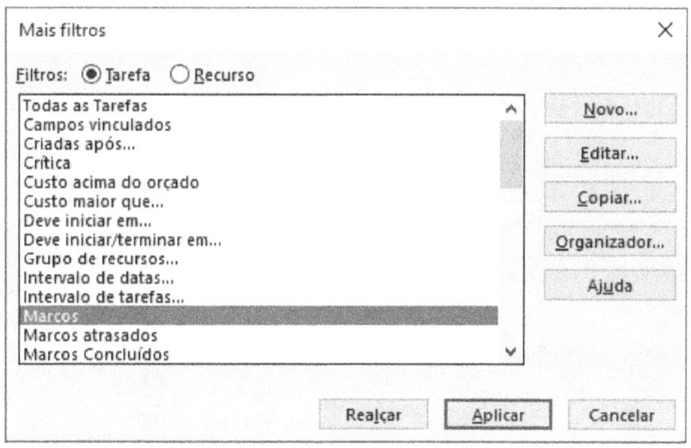

Figura 44.14 – Tela Mais filtros

5. clique em ***Editar*** para modificar um filtro existente, ***Copiar*** para basear o novo filtro em um filtro existente ou ***Novo*** para criar um filtro a partir do zero;

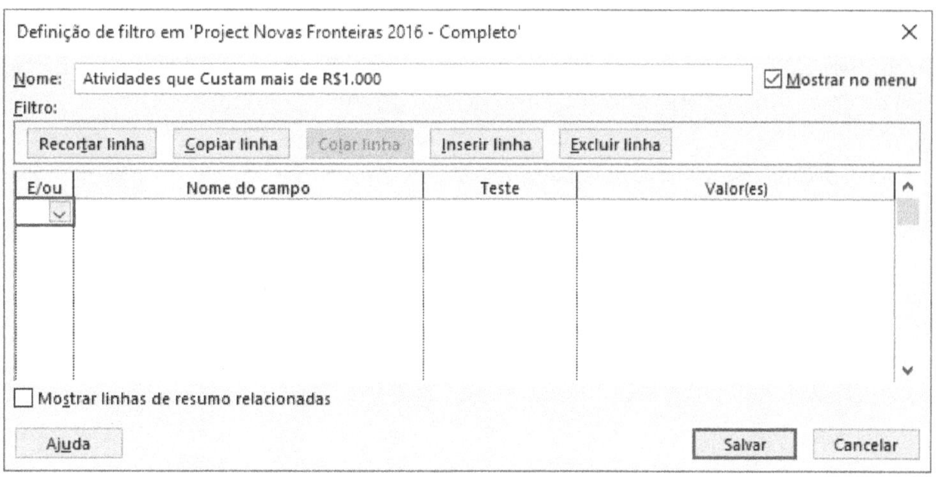

Figura 44.15 – Tela Definição de filtro em

6. após aberta a tela *Definição de filtro em*, digite o nome desejado para o filtro ou edite o nome, no caso de ser um filtro já existente;
7. clique em *Mostrar no menu* se desejar que o filtro seja exibido nas opções de filtro na guia ***Exibir***;
8. escolha o campo a ser testado em ***Nome do campo***;

9. escolha o tipo de teste em ***Teste***;

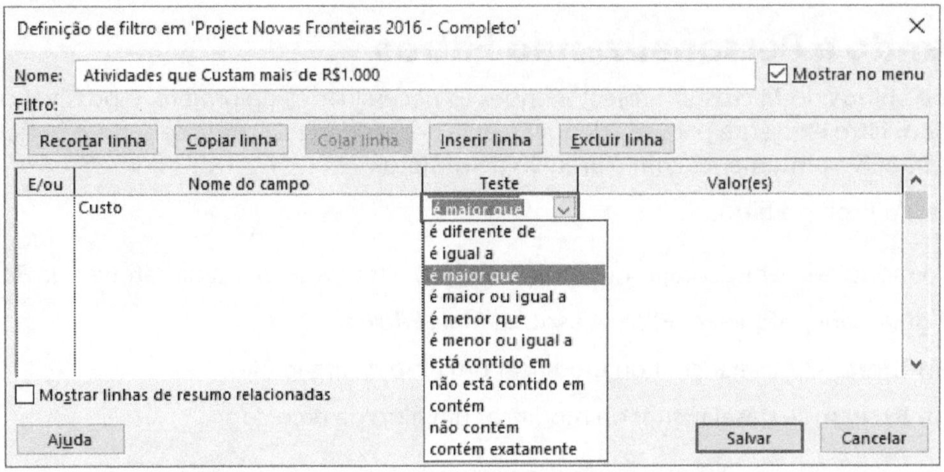

Figura 44.16 – Escolhendo um tipo de teste para o campo Custo

10. no campo *Valor(es)*, clique em um valor a ser testado ou clique em um intervalo de valores separado por uma vírgula;

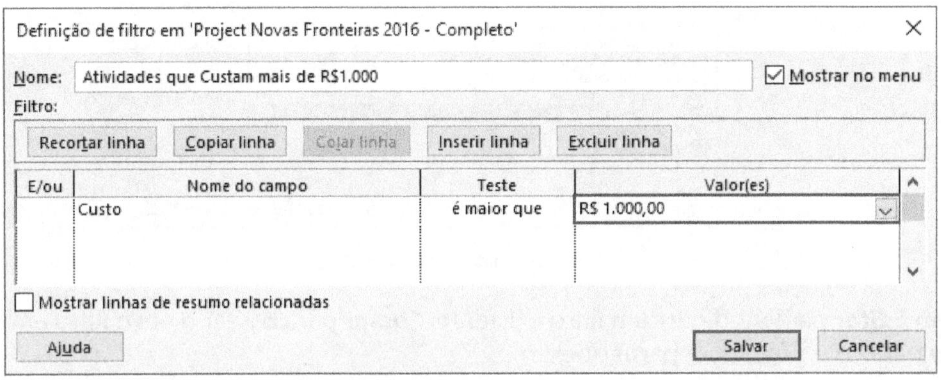

Figura 44.17 – Determinando um valor de critério para o filtro

11. se o filtro contiver mais de uma linha de critério, selecione novas condições na linha imediatamente abaixo da primeira e clique em um operador no campo *E/ou* da mesma linha;

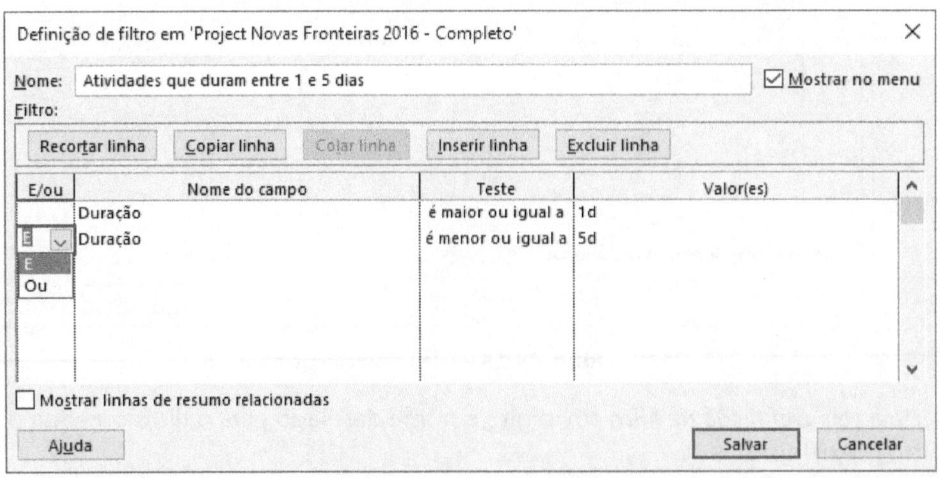

Figura 44.18 – Exemplo de filtro com mais de uma linha de critério (atividades que duram entre um e cinco dias)

12. repita os passos 8, 9, 10 e 11 para os outros critérios a serem utilizados no filtro;
13. selecione a opção ***Mostrar linhas de resumo relacionadas*** para exibir as linhas de resumo que contêm as tarefas filtradas;
14. clique em ***Salvar*** e, em seguida, clique em ***Aplicar*** ou ***Realçar*** para filtrar ou realçar segundo os critérios estabelecidos, respectivamente.

O Microsoft Project também permite que um projeto seja filtrado com base na comparação entre dois campos. Para criar essa comparação basta selecionar o campo a ser comparado em *Valor(es)* (passo 10).

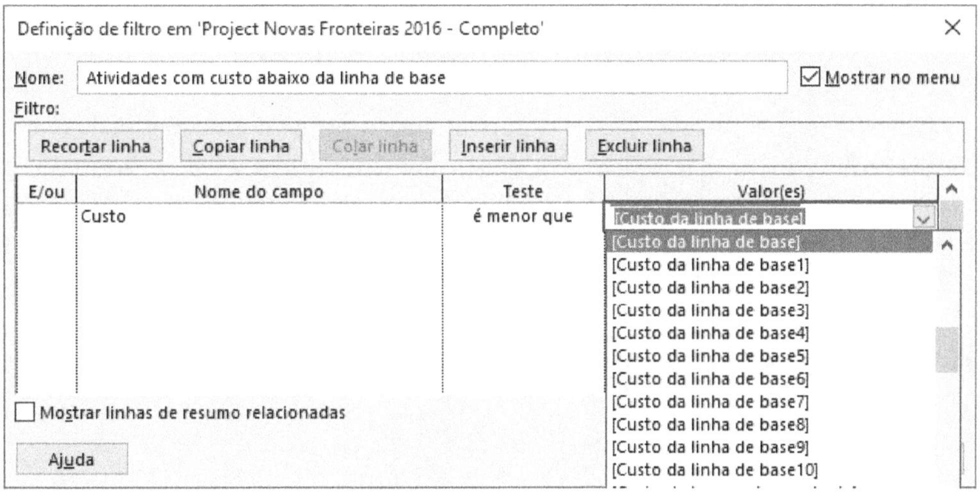

Figura 44.19 – Exemplo de filtro que seleciona as atividades que têm custo menor do que o custo da linha de base

CAPÍTULO 45

Agrupamento de Informações

O agrupamento permite categorizar e relatar as atividades e os recursos do projeto de diversas maneiras. É possível agrupar atividades ou recursos em modos de exibição de planilha para mostrar informações de resumo (acumuladas).

Em modos de exibição de recurso, a aplicação do agrupamento fornece informações de resumo que não estão disponíveis de outra forma.

Em modos de exibição de tarefa, o uso de códigos de estrutura de tópicos com o agrupamento fornece a capacidade de realizar um agrupamento hierárquico com base em um único campo de código. O Microsoft Project fornece grupos predefinidos de tarefas e recursos.

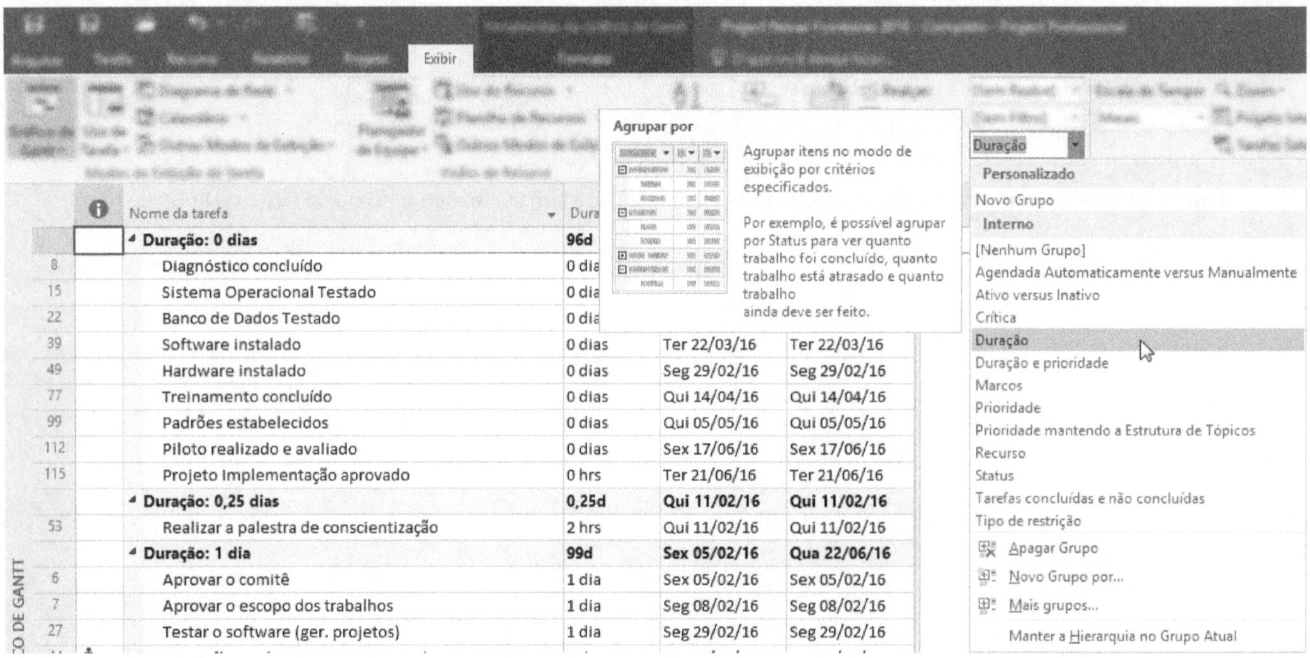

Figura 45.1 – Exemplo de aplicação do agrupamento Duração dentro do modo de exibição Gráfico de *Gantt*

DICA

É possível utilizar o agrupamento dentro do diagrama de rede, possibilitando uma estratificação da rede que torna mais compreensível o diagrama. Essa estratificação do diagrama por grupos é conhecida como *Storyboard*.

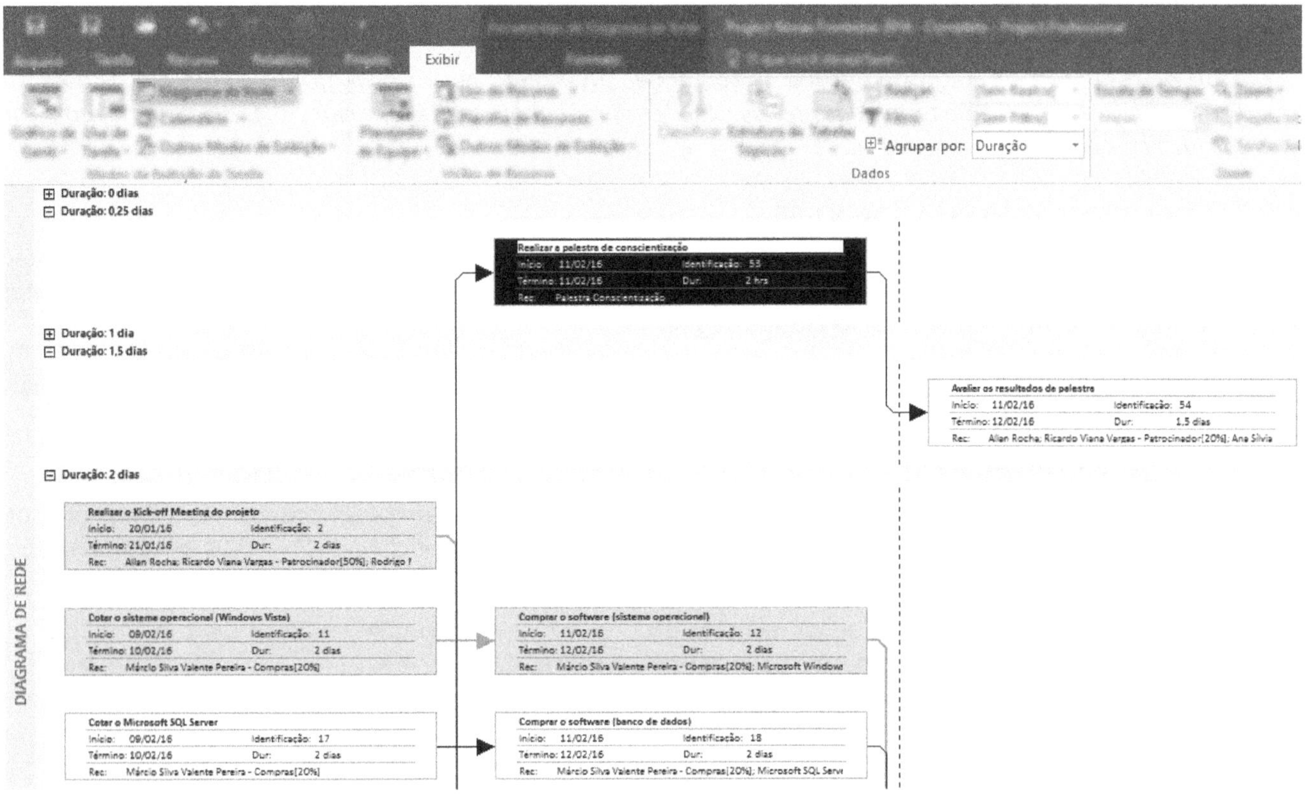

Figura 45.2 – Exemplo de aplicação do agrupamento Duração dentro do modo de exibição Diagrama de Rede

45.1 Agrupamentos Predefinidos

45.1.1 Agrupamentos de Tarefas

O Microsoft Project disponibiliza 12 agrupamentos de atividades. Esses agrupamentos estão disponíveis apenas quando o modo de exibição atual é um modo de exibição de atividades. Os agrupamentos predefinidos para tarefas estão relacionados a seguir.

- **Agendada Automaticamente *versus* Manualmente** – Separa as atividades com modo de agendamento automático das atividades com modo de agendamento manual.
- **Ativo *versus* Inativo** – Separa as atividades ativas das atividades inativas no projeto (atividades inativas foram apresentadas no capítulo sobre criação de atividades no projeto).
- **Crítica** – Exibe as atividades do projeto em função de a tarefa ser crítica.
- **Duração** – Categoriza e exibe as atividades do projeto de acordo com o tempo que elas devem levar para serem concluídas.
- **Duração e prioridade** – Categoriza e exibe as atividades do projeto inicialmente de acordo com o tempo que elas devem levar para serem concluídas e, depois, pela prioridade em cada grupo de duração.
- **Marco** – Exibe as atividades do projeto em função de a tarefa ser um marco.
- **Prioridade** – Categoriza e exibe as atividades do projeto por sua prioridade.
- **Prioridade mantendo a estrutura de tópicos** – Categoriza e exibe as atividades do projeto inicialmente por seus números de estrutura de tópicos e, depois, por sua prioridade na estrutura de tópicos.
- **Recurso** – Apresenta as atividades agrupadas pelos nomes dos recursos.
- **Status** – Apresenta as atividades segundo seu status (concluída, no prazo, atrasada e futura).

- **Tarefas concluídas e não concluídas** – Categoriza e exibe as atividades do projeto de acordo com o percentual de conclusão.
- **Tipo de restrição** – Categoriza e exibe as atividades do projeto nestes oito grupos: *O mais tarde possível, O mais breve possível, Não terminar antes de, Não terminar depois de, Deve iniciar em, Deve terminar em, Não iniciar antes de* e *Não iniciar depois de.*

45.1.2 Agrupamentos de Recursos

O Microsoft Project disponibiliza também cinco agrupamentos de recursos. Esses agrupamentos estão disponíveis apenas quando o modo de exibição atual é um modo de exibição de recursos. Os agrupamentos predefinidos para recursos estão relacionados a seguir.

- **Atribuições, mantendo a estrutura do código** – Categoriza todas as atribuições de um recurso, mantendo a estrutura de divisão de trabalho estabelecida nos níveis da estrutura de tópicos.
- **Grupo de recursos** – Categoriza e exibe recursos pelo valor contido em seu campo de grupo.
- **Recursos concluídos e não concluídos** – Categoriza e exibe os recursos do projeto nestes três grupos: percentual concluído 0% (trabalho não iniciado), percentual concluído 1% – 99% (trabalho em andamento) e percentual concluído 100% (trabalho concluído).
- **Taxa-padrão** – Categoriza e exibe os recursos do projeto de acordo com sua taxa padrão (sua taxa de pagamento referente ao trabalho normal, sem horas extras).
- **Tipo de Recurso** – Agrupa os recursos por tipo de recurso (custo, material ou trabalho).

45.2 Aplicando um Agrupamento

Para aplicar um agrupamento em uma tabela de recursos ou de tarefas:

1. acesse a guia *Exibir* e clique no botão ***Agrupar por***;
2. escolha o agrupamento desejado.

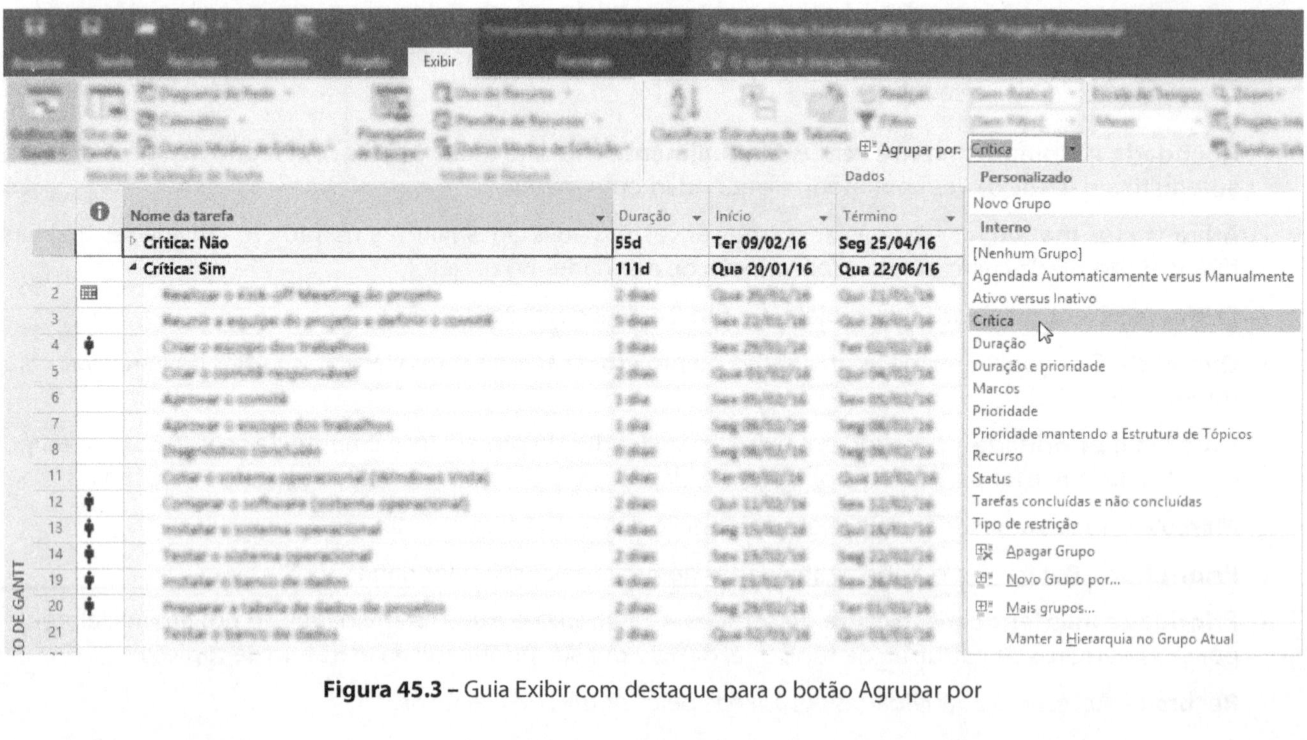

Figura 45.3 – Guia Exibir com destaque para o botão Agrupar por

Se o grupo desejado não estiver visível:

1. acesse a guia *Exibir* e clique no botão ***Agrupar por***;
2. selecione ***Mais Grupos***;
3. escolha ***Tarefa*** se desejar um grupo aplicável a atividades ou escolha ***Recurso*** para um grupo aplicável a recursos;
4. clique no grupo desejado;

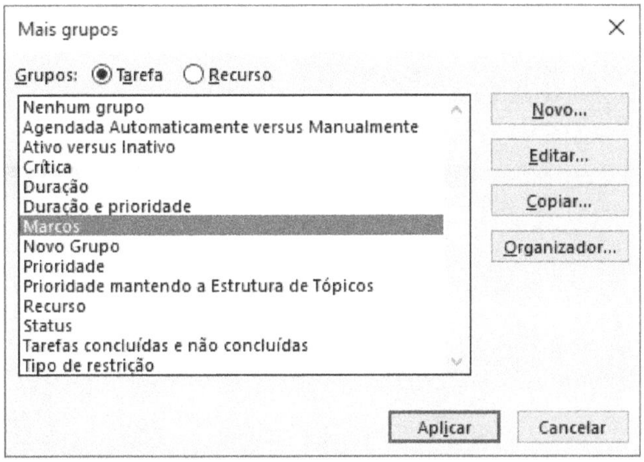

Figura 45.4 – Tela Mais grupos com destaque para o botão Aplicar

5. clique em ***Aplicar***.

45.3 Criando e Personalizando Agrupamentos

Se nenhum dos grupos do Microsoft Project atender às necessidades do projeto, é possível criar um novo grupo ou modificar um grupo existente para se adequar a essa necessidade. Quando se salva o projeto, o grupo novo ou modificado será salvo juntamente com o arquivo do projeto.

Para criar ou modificar um grupo:

1. escolha o modo de exibição cujas informações serão agrupadas através da *Barra de Visões*;
2. acesse a guia *Exibir* e clique em ***Agrupar por*** e escolha ***Mais grupos***;

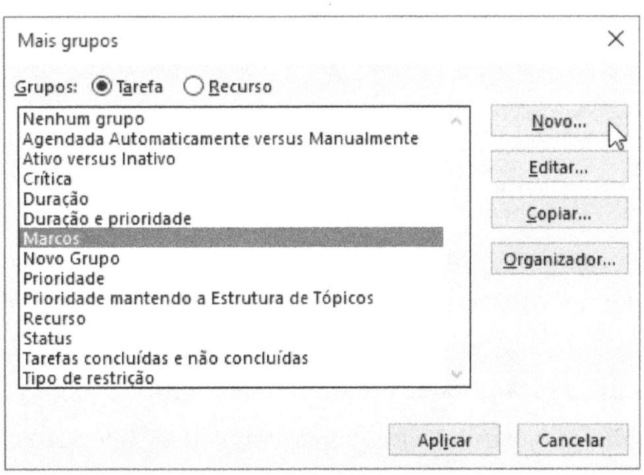

Figura 45.5 – Tela Mais grupos com destaque para o botão Novo...

3. clique em ***Tarefa*** se desejar criar ou modificar um grupo de atividades;

4. clique em ***Recurso*** se desejar criar ou modificar um grupo de recursos;
5. clique em ***Editar...*** para modificar um grupo existente, ***Copiar...*** para basear o novo grupo em um grupo existente ou ***Novo...*** para criar um grupo a partir do zero;

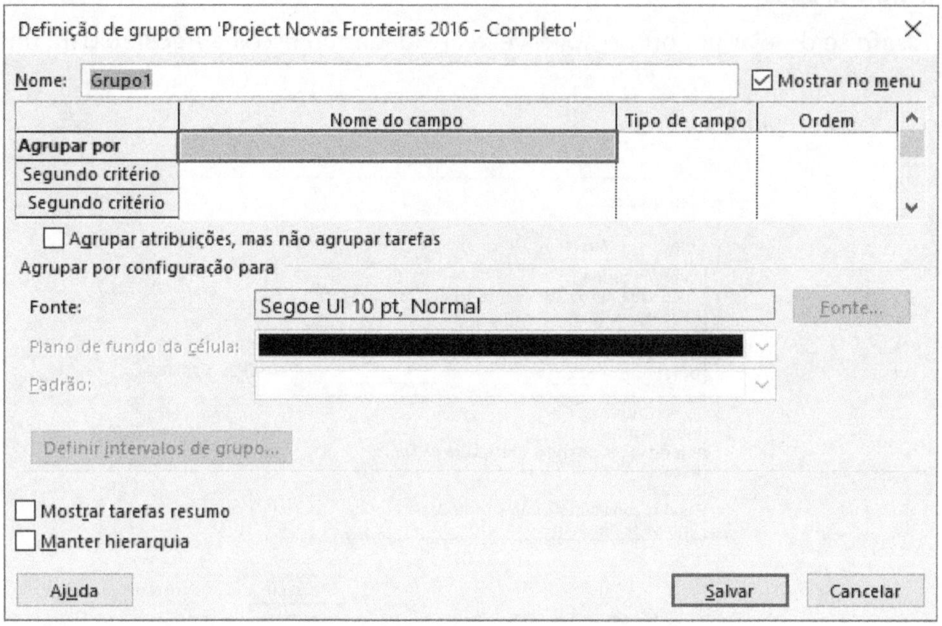

Figura 45.6 – Tela Definição de grupo em

6. após aberta a tela ***Definição de grupo em***, digite o nome desejado para o grupo ou edite o nome, no caso de ser um grupo já existente;
7. clique em ***Mostrar no menu*** se desejar que o grupo seja exibido nas opções de grupo na guia ***Exibir***;
8. selecione ***Agrupar atribuições, mas não agrupar tarefas*** para agrupar os dados, não das tarefas, mas das atribuições nos modos de exibição de atribuição (*Uso de tarefa* e *Uso do recurso*);

DICA

O recurso *Agrupar atribuições* permite que os campos agrupados totalizem, no grupo, os valores dos elementos agrupados, fazendo com que se determinem os totais dos dados agrupados em cada campo. Isso é possível em todos os campos, exceto nos campos em que a totalização não apresenta significado físico, tal como o campo *Pico* em um recurso.

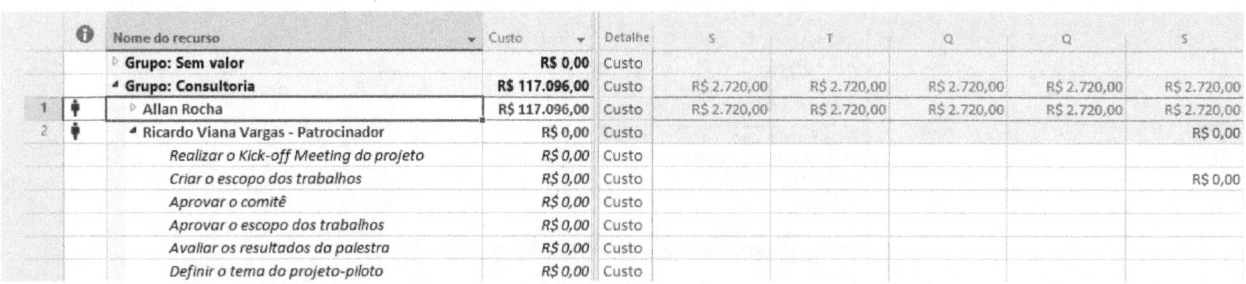

Figura 45.7 – Exemplo de totalização do campo Custo em agrupamento por Grupo de recurso no modo de exibição Uso dos Recursos

9. escolha o primeiro campo a ser agrupado em *Nome do campo*;
10. se a opção *Agrupar atribuições, mas não agrupar tarefas* estiver selecionada, selecione em *Tipo de campo* a opção *atribuição*;
11. escolha a ordem de classificação dos dados dentro do grupo (crescente ou decrescente) no campo *Ordem*;

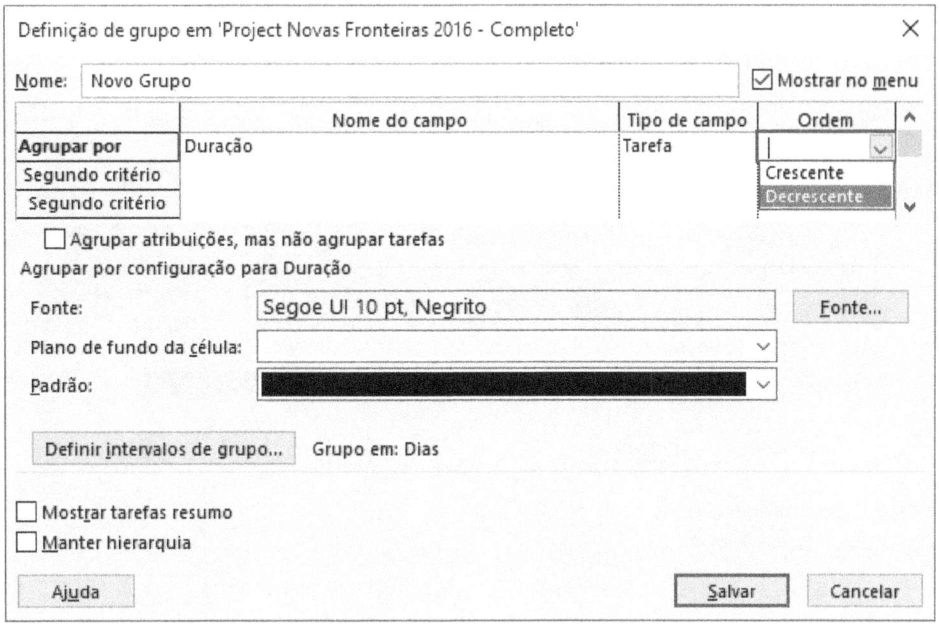

Figura 45.8 – Escolhendo a ordem de classificação para um grupo

12. escolha a *Fonte* para o grupo selecionado, bem como a cor do *Plano de fundo da célula* e seu *Padrão*;
13. caso deseje especificar intervalos nos quais o agrupamento deve ser calculado de acordo com os critérios selecionados no campo *Nome do campo*, clique em ***Definir intervalos de grupo...***. Caso contrário, vá para o passo 18;
14. após abrir a tela *Definir intervalo de grupo*, selecione o *Intervalo* na caixa *Grupo em* para definir um intervalo de dados para o grupo;
15. na caixa *Iniciar em*, clique no número pelo qual deseja iniciar o primeiro grupo no agrupamento;
16. na caixa *Intervalo do grupo*, digite ou selecione o valor do intervalo pelo qual o agrupamento será determinado (de $100 em $100, de 2 em 2 dias, etc.);

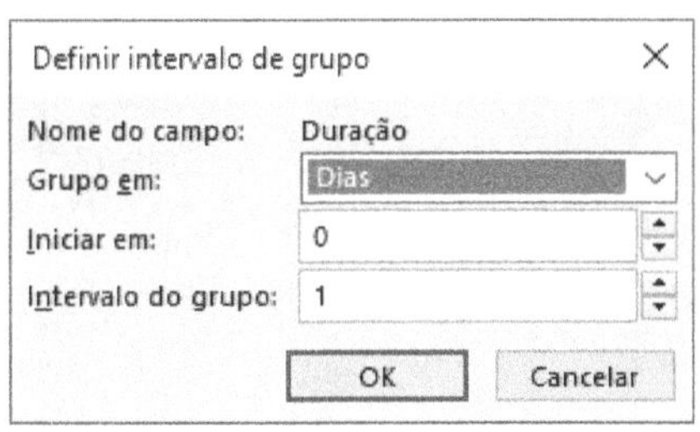

Figura 45.9 – Tela Definir intervalo de grupo

17. clique em ***OK*** para retornar à tela *Definição de grupo em*;
18. se o grupo contiver mais de um agrupamento (um grupo dentro de outro), repita os passos de 9 a 17 para os demais subgrupos;

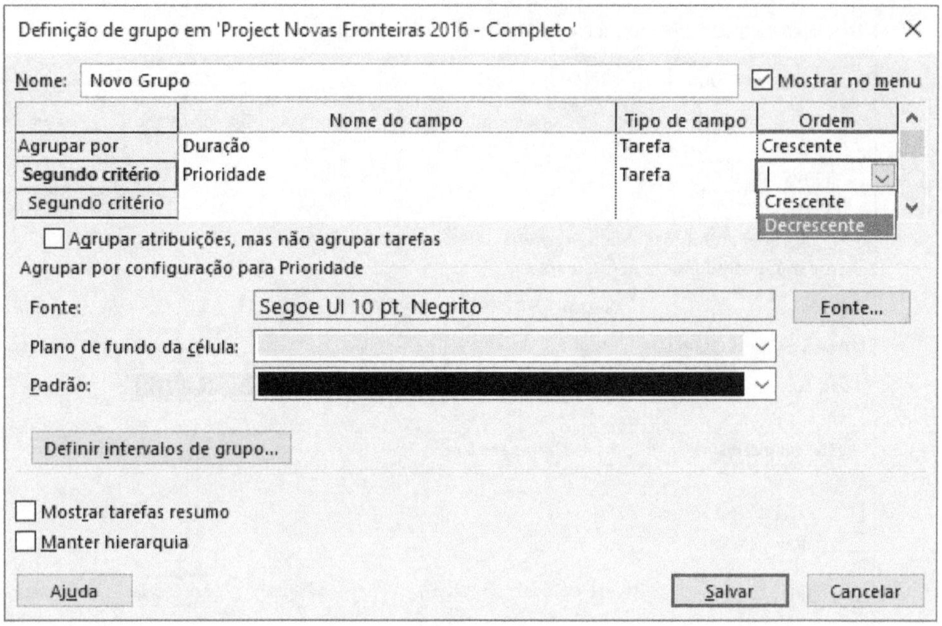

Figura 45.10 – Exemplo de grupo com mais de uma linha de critério (atividades agrupadas primeiramente por duração e, em seguida, por prioridade)

19. clique em ***Salvar*** e, em seguida, clique em ***Aplicar***.

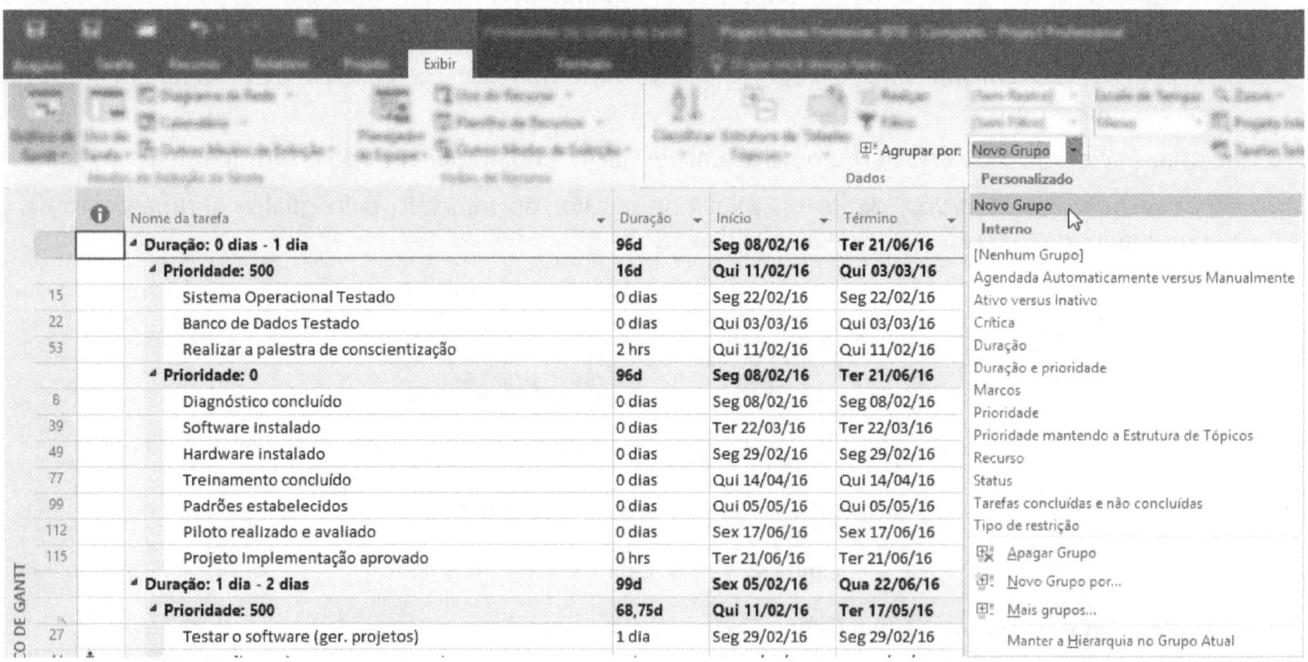

Figura 45.11 – Exemplo de projeto com o grupo personalizado Novo Grupo (Duração e Prioridade) aplicado

PARTE VI

RELATÓRIOS GRÁFICOS, RELATÓRIOS VISUAIS, IMPRESSÃO E EXPORTAÇÃO

Capítulo 46

Relatórios Gráficos

Os Relatórios Gráficos ao serem introduzidos ao Project trouxeram não apenas novas funcionalidades de análise, mas também uma melhor integração com a família Office, que utiliza os mesmos componentes gráficos. Esses relatórios permitem ao usuário criar uma aparência profissional sem precisar exportar os dados para outro programa. Isso significa que os relatórios estarão sempre conectados aos dados do seu projeto e facilmente acessíveis pela já conhecida faixa de opções.

Os Relatórios Gráficos proporcionam diferentes visões do projeto, suportando diretamente a personalização da comunicação entre as partes interessadas. Uma nova guia e um novo grupo foram criados especialmente para eles na versão 2013.

Também foram incorporadas duas conhecidas funcionalidades à guia *Relatórios*, como apresentado a seguir:

Guia Relatório

- Grupo ***Projeto***
  - *Comparar Projetos* – Compara duas versões de um projeto. Um relatório de comparação é criado para mostrar as diferenças entre os dois projetos, por exemplo, se novas tarefas foram adicionadas.
- Grupo ***Ver Relatórios***
  - *Novo Relatório* – Criar um novo relatório. Use relatórios para analisar os dados no seu projeto que, em seguida, você pode compartilhar com a sua equipe.
  - *Painéis* – Tome decisões melhores visualizando relatórios dinâmicos e atraentes com base nos dados do seu projeto.
  - *Recursos* – Gerencie melhor o trabalho da sua equipe analisando relatórios sobre dados de recursos.
  - *Custos* – Manter controle dos custos do seu projeto analisando relatórios sobre dados de custo.
  - *Em Andamento* – Analise o andamento do seu projeto até agora.
  - *Introdução* – Aprenda dicas e truques sobre o Project.
  - *Personalizado* – Depois que você criar um relatório, ele aparecerá aqui.
  - *Recentes* – Acesse rapidamente seus relatórios visualizados mais recentemente.
- Grupo ***Exportar***
  - *Relatórios Visuais* – Exibir os dados do projeto nas tabelas dinâmicas do Microsoft Excel e gráficos dinâmicos do Microsoft Visio Professional.

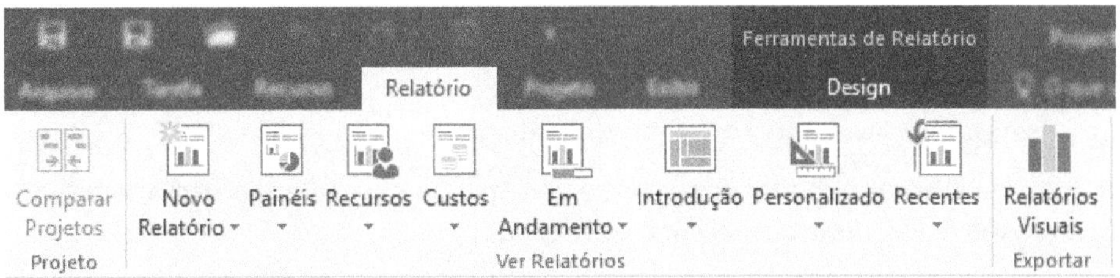

Figura 46.1 – Faixa de Opções com a guia Relatório

Juntamente com a guia *Relatório* foram criadas três outras guias única e exclusivamente para exibição e edição dos relatórios e gráficos. As guias *Ferramentas de Relatório-Design*, *Ferramentas de Gráfico-Design* e *Ferramentas de Gráfico-Formatar* apenas são ativadas de acordo com o contexto selecionado. Ela possui cinco grupos e os seguintes itens:

Guia Ferramentas de Relatório-Design

- Grupo ***Exibir***
  - *Gráfico de Gantt* – Alternar para o modo de exibição de Gráfico de *Gantt*.
  - *Recentes* – Acesse rapidamente seus relatórios visualizados mais recentemente.
- Grupo ***Temas***
  - *Temas* – Escolha um novo tema para dar ao documento um estilo instantâneo e a personalidade certa. Cada tema usa um conjunto exclusivo de cores, fontes e efeitos para criar uma aparência consistente.
  - *Cores* – Alterar rapidamente todas as cores usadas no documento selecionando uma paleta de cores diferente. Isso atualizará as cores disponíveis para você no seletor de cores com as cores do tema do documento. Não importa qual paleta seja escolhida, seu documento terá uma aparência perfeitamente coordenada.
  - *Fontes* – Alterar rapidamente o texto do documento inteiro escolhendo um novo conjunto de fontes. Essa é uma maneira fácil de alterar todo o texto de uma vez. Para que isso funcione, o texto deve ser formatado usando as fontes de 'corpo' e 'título'.
  - *Efeitos* – Alterar rapidamente a aparência geral dos objetos no documento. Cada opção usa várias bordas e efeitos visuais, como sombreamento e sombra, para dar aos objetos uma aparência diferente.
- Grupo ***Inserir***
  - *Imagens* – Inserir imagens do seu computador ou de outros computadores aos quais você está conectado.
  - *Formas* – Insira formas prontas, como círculos, quadrados e setas.
  - *Gráfico* – Para facilitar a detecção de padrões e tendências nos dados, insira um gráfico de barras, de área ou de linhas.
  - *Tabela* – Uma tabela é uma ótima maneira de organizar informações em seu documento.
  - *Caixa de Texto* – Desenhe uma caixa de texto em qualquer lugar. Esta é uma ótima maneira de obter o tamanho exato da caixa de texto desejado, especialmente quando estiver adicionando texto a formas e objetos.

- Grupo ***Relatório***
  - *Gerenciar* – Renomear, excluir ou mover seu relatório.
  - *Copiar Relatório* – Copiar o relatório para que você possa colá-lo em outro aplicativo, como o Microsoft Word, o Microsoft PowerPoint ou o Microsoft Excel.
- Grupo ***Configurar Página***
  - *Quebras de Página* – Veja onde as quebras de página aparecerão quando você imprimir o relatório.
  - *Margens* – Defina o tamanho das margens de todo o documento ou da seção atual.
  - *Orientação* – Aplique às páginas um *layout* de retrato ou de paisagem.
  - *Tamanho* – Escolha um tamanho de papel para o documento.

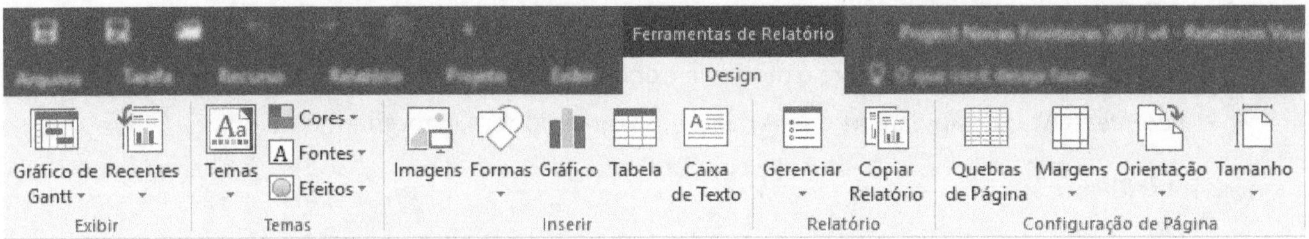

Figura 46.2 – Faixa de Opções com a guia Ferramentas de Relatório-Design

Guia Ferramentas de Gráfico-Design

- Grupo ***Layout de Gráfico***
  - *Adicionar Elemento Gráfico* – Adicionar um dos vários elementos gráficos.
  - *Layout Rápido* – Alterar o *layout* geral do gráfico.
- Grupo ***Estilos de Gráfico***
  - *Alterar Cores* – Personalizar cor e estilo.
  - *Alterar Estilo* – Alterar o estilo visual do gráfico.
- Grupo ***Mostrar/Ocultar***
  - *Dados do Gráfico* – Mostrar ou ocultar o painel lateral com os dados do gráfico.
- Grupo ***Tipo***
  - *Alterar Tipo do Gráfico* – Alterar para um tipo de gráfico diferente.

Figura 46.3 – Faixa de Opções com a nova guia Ferramentas de Gráfico-Design

Guia Ferramentas de Gráfico-Formatar

- Grupo ***Seleção Atual***
  - *Elementos do Gráfico* – Selecionar um elemento do gráfico para poder formatá-lo.
  - *Formatar Seleção* – Exibir o painel de tarefas *Formatar* para ajustar a formatação do elemento de gráfico selecionado.
  - *Redefinir para Coincidir Estilo* – Limpar a formatação personalizada do elemento de gráfico selecionado, restaurando o estilo visual geral aplicado ao gráfico. Isso assegura que o elemento de gráfico selecionado coincidirá com o tema geral do documento.
- Grupo ***Inserir Formas***
  - *Inserir Formas* – Inserir formas prontas, como círculos, quadrados e setas.
  - *Alterar Formas* – Alterar a forma do desenho, preservando toda a formatação.
- Grupo ***Estilos de Forma***
  - *Estilos de Forma* – Adicionar rapidamente um estilo visual à forma ou estilo de linha selecionados. Cada estilo usa uma combinação exclusiva de cores, linhas e outros efeitos para alterar a aparência da forma.
  - *Preenchimento da Forma* – Preencher a forma selecionada com uma cor sólida, gradiente, imagem ou textura.
  - *Contorno da Forma* – Escolher a cor, a largura e o estilo da linha de contorno para sua forma.
  - *Efeitos da Forma* – Aplicar um efeito visual à forma selecionada, como sombra, brilho, reflexo ou rotação 3D.
- Grupo ***Estilos de WordArt***
  - *Estilos de WordArt* – Adicionar um toque artístico escolhendo entre estilos de texto predefinidos.
  - *Preenchimento de Texto* – Preencher o texto com uma cor sólida, gradiente, imagem ou textura.
  - *Contorno do Texto* – Personalizar a estrutura de tópicos do texto escolhendo a cor, a largura e o estilo da linha.
  - *Efeitos de Texto* – Transforme seu trabalho em uma obra de arte. Adicione efeitos visuais como sombra, brilho ou reflexão ao seu texto.
- Grupo ***Organizar***
  - *Avançar* – Trazer o objeto selecionado um nível para a frente, para que fique à frente de objetos.
  - *Recuar* – Enviar o objeto selecionado um nível par trás, para que fique atrás de objetos.
  - *Tamanho* – Alterar a altura e a largura da forma ou imagem.
- Grupo ***Tamanho***
  - *Altura da Forma* – Alterar a altura da forma ou imagem.
  - *Largura da Forma* – Alterar a largura da forma ou imagem.

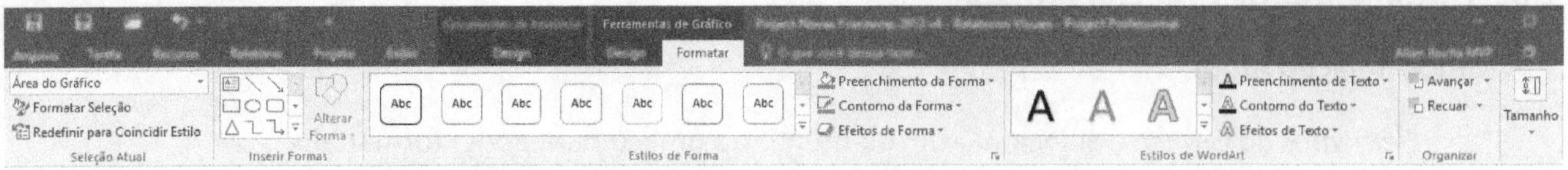

Figura 46.4 – Faixa de Opções com a guia Ferramentas de Gráfico-Formatar

DICA

A guia *Ferramentas de Relatório-Design* é ativada apenas de acordo com o contexto ou conteúdo selecionado. Para ativá-la é necessário acessar algum relatório previamente criado ou criar um novo em branco.

46.1 Tipos de Relatórios Gráficos Predefinidos

O Microsoft Project 2016 traz diversos modelos de relatórios gráficos pré-instalados e configurados para que o gerente de projetos possa, sem qualquer conhecimento, analisar de várias maneiras os dados do projeto.

Os *relatórios gráficos* pré-instalados são:

- Guia ***Painéis***
    - *Burndown*
    - *Tarefas Futuras*
    - *Visão Geral do Custo*
    - *Visão Geral do Projeto*
    - *Visão Geral do Trabalho*

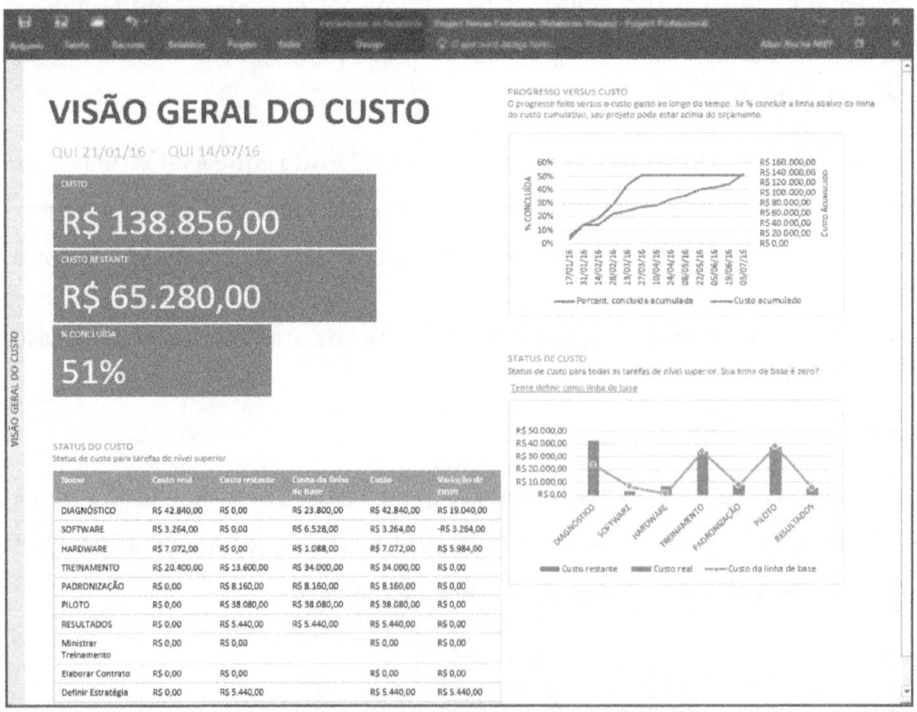

Figura 46.5 – Relatório Visão Geral dos Custos

- Guia ***Recursos***
    - *Recursos Superalocados*
    - *Visão Geral do Recurso*

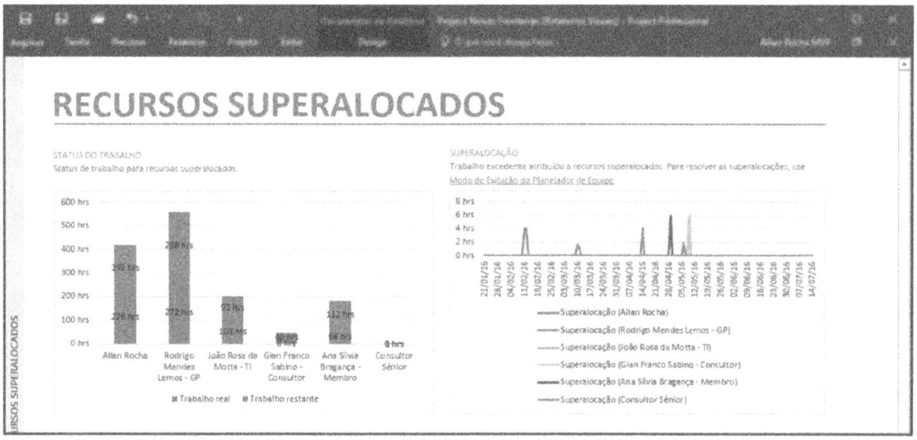

Figura 46.6 – Relatório Recursos Superalocados

- Guia ***Custos***
    - *Fluxo de Caixa*
    - *Relatório de Valor Agregado*
    - *Saturações de Custos*
    - *Visão Geral do Custo da Tarefa*
    - *Visão Geral do Custo do Recurso*

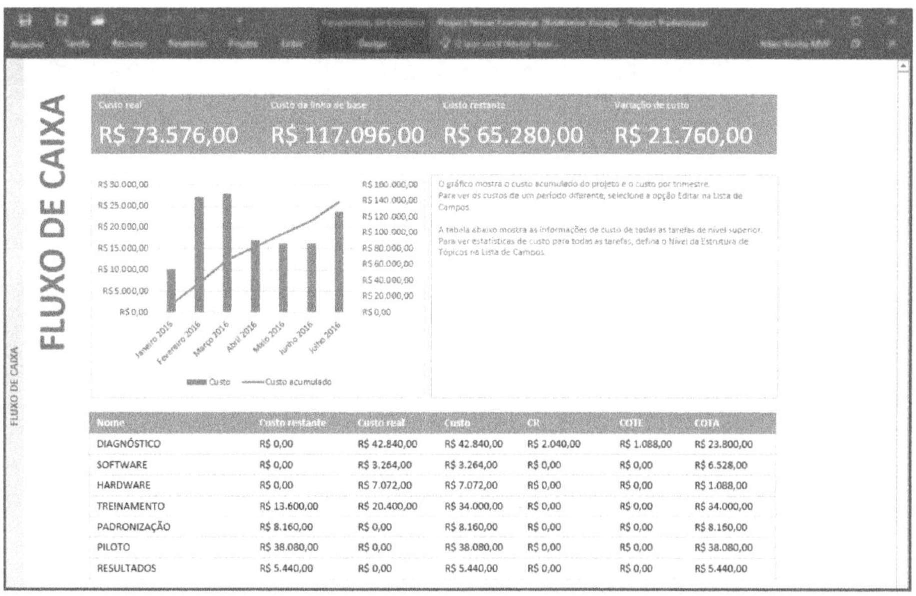

Figura 46.7 – Relatório Fluxo de Caixa

- Guia ***Em Andamento***
    - *Relatório de Marco*
    - *Tarefas Adiadas*
    - *Tarefas Atrasadas*
    - *Tarefas Críticas*

Figura 46.8 – Relatório Tarefas Atrasadas

- Guia ***Introdução***
    - *Analisador de Práticas Recomendadas*
    - *Começar com o Projeto*
    - *Compartilhar com sua Equipe*
    - *Criar Relatórios*
    - *Organizar Tarefas*

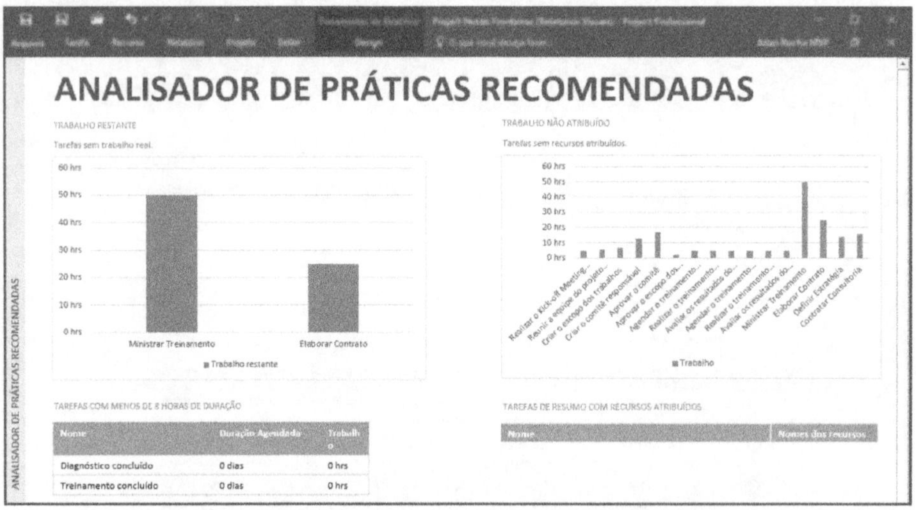

Figura 46.9 – Relatório Analisador de Práticas Recomendadas

46.2 Acessando os Relatórios Gráficos Pré-Instalados

Utilizar os Relatórios e Gráficos é muito simples, pois eles estão dentro do próprio Project desde a versão 2013. Você não precisará exportar ou abrir outro programa.

Para acessar e utilizar os *Relatórios e Gráficos*:

1. abra o projeto que funcionará como fonte de dados para os *Relatórios e Gráficos*;
2. acesse a guia *Relatório* e selecione o tipo de informação que você deseja analisar no grupo *Ver Relatórios* (*Painéis, Recursos, Custos, Em Andamento* ou *Introdução*);
3. selecione o relatório que desejar;

4. no nosso caso, clique em *Painéis* e selecione ***Visão Geral do Trabalho***.

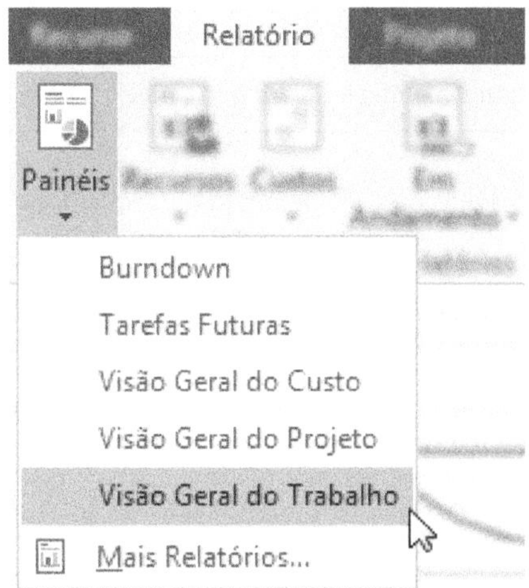

Figura 46.10 – Acessando a opção Visão Geral do Trabalho

Figura 46.11 – Acessando o Painel Visão Geral do Trabalho

O relatório selecionado será exibido dentro do próprio aplicativo do Project, como mencionado anteriormente, trazendo um painel com uma série de elementos pré-configurados:

- Gráficos
- Caixas de Texto
- Tabelas

- Links
- Lista de Campos (Oculta)

DICA

Para visualizar a *Lista de Campos* basta selecionar algum elemento que esteja conectado ao projeto, como gráficos e tabelas.

Importante - Caixas de texto, formas e imagens não são elementos conectados ao projeto. Eles não trazem informações de acordo com o projeto aberto no momento.

46.3 Criando Relatórios Gráficos

É possível criar os seus próprios relatórios gráficos para que eles tenham desde as informações que você deseja até a identidade visual da sua empresa, como logos, cores e fontes específicas.

Para criar um novo *Relatório Gráfico*:

1. abra o projeto que funcionará como fonte de dados para os *Relatórios e Gráficos*;
2. acesse a guia *Relatório* e, no grupo *Ver Relatórios*, clique em *Novo Relatório* e selecione ***Gráfico***;

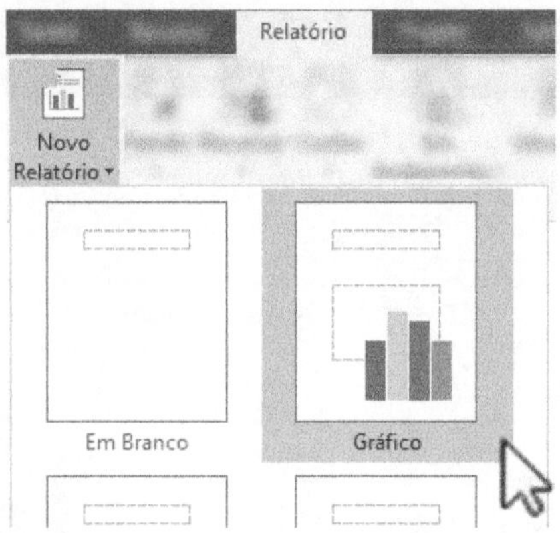

Figura 46.12 - Criação de um novo relatório gráfico

   a. Existem quatro opções para criação de novos relatórios:
      - *Em Branco* – Cria um relatório em branco (sem nenhum elemento).
      - *Gráfico* – Cria um relatório com dois elementos automaticamente inseridos.
         - *Caixa de Texto* contendo o Nome do relatório.
         - *Gráfico de Barras* com os campos de tarefas *Trabalho Real*, *Trabalho Restante* e *Trabalho*.
      - *Tabela* – Cria um relatório com dois elementos automaticamente inseridos:
         - *Caixa de Texto* contendo o Nome do relatório.
         - *Tabela* contendo os campos de tarefas *Nome*, *Início*, *Término* e *% Concluído*.
      - *Comparação* – Cria um relatório com três elementos automaticamente inseridos:
         - *Caixa de Texto* contendo o Nome do relatório.
         - Dois *Gráficos de Barras* com os campos de tarefas *Trabalho Real*, *Trabalho Restante* e *Trabalho*.

3. digite o *Nome do Relatório*;

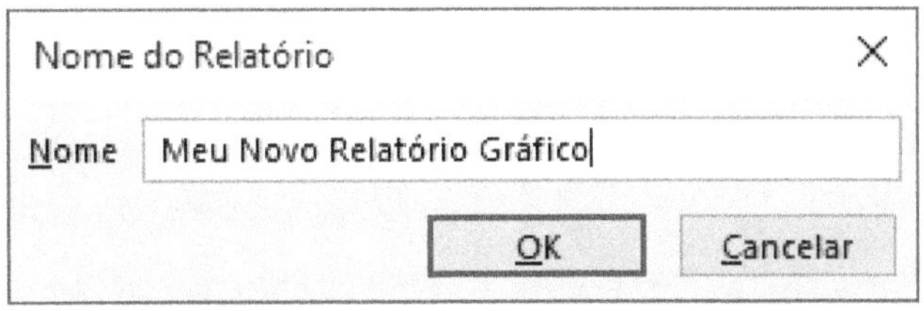

Figura 46.13 – Criação de um novo relatório gráfico

4. seu novo relatório gráfico será exibido automaticamente. Perceba que seu gráfico já possui dados sem que você faça qualquer coisa.

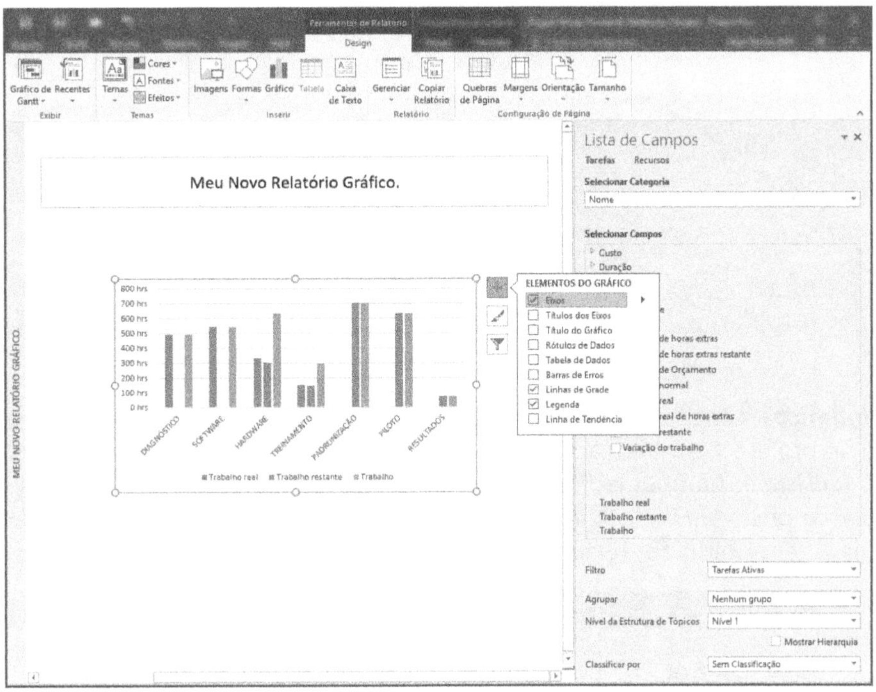

Figura 46.14 – Criação de um novo relatório gráfico

DICA

Os elementos gráficos e tabelas possuem uma conexão direta com os dados do seu projeto. Isso faz com que, ao inserir um desses elementos, não haja a necessidade de conectá-los a nenhuma fonte de dados.

Os Relatórios Gráficos podem ser interpretados como *páginas* ou *slides* de uma apresentação. Neles o usuário tem a liberdade de inserir inúmeros elementos dinâmicos (conectados aos dados do projeto) ou estáticos.

Os ***elementos estáticos*** (não conectados aos dados projeto), como *Formas*, *Caixas de Texto* e *Imagens*, têm como finalidade informar sobre o relatório. *Títulos*, *descrições* ou *links* geralmente são estáticos e não precisam estar conectados aos dados do projeto. *Imagens* e *Formas* servem para modificar a aparência e dar uma identidade visual ao seu relatório.

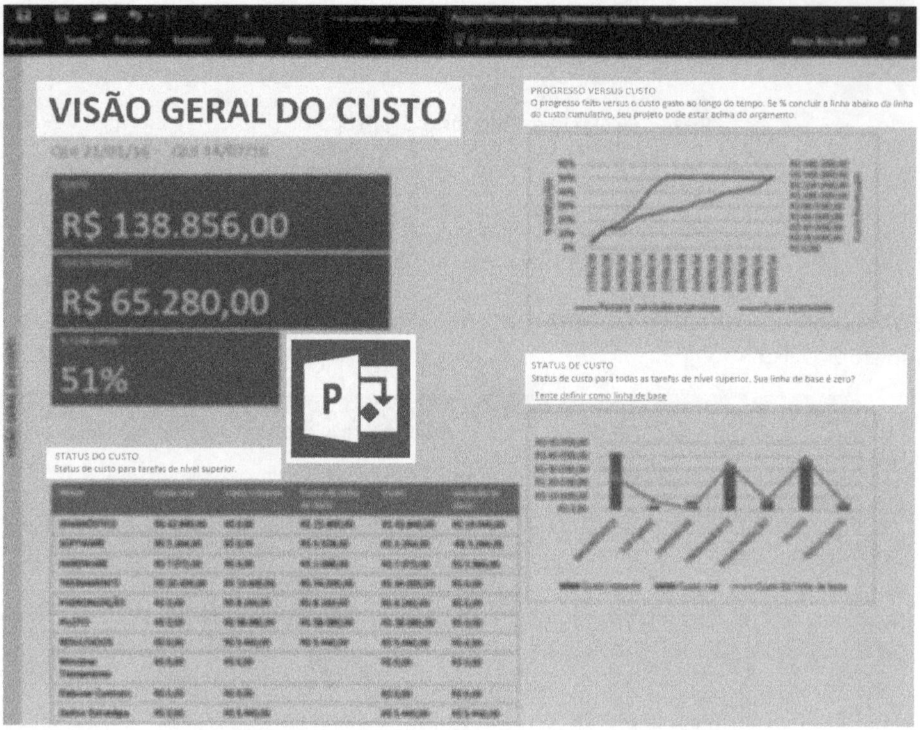

Figura 46.15 – Elementos estáticos dos relatórios gráficos

Os ***elementos dinâmicos*** (conectados aos dados do projeto), como *Gráficos e Tabelas*, trazem uma nova forma de apresentação do projeto. Permitem ao usuário adicionar e remover campos como *Custo*, *Duração*, *Número* e *Trabalho*, através da *Lista de Campos* e diretamente conectados às tarefas e aos recursos do projeto. Para esses elementos também é possível *Filtrar*, *Agrupar*, *Classificar* e definir o *Nível da Estrutura de Tópicos* (apenas para campos de tarefas) a ser exibido nos relatórios.

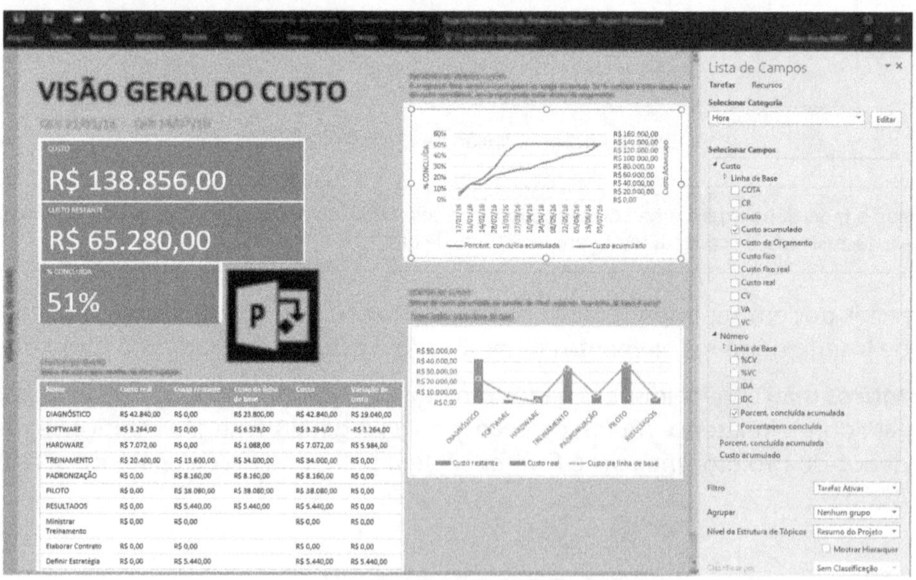

Figura 46.16 – Elementos dinâmicos dos relatórios gráficos

46.4 Editando Relatórios Gráficos

Editar os Relatórios Gráficos é muito simples, pois o Project traz a mesma interface e usabilidade dos outros produtos da família Office, como o Microsoft PowerPoint e o Microsoft Excel.

A edição dos Relatórios Gráficos é altamente rica. É possível editar praticamente quase todos os seus elementos. Cores, fontes, inserção de imagens e formas, adição e remoção de campos e muito mais pode ser editado. O usuário tem total liberdade de criação.

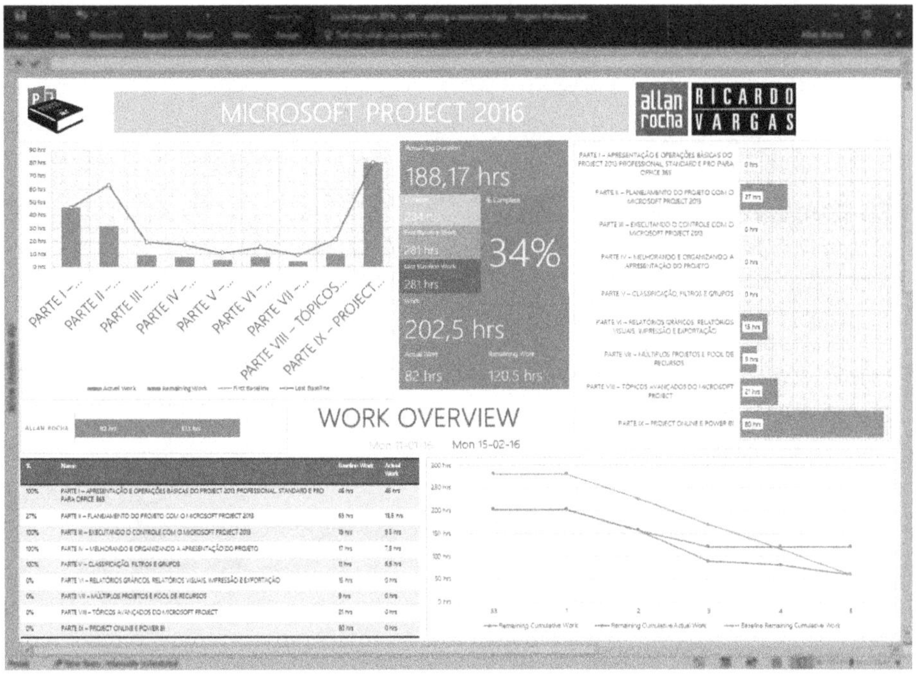

Figura 46.17 - Exemplo de um Relatório Gráfico completamente modificado que foi utilizado no gerenciamento da elaboração deste livro

> **Importante -** Não é possível editar os dados automaticamente populados pelos elementos dinâmicos. Se você criar uma tabela trazendo dados das tarefas do projeto e desejar alterar o nome de uma das tarefas, será necessário acessar uma das visões, como *Gráfico de Gantt*, que possui uma tabela de entrada, para editar o nome da tarefa. Após a edição, basta voltar ao *Relatório Gráfico*, que mostrará o novo nome.

46.4.1 Editando um Relatório Gráfico

1. Abra o projeto que funcionará como fonte de dados para os *Relatórios e Gráficos*;
2. acesse a guia *Relatório* e selecione o relatório desejado no grupo *Ver Relatórios*;
3. no nosso caso, clique em *Painéis* e selecione o relatório *Visão Geral do Custo*.

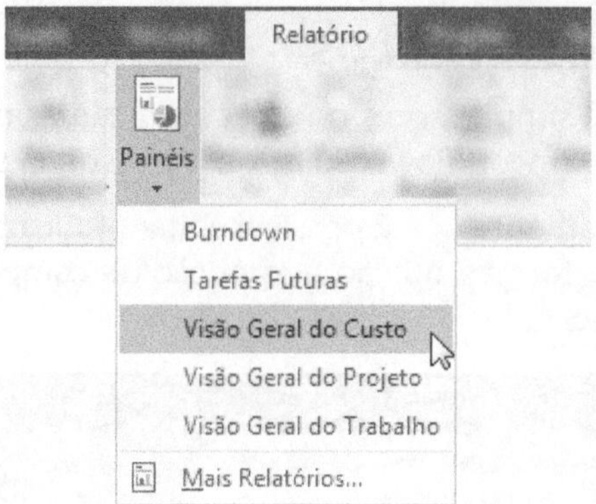

Figura 46.18 – Selecionando o relatório visual Visão Geral do Custo

46.4.2 Editando Caixas de Texto

1. Com o relatório aberto, selecione a caixa de texto "*VISÃO GERAL DO CUSTO*";
2. digite "*MEU RELATÓRIO EDITADO*";
3. selecione a caixa de texto "*STATUS DO CUSTO*" e substitua por "*STATUS DAS TAREFAS ATRASADAS*";
4. selecione a caixa de texto "*Status de custo para tarefas de nível superior*" e substitua por "*Status das tarefas atrasadas agrupadas por criticidade*".

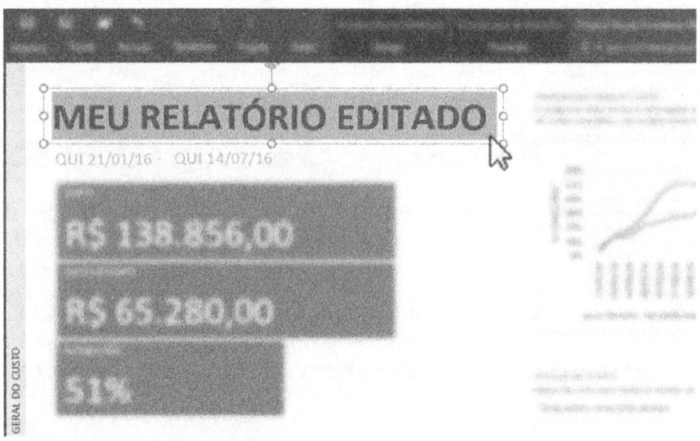

Figura 46.19 – Editando a caixa de texto do Relatório Visual

46.4.3 Editando uma Tabela Dinâmica

1. Selecione a *Tabela*, que está logo após a caixa de texto modificada;
2. após selecionar a *Tabela*, o painel de *Lista de Campos* será exibido automaticamente;

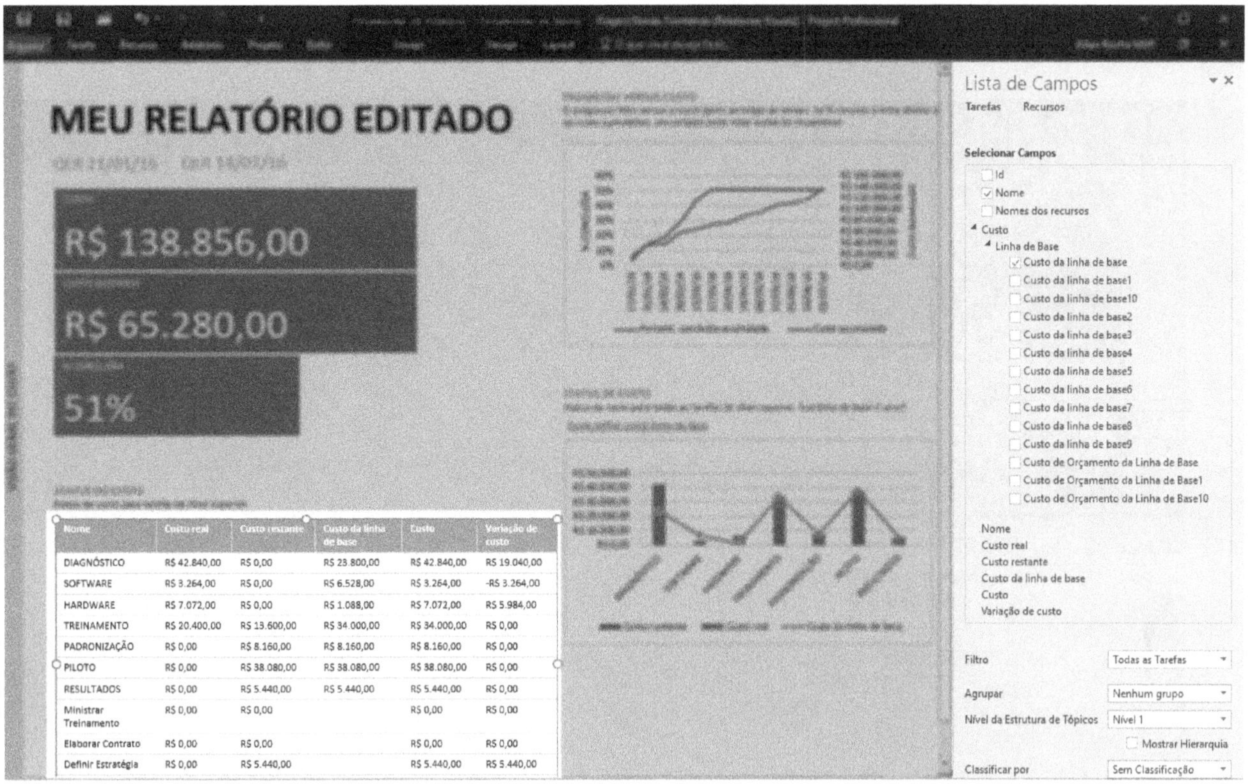

Figura 46.20 – Painel Lista de Campos sendo exibido após seleção do elemento dinâmico Tabela

3. na área *Selecionar Campos*, desmarque todos os campos, exceto o campo *Nome* (nome da tarefa);

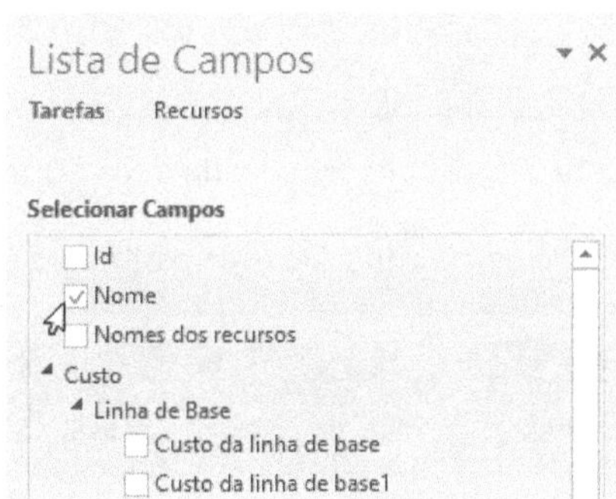

Figura 46.21 – Área Selecionar Campos com apenas o campo Nome selecionado

DICA

Outra forma de ocultar um campo é clicar com o botão direito do mouse sobre um dos campos selecionados e depois em *Remover Campo*.

4. selecione os seguintes campos:
   a. no agrupamento *Número*, selecione ***% Concluída***;
   b. no agrupamento *Trabalho*, selecione ***Trabalho Restante***;
   c. no topo da lista de campos, sem agrupamento, selecione ***Nomes dos Recursos***;
5. ainda na *Lista de Campos*, altere o *Filtro* para ***Tarefas Atrasadas***;
6. em *Agrupar*, selecione *Crítica* (agrupar por tarefas críticas e não críticas);
7. em *Nível da Estrutura de Tópicos*, selecione ***Todas as Subtarefas***;

8. desmarque a caixa ***Mostrar Hierarquia***;
9. em *Classificar por*, selecione ***Trabalho Restante***, em ordem decrescente;

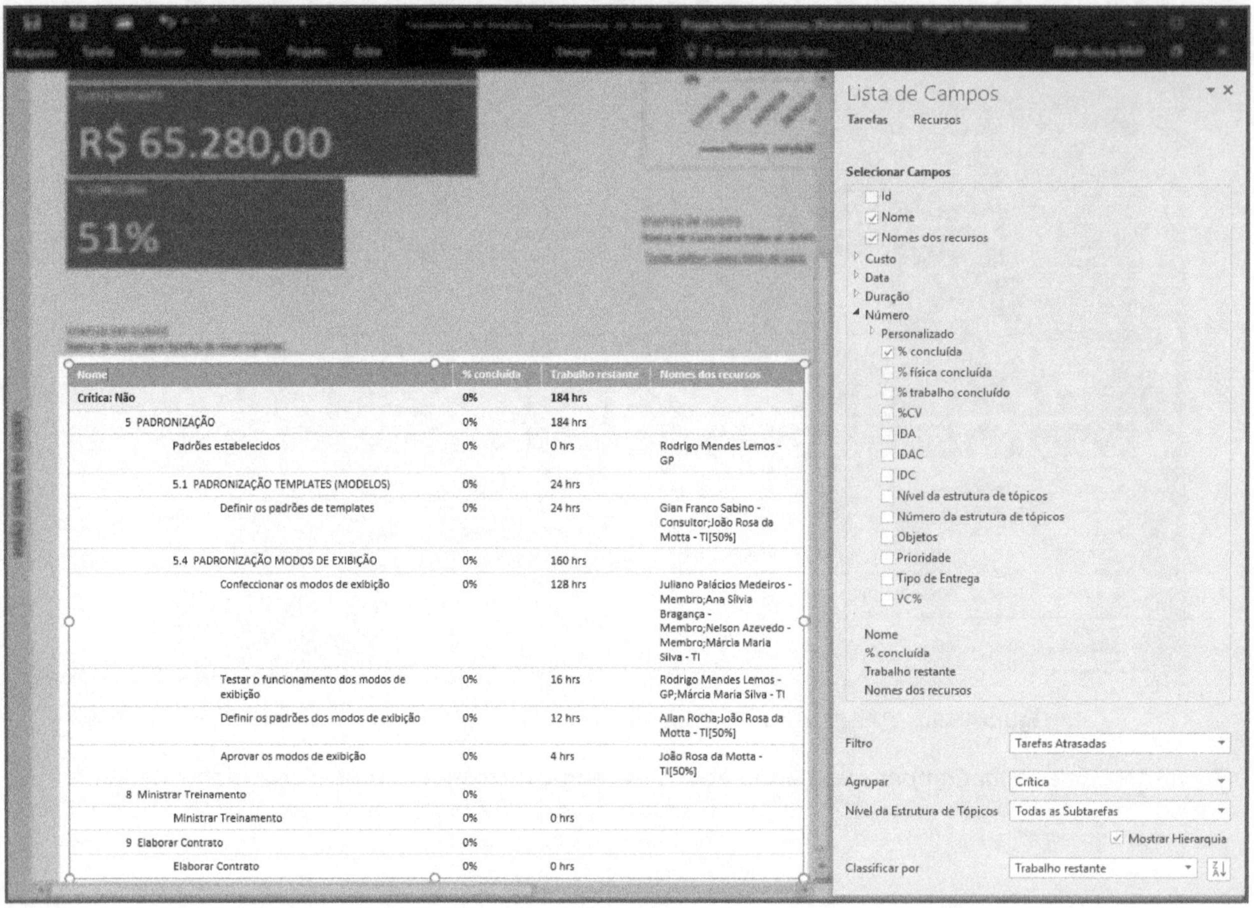

Figura 46.22 – Tabela após ser editada e sua respectiva Lista de Campos

10. ainda com a tabela selecionada, clique na guia ***Design*** e altere o estilo da tabela em ***Estilos de Tabela***.

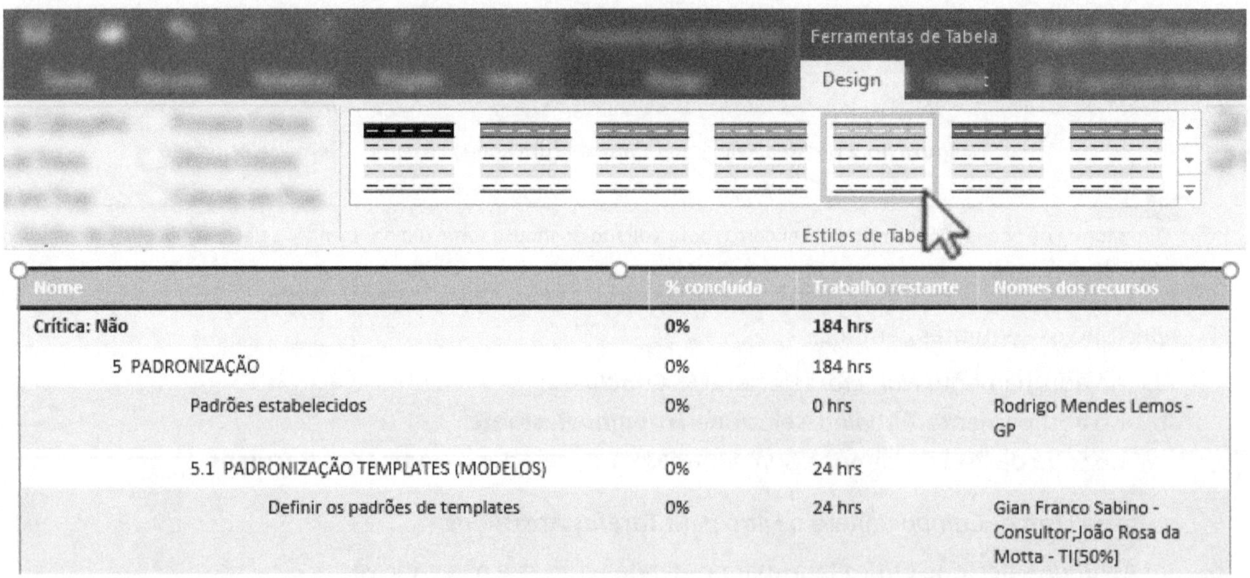

Figura 46.23 – Alterando o estilo de uma tabela a partir da guia Ferramentas de Tabela > Design

46.4.4 Editando um Gráfico Dinâmico

1. Selecione o *Gráfico* que deseja editar;
2. clique na guia *Ferramentas de Gráfico > Design* e altere o *Estilo de Gráfico*;
3. clique em ***Alterar Tipo de Gráfico***, no grupo *Tipo*;
4. selecione o *Tipo de Gráfico* predefinido em *Área Empilhada – Coluna Clusterizada*;
5. clique em ***OK***.

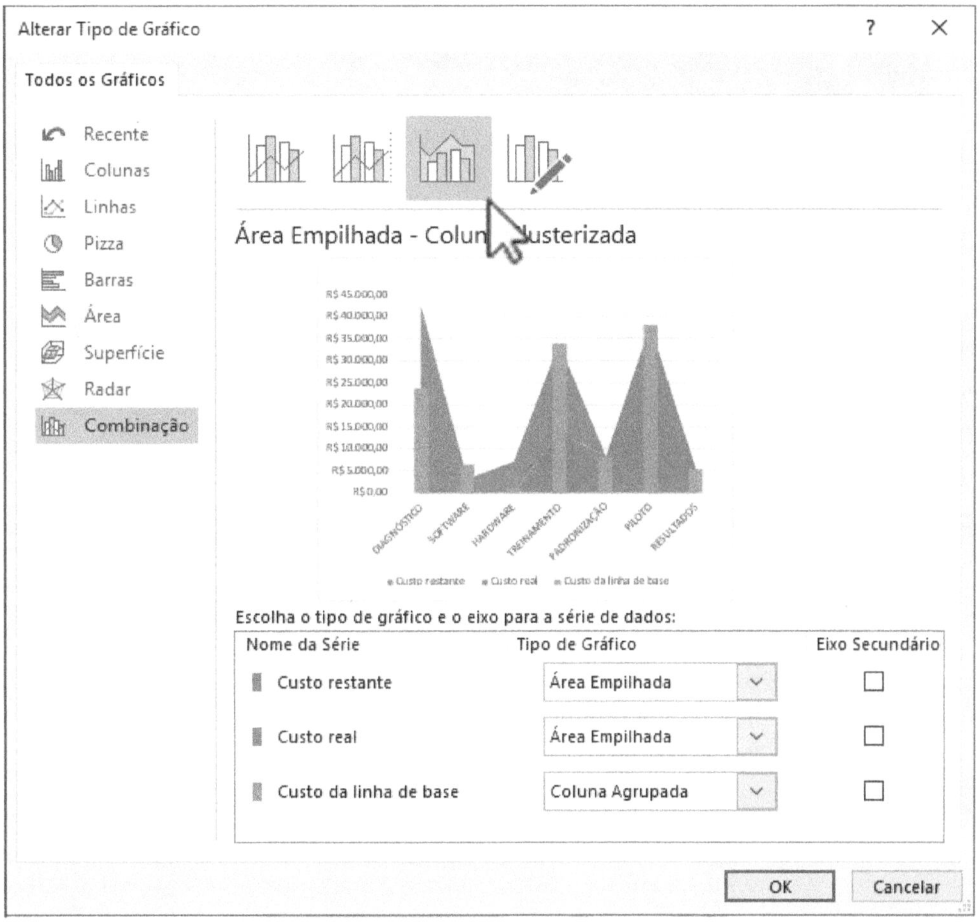

Figura 46.24 – Alterando o estilo e o tipo do gráfico dinâmico em um Relatório Gráfico

Um recurso acrescentado na versão 2013 e também uma outra forma de editar um gráfico é através dos ícones de edição rápida. Com eles é possível *Adicionar/Remover Elementos Gráficos*, alterar o *Estilo do Gráfico* e *Filtrar os dados do Gráfico*.

Para utilizar os ícones de edição rápida:

1. selecione o gráfico que deseja editar e automaticamente os ícones serão exibidos ao lado do gráfico;
2. faça a sua escolha de edição e selecione uma das várias opções exibidas.

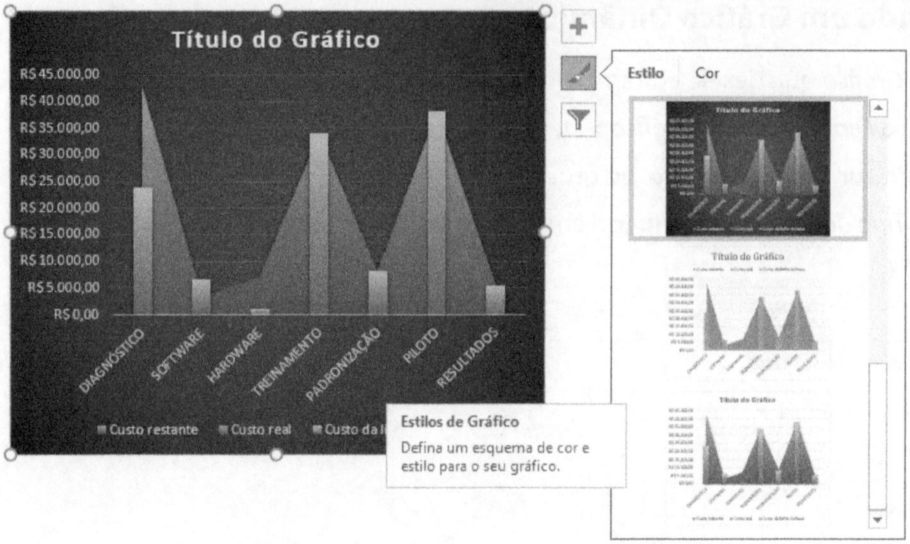

Figura 46.25 – Alterar os Estilos de Gráfico

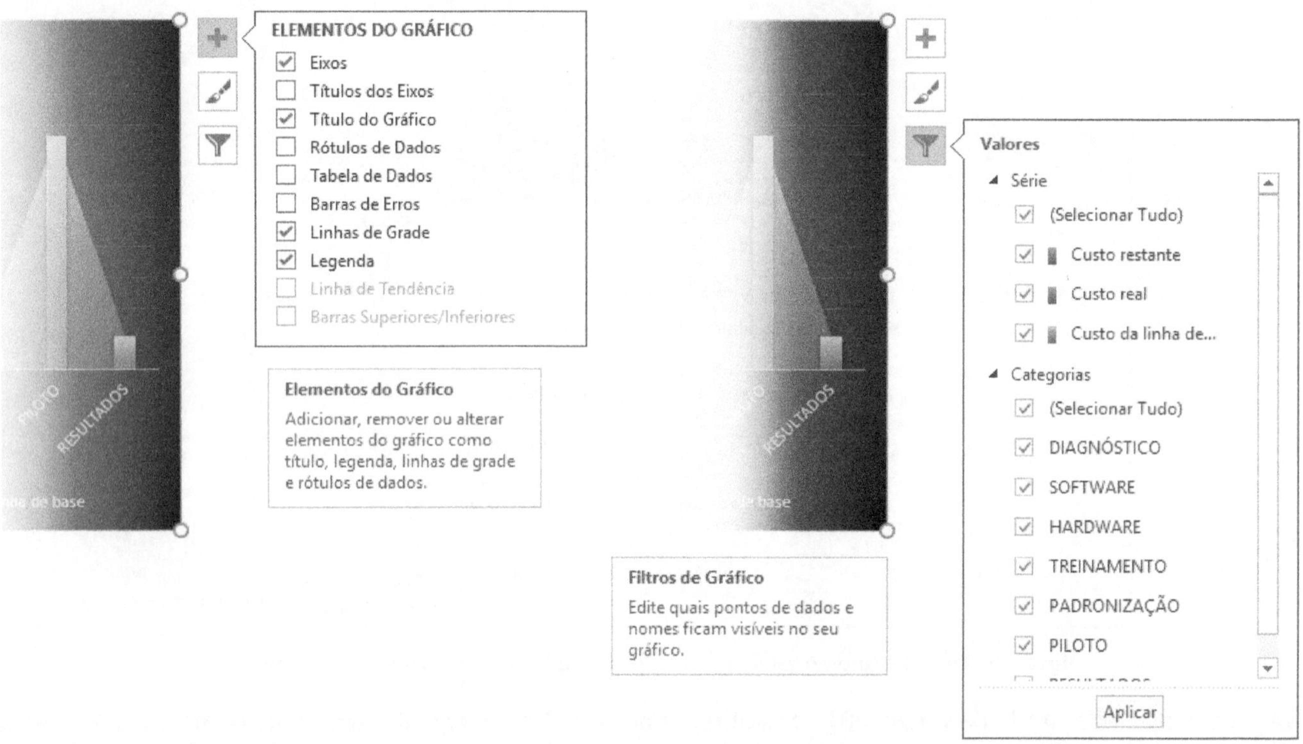

Figura 46.26 – Adicionar/Remover Elementos do Gráfico e Alterando os Filtros de Gráfico

46.4.5 Adicionando um Elemento Gráfico

Para adicionar um elemento gráfico:

1. selecione o *Relatório Gráfico* em que deseja adicionar o *Elemento Gráfico*;
2. acesse a guia *Ferramentas de Relatório* > *Design* e clique no elemento a ser inserido no grupo *Inserir*;
3. no nosso caso, *Inserir* > *Gráfico*;
4. selecione *Pizza* e o *Tipo de Gráfico* predefinido ***Pizza de Pizza***;

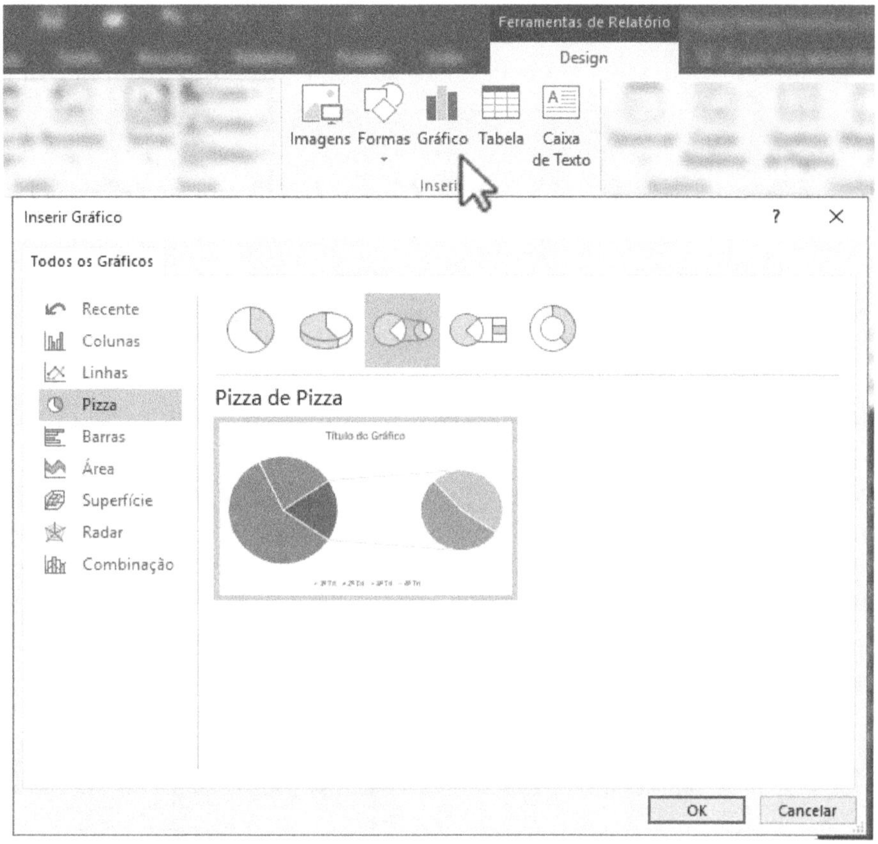

Figura 46.27 – Relatório contendo elemento gráfico Pizza de Pizza recém-inserido

5. após o gráfico ser inserido, altere estilo, dimensões e posicionamento;
6. na *Lista de Campos*, selecione ***Status*** em *Agrupar*.

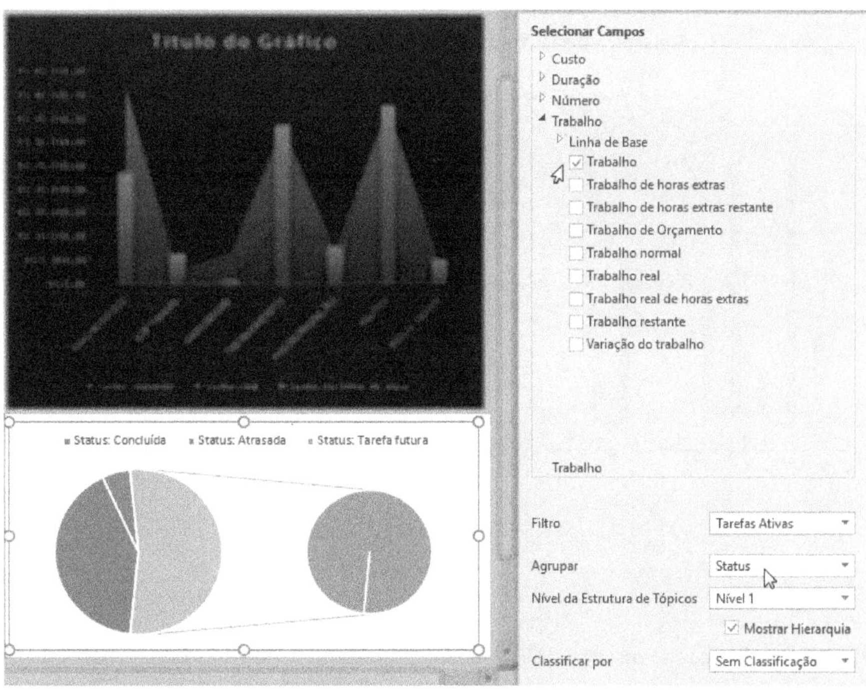

Figura 46.28 – Gráfico de Pizza recém-inserido agrupando tarefas ativas por status

CAPÍTULO 47

Relatórios Visuais e Cubo OLAP

Um recurso poderoso do Microsoft Project é a produção de relatórios visuais. Eles permitem que o usuário utilize o Microsoft Excel e o Microsoft Visio para exportar e exibir de forma visual os dados do projeto.

Através dos relatórios visuais é possível criar relatórios a partir de modelos já disponibilizados ou até mesmo criar um modelo próprio de relatório visual.

Os relatórios são usualmente apresentados através de uma tabela dinâmica (cubo local). Conforme definição da Microsoft, tabela dinâmica é uma tabela interativa que faz referência cruzada a grandes quantidades de dados ou os resume. É possível girar as linhas e colunas para ver resumos diferentes dos dados de origem, filtrar os dados exibindo páginas diferentes ou exibir detalhes.

Esses relatórios fornecem uma maneira de escolher quais campos, incluindo campos personalizados, serão exibidos em um relatório ao visualizá-lo e modificar rapidamente.

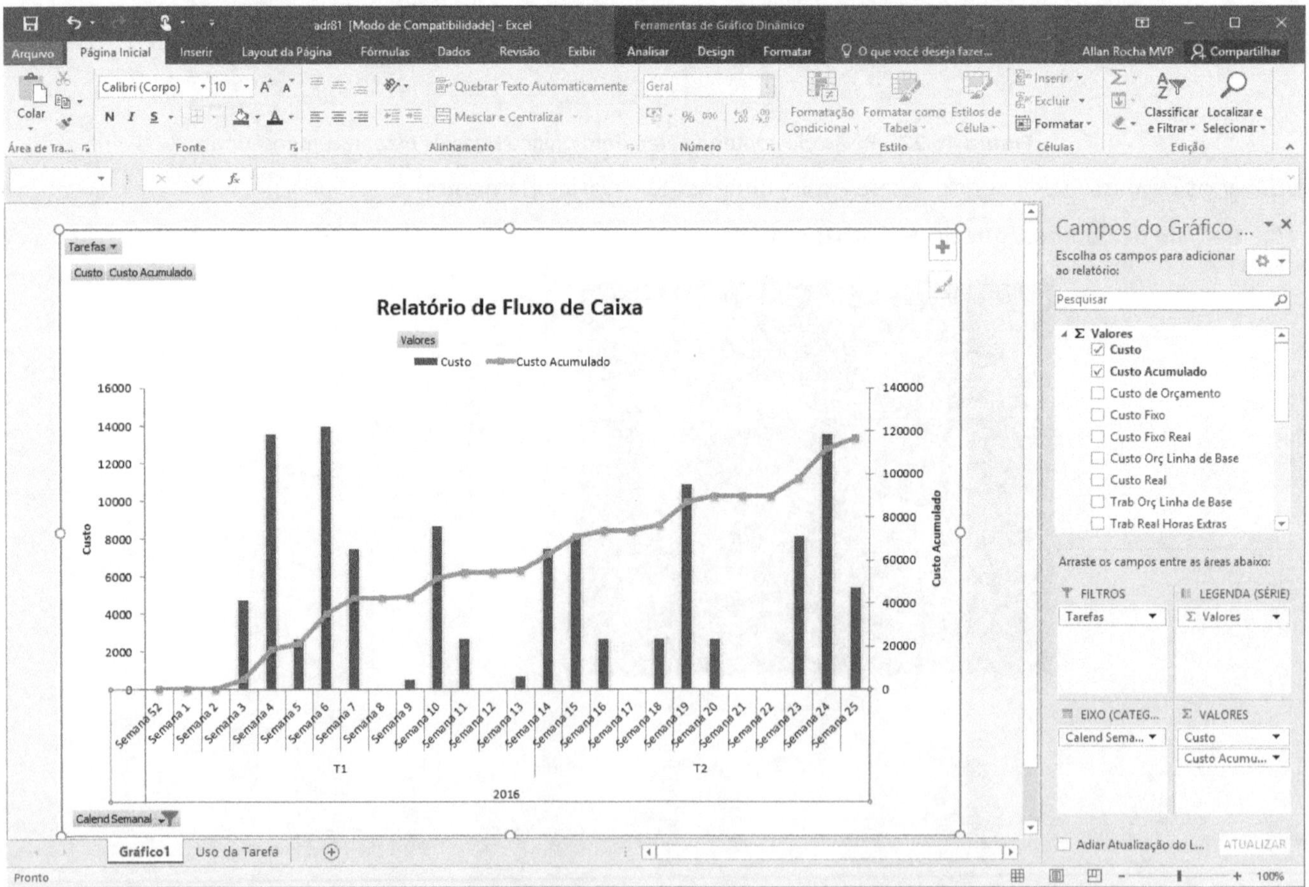

Figura 47.1 – Exemplo de relatório visual Fluxo de Caixa criado no Microsoft Excel a partir de dados do projeto

Importante – Os relatórios visuais requerem a instalação do Microsoft Excel e/ou Microsoft Visio. Caso os relatórios sejam gerados sem a presença do Excel/Visio, os arquivos não serão exibidos.

47.1 Tipos de Relatórios Visuais Predefinidos

O Microsoft Project possui diversos modelos de relatórios visuais predefinidos.

Os relatórios de *Uso da Tarefa* predefinidos são:

- **Relatório de Fluxo de Caixa (Excel)** – Relatório que exibe um gráfico de barras com o custo acumulado no tempo.

Os relatórios de *Uso dos Recursos* predefinidos são:

- **Relatório de Disponibilidade de Recurso (Visio)** – Use este relatório para exibir um diagrama que mostra o trabalho e a disponibilidade restante para os recursos do projeto, detalhados por tipo de recurso (trabalho, material e custo). Um indicador vermelho é exibido ao lado de cada recurso superalocado.
- **Relatório de Disponibilidade de Trabalho dos Recursos (Excel)** – Use este relatório para exibir um gráfico de barras com capacidade total, trabalho e disponibilidade restante para recursos de trabalho ao longo do tempo.
- **Relatório de Fluxo de Caixa (Visio)** – Relatório que exibe um diagrama com os custos planejados e reais do projeto com o tempo. Os custos são divididos por tipo de recurso (trabalho, material e custo). Um indicador mostra se os custos planejados excedem os custos de linha de base.
- **Relatório de Resumo de Custos de Recursos (Excel)** – Use este relatório para exibir gráfico de pizza que ilustre a divisão do custo de recursos entre os três tipos de recursos: custo, material e trabalho.
- **Relatório de Resumo de Trabalho dos Recursos (Excel)** – Use este gráfico para exibir um gráfico de barras com capacidade total do recurso, trabalho, disponibilidade restante e trabalho real para cada um dos recursos.

Os relatórios de *Uso de Atribuições* predefinidos são:

- **Relatório de Custo de Linha de Base (Excel)** – Relatório que exibe um gráfico de barras com custo de linha de base, custo planejado e custo real de cada tarefa do projeto.
- **Relatório de Custo de Orçamento (Excel)** – Relatório que exibe um gráfico de barras com custo de orçamento, custo de linha de base, custo planejado e custo real ao longo do tempo.
- **Relatório de Linha de Base (Visio)** – Relatório que exibe o projeto dividido por trimestre e depois por tarefa. Este relatório compara o trabalho e o custo planejados com o trabalho e o custo de linha de base. Os indicadores são usados para mostrar quando o trabalho planejado excede o trabalho de linha de base e quando o custo planejado excede o custo de linha de base (Microsoft).
- **Relatório de Trabalho da Linha de Base (Excel)** – Relatório que exibe um gráfico de barras com trabalho de linha de base, trabalho planejado e trabalho real por tarefa.
- **Relatório de Trabalho de Orçamento (Excel)** – Relatório que exibe um gráfico de barras com trabalho agendado, trabalho de linha de base, trabalho planejado e trabalho real, ilustrados no tempo.
- **Valor Acumulado no Relatório de Horas (Excel)** – Use este relatório para exibir um gráfico que represente o custo real (CRTR), o valor planejado (COTA) e o valor agregado (COTR) ao longo do tempo, na análise de valor agregado.

Os relatórios de *Resumo de Tarefas, Recursos* e *Atribuições* predefinidos são:

- **Relatório de Progresso de Tarefas Críticas (Visio)** – Relatório que exibe trabalho total e o trabalho restante para tarefas críticas e não críticas. A barra de dados indica a porcentagem de trabalho concluído.
- **Relatório de Trabalho Restante de Recursos (Excel)** – Relatório que exibe um gráfico de barras com o trabalho restante e o trabalho real para cada recurso de trabalho ao longo do tempo.

- **Relatório de Progresso da Tarefa (Visio)** – Relatório que exibe um diagrama do trabalho e da porcentagem de trabalho concluído para as tarefas, com símbolos indicando o status do trabalho com relação à linha de base. A barra apresenta o percentual de trabalho concluído.
- **Relatório de Progresso do Recurso (Visio)** – Relatório que exibe um diagrama do trabalho e do custo de um determinado recurso do projeto.

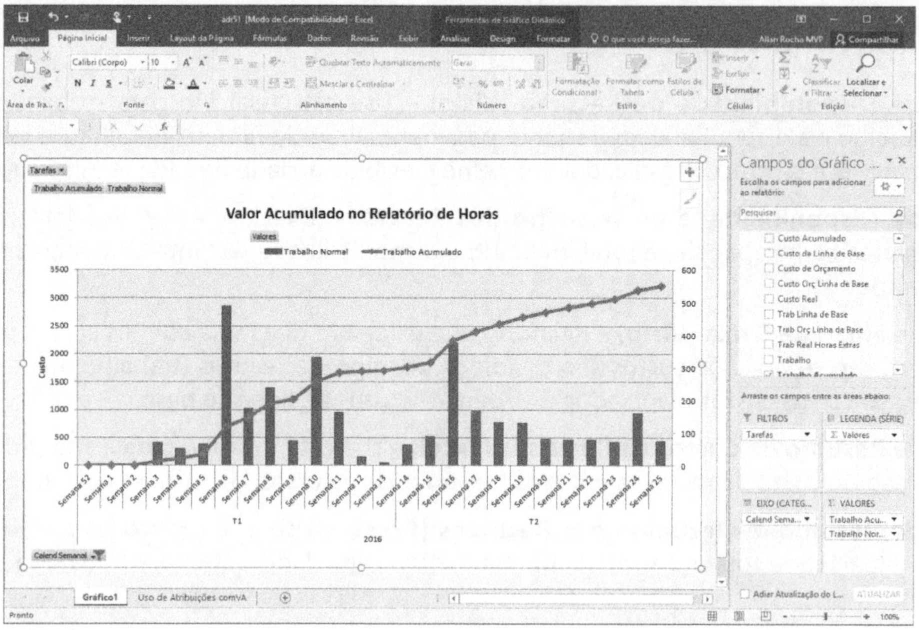

Figura 47.2 – Exemplo de relatório visual Valor Acumulado no Relatório de Horas criado no Microsoft Excel a partir de dados do projeto

47.2 Utilizando um Modelo de Relatório Visual

Para utilizar um relatório visual predefinido em um projeto:

1. acesse a guia *Relatórios* e clique no botão *Relatórios Visuais* no grupo *Exportar*;

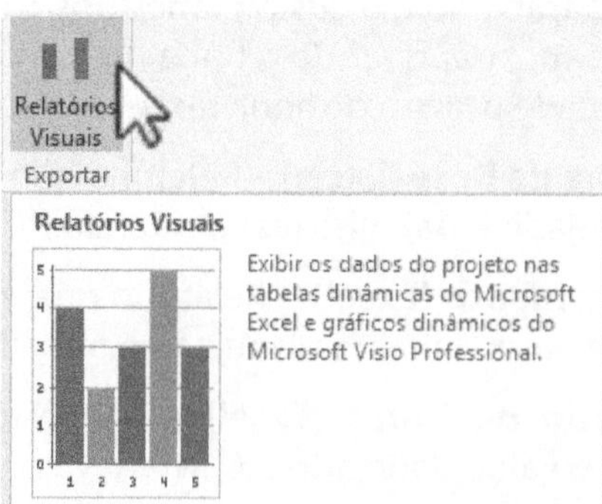

Figura 47.3 – Guia Relatório com destaque para o botão Relatórios Visuais

2. na área *Mostrar modelos de relatórios criados em*, clique em ***Microsoft Excel*** para exibir apenas relatórios disponíveis em Excel e ***Microsoft Visio*** para relatórios disponíveis no Visio;
3. escolha o tipo de informação desejada nas guias disponíveis (*Uso de Tarefas, Uso de Recursos, Uso de Atribuições, Resumo de Tarefas, Resumo dos Recursos, Resumo de Atribuições*);
4. escolha o relatório desejado;

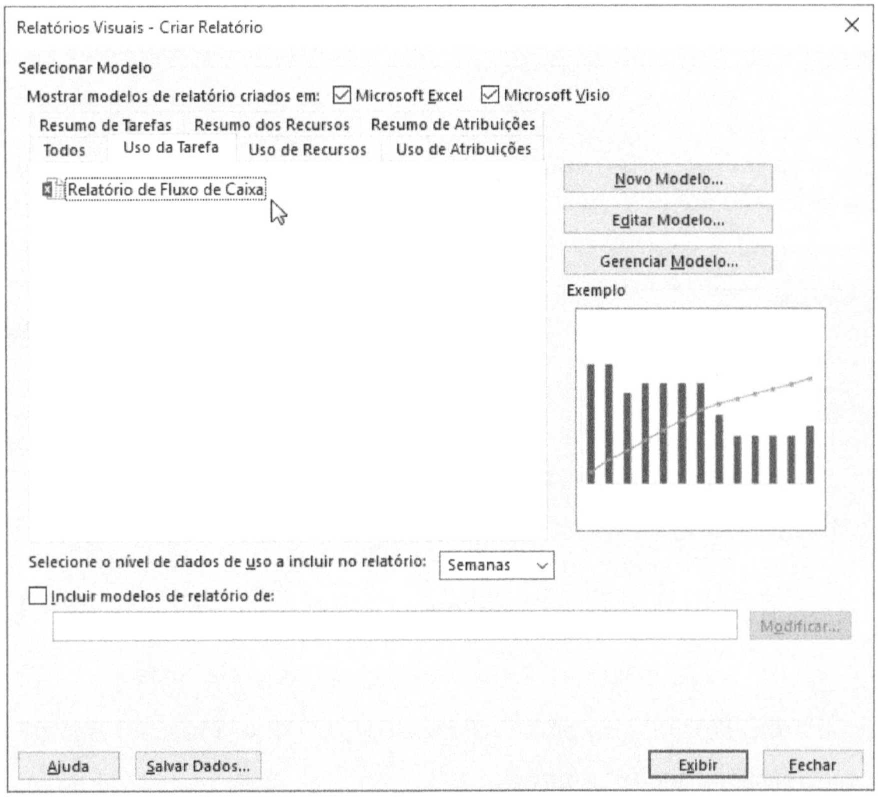

Figura 47.4 – Tela Relatórios Visuais – Criar Relatório com destaque para a guia Uso da Tarefa e para o Relatório de Fluxo de Caixa

5. selecione o nível de detalhe a ser exibido no período de tempo na área *Selecione o nível de dados de uso a incluir no relatório*;
6. se o relatório a ser criado não estiver listado na área *Todos*, clique em ***Incluir modelos de relatório de*** e, seguidamente, em ***Modificar...*** para determinar o local que contém o arquivo com o modelo do relatório no Excel ou Visio;
7. clique em ***Exibir*** e aguarde que o relatório seja criado.

DICA

Para tornar o processo de criação do cubo do relatório mais rápido, sugere-se fortemente que o Microsoft Excel e o Microsoft Visio estejam fechados ao clicar no botão *Exibir*. Criar o relatório com esses aplicativos abertos pode levar muito mais tempo do que o previsto, se comparado com os aplicativos fechados.

47.3 Criando, Editando e Gerenciando um Modelo de Relatório Visual

É possível criar um novo modelo de relatório visual para o projeto a partir de dados específicos de um projeto.

Para criar um novo modelo de relatório visual:

1. acesse a guia *Relatório* e clique no botão ***Relatórios Visuais***;
2. clique no botão ***Novo Modelo***;
3. na tela ***Relatórios Visuais – Novo Modelo***, selecione o aplicativo no qual o relatório será criado (Excel, Visio com sistema métrico de medida);

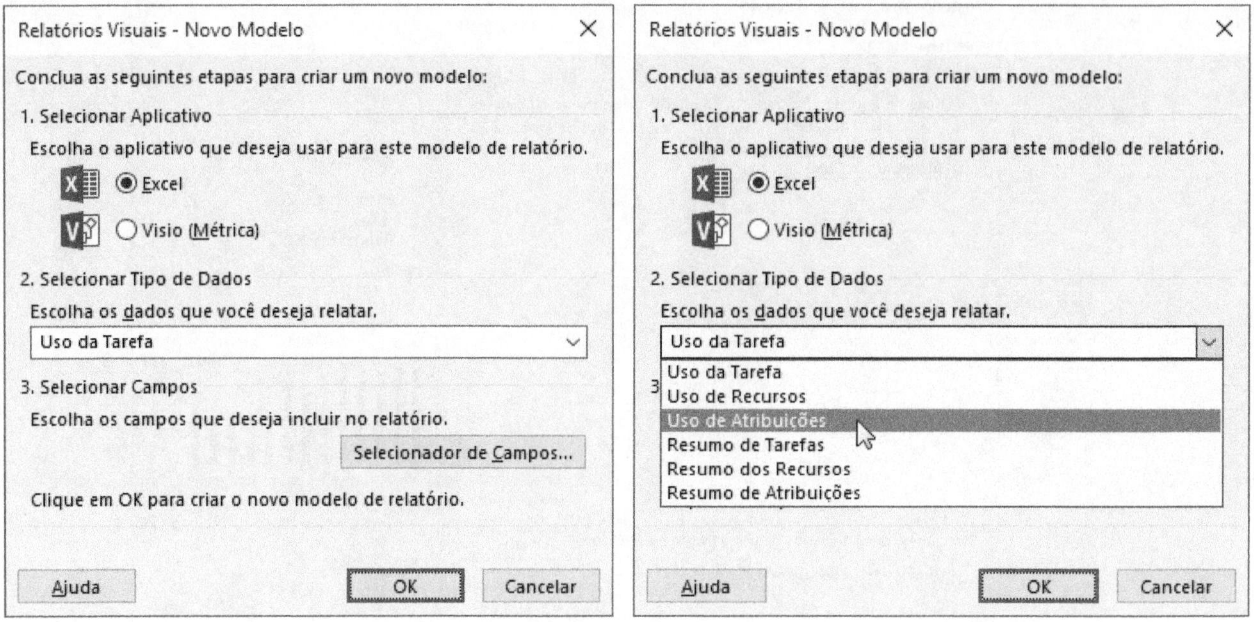

Figura 47.5 – Tela Relatórios Visuais – Novo Modelo

4. na área *Selecionar Tipo de Dados*, escolha os dados nos quais deseja basear o relatório;
5. clique no botão ***Selecionador de Campos...***;
6. selecione os campos a serem exibidos no relatório, utilizando os campos disponíveis, os campos selecionados, bem como os botões *Adicionar*, *Remover* ou *Remover Tudo*;

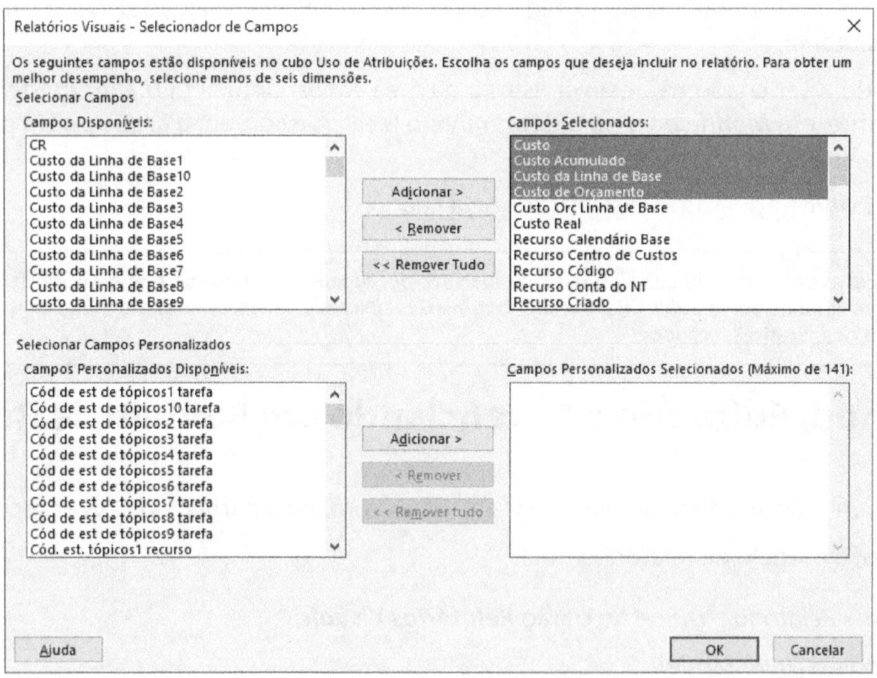

Figura 47.6 – Tela Relatórios Visuais – Selecionador de Campos exibindo os Campos Selecionados

Importante – Pelo menos um campo de custo ou trabalho deve ser incluído no relatório.

7. clique em ***OK*** para retornar à tela anterior;
8. na tela *Relatórios Visuais – Novo Modelo*, clique em ***OK*** para criar o relatório;

9. acesse o *Microsoft Excel* ou o *Visio* para poder visualizar o modelo criado;
10. salve o modelo no diretório destinado a modelos ou em qualquer outro diretório desejado, caso deseje reutilizar os modelos posteriormente.

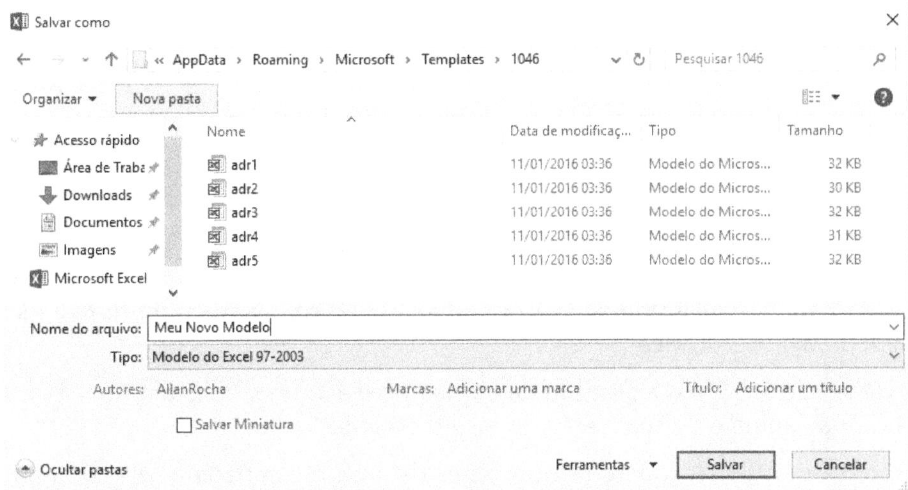

Figura 47.7 – Tela Salvar como para salvamento de um modelo de Relatório Visual

DICA

O Microsoft Excel salva um modelo com a extensão .xltx ou .xlt e o Microsoft Visio salva um modelo com a extensão .vst. Preste atenção para salvar na pasta de modelos correta.

Para editar um modelo anteriormente criado:

1. acesse a guia *Relatório* e clique no botão ***Relatórios Visuais***;

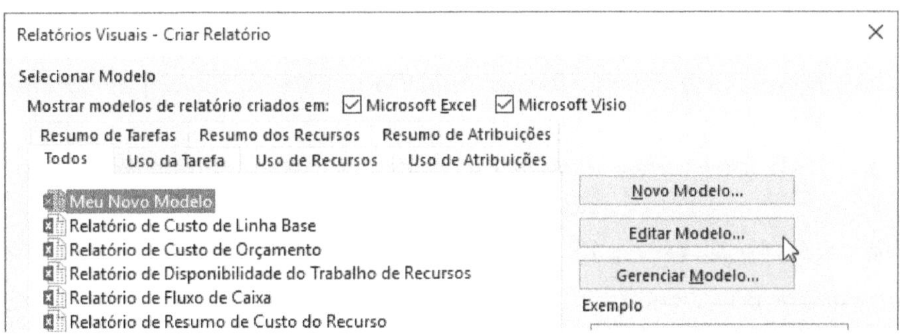

Figura 47.8 – Tela Relatórios Visuais – Criar Relatório com destaque para o botão Editar Modelo...

2. escolha o relatório desejado;
3. clique em ***Editar Modelo...***;
4. no Microsoft Excel ou Visio, altere e salve o modelo.

Para abrir o diretório onde o modelo está armazenado e gerenciá-lo:

1. acesse a guia *Relatórios* e clique no botão ***Relatórios Visuais***;
2. selecione o modelo desejado;
3. clique em ***Gerenciar Modelo*** para abrir o diretório onde o modelo está armazenado.

Nota – A opção *Salvar Dados* da tela *Relatórios Visuais* será apresentada posteriormente no capítulo sobre importação e exportação.

CAPÍTULO 48

Impressão

Com o Microsoft Project, é possível imprimir modos de exibição e relatórios que atendam às necessidades de uma determinada pessoa ou grupo. Também é possível imprimir calendários, diagramas de rede, caminhos críticos etc.

A impressão das informações é realizada de forma simples e prática, respeitando toda a identidade visual do conjunto de aplicativos Microsoft Office.

Desde a interface da versão 2013, a visualização da impressão e a impressão ficam no mesmo lugar, facilitando muito a configuração da página e a visualização do resultado antes de imprimir.

Para uma impressão mais eficiente, sugere-se que, antes de imprimir, a página seja configurada e visualizada, gerando uma impressão que seja compatível com o desejado, além de evitar perdas por impressões erradas e desconfiguradas.

Para configurar a impressão de um modo de exibição ou relatório:

1. selecione o relatório ou o modo de exibição a ser impresso;
2. acesse a guia *Arquivo (Backstage)* e clique em ***Imprimir*** (ver **Figura 48.1**);
3. na área *Impressora*, verifique se a impressora desejada está selecionada;
4. na área *Configurações*, clique no botão ***Imprimir Projeto Inteiro*** e defina o intervalo de tempo a ser impresso pelo projeto;
5. se a opção de impressão escolhida for *Imprimir Datas Específicas*, digite no campo *Datas* o período desejado;
6. se a opção escolhida for *Imprimir Páginas Específicas*, digite no campo *Páginas* o intervalo de páginas desejado;
7. no botão *Orientação*, escolha se a página será impressa em modo retrato ou paisagem;
8. no botão *Tamanho do papel*, determine o tamanho do papel a ser utilizado (A4, A3, Carta, etc.);

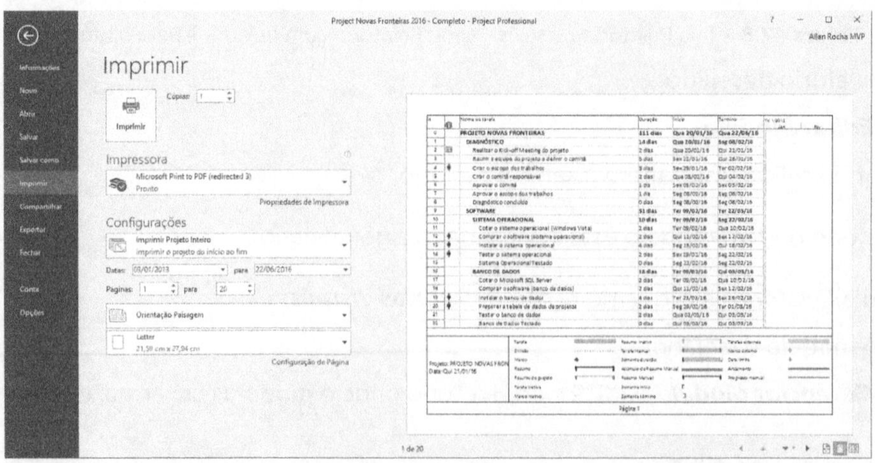

Figura 48.1 – Guia Arquivo (Backstage) com destaque para a área Imprimir

9. clique em ***Configuração de Página*** para acessar a tela de configurações detalhadas da página;

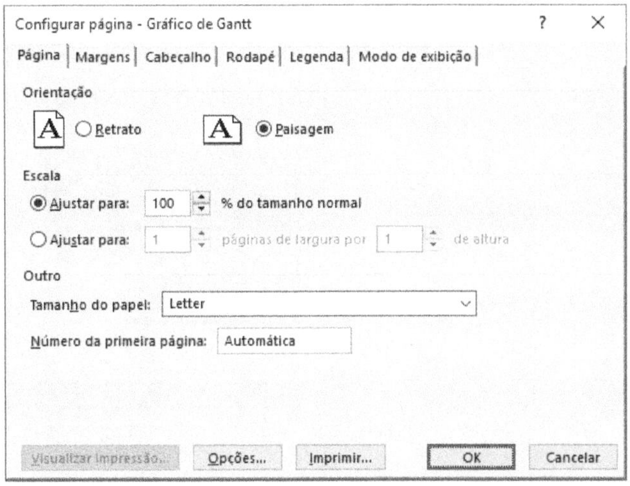

Figura 48.2 - Tela Configurar página – Gráfico de *Gantt* com destaque para a guia Página

10. na guia *Página*, defina a forma de orientação da impressão e a escala de impressão, inclusive para os relatórios, bem como o tamanho e a numeração das páginas;

DICA

A escala de impressão permite que se reduza ou aumente o tamanho da área impressa para que seja acomodada em uma ou mais páginas impressas.

11. na guia *Margens*, defina o tamanho das margens e as bordas da impressão;
12. nas guias *Cabeçalho e Rodapé*, escreva os dados que deverão estar referenciados em todas as páginas, tais como datas, responsável etc.;
13. na guia *Legenda*, defina o estilo da legenda do diagrama e sua forma de apresentação;
14. na guia *Modo de exibição*, configure os parâmetros especiais de impressão, como o número de colunas impressas, a repetição de colunas em cada página, a impressão de folhas em branco, bem como a impressão de totais de colunas e linhas nos modos de exibição *Uso do Recurso* e *Uso da Tarefa*;

DICA

Ao imprimir um modo de exibição de planilha, o número de colunas exibidas na tela determinará o número de colunas que serão impressas.

15. clique em ***OK*** para efetivar as configurações.

Importante - No Microsoft Project, as definições de impressão e configuração de páginas são gravadas junto com o arquivo de projeto, facilitando todo o trabalho de configuração de impressão.

Uma das maiores vantagens desta interface é a visualização automática da impressão. Isso significa que os ajustes realizados na configuração de página são automaticamente visualizados na área de impressão, que passa a ser permanentemente exibida.

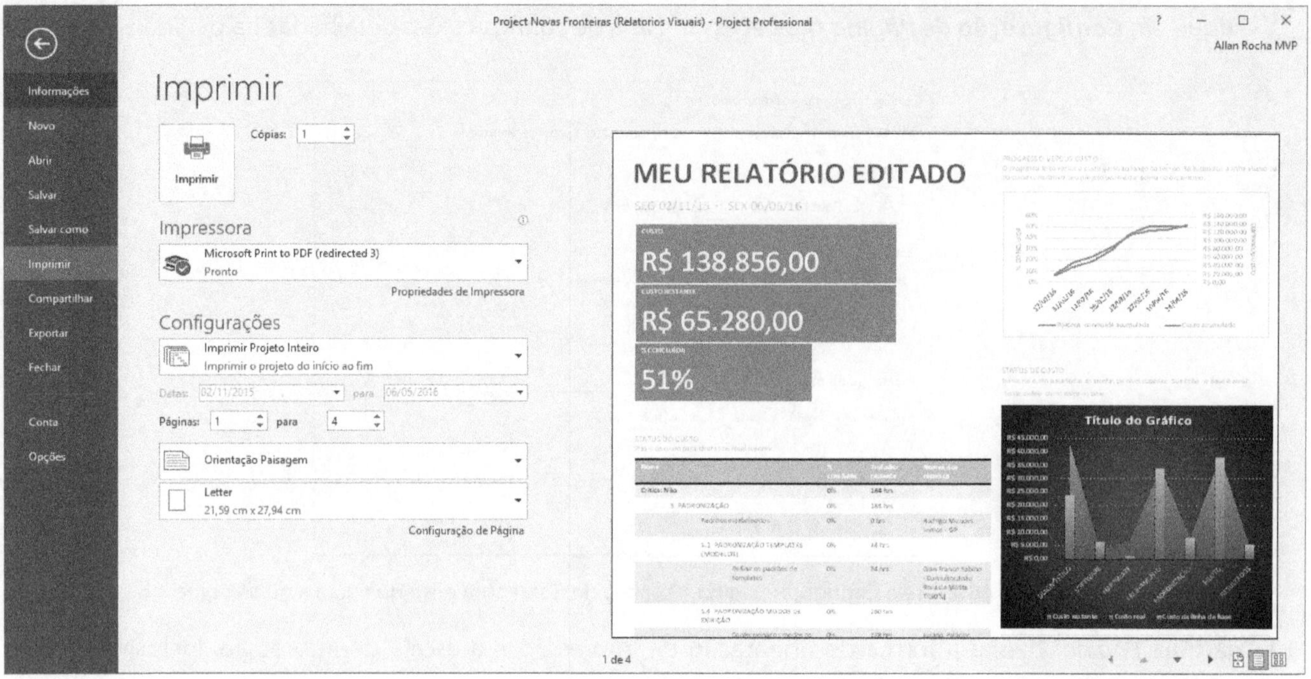

Figura 48.3 – Tela Imprimir com área de configuração à esquerda e a visualização do que será impresso à direita

Ao visualizar a impressão é possível navegar entre as páginas a serem impressas, bem como aumentar ou reduzir o zoom e exibir uma ou várias páginas na impressão. Todos esses comandos estão disponíveis na barra de navegação localizada no canto inferior direito da visualização de impressão.

Figura 48.4 – Barra de navegação da visualização de impressão

DICA

Para alterar o zoom da página, clique em cima da página para aumentar o zoom. Clique novamente para retornar ao tamanho normal.

Após configurada e visualizada a impressão, basta clicar no botão ***Imprimir*** para enviar o arquivo para a impressora.

Figura 48.5 – Guia Arquivo (Backstage) com destaque para o botão Imprimir

Capítulo 49

Exportação

Com o Microsoft Project, é possível exportar seus dados para diversos formatos, como, por exemplo, arquivos PDF (Adobe) ou XPS (Microsoft). Para outros formatos, como versões antigas do Project ou XML, os passos já foram vistos. A exportação para arquivos PDF ou XPS preserva fontes, formatação e imagens. Garante que seu conteúdo não será facilmente alterado e permite ser aberto por vários visualizadores gratuitos disponíveis na internet.

Para exportar seu projeto e criar um arquivo PDF ou XPS:

1. abra um projeto e selecione a visão ou relatório gráfico que deseja exportar;
2. acesse a guia *Arquivo (Backstage)* e depois clique em ***Exportar***;
3. clique em ***Criar PDF/XPS***;

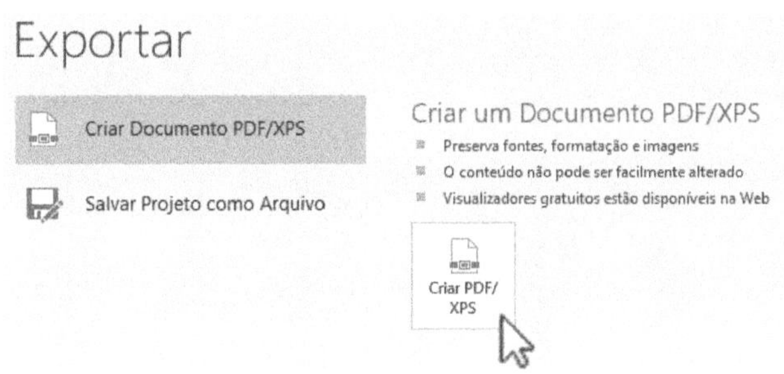

Figura 49.1 – Guia Arquivo (Backstage) com destaque para o botão Criar PDF/XPS

4. selecione o local no qual deseja exportar e salvar seu arquivo PDF/XPS;
5. clique em ***OK***.

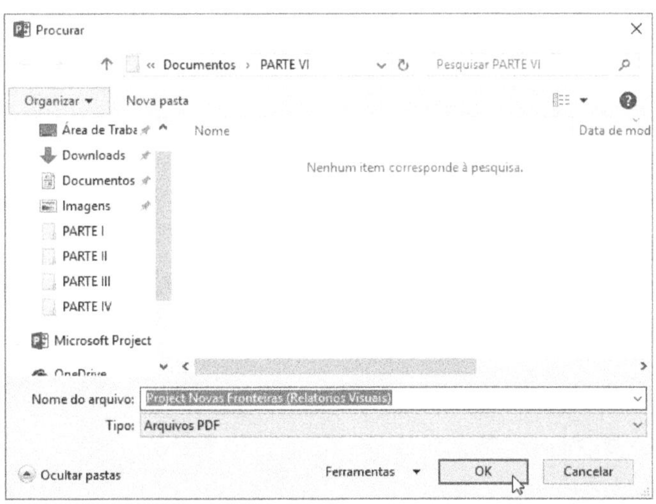

Figura 49.2 – Tela Procurar para escolha do Nome do arquivo e o local de exportação

CAPÍTULO 50

Compartilhamento

Com o Microsoft Project, é possível compartilhar o projeto e seus dados de duas formas:

- Sincronizar com o SharePoint.
- E-mail.

50.1 Sincronizar com o SharePoint

Caso você opte por compartilhar o projeto com a sua equipe, salvando-o e sincronizando-o com uma lista de tarefas do SharePoint, você será redirecionado para a tela de *Salvar como*. A partir daí, basta seguir os mesmos passos já descritos nos capítulos anteriores.

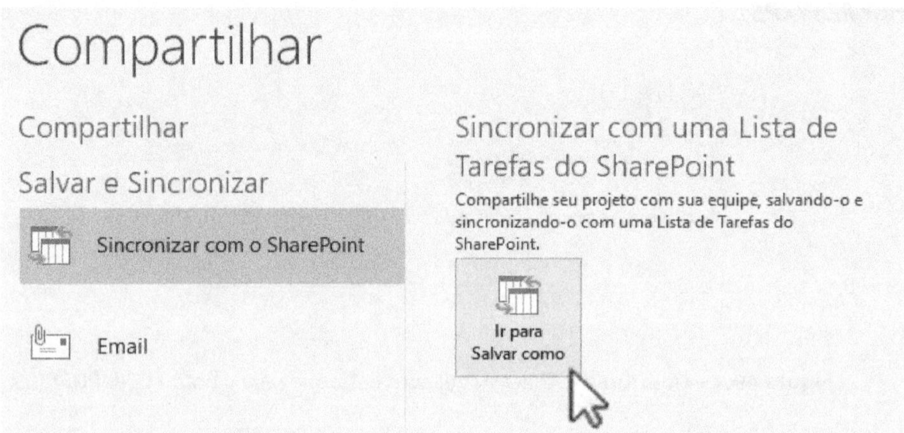

Figura 50.1 – Guia Arquivo (Backstage) com destaque para os botões "Sincronizar com o SharePoint" e "Ir para Salvar como"

50.2 E-mail

Se a sua opção for o compartilhamento por e-mail, todos os destinatários receberão cópias totalmente separadas do mesmo documento. Não haverá qualquer sincronização ou conexão com o arquivo original.

Para compartilhar um projeto por e-mail:

1. acesse a guia *Arquivo (Backstage)* e clique em ***Compartilhar***;
2. selecione *Email* e clique em ***Enviar como Anexo***;
3. digite os endereços de e-mail dos destinatários e o corpo do e-mail;
4. clique em ***Send*** (Enviar).

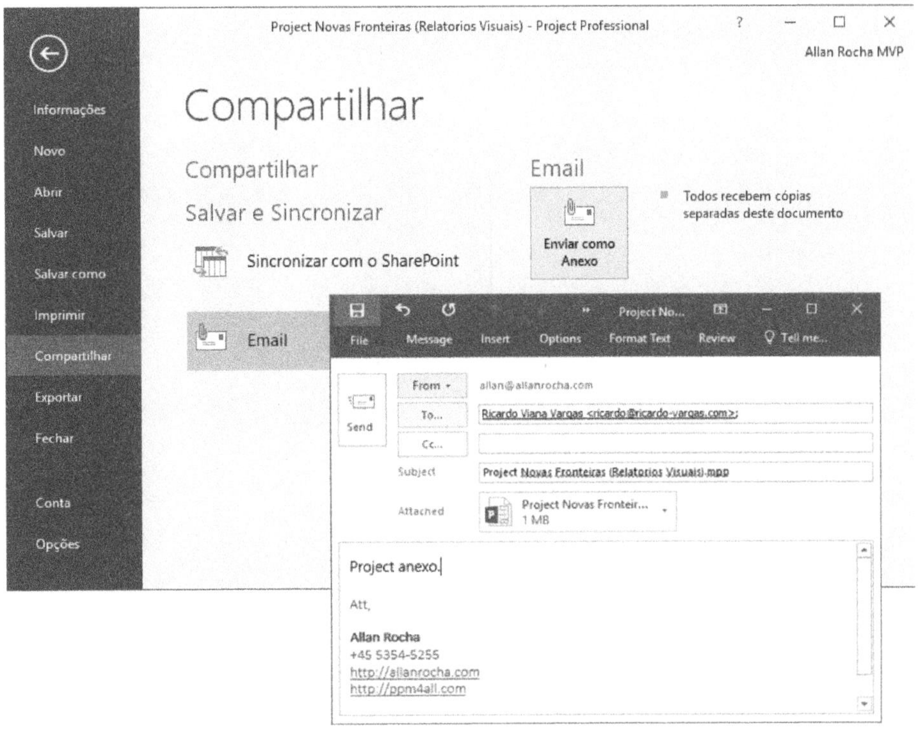

Figura 50.2 – Guia Arquivo (Backstage) com destaque para os botões Email e Enviar como Anexo e tela do Outlook para composição e envio de e-mails com arquivo do projeto anexo

PARTE VII

MÚLTIPLOS PROJETOS E *POOL* DE RECURSOS

CAPÍTULO 51

Múltiplos Projetos

Diversos projetos têm uma complexidade e dimensão que, na maioria das vezes, inviabiliza seu controle e gerenciamento por parte dos envolvidos. Eles necessitam, portanto, ser subdivididos em partes menores, de fácil controle e acompanhamento.

Os múltiplos projetos são utilizados em diversas situações, a saber:

- um único coordenador precisa analisar globalmente vários projetos diferentes;
- o gerente de projeto precisa trabalhar com vários projetos de lideranças diferentes, e há necessidade de consolidá-los;
- o projeto tem predecessores e sucessores externos.

É possível inserir vários projetos (subprojetos ou projetos inseridos) em um projeto-mestre (ou arquivo consolidado). Ao trabalhar em vários projetos, pode ser útil combinar esses arquivos de subprojeto separados em outro arquivo de projeto-mestre para facilitar a organização, a exibição e o trabalho dos dados do projeto.

Se precisar consolidar arquivos somente para criar um relatório ou imprimir um modo de exibição de informações combinadas do projeto, é possível que eles sejam consolidados temporariamente em um modo de exibição.

De modo geral, esses arquivos são denominados projeto-mestre e subprojeto, porque os subprojetos normalmente estão subordinados aos projetos mestres nos quais são inseridos ou consolidados. No entanto, é possível também adicionar um projeto não relacionado a outro arquivo de projeto, e essa é a razão pela qual às vezes eles são chamados de projetos inseridos ou arquivos consolidados.

51.1 Estratégias para Organizar um Projeto-Mestre e Arquivos de Subprojetos

Ao dividir um arquivo de projeto existente em um projeto-mestre e subprojetos, deve-se sempre considerar a sua reorganização em grupos lógicos da seguinte maneira:

Tarefas de fases separadas de um projeto – Em projetos muito grandes ou complexos, o uso de subprojetos separados para cada fase poderá ajudar o usuário a ver os detalhes do projeto. É possível exibir o caminho crítico de cada fase, pois ele se encontra em um arquivo separado, enquanto, no projeto-mestre, é possível ver vários caminhos críticos, um para cada fase. Outro benefício é vincular atividades de diferentes subprojetos como se faria com as atividades de um único projeto. Porém, talvez seja mais fácil separar em subprojetos as fases em que há menos dependências com atividades de outras fases.

Tarefas que ocorrem em períodos de tempo semelhantes – A organização das atividades em subprojetos será útil quando houver intervalos significativos de tempo entre trabalhos de um projeto contínuo. Usando subprojetos, é possível eliminar os arquivos de projeto referentes aos períodos de trabalho já concluídos.

Responsabilidades de diferentes gerentes de projeto – Se os projetos são supervisionados por diferentes gerentes de projetos, que estejam trabalhando em partes de um projeto maior ou em um programa com vários projetos que estejam ocorrendo simultaneamente, atribua a cada gerente um subprojeto separado. Dessa maneira, é possível observar o andamento global do programa e como os projetos ou atividades desses gerentes se encaixam nele, oferecendo, ao mesmo tempo, liberdade para que eles trabalhem em seus subprojetos.

Conjuntos de tarefas interdependentes – É possível separar as atividades inter-relacionadas das não relacionadas e agrupar cada conjunto em seu próprio subprojeto, mantendo as fases muito interdependentes no mesmo subprojeto.

Agendamento de marcos – Se o gerente do projeto desejar gerenciar seus projetos inserindo etapas importantes, é possível criar um subprojeto para as atividades relacionadas a cada marco. Como subprojetos, será fácil acumulá-las em um nível superior sem precisar criar uma atividade de resumo para cada etapa, como se faria normalmente em um único arquivo.

Por local de trabalho – Se o trabalho envolvido no projeto for realizado em locais diferentes, talvez seja conveniente agendar as atividades de cada local em um subprojeto separado. Este método torna mais fácil ver exatamente onde o trabalho está sendo realizado a qualquer momento e fornece a cada gerente mais controle sobre o trabalho executado em seus locais.

Recursos relacionados – Separe as atividades em subprojetos por grupos de recursos relacionados de modo que esses recursos possam gerenciar suas próprias atividades, enquanto o gerente do projeto supervisiona o seu status global no nível do projeto.

Recursos atribuídos a tarefas repetitivas – Se a lista de atividades do projeto contiver atividades recorrentes que façam parte de um processo interno, fará mais sentido permitir que esses grupos agendem seu próprio tempo e sejam responsáveis somente pelos itens para deliberação ou pelas etapas.

Recursos atribuídos somente a uma fase do projeto – Quando pequenos grupos de recursos estiverem atribuídos a somente parte do projeto ou interessados nela, é possível colocá-los em um subprojeto. Isso refletirá com maior precisão a noção dessas pessoas sobre a duração do projeto, pois abrangerá a extensão de seu envolvimento. Essa técnica também mantém a lista de recursos do projeto-mestre limitada àqueles que estarão envolvidos no projeto inteiro, o que poderá ser uma abordagem mais realista ao registrar informações sobre os recursos.

Orçamentos diferentes – Se a cobrança for efetuada com base em diferentes orçamentos internos, talvez seja mais fácil exibir os orçamentos totais se as atividades referentes a cada orçamento estiverem em subprojetos separados. É possível, ainda, exibir os custos totais do projeto no projeto-mestre, mas a exibição e o registro dos orçamentos totais dos subprojetos lhe darão maior flexibilidade.

51.2 Inserindo e Excluindo um Subprojeto Individual em um Projeto Existente

O projeto inserido em outro projeto é sempre exibido como uma atividade de resumo do projeto principal, que pode conter um ou mais projetos inseridos.

Para inserir um projeto em outro:

1. abra o projeto que funcionará como projeto principal (mestre);
2. acesse o modo de exibição *Gráfico de Gantt* na *Barra de Visões* ou na guia *Exibir*;
3. clique na linha imediatamente inferior à linha em que deseja inserir o projeto;
4. acesse a guia *Projeto* e clique no botão ***Subprojeto***;

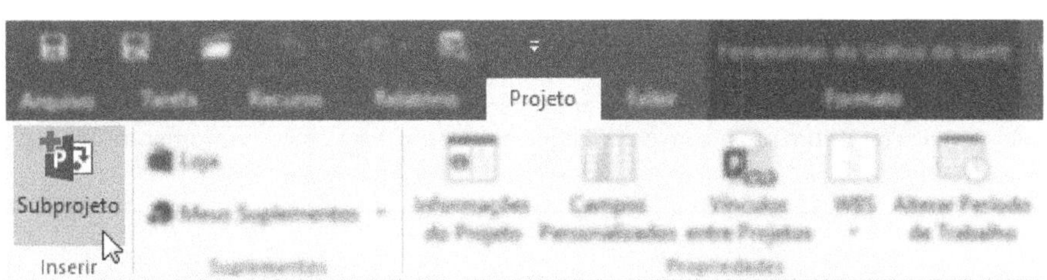

Figura 51.1 – Guia Projeto com destaque para o botão Subprojeto

5. escolha o arquivo de projeto a ser inserido;

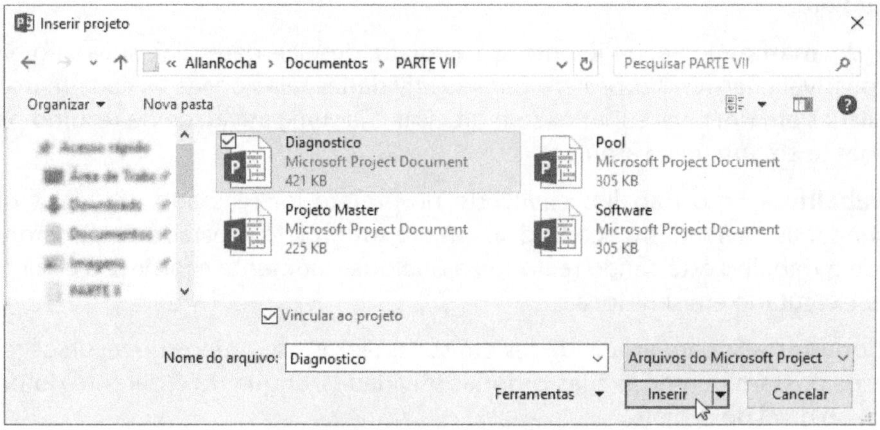

Figura 51.2 - Tela Inserir projeto

6. clique em ***Inserir***.

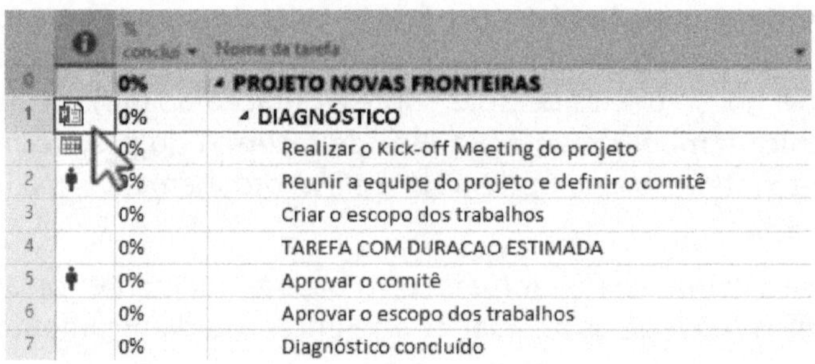

Figura 51.3 - Projeto Diagnostico.mpp inserido no Projeto Novas Fronteiras (observe a marca do Microsoft Project no indicador gráfico)

DICA

Um projeto pode ser inserido em qualquer nível da estrutura de tópicos.

Depois de inserido o projeto, é possível alterar informações de prazos, dependências, recursos e custos. Todas essas alterações realizadas no projeto inserido atualizam automaticamente o arquivo *.mpp* de origem. Caso o arquivo de origem esteja fechado, aparecerá uma tela solicitando uma confirmação de gravação para o arquivo do projeto inserido.

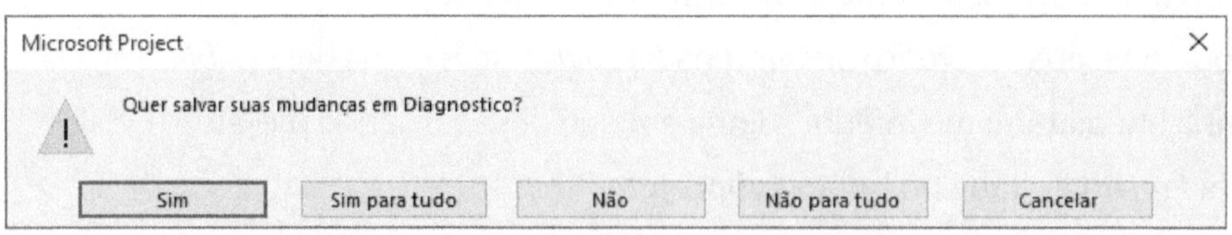

Figura 51.4 - Confirmando a gravação do arquivo de origem

DICA

Para exibir as subatividades ocultas de um projeto inserido, clique no sinal ◢ . Para ocultar novamente as subatividades do projeto, clique no sinal ▷ .

Para excluir um subprojeto de dentro de outro:

1. selecione a linha do projeto inserido;
2. pressione a tecla `Delete`;
3. se a tela *Assistente de planejamento* aparecer, pressione ***OK***.

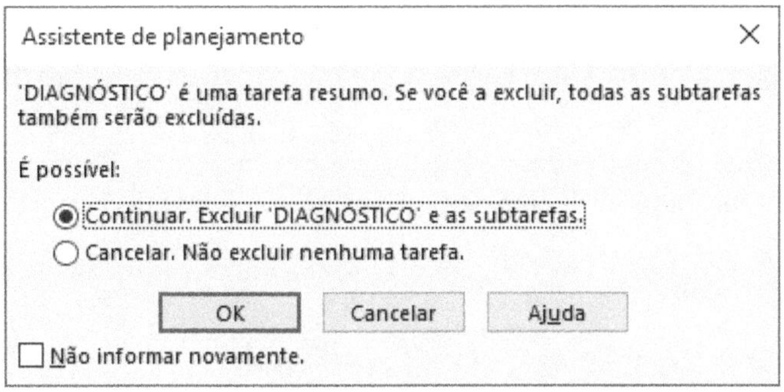

Figura 51.5 – Confirmação de exclusão de atividade de resumo ou de projeto inserido quando ativado o Assistente de planejamento

Importante – A exclusão do subprojeto de dentro do projeto principal não implica exclusão física do arquivo *.mpp* do projeto.

51.3 Consolidando Projetos

Uma das melhores maneiras de organizar projetos grandes ou complexos é consolidar projetos. Os projetos consolidados permitem manter o número de tarefas visualizadas e acompanhadas em um nível gerenciável.

O projeto consolidado é um arquivo que contém um ou mais arquivos de projeto inseridos (também conhecidos como subprojetos). Os projetos inseridos podem manter os vínculos com os projetos de origem para que quaisquer alterações nos projetos inseridos no arquivo consolidado sejam passadas para o arquivo de origem. Os projetos inseridos podem ser vinculados uns aos outros. Um arquivo consolidado também é chamado de arquivo de projeto-mestre.

Para consolidar rapidamente um projeto:

1. abra os projetos que serão consolidados;
2. acesse a guia *Exibir* e clique em ***Nova Janela***;

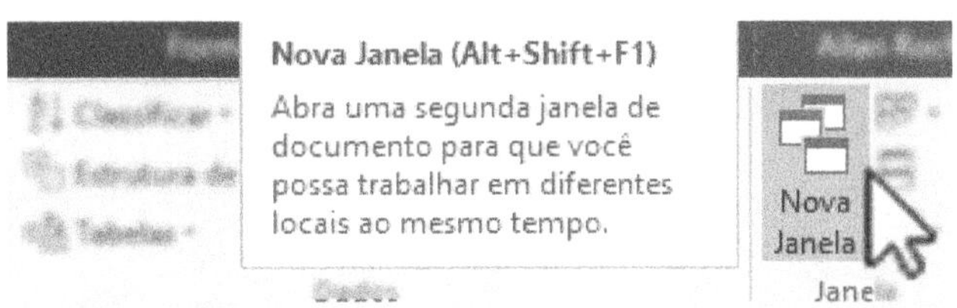

Figura 51.6 – Guia Exibir com destaque para o botão Nova Janela

3. na tela *Nova janela*, pressione e mantenha pressionada a tecla `Ctrl`, clicando nos projetos que serão consolidados;

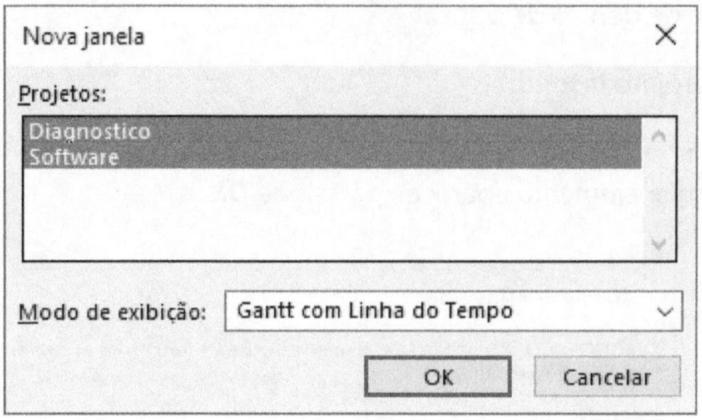

Figura 51.7 – Tela Nova janela com destaque para os projetos selecionados para consolidação

4. clique em ***OK***.

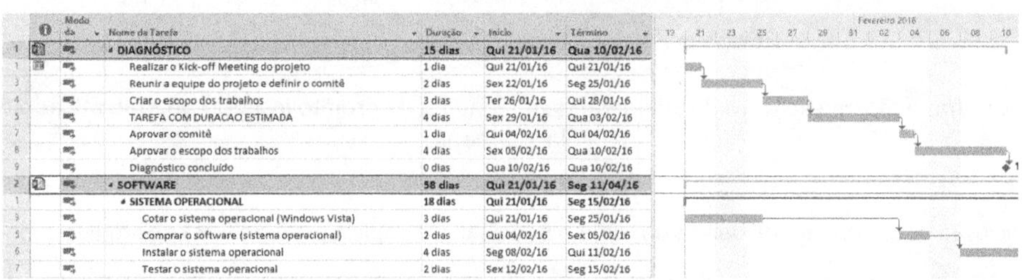

Figura 51.8 – Projeto-mestre ou projeto consolidado contendo os projetos inseridos

Os projetos serão consolidados em uma única tela, que contém todas as informações sobre os projetos constituintes do consolidado. Observa-se que, no campo *Indicador*, a imagem é exibida.

51.4 Estabelecendo Relações de Dependência entre Projetos Diferentes

As atividades em projetos diferentes podem apresentar relações de dependência entre si. Ao vincular as atividades, o Microsoft Project exibe uma barra externa em cada um dos projetos com a qual a dependência entre as atividades será exibida.

1. Consolide os projetos que terão atividades interdependentes, como apresentado anteriormente;
2. clique e mantenha o mouse pressionado na barra da atividade predecessora;
3. arraste o mouse até a barra da atividade sucessora no outro projeto;

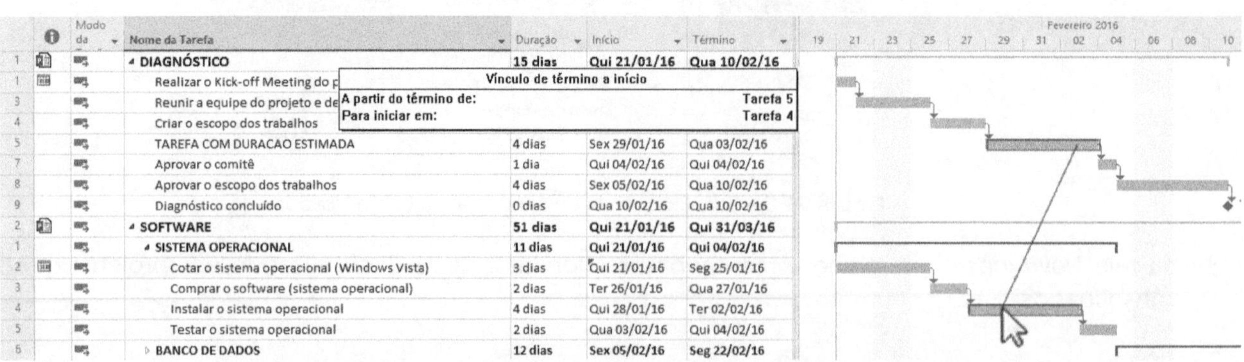

Figura 51.9 – Vinculando atividades entre projetos diferentes

4. uma relação término para início é automaticamente criada.

Ao abrir um projeto que tem atividades predecessoras ou sucessoras externas, observa-se que uma tarefa predecessora externa é adicionada ao projeto que contém a atividade sucessora, e uma atividade sucessora externa é adicionada ao projeto que contém a atividade predecessora (a atividade externa normalmente é exibida na cor cinza).

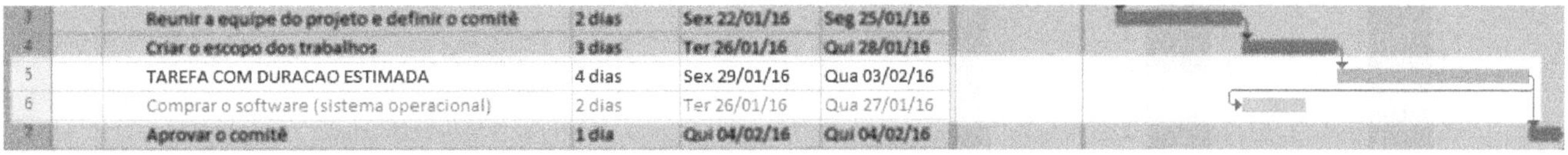

Figura 51.10 – Atividade externa "Comprar o software..." vinculada a um projeto aberto

DICA

A atividade externa não pode ser editada. Para editar uma atividade externa, dê um clique duplo nessa atividade e acesse seu projeto de origem.

Lembre-se de que o acesso ao projeto de origem pode estar negado caso o arquivo esteja em um diretório protegido.

Para excluir um relacionamento entre atividades de projetos diferentes:

1. dê um clique duplo na seta que liga as atividades;
2. na tela *Dependência entre tarefas*, selecione ***Excluir***.

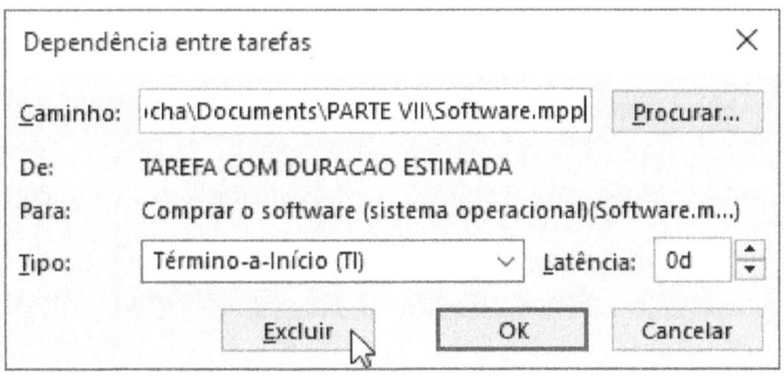

Figura 51.11 – Excluindo a dependência entre as atividades em projetos diferentes

Importante – Caso o caminho do arquivo que contém o link externo não seja exibido ou não esteja acessível, clique em ***Procurar...*** para selecionar o arquivo que contém a predecessora/sucessora externa.

51.5 Determinando o Caminho Crítico de um Projeto Consolidado (Mestre)

O Microsoft Project tem a capacidade de calcular e mostrar um único caminho crítico para tarefas através de todos os projetos inseridos. Isso ajuda o gerente de projetos a acompanhar as tarefas importantes através de um grupo de projetos.

Para calcular o caminho crítico em um projeto-mestre:

1. acesse a guia *Arquivo (Backstage)* e clique em ***Opções***;
2. clique na guia ***Cronograma***;
3. na área *Opções de cálculo deste projeto* marque a caixa de seleção *Projetos inseridos são calculados como tarefas resumo*;

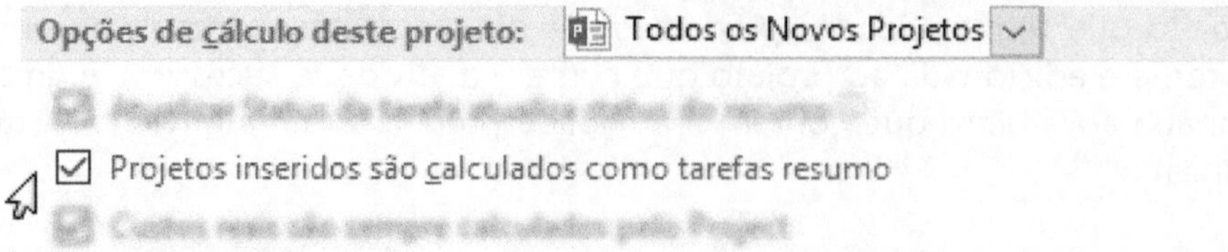

Figura 51.12 – Tela Opções do Project com destaque para a opção Projetos inseridos são calculados como tarefas resumo

4. clique em ***OK***.

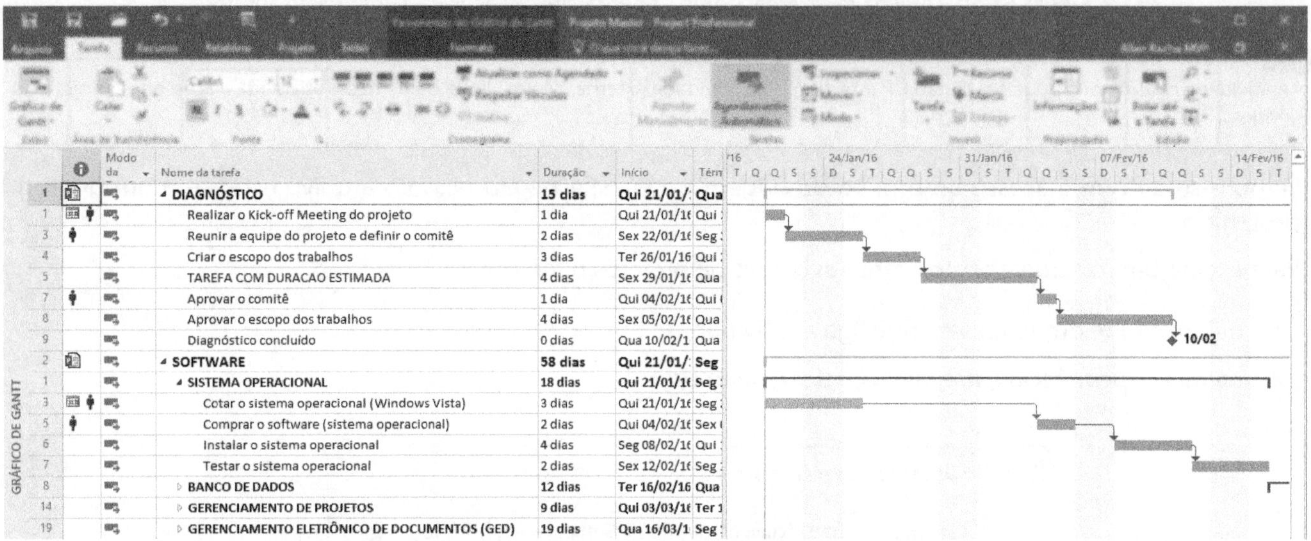

Figura 51.13 – Projeto-mestre com a opção Projetos inseridos são calculados como tarefas resumo não selecionada (todo o projeto Diagnóstico é considerado crítico, inclusive a atividade Aprovar o escopo dos trabalhos)

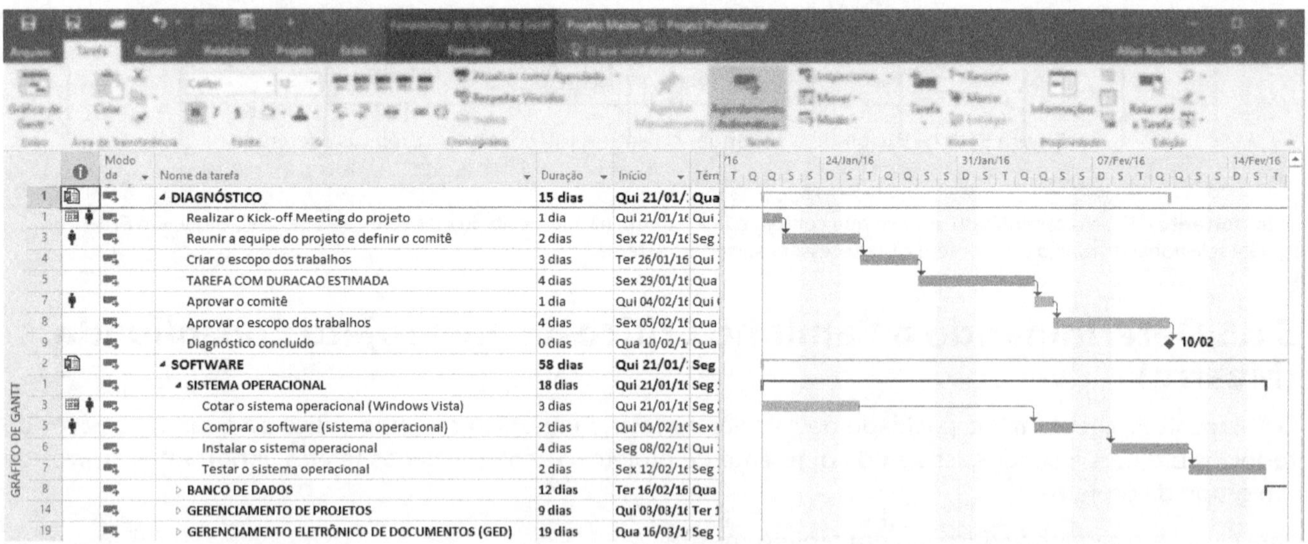

Figura 51.14 – Projeto-mestre com a opção Projetos inseridos são calculados como tarefas resumo selecionada (o projeto Diagnóstico tem todas as atividades críticas, exceto as atividades Aprovar o escopo dos trabalhos e Diagnóstico concluído, uma vez que o caminho crítico é desviado para a atividade Comprar Software do projeto Software)

CAPÍTULO 52

Compartilhamento de Recursos (*Pool*)

Empresas que têm diversos projetos em andamento simultâneo muitas vezes necessitam compartilhar recursos comuns denominados recursos compartilhados. Gerenciar esses recursos é útil para controlar, de maneira integrada, as atribuições de vários projetos nos quais as mesmas pessoas, materiais ou equipamentos serão usados.

52.1 Quando Utilizar um Compartilhamento de Recursos

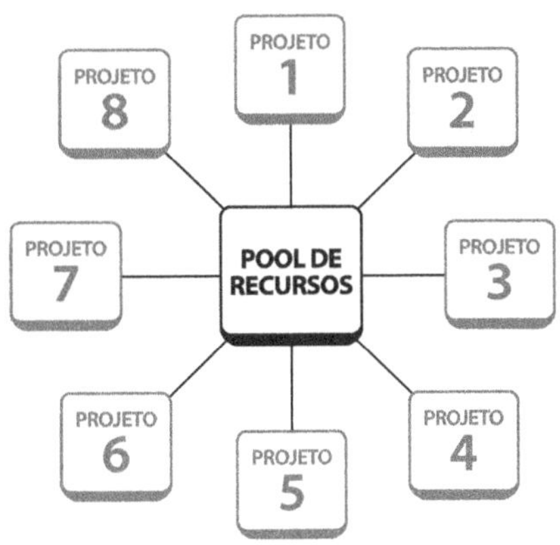

Figura 52.1 – *Pool* de recursos sendo utilizado por diversos projetos

Na atual conjuntura, é raro que as pessoas sejam atribuídas a um projeto do início ao fim sem responsabilidades adicionais externas ao seu escopo. Compartilhar recursos entre os projetos permite maior flexibilidade e controle do gerenciamento de recursos. Se alguma dessas condições existir na sua situação, considere compartilhar recursos:

- **Projetos sobrepostos –** Pode ser necessário iniciar um novo projeto antes de terminar um projeto atribuído no momento. Se o gerente de projetos precisar dividir o tempo entre esses projetos, o compartilhamento de recursos entre os arquivos de projetos pode ajudar a garantir que os recursos não estejam superalocados. Se desejar transferir dados de recurso, como taxas de custo do projeto existente para o novo projeto, é possível criar um conjunto de recursos para armazenar os recursos e suas informações para os dois arquivos. Criar um conjunto de recursos e depois transferir informações dos recursos facilitam a transferência de dados do arquivo do projeto antigo para o novo.
- **Recursos organizados por área funcional –** Se for necessário atribuir recursos que trabalham em vários projetos como parte de um processo de gerenciamento, como auditores ou contadores, faz sentido criar um conjunto para esses recursos. Assim, o gerente do grupo funcional pode nivelar sua carga de trabalho e substituir ou reatribuir recursos para atender ao cronograma desse projeto e dos demais projetos em que a equipe está envolvida.

- **Previsão de carga de trabalho em vários projetos** – Usar um conjunto de recursos pode ser bastante eficaz para prever a carga de trabalho de pessoas com descrições de trabalho parecidas. É possível atribuir recursos com nomes genéricos, como Arquiteto I e Arquiteto II para integrantes juniores e seniores, ou para designar diferentes níveis de experiência necessários para a atividade. Depois que as descrições apropriadas de cargos forem atribuídas para atividades em cada projeto futuro, é possível compartilhar recursos com um novo conjunto de recursos e ver o trabalho total atribuído para cada descrição de cargo. O valor da superalocação para cada descrição de cargo informa a quantidade necessária de um recurso específico para concluir o trabalho conforme agendado no momento em todos os projetos. Por exemplo, uma superalocação de 2% ou 200% para o Arquiteto I significa que são necessários dois arquitetos juniores para concluir a atividade. Então, à medida que refinar sua lista de recursos para o seu projeto, é possível inserir nomes específicos para cada descrição de cargo e reatribuir o trabalho para os indivíduos reais que farão isso.

52.2 Criando um *Pool* de Recursos

O arquivo do conjunto de recursos (*pool*) do Microsoft Project é um arquivo normal do Microsoft Project onde se inserem apenas informações sobre recursos, salvando-o com um nome que indique que se trata de um arquivo de conjunto de recursos, como, por exemplo, *Pool.mpp*.

Para criar um conjunto de recursos:

1. crie um novo projeto clicando em na *Barra de Ferramentas de Acesso Rápido* ou acessando a guia *Arquivo (Backstage)* e clicando em ***Novo***;
2. exiba o modo de exibição *Planilha de recursos* utilizando a *Barra de Visões* ou através da guia *Exibir*;
3. digite todos os recursos que constituirão o *pool* nesse novo projeto (*Planilha de recursos* preenchida);
4. salve o arquivo clicando em na *Barra de Ferramentas de Acesso Rápido* ou acessando a guia *Arquivo (Backstage)* e clicando em ***Salvar***.

		Nome do recurso	Tipo	Unidade do Material	Iniciais	Grupo	Unid. máximas	Taxa padrão	Taxa h. extra	Custo/us	Acumu	Calendário base
1		Allan Rocha	Trabalho		A	Consultori	100%	R$ 560,00/hr	R$ 0,00/hr	R$ 0,00	Rateado	Padrão
2		Ricardo Viana Vargas	Trabalho		R	Consultori	100%	R$ 890,00/hr	R$ 0,00/hr	R$ 0,00	Rateado	Padrão
3		Rodrigo Mendes Lemos	Trabalho		R	Equipe	100%	R$ 0,00/hr	R$ 0,00/hr	R$ 0,00	Rateado	Padrão
4		João Rosa da Motta	Trabalho		J	Equipe	100%	R$ 0,00/hr	R$ 0,00/hr	R$ 0,00	Rateado	Padrão
5		Márcio Silva Valente Pereira	Trabalho		M	Equipe	100%	R$ 0,00/hr	R$ 0,00/hr	R$ 0,00	Rateado	Padrão
6		Microsoft Windows Server	Trabalho		M	Equipe	100%	R$ 0,00/hr	R$ 0,00/hr	R$ 0,00	Rateado	Padrão
7		Microsoft Windows Professional	Trabalho		M	Equipe	100%	R$ 0,00/hr	R$ 0,00/hr	R$ 0,00	Rateado	Padrão
8		Ana Carolina Lopes Magalhães	Trabalho		A	Equipe	100%	R$ 0,00/hr	R$ 0,00/hr	R$ 0,00	Rateado	Padrão
9		Luiz Carlos Paula Pena	Trabalho		L	Equipe	100%	R$ 0,00/hr	R$ 0,00/hr	R$ 0,00	Rateado	Padrão
10		Juliano Palácios Medeiros	Trabalho		J	Equipe	100%	R$ 0,00/hr	R$ 0,00/hr	R$ 0,00	Rateado	Padrão
11		Márcia Maria Silva	Trabalho		M	Equipe	100%	R$ 0,00/hr	R$ 0,00/hr	R$ 0,00	Rateado	Padrão
12		Gian Franco Sabino	Trabalho		G	Equipe	100%	R$ 0,00/hr	R$ 0,00/hr	R$ 0,00	Rateado	Padrão
13		Magali Pedrosa	Trabalho		M	Project Ma	100%	R$ 0,00/hr	R$ 0,00/hr	R$ 0,00	Rateado	Padrão
14		Ana Sílvia Bragança	Trabalho		A	Project Ma	100%	R$ 0,00/hr	R$ 0,00/hr	R$ 0,00	Rateado	Padrão
15		Nelson Azevedo	Trabalho		N	Project Ma	100%	R$ 0,00/hr	R$ 0,00/hr	R$ 0,00	Rateado	Padrão
16		Mara Lúcia Menezes	Trabalho		M	Project Ma	100%	R$ 0,00/hr	R$ 0,00/hr	R$ 0,00	Rateado	Padrão
17		Curso GP Avançado	Material	Turma (s)	C	Treinamer		R$ 12.000,00		R$ 0,00	Rateado	

Figura 52.2 – Recursos digitados na Planilha de recursos que servirão como conjunto de recursos

52.3 Vinculando um Projeto a um *Pool* de Recursos

O gerenciamento do uso de recursos compartilhados entre projetos não requer muita experiência e habilidade para utilização. O compartilhamento de recursos pode ser feito e desfeito quando se desejar. Ao fazer isso, todos os recursos do *pool*, bem como os projetos que estiverem compartilhando recursos com ele, serão combinados e disponibilizados para cada um dos projetos.

Para vincular um projeto a um *Pool* de recursos:

1. abra o projeto que utilizará o conjunto de recursos;
2. abra o arquivo de projeto que contém o conjunto de recursos (*Pool*);
3. acesse a guia *Recurso*, clique em ***Pool de Recursos*** e selecione ***Compartilhar recursos...***;

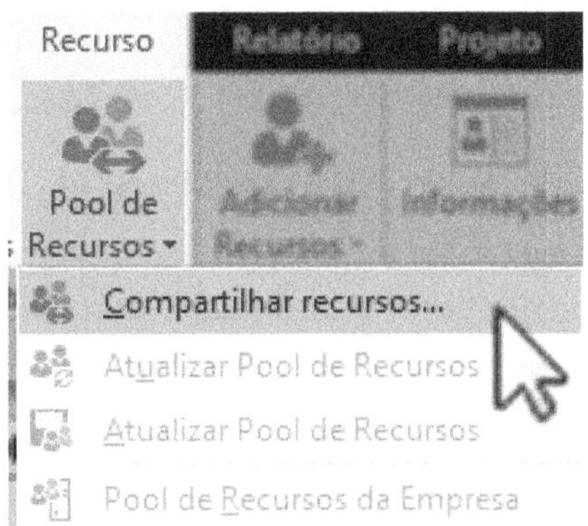

Figura 52.3 – Guia Recurso com destaque para o botão Pool de Recursos

4. na tela *Compartilhar recursos*, clique no item ***Usar recursos (requer no mínimo um pool aberto de recursos)***;
5. na caixa *De*, clique no nome do arquivo de projeto que contém o *pool* de recursos;

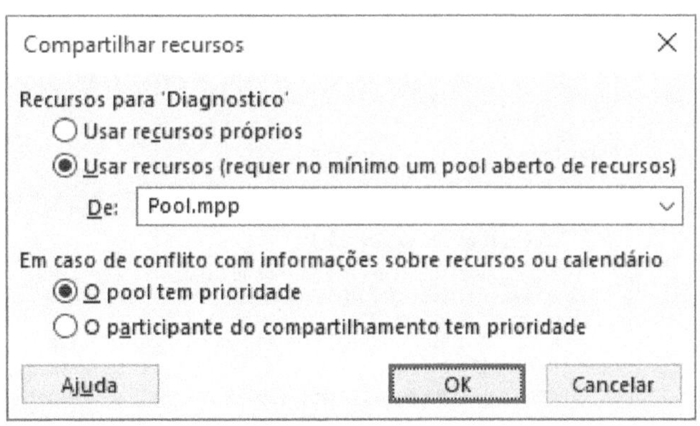

Figura 52.4 – Tela Compartilhar recursos com o arquivo que contém o conjunto de recursos (Pool.mpp) destacado

6. clique em ***OK***.

DICA

É importante escolher qual projeto tem prioridade na utilização dos recursos quando o arquivo ativo e o arquivo do conjunto de recursos tiverem calendários ou recursos comuns.

O *pool* de recursos passa a ficar disponível no projeto ativo, podendo-se atribuir normalmente os recursos às atividades. Caso o projeto ativo já tenha seus próprios recursos, os recursos de ambos os projetos serão combinados e exibidos.

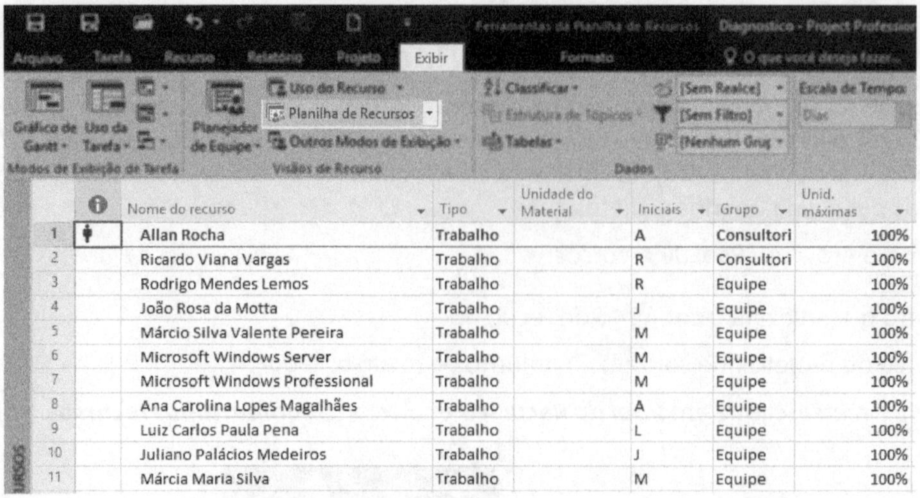

Figura 52.5 – Recursos do conjunto de recursos Pool.mpp sendo exibidos no arquivo Diagnostico.mpp após compartilhamento

52.4 Analisando Atribuições de um *Pool* de Recursos

Quando se atribuem recursos compartilhados a atividades em um arquivo que utiliza recursos compartilhados, esse arquivo salva todas as informações sobre a atribuição de atividades, como, por exemplo, unidades de atribuição, trabalho e delimitação do trabalho. Elas serão duplicadas no arquivo do conjunto de recursos de modo que as informações sobre atribuições dos outros arquivos de compartilhamento estejam disponíveis em cada um. Quando o conjunto de recursos e qualquer arquivo de compartilhamento forem abertos, as mesmas informações estarão disponíveis em cada arquivo.

Para analisar o *pool* de recursos:

1. abra o arquivo do conjunto de recursos (*pool*);
2. se outras pessoas precisarem usar o arquivo enquanto esse conjunto estiver sendo analisado, selecione a **primeira opção** na caixa de diálogo *Abrir o pool de recursos*;

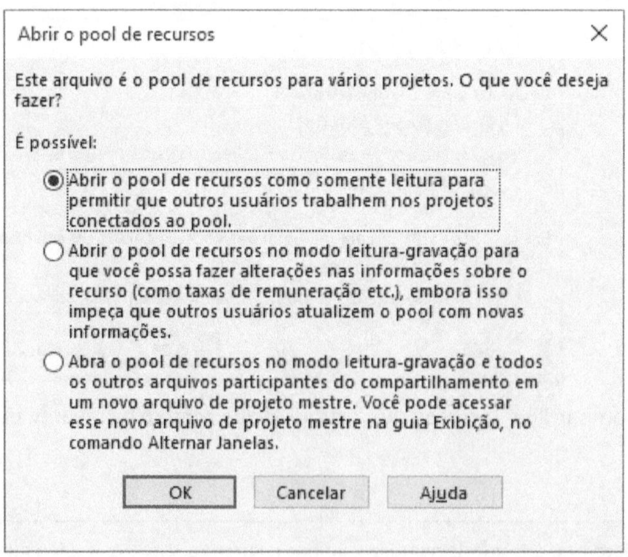

Figura 52.6 – Tela Abrir o *pool* de recursos, visualizada toda vez que se abre um conjunto de recursos

3. se o usuário que está abrindo o *pool* for o autor do arquivo do conjunto de recursos e desejar atualizar as atribuições, selecione a **segunda opção** na caixa de diálogo *Abrir o pool de recursos*;
4. se o usuário que está abrindo o *pool* não for o autor do arquivo, mas desejar atualizar as atribuições,

selecione a **terceira e a última opção** na caixa de diálogo *Abrir o pool de recursos* (isso impedirá que outros usuários atualizem o conjunto com novas informações);

5. após abrir o arquivo do *pool* de recursos, escolha o modo de exibição *Uso do recurso* na *Barra de Visões* ou na guia *Exibir*;

	Nome do recurso	Trabalh	Detalhe	24/01	Fevereiro 31/01	07/02	14/02	21/02	Ma 28/0
1	◢ Allan Rocha	208 hrs	Trab.	48h	48h	40h	24h		
	Cotar o sistema operacional (Windows Vista)	*24 hrs*	Trab.	8h					
	Comprar o software (sistema operacional)	*16 hrs*	Trab.		16h				
	Instalar o sistema operacional	*32 hrs*	Trab.			32h			
	Testar o sistema operacional	*16 hrs*	Trab.			8h	8h		
	Cotar o Microsoft SQL Server	*16 hrs*	Trab.				16h		
	Solicitar as apresentações sobre os produtos	*16 hrs*	Trab.						
	Realizar o Kick-off Meeting do projeto	*8 hrs*	Trab.						
	Reunir a equipe do projeto e definir o comitê	*16 hrs*	Trab.	8h					
	Criar o escopo dos trabalhos	*24 hrs*	Trab.	24h					
	TAREFA COM DURACAO ESTIMADA	*32 hrs*	Trab.	8h	24h				
	Aprovar o comitê	*8 hrs*	Trab.		8h				
2	◢ Ricardo Viana Vargas	184 hrs	Trab.		8h	24h	16h	40h	
	Comprar o software (banco de dados)	*16 hrs*	Trab.				16h		
	Instalar o banco de dados	*32 hrs*	Trab.					32h	

Figura 52.7 – Modo de exibição Uso do recurso no projeto com *pool* de recursos evidenciando alocações

6. selecione a coluna *Nome do recurso*;
7. acesse a guia *Formato* e escolha ***Inserir Coluna***;
8. no campo *Digitar Nome da Coluna* no campo inserido, digite Projeto;

	Projeto	Nome do recurso	Trabalh	Detalhe	17/01	24/01	Fevereiro 31/01	07/02	14/02	21/02
1	Pool	◢ Allan Rocha	208 hrs	Trab.	32h	48h	48h	40h	24h	
	Software	*Cotar o sistema operacional (Windows Vista)*	*24 hrs*	Trab.	16h	8h				
	Software	*Comprar o software (sistema operacional)*	*16 hrs*	Trab.			16h			
	Software	*Instalar o sistema operacional*	*32 hrs*	Trab.				32h		
	Software	*Testar o sistema operacional*	*16 hrs*	Trab.				8h	8h	
	Software	*Cotar o Microsoft SQL Server*	*16 hrs*	Trab.					16h	
	Software	*Solicitar as apresentações sobre os produtos*	*16 hrs*	Trab.						
	Diagnostico	*Realizar o Kick-off Meeting do projeto*	*8 hrs*	Trab.	8h					
	Diagnostico	*Reunir a equipe do projeto e definir o comitê*	*16 hrs*	Trab.	8h	8h				
	Diagnostico	*Criar o escopo dos trabalhos*	*24 hrs*	Trab.		24h				
	Diagnostico	*TAREFA COM DURACAO ESTIMADA*	*32 hrs*	Trab.		8h	24h			
	Diagnostico	*Aprovar o comitê*	*8 hrs*	Trab.			8h			
2	Pool	◢ Ricardo Viana Vargas	184 hrs	Trab.			8h	24h	16h	40h
	Software	*Comprar o software (banco de dados)*	*16 hrs*	Trab.					16h	
	Software	*Instalar o banco de dados*	*32 hrs*	Trab.						32h
	Software	*Preparar a tabela de dados de projetos*	*16 hrs*	Trab.						8h
	Software	*Testar o banco de dados*	*16 hrs*	Trab.						

Figura 52.8 – Modo de exibição Uso do recurso com a coluna Projeto inserida, mostrando a alocação de cada recurso do pool em projetos diferentes (nesse caso, projetos Software.mpp e Diagnostico.mpp)

9. analise as atribuições de recursos desejadas e solucione os problemas da mesma forma discutida no capítulo "Solucionando Problemas de Alocação de Recursos", inclusive realizando o nivelamento de recursos entre projetos.

DICA

Não esquecer que o Microsoft Project permite que sejam atribuídas prioridades aos projetos quando se realiza um nivelamento de conjunto de recursos. Para escolher a prioridade de cada projeto que utiliza o conjunto de recursos, abra o arquivo do projeto, acesse a guia *Projeto*, clique no botão ***Informações sobre o projeto*** e escolha a prioridade desejada no campo *Prioridade* (valor entre 0 e 1000).

PARTE VIII

TÓPICOS AVANÇADOS DO MICROSOFT PROJECT

Capítulo 53

Exportação e Importação de Projetos

No Microsoft Project, é possível abrir e salvar arquivos de projeto em vários formatos diferentes, como programas de planilha, de banco de dados ou processadores de texto. Alguns formatos permitem salvar todas as informações do projeto, enquanto outros permitem salvar apenas os dados contidos nos campos do programa.

É possível também exportar uma agenda como um arquivo de imagem gráfica para aprimoramento em um programa gráfico e para impressão em uma plotadora.

53.1 Formato de Arquivo com Suporte do Microsoft Project

O Microsoft Project suporta 13 formatos de arquivo, sendo cinco deles criados pelo próprio programa e os outros por programas externos. Os formatos são os seguintes:

- **Projeto (*.mpp)** – Formato de arquivo padrão de um projeto, que usa a extensão .mpp.
- **Microsoft Project 2007 (*.mpp)** – Formato de arquivo padrão da versão 2007 do Microsoft Project.
- **Microsoft Project 2000 – 2003 (*.mpp)** – Formato de arquivo padrão das versões anteriores do Microsoft Project.
- **Modelo do Project (*.mpt)** – Arquivo de modelo que contém a extensão .mpt, no qual é possível salvar informações de texto padronizado. O arquivo global (Global.mpt) consiste em um arquivo de modelo mestre que pode conter informações de formatação de todos os projetos, mas não pode armazenar tarefas, recursos e atribuições.
- **Modelos do Microsoft Project 2007 (*.mpt)** – Arquivo de modelo do Project, porém compatível com a versão 2007.
- **Arquivos PDF (*.pdf)** – Formato desenvolvido pela Adobe Systems® para o intercâmbio de informações entre diferentes aplicativos.
- **Arquivos XPS (*.xps)** – Formato de papel eletrônico da Microsoft, uma alternativa para o formato PDF.
- **Pasta de Trabalho do Excel (*.xlsx)** – Formato baseado em XML usado pelos programas de planilha do Microsoft Excel e que usa a extensão .xlsx. É possível exportar dados de campos para esse formato, mas não o projeto inteiro.
- **Pasta de Trabalho Binária do Excel (*.xlsb)** – Formato de arquivo binário do Excel (BIFF12).
- **Pasta de Trabalho do Excel 97 – 2003 (*.xls)** – Formato de pasta de trabalho do Excel compatível com as versões anteriores do Excel.
- **Texto (delimitado por tabulação) (*.txt)** – Formato de texto genérico usado por processadores de texto e outros programas. Este formato usa a extensão .txt e é delimitado por tabulação. É possível exportar dados de campo de uma única tabela do Microsoft Project para este formato, mas não o projeto inteiro.
- **CSV (delimitado por vírgula) (*.csv)** – Formato de texto genérico usado com processadores de texto e outros programas, nos quais os valores são separados pelo separador de lista do sistema. Este formato usa a extensão .csv e é delimitado por vírgula. É possível exportar dados de campos de uma única tabela do

Microsoft Project para este formato, mas não o projeto inteiro.

- **Formato XML (*.xml)** – Formato de linguagem de marcação extensível que permite a entrega de dados estruturados de uma aplicação para outra de forma consistente. Descreve o conteúdo de um documento e seu formato (XML).

> **Importante** – Formatos de banco de dados e Microsoft Access foram descontinuados da ferramenta.

53.2 Exportando Projetos

Para exportar diversos dados de um projeto para outros formatos, como .xlsx, .pdf ou .xps:

1. acesse a guia *Arquivo (Backstage)* e clique em ***Salvar como***;
2. na tela *Salvar como*, localize o local no qual você deseja salvar o arquivo;
3. clique em ***Este PC***;
4. no campo *Tipo*, selecione o formato do arquivo a ser exportado;

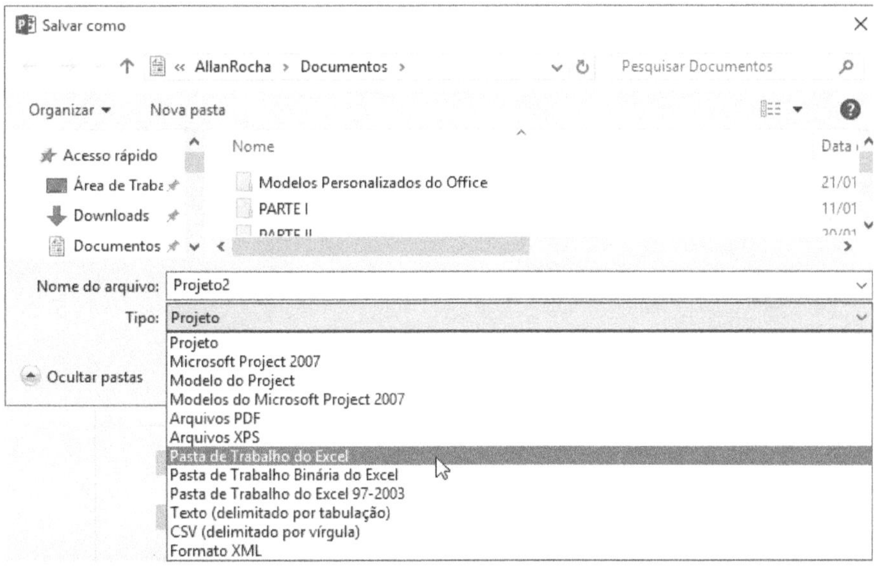

Figura 53.1 – Tela Salvar como com destaque para o tipo de arquivo

5. digite um nome para o arquivo a ser exportado;
6. pressione ***Salvar***;
7. na maioria dos casos a exportação precisará ser configurada através do *Assistente para exportação*, e, quando o assistente iniciar, pressione ***Avançar***;
8. determine se os dados utilizarão um mapa existente ou se será necessário criar um novo mapa e clique em ***Avançar***;

> DICA
>
> Caso o formato a ser exportado seja do Microsoft Excel, antes de abrir a tela de escolha de dados, aparecerá uma tela com duas opções: *Usar modelo de Projeto do Excel* e *Dados selecionados*. A primeira opção já usa o formato de projetos predefinido para o Excel.

> **Importante** – Alguns formatos são considerados antigos pelo Microsoft Project. Caso tente salvar o arquivo Project em .csv, por exemplo, um alerta aparecerá instruindo sobre como configurar o Project para que seja possível salvar o arquivo em formato mais antigo.

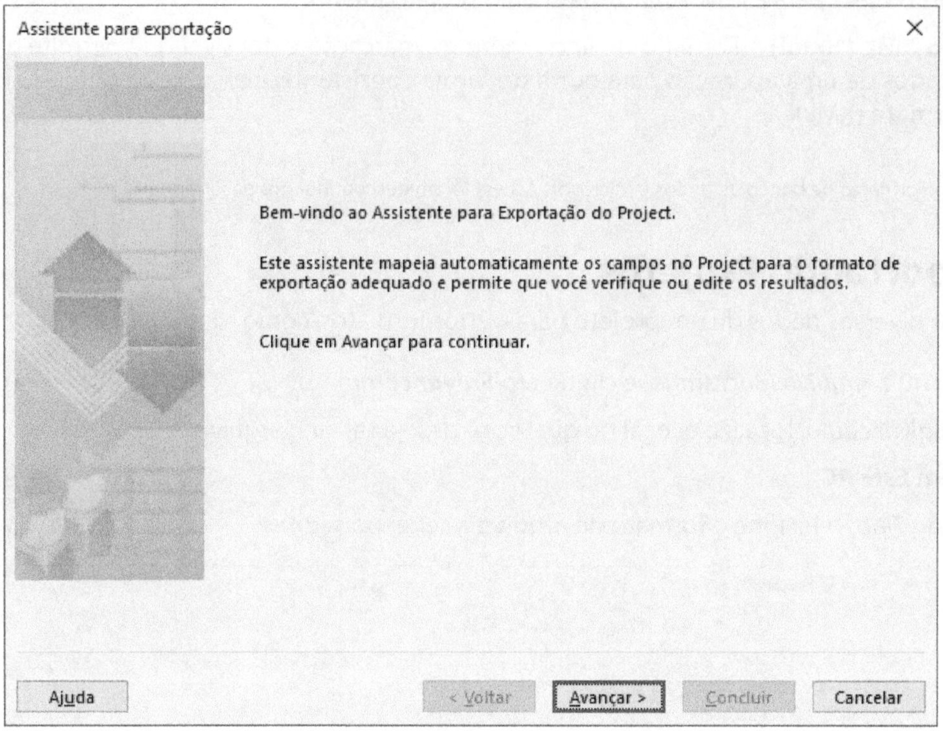

Figura 53.2 – Tela Assistente para exportação

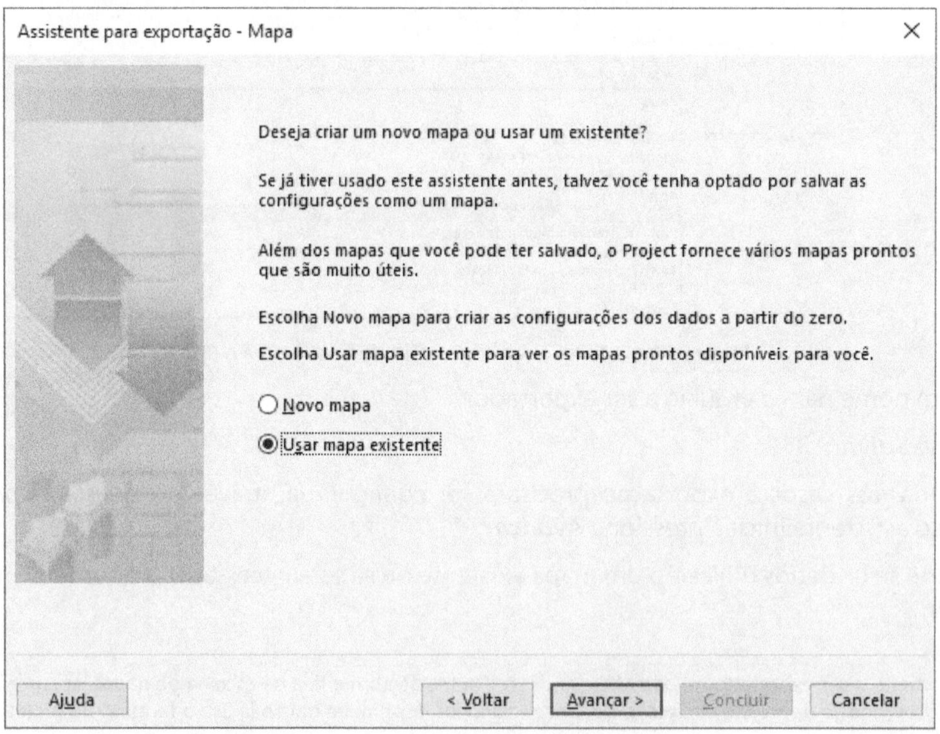

Figura 53.3 – Assistente para exportação – Mapa

9. no caso de utilização de um mapa existente, escolha o mapa a ser utilizado;

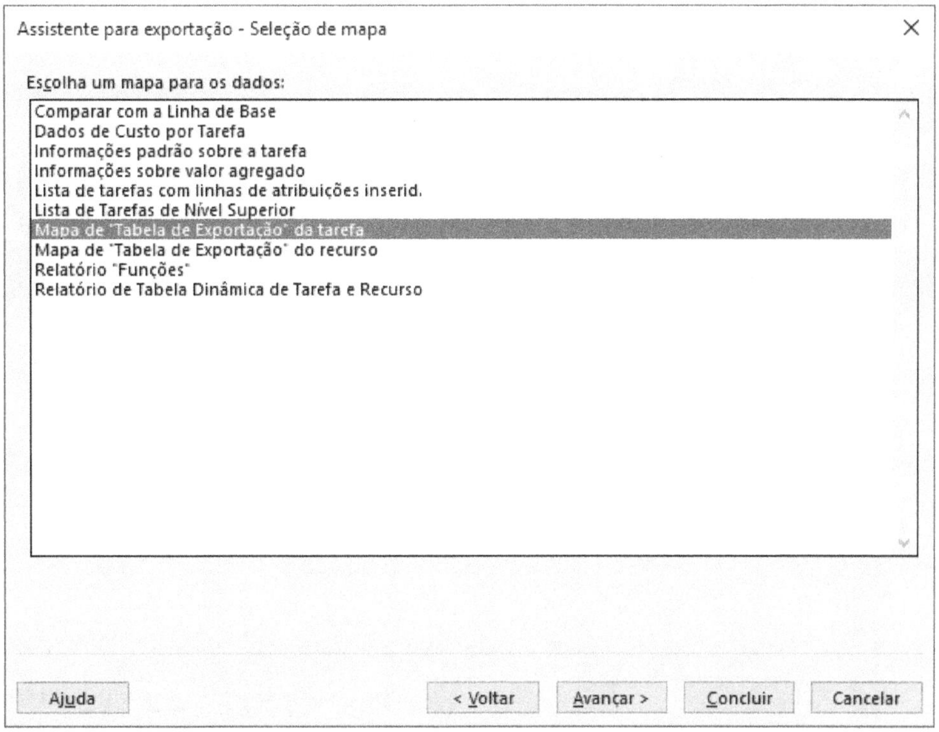

Figura 53.4 – Assistente para exportação – Seleção de mapa

10. configure as opções a serem utilizadas pelo mapa de exportação e clique em ***Avançar***;

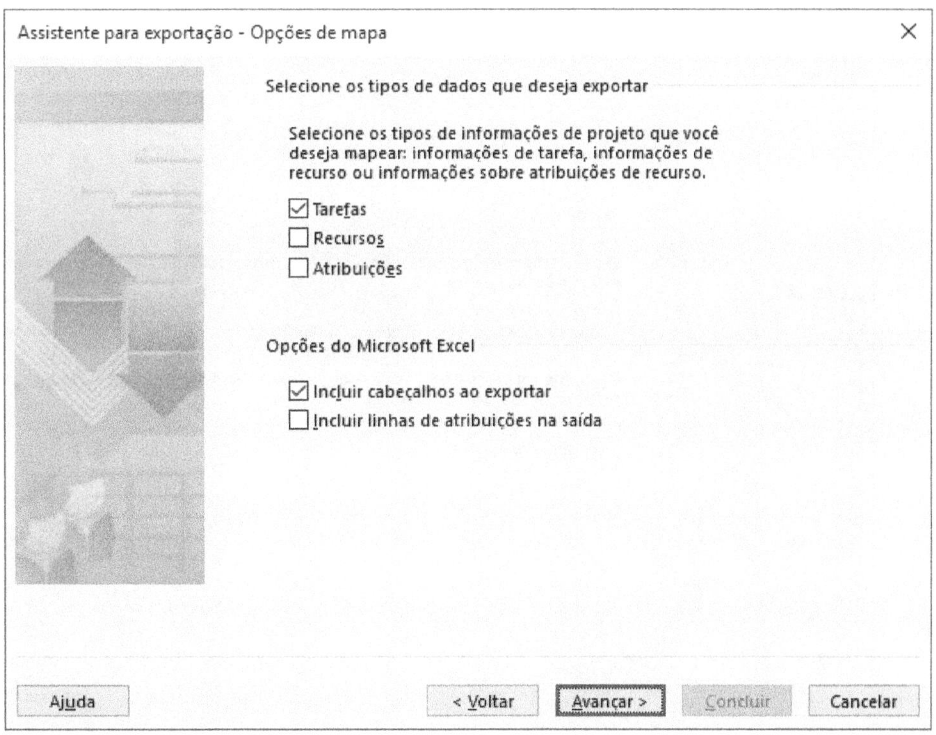

Figura 53.5 – Assistente para exportação – Opções do Mapa – Exemplo para Microsoft Excel

11. determine os campos a serem exportados pelo mapa de exportação e clique em ***Avançar***;

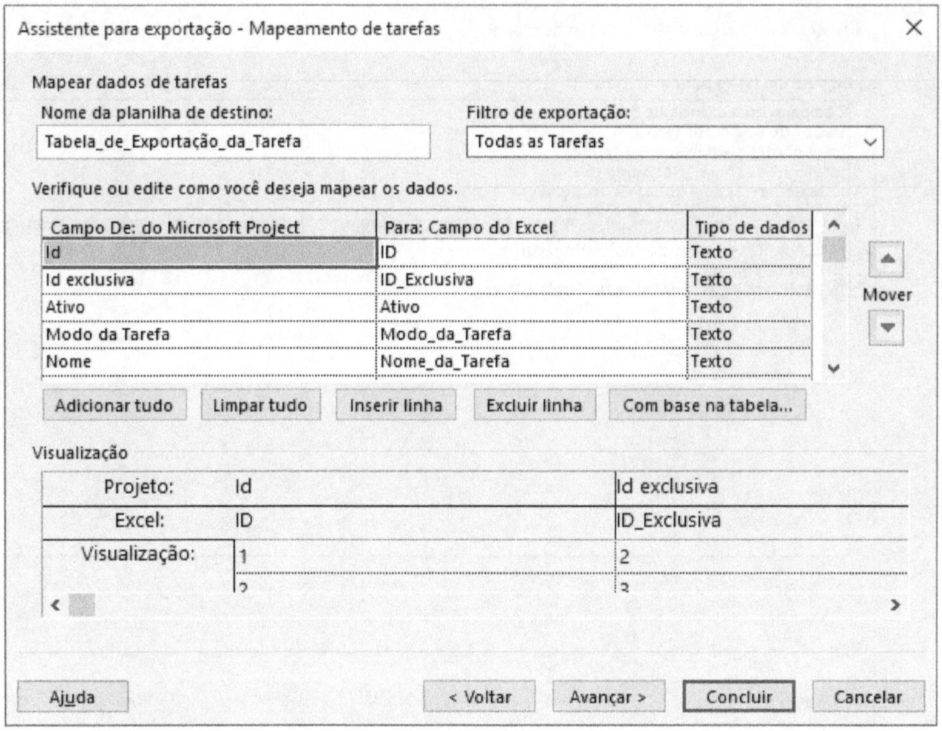

Figura 53.6 – Assistente para exportação – Mapeamento de tarefas

12. se o mapa for utilizado em outras ocasiões, clique em ***Salvar mapa...*** para salvar o mapa para uso futuro;
13. se o mapa criado não for utilizado em outras ocasiões, clique em ***Concluir***.

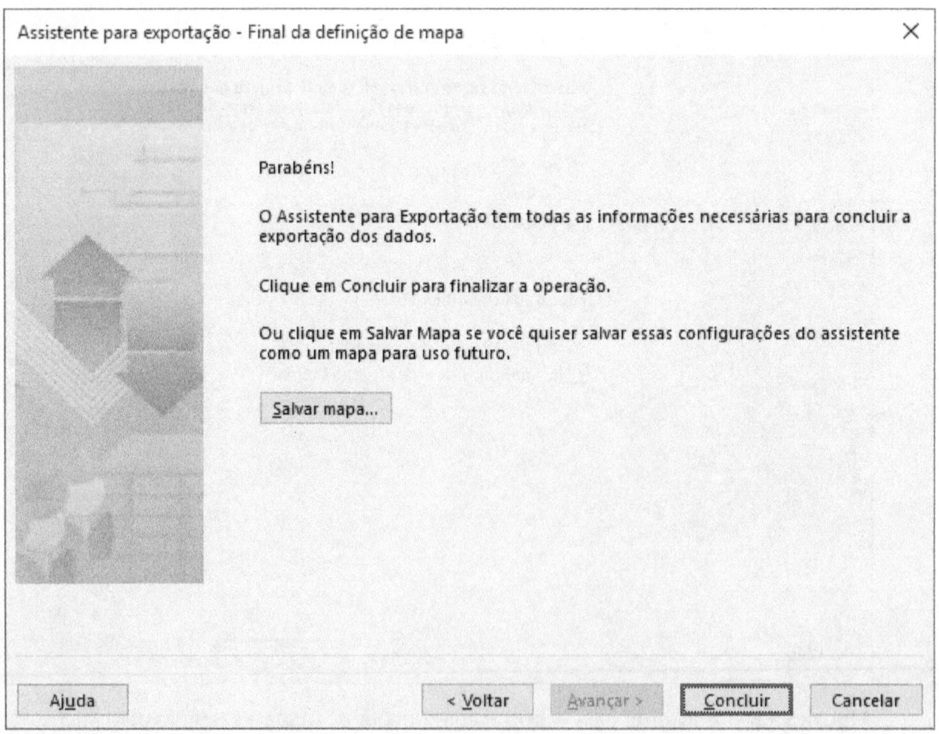

Figura 53.7 – Assistente para exportação – Final da definição de mapa

Importante – Só é possível mapear cada campo do Microsoft Project uma vez ao exportar os dados do projeto. Cada campo deverá ter um nome exclusivo no formato de destino quando se definir um mapa de importação/exportação.

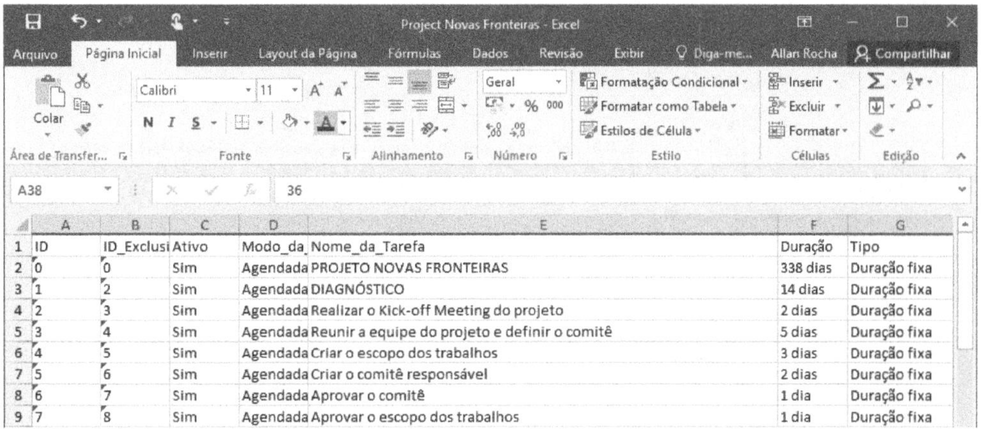

Figura 53.8 – Exemplo de dados exportados para o Microsoft Excel

53.3 Importando Projetos

Para importar um conjunto de dados externos ao Microsoft Project:

1. acesse a guia *Arquivo (Backstage)* e clique em ***Abrir***;
2. na tela *Abrir*, localize o local no qual está o arquivo a ser importado;
3. clique em ***Este PC***;

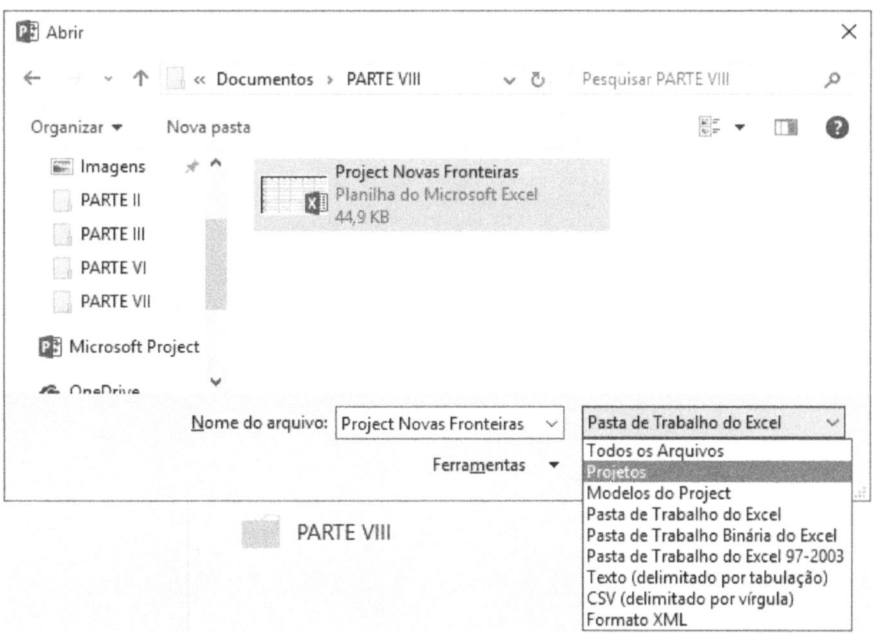

Figura 53.9 – Tela Abrir com destaque para o tipo de arquivo a ser aberto

4. na caixa lateral ao nome do arquivo, selecione o formato do arquivo a ser importado;
5. selecione o arquivo a ser importado;
6. pressione ***Abrir***;
7. quando o *Assistente para importação* for iniciado, clique em ***Avançar***;

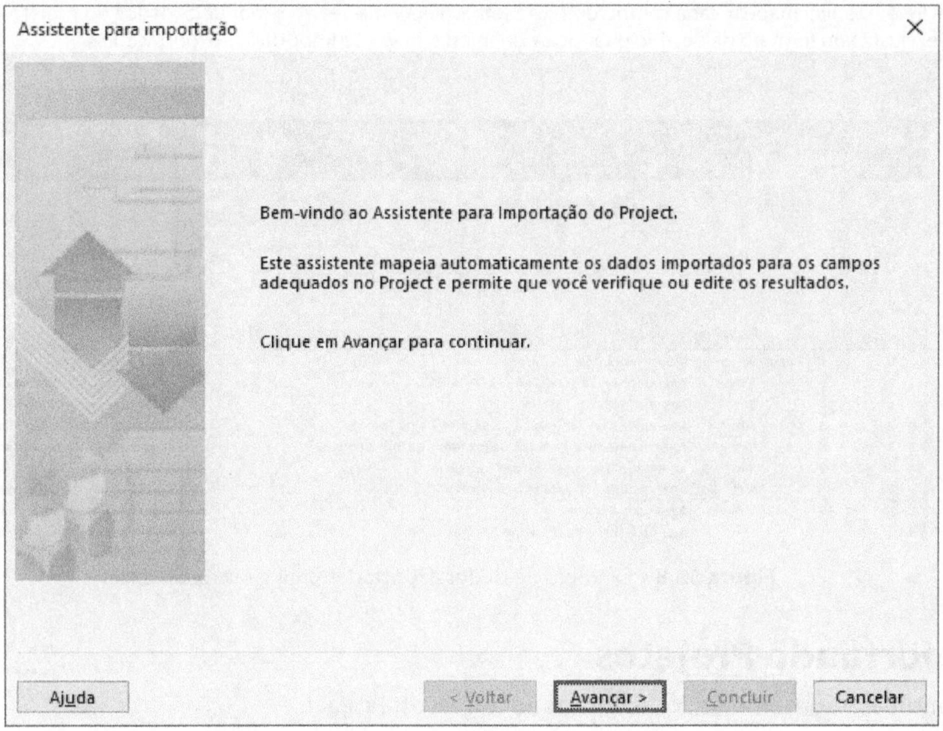

Figura 53.10 – Tela Assistente para importação

8. defina se um novo mapa será criado para a importação ou se um mapa existente será empregado;
9. se um mapa existente for utilizado, selecione o nome do mapa a ser usado para importar os dados e clique em ***Concluir***;
10. se um novo mapa for definido, siga os passos vistos na exportação de projetos.

Capítulo 54

Exportação de Imagem Gráfica e Assistente de Exportação de Imagens do Office

O Microsoft Project permite a exportação de dados para outros programas da família Office, além da exportação de imagens para a criação de web sites, apresentações etc.

É possível copiar informações, como uma figura estática, de qualquer modo de exibição ativo do Microsoft Project (exceto dos modos *Diagrama de relacionamentos*, *Formulário de tarefas* e *Formulário de recursos*) e colá-las em qualquer programa que possa exibir informações gráficas, como imagens.

Para copiar dados do projeto como imagem:

1. acesse o modo de exibição desejado na *Barra de Visões* ou através da guia *Exibir*;
2. independentemente do modo de exibição acessado, clique na guia ***Tarefa*** e clique na ***seta*** localizada à direita do botão *Copiar* para acessar a opção *Copiar Imagem*;

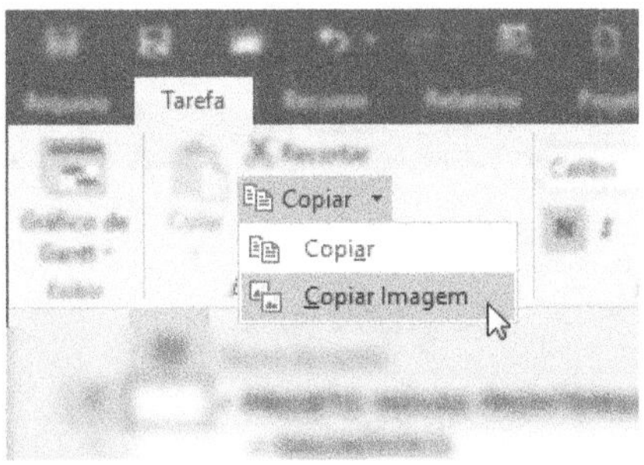

Figura 54.1 – Guia Tarefa com destaque para o botão Copiar Imagem

3. clique em ***Para tela*** para copiar as informações na resolução exibida na tela, com toda a formatação intacta;
4. clique em ***Para impressora*** se quiser copiar as informações em resolução que permita sua impressão;
5. clique em ***Para arquivo de imagem GIF*** e especifique o caminho e o nome do arquivo se desejar copiar as informações como um arquivo de imagem GIF (*Graphics Interchange Format*) para usá-las em uma página da web e em outros programas;

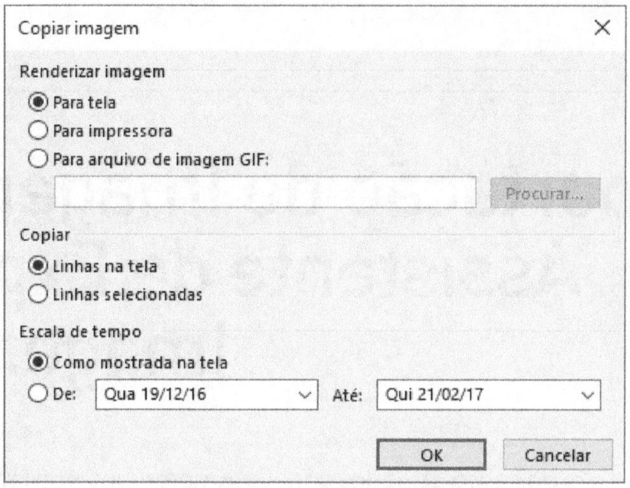

Figura 54.2 – Tela Copiar imagem

6. para copiar as linhas exibidas na tela, selecione a opção ***Linhas na tela***; ou
7. para copiar as linhas selecionadas do modo de exibição, selecione a opção ***Linhas selecionadas***;
8. para copiar informações referentes a um intervalo de datas diferente do que está sendo exibido no momento, em *Escala de tempo*, digite ou selecione uma data de início e uma data de término nas caixas *De* e *Até*;
9. clique em ***OK***.

Se a opção escolhida foi *Para tela* ou *Para impressora*, alterne para o programa no qual deseja inserir as informações do Microsoft Project e cole a figura usando o comando *Colar* do programa.

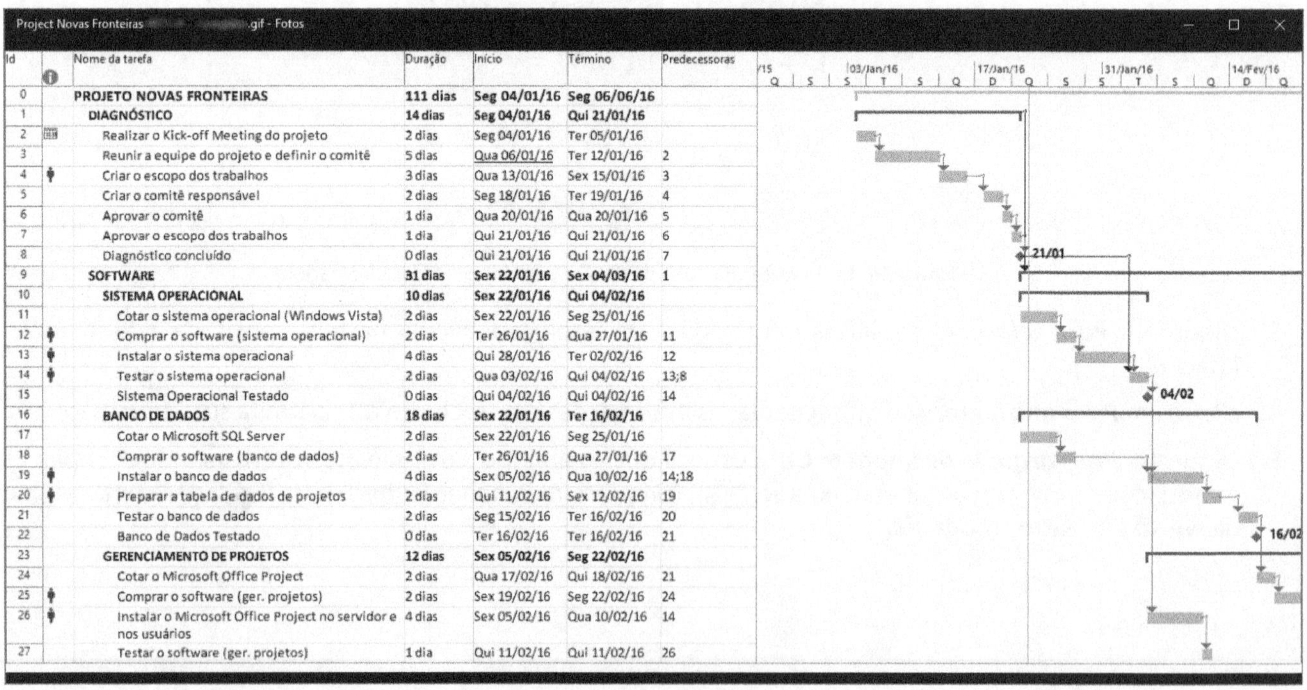

Id	Nome da tarefa	Duração	Início	Término	Predecessoras
0	**PROJETO NOVAS FRONTEIRAS**	**111 dias**	**Seg 04/01/16**	**Seg 06/06/16**	
1	**DIAGNÓSTICO**	**14 dias**	**Seg 04/01/16**	**Qui 21/01/16**	
2	Realizar o Kick-off Meeting do projeto	2 dias	Seg 04/01/16	Ter 05/01/16	
3	Reunir a equipe do projeto e definir o comitê	5 dias	Qua 06/01/16	Ter 12/01/16	2
4	Criar o escopo dos trabalhos	3 dias	Qua 13/01/16	Sex 15/01/16	3
5	Criar o comitê responsável	2 dias	Seg 18/01/16	Ter 19/01/16	4
6	Aprovar o comitê	1 dia	Qua 20/01/16	Qua 20/01/16	5
7	Aprovar o escopo dos trabalhos	1 dia	Qui 21/01/16	Qui 21/01/16	6
8	Diagnóstico concluído	0 dias	Qui 21/01/16	Qui 21/01/16	7
9	**SOFTWARE**	**31 dias**	**Sex 22/01/16**	**Sex 04/03/16**	1
10	**SISTEMA OPERACIONAL**	**10 dias**	**Sex 22/01/16**	**Qui 04/02/16**	
11	Cotar o sistema operacional (Windows Vista)	2 dias	Sex 22/01/16	Seg 25/01/16	
12	Comprar o software (sistema operacional)	2 dias	Ter 26/01/16	Qua 27/01/16	11
13	Instalar o sistema operacional	4 dias	Qui 28/01/16	Ter 02/02/16	12
14	Testar o sistema operacional	2 dias	Qua 03/02/16	Qui 04/02/16	13;8
15	Sistema Operacional Testado	0 dias	Qui 04/02/16	Qui 04/02/16	14
16	**BANCO DE DADOS**	**18 dias**	**Sex 22/01/16**	**Ter 16/02/16**	
17	Cotar o Microsoft SQL Server	2 dias	Sex 22/01/16	Seg 25/01/16	
18	Comprar o software (banco de dados)	2 dias	Ter 26/01/16	Qua 27/01/16	17
19	Instalar o banco de dados	4 dias	Sex 05/02/16	Qua 10/02/16	14;18
20	Preparar a tabela de dados de projetos	2 dias	Qui 11/02/16	Sex 12/02/16	19
21	Testar o banco de dados	2 dias	Seg 15/02/16	Ter 16/02/16	20
22	Banco de Dados Testado	0 dias	Ter 16/02/16	Ter 16/02/16	21
23	**GERENCIAMENTO DE PROJETOS**	**12 dias**	**Sex 05/02/16**	**Seg 22/02/16**	
24	Cotar o Microsoft Office Project	2 dias	Qua 17/02/16	Qui 18/02/16	21
25	Comprar o software (ger. projetos)	2 dias	Sex 19/02/16	Seg 22/02/16	24
26	Instalar o Microsoft Office Project no servidor e nos usuários	4 dias	Sex 05/02/16	Qua 10/02/16	14
27	Testar o software (ger. projetos)	1 dia	Qui 11/02/16	Qui 11/02/16	26

Figura 54.3 – Imagem copiada do Microsoft Project sendo visualizada no app Fotos do Windows 10

Importante – O limite máximo de uma figura é de 864 centímetros por 1000 tarefas.

Capítulo 55

Macros

Macros são conjuntos de instruções predefinidas usadas para realizar de maneira automática uma sequência específica de trabalho.

O Microsoft Project possibilita criar macros com grande facilidade através do *Gravador de macros*. É possível também utilizar o *Microsoft Visual Basic for Applications* para programar macros que envolvem comandos mais avançados (requer conhecimento de *VBA for Applications*).

55.1 Gravando Macros

Os comandos relacionados à gravação e edição de macros são localizados nas guias *Exibir* ou *Desenvolvedor*.

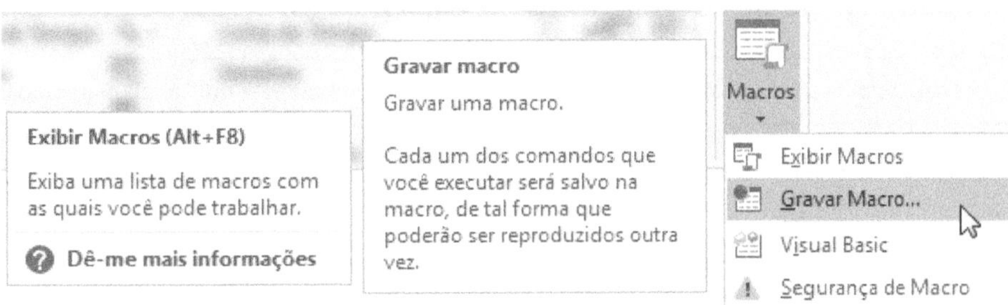

Figura 55.1 – Guia Exibir com destaque para o botão Macros e a opção Gravar Macro...

Importante – Por padrão, a guia *Desenvolvedor* não é disponibilizada ao instalar o Project e precisa ser configurada para aparecer normalmente junto com as demais guias da *Faixa de Opções*. Para fazer isso, consulte o capítulo 58, **Personalização da Faixa de Opções**.

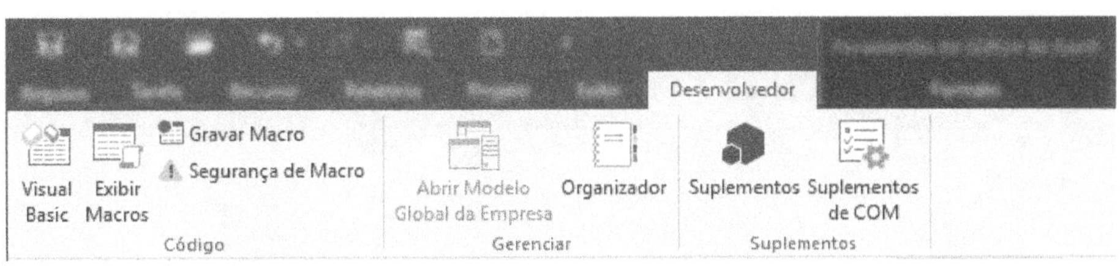

Figura 55.2 – Guia Desenvolvedor

Para gravar uma macro a partir da guia *Desenvolvedor*:

1. acesse a guia *Desenvolvedor* e clique no botão ***Gravar Macro***;

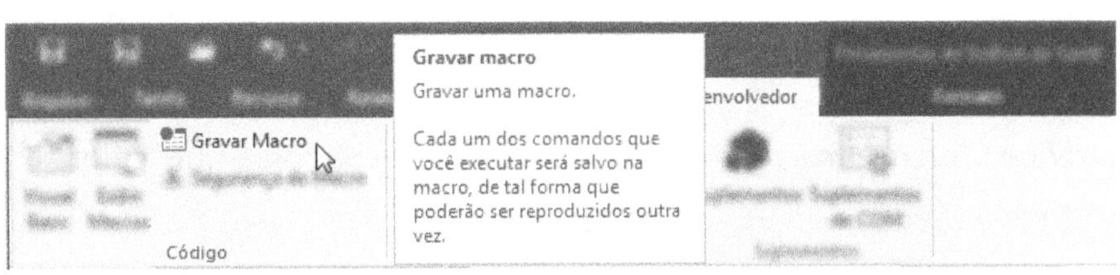

Figura 55.3 – Guia Desenvolvedor com destaque para o botão Gravar Macro

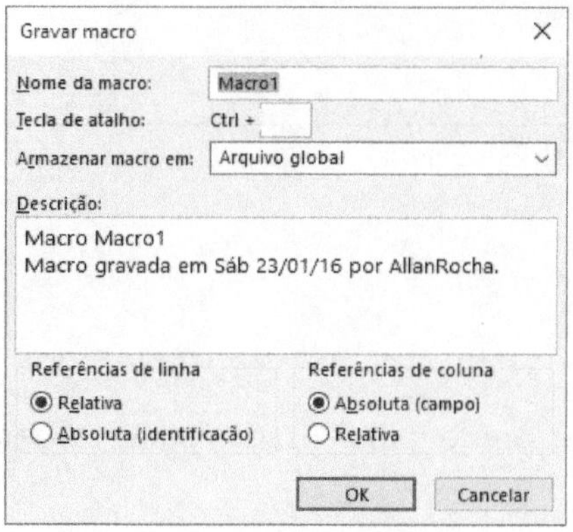

Figura 55.4 - Tela Gravar macro

2. na caixa *Nome da macro*, digite o nome da macro;

> **Importante** - O nome da macro deve ser iniciado com letras e não deve ter espaços.

3. insira uma letra para servir de atalho na caixa *Tecla de atalho*;

DICA

O Microsoft Project não permite a combinação de teclas com números ou combinações que já sejam utilizadas pelo programa.

4. na caixa *Armazenar macro em*, selecione o local onde se deseja armazenar a macro (a opção *Arquivo global* permite que a macro esteja disponível para todos os projetos);
5. escolha as referências de linhas e colunas no projeto para que o programa considere o cálculo da macro para células fixas ou para células dependentes da célula inicial;
6. clique em ***OK***;
7. execute as ações que deseja gravar (o gravador é como uma filmadora que grava tudo o que é clicado e inserido no projeto);
8. acesse a guia *Desenvolvedor* e clique no botão ***Parar gravação*** para finalizar a gravação.

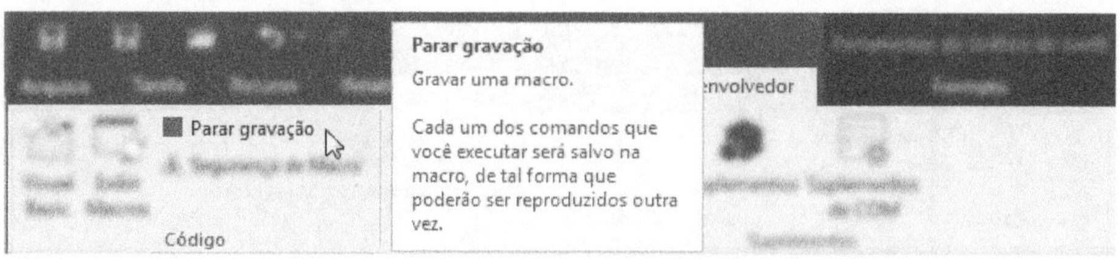

Figura 55.5 - Guia Desenvolvedor com destaque para o botão Parar gravação

55.2 Executando uma Macro

O Microsoft Project e diversos desenvolvedores independentes disponibilizam macros para serem utilizadas pelo Project, e essas macros podem ser executadas da mesma forma que as macros criadas pelo usuário.

Para executar uma macro:

1. abra o projeto que contém a macro (para macros não arquivadas no arquivo global);
2. acesse a guia *Desenvolvedor* e clique em ***Exibir Macros***;

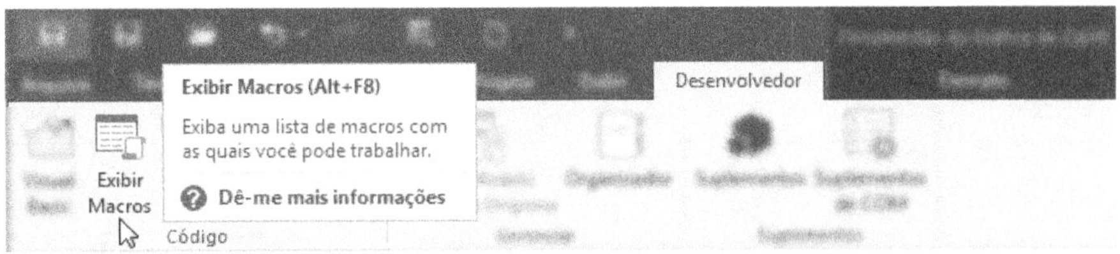

Figura 55.6 – Guia Desenvolvedor com destaque para o botão Exibir Macros

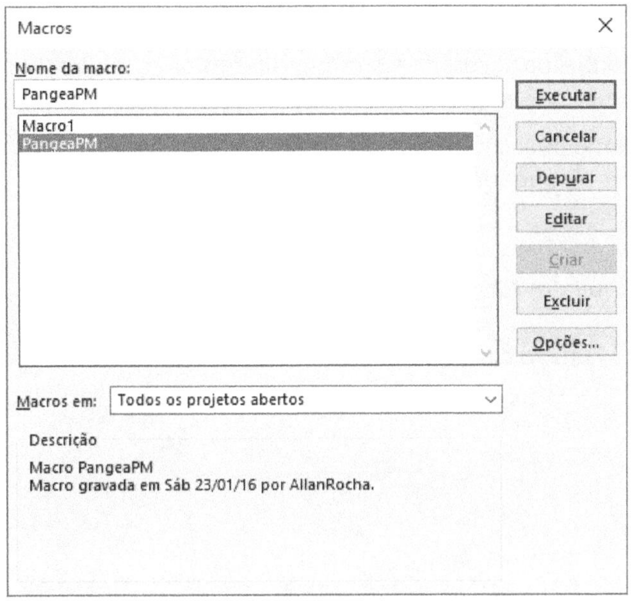

Figura 55.7 – Tela Macros com destaque para o botão Executar

3. escolha a macro que será executada;
4. clique em ***Executar***.

DICA

Para interromper uma macro antes do término, tecle `Ctrl` + `Break` no seu teclado.

55.3 Editando Macros

Para editar uma macro existente:

1. acesse a guia *Desenvolvedor* e clique em ***Exibir Macros***;
2. escolha a macro que será editada;
3. clique em ***Editar***.

Importante – Para editar uma macro, o operador deve estar familiarizado com o editor do Microsoft Visual Basic, não discutido neste livro.

CAPÍTULO 56

Personalização de Tabelas

Muitas vezes o gerente de projetos necessita examinar diferentes combinações de informações em uma tabela do Microsoft Project, alterando os campos de informação exibidos nesse modo.

Se nenhuma das tabelas fornecidas atender às necessidades do projeto, é possível criar uma nova tabela, ou modificar uma tabela existente, que será salva juntamente com o projeto.

Para criar ou modificar uma tabela:

1. acesse a guia *Exibir*, clique em ***Tabelas*** e selecione a opção ***Mais Tabelas...***;

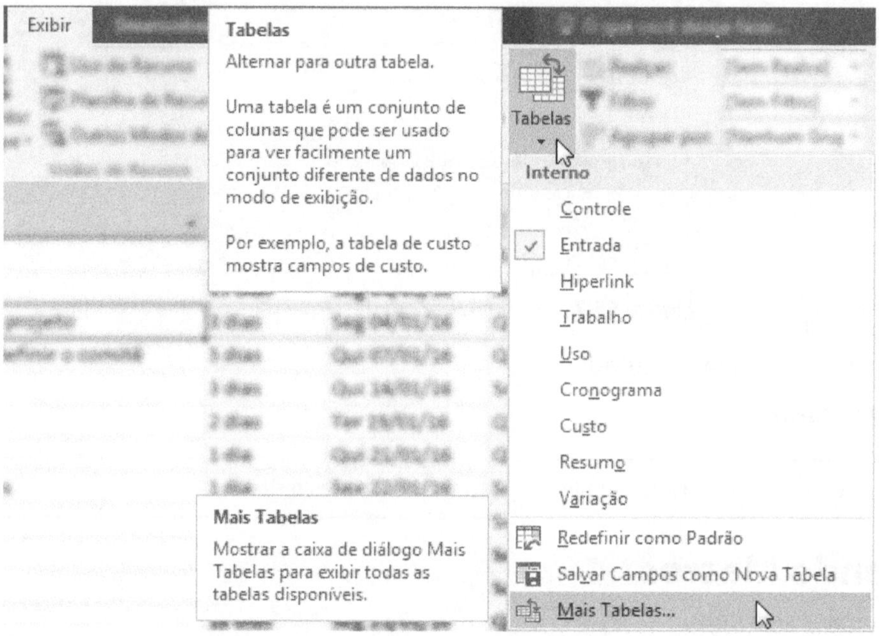

Figura 56.1 – Guia Exibir com destaque para o botão Tabelas e a opção Mais Tabelas

2. clique em ***Tarefa*** se desejar criar ou modificar uma tabela de atividades;
3. clique em ***Recurso*** se desejar criar ou modificar uma tabela de recursos;
4. clique em ***Editar...*** para modificar uma tabela existente, ***Copiar***... para basear a nova tabela em uma tabela existente ou ***Nova...*** para criar uma tabela a partir do zero;

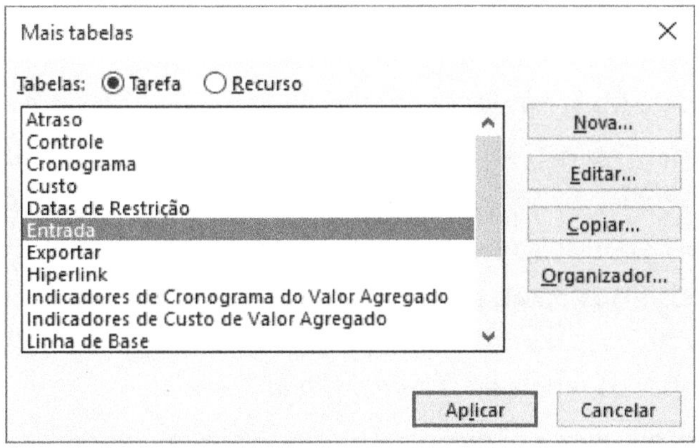

Figura 56.2 – Tela Mais tabelas para a criação ou edição de uma tabela

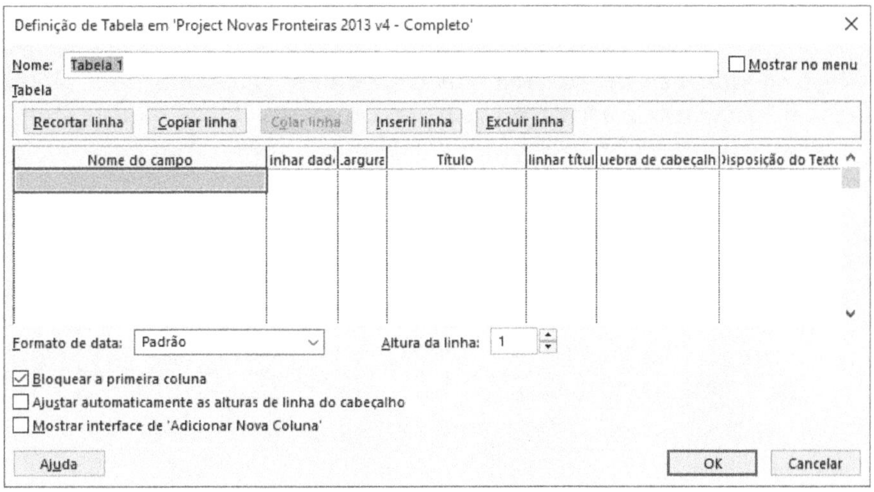

Figura 56.3 – Tela Definição de Tabela

5. depois de aberta a tela *Definição de Tabela*, digite o nome desejado para a tabela ou edite o nome, no caso de ser uma tabela já existente;
6. clique em ***Mostrar no menu*** se desejar que a tabela seja exibida na guia *Exibir* > *Tabelas*;
7. escolha o campo a ser mostrado na tabela em *Nome do campo*;
8. escolha o alinhamento dos dados a serem exibidos no campo em *Alinhar dados*;

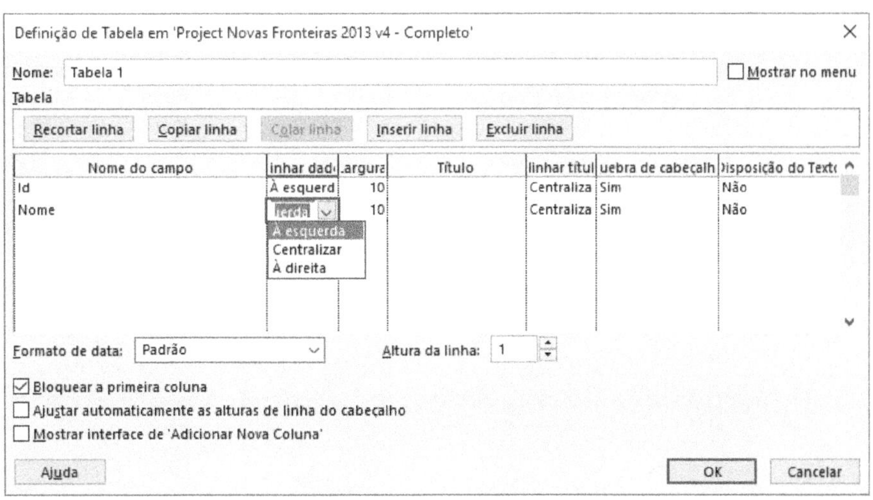

Figura 56.4 – Tela Definição de Tabela com destaque para o alinhamento do campo

9. determine a largura da coluna no campo *Largura*;
10. digite o título a ser exibido para o campo em *Título*;
11. escolha o alinhamento do título em *Alinhar título*;
12. escolha se o título poderá ou não ser quebrado, caso a largura da coluna seja reduzida, escolhendo *Sim* para a *Quebra de cabeçalho*;
13. repita os passos de 7 a 12 para inserir os outros campos da tabela;
14. caso algum dos campos exiba datas, escolha o formato a ser utilizado para esses campos em *Formato da data*;
15. escolha a altura das linhas da tabela em *Altura da linha*;
16. clique em ***Bloquear a primeira coluna*** para que a primeira coluna da tabela apareça em cinza e não permita edição;
17. clique em ***Ajustar automaticamente as alturas de linha do cabeçalho*** para que títulos de campos que não couberem em uma única linha sejam alocados em uma segunda linha;
18. clique em ***Mostrar interface de 'Adicionar Nova Coluna'*** para que uma última coluna fictícia seja adicionada à tabela para facilitar a inserção de novas colunas;

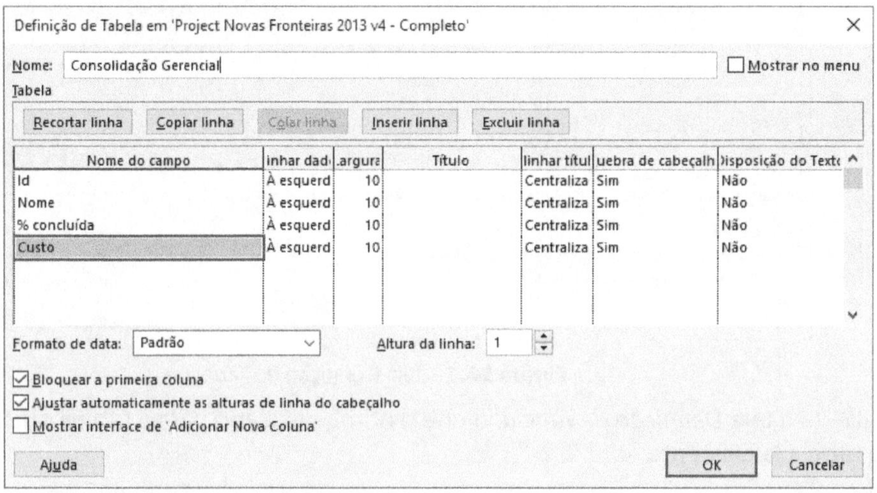

Figura 56.5 – Exemplo de tabela Consolidação gerencial criada a partir do zero

19. clique em ***OK*** e, em seguida, clique em ***Aplicar***.

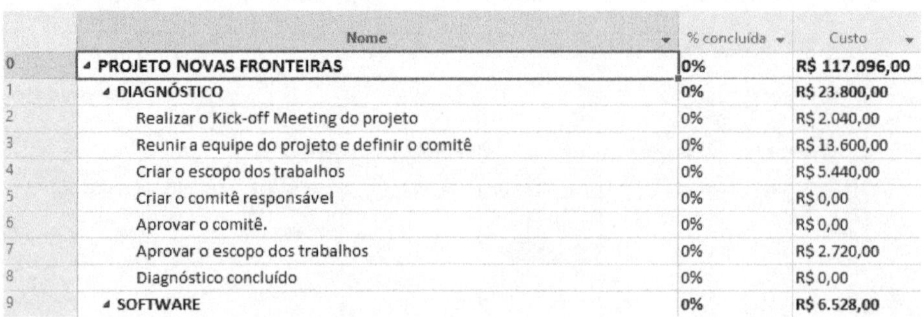

	Nome	% concluída	Custo
0	**PROJETO NOVAS FRONTEIRAS**	**0%**	**R$ 117.096,00**
1	**DIAGNÓSTICO**	**0%**	**R$ 23.800,00**
2	Realizar o Kick-off Meeting do projeto	0%	R$ 2.040,00
3	Reunir a equipe do projeto e definir o comitê	0%	R$ 13.600,00
4	Criar o escopo dos trabalhos	0%	R$ 5.440,00
5	Criar o comitê responsável	0%	R$ 0,00
6	Aprovar o comitê.	0%	R$ 0,00
7	Aprovar o escopo dos trabalhos	0%	R$ 2.720,00
8	Diagnóstico concluído	0%	R$ 0,00
9	**SOFTWARE**	**0%**	**R$ 6.528,00**

Figura 56.6 – Tabela Consolidação Gerencial criada através da personalização de tarefas

Importante – O Microsoft Project não permite aplicar tabelas de tarefas em recursos e tabelas de recursos em tarefas.

CAPÍTULO 57

Personalização de Modos de Exibição

Se nenhum dos modos de exibição existentes atender às necessidades dos envolvidos, é possível criar novos modos de exibição ou editar um modo de exibição já existente.

Para criar ou modificar um modo de exibição:

1. acesse a guia *Exibir*, clique no botão ***Outros Modos de Exibição*** e, em seguida, clique em ***Mais Modos de Exibição...***;

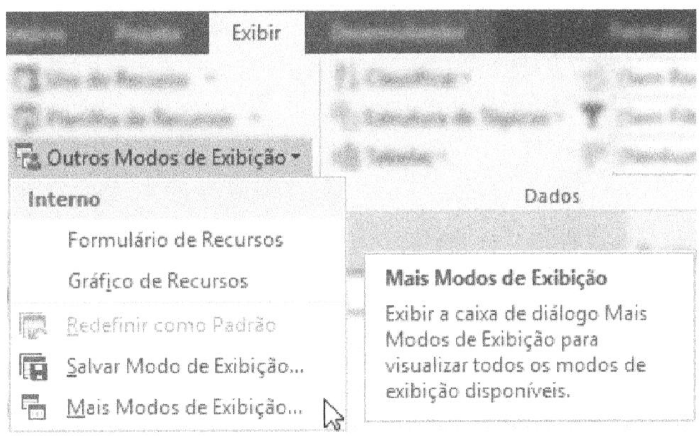

Figura 57.1 – Guia Exibir com destaque para o botão Outros Modos de Exibição e a opção Mais Modos de Exibição

2. clique em ***Editar...*** para modificar um modo de exibição existente, ***Copiar...*** para basear o novo modo de exibição em um modo de exibição existente ou ***Novo...*** para criar um modo de exibição a partir do zero;

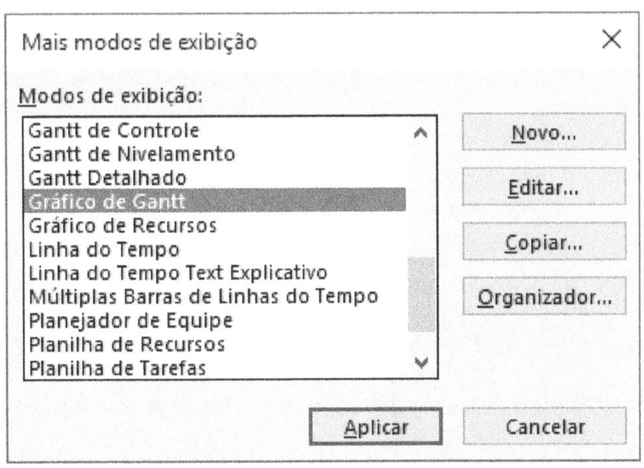

Figura 57.2 – Tela Mais modos de exibição

3. caso tenha escolhido a opção *Novo...*, defina se o modo de exibição será único (um só conjunto de dados, como o modo de exibição *Planilha de recurso*) ou combinado (um dado na parte de cima da tela e outro na parte de baixo da tela, como no modo de exibição *Alocação de recursos*);

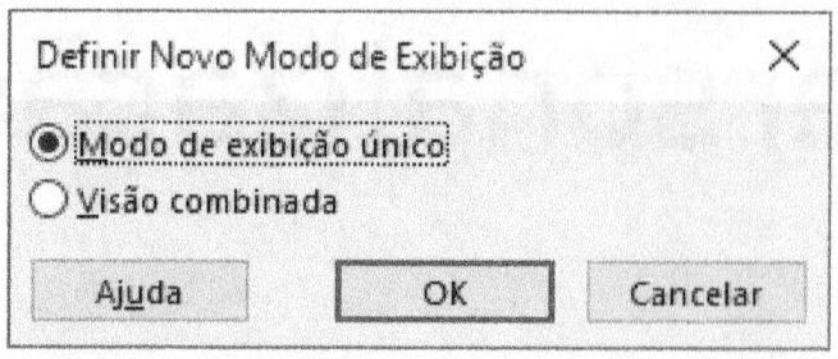

Figura 57.3 – Tela Definir Novo Modo de Exibição

4. independentemente do tipo de modo de exibição escolhido (único ou combinado), digite o nome desejado para o modo de exibição ou edite o nome, no caso de um modo de exibição já existente;

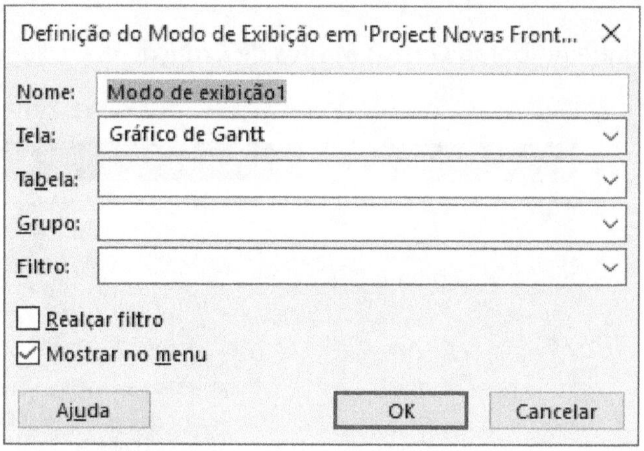

Figura 57.4 – Tela Definição do Modo de Exibição para o modo de exibição único

5. para o *modo de exibição único*, escolha o tipo de dado que deseja exibir no campo *Tela*;
6. caso o modo de exibição escolhido em *Tela* permita, selecione o nome da tabela, o do grupo e o do filtro a ser utilizado automaticamente toda vez que o modo de exibição for selecionado; ou
7. para o *modo de exibição combinado*, escolha os modos a serem exibidos nas partes superiores e inferiores do modo;

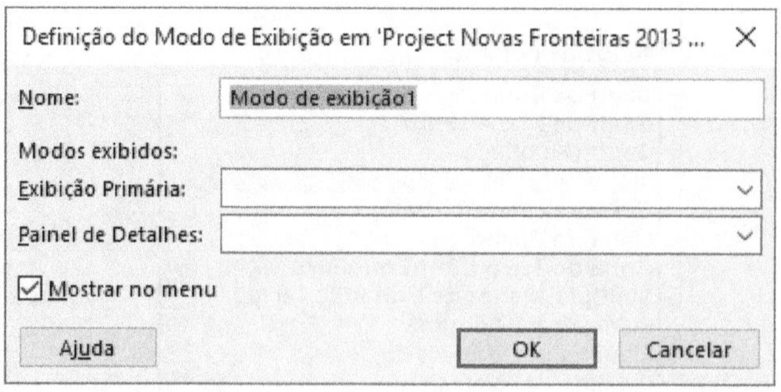

Figura 57.5 – Tela Definição do Modo de Exibição para o modo de exibição combinado

8. para ambos os casos, clique em ***Mostrar no menu*** se desejar que o modo de exibição seja exibido na guia *Exibir* e na *Barra de Visões*;

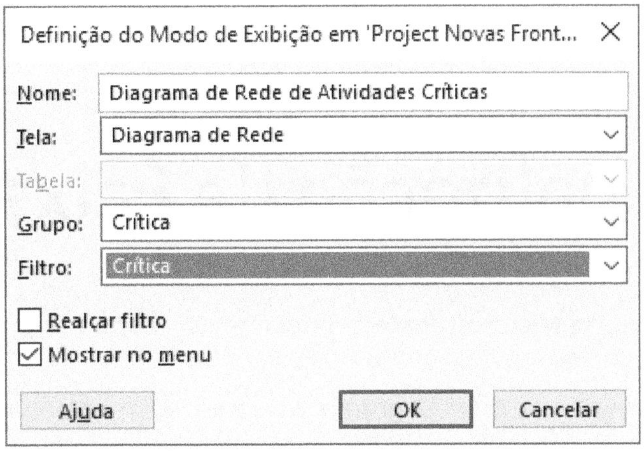

Figura 57.6 – Tela Definição do Modo de Exibição configurada para um novo modo de exibição Diagrama de Rede de Atividades Críticas criado como exemplo

9. clique em ***OK*** e, em seguida, clique em ***Aplicar***.

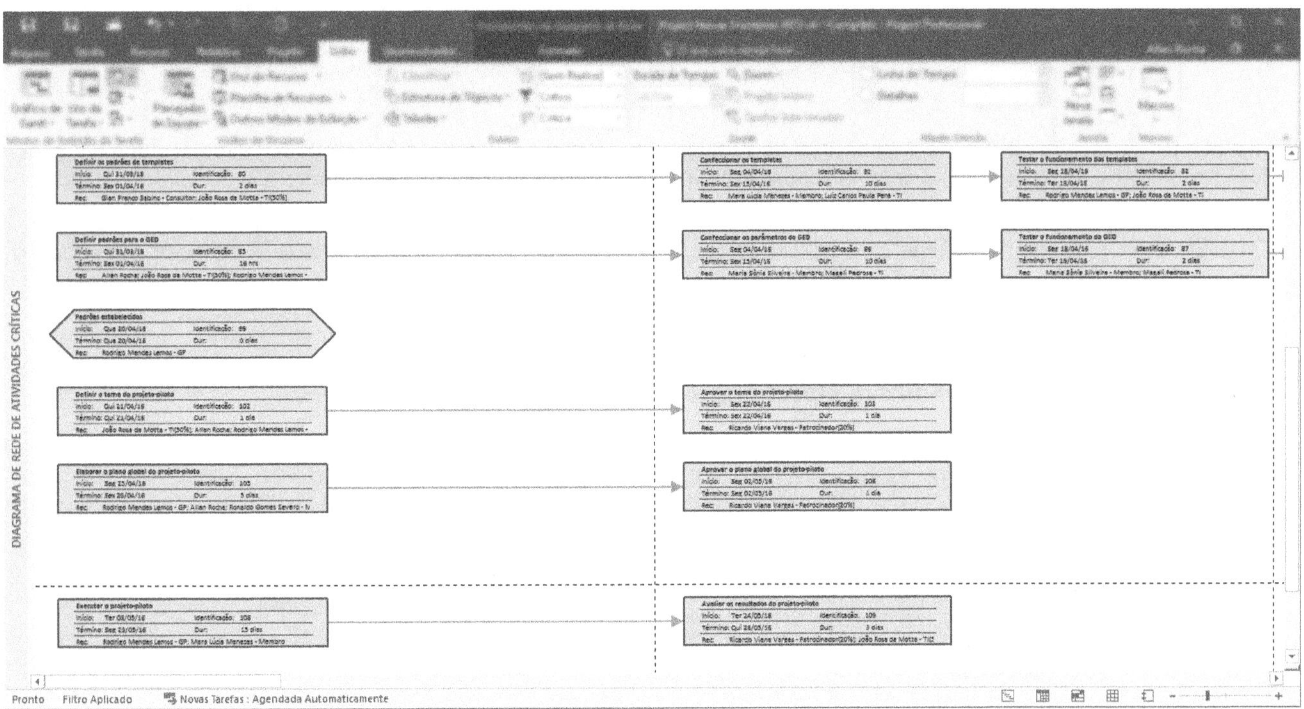

Figura 57.7 – Modo de exibição Diagrama de Rede de Atividades Críticas, recém-criado, aplicado no projeto

CAPÍTULO 58

Personalização da Faixa de Opções

Um dos principais recursos do Microsoft Project amplamente abordado no livro é a *Faixa de Opções*, que substituiu o tradicional menu das versões anteriores à versão 2010.

No uso do Project, é possível criar guias e grupos personalizados para conter os comandos usados com frequência.

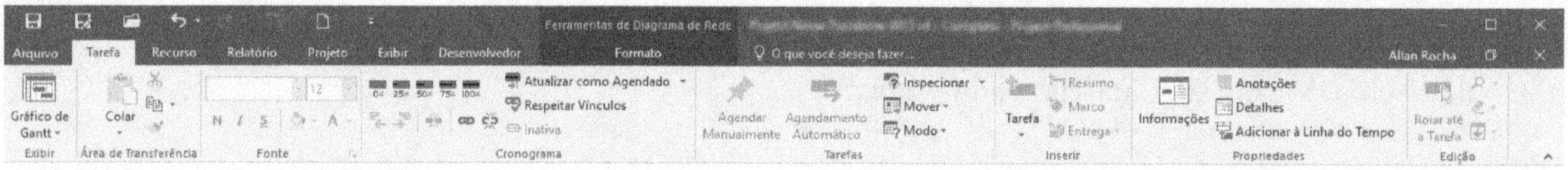

Figura 58.1 – Faixa de Opções evidenciando as guias (Arquivo, Tarefa, Recurso, Relatório, Projeto, Exibir etc.) e os grupos da guia Tarefa (Exibir, Área de Transferência, Fonte, Cronograma, Tarefas, Inserir, Propriedades, Edição)

> **Importante** – Embora seja possível adicionar comandos a grupos personalizados, não é possível alterar as guias e os grupos internos do Microsoft Office. Os comandos nos grupos padrão não estão disponíveis ou são exibidos na cor cinza e não podem ser editados.

A *Faixa de Opções* permite inúmeras configurações e personalizações. Para exibir a tela de configurações da *Faixa de Opções*:

1. acesse a guia *Arquivo (Backstage)*, clique no botão ***Opções***;
2. clique em ***Personalizar a Faixa de Opções*** na área lateral da tela *Opções do Project*.

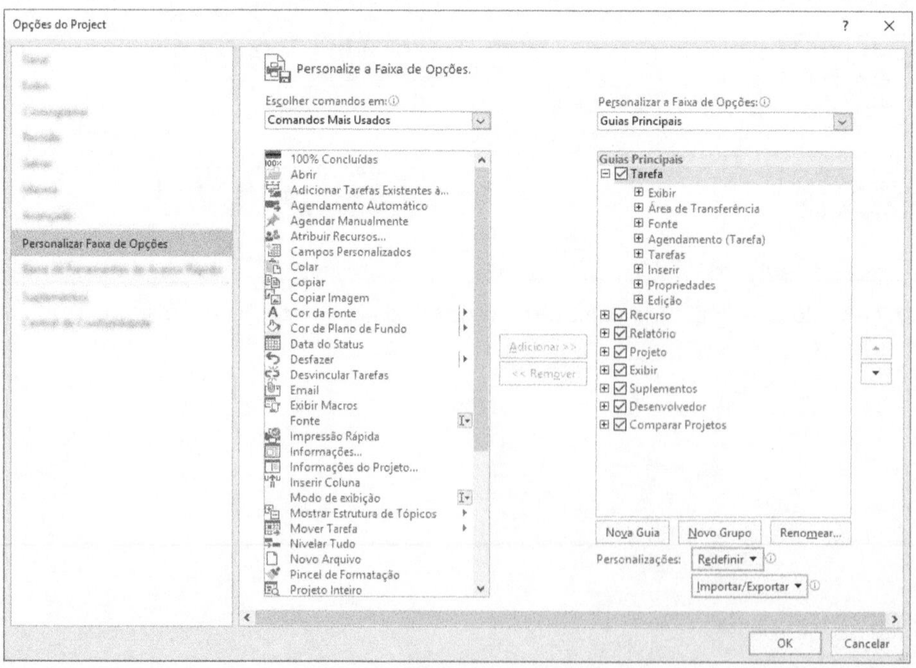

Figura 58.2 – Tela Opções do Project com destaque para a opção Personalizar Faixa de Opções

Para *exibir/ocultar* uma guia existente basta selecionar/desselecionar a guia clicando na caixa de seleção ao lado do nome de cada uma das guias.

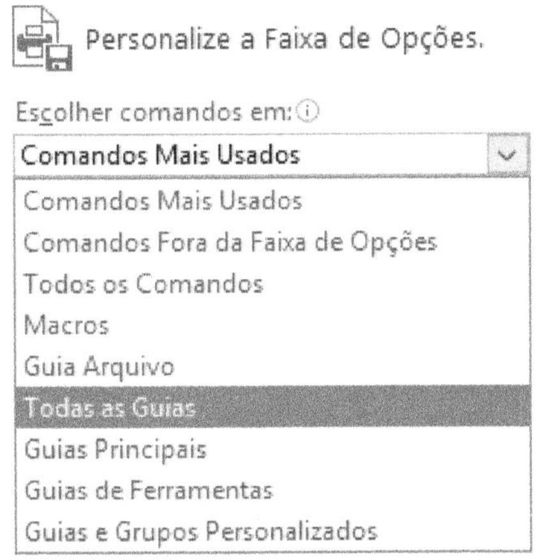

Figura 58.3 – Detalhe das opções de filtro de comandos para a Faixa de Opções

A parte esquerda da tela exibe todos os comandos disponíveis para serem adicionados à *Faixa de Opções*. Os comandos podem ser filtrados a partir da opção *Escolher comandos em*. Devido ao elevado número de comandos disponíveis, esses filtros são muito convenientes para encontrar os comandos desejados.

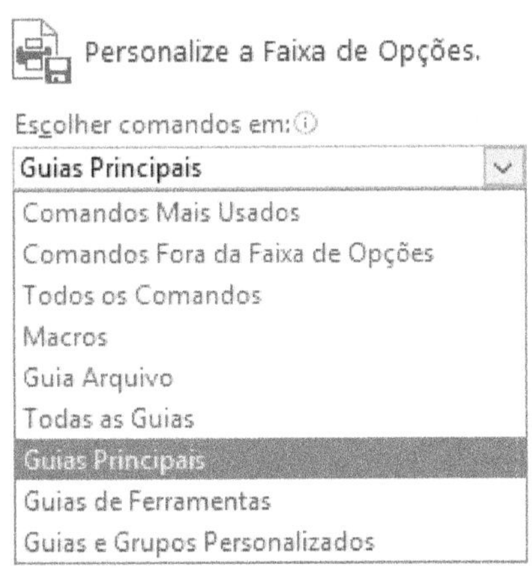

Figura 58.4 – Detalhe das opções de filtro de exibição para as guias disponíveis na Faixa de Opções

A parte direita da tela de personalização da *Faixa de Opções* contém as guias internas do Project e as eventuais guias personalizadas criadas. Essa área também tem uma opção de filtros das guias a serem exibidas na listagem através da opção *Personalizar a Faixa de Opções*.

Para criar uma nova guia com seus respectivos elementos:

1. clique no botão ***Nova Guia*** no canto inferior esquerdo da tela;
2. selecione a guia criada *Nova Guia (Personalizado)* e clique no botão ***Renomear...***;

> **Importante –** Toda vez que uma nova guia é criada, um novo grupo é associado.

3. digite o nome da nova guia na tela *Renomear*;
4. clique no ***Novo Grupo*** associado à guia criada e clique em ***Renomear...***;
5. digite o nome do grupo e escolha um símbolo para ele;

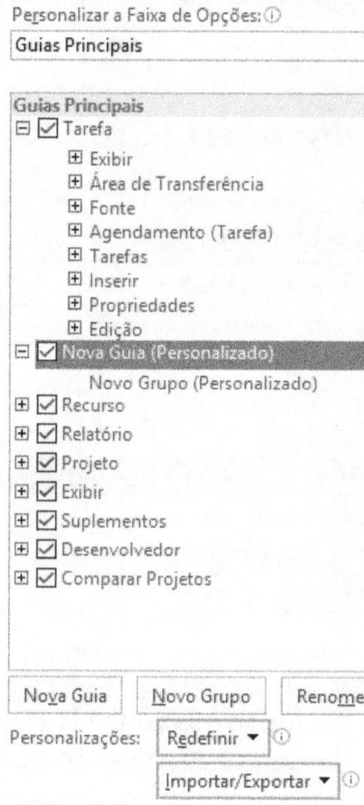

Figura 58.5 – Detalhe da tela Opções do Project com destaque para Nova Guia (Personalizado) selecionada

Figura 58.6 – Tela Renomear com as opções de símbolo e nome para um grupo

DICA

O símbolo do grupo é utilizado quando o tamanho da tela do computador ou notebook não é capaz de apresentar o texto referente ao grupo. Nesses casos o grupo é apresentado como um símbolo e seus comandos são visualizados ao clicar no símbolo.

6. para criar um novo grupo na mesma guia, selecione novamente o nome da guia e clique em ***Novo Grupo***;
7. repita os passos 4, 5 e 6 para criar novos grupos.

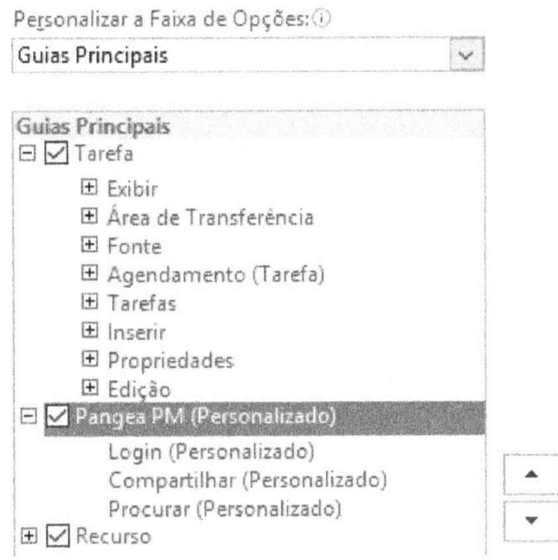

Figura 58.7 – Exemplo de personalização de uma guia com três grupos inseridos (Pangea PM)

DICA

Caso deseje mover para cima ou para baixo um grupo ou guia, basta utilizar as setas de direção localizadas à direita da tela de personalização das guias e grupos.

Com a guia e os grupos criados, basta adicionar os comandos desejados a cada um dos grupos. Para adicionar os comandos aos respectivos grupos:

1. selecione o grupo que terá comandos adicionados;
2. selecione na parte esquerda da tela o comando a ser adicionado;
3. clique em ***Adicionar***;

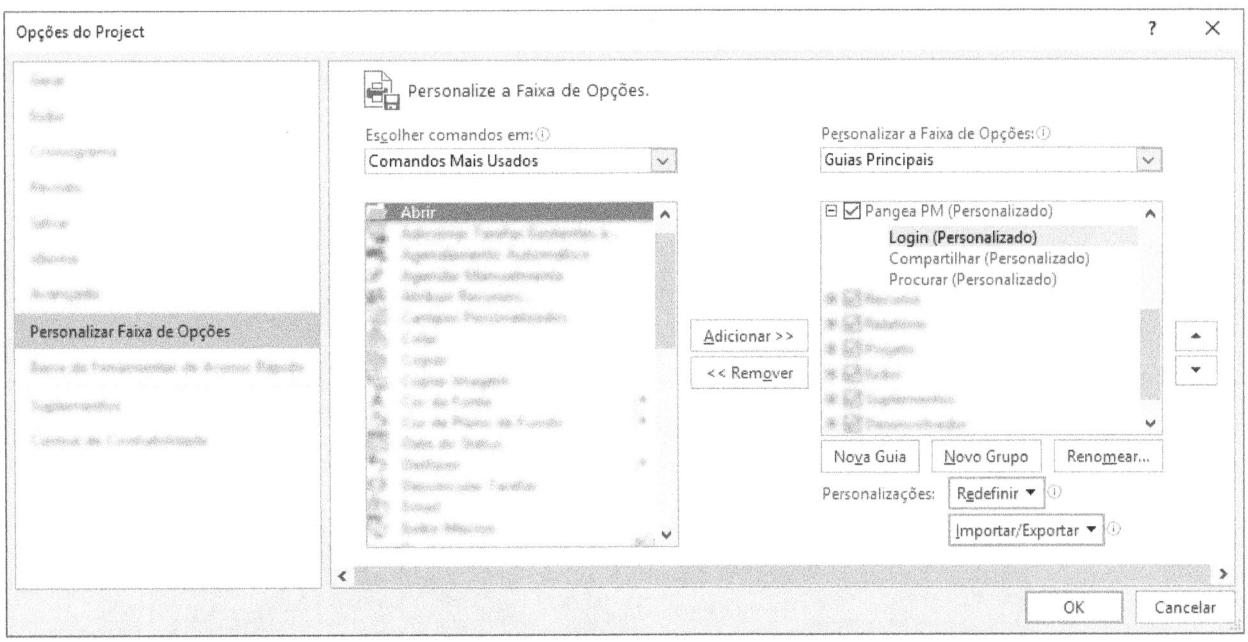

Figura 58.8 – Detalhe da personalização da Faixa de Opções com o comando Abrir selecionado para ser adicionado ao grupo Login (guia Pangea PM)

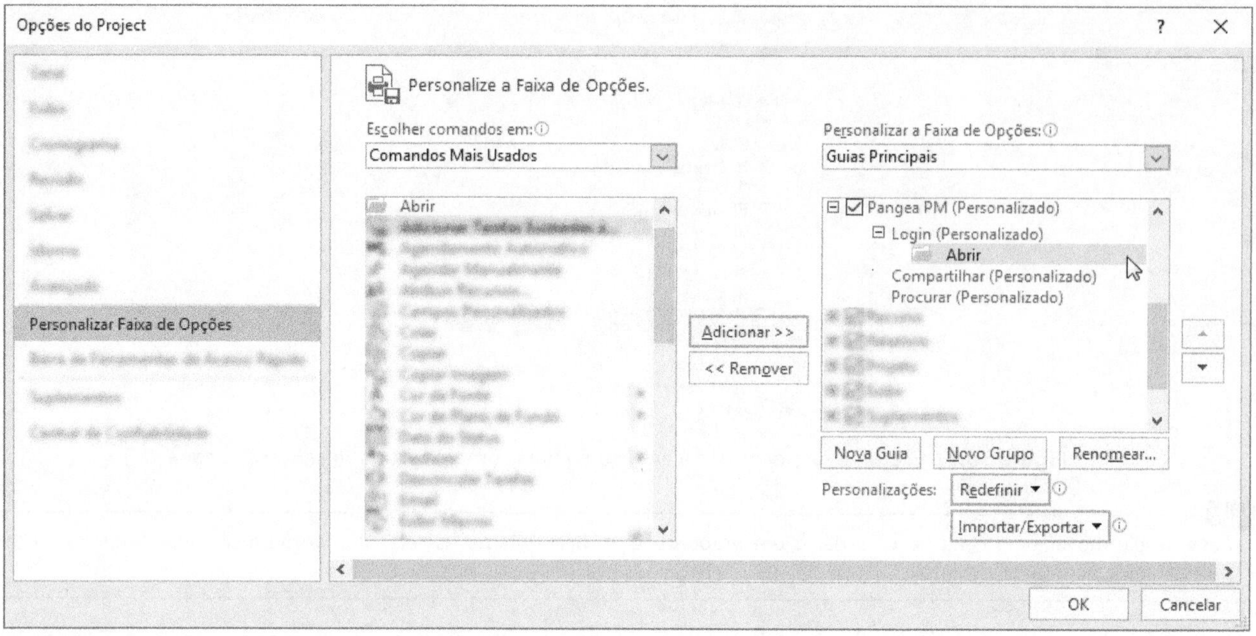

Figura 58.9 – Detalhe da personalização da Faixa de Opções com o comando Abrir já inserido no grupo Login (guia Pangea PM)

4. repita os passos 1, 2 e 3 para atribuir os demais campos aos grupos desejados;

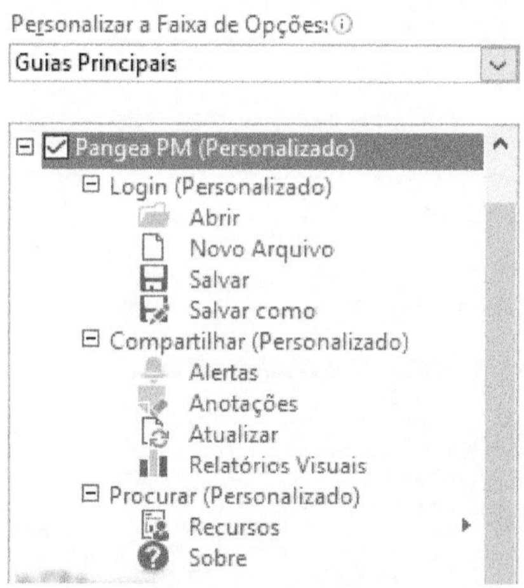

Figura 58.10 – Exemplo de comandos inseridos nos seus respectivos grupos dentro da guia Pangea PM

5. clique em ***OK*** para criar a nova guia.

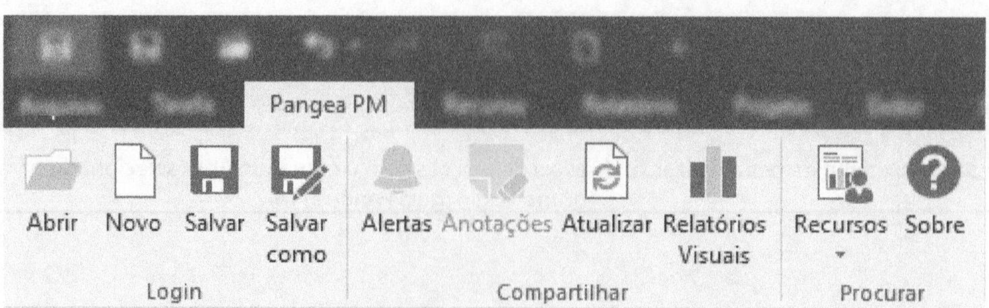

Figura 58.11 – Guia Pangea PM

Muitas vezes as guias criadas vão se tornar um padrão organizacional e precisam ser exportadas para uma interface de usuário do Office, para que, posteriormente, sejam instaladas em outros computadores que utilizam o Microsoft Project.

Para exportar ou importar as guias desenvolvidas:

1. acesse a guia *Arquivo (Backstage)*, clique no botão ***Opções***;
2. clique em ***Personalizar Faixa de Opções*** na área lateral da tela *Opções do Project*;
3. clique no botão ***Importar/Exportar***;

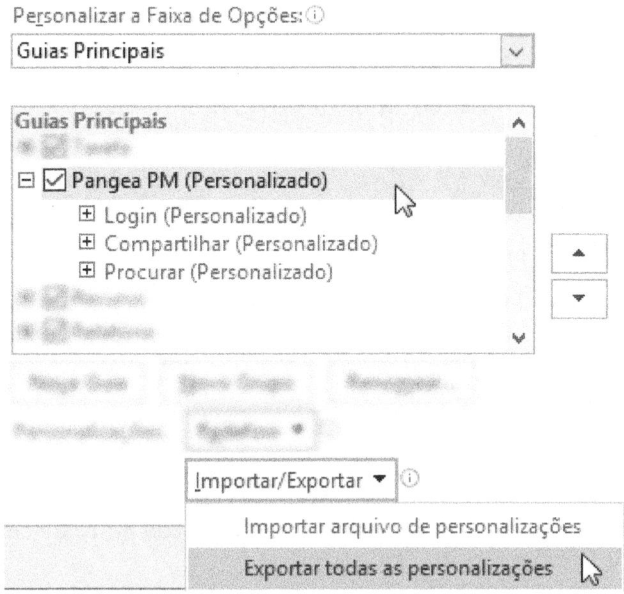

Figura 58.12 – Tela Opções do Project com destaque para o botão Importar/Exportar

4. escolha ***Importar arquivo de personalizações*** para importar um arquivo com personalizações; ou
5. escolha ***Exportar todas as personalizações*** para exportar um arquivo com personalizações;
6. digite o nome do arquivo de interface que será salvo ou selecione o arquivo com a interface que será importado.

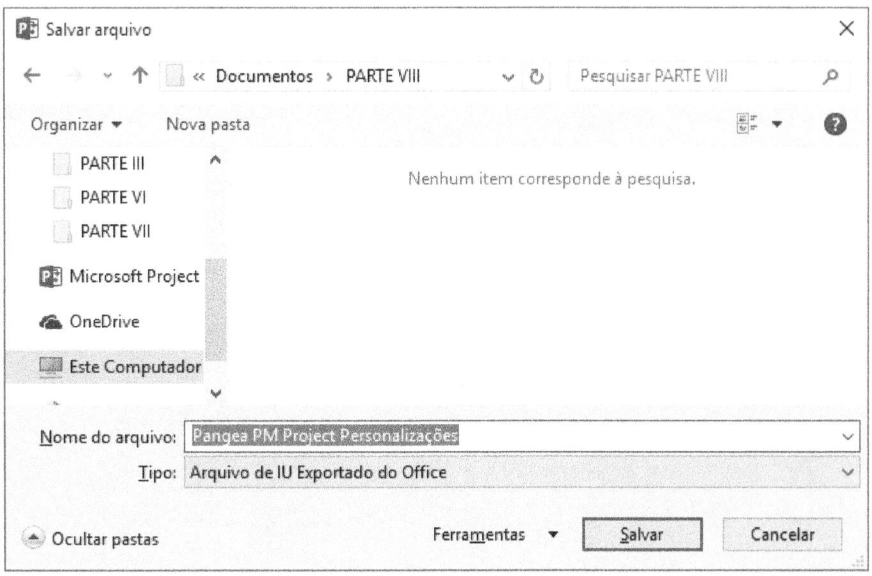

Figura 58.13 – Tela Salvar arquivo com destaque para a exportação de uma interface de usuário

CAPÍTULO 59

Personalização da Barra de Ferramentas de Acesso Rápido

Como parte da interface do Office desde a versão 2013, a *Barra de Ferramentas de Acesso Rápido* é exibida de modo permanente na lateral esquerda da barra de título do programa.

Figura 59.1 – Barra de Ferramentas de Acesso Rápido

Para atender às diferentes necessidades de diferentes usuários, o Microsoft Project permite a configuração da *Barra de Ferramentas de Acesso Rápido*, podendo incluir novos comandos e ordenar da forma mais adequada os comandos existentes.

Para configurar rapidamente a *Barra de Ferramentas de Acesso Rápido*:

1. clique na seta à direita da barra e escolha os comandos a serem exibidos e/ou ocultados;
2. clique no comando desejado para *exibir/ocultar* o comando da Barra de Ferramentas de Acesso Rápido.

Para configurar os detalhes e as opções avançadas da *Barra de Ferramentas de Acesso Rápido*:

1. clique na seta à direita da barra e escolha *Mais Comandos*; ou
2. acesse a guia *Arquivo (Backstage)*, clique no botão ***Opções*** e escolha *Barra de Ferramentas de Acesso Rápido*;
3. a tela de personalização da barra é muito similar à tela de personalização da *Faixa de Opções*, vista anteriormente;
4. selecione na parte esquerda da tela o comando a ser adicionado;
5. clique em ***Adicionar***;

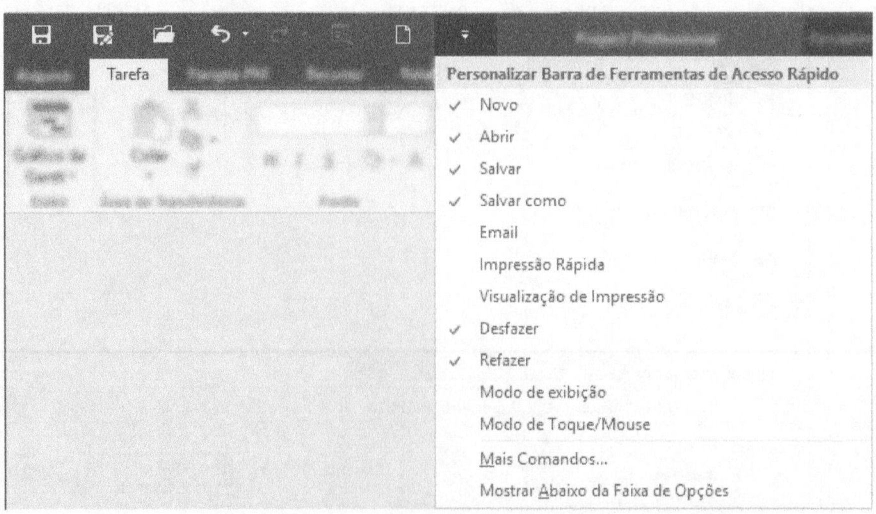

Figura 59.2 – Acesso rápido aos botões da Barra de Ferramentas de Acesso Rápido

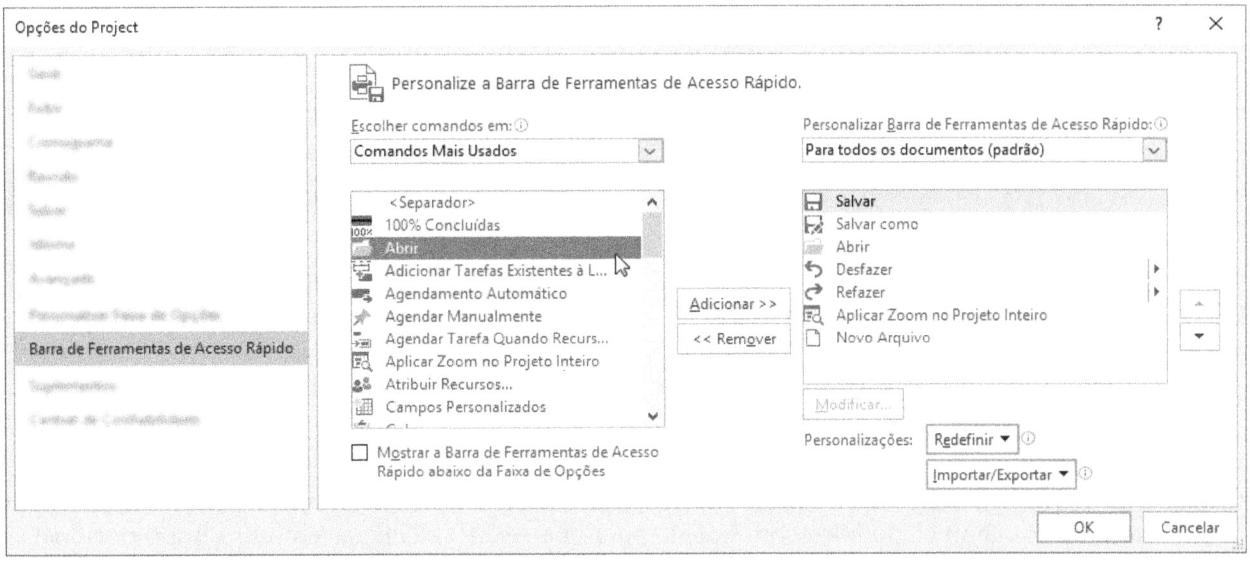

Figura 59.3 – Detalhe da personalização da Barra de Ferramentas de Acesso Rápido com o comando Abrir selecionado

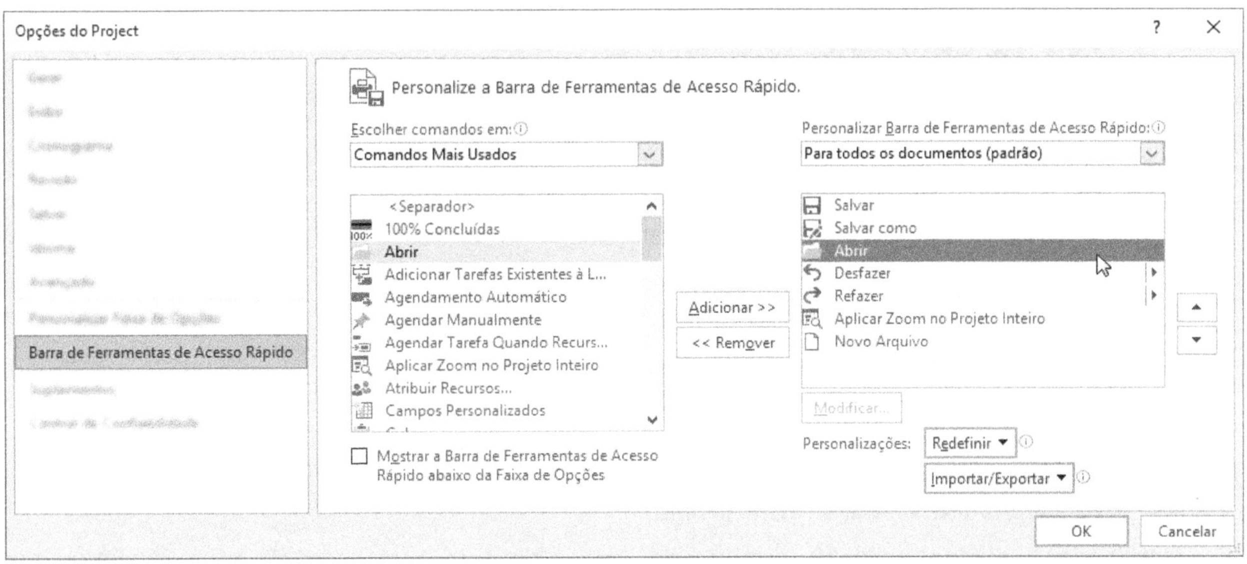

Figura 59.4 – Detalhe da personalização da Barra de Ferramentas de Acesso Rápido com o comando Abrir inserido

6. repita os passos 4 e 5 para adicionar novos campos;
7. para mover para cima ou para baixo um comando, basta utilizar as setas de direção localizadas à direita da tela de personalização;
8. para remover um campo da barra, selecione o campo e clique no botão ***Remover***;
9. clique em ***OK*** para efetivar as mudanças.

CAPÍTULO 60

Campos Personalizados

Muitas vezes é necessário criar alguns campos destinados a informações específicas de um projeto, não disponíveis nos campos padronizados do Microsoft Project. Esses campos podem ser inseridos e exibidos em qualquer modo de exibição de planilha, como os modos *Gráfico de Gantt, Uso da tarefa* e *Diagrama de rede.* É possível também inserir e exibir campos de recurso personalizados nos modos de exibição *Uso do recurso* e *Planilha de recursos.*

Os campos personalizados podem ser utilizados para diversos fins, como escrever fórmulas, incluindo referências a outros campos do Microsoft Project, para que sejam calculadas em um campo personalizado. É possível criar uma lista de valores para um campo personalizado e, assim, garantir uma entrada de dados rápida e precisa, além de exibir nele um indicador visual em vez dos dados reais.

60.1 Tipos de Campos

O Microsoft Project inclui diversos tipos de campos personalizados, listados a seguir.

- **Custo1 a Custo10 –** Mostra quaisquer informações personalizadas sobre custos que se deseje inserir no projeto. O custo padrão é R$ 0,00.
- **Data1 a Data10 –** Mostra quaisquer informações especializadas sobre datas que se deseja inserir e armazenar separadamente no projeto.
- **Duração1 a Duração10 –** Mostra quaisquer informações especializadas sobre a duração que se deseja inserir e armazenar separadamente no projeto.
- **Início1 a Início10 –** Mostra quaisquer informações específicas sobre a data de início que se deseja inserir e armazenar separadamente no projeto.
- **Término1 a Término10 –** Mostra quaisquer informações específicas sobre a data de término que se deseja inserir e armazenar separadamente no projeto.
- **Sinalizador1 a Sinalizador20 –** Indica se uma atribuição está marcada para qualquer ação ou identificação futura. Para marcar uma atribuição, clique em *Sim* em um campo de sinalizador. Para não marcar uma atribuição, clique em *Não*. Por padrão, os campos de sinalizador são definidos como *Não*.
- **Número1 a Número20 –** Mostra quaisquer informações numéricas personalizadas inseridas no projeto. O número padrão é 0.
- **Códigos de estrutura de tópicos 1 a 10 –** Este campo contém um código alfanumérico definido para representar uma estrutura hierárquica de recursos. Os códigos de estrutura de tópicos são marcas personalizadas de recursos que compartilham características. Podem ser utilizados para agrupar os recursos da maneira desejada.
- **Texto1 a Texto30 –** Mostra quaisquer informações de texto personalizadas que se deseja inserir no projeto.

60.2 Criando e Excluindo um Campo Personalizado

É possível inserir o campo personalizado em qualquer modo de exibição que use uma tabela inserindo uma coluna e selecionando o campo personalizado como o nome do campo da coluna. É possível também usar campos personalizados como parte de uma barra do *Calendário*, barra do *Gráfico de Gantt* ou caixa de tarefas do *Diagrama de rede* e como um critério de classificação ou pesquisa.

Quando criar um campo personalizado, o usuário estará na verdade renomeando um campo existente do Microsoft Project.

Para criar um campo personalizado:

1. acesse a guia *Projeto* e clique no botão ***Campos Personalizados*** para abrir a tela *Campo Personalizados*;

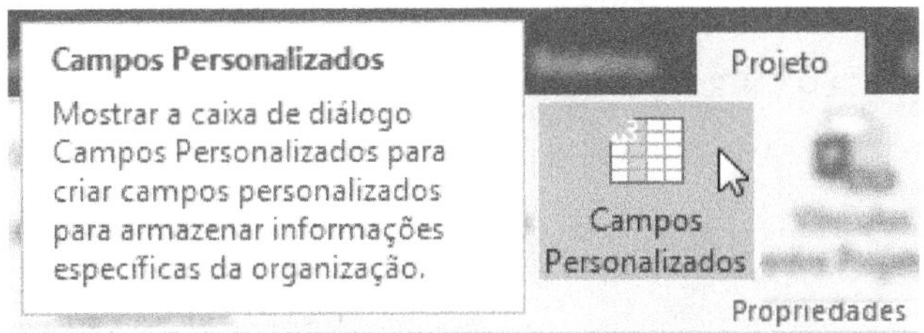

Figura 60.1 – Guia Projeto com destaque para o botão Campos Personalizados

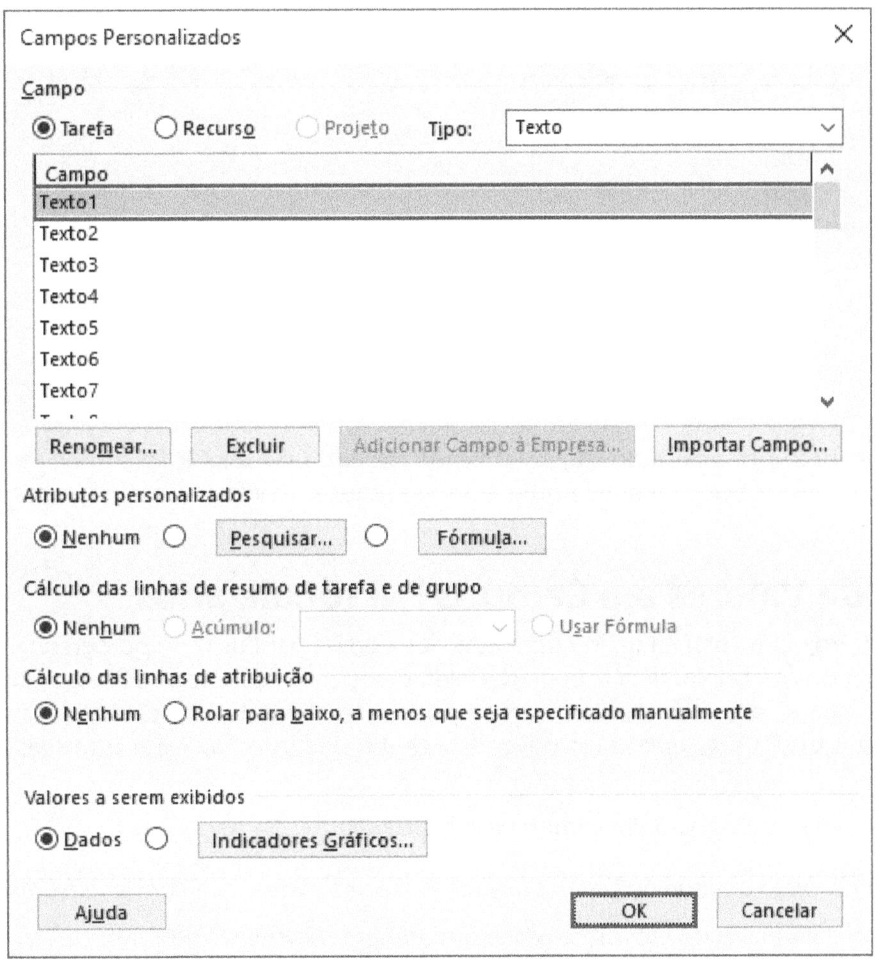

Figura 60.2 – Tela Campos Personalizados

2. clique em ***Tarefa*** se desejar renomear um campo de atividades;
3. clique em ***Recurso*** se desejar renomear um campo de recursos;
4. no campo ***Tipo***, escolha o tipo de campo a ser personalizado;
5. clique em ***Renomear...*** para renomear o campo;

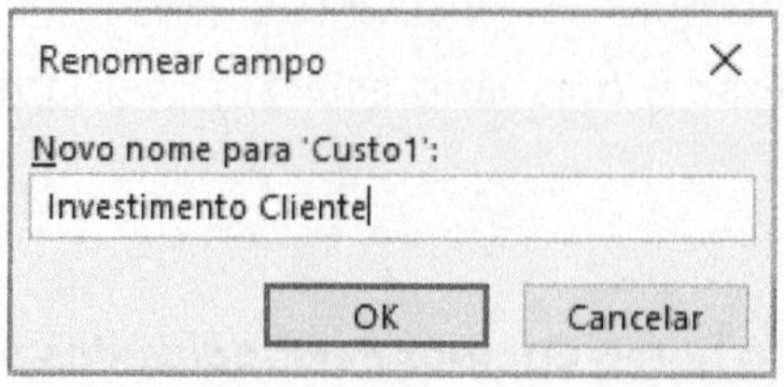

Figura 60.3 – Tela Renomear campo

6. digite um novo nome para o campo e clique em ***OK***;
7. clique em ***OK*** novamente para fechar a tela *Campos Personalizados*.

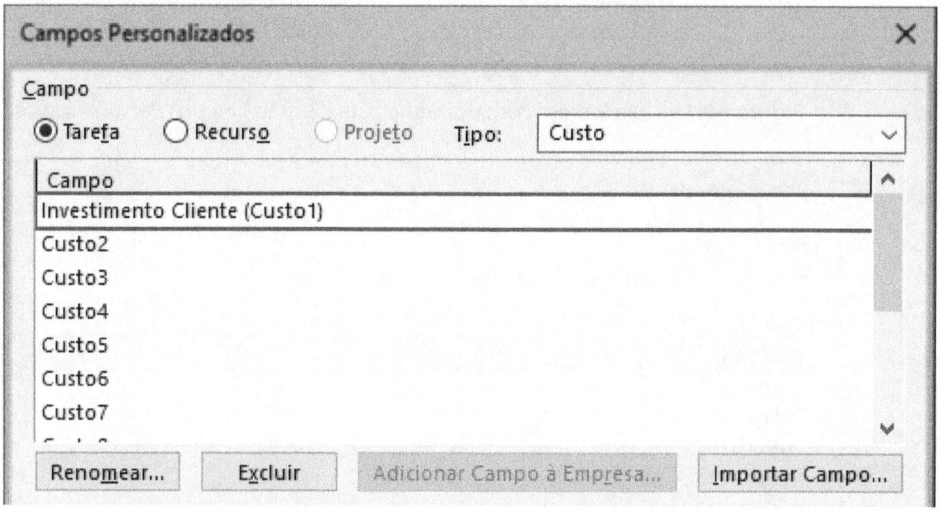

Figura 60.4 – Campo Custo1 personalizado para Investimento Cliente

Para excluir um campo personalizado clique no botão ***Excluir***. Ao excluí-lo, o conteúdo e quaisquer atributos definidos para o campo, como seu novo nome, serão excluídos. Entretanto, não será possível excluir o próprio campo *Custo1*.

60.3 Lista de Valores em Campos Personalizados

Com o Microsoft Project é possível definir uma lista dos valores para um campo personalizado. Quando dados precisam ser inseridos na célula, uma lista predefinida de opções proporciona acesso rápido e fácil a entradas predefinidas. Os valores possíveis para um campo podem ser limitados àqueles da lista ou configurados para aceitarem novos valores. Uma vez que um novo valor tenha sido inserido, ele é automaticamente adicionado à lista de valores.

Para criar uma lista de valores para um campo personalizado:

1. acesse a guia *Projeto* e clique no botão ***Campos Personalizados*** para abrir a tela *Campos Personalizados*;
2. crie o campo personalizado conforme procedimento anteriormente descrito;
3. selecione o campo em que deseja inserir uma lista de valores;
4. clique em ***Pesquisar...***;

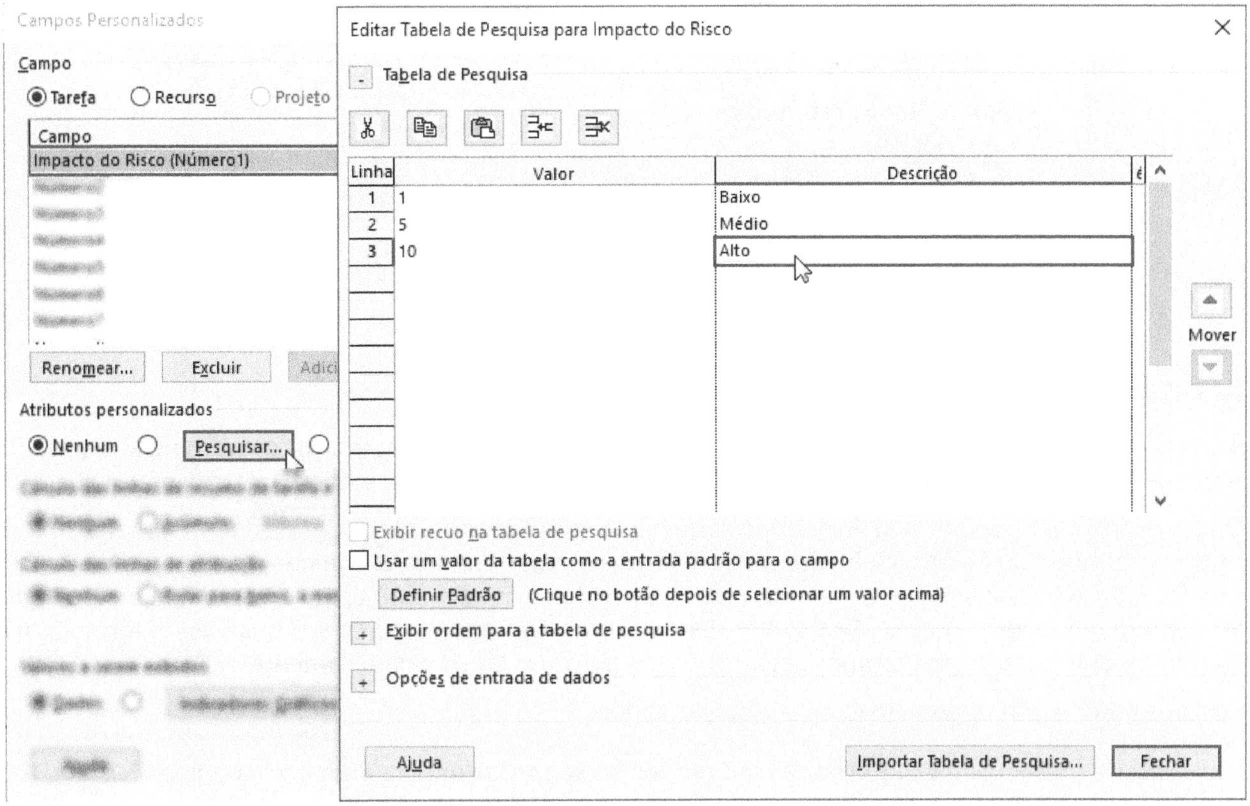

Figura 60.5 – Campo personalizado numérico Impacto do Risco destacado para receber uma lista predefinida de valores e descrições.

5. na tela *Editar Tabela de Pesquisa para* digite o valor do primeiro elemento da lista em *Valor*;
6. digite a descrição do primeiro elemento no campo *Descrição*;
7. repita os passos 5 e 6 para os demais elementos da lista;
8. se desejar que um dos valores da lista seja o valor padrão do campo, selecione-o, clique em ***Usar um valor da tabela como a entrada padrão para o campo*** e, em seguida, clique em ***Definir Padrão*** (o valor padrão ficará destacado em azul);
9. determine se novos valores poderão ser inseridos na lista clicando em ***Permitir que itens adicionais sejam inseridos nos campos***;
10. escolha a ordem de classificação da lista em ***Exibir a ordem para a tabela de pesquisa***;
11. clique em ***Fechar*** para fechar a tela *Editar Tabela de Pesquisa para*;

DICA

A lista de valores pode ser importada de outro campo personalizado do mesmo projeto ou de outro projeto, clicando em ***Importar Tabela de Pesquisa...***.

12. clique em ***OK*** para fechar a tela *Campos Personalizados*.

Para exibir a lista de valores para o campo inserido:

1. selecione a coluna da planilha imediatamente à direita da coluna em que se deseja inserir o campo personalizado;
2. em um modo de exibição de tabela, acesse a guia *Formato* e clique no botão ***Inserir Coluna***;
3. selecione o nome do campo criado para inserir a coluna;

4. clique em ***OK***.

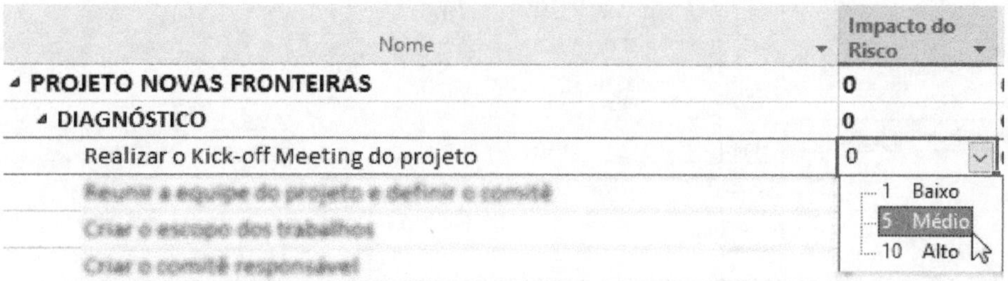

Figura 60.6 – Campo Impacto dos Riscos inserido como uma lista de valores

60.4 Fórmulas em Campos Personalizados

Muitos gerentes de projetos precisam efetuar cálculos com dados diferentes armazenados no Microsoft Project sem que haja a necessidade de exportação dos dados para outro aplicativo, como o Microsoft Excel.

O recurso de criar campos personalizados com valores retornados a partir de fórmulas efetuadas em outros campos permite que cálculos definidos pelo usuário possam ser uma parte de qualquer campo personalizado. Isso faz com que não seja necessário escrever e executar manualmente as macros do *Microsoft Visual Basic for Applications*. Sempre que o Microsoft Project recalcula quaisquer valores aos quais essas fórmulas fizeram referência, os resultados nos campos personalizados são atualizados dinamicamente.

Para inserir uma fórmula em um campo personalizado:

1. acesse a guia *Projeto* e clique no botão ***Campos Personalizados*** para abrir a tela *Campos Personalizados*;
2. crie o campo personalizado conforme procedimento descrito;
3. selecione o campo em que deseja inserir uma fórmula;
4. clique em ***Fórmula...***;

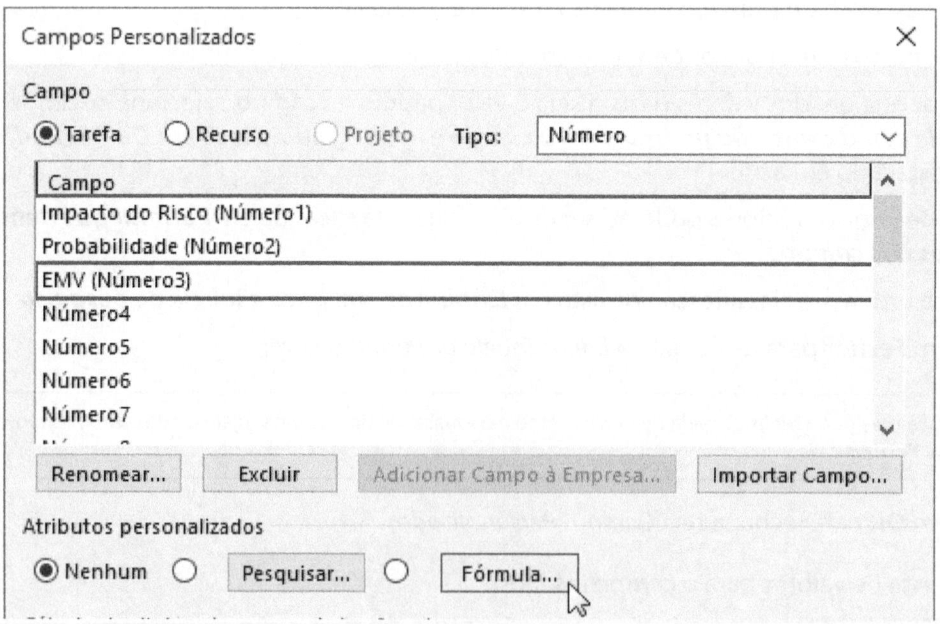

Figura 60.7 – Campo EMV destacado para receber uma fórmula predefinida

5. na tela *Fórmula para*, construa a fórmula desejada utilizando os operadores existentes e os campos disponíveis;

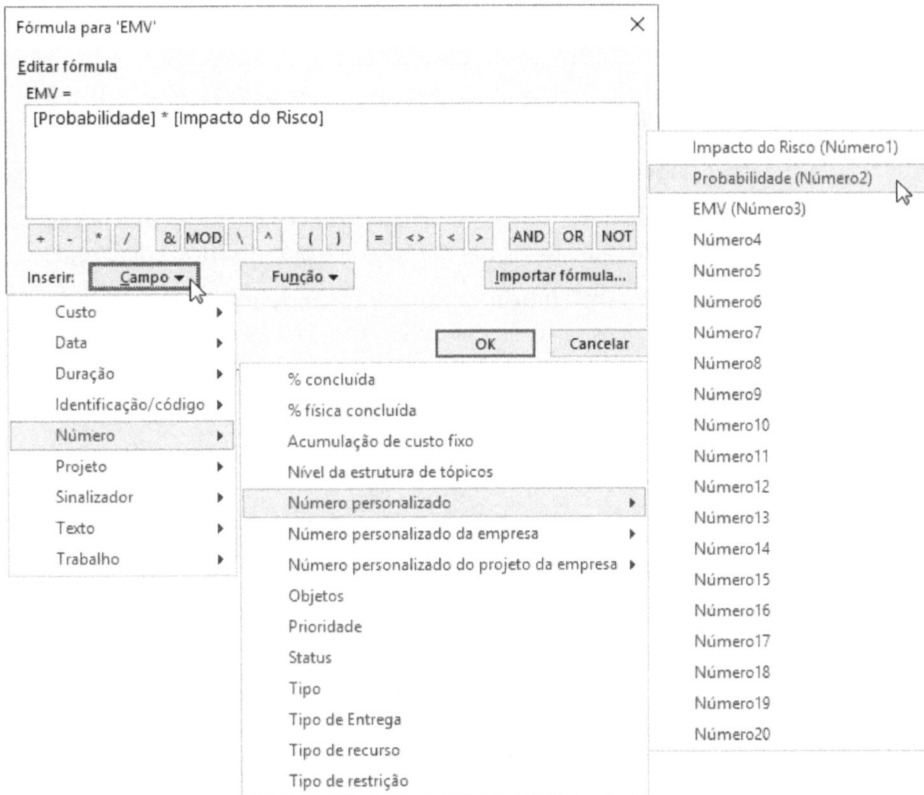

Figura 60.8 – Inserindo o campo numérico personalizado Probabilidade na fórmula do campo EMV

6. por exemplo, use a fórmula *EMV = Probabilidade x Impacto*;
7. clique em ***OK*** para fechar a tela *Fórmula para*;

DICA

Fórmulas de outros campos podem ser importadas dentro do mesmo projeto ou de outro projeto, clicando em ***Importar fórmula...***.

8. clique em ***OK*** novamente para fechar a tela *Campos Personalizados*;
9. siga os mesmos procedimentos de inserção de coluna vistos no capítulo de lista de valores para exibir os campos de fórmula.

	Nome	Impacto do Risco	Probabilidade	EMV
0	◢ **PROJETO NOVAS FRONTEIRAS**	**0**	**0**	**0**
1	◢ DIAGNÓSTICO	0	0	1
2	Realizar o Kick-off Meeting do projeto	5	10	50
3	Reunir a equipe do projeto e definir o comitê	1	10	10
4	Criar o escopo dos trabalhos	5	7	35
5	Criar o comitê responsável	10	10	100

Figura 60.9 – Campo personalizado com fórmula apresentando os dados do valor monetário do risco (EMV) como o produto da Probabilidade pelo Impacto (prejuízo incorrido se o risco ocorrer), ambos digitados nas respectivas células

60.5 Indicadores Gráficos

Os indicadores gráficos de campo personalizado permitem transmitir visualmente informações através da exibição de uma imagem em um campo personalizado no lugar dos dados reais. Por exemplo: é possível definir um indicador gráfico para alertar o time do projeto quando o custo de uma tarefa estourar o orçamento.

Ao utilizar indicadores gráficos, eles substituirão os valores dos campos por sinais visuais, podendo os valores serem provenientes de dados inseridos diretamente, dos resultados do cálculo de uma fórmula no campo personalizado ou de uma seleção em uma lista de valores do campo. Se os dados não atenderem a nenhum critério do indicador, o campo aparecerá em branco.

Figura 60.10 – Exemplos de indicadores gráficos

É possível configurar listas separadas de critérios de indicador gráfico para aplicar a linhas regulares, a linhas de resumo e ao resumo do projeto ou aplicar os mesmos critérios a todas as linhas do projeto.

Independentemente de as linhas de resumo herdarem os critérios de indicador das linhas que elas resumem, os critérios especificados para as primeiras também se aplicam às linhas de resumo de grupo quando se aplica o agrupamento a um modo de exibição que inclui campos personalizados.

Para criar um indicador gráfico para um campo personalizado:

1. acesse a guia *Projeto* e clique no botão ***Campos Personalizados*** para abrir a tela *Campos Personalizados*;
2. crie o campo personalizado conforme procedimento descrito;
3. selecione o campo em que deseja inserir um indicador gráfico;
4. clique em ***Indicadores Gráficos...***;

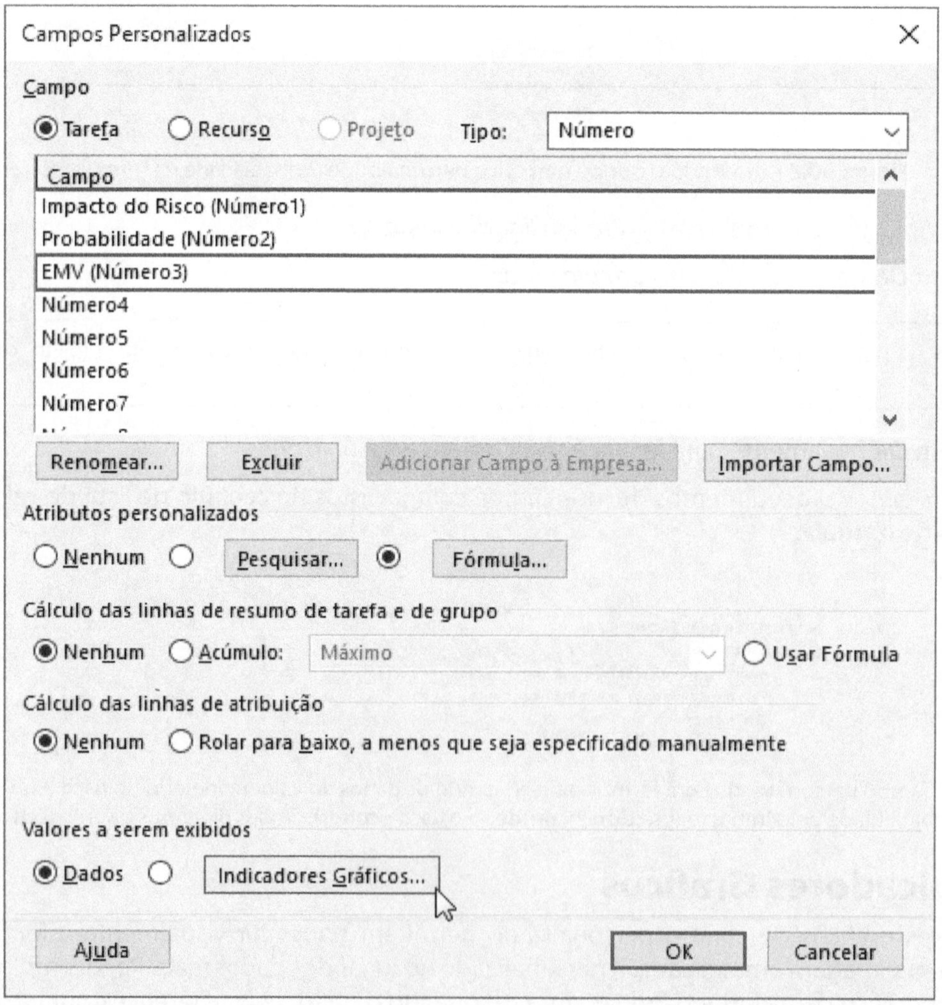

Figura 60.11 – Campo EMV destacado para ser visualizado através de indicadores gráficos

5. na tela *Indicadores gráficos para*, selecione se os indicadores serão empregados apenas em atividades regulares ou se também serão aplicados em atividades de resumo ou de projetos;
6. no campo *Teste para*, selecione o tipo de teste ou operador lógico a ser aplicado (≥, ≠, =, dentre outros);
7. digite o valor base de comparação no campo *Valor(es)*;
8. selecione a imagem que melhor representa o conjunto de dados do teste anterior;
9. repita os passos de 6 a 8 para os demais critérios;

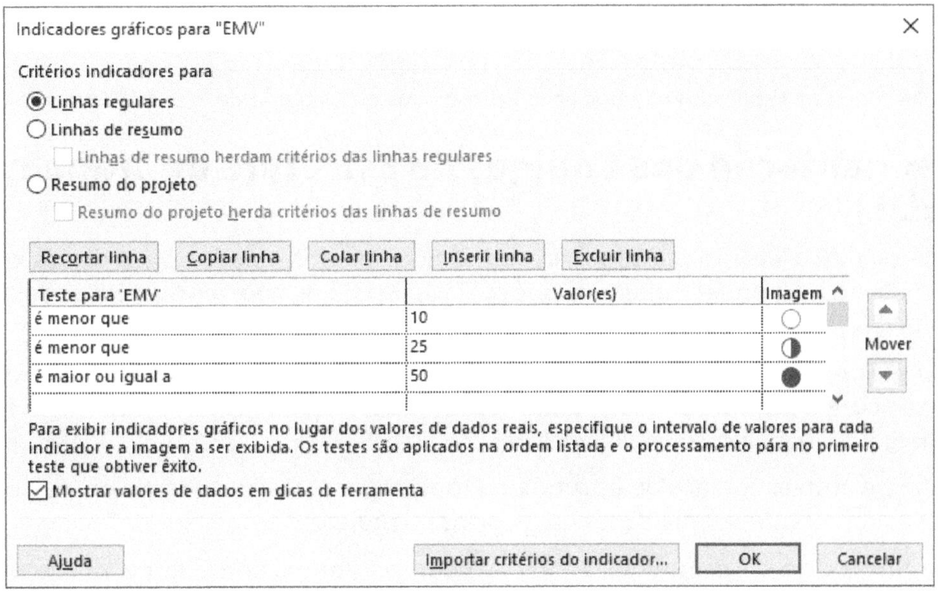

Figura 60.12 – Tabela de testes para o campo EMV

DICA

Indicadores gráficos de outros campos podem ser importados dentro do mesmo projeto ou de outro projeto, clicando em ***Importar critérios do indicador...***.

10. clique em ***OK*** para fechar a tela *Indicadores gráficos para*;
11. clique em ***OK*** novamente para fechar a tela *Campos Personalizados*;
12. siga os mesmos procedimentos utilizados para a lista de valores e fórmulas para exibir a coluna do campo personalizado que apresenta os indicadores gráficos.

	Nome	Impacto do Risco	Probabilidade	EMV
0	**◢ PROJETO NOVAS FRONTEIRAS**	**0**	**0**	
1	**◢ DIAGNÓSTICO**	**0**	**0**	
2	Realizar o Kick-off Meeting do projeto	5	10	●
3	Reunir a equipe do projeto e definir o comitê	1	10	◑
4	Criar o escopo dos trabalhos	5	1	○
5	Criar o comitê responsável	10	10	●
6	Aprovar o comitê.	0	0	○
7	Aprovar o escopo dos trabalhos	0	0	○
8	Diagnóstico concluído	0	0	○

Figura 60.13 – Indicador aplicado ao campo personalizado EMV na Planilha de entrada do Gráfico de *Gantt*

No Microsoft Project, também é possível que seja inserido no diagrama de rede campos personalizados com indicadores gráficos.

Como foi apresentado no capítulo sobre formatação do diagrama de rede, é possível inserir na caixa da atividade o campo personalizado que apresenta o indicador gráfico.

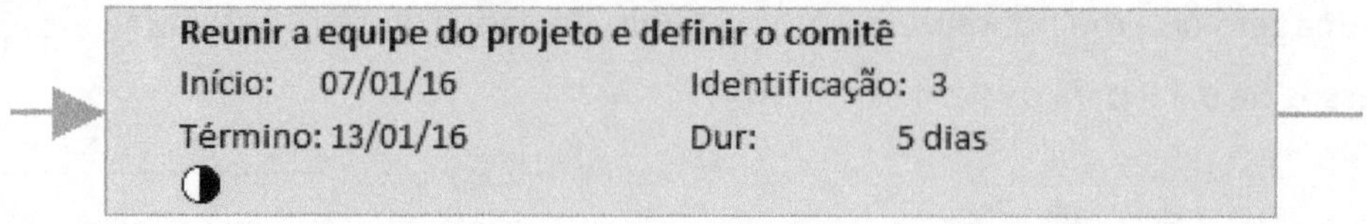

Figura 60.14 - Indicador aplicado ao campo personalizado EMV no Diagrama de Rede (bola preenchida pela metade)

60.6 Personalização dos Códigos da Estrutura de Trabalho (WBS, EAP ou EDT)

Os códigos de estrutura de tópicos são marcas definidas para atividades ou recursos que fornecem uma estrutura alternativa para o projeto, diferente dos códigos de EDT ou códigos numéricos da estrutura de divisão de trabalho ou WBS, já vistos neste livro.

É possível criar até dez conjuntos de códigos de estrutura de tópicos personalizados no projeto para sistemas, como códigos de custos de contabilidade para atividades, regiões onde as atividades serão executadas, centros de custos e códigos de trabalho ou habilidades para recursos.

Depois de definir e atribuir códigos de estrutura de tópicos para tarefas ou recursos, eles poderão ser usados para classificar, filtrar ou agrupar atividades ou recursos no projeto.

Cada nível de um código de estrutura de tópicos pode ser composto de letras maiúsculas ou minúsculas, números ou caracteres que se inserem (qualquer combinação de letras maiúsculas, minúsculas e números) e um símbolo para separar os níveis do código. A extensão total de um código de estrutura de tópicos pode ser de até 255 caracteres.

Para criar um conjunto personalizado de códigos de estrutura de tópicos:

1. acesse a guia *Projeto* e clique no botão ***Campos Personalizados*** para abrir a tela *Campos Personalizados*;
2. selecione *Tarefa* se o código de estrutura for aplicável a uma atividade, ou clique em ***Recurso***, caso o código seja aplicável a um recurso;
3. na área *Tipo*, escolha ***Código da Estrutura de Tópicos***;
4. clique no código de estrutura de tópicos que deseja definir em *Campo*;
5. clique em ***Renomear...*** para dar nome ao código criado;
6. digite um nome para o código personalizado de estrutura de tópicos que deseja criar na tela *Renomear campo*;
7. clique em ***OK***;
8. clique em ***Pesquisar...*** para definir as máscaras e o formato dos dados da estrutura de tópicos;

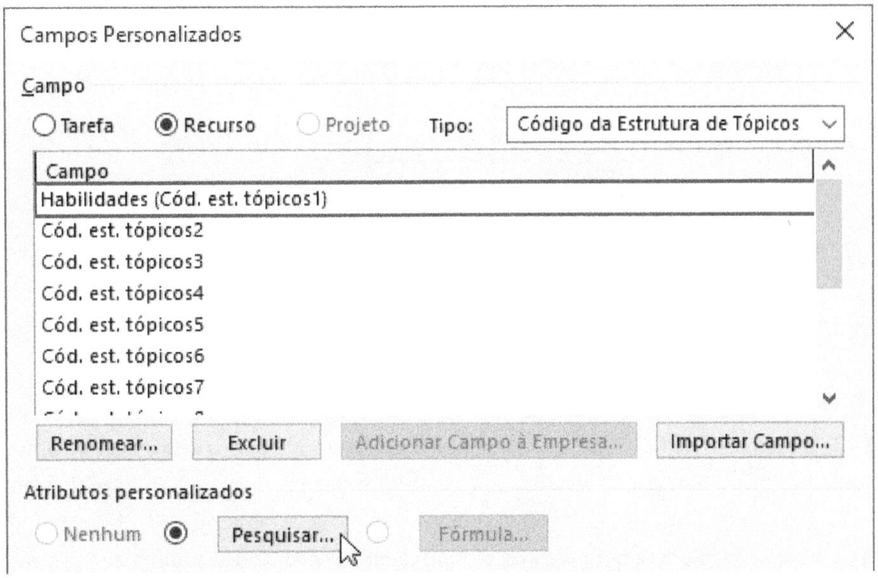

Figura 60.15 – Tela Campos Personalizados com destaque para a opção Pesquisar... para o código personalizado Habilidades em um campo do tipo Recurso

9. clique no botão  para abrir a opção *Máscara do código (opcional)*;

Figura 60.16 – Detalhe da tela Editar Tabela de Pesquisa para com destaque para a Máscara do código (opcional)

10. clique em ***Editar Máscara...*** para criar uma máscara da tabela de pesquisa;

Figura 60.17 – Detalhe da tela Editar Tabela de Pesquisa para com destaque para a opção Editar Máscara

11. para especificar o código de estrutura de tópicos para atividades de primeiro nível, clique na primeira linha da coluna ***Sequência*** e selecione o tipo de caractere:
    a. ***Números*** para mostrar um código de estrutura de tópicos numéricos para esse nível;
    b. ***Letras maiúsculas*** para mostrar códigos de estrutura de tópicos em ordem alfabética e em maiúsculas;
    c. ***Letras minúsculas*** para mostrar códigos de estrutura de tópicos em ordem alfabética e em minúsculas;
    d. ***Caracteres*** para mostrar qualquer combinação de números e letras maiúsculas e minúsculas;

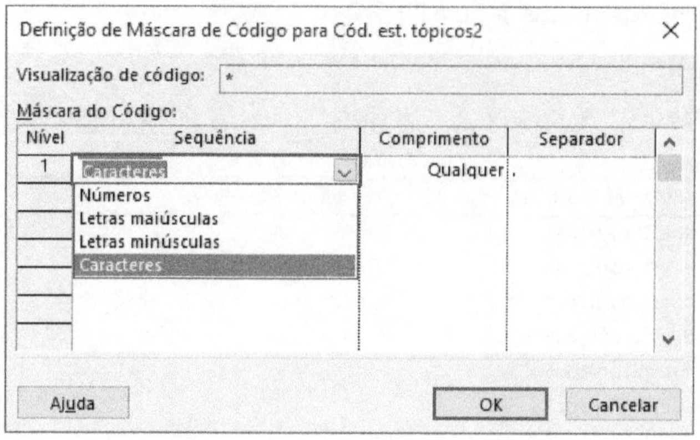

Figura 60.18 – Tela Definição de Máscara de Código para com destaque para a sequência do primeiro nível da estrutura de tópicos

> **Importante –** O Microsoft Project exibe um asterisco (*) no campo de código de estrutura de tópicos até que seja definida uma sequência de caracteres para o nível do código de estrutura de tópicos.

12. na coluna *Comprimento*, clique na primeira linha e selecione um número para o número de caracteres no código de estrutura de tópicos de primeiro nível. Por exemplo: digite 2 para tornar dois caracteres o número obrigatório de caracteres a serem inseridos nesse nível do código de estrutura de tópicos (até 255 caracteres);

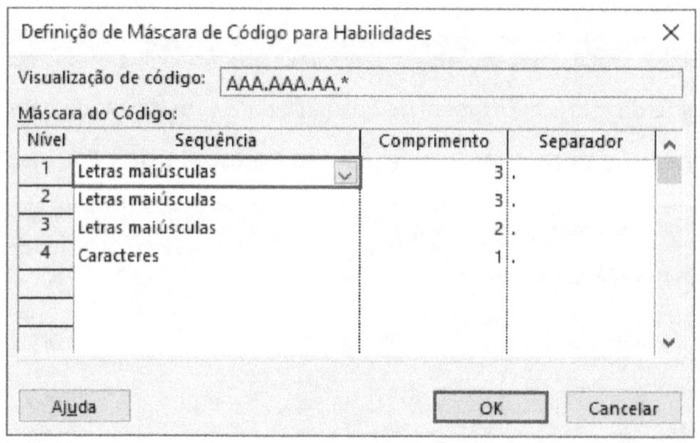

Figura 60.19 – Código da estrutura de tópicos do tipo AAA.AAA.AA.* criado para os quatro primeiros níveis do projeto

13. na coluna *Separador*, clique na primeira linha e digite ou selecione um caractere para separar os níveis de código de estrutura de tópicos;
14. repita os passos de 11 a 13 para cada nível de código de estrutura de tópicos que desejar especificar;
15. para criar uma tabela de pesquisa com valores já predefinidos para os códigos da estrutura de tópicos, clique em  para abrir a opção *Tabela de pesquisa*;
16. monte a estrutura de tópicos desejada para servir de base de entrada de dados de códigos da equipe do projeto (utilize os botões de recuo   para alterar os níveis da estrutura);
17. clique em *Exibir recuo na tabela de pesquisa* se desejar exibir visualmente os recuos entre os níveis da estrutura de tópicos;
18. caso deseje utilizar um dos valores da tabela como padrão, clique em *Usar um valor da tabela como a entrada padrão para o campo*, selecione o padrão e clique em ***Definir Padrão***;

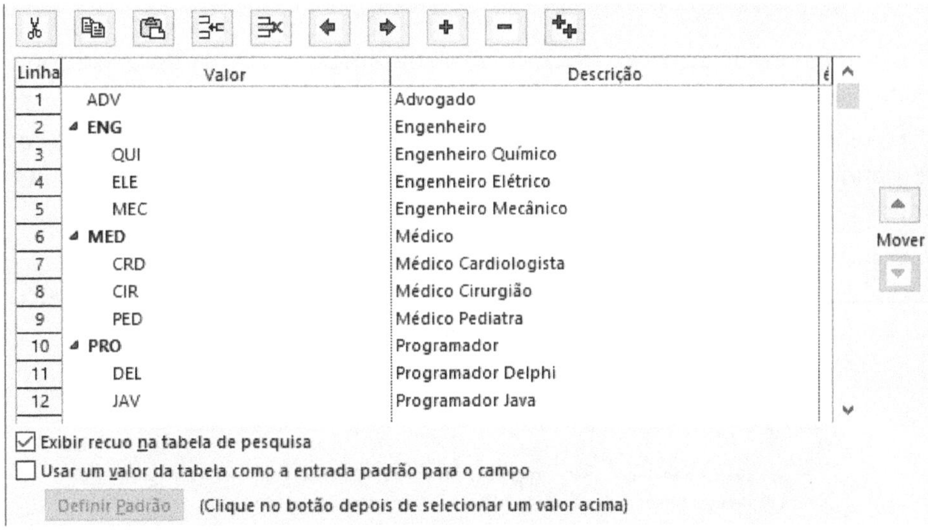

Figura 60.20 – Tela Editar Tabela de pesquisa para o código Habilidades

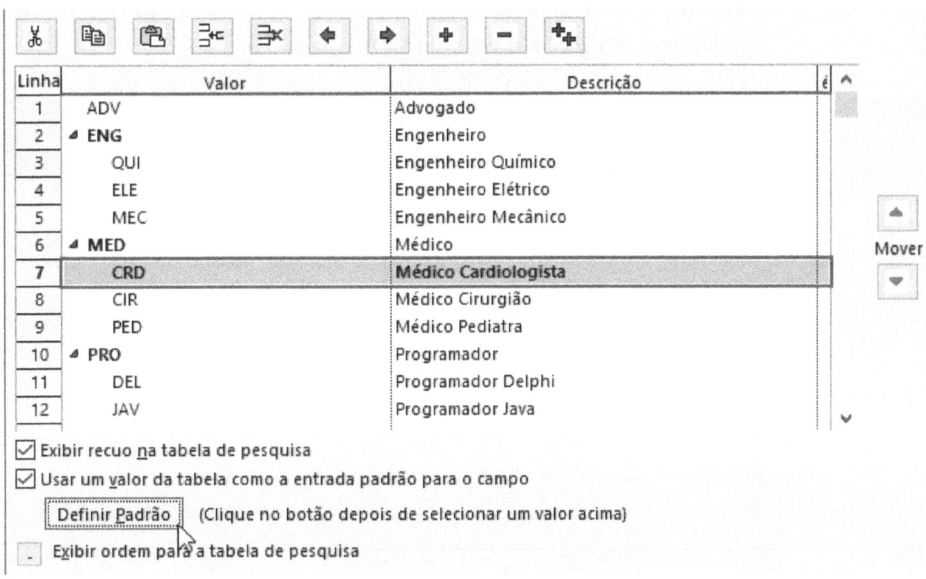

Figura 60.21 – Exemplo de padrão onde a habilidade Médico Cardiologista foi definida como habilidade Padrão

19. clique em  para abrir a opção ***Exibir ordem para a tabela de pesquisa***;
20. clique em ***Por número da linha*** para exibir na ordem em que foram inseridos os dados, ou clique em ***Classificar em ordem crescente*** para classificar em ordem alfabética crescente, ou clique em ***Classificar em ordem decrescente*** para classificar em ordem alfabética inversa;

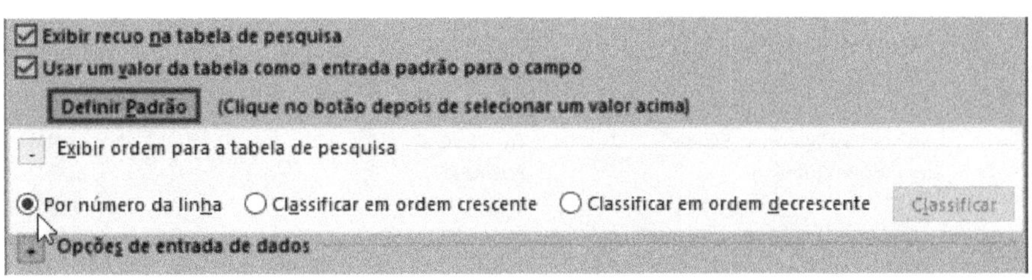

Figura 60.22 – Detalhe da tela Editar Tabela de Pesquisa para com a opção Exibir ordem para a tabela de pesquisa destacada

21. clique em [+] para abrir as *Opções de entrada de dados*;
22. se desejar permitir entrada de novos itens na tabela durante o uso do campo, selecione a caixa *Permitir que itens adicionais sejam informados nos campos*;
23. para impedir que os usuários insiram códigos sem todos os níveis do código de estrutura de tópicos que você definiu, marque a caixa de seleção ***Permitir somente códigos que não tenham valores subordinados***;
24. clique em ***Fechar***;

DICA

Códigos da estrutura de tópicos podem ser importados de outros campos dentro do mesmo projeto ou de outro projeto, clicando em ***Importar códigos da estrutura de tópicos*** na tela *Definição dos códigos da estrutura de tópicos para.*

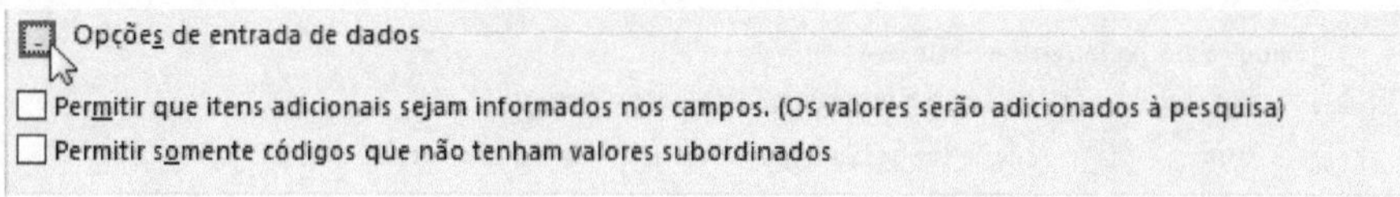

Figura 60.23 – Detalhe da tela Editar Tabela de Pesquisa para com destaque para Opções de entrada de dados

25. siga os mesmos procedimentos utilizados em lista de valores, fórmulas e indicadores gráficos para exibir a coluna do campo personalizado com os códigos da estrutura de tópicos.

Observe que os valores da tabela de pesquisa aparecem na caixa do campo personalizado inserido.

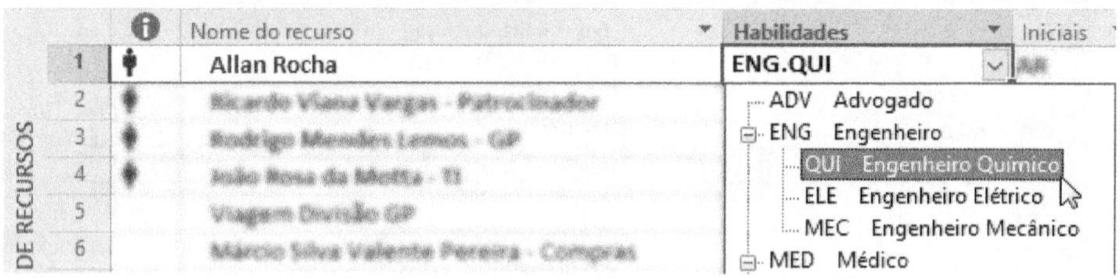

Figura 60.24 – Códigos da estrutura de tópicos inserida no modo de exibição Planilha de Recursos

Após a definição de uma estrutura de código de estrutura de tópicos, os códigos podem ser agrupados, filtrados e classificados com facilidade através da criação de um grupo, como já visto.

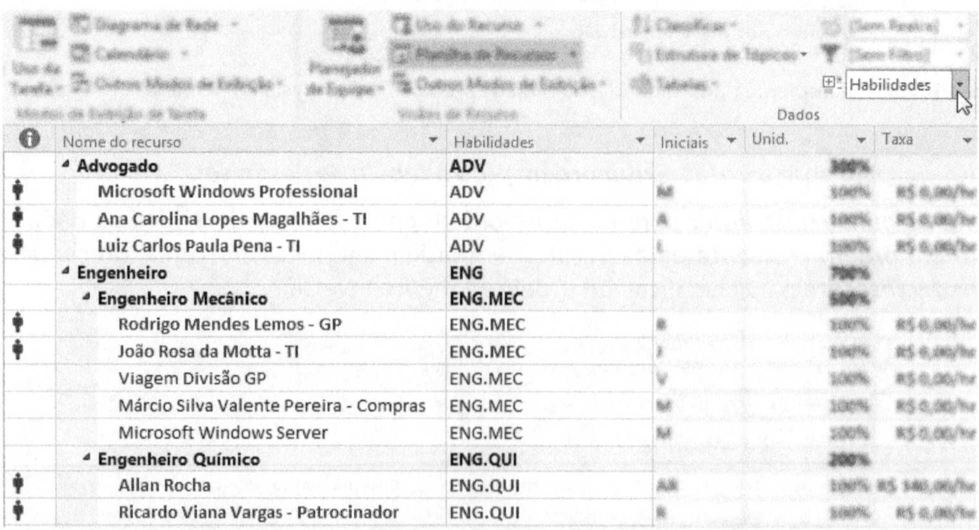

Figura 60.25 – Recursos humanos agrupados por Habilidade (código de estrutura de tópicos)

CAPÍTULO 61

Organizador e Arquivo Global.mpt: Copiando Configuração entre Arquivos

O organizador permite copiar diversos elementos de um projeto para outros, tais como modos de exibição, calendários, campos, grupos, tabelas, filtros, relatórios, módulos e mapas de exportação, dentre outros arquivos de projeto ou usuários.

Somente é possível copiar elementos entre arquivos abertos no computador. Os elementos transferíveis entre projetos são os seguintes:

1. Modos de exibição
2. Relatórios
3. Módulos (de programação)
4. Tabelas
5. Filtros
6. Calendários
7. Mapas
8. Campos
9. Grupos

Para utilizar o organizador:

1. abra o arquivo de onde deseja copiar e o arquivo para onde vai copiar elementos;
2. acesse a guia *Arquivo (Backstage)* e clique em ***Informações***;
3. clique no botão ***Organizador***;

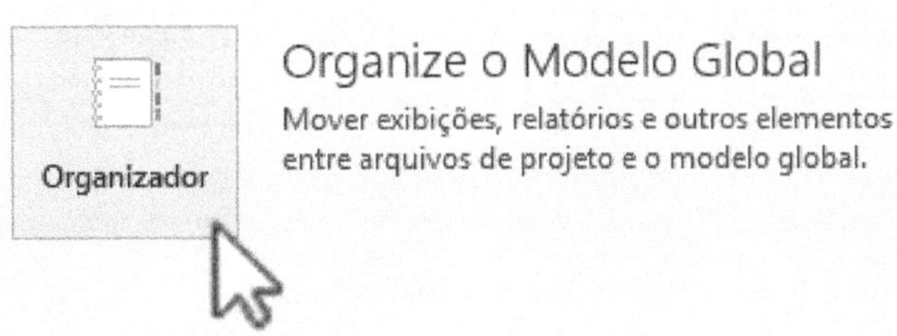

Figura 61.1 – Guia Informações com destaque para Organizador

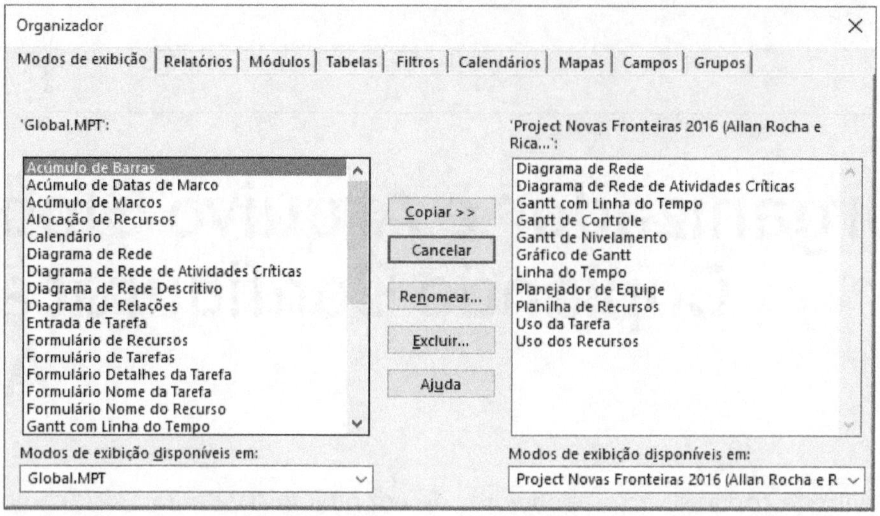

Figura 61.2 – Tela Organizador

4. escolha nas guias da tela o tipo de dado a ser copiado (*Modos de exibição, Relatórios, Módulos, Tabelas, Filtros, Calendários, Mapas, Campos* ou *Grupos*);
5. selecione os ***arquivos de origem*** e ***destino*** da cópia;

DICA

O arquivo *Global.mpt* é o arquivo padrão de configuração do Microsoft Project e contém todos os relatórios, tabelas e modos de exibição, dentre outros, definidos pelo programa. Ao se copiar um novo elemento para o arquivo *Global.mpt*, todos os projetos criados a partir desse momento terão disponíveis os elementos previamente copiados.

6. para copiar um elemento do projeto, clique nele e pressione ***Copiar*** (o elemento automaticamente aparecerá na listagem do projeto de destino);

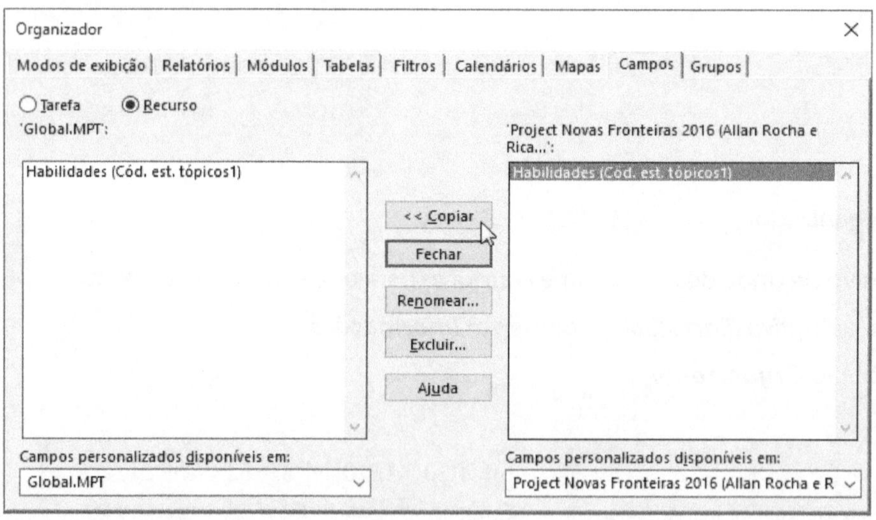

Figura 61.3 – Tela Organizador com destaque para o botão Copiar e o campo Habilidades, que será copiado do Projeto Novas Fronteiras.mpp para o projeto Global.mpt (arquivo de configuração do Project)

7. para excluir um elemento do projeto, clique em ***Excluir...***;

Importante – Só é possível excluir um elemento não ativo ou não utilizado no momento.

8. para renomear um elemento do projeto, clique em ***Renomear...*** e digite o novo nome para ele;
9. clique em ***Fechar*** para retornar ao projeto.

CAPÍTULO 62

Office Store e Suplementos para Project

Desde a versão 2013, há a possibilidade de extensão das funcionalidades nativas do produto através de aplicativos disponibilizados na Office Store. Aplicativos são como miniprogramas ou soluções que ampliam os recursos nativos do produto.

Quando você adquire o Microsoft Project ele vem com uma série de funcionalidades e recursos, mas você não é capaz, por exemplo, de realizar pesquisas na internet relacionadas a "Capacitar equipe em Project 2016" apenas clicando sobre uma tarefa do projeto sem sair do Project. Isso não faz parte do produto original comercializado pela Microsoft. Mas com o uso de aplicativos, isso e muitos outros recursos, que nem podemos enumerar, se tornam possíveis e acessíveis a qualquer usuário que possua o Microsoft Project e uma conta válida na Office Store.

62.1 Obter um Suplemento do Project

Para obter um aplicativo para o Project:

1. abra o Microsoft Project, acesse a guia *Projeto*, clique em *Meus Suplementos* e selecione ***Ver Tudo...***;

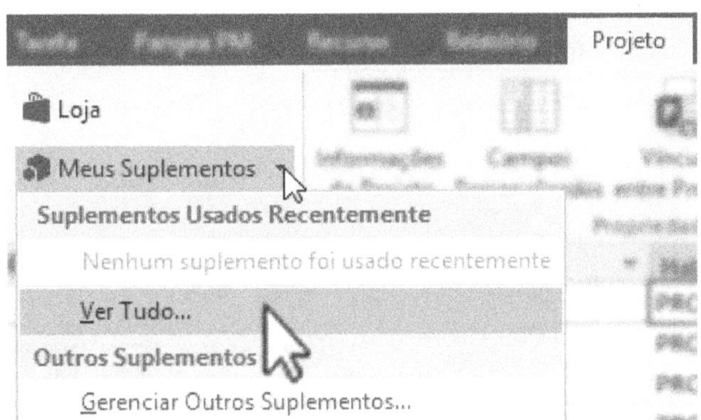

Figura 62.1 – Faixa de Opções com ênfase para o botão Meus Suplementos

2. na janela de *Suplementos do Office*, é possível ver *MEUS SUPLEMENTOS*, caso você já possua algum suplemento, e *LOJA*, que lhe redirecionará para a *Office Store* via navegador;

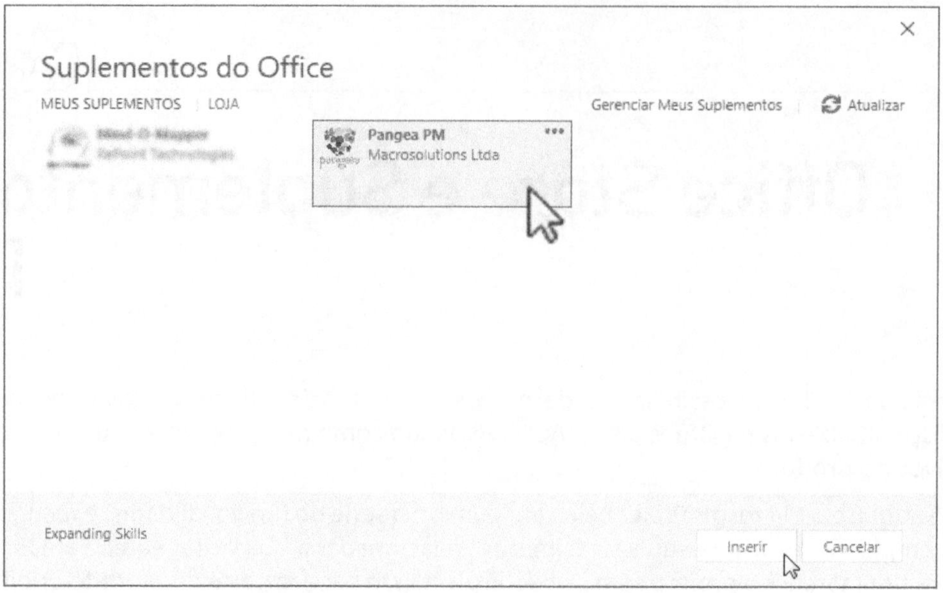

Figura 62.2 – Janela Suplementos do Office

3. clique em *LOJA*, procure e selecione o suplemento *Pangea PM*.

Importante – Caso você esteja em uma região diferente da região da Office Store selecionada, uma mensagem será exibida alertando sobre possíveis conteúdos não apropriados.

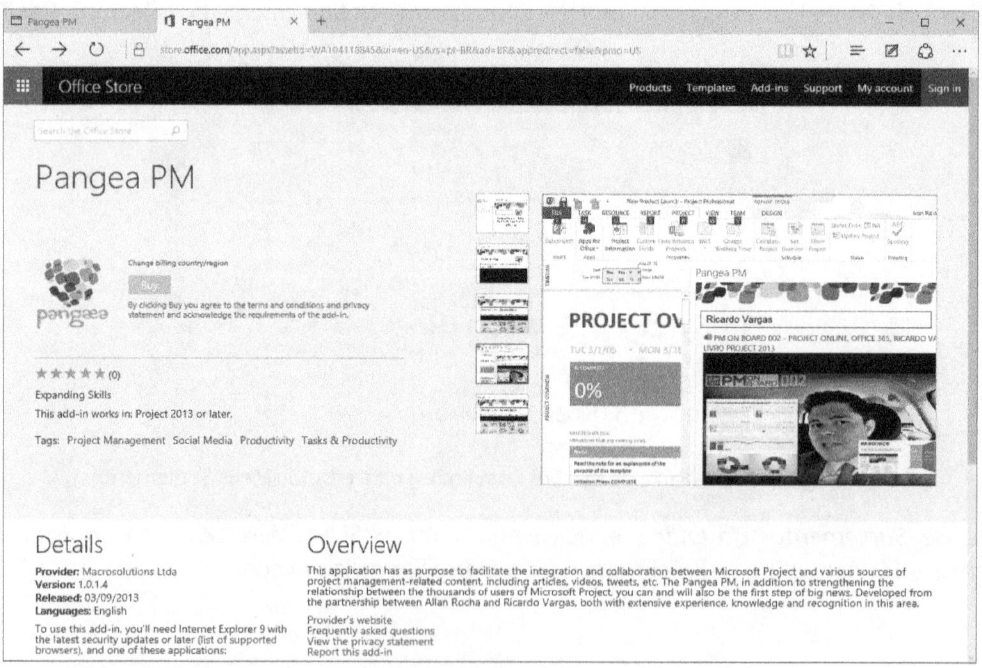

Figura 62.3 – Página de Suplementos do Office mostrando o Pangea PM

DICA

Para buscar em todos os aplicativos da Office Store, basta digitar o que você deseja na caixa de pesquisa.

62.2 Iniciar um Suplemento do Project

Para iniciar um Suplemento do Project:

1. após obter o aplicativo, acesse a guia *Projeto*, clique em ***Meus Suplementos*** e selecione o aplicativo recém-adquirido, ***Pangea PM***;

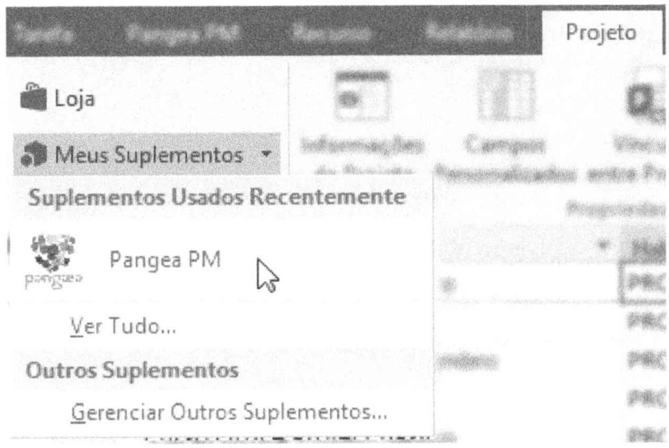

Figura 62.4 – Faixa de Opções com ênfase para o suplemento Pangea PM

2. um painel na lateral direita será aberto exibindo o aplicativo selecionado, que a partir de agora começará a interagir com o Project;
3. selecione uma tarefa sobre a qual deseja pesquisar e depois, no aplicativo, clique no ícone do ***Pangea PM*** para iniciar a pesquisa.

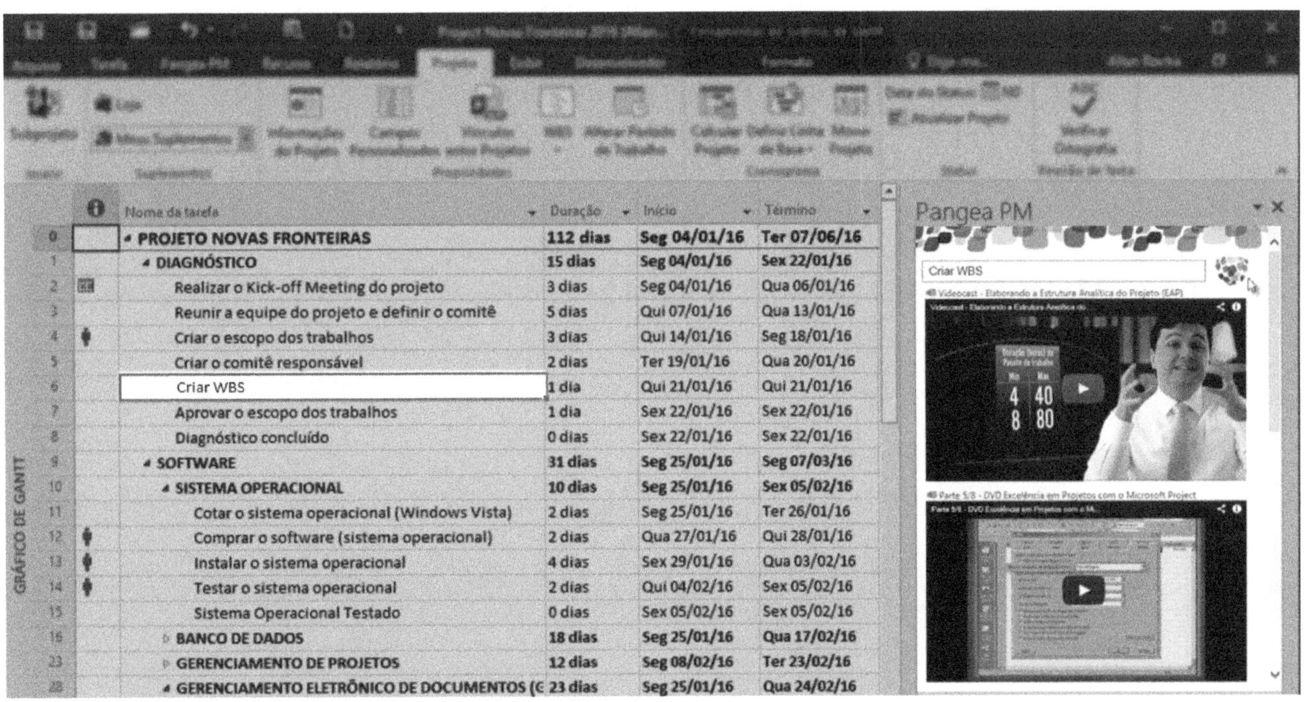

Figura 62.5 – Painel do Pangea PM exibindo resultados de uma pesquisa a partir de uma tarefa do projeto

62.3 Desativar um Suplemento do Project

Para desativar um Suplemento do Project:

1. abra o Microsoft Project, acesse a guia *Projeto*, clique em ***Meus Suplementos*** e selecione ***Ver Tudo...***;
2. na janela de *Suplementos do Office*, clique em ***Gerenciar Meus Suplementos***;

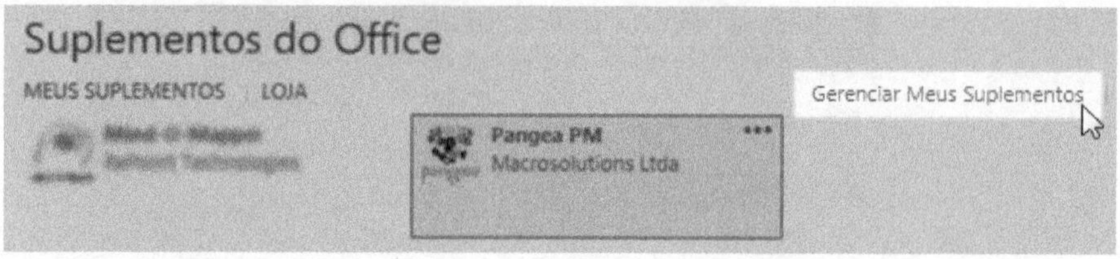

Figura 62.6 – Janela Suplementos do Office com ênfase para o link Gerenciar Meus Suplementos

3. será necessário fazer o login na *Office Store*. Digite seu nome de usuário e senha;
4. após ser autenticado, clique sobre o link ***Ocultar***.

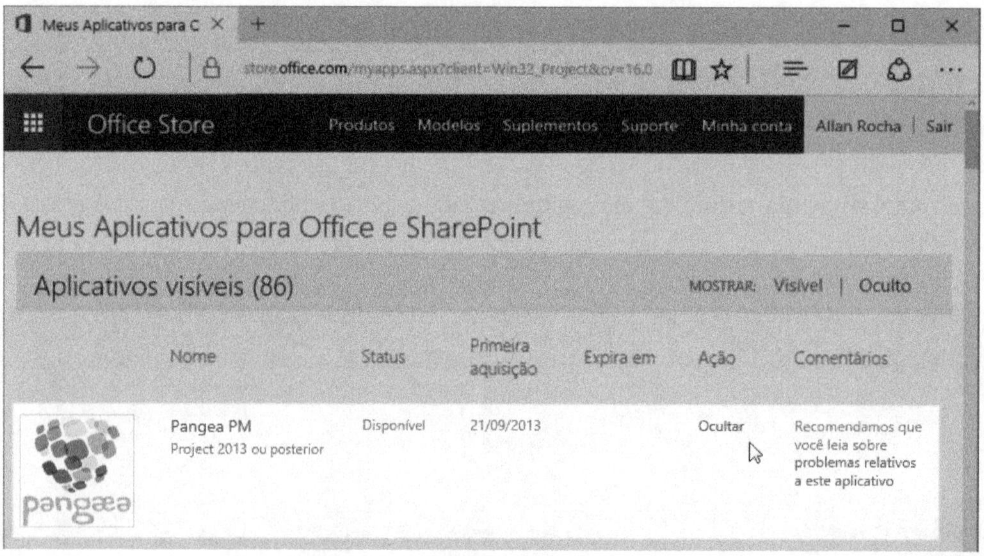

Figura 62.7 – Página Meus Aplicativos para Office e SharePoint na Office Store com ênfase para o link Ocultar

PARTE IX

MICROSOFT NA NUVEM COM O PROJECT ONLINE E POWER BI

CAPÍTULO 63

Project Online

O *Microsoft Project Online* é uma solução na nuvem altamente flexível para gestão de portfólio de projetos (PPM) e para o trabalho diário da sua empresa. Tendo o *Office 365* como sua principal plataforma, o Project Online pode ser facilmente habilitado e utilizado nas organizações. A solução não apenas auxilia na priorização dos investimentos do seu portfólio de projetos, como suporta todas as etapas dos seus projetos, da idealização para execução até a conclusão. Por se tratar de um serviço na nuvem ou online, você e sua equipe têm acesso de praticamente qualquer lugar e qualquer dispositivo.

Figura 63.1 – Visão Microsoft Project Online

O Project Online combina todas as funcionalidades do *Microsoft Project Professional* com uma solução corporativa robusta e flexível. Permite que pequenas e grandes empresas tirem total proveito da ferramenta e suas funcionalidades de acordo com o nível de maturidade e necessidade adequado.

Os principais recursos do Project Online são:

- **TI simplificada** – Coloque a sua equipe para trabalhar rapidamente com a tecnologia e os padrões mais recentes do setor para separar as funcionalidades do PMO das funcionalidades de TI.
- **Integração com o Active Directory** – Gerencie permissões e credenciais de usuário.
- **Confiabilidade** – A Microsoft mantém a nossa promessa de tempo de atividade de 99,9%, com uma garantia financeira líder do setor.
- **Segurança** – Os seus dados são seus. A Microsoft protege os seus dados e a sua privacidade.
- **Administração** – Fáceis de usar e controlar. Você pode adicionar e remover usuários em poucos minutos. Use o PowerShell para criar scripts personalizados e automatizar processos.
- **Atualizações** – A Microsoft atualiza o serviço regularmente com novos recursos e capacidades.
- **Suporte** – Planos de suporte por telefone 24 horas por dia, sete dias por semana para problemas de TI avançados. O suporte da comunidade da Microsoft fornece respostas online, recursos explicativos e conexões com outros clientes do Office 365.
- **Introdução** – O Project permite que sua organização inicie projetos rapidamente, priorize investimentos

em portfólios de projetos e forneça resultados com o valor de negócios pretendido.

- **Acesso de praticamente qualquer lugar** – Seja produtivo em praticamente qualquer dispositivo, de praticamente qualquer lugar.
- **Gerenciamento do trabalho** – Gerencie facilmente e colabore em equipe no trabalho sem a estrutura de um projeto, mas tendo visibilidade sobre o trabalho para fins de planejamento e relatórios.
- **Gerenciamento de propostas** – Ganhe visibilidade em projetos, atividades operacionais e trabalho diário. Simplifique o início e a progressão dos projetos aplicando o controle e a governança apropriados.
- **Gerenciamento de recursos** – Forneça resultados com sua força de trabalho hoje e faça planos para o futuro para gerenciar excedentes e déficits em um horizonte de planejamento.
- **Gerenciamento de cronograma** – Entregue o projeto dentro do prazo com um mapa para a execução de uma estrutura de entrega, a fim de acompanhar o progresso e gerenciar alterações.
- **Gerenciamento financeiro** – Adote processos de gerenciamento financeiro e controle o desempenho de custos de maneira eficaz para garantir a entrega dentro do orçamento e assegurar que o portfólio concretize os benefícios previstos.
- **Gerenciamento de tempo e tarefas** – Utilize uma abordagem comum e centralizada para o gerenciamento de tarefas e relatórios de tempo.
- **Gerenciamento de riscos e problemas** – Previna, identifique e atenue possíveis problemas e riscos relacionados ao projeto ou a negócios.
- **Relatórios e *Business Intelligence*** – Colete, categorize, compreenda e tome decisões sobre dados de projetos. Utilize Business Intelligence (BI) para fornecer visibilidade e suporte a decisões e gerenciar projetos, programas e portfólios proativamente.
- **Gerenciamento de programas** – Ofereça os benefícios previstos do programa geral e em todos os projetos em andamento subjacentes, com o benefício adicional de estabelecer e utilizar técnicas que fornecem uma estrutura de seleção e inicialização de programa.
- **Ecossistema de parceiros de gerenciamento de projetos e portfólios** – A solução de PPM da Microsoft é apoiada por centenas de parceiros Microsoft que receberam a competência de PPM, fizeram testes relevantes e conduziram inúmeras implantações em mais de 80 países em todo o mundo.

63.1 Conectando-se ao Project Online

Para se conectar ao Project Online é preciso uma conta válida e ativa no Office 365. Para acessar o seu PWA, ou Project Web Application, do Project Online é necessário que uma instância seja previamente criada e devidas licenças associadas ao seu usuário.

Levando essas premissas em consideração:

1. execute o seu browser favorito (no nosso caso, o Edge da Microsoft);
2. acesse https://portal.office.com/;
3. digite seu usuário e senha do *Office 365*;
4. clique em ***Entrar***;

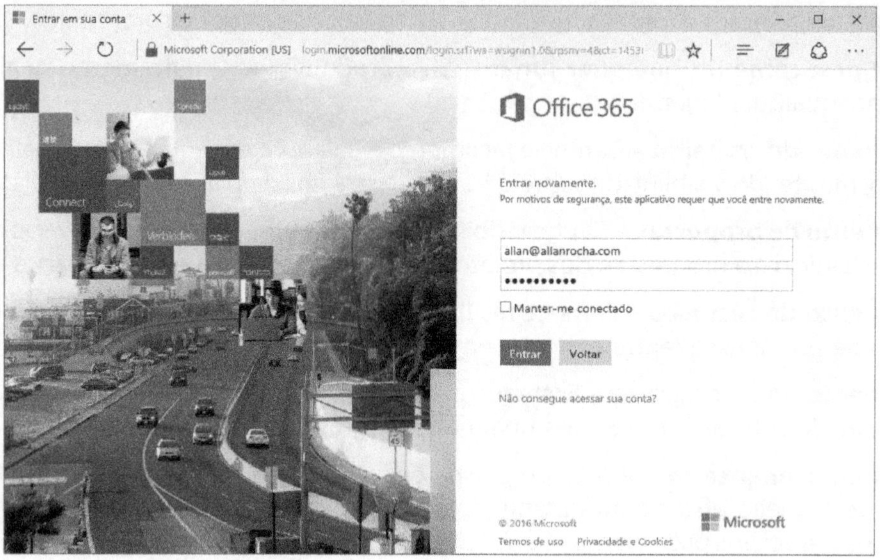

Figura 63.2 – Tela de login do Office 365

5. após entrar no *Office 365*, você será redirecionado para a página *Home*;
6. nesta página você visualizará todos os serviços conectados à sua conta. Um desses serviços é o do *Project Online*, que possui um ícone, chamado *Projects*;
7. clique no *tile* ou ícone ***Projects***;

Figura 63.3 – Tela Home do Office 365 com destaque para os ícones dos serviços

8. após clicar em *Projects* você será redirecionado para o serviço do Project Online;
9. ao ver a tela a seguir você está autenticado e conectado ao *Project Online*.

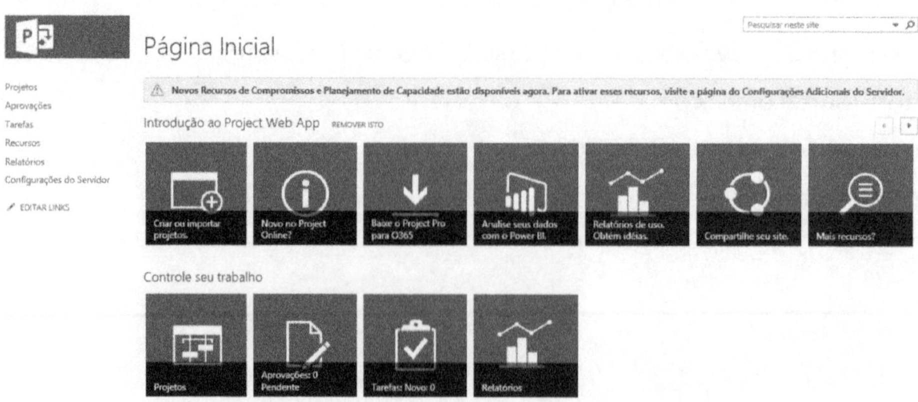

Figura 63.4 – Tela inicial do Project Online

63.1.1 Conectando o Microsoft Project ao Project Online

Gerentes de projetos que pretendem trabalhar com o Microsoft Project, Professional ou Pro para Office 365 conectados ao Project Online precisam configurar uma Conta do Project Web App. Essa conta permitirá que o Microsoft Project identifique e autentique o usuário no Project Online.

Para configurar sua Conta do Project Web App:

1. abra o *Microsoft Project*;
2. acesse a guia *Arquivo (Backstage)*;
3. selecione ***Informações***;
4. clique em ***Gerenciar Contas*** em *Contas do Project Web App*;

Figura 63.5 – Tela Informações com ênfase em Gerenciar Contas.

5. na janela *Contas do Project Web App*, clique em ***Adicionar...***;
6. em *Propriedades da conta*, preencha o *Nome da conta* e a *URL do Project Server*;

   O nome da conta pode ser o da sua escolha. A *URL do Project Server*, que também se refere ao Project Online, deve ser preenchida com a URL do seu *Project Web App (PWA)*. A URL do PWA pode ser adquirida na página inicial do Project Web App e geralmente possui o seguinte formato: *https://TenantName.sharepoint.com/sites/pwa/*. Substitua *TenantName* pelo nome da sua *Tenant*.
7. marque a caixa ***Definir como conta padrão*** para que o Microsoft Project mantenha essa conta sempre como a primeira opção;
8. clique em ***OK*** e retorne à tela *Contas do Project Web App*;

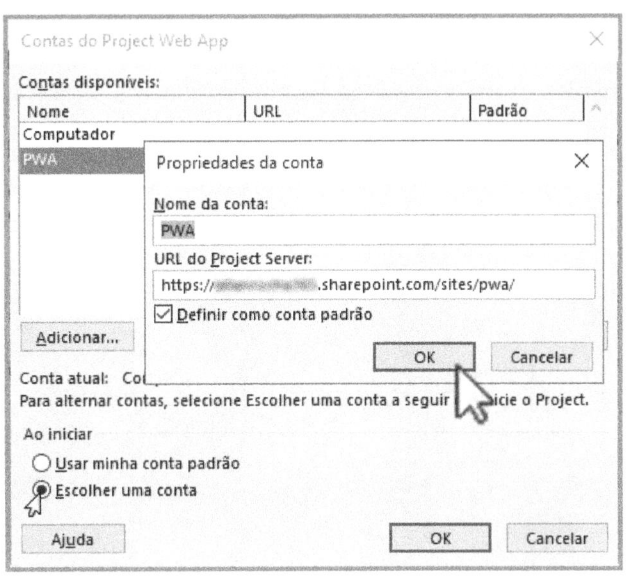

Figura 63.6 – Tela Contas do Project Web App

9. selecione ***Escolher uma conta*** para a opção *Ao iniciar*;
10. clique em ***OK***;

> **Importante** - Não definindo esta conta como a padrão e escolhendo a opção *Usar minha conta padrão* fará com que o Project seja executado diretamente na conta anterior, sem que a sua nova conta seja utilizada.

11. feche e abra o *Microsoft Project*;
12. uma janela de *Logon* será exibida. Selecione o perfil que acabamos de criar;
13. clique em ***OK***.

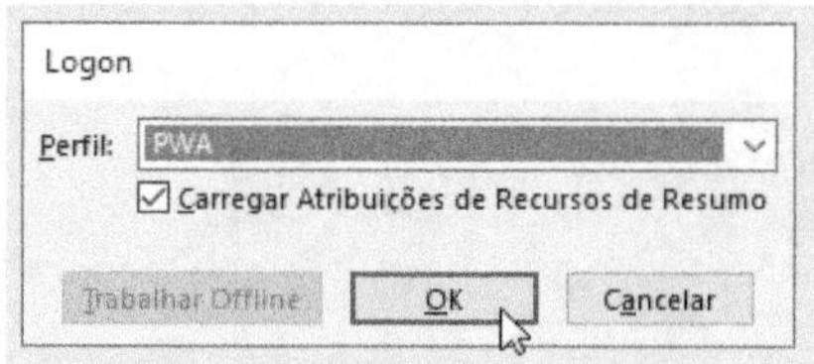

Figura 63.7 - Tela Logon

Para verificar se o seu Microsoft Project está conectado ao Project Online:

1. passe o mouse sobre o *ícone de globo* na parte inferior esquerda;
2. você verá uma mensagem dizendo *Conectado a PWA* ou o nome do perfil que você usou.

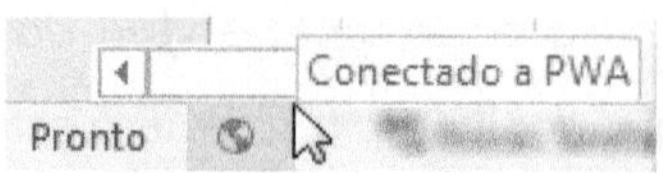

Figura 63.8 - Indicador de conexão com o Project Online

63.2 Tipos de Projetos da Empresa

Um Tipo de Projeto da Empresa (EPT) é um modelo que os usuários podem selecionar quando criam um novo projeto no PWA (Project Web App). Você pode criar um EPT para:

- *Projetos da empresa*, que são geridos no PWA. Para projetos da empresa, as EPTs podem conter fases, etapas, fluxo de trabalho e Páginas de Detalhes do Projeto (PDPs).
- *Lista de tarefas do SharePoint*, que são gerenciadas em um site SharePoint e são visíveis no Project Web App.

Normalmente, as EPTs estão alinhadas com os departamentos de uma empresa: por exemplo, projetos de marketing, projetos de TI ou projetos de RH. Usando EPTs pode-se categorizar projetos que têm ciclos de vida similares ou não dentro da mesma organização.

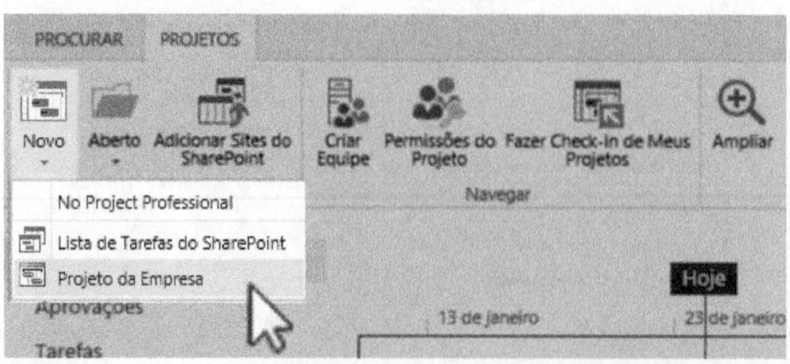

Figura 63.9 - Lista de EPTs ou Tipos de Projetos da Empresa no Project Online

Quando um usuário clica em *Novo Projeto* na Central de Projetos, as EPTs aparecem em uma lista de seleção de tipos de projeto.

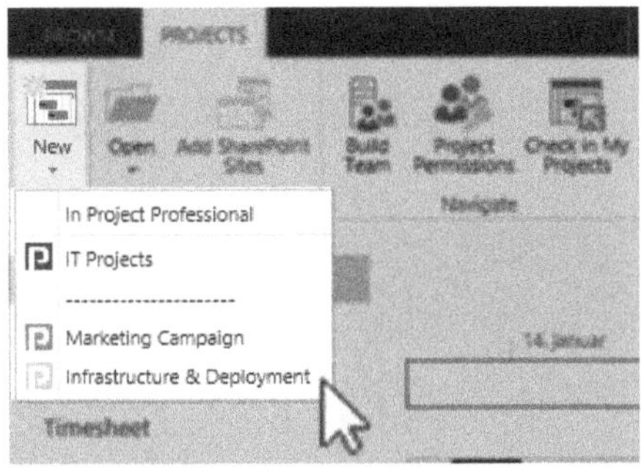

Figura 63.10 – Lista de EPTs com diferentes tipos de projetos da empresa no Project Online

63.2.1 Criando um Novo Projeto a Partir do Tipo de Projeto da Empresa

Para criar um novo projeto baseado em um Projeto da Empresa você precisa, antes de mais nada, ter as permissões necessárias no Project Online para executar essa tarefa.

Com as devidas permissões:

1. acesse a *Central de Projetos do Project Online* através do link *Projetos* na barra de acesso rápido;
2. clique em *Novo* > ***Projeto da Empresa***; ou

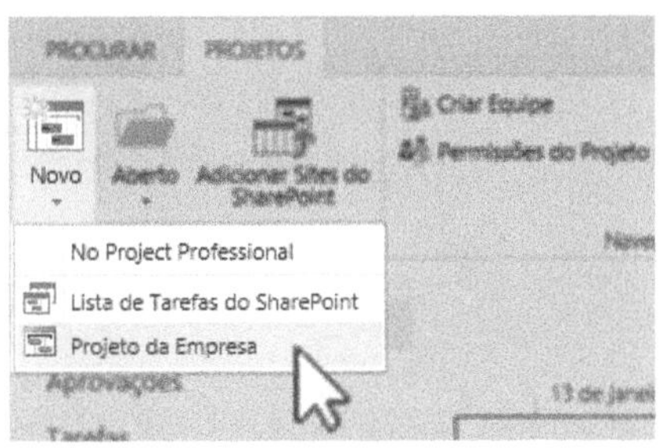

Figura 63.11 – Tela da Central de Projetos com ênfase em Novo > Projeto da Empresa

3. acesse a página inicial do *PWA* e clique no ícone de ***Criar ou importar projetos***;

Figura 63.12 – Ícone de Criar ou importar projetos da página inicial do Project Online

4. caso o tipo de projeto não seja selecionado, uma tela de assistência mostrará todas as opções de tipo de projetos da empresa possíveis de ser criados;
5. selecione *Projeto da Empresa* e clique em ***avançar***;

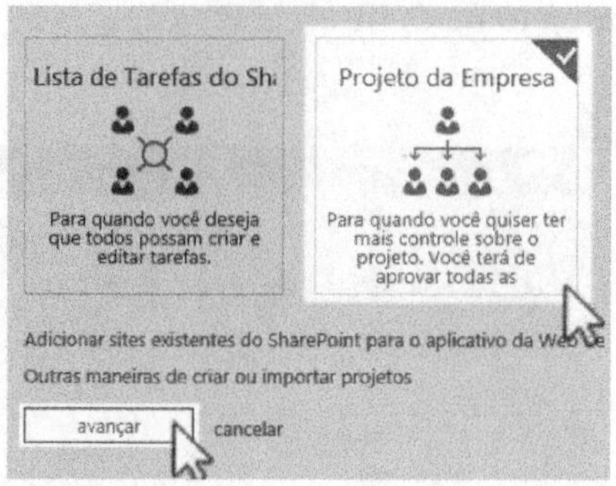

Figura 63.13 – Página de seleção do tipo de projeto

6. preencha os dados requeridos para a criação de um novo projeto e clique em concluir.

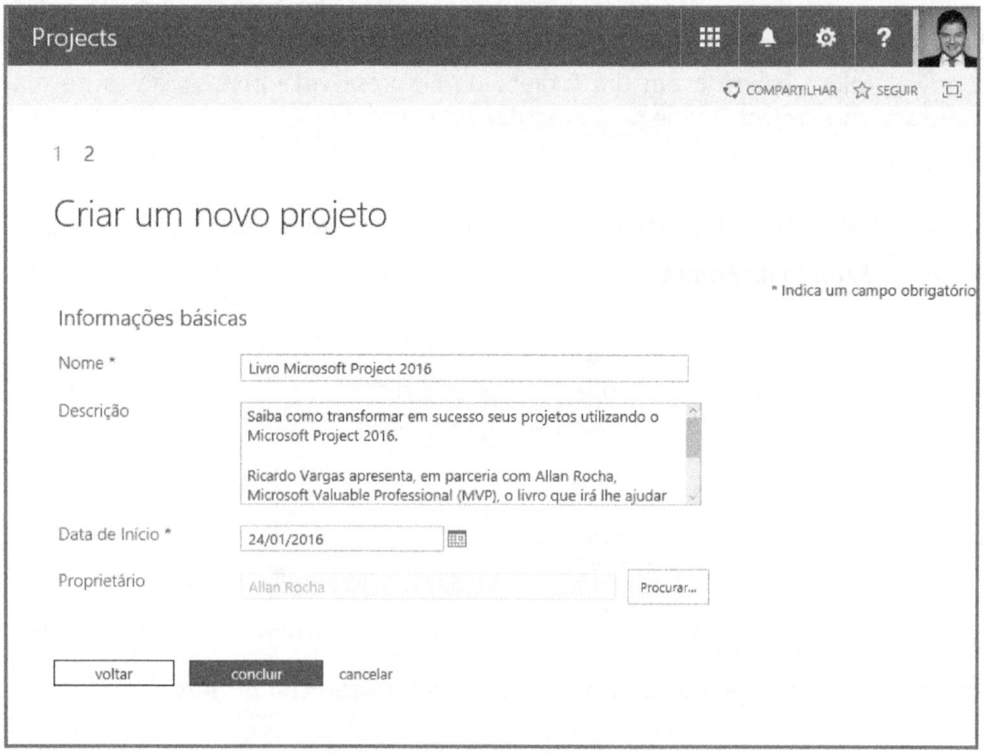

Figura 63.14 – Formulário Criar um novo projeto

DICA

As informações requeridas para a criação de um novo projeto da empresa podem mudar conforme as EPTs ou Tipos de Projetos da Empresa. Essa flexibilidade é muito importante para empresas que possuem projetos com complexidades diferentes. É possível reduzir a quantidade de informação requerida na criação de projetos menos complexos, facilitando e acelerando o processo.

O Project Online criará então todos os artefatos do seu projeto, que são:

- **Detalhes do Projeto** – Informações do projeto determinadas pela empresa para facilitar a organização e o gerenciamento do portfólio de projetos.

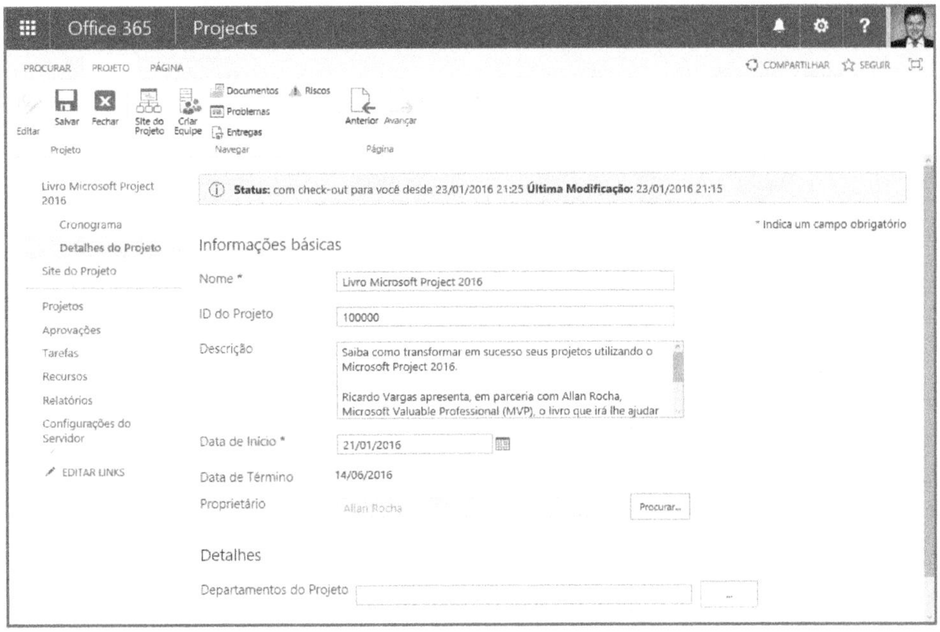

Figura 63.15 – Detalhes do Projeto no PWA

- **Cronograma –** O cronograma do projeto pode ser acessado através do Project Professional ou do seu navegador favorito. O cronograma pode ou não ser baseado em um modelo de projeto definido pela empresa.

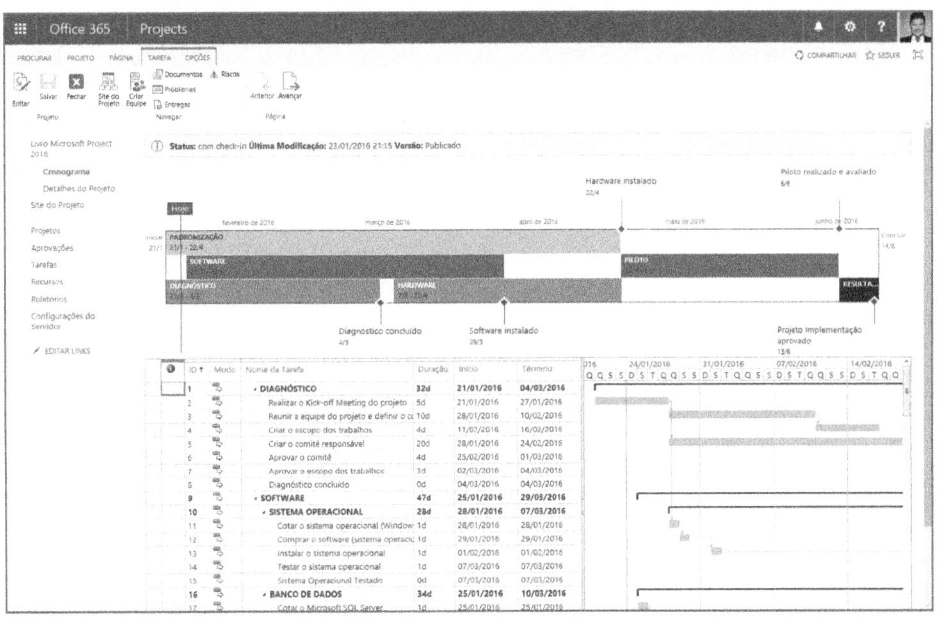

Figura 63.16 – Cronograma do projeto exibido na interface web do PWA

- **Site do Projeto –** Local destinado à colaboração. Aqui a equipe do projeto poderá exibir resumos do projeto, documentos, tarefas, notícias e calendários.

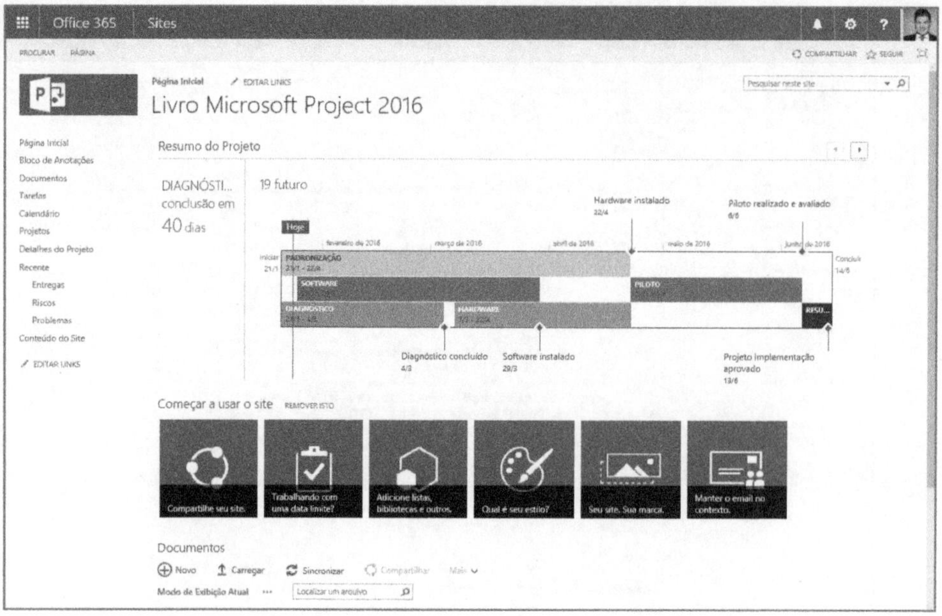

Figura 63.17 – Site do projeto padrão do Project Online

- **Fluxo de Trabalho** – Forma automatizada de promover a progressão ou a rejeição de projetos, melhorando assim a gestão e o controle dos projetos.

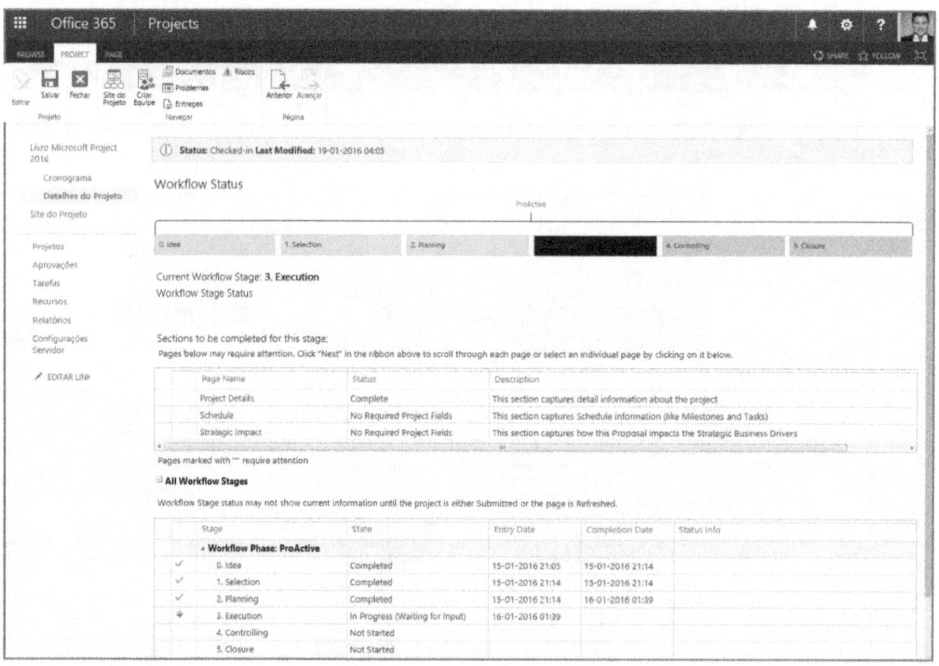

Figura 63.18 – Página de status do fluxo de trabalho de um projeto

63.2.2 Alterando os Detalhes do Projeto

Os usuários do Project Online têm acesso aos seus projetos através da *Central de Projetos no PWA*. A Central de Projetos oferece uma visão geral do portfólio de projetos com detalhes ou informações personalizadas da empresa. Essas informações personalizadas permitem à empresa classificar e organizar grupos de projetos, facilitando análises e acelerando processos.

Para acessar ou alterar os detalhes de um projeto:

1. acesse a *Central de Projetos do Project Online* através do link *Projetos* na barra de acesso rápido;
2. clique sobre o nome do projeto que deseja visualizar ou alterar os dados;

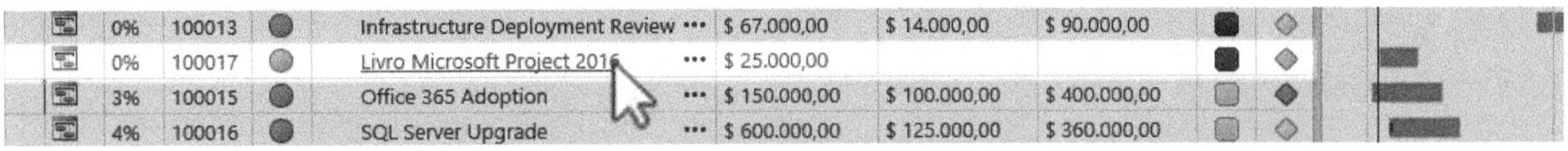

Figura 63.19 – Tela Central de Projetos com ênfase no projeto Livro Microsoft Project 2016

As informações do projeto são requeridas de acordo com o estágio da metodologia em que o projeto está. Essa governança da informação garante uma total adesão ao processo da empresa, além de auxiliar os gerentes de projetos na execução de seus projetos.

3. clique no projeto selecionado para abrir a página de *Detalhes do Projeto*;
4. clique em ***Editar***, na guia *Projeto*;
5. edite as informações do seu projeto no formulário de *Informações básicas*;
6. clique em ***Salvar***.

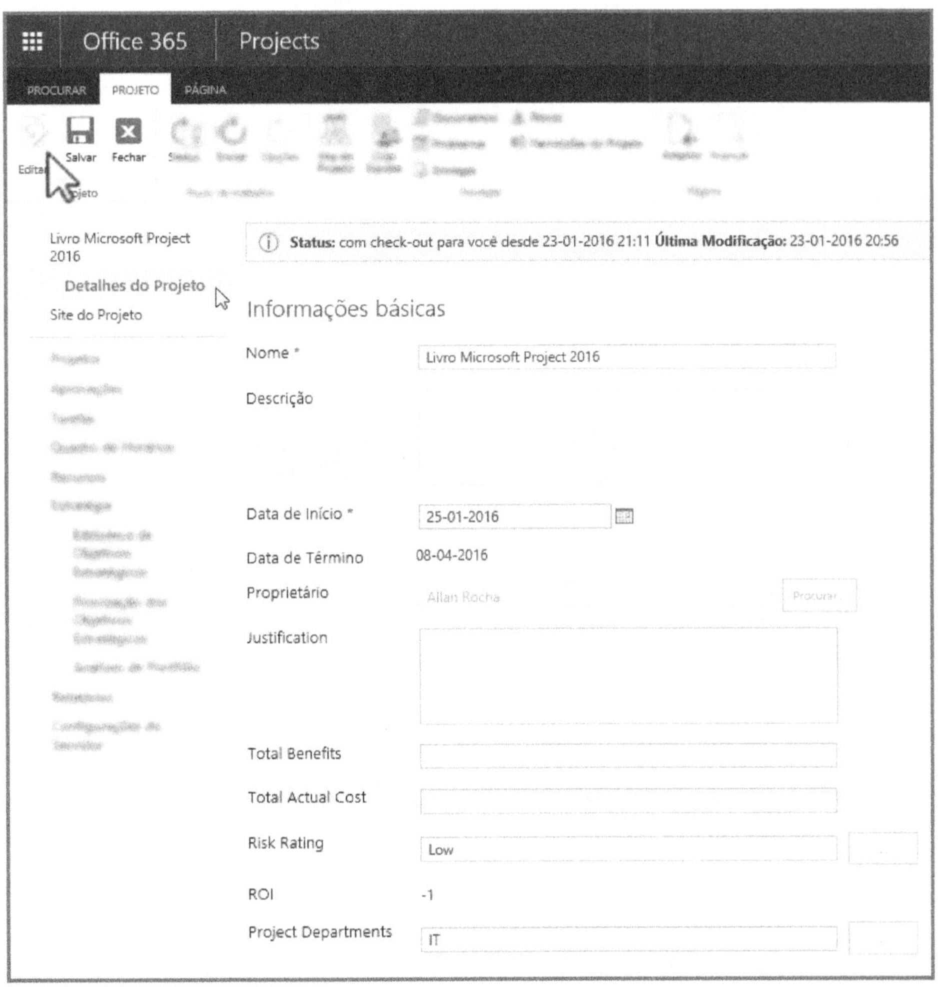

Figura 63.20 – Tela Informações básicas

63.2.3 Criando Atividades em um Projeto através do Cronograma Web

Os gerentes de projetos que trabalham com a plataforma do Project Online podem alterar seus cronogramas diretamente pelo navegador sem a necessidade do Microsoft Project Professional.

Essa forma opcional de visualizar e alterar o cronograma garante aos usuários acesso total às informações dos seus projetos de qualquer lugar a qualquer momento, pois todos os dados estão disponíveis na nuvem da Microsoft.

Para acessar e alterar o cronograma do seu projeto:

1. clique na opção ***Cronograma***;

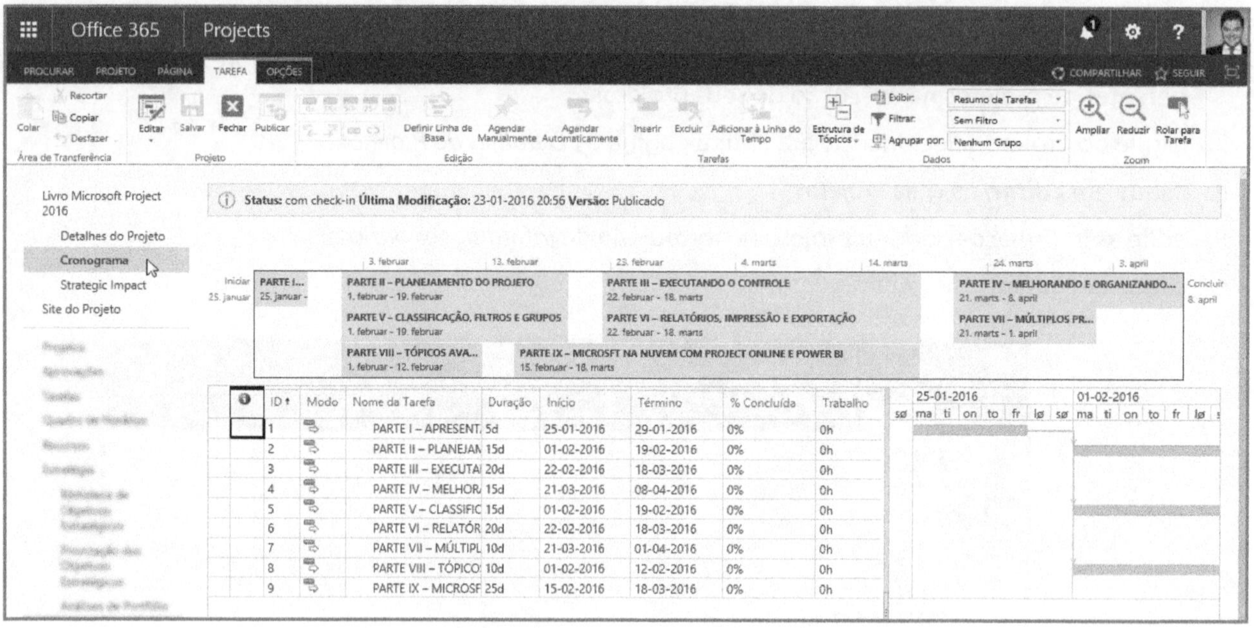

Figura 63.21 – Página do cronograma do projeto na visão web

2. na guia *Tarefa*, clique em ***Editar*** e depois em ***No Navegador***.

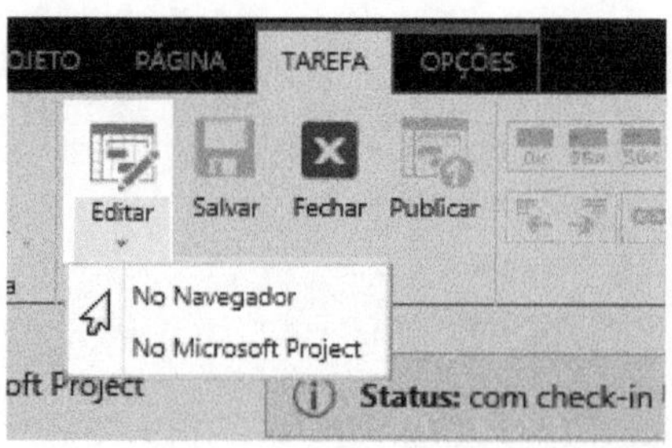

Figura 63.22 - Guia Tarefa com a opção Editar > No Navegador selecionada

O projeto está em modo de edição e pode ser alterado.

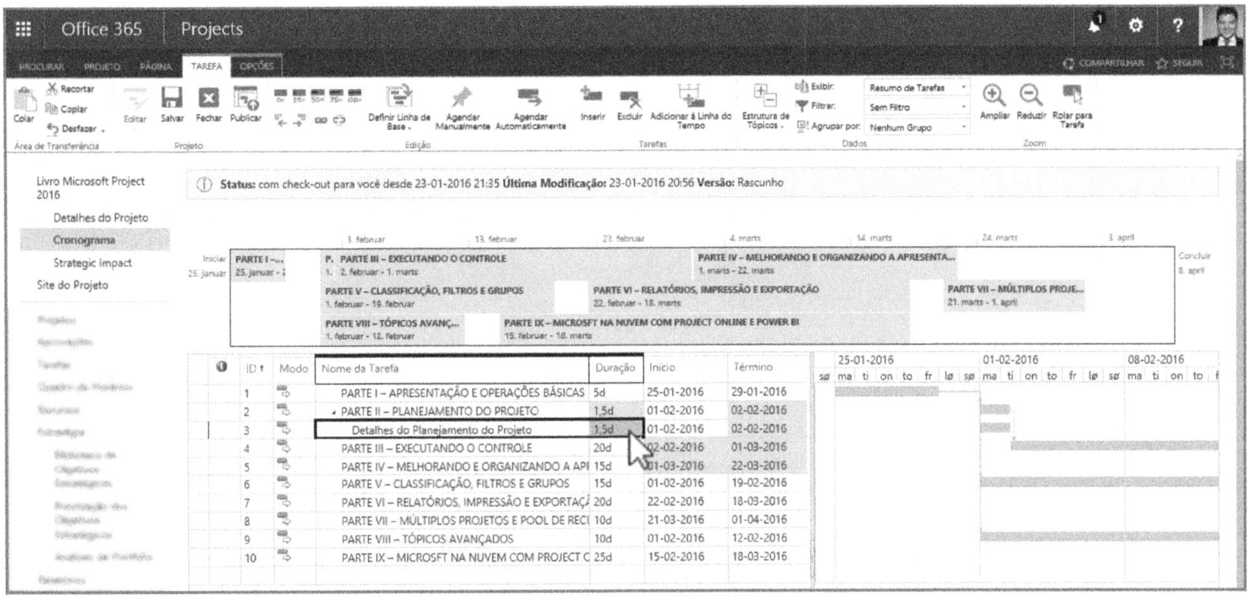

Figura 63.23 – Nova tarefa inserida através do cronograma web

DICA

Existem algumas limitações de funcionalidades no cronograma web do Project Online comparado ao Project Professional, mas, na maioria dos casos, para alterações do dia a dia, ele é mais do que suficiente.

63.2.4 Publicando o Projeto no Project Online

Para publicar o seu projeto no Project Online:

1. após finalizar a edição do cronograma clique em ***Publicar*** ou ***Salvar***.
   a. *Publicar* faz com que todas as informações do seu projeto sejam compartilhadas com a empresa.
   b. *Salvar* exibe as últimas alterações do seu cronograma apenas para o proprietário do projeto.

Figura 63.24 – Botões Salvar e Publicar

DICA

É altamente recomendado que todas as informações dos projetos sejam sempre publicadas para toda a empresa. Dessa forma, evita-se incoerência nos dados por falta de comunicação.

63.2.5 Fechando e Fazendo o *Check-in* do Projeto

Ao final da edição e publicação dos dados do seu projeto, o usuário precisa fechar e fazer o check-in do projeto. Fazer o check-in do projeto significa liberá-lo ou desbloqueá-lo para outros usuários.

Para fechar e fazer o check-in do seu projeto:

1. clique em ***Fechar***, na guia *Tarefa*;

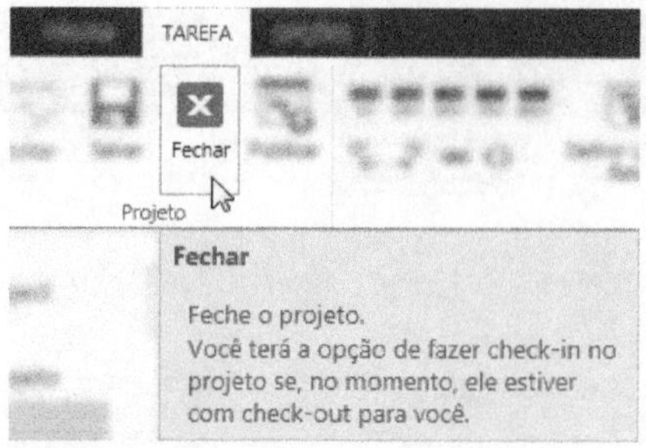

Figura 63.25 - Botão Fechar

2. selecione ***Fazer check-in*** na tela de alerta;

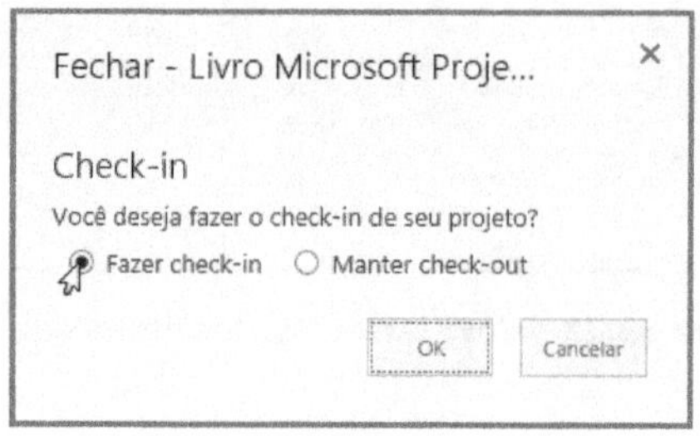

Figura 63.26 - Tela de alerta para check-in do projeto

3. clique em ***OK***.

Importante - Se o usuário não fizer o check-in do projeto, nenhum outro usuário da empresa poderá alterar os dados desse projeto.

63.3 Recursos de Compromissos e Planejamento de Capacidade

Uma das novidades do Microsoft Project e do Project Online são os *recursos de compromissos e planejamento de capacidade*. Esta funcionalidade permite não apenas um melhor controle sobre o agendamento dos seus recursos, como também uma completa gestão dos recursos da sua empresa.

Com o Project Professional 2016 e o Project Online, os gerentes de projetos e os gerentes de recursos podem negociar um contrato chamado compromisso para garantir que os recursos sejam usados de forma apropriada e eficiente por toda a organização.

As etapas da comunicação entre o gerente de projetos e o gerente de recursos são as seguintes:

Passo 1 - Gerente de recursos decide quem precisa de aprovação para ser alocado.

Quando um gerente de recursos estabelece o *pool* de recursos da empresa no Project Online, é possível fazer com que alguns recursos necessitem de aprovação para que sejam atribuídos a projetos.

Passo 2 - Gerente de projetos solicita um recurso.

Quando um gerente de projetos decide usar um recurso que requer aprovação, ele envia uma solicitação de envolvimento ou compromisso através do Project Professional, contendo:

- o período em que o recurso será necessário,
- uma estimativa de esforço em percentagem, ou número de horas, para o período.

Passo 3 – Gerente de recursos analisa o pedido.

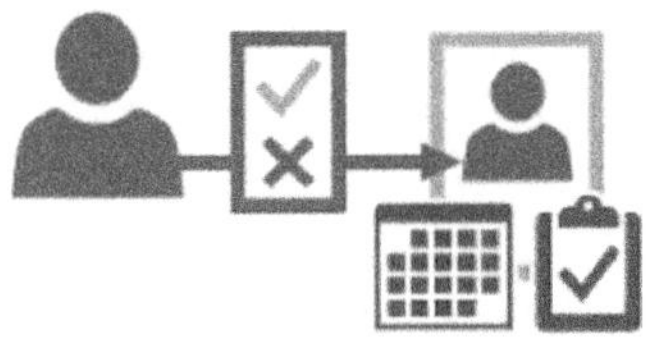

Depois que o gerente de projetos envia a solicitação, o gerente de recursos revisa e analisa todas as solicitações ao Project Online através de:

- mapas de calor de solicitações;
- gráficos de utilização e disponibilidade.

Passo 4 – Recurso pode começar a trabalhar!

Uma vez que o gerente de recursos e o gerente de projetos chegam a um acordo sobre os compromissos, e o gerente de recursos tenha aprovado o pedido, o gerente de projetos está livre para atribuir o recurso às tarefas do projeto.

> **Importante** – Se uma atribuição não cumpre os requisitos de data, percentuais ou horas de acordo com a solicitação, o Microsoft Project alertará o gerente de projetos exibindo um indicador ao lado da tarefa que está utilizando o recurso. Dessa forma o gerente de projetos é sinalizado de que ajustes precisam ser feitos nos compromissos.
>
> Os recursos de compromissos só funcionam se você estiver usando o *Project Professional 2016* ou o *Project Pro for Office 365* conectado ao *Project Online*. Caso não esteja conectado ao Project Online, a funcionalidade ficará oculta. O *Project Standard 2016* não inclui compromissos de recurso.

63.3.1 Ativando os Recursos de Compromissos e Planejamento de Capacidade

Para ativar os novos recursos de compromissos e planejamento de capacidade:

1. acesse a página inicial do Project Online. Você verá um alerta;
2. clique em ***Configurações Adicionais do Servidor*** na área do alerta;

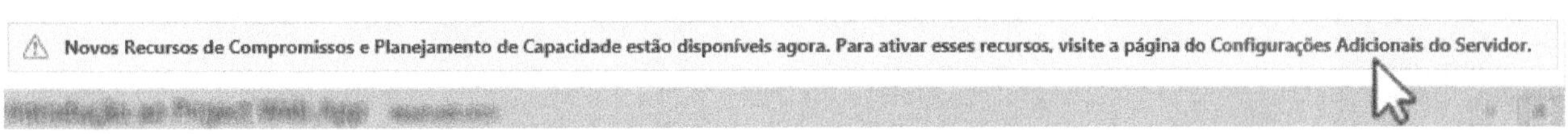

Figura 63.27 – Tela inicial do Project Online mostrando o alerta para ativação dos novos recursos de compromissos e planejamento de capacidade

3. marque a caixa ***Ativar*** para *Novos Recursos de Gerenciamento de Recursos Disponíveis*;

> **Importante** – Surgirá um alerta falando que a migração de dados será executada fora dos horários de pico até sua conclusão. Depois de iniciado o processo, não será possível cancelá-lo. Você não deve se preocupar, pois o Project Online estará totalmente funcional durante essa migração.

4. clique em ***OK*** na janela de alerta;

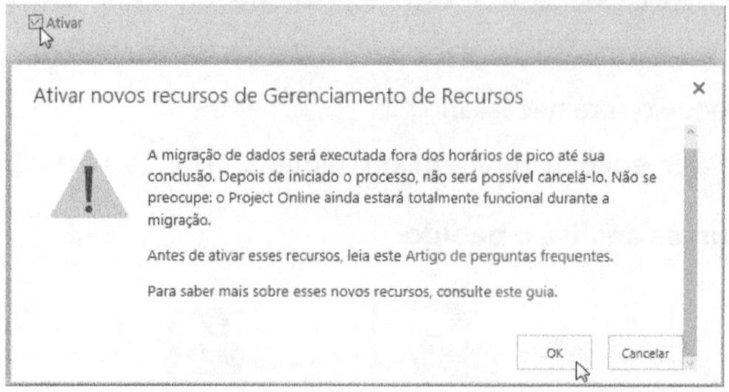

Figura 63.28 – Novos Recursos de Gerenciamento de Recursos Disponíveis

5. clique em ***Salvar*** na página de *Configurações Adicionais do Servidor*.

   O novo recurso está ativado para sua instância do Project Online (***P****roject* ***W****eb* ***A****pp*).

63.3.2 Solicitando Recursos da Empresa

Para submetermos solicitações de recursos é necessário utilizar o Microsoft Project Professional conectado ao Project Online e com um projeto previamente publicado aberto.

Para abrir um projeto do Project Online:

1. abra o *Microsoft Project*;
2. certifique-se de que está conectado ao *Project Online*;
3. acesse a guia *Arquivo (Backstage)*;
4. selecione *Abrir* > ***PWA*** e clique em ***Procurar***;
5. dê um clique duplo em ***Mostrar a lista de todos os projetos***;
6. selecione o projeto que desejar e clique em ***Abrir***;

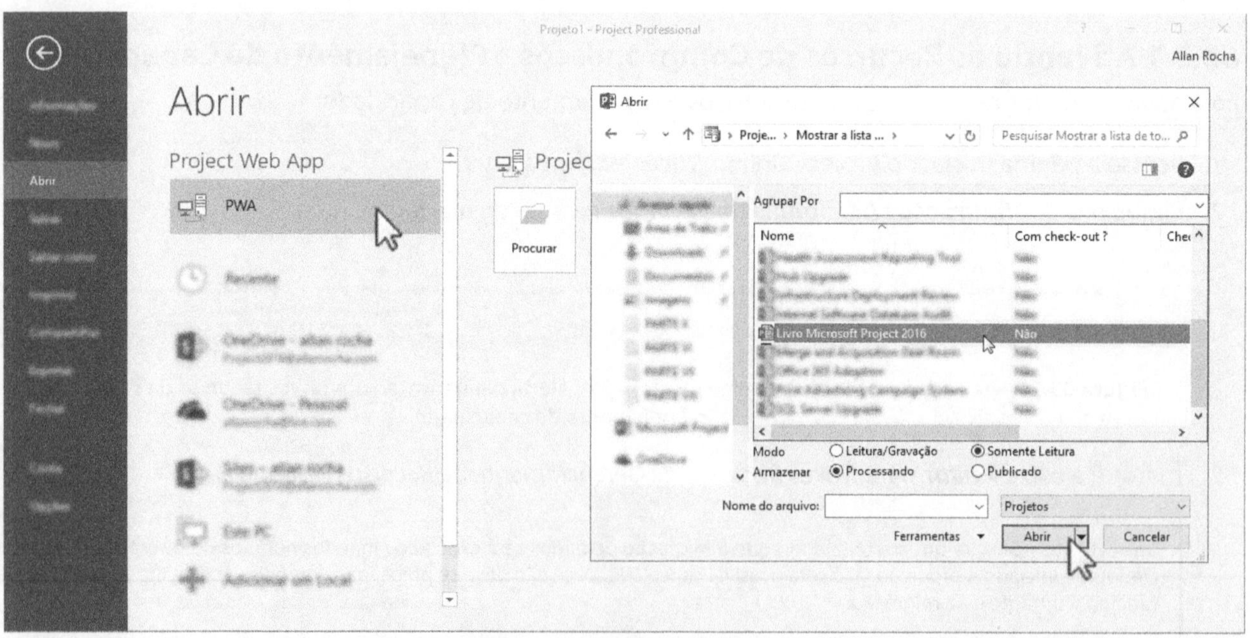

Figura 63.29 – Janela Abrir

O projeto será carregado diretamente do Project Online para o cache local do usuário.

7. clique em ***Fazer Check-out*** para editar o projeto.

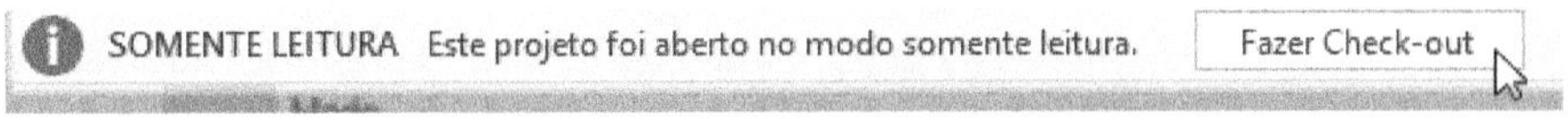

Figura 63.30 – Janela do Project com desataque para a opção Fazer Check-out

Para solicitar recursos:

1. acesse a guia *Recurso*;
2. clique em ***Adicionar Recursos***;
3. clique em ***Criar Equipe da Empresa***;

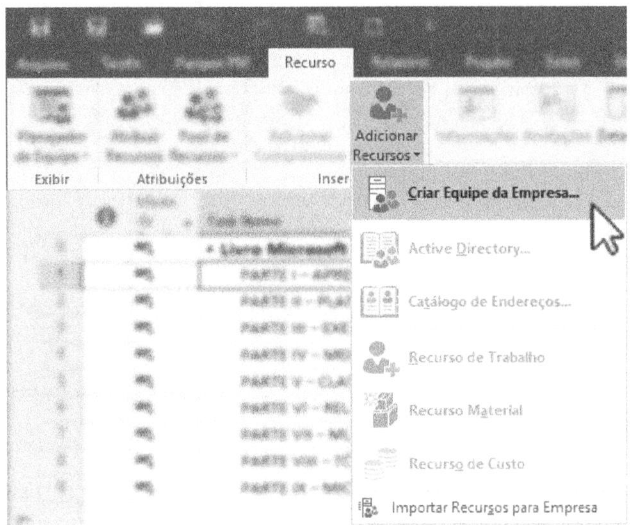

Figura 63.31 – Opção Adicionar Recursos com destaque para Criar Equipe da Empresa

DICA

Um ótimo atalho para acessar esta opção é `Ctrl+T`.

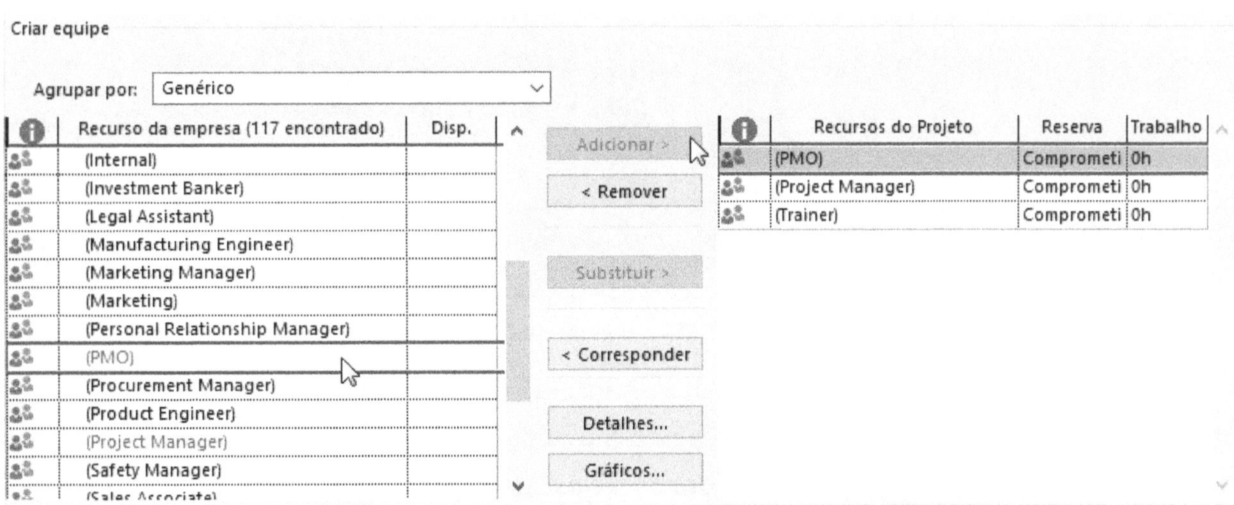

Figura 63.32 – Tela Criar Equipe para com destaque para a área Criar equipe

4. em *Agrupar por* selecione ***Genérico***;
5. selecione os recursos genéricos ou funções do lado esquerdo e clique em ***Adicionar***;

   Os recursos que estão na janela esquerda fazem parte do *pool* de recursos da empresa. Os recursos que estão na janela direita fazem parte do projeto.

DICA

Solicitar recursos genéricos em vez de pessoas específicas proporcionará melhores resultados, pois o gerente de recursos é o responsável pelos compromissos e não o gerente de projetos.

Projetos que dependem exclusivamente de determinados recursos não são recomendados e podem interferir na busca pela melhor utilização dos recursos de toda a empresa.

6. atribua os recursos genéricos às tarefas do projeto.

   Ícones de alerta  serão exibidos para as tarefas com atribuições a recursos sem compromissos.

Figura 63.33 – Recursos sendo atribuídos às tarefas do projeto

Importante – O alerta de atribuição está tentando avisar ao gerente de projetos sobre recursos sendo usados no projeto que não possuem compromissos com os gerentes de recursos.

Vamos utilizar o *Inspetor de Compromissos* do Microsoft Project para solucionarmos esses conflitos:

1. clique com o botão esquerdo sobre o ***ícone do conflito***;
2. selecione ***Corrigir Inspetor de Compromisso...***;
3. no painel *Inspetor* que surgirá à esquerda clique em ***Exibir conflitos entre compromissos em Uso da Tarefa***;

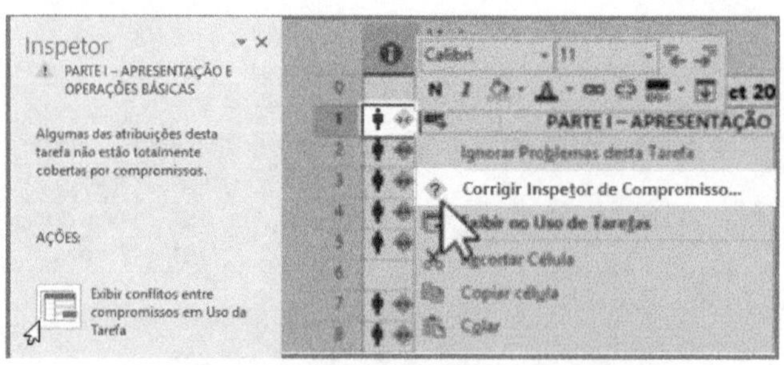

Figura 63.34 – Painel Inspetor sendo habilitado

   A visão *Uso da Tarefa* será aberta e novas ações para inspetor serão exibidas.

4. selecione o *recurso* atribuído à tarefa para resolver o conflito;
5. clique em ***Criar e salvar novo compromisso do recurso desta atribuição***;

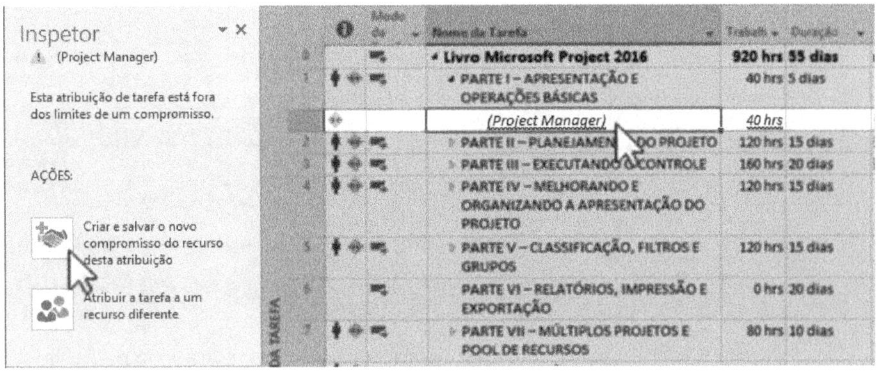

Figura 63.35 – Ações de criar e salvar novos compromissos do painel Inspetor

A janela de *Informações de Compromisso* será aberta com algumas informações já preenchidas com base nos dados da atribuição.

6. preencha os dados necessários para criação do seu compromisso, incluindo:
   a. *Descrição* do compromisso;
   b. estimativas de alocação do recurso em *Unidades* ou *Trabalho* (área *Alocar Recursos por*);
7. Insira *Comentários*, caso queira fornecer mais detalhes sobre a sua solicitação;
8. clique em ***OK***.

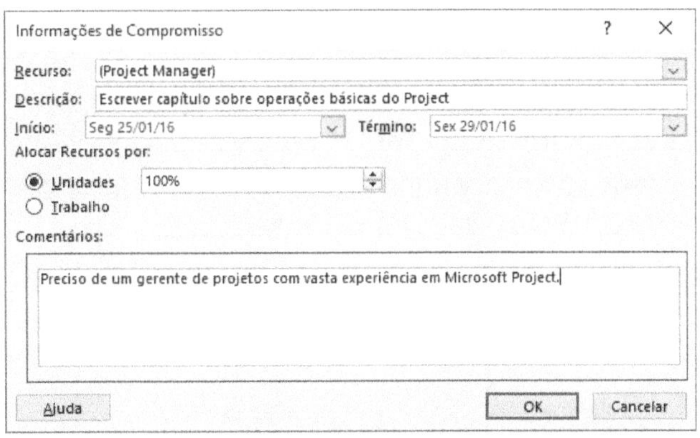

Figura 63.36 – Tela Informações de Compromisso

A tela de Informações do Compromisso se fechará e uma nova ação aparecerá no *Inspetor*.

O seu compromisso foi criado, mas ainda está como rascunho. O gerente de recursos não será capaz de visualizá-lo até que este seja enviado.

63.3.3 Submetendo Solicitações de Recursos da Empresa

Para enviar o compromisso recém-criado:

1. clique em ***Enviar meu compromisso para revisão***; ou

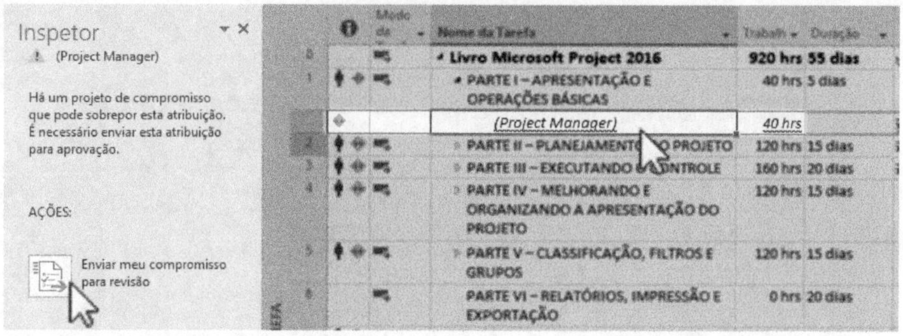

Figura 63.37 - Opção Enviar meu compromisso para revisão, no painel Inspetor

2. na aba *Compromissos* clique em ***Enviar***;
3. clique em ***Enviar Todos os Compromissos***.

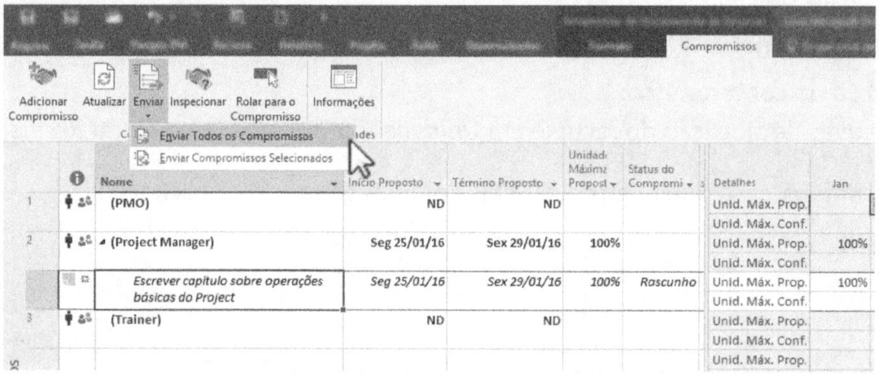

Figura 63.38 - Visão Planejamento de Recursos com ênfase no botão Enviar Todos os Compromissos

O compromisso que estava como rascunho agora está como proposto, o que significa que nenhum gerente de recursos confirmou esse compromisso ainda.

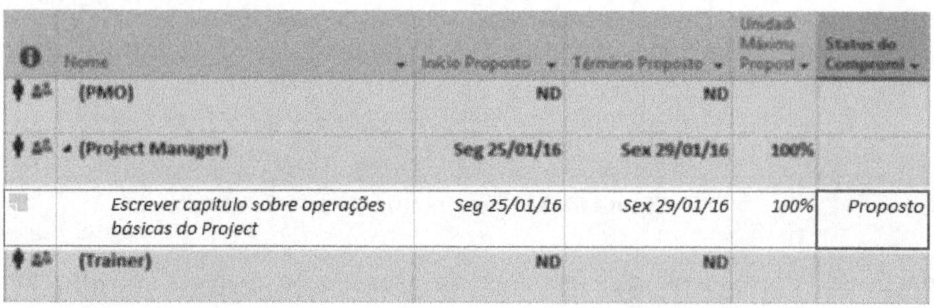

Figura 63.39 - Visão Planejamento de Recursos com ênfase no status do compromisso

63.3.4 Planejando a Capacidade dos Recursos da Empresa

Os gerentes de recursos recebem solicitações de recursos de acordo com o processo de cada empresa.

A periodicidade das solicitações pode ser semanal, mensal ou até mesmo anual.

Para verificar novas solicitações de recursos:

1. acesse a *Central de Recursos* no Project Online através do link *Recursos* na barra de acesso rápido;
2. selecione os recursos que pertencem ao seu time ou departamento;
3. clique em *Planejamento de Capacidade* para analisar a capacidade, alocação e disponibilidade dos recursos selecionados;
4. clique em *Solicitações de Recursos* para visualizar as solicitações para os recursos selecionados;

Abra duas janelas lado a lado com as páginas mencionadas para melhor análise dos dados.

DICA

Antes de aceitar ou rejeitar solicitações de recursos, faça uma análise da capacidade, disponibilidade e demanda dos seus recursos.

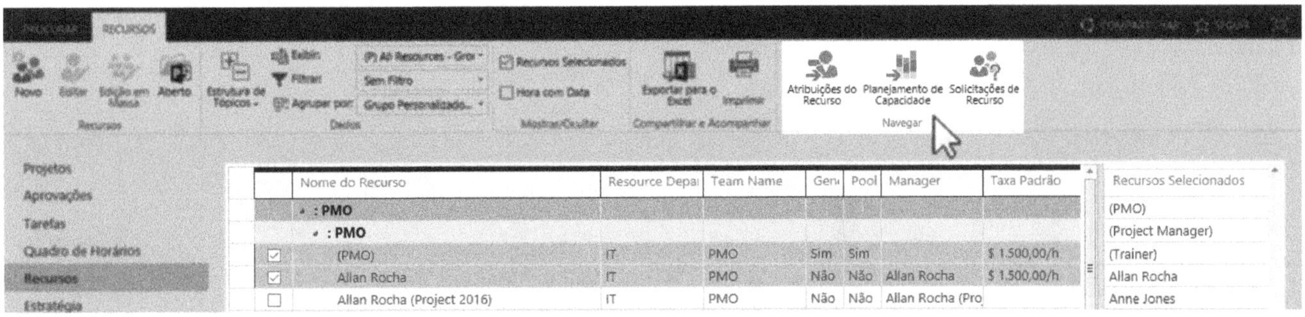

Figura 63.40 – Central de Recursos

Mapa de Calor de Compromissos e Capacidade

O mapa de calor de compromissos e capacidade é uma ferramenta extremamente poderosa na análise da demanda e disponibilidade dos seus recursos. De forma visual, ele mostra rapidamente os pontos que exigem atenção e os pontos sob controle.

Para acessar o mapa de calor de compromissos e capacidade:

1. clique em ***Planejamento de Capacidade***;
2. selecione ***Mapa de Calor de Compromissos e Capacidade***, em *Exibir*;

É possível alterar a *Unidade de Trabalho*, *Escala de Tempo*, parâmetros das cores de calor e *Definir Intervalo de Data* a ser analisado.

Com base na capacidade e na demanda dos recursos, o mapa mostrará a disponibilidade no período escolhido.

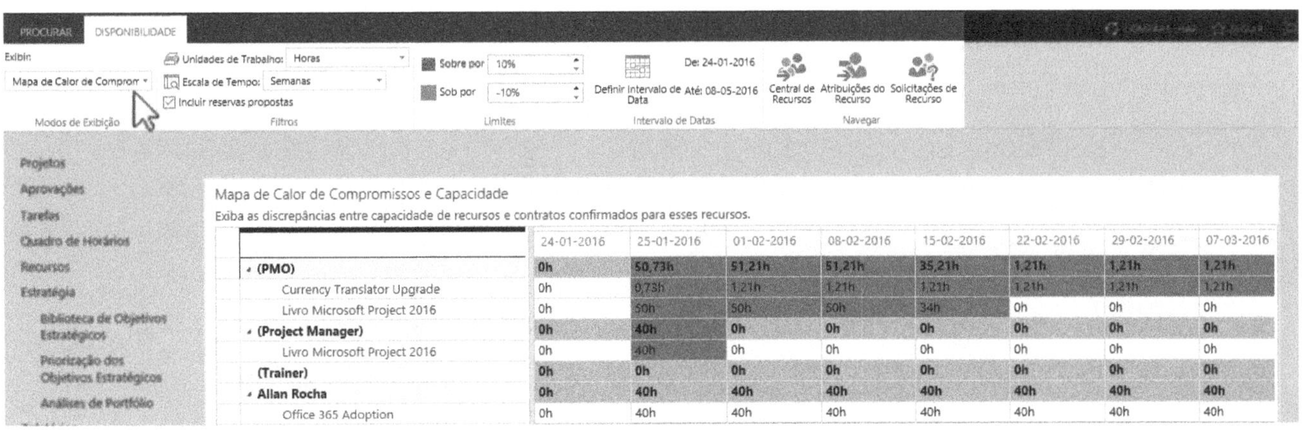

Figura 63.41 – Mapa de Calor de Compromissos e Capacidade

Utilização de Recursos

O mapa de *Utilização de Recursos* mostra em que os seus recursos estão trabalhando.

Para acessar o Mapa de Utilização de Recursos:

- na aba *Disponibilidade*, em *Exibir*, clique em ***Utilização de Recursos***.

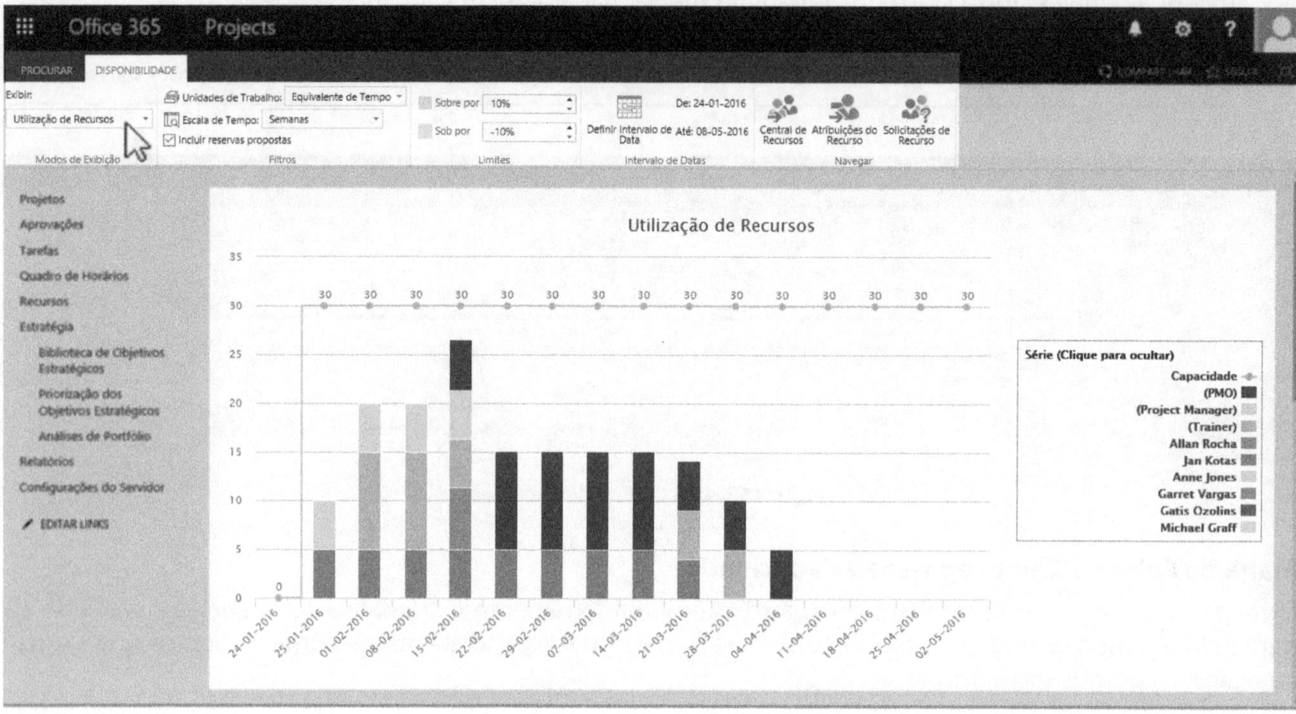

Figura 63.42 – Mapa de Utilização de Recursos

Disponibilidade Restante

O mapa de *Disponibilidade Restante* mostra o quanto cada recurso possui de disponibilidade em uma escala de tempo.

Para acessar o mapa, na aba *Disponibilidade*, em *Exibir*, clique em ***Disponibilidade Restante***.

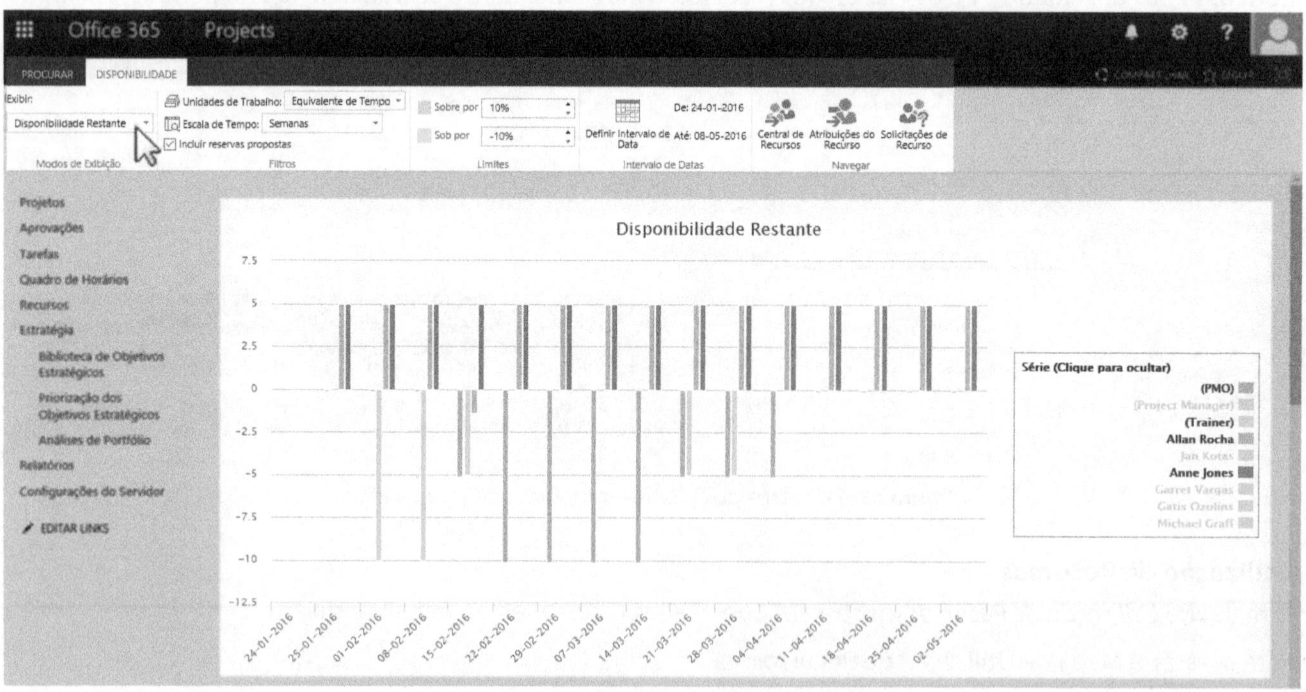

Figura 63.43 – Mapa de Disponibilidade Restante

63.3.5 Aceitando/Rejeitando Compromissos de Recursos da Empresa

Após analisar a capacidade, demanda e disponibilidade dos seus recursos, deve-se confirmar os compromissos solicitados pelos gerentes de projetos.

Para acessar as *Solicitações de Recurso*:

1. acesse a *Central de Recursos no PWA* através do link *Recursos* na barra de acesso rápido;
2. selecione os recursos que pertencem ao seu time ou departamento;
3. na aba *Recursos*, área *Navegar*, clique em ***Solicitações de Recurso***;

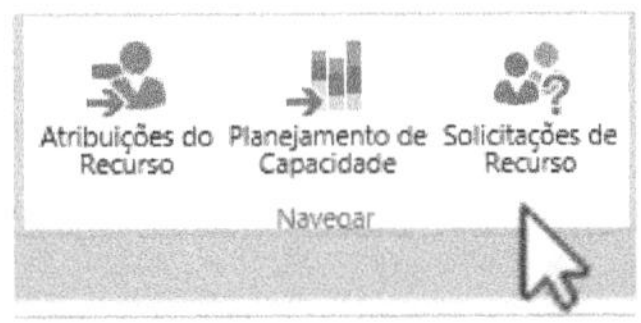

Figura 63.44 – Central de Recursos do PWA

4. defina o *Intervalo de Data*, as *Unidades de Trabalho* e a *Escala de Tempo*.

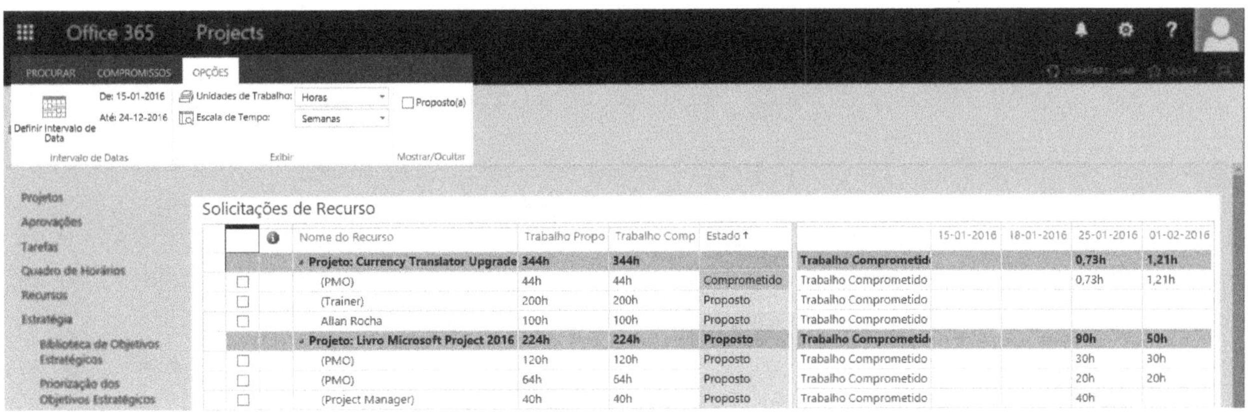

Figura 63.45 – Solicitações de Recurso

Após nossa análise de disponibilidade podemos confirmar os compromissos de recursos substituindo os recursos genéricos por recursos específicos:

1. clique sobre o nome do recurso que foi solicitado e selecione o novo recurso que o substituirá;

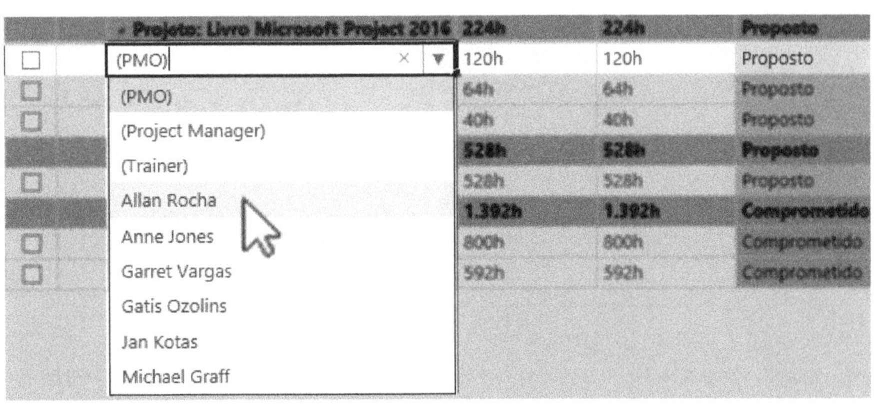

Figura 63.46 – Substituindo um recurso genérico por um recurso específico

2. aceite o compromisso para essa solicitação clicando em ***Aceitar***;

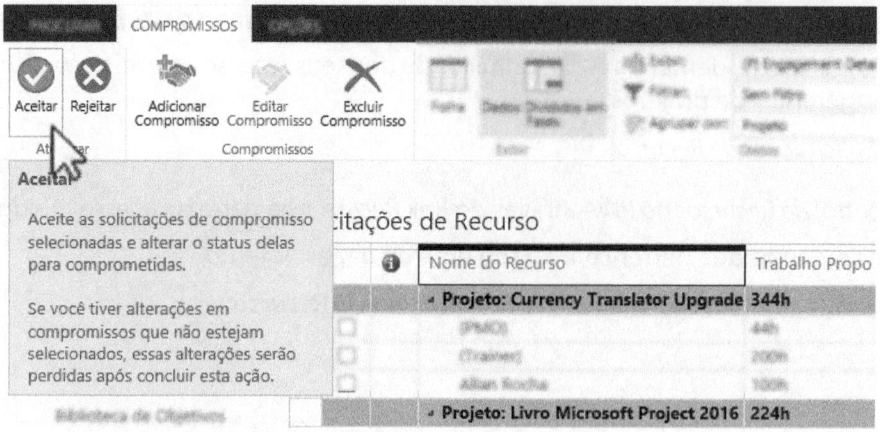

Figura 63.47 – Página de Solicitações de Recursos com ênfase para Aceitar

3. escreva um comentário, caso necessário, na tela *Confirmar Aceitação*.

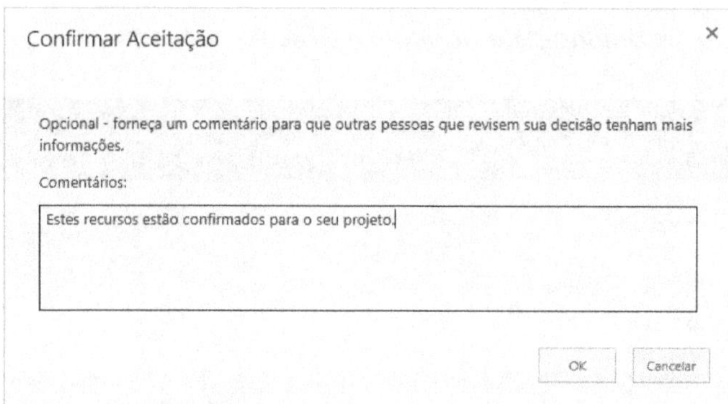

Figura 63.48 – Tela Confirmar Aceitação

63.3.6 Verificando Solicitações de Recursos da Empresa

Os gerentes de projetos podem a qualquer momento verificar o status das solicitações de recursos. Para verificar os status das solicitações de recursos:

1. abra o seu projeto no *Microsoft Project*;
2. acesse a visão de *Planejamento dos Recursos*;
3. na guia *Compromissos* clique em ***Atualizar***.

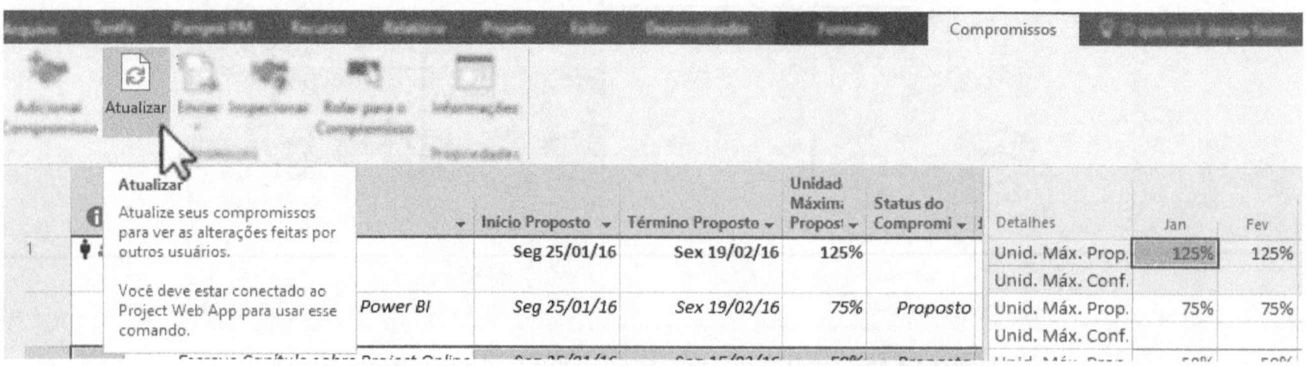

Figura 63.49 – Guia Compromissos com destaque para o botão Atualizar

O status das solicitações mudaram de *Proposto* para *Confirmado* e novos recursos foram adicionados ao projeto após terem seus compromissos confirmados pelo gerente de recursos.

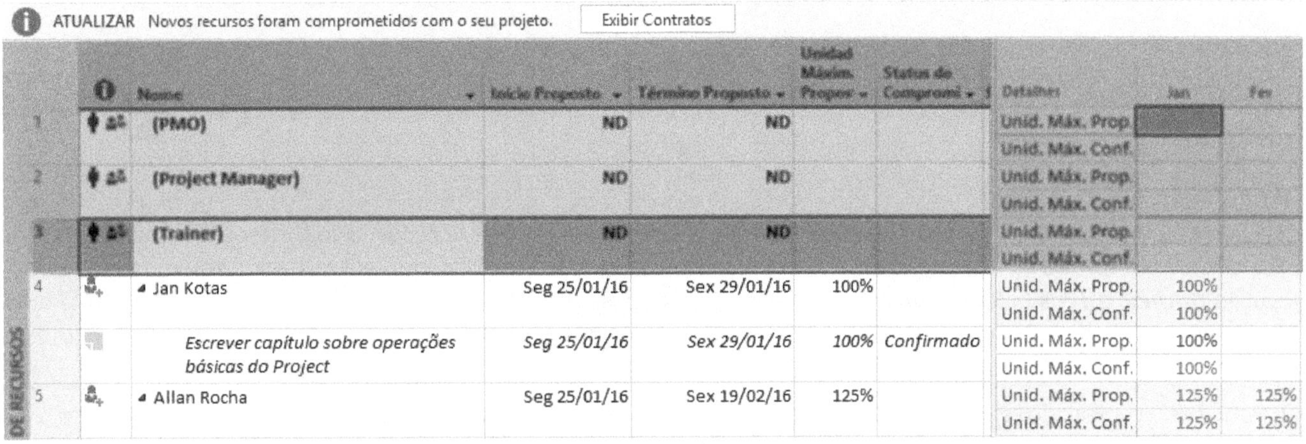

Figura 63.50 – Visão Planejamento de Recursos exibindo as Solicitações confirmadas por recurso

CAPÍTULO 64

Power BI

O *Power BI* é um serviço de análise de negócios baseado na nuvem da Microsoft que fornece diversas formas de exibição dos seus dados de negócios, sejam eles críticos ou não. Permite que esses dados sejam monitorados usando ***painéis ativos*** (*live dashboards*) que auxiliam na manutenção da integridade de seus negócios. O *Power BI* oferece uma extensão a esses painéis a partir de ***relatórios interativos***, que podem ser criados facilmente usando o seu navegador, ou com o *Power BI Desktop*, que é um produto gratuito.

O *Power BI*, pensando em praticidade e mobilidade, disponibiliza aplicativos nativos para celulares que permitem o acesso aos dados em qualquer lugar de forma fácil, rápida e gratuita.

> **Importante** – Verifique a disponibilidade dos aplicativos para celulares em https://powerbi.microsoft.com de acordo com o seu modelo favorito.

Figura 64.1 – Tela do *Power BI* mostrando um painel de controle ativo (*live dashboard*)

64.1 Comparando as Versões do Power BI

O *Power BI* é oferecido em duas versões: **Power BI**, que é gratuita, e **Power BI Pro**. As diferenças entre essas versões podem ser vistas na tabela a seguir:

	POWER BI (GRATUITO)	POWER BI PRO
Limite de capacidade de dados	1 GB/usuário	10 GB/usuário
Criar, exibir e compartilhar seus relatórios e painéis pessoais com outros usuários do Power BI	✓	✓
Criar conteúdo com o Power BI Desktop	✓	✓
Explorar dados com o idioma natural *	✓	✓
Acesse seus painéis em dispositivos móveis usando aplicativos nativos para iOS, Windows e Android	✓	✓
Consumir pacotes de conteúdo estruturado para serviços como Dynamics, Salesforce e Google Analytics	✓	✓
Importar dados e relatórios de arquivos do Excel, CSV e Power BI Desktop	✓	✓
ATUALIZAÇÃO DE DADOS		
Consumir o conteúdo agendado para ser atualizado	Diariamente	A cada hora
Consumir dados de *streaming* em seus painéis e relatórios	10 mil linhas/hora	1 milhão de linhas/hora
Consumir fontes de dados dinâmicos com interatividade total	—	✓
Acessar dados locais usando os *gateways* de conectividade de dados (gerenciamento pessoal e de dados)	—	✓
COLABORAÇÃO		
Colaborar com sua equipe usando grupos do Office 365 no Power BI	—	✓
Criar, publicar e exibir pacotes de conteúdo organizacional	—	✓
Gerenciar o controle de acesso e compartilhamento por grupos do Active Directory	—	✓
Consultas de dados compartilhadas por meio do Catálogo de Dados	—	✓

Observações:

*Atualmente, há suporte para consulta de idioma natural apenas em inglês.

Verifique a disponibilidade e os preços dos serviços do *Power BI* na sua região em https://powerbi.microsoft.com

Os preços são mostrados por usuário por mês, mas é necessária uma assinatura anual.

Há preços disponíveis para organizações de tipo acadêmico, governamental e sem fins lucrativos.

Saiba mais sobre licenciamento por volume ou localize um especialista da Microsoft.

Importante – Todos os exemplos sobre *Power BI* mostrados neste livro foram realizados utilizando a versão *Power BI* gratuita.

64.2 Criando uma Conta e Conectando-se ao Power BI

Para utilizarmos o serviço do *Power BI* é necessária a criação de uma conta.

Para se inscrever no serviço ou criar uma conta:

1. acesse https://powerbi.microsoft.com através do seu navegador favorito; O *Power BI* automaticamente identificará a sua região e exibirá o conteúdo de acordo com as suas *Configurações de Idioma* do Windows.
2. na página inicial do *Power BI*, clique em ***Comece gratuitamente***;

Figura 64.2 – Página inicial do *Power BI*

Importante – A página inicial do *Power BI* está sujeita a constantes modificações.

3. na janela de introdução do *Power BI*, clique em ***Inscrever-se***;

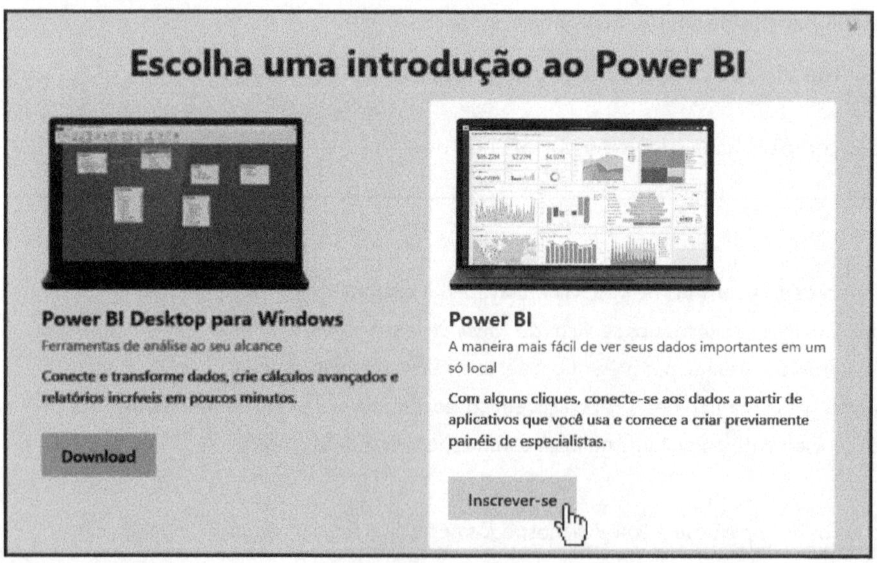

Figura 64.3 – Janela de introdução para inscrição no *Power BI*

4. na página de introdução, digite seu endereço de e-mail comercial e clique em ***Inscrever-se***;

Importante – Endereços de e-mail que utilizam serviços gratuitos, como Hotmail, Yahoo ou Gmail, não são válidos para se inscrever no *Power BI*.

Figura 64.4 – Janela de introdução e preenchimento do endereço de e-mail para inscrição no *Power BI*

Uma notificação será exibida instruindo sobre os próximos passos para conclusão da inscrição.

Figura 64.5 – Tela de notificação para inscrição no *Power BI*

5. acesse a conta de e-mail utilizada na inscrição e clique no link enviado pelo Office 365;

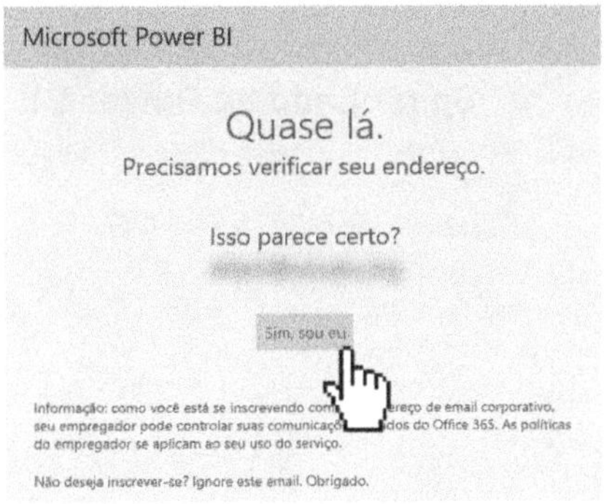

Figura 64.6 – E-mail enviado pela equipe do Office 365

6. preencha as informações solicitadas e clique em ***Iniciar***;

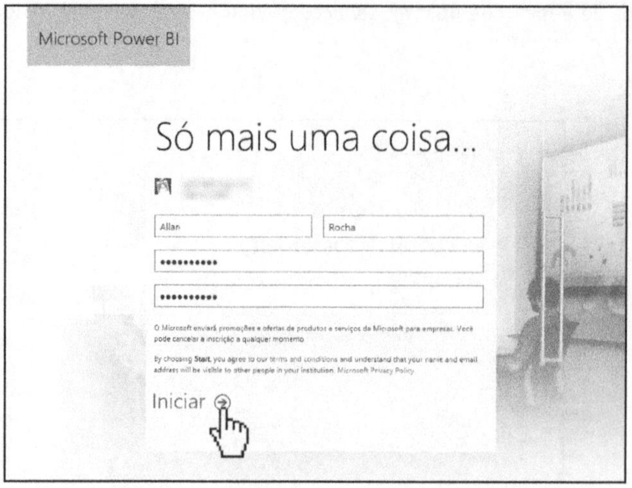

Figura 64.7 – Formulário de inscrição do *Power BI*

7. aguarde até que a preparação do *Power BI* seja finalizada.

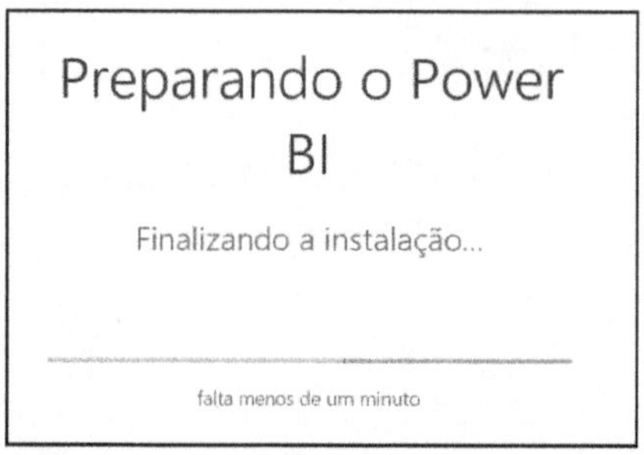

Figura 64.8 – Tela de espera para preparação do *Power BI*

A página *Bem-vindo ao Power BI* será exibida, confirmando a sua inscrição no serviço.

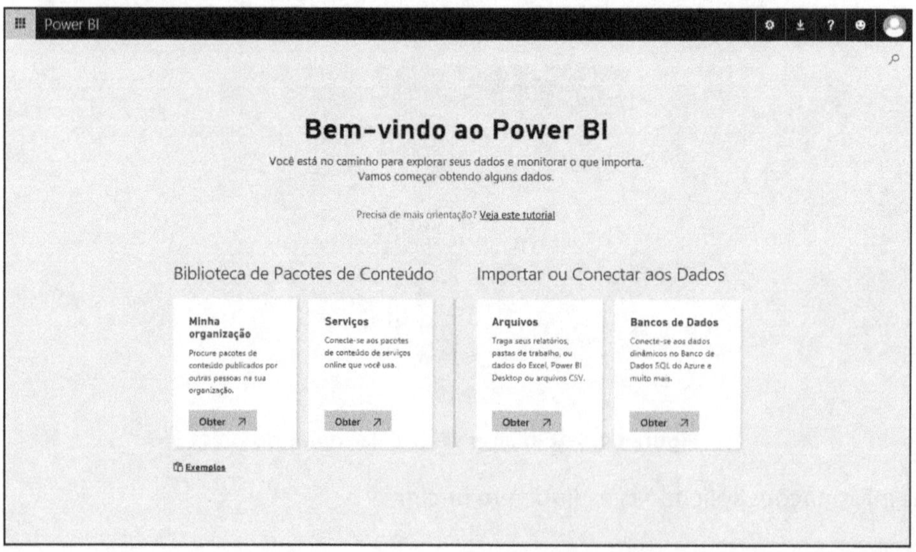

Figura 64.9 – Tela Bem-vindo ao *Power BI*

64.3 Conectando-se ao Pacote de Conteúdo de Serviço do Project Online

A *Biblioteca de Pacotes de Conteúdo do Power BI* oferece aos usuários uma maneira rápida e fácil de se conectar a diversos serviços online e automaticamente gerar **painéis** (*dashboard*) e **relatórios** com dados desses serviços. Esses **Pacotes de Conteúdo**, além de acelerarem o processo de acesso aos dados, podem também ser o ponto de partida para modificações de acordo com a sua necessidade.

Figura 64.10 – Biblioteca de Pacotes de Conteúdo do *Power BI*

O time do Microsoft Project desenvolveu um Pacote de Conteúdo exclusivo para se conectar ao serviço do Project Online.

Para se conectar ao Pacote de Conteúdo do Project Online:

1. na tela *Bem-vindo ao Power BI*, acesse *Biblioteca de Pacotes de Conteúdo* > ***Serviços*** e clique em ***Obter***;

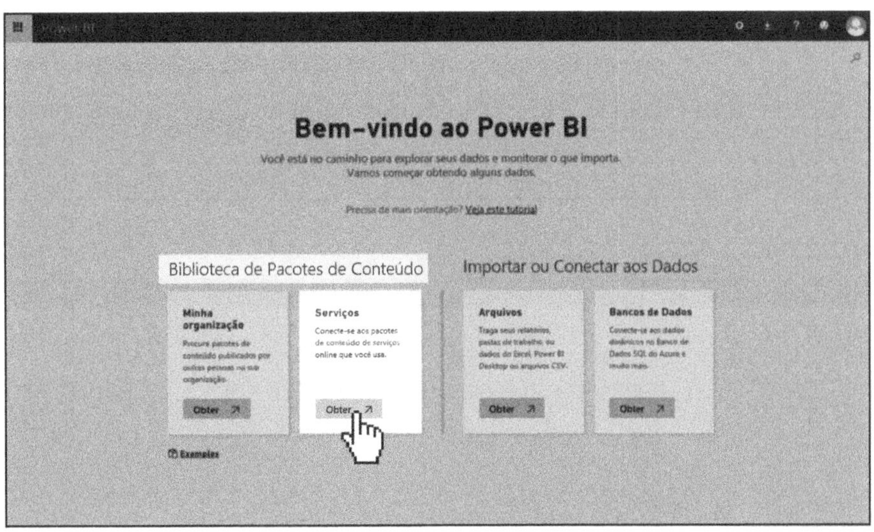

Figura 64.11 – Tela Bem-vindo ao *Power BI*, com destaque para Biblioteca de Pacotes de Conteúdo > Serviços

2. na *Biblioteca de Pacotes de Conteúdo*, clique em ***Serviços*** e em ***Microsoft Project Online***;
3. clique em ***Conectar***;

Figura 64.12 – Biblioteca de Pacotes de Conteúdo do *Power BI* com ênfase para o serviço Microsoft Project Online

4. na tela *Conectar a Microsoft Project Online*, digite a *URL* do seu *Project Web App*;
5. clique em ***Avançar***;
6. em *Método de autenticação*, selecione ***oAuth2*** e clique em ***Entrar***.

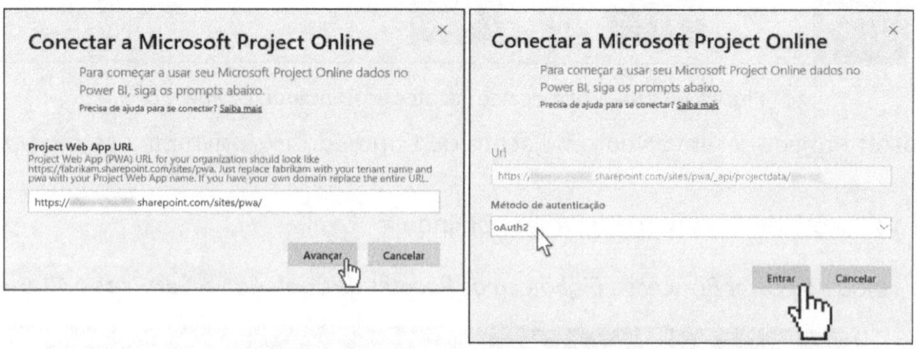

Figura 64.13 – Telas Conectar a Microsoft Project Online

O *Power BI* importará os dados do seu *Project Online* e automaticamente criará um *conjunto de dados*, um *relatório* e um *painel*.

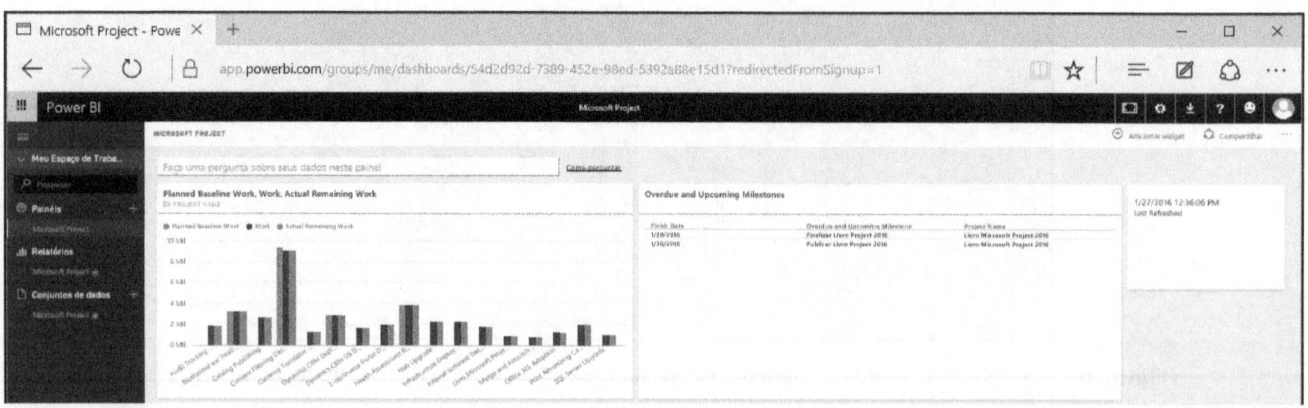

Figura 64.14 – Painel do Microsoft Project Online criado automaticamente pelo Pacote de Conteúdo de Serviço

Os gráficos dos painéis, conhecidos por *tiles*, são ativos e serão atualizados automaticamente. Clicar nos gráficos do painel o redirecionará para o relatório ou pergunta associada a ele. Por exemplo, clique sobre o *gráfico superior esquerdo do painel* para abrir o relatório associado a ele.

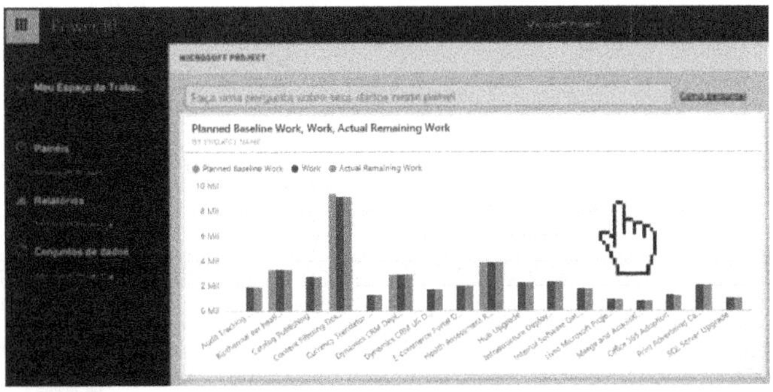

Figura 64.15 – Gráfico superior esquerdo do painel do Project Online

Figura 64.16 – Página Portfolio Status, relatório associado ao gráfico da figura anterior

64.4 Criando um Relatório no Power BI

Os relatórios do *Power BI* proporcionam uma experiência única aos usuários. A riqueza de seus elementos gráficos e a capacidade de interação entre eles fazem com que a análise dos seus dados seja rápida, clara e acima de tudo agradável.

As ferramentas de desenvolvimento de relatórios para o *Power BI* são:

- Microsoft Excel;
- Power BI Desktop;
- navegador web.

DICA

O *Power BI Desktop* e alguns navegadores web são totalmente gratuitos.

Acesse https://powerbi.microsoft.com para fazer o download do *Power BI Desktop*.

Verifique se o seu navegador web favorito é suportado pelo serviço do *Power BI* em https://powerbi.microsoft.com.

Após a criação do *Pacote de Conteúdo do Microsoft Project Online*, um *Conjunto de Dados* foi gerado e ele servirá como base para a criação para o nosso *relatório* no *Power BI*.

Para criar um relatório:

1. na barra lateral do *Power BI*, clique sobre o *Conjunto de dados* > ***Microsoft Project***; Uma página de relatório em branco será aberta exibindo à direita os painéis *Visualizações* e *Campos*.

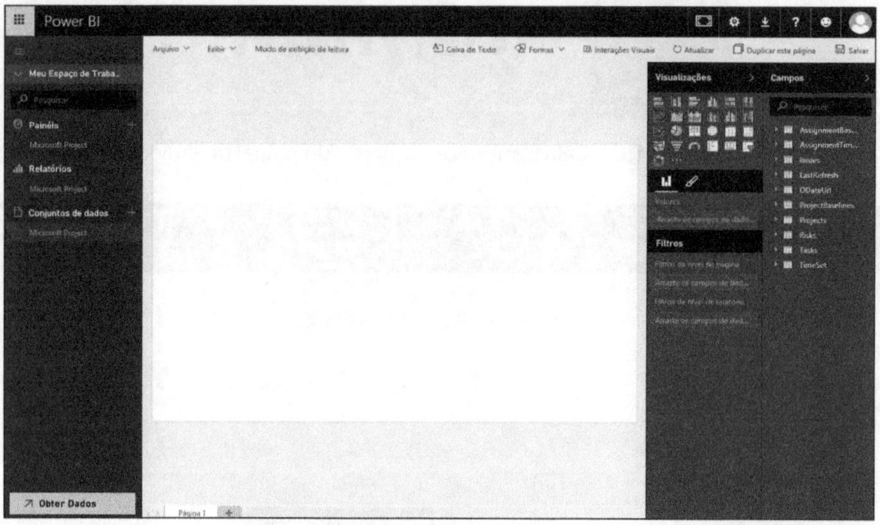

Figura 64.17 – Página 1 de um relatório recém-criado no *Power BI*

2. no painel de *Visualizações*, selecione ***Formato*** clicando sobre o ícone de pincel  ;
3. no agrupamento *Tamanho de página*, selecione ***Dinâmico*** em *Tipo*; Isso fará com que a nossa página do relatório seja ajustada dinamicamente de acordo com a sua resolução.
4. no painel *Visualizações*, selecione o ***Gráfico de Colunas e Linha***  ;

Figura 64.18 – Área de Tamanho de Página com ênfase para o Tipo

5. no painel *Campos*, clique sobre o agrupamento ***Projects*** para exibir todos os campos disponíveis;
6. selecione e arraste os seguintes campos para a área do gráfico:
   a. *Project Name* – Eixo compartilhado;

b. *Remaining Work* – Valores da coluna;
c. *Work* – Valores da coluna;
d. *Work Variance* – Valores da linha;

7. posicione o gráfico na lateral esquerda da página;

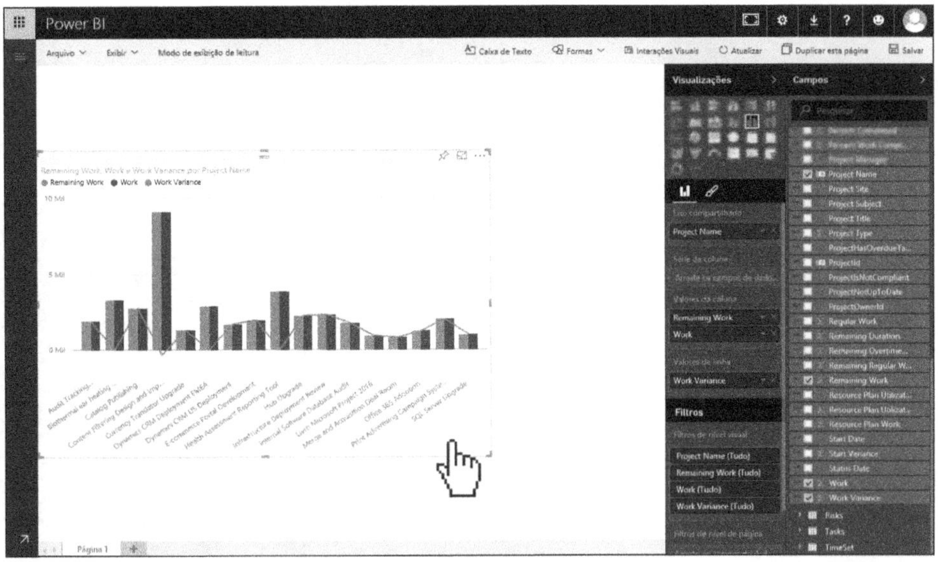

Figura 64.19 – Página de um relatório no *Power BI* com ênfase nos campos selecionados

8. no painel *Visualizações*, selecione o ***Gráfico de Pizza***  ;
9. no painel *Campos*, clique sobre o agrupamento ***Risks (riscos)***;
10. selecione e arraste os seguintes campos para a área do gráfico:
    a. *Risk Status (Status do Risco)* – Legenda;
    b. *RiskId (ID de Risco)* – Valores;

Perceba que o gráfico será automaticamente posicionado para o melhor ajuste na página.

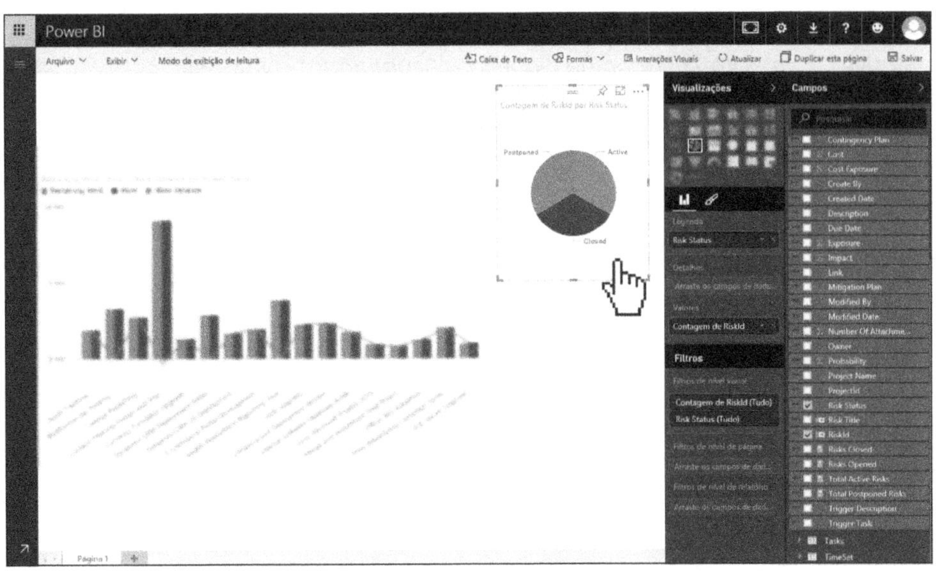

Figura 64.20 – Página de um relatório no *Power BI* com ênfase para o gráfico de pizza de riscos

11. no painel *Visualizações*, selecione o ***Gráfico de Pizza***  ;
12. no painel *Campos*, clique sobre o agrupamento ***Issues (problemas)***;
13. selecione e arraste os seguintes campos para a área do gráfico:
    a. *Priority (Prioridade)* – Legenda;
    b. *IssueId (ID de Problema)* – Valores;

    Perceba novamente que o gráfico será automaticamente posicionado para o melhor ajuste na página.

Figura 64.21 – Página de um relatório no *Power BI* com ênfase para o gráfico de pizza de problemas (issues)

14. no painel *Visualizações*, selecione o ***Gráfico de Área***  ;
15. no painel *Campos*, clique sobre o agrupamento ***AssignmentTimephased*** (conjunto de dados dividido em fases de atribuição);
16. selecione e arraste os seguintes campos para a área do gráfico:
    a. *Cumulative Actual Work (Trabalho Real Acumulado)* – Valores;
    b. *Cumulative Planned Work (Trabalho Planejado Acumulado)* – Valores;

    Perceba que desta vez foram combinadas duas tabelas distintas e, com base nos relacionamentos do conjunto de dados, o *Power BI* exibirá as informações corretamente em um único gráfico.
17. no painel *Campos*, clique sobre o agrupamento ***TimeSet*** para exibir todos os campos disponíveis;
18. selecione e arraste o seguinte campo para a área do gráfico:
    a. *Date* – Eixo;

Figura 64.22 – Página de um relatório no *Power BI* com ênfase para o gráfico de área

19. no painel *Visualizações*, selecione o ***Gráfico Treemap*** ;
20. no painel *Campos*, clique sobre o agrupamento ***Projects***;
21. selecione e arraste os seguintes campos para a área do gráfico:
    a. *Project Name (Nome do Projeto)* – Grupo;
    b. *Work (Trabalho)* – Valores;
22. posicione os gráficos de maneira harmônica na página;

Figura 64.23 – Página de um relatório no *Power BI* com ênfase para o gráfico treemap

23. no painel *Visualizações*, selecione o ***Gráfico Cartão*** ;
24. no painel *Campos*, clique sobre o agrupamento ***Projects***;

25. selecione e arraste o seguinte campo para a área do gráfico:
    a. *Work (Trabalho)* – Campos;
26. repita os passos 23 a 25 para criar outro gráfico cartão;
27. selecione e arraste o seguinte campo para a área do gráfico:
    a. *Duration (Duração)* – Campos;
28. posicione os gráficos de maneira harmônica na página;

Figura 64.24 – Página de um relatório no Power BI com ênfase para os gráficos cartão

29. clique em ***Salvar***, na parte superior direita;

Figura 64.25 – Botão Salvar do relatório do Power BI

30. digite o nome do seu relatório e clique em ***Salvar***;

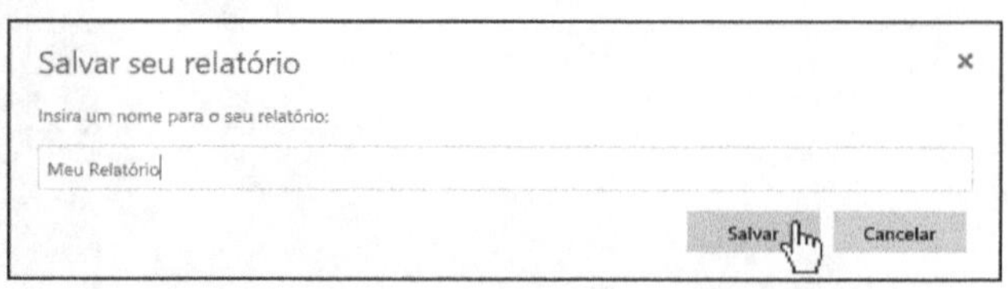

Figura 64.26 – Tela Salvar seu relatório

31. para acessar o seu novo relatório basta clicar sobre ***Meu Relatório***, sob *Relatórios*, na barra lateral do *Power BI*;
32. clique nos elementos gráficos para interagir com o relatório.

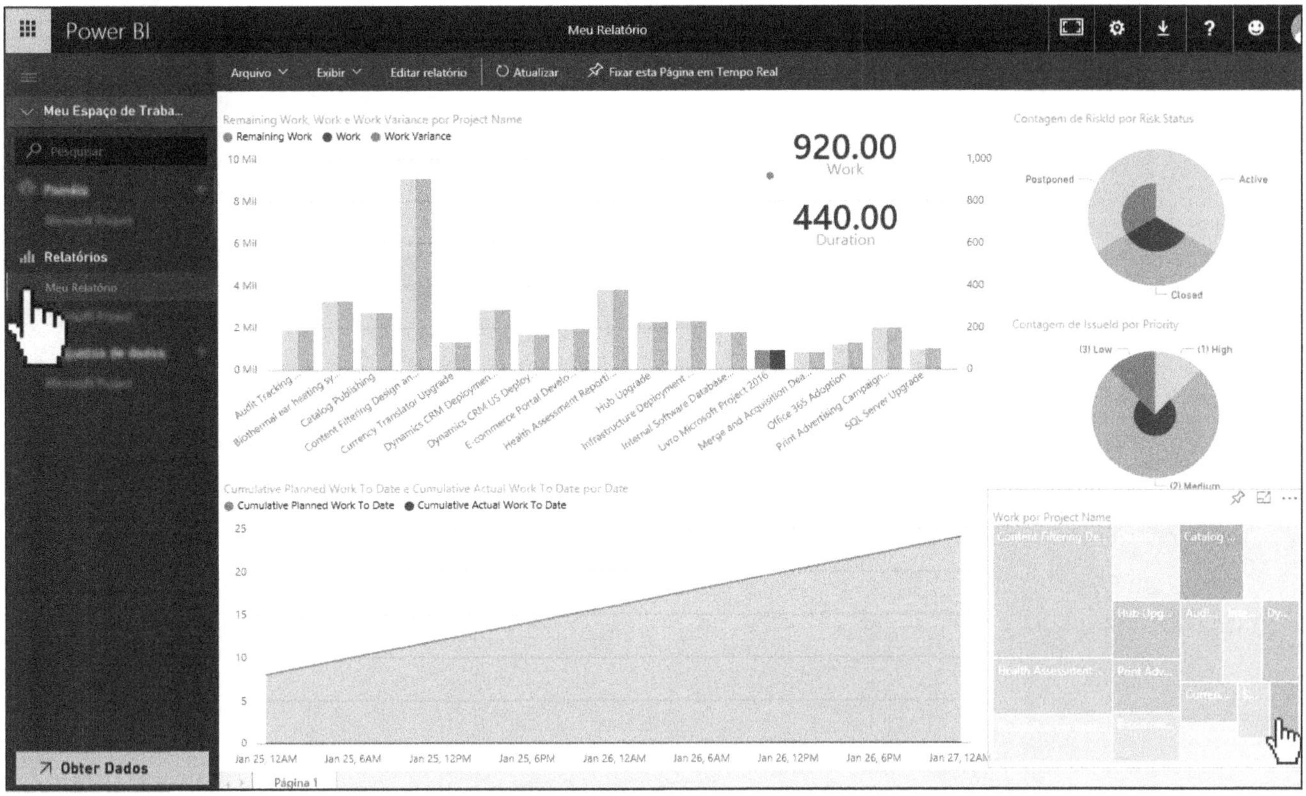

Figura 64.27 – Relatório Meu Relatório mostrando interatividade entre os gráficos

64.5 Criando um Painel de Controle no Power BI

Os Painéis de Controle podem ser criados a partir de elementos de diversos relatórios, perguntas e respostas ou *widgets*.

Para criar seu Painel de Controle:

1. acesse o relatório que acabou de ser criado;
2. clique sobre os elementos gráficos para selecioná-los;
3. clique no ***ícone fixar***  ;

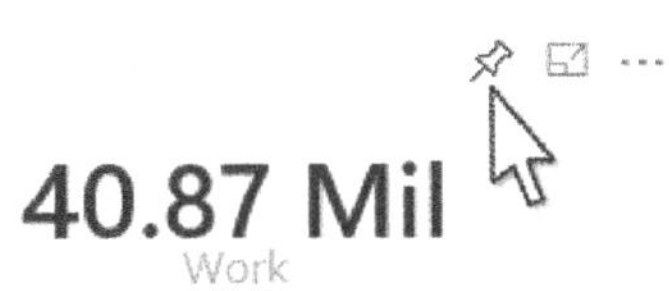

Figura 64.28 – Elemento gráfico selecionado com ênfase para o ícone fixar

4. na tela que aparece, selecione *Novo painel* e digite um nome para ele;
5. clique em ***Fixar***;

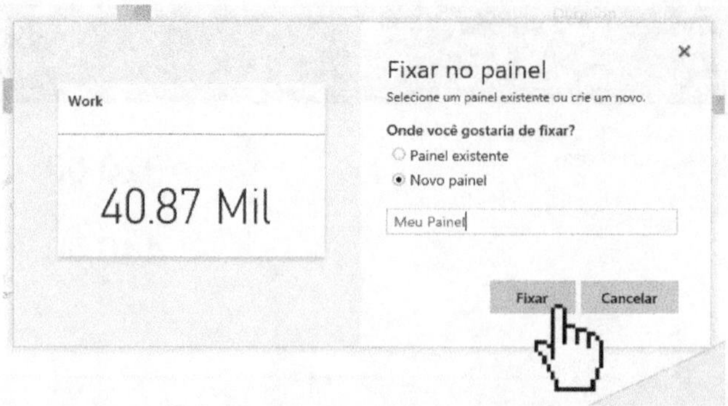

Figura 64.29 – Tela Fixar no painel, com a opção Novo painel selecionada

6. selecione outro elemento gráfico e clique no ***ícone fixar***;
7. na tela que aparece, selecione ***Painel existente***;
8. selecione o painel recém-criado, ***Meu Painel***;
9. clique em ***Fixar***;
10. repita os passos de 6 a 9 para todos os elementos gráficos do nosso relatório.

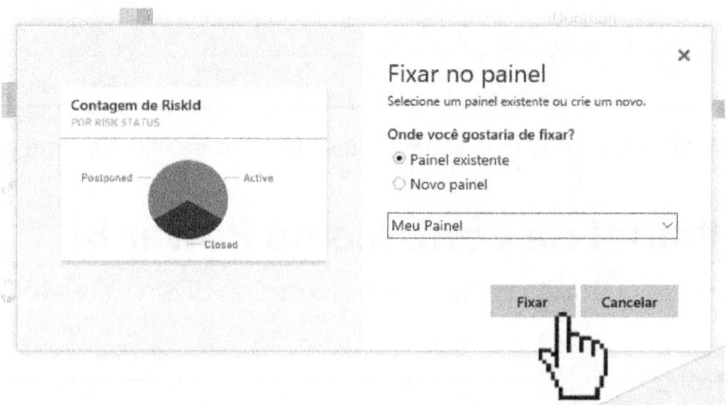

Figura 64.30 – Tela Fixar no painel, com a opção Painel existente selecionada

É possível fixar elementos que estejam sendo filtrados pelo relatório. Para isso:

1. clique sobre algum elemento do relatório para que o filtro seja aplicado;
2. clique em ***fixar***, sem alterar o filtro.

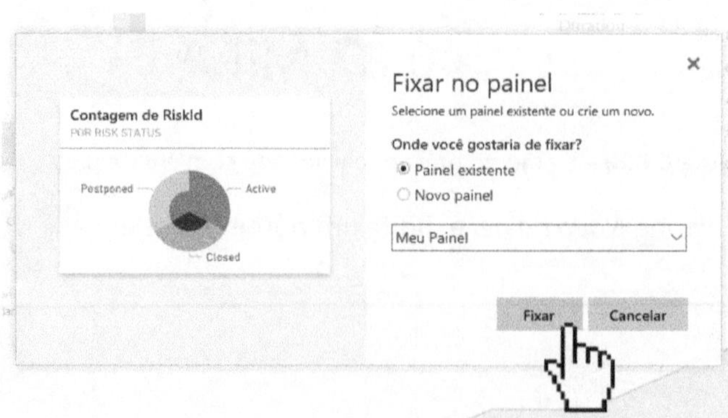

Figura 64.31 – Tela Fixar no painel, com a opção Painel existente selecionada, com ênfase para elemento com filtro

Para acessar o painel e modificá-lo:

1. clique sobre ***Meu Painel***, em *Painéis*, na barra lateral do *Power BI*;
2. para alterar a posição e o tamanho dos elementos, clique e arraste-os pelo painel;
3. altere o *layout* do seu painel da maneira que desejar.

Figura 64.32 – Painel Meu Painel no *Power BI*